中国传媒大学"211工程"建设项目
ZHONGGUOGUANGBODIANSHIWENYIDAXI

中 国 广 播 电 视 文 艺 大 系

1977—2000

广播电视文学节目卷

施旭升 主编

中国广播电视出版社

《中国广播电视文艺大系(1977—2000)》

编 委 会

主　　编　李兴国　周靖波　李宗达　王　甫

执行主编　李兴国

编　　委　李兴国　周靖波　周华斌　关　玲
　　　　　倪学礼　施旭升　杨　燕　朱宝贺
　　　　　李宗达　王　甫　贾惠琴　陈　旸
　　　　　戴　清　董　旸　张　晗　韩　莹
　　　　　李　杰

《广播电视文学节目卷》编委会

主　　编　施旭升

副 主 编　刘　静　李云霞　邓秀军

中国广播电视文艺
1977-2000

总　序

　　广播电视诞生之初，就肩负有传播文学艺术作品的使命。随着我国广播电视事业的不断发展，节目形态日益丰富，逐渐出现了专门为这种现代电子传播媒介创作的新型文艺体裁。借助于媒介的传播和接收之便，广播电视文艺创作迅速崛起，作品数量和传播范围均为传统形式所难以企及，时至今日，蔚为大观。以至有人断言，以电视剧、广播剧、电视综艺晚会、电视专题片等为代表的广播电视文艺作品已经成为当今中国社会最重要的日常审美形式之一。

　　与此同时，广播电视文艺理论和批评也相伴而生，几十年来不绝如缕。1998年，"广播电视艺术学"进入我国高等教育专业目录，标志着以前附骥于其他学科的广播电视文艺教学和研究获得了独立的地位。随着获得广播电视艺术学硕士、博士学位授予权的学校数目的增加，该领域的学术建设也显得生机勃勃。从某种意义上说，广播电视艺术学是目前最富于吸引力的专业之一，恐怕不无根据。

　　但我们也看到，广播电视艺术学自诞生以来，虽然发表的论文和出版的著述逐年增加，但公认的学科规范尚有待于完善，学科建设并不平衡。众所周知，没有史料建设的人文学科是缺乏科学性的,学术创新必须在对学术源流的分析和对同时代的研究成果的比较基础上才能出现。广播电视艺术作品载体特殊、文本量大,搜集和整理都较为困难,学术界的某些角落浮夸之风又难以禁绝,因而,史料建设一直是广播电视艺术学学科建设中最为捉襟见肘的部分。

作为"广播电视艺术学"的教学研究人员,我们追仰先贤之丰功伟业,深愿在本学科的史料建设方面有所作为,遂不揣谫陋,借中国传媒大学"211工程"学科建设之东风,努力经年,广泛搜求,终于编定多卷本《中国广播电视文艺大系(1977—2000)》,现奉献于社会和学术界同仁面前。

当年主编《中国新文学大系》的赵家璧先生曾说:"这一件工作,自信不是毫无意义的;而且供给十年百年后研究初期新文学运动史者一点系统的参考资料,也是我们所应尽的责任。"我们也希望,自己的工作能够为相关领域提供较为系统的资料,进而切实推动具有中国特色的广播电视艺术学体系的进一步完善。至于编辑工作中的诸般不足,尚请方家指正。

《中国广播电视文艺大系》编委会
2007年8月

目 录

第一部分

导　言 ……………………………………………………………………（1）

第二部分

广播文学作品

1977 年
桂林漫步　　　　　　　　　　　　　　　　中国国际广播电台（29）

1978 年
风光如画的丽江　　　　　　　　　　　　　中国国际广播电台（31）
成都漫步　　　　　　　　　　　　　　　　中国国际广播电台（33）
群山环抱的贵阳　　　　　　　　　　　　　中国国际广播电台（35）

1979 年
文化古城杭州　　　　　　　　　　　　　　中国国际广播电台（37）
天坛游记　　　　　　　　　　　　　　　　中国国际广播电台（39）

1980 年
中秋节　　　　　　　　　　　　　　　　　中国国际广播电台（41）
明清两代的小说创作　　　　　　　　　　　中国国际广播电台（43）

1981年
景色奇特的石林　　　　　　　　　　　　　　　　　　　中国国际广播电台（45）

1983年
火焰山下绿宝石——吐鲁番　　　　　　　　　　　　　　中央人民广播电台（47）

1984年
茅盾故乡散记　　　　　　　　　　　　　　　　　　　　中央人民广播电台（49）
故乡月色美　亲人何时归　　　　　　　　　　　　　　　海峡之声广播电台（52）
欢乐的水鸟之乡　　　　　　　　　　　　　　　　　　　黑龙江人民广播电台（54）
王蒙答记者问：我国文学创作的发展情况　　　　　　　　中国国际广播电台（57）

1986年
永远了却不完的心愿　　　　　　　　　　　　　　　　　中国国际广播电台（61）
参观茅盾北京故居　　　　　　　　　　　　　　　　　　中国国际广播电台（63）
唤起共同的愿望和情感——访作家袁鹰　　　　　　　　　江西人民广播电台（65）

1987年
今朝团圆乐融融　　　　　　　　　　　　　　　　　　　江西人民广播电台（67）

1988年
世界上最长的史诗　　　　　　　　　　　　　　　　　　中国国际广播电台（68）
藏族系列（一）文化遗产　　　　　　　　　　　　　　　中国国际广播电台（70）

1989年
三毛故乡行　　　　　　　　　　　　　　　　　　　　　浙江定海县广播电台（74）

1990 年
《中国唐诗》(1—4) 　　　　　　　　　　　　中国国际广播电台（ 76 ）

1991 年
江南无韵诗 　　　　　　　　　　　　　　　鹰潭人民广播电台（ 86 ）

1992 年
北京风俗音画 　　　　　　　　　　　　　　上海东方广播电台（ 93 ）
浔阳江上尽风流 　　　　　　　　　　　　　江西九江人民广播电台（100）

1993 年
杜甫《春夜喜雨》赏析 　　　　　　　　　　山西人民广播电台（104）
家 　　　　　　　　　　　　　　　　　　　广东人民广播电台（106）

1994 年
《凤凰琴》台本 　　　　　　　　　　　　　天津人民广播电台（111）
《毛泽东和他的儿子》台本 　　　　　　　　丹东人民广播电台（116）

1995 年
世纪的爱心 　　　　　　　　　　　　　　　福建人民广播电台（117）
石评梅与高君宇 　　　　　　　　　　　　　辽宁人民广播电台（120）

1996 年
澎湃的诗情 　　　　　　　　　　　　　　　辽宁人民广播电台（125）
永远的风景 　　　　　　　　　　　　　　　黑龙江人民广播电台（125）
编辑手记:生命之水的礼赞 　　　　　　　　甘肃人民广播电台（137）

1997年

月光奏鸣曲——唐诗之旅　　　　　　　　　　　　　　湖南人民广播电台(142)

生命的追问　　　　　　　　　　　　　　　　　　　　中央人民广播电台(145)

为了地球的明天　　　　　　　　　　　　　　　　　　辽宁人民广播电台(150)

1998年

中国人，中国魂　　　　　　　　　　　　　　　　　　黑龙江人民广播电台(157)

　心灵的独白　　　　　　　　　　　　　　　　　　　四川人民广播电台(162)

1999年

太平湖随想　　　　　　　　　　　　　　　　　　　　福建人民广播电台(166)

人与自然的对话

　　——冯骥才的奥地利之旅　　　　　　　　　　　　山西人民广播电台(169)

棘心不死　绿天永存

　　——介绍皖籍女作家、教授、学者苏雪林　　　　　安徽人民广播电台(175)

信仰的歌

　　——介绍女建筑学家、诗人林徽因　　　　　　　　黑龙江人民广播电台(179)

2000年

一个人的村庄　　　　　　　　　　　　　　　　　　　新疆人民广播电台(185)

英子的乡愁　　　　　　　　　　　　　　　　　　　　海峡之声广播电台(189)

昭君墓断想　　　　　　　　　　　　　　　　　　　　内蒙古人民广播电台(193)

第三部分　　电视文学作品

1984 年
最后一片叶子　　　　　　　　　　　　　　　　　　　　　　　江苏电视台（197）
门槛 *　　　　　　　　　　　　　　　　　　　　　　　　　　江苏电视台（200）

1985 年
看不见的珍藏　　　　　　　　　　　　　　　　　　　　　　　江苏电视台（203）

1986 年
零点归来　　　　　　　　　　　　　　　　　　　　　　　　　江苏电视台（208）

1988 年
塑像眼中的雕塑家　　　　　　　　　　　　　　　　　　　　　江苏电视台（211）

1990 年
无花果　　　　　　　　　　　　　　　　　　　　　　　　　　江苏电视台（213）
摩诃摩耶　　　　　　　　　　　　　　　　　　　　　　　　　江苏电视台（216）

1991 年
运河春晓 *　　　　　　　　　　　　　　　　　　　　　　　　江苏电视台（218）

1992 年
扬州城标 *　　　　　　　　　　　　　　　　　　　　　　　　江苏电视台（228）
壶王　　　　　　　　　　　　　　　　　　　　　　　　　　　江苏电视台（234）

中国广播电视文艺大系　1977—2000

1993 年
个园话竹*　　　　　　　　　　　　　　　　　　　　江苏电视台(237)

1995 年
残荷*　　　　　　　　　　　　　　　　　　　　　　江苏电视台(244)

1996 年
秦淮花灯*　　　　　　　　　　　　　　　　　　　　江苏电视台(247)

1997 年
磁器口*　　　　　　　　　　　　　　　　　　　　　江苏电视台(260)
遥远的门　　　　　　　　　　　　　　　　　　　　江苏电视台(272)

1998 年
过年*　　　　　　　　　　　　　　　　　　　　　　江苏电视台(273)
土蛋子的故事　　　　　　　　　　　　　　　　　　太原电视台(280)
四十九朵玫瑰　　　　　　　　　　　　　　　　　辽宁抚顺电视台(281)
红棉几度又春风　　　　　　　　　　　　　　　　　广州电视台(283)
我看见了大海　　　　　　　　　　　　　　　　　　辽宁电视台(284)
不沉的船　　　　　　　　　　　　　　　　　　　　山东电视台(285)
神农箫女　　　　　　　　　　　　　　　　　　中国国际电视总公司(286)
青天一缕霞(节选)　　　　　　　　　　　　　　　　沈阳电视台(287)
春　　　　　　　　　　　　　　　　　　　　　　　浙江电视台(288)
放飞的心情　　　　　　　　　　　　　　　　　　　重庆电视台(289)
家园　　　　　　　　　　　　　　　　　　　　　　山西电视台(290)
圣洁的背影　　　　　　　　　　　　　　　　　　　青岛电视台(291)

黄河谣	山西电视台（293）
想念梵高	河北电视台（294）
鹭村	广东惠州电视台（295）
帕米尔传说	新疆电视台、新疆军区后勤部（296）
胡杨祭	乌鲁木齐电视台（297）
梦中的哈纳斯	新疆对外音像制作中心（298）
最后一笔激情	福建电视台（299）
第十一位	山东电视台（300）
水袖	山东淄博电视台（301）
最后一张情人卡	江西有线电视台（302）
油灯	四川电视台（304）
家话	湖南电视台（305）
抹不去的记忆	黑龙江电视台（306）
藏北姑娘	西藏电视台（307）
永远的蒲公英	青岛电视台（308）
哑巴渡（节选）	四川电视台（309）

1999年

对院的女孩	浙江电视台（311）
德宏印象	云南电视台（312）
树包塔	云南电视台（315）
红花草*	江苏电视台（315）
一千张糖纸	浙江广播电视高等专科学校（321）
一样秋花	哈尔滨电视台（322）
生灵	甘肃电视台（323）
无名烈士祭	山东电视台（324）
滕王阁序	江西电视台（326）

父亲的背	江西电视台（327）
生命之树洁白	四川乐山电视台（328）
多梦时节	浙江电视台（329）
田湾河风情	四川大自然国际影视文化传播中心（330）
黄山观瀑楼遐想	中央电视台 黄山电视台（332）
守望西部	新疆电视台（333）
老屋	山东淄博电视台（333）
放飞心灵	山东淄博电视台（334）
沈园的故事	浙江电视台（335）
哈纳斯之秋——哈纳斯图片欣赏	新疆电视台（335）
国徽的故事	沈阳电视台（338）
娃娃教师	宁夏电视台（339）
匆匆	浙江电视台（340）
我爹我娘	江西电视台（341）
快与慢	浙江电视台（342）
高原之晨	四川南充电视台（343）
母亲的照片	湖北电视台（344）
野鸽子	中央电视台 黑龙江东宁电视台（345）
沙湖	银川电视台（347）
南国瑶寨—我的梦里故乡	中央电视台 桂林电视台（348）
方井	宁波鄞县电视台（349）
火蝴蝶	辽宁电视台（350）

2000 年

哈纳斯之冬	新疆电视台（351）
飞越仇恨的天空	辽宁鞍山电视台（353）
天堂之水	四川电视台 四川英明影视公司（355）

我的白桦林	哈尔滨电视台（356）
激流	青岛崂山电视台（357）
草山情思	云南曲靖电视台（358）
金婚	沈阳电视台（359）
哈纳斯之春夏	新疆电视台（361）
神往的格拉丹东	青海格尔木市文联 青海格尔木有线广播电视台（362）
读三峡	沈阳电视台（364）
水车情怀	湖北宜宾有线电视台（365）
红烛	中央电视台（366）
香瓜婆婆*	江苏电视台（368）
贴身的南京*	江苏电视台（378）
荒原的眸子——摄影家王金	甘肃电视台 嘉峪关电视台（386）
长湖短梦	中央电视台新影制作中心（387）
大叠水瀑布	中央电视台新影制作中心（389）
世纪之恋	四川电视台 四川英明影视公司（390）
石林印象	中央电视台新影制作中心（391）
不能误了娃儿们	中国教育电视台（392）
二月二，料豆喷喷香	山东有线电视台（393）
老庄子·老情歌	新疆电视台新疆军区联勤部（395）
冰灯之光	辽宁铁岭有线电视台（397）
驻马于赤岭之敖包	青海电视台（398）
萝卜灯	山东济宁电视台（399）
宁静的港湾	山东威海电视台（400）
散步（节选）	中央电视台（401）
父亲·儿子	山东淄博电视台（402）
感谢班长	中央电视台 山东淄博电视台（404）
醉在呼伦贝尔	内蒙古海拉尔电视台（405）

穿越卡拉其库	中央电视台　新疆电视台　新疆军区联勤部	(406)
一株行走的草	中央电视台	(408)
一个人的村庄(节选)	中央电视台	(409)
写字的故事	河北保定电视台	(413)
群山之上	四川自贡电视台	(414)
阿鸽八斤	昆明电视台	(415)
俺爹俺娘	山东威海电视台	(417)

2001年

梦里雪乡	吉林市电视台	(418)
黄山·挑夫	中央电视台　淮南广播电视局	(419)
雪山上的父亲	深圳福田区委宣传部	(421)
我的山寨	四川西昌有线电视台　西昌人和民族文化传播公司	(422)
又到春节	山东淄博电视台	(423)
守望壶口	上海东方电视台　山西电视台	(424)
我与地坛(节选)	中央电视台	(425)
怀念天水	天水影视艺术制作中心	(427)
父亲的漓江	中央电视台　桂林电视台	(228)
洪湖情	湖北荆州电视台	(430)

后　记　　　　　　　　　　　　　　　　　　　　　　　(431)

注：作品名称后加"＊"者，附有拍摄稿本。

导 言

第一部分

1977—2000

广播电视文学节目卷

导　言

一

人类历史发展至今，创造了丰富的文明。这些文明的成果经由各种不同符号媒介的传播而得以一代又一代地流传和发展下去。而传播媒介符号的发展也大致经历了四个阶段，即口头语言阶段——文字阶段——印刷媒介阶段——电子传播阶段。在这一系列的历史变革中，后一阶段都是前一阶段的发展，是对前一阶段的兼容和超越。在这个传播媒介及符号表达的发展过程中，语言和文字成为其中最早的也是首要的传播媒介。这是由于语言文字的传播与接受都是相对简单易行，而且能够适应于不同时代的社会物质文化水平。然而，在人类的五官感觉（视、听、味、嗅、触）当中，人类通过视听感官所获得的信息几乎占全部信息来源的一半以上。而视和听之间，既有联系，又相对有别。听觉乃是与音乐、音响以及语言的有声部分直接相关；视觉则是属于对事物的形与色的感知。俗话有所谓："耳听为虚，眼见为实。"其实，也可以换个角度来理解：人们对于音响的听觉感知乃是与心灵的体验直接相关，故而多少带有一些内在性和虚幻性；而人们通过眼睛所感受到的事物的形象和色彩，则多是属于实体的、外在的信息。所以，较之听觉信息，视觉信息似乎也就更具有一定的优势：形象明确、指认性强、容易理解，且传授双方都较少受到文化素养的制约和限制，都能够根据平时的经验明了视觉信息的意义。但视觉信息也有缺陷，那就是很大程度上受到了传播载体的制约，无论是史前时代就出现的岩画、壁画还是后来的绘画乃至摄影，都受到了传播载体的限制而影响了传播范围；即使在当今数码影像时代，也并没有彻底改变视觉信息依附于其他传播载体的特性。

从而，基于人们的视听感知而发展起来的现代传播媒体——广播和电视之间，也就既有联系，又有区别。广播产生于前，电视发明于后。两者的相同之处在于：在无线电技术发展的基础上达到由点到面的传播；而两者的不同之处则在于：前者只是属于声音的发送与收听，而后者则是实现了声画一体的传播。于是，广播电视第一次在真正意义上开始了人们的视听感知的革命。

历史的事实是，随着无线电传播技术的诞生和迅猛发展，首先使广播由抽象的书面文字符号为存在形式的语言艺术，变成了以声音为载体的听觉艺术，从而使传统文学艺术受众的阅读接受方式发生了一次彻底的变革。受众已不必只停留于书面文本来形成自己的想象空间，广播以其独特的声音传播的方式为受众的形象空间开辟了另一片新天地。广播，作为一种现代化的文学"阅读"方式之一，对听众而言，有着巨大的艺术魅力。而文学一旦和新的传播工具相契合，自然就会派生出新的文学样式，广播文艺中的文学节目也就应运而生了。

然而，摄影的出现却在传播符号演进的历史上更有着一种里程碑式的意义。摄影通过影像记录的方式改变了传统的文字传播一统天下的传播模式，某种意义上也显示了新的"读图时代"的来临。作为影像传播的第一代,照片(图片)抓取的只能是事件发生的核心点或关键点,即使是连续拍摄的"成组照片",也不过是抓取一系列的核心点而已。并且,照片对报纸、杂志等的依附,使得第一代的影像传播势必受到其他传播载体的影响而无法彻底独立。电影的发明,使得影像传播进入了第二代,电影影像突破了照片传播抓关键点、核心点的传播方式,真正做到以声画一体的方式记录活动世界的过程性传播。此外,电影还具有自身独立的传播模式,从而摆脱了其他传播媒介的影响,真正意义上的影像传播出现了。当然,电影自身的传播模式也具有局限性,必须在电影院线放映,就无法打破传播时空的局限性,从而造成了"仪式化"传播,而将视觉传播的"排他性"发挥到了极致。这种传播模式局限了电影的信息传播功能的实现,并因此让电影远离了信息传播之路,而走上了艺术传播的道路。电视的出现标志着影像传播发展到了第三代,电视对电影影像的继承和发展是革命性的。"仪式化"氛围下的看电影,与其说是"人看电影"不如说是"电影看人",而电视作为一种影像传播媒介,却真正实现了传播空间的解放;在轻松自如的观看环境中,人是真正的主体,是人在看电视。并且,由于传播方式、空间和环节的转变,电视的影像传播更体现了一种新的特质:电视内容广泛多样,几乎无所不包,需要以信息的类别进行划分,形成电视的频道化和栏目化。

总之,在现代科学技术的支持下,广播电影电视实现了真正的大众传播。一方面显示出与现实生活的充分贴近,特别是广播电视直播更体现出播出进度与事件发展同步的时效性,实现了生活和传播的零距离;这里,其传播的价值甚至远远超出其表达的意义;另一方面,广播电视也在不断地发掘自身的声画表现手段和时空表现手段,增强自身的艺术含量。在这个意义上,作为一种视听合一的全能的传播媒介,广播电视毫无疑义地成为现代传播媒体的主要代表。

以下主要是对广播与电视的文学节目的分析和介绍,并且分别从各自的历史、性质、形态、功能等方面展开评述。

二

首先来看广播文学节目。广播电台的文学节目,一般有广义和狭义的两种说法。广义的文学节目,包括各种文学作品的朗诵和评介、广播剧、电影和话剧录音剪辑以及有关的录音报道等。狭义的文学节目,即各类文学作品的朗诵、介绍、评论和文学活动的录音报道。[①]

在中国,源源流传的文学史,是我们的骄傲和自豪。回顾历史,我们看到,一部文学史同时也是一部文学传播的历史。早期的文学是通过口头语言在民间流传,再到文字语言的手抄本传播,而印刷术的发明和完善把文学的传播推到了一个前所未有的高度。事实上,每一次传播手段和工具的变换和更新,都必然带来文学传播的新发展。文学传播的新发展又必然刺激和带动文学自身的进步与更新。

在相当长的一个时期,纸媒体(报纸、刊物、杂志等)作为绝对的主流媒介进行着文化信息

---

① 参见《当代中国的广播电视》(上),中国社会科学出版社1987年版第239页。由于该书此卷的研究对象是中国广播电视历年文学作品,为了使此书内容更丰富、全面,本书取广义的广播文学节目进行叙述。由于篇幅限制,广播剧的体系较庞大,内容较多,广播剧将作为单独的一个分支,在本丛书中的《广播剧卷》专门进行探讨和论述。

的传播。20世纪，随着科技发明，广播、电视的诞生终于打破了纸媒体的一统天下，给文学的整体发展带来新的契机。它们以其所独有的媒介优势，为文学的发展提供了更为直接的传播途径和更为广阔的表达空间。

中国广播文学，作为一种文学的传播样式，以古典文学、现代文学、外国文学为主体，囊括古今中外的传奇小说、散文杂记、诗词歌赋、民间故事、童话寓言等各种体裁的作品；并容纳电影、话剧的录音剪辑等艺术形式。同时，广播文学，通过多种形式向听众推荐、介绍优秀的文学作品，如请电影演员、话剧演员、故事员、播音员等专业人员朗诵或播讲文学作品，使书面文字变成绘声绘色、优美动听的语言；或请评论家分析、介绍著名作家及其作品，请专家介绍文学基础知识；或通过录音报道反映当前文学界的动态。再经过编辑人员的精心制作，后期加上音乐、音响等元素，使之呈现为精彩纷呈的广播文学节目，从而体现出较高的艺术审美价值。

广播文学自诞生之日起，就吸引了一大批忠实听众，如《阅读和欣赏》《长篇小说连播》等名牌栏目，几十年如一日，影响着一代又一代人们的思想，丰富着一代又一代人们的生活。诚然，广播文学告别过最辉煌的黄金时期，在大众传媒时代中，广播在电视、网络等媒体的冲击下，强势地位受到挑战，越来越处于"弱势"地位，甚至几乎面临灭绝之灾。但是，纵使这样，至今广播文学仍顽强地生长着，其坚忍不拔的生命力令人赞叹。追根究源，广播文学独有的艺术魅力是其长盛不衰的秘诀。广播文学"是以声音为媒介诉诸人们听觉的时间艺术"①。它以文学艺术为依托，以电磁波传播的声音为载体，通过演播室的二度创作，把语言艺术上升为一种听觉的艺术。作为广播文艺下的一个类别，广播文学主要具有以下功能：

其一是审美功能。无疑，广播文学必须具有极强的审美功能，可以增强人们对美的感知能力，陶情冶性，培养人们高尚的艺术情趣和健康的审美理念。

具体说来，广播文学既具有艺术审美的共性，又具有听觉艺术审美的个性。艺术需要通过塑造具体生动的感性形象，反映社会生活的审美属性、表现作者对生活的审美评介。广播文学按照文学艺术的审美共性，通过塑造生动丰满的形象，表现真挚动人的情感，"有意识地把自己体验过的感情传达给别人，而别人为这些感情所感染，也体验到这些感情。"②广播文学作品，在这一点上其审美性和其他文学样式如出一辙。艺术美，使得人类情感具备了可以欣赏、可以体验、可以言说的属性。至今人们耳熟能详的刘兰芳演播的《杨家将》《岳飞传》，张家声演播的《钢铁是怎样炼成的》，王刚演播的《牛虻》，曹灿演播的《李自成》，关山和赵琮婕演播的《四世同堂》，直至李野默演播的《平凡的世界》，孙兆林演播的《穆斯林的葬礼》，等等，吸引了众多的听众，作品中所塑造的人物形象至今仍活在人们的心中，作品中的人物或可歌可泣，或令人饱含同情，或令人油然起敬，或令人唾弃……"审美关系不可能没有感情和情感，但它又不仅仅归结为感情和情感。它把人的全部精神能力——感觉、情感、理智、意志和想象——统一和融合为一个完整的统一体。"③听众在收听节目时，又必定会时时和作品中的人物进行思想上的交锋，心灵的碰撞，情感的交融，使广播文学作品达到艺术审美所应有的高度。

同时，广播文学的审美价值又是和其特殊的审美方式相联系。广播文学作为听觉艺术，使

---

① 张凤铸主编：《中国广播文艺学·绪论》，北京广播学院出版社2000年版，第8页。
② [俄]列夫·托尔斯泰：《论艺术》，第47~48页。
③ [苏]列·斯托洛维奇：《审美价值的本质》，中国社会科学出版社1984年版，第232页。

得"听觉审美"成为广播文学作品的一大审美特征。以《阅读和欣赏》为例,节目运行了四十多年,经过时间的滤淀,其影响和价值已可见一斑。此栏目除了其高品位的文学涵养和人文关怀的深入体现使其深受听众喜爱之外,提起《阅读和欣赏》,人们还会自然而然地马上想到优秀的老一辈播音员夏青,他的声音已经成为《阅读和欣赏》的标志;严谨而不板滞,清晰而有波澜,是夏青个人的朗读风格。他播读的文章,独具魅力,带给人们的是一种艺术的愉悦和满足。其实,不论是诗歌、小说,还是评书,演播者的二度创作是具有极大的弹性空间的,同样的内容,一千个演播者,就有一千部不同的作品。演播者必须把自己对作品的理解(以此为基础修改原作),加上自己独特声音的精彩演绎,把艺术形象进行重新塑造,达到深化作品主题的目的,最终能达到"文"、"声"、"听"三方面的完美结合。同时,演播所采用的多样形式又可以产生不一般的艺术效果,如可以采用单人朗诵,也可男女对播;可以配乐渲染,也可留白;可以用诗化手法,也可采用纪实手段等,从而给人完全不同的听觉享受,广播的特性赋予广播文学更大的创作空间。

总之,广播文学正是借助声音去塑造的听觉形象来反映现实,进行着听觉的审美关系。由于声音的无形无影,使得听众必须运用想象的思维来构成自己的形象空间,而文学是想象的艺术,从这个意义上讲,广播比电视、网络等媒体更适合文学的传播和发展,广播文学节目的审美特性培养了听众的听觉审美能力。

其二是认识功能。艺术的认识功能,在于它对人类生存现实及其经验和情感的表现。借用达·芬奇的一句名言:"绘画教会我们观看。"可以说,艺术教会我们审美感知。广播文学的认识功能也就表现在对人生真谛的发掘,对知识的传播,以及对于人们进一步感悟人生的能力的培养。

广播文学节目,内容极其丰富,一般以古今中外的优秀文学作品为母本,这些优秀的文学作品,通过评论家、专家、电影演员、话剧演员、故事员、播音员的二度创作,使其呈现给观众的是绘声绘色、优美动听的语言。而这些优秀的文学作品是时代的一面镜子,它反映出人们丰富多彩的生活面貌,表达了人们喜怒哀乐,塑造出生动的艺术形象,汇集起深邃的社会思想,歌颂真善美,鞭挞假恶丑,引导人们去推动社会前进;对文学知识的普及以及对优秀作家的介绍,大大地丰富了人们的心智,提高了听众的阅读水平和欣赏能力。20世纪80年代以来,中央人民广播电台和一些地方电台开办了《文学之窗》、《文学广播杂志》、《北国文学》、《星期文谈》、《新作选播》等文学节目,有计划地介绍作品、作家,评介文学流派、思潮,受到听众的欢迎,也为文学界所瞩目。

四十多年来,中国各地电台的文学栏目播出了大量的优秀广播文学节目,在丰富群众的文化生活、普及文学知识、帮助听众提高文学素养方面发挥了很好的作用。

其三是教育功能。广播曾经在发挥着巨大的宣传作用的同时,也担负起教育民众的职能。广播文学的教育功能主要体现在对人的思想的启迪、道德情操的培养以及道德规范的潜移默化的影响。

广播文学从诞生伊始就本着弘扬时代旋律、宣扬正气的原则,推出了大量的优秀广播节目,如早期的《革命故事》专栏节目播出的《读"红岩"忆亲人》、《潘虎》、《白大姐》、《七根火柴》、《一袋干粮》、《妈妈的故事》等,在听众中都有很深的影响。20世纪50年代播出过的外国文学节目有马雅可夫斯基的诗《在别墅中的一次奇遇》,高尔基的散文《海燕》,安徒生的童话《海的女儿》，柯切托夫的小说《茹尔宾一家》(片段)等。这些内容或引人入胜，或真切感人，或启迪心灵，或荡涤灵魂。

虽然在一些特殊时期，广播文学的教育功能一度被片面化，一味从属于政府的政策传达，但是，新时期以来的广播文学仍然积极地鼓舞着人们的思想，党的十一届三中全会以来，精品层出不穷。袁阔成播讲的《三国演义》、赵琮婕播讲的《许茂和他的女儿们》、王刚播讲的《夜幕下的哈尔滨》，小说《班主任》《乔厂长上任记》等，都是能给人传达社会新风尚、新气象的优秀作品。一些获中国广播文艺奖的作品，如辽宁人民广播电台的《打开一片被遗忘的天空》、广州人民广播电台的《诗人之怒》、天津人民广播电台的《面朝大海 春暖花开》、浙江人民广播电台的《我这样写歌——记诗人食指》、福建人民广播电台的《太平湖随想》等，都是高扬时代主旋律，扬善惩恶，趋美避丑的时代精品。这些广播文学精品将深深地影响着人们的思想，成为慰藉人们心灵的精神支柱，在物欲横流的市场条件下，给浮躁的人们注入一股清新的空气。好的广播文学作品应该使听众的思想飞跃，道德完善，境界升腾，从而变得高尚起来。

一言以蔽之，如果说，广播文学的认识功能反映的是对世界"真"的掌握，那么，教育功能是其对现实世界"善"的把握，审美功能则是其追求客观世界的"美"的体现，广播文学承载了作为艺术追求的"真、善、美"的统一。广播文学，为人们开创了靠听觉来"阅读"文学的方式，它的出现可以说是文学消费方式的一次变革，它独特的艺术魅力吸引了众多的受众；广播文学节目在丰富听众生活，增长文学知识，陶冶情操，扩大审美视野，从而提高全民族的文学修养等方面，起到了极大的促进作用。

三

翻开广播文学的历史，短短几十载，却已经历了风风雨雨，曾有过"全民皆听"的黄金的时代，也有过风雨飘摇、遭人冷落的低潮期。如今，广播文学走过了不平凡的大半个世纪的历程。一路走来，有艰辛，亦有喜悦；有经验吸取，亦有教训警示。诚然，历史已经过去，但历史的记忆却可以帮助我们更进一步地靠近广播文学，更深刻地认识广播文学，进而对曾经辉煌一时的广播文学作出进一步的理性思考。

一、早期的广播文学

无线电技术传入中国是20世纪的初期。1926年10月1日，第一座中国人的无线广播电台——哈尔滨电台正式开始播音，标志着中国的广播事业开始起步。但是由于战火不断，经济不景气，中国的广播事业发展缓慢，几乎寻不到广播文学的影子。出现在中国广播电台最早的文学节目是1931年"九一八"事变以后，上海市的少数民营电台播出的进步话剧，有熊佛西的《卧薪尝胆》，洪深的《开船锣》，于伶的《以身许国》，夏衍编写的《"七二八"那一天》，孙瑜的《最后一课》等。最早介绍作家作品的文学节目是1941年，苏联以苏商的名义在上海创办的"苏联呼号"广播电台，向中国听众介绍了高尔基、马雅可夫斯基、拉甫列涅夫的小说、诗歌；还介绍中国著名作家鲁迅、老舍、张天翼、鲁彦等人的作品。

1940年12月30日晚上，一句响亮而亲切的声音："延安新华广播电台，现在开始播音……"庄严地宣告了中国人民广播的诞生，以至于被人们称为"茫茫黑夜中的灯塔"。随着人民解放战争的胜利进展,人民广播事业也迅速成长起来。当时的人民广播文艺节目主要是以音乐类、新闻类为主,为战争服务,鼓舞士气。其中,中国广播文学也初见端倪。据《晋察冀日报》1945年11月10日报道,张家口市《工人广播》在苏联十月革命节纪念日首次播送进步的文艺节目,其中包括电话局工友刘燕云同志的诗朗诵,题目叫《自动交换机室里》,还演播了活报剧《打阎王》等。解放战争时期,济南特别市新华广播电台播送的文艺节目中专门设有革命故事节目,主要是播送一些老前辈的斗争故事,有《朱总司令的故事》、《彭副总司令的故事》和二万五千里长征、抗日战争、解放战争中英雄模范人物的战斗故事等,还把长篇小说,如《血泪仇》、《新儿女英雄传》、《李勇大摆地雷阵》等,改编成章回体的形式播出。为了加强革命故事的效果,增加了音乐和音响的效果,在播《强渡大渡河》时,加了枪声、水声、冲锋号声。

这一时期的广播文学可以说是处于萌芽阶段。节目的数量少,内容也比较单一,以抗战题材为主;由于技术条件的限制和经验的不足,形式比较单调,演播的质量不是很理想,还没有达到真正对艺术的追求的层次。但是,这些节目紧密地配合了抗日战争和人民解放战争,一定程度上起到了"团结人民,打击敌人"的作用,也体现了艰苦奋斗的"延安精神",亦属难能可贵。

二、新中国成立后到"文革"时期的广播文学

新中国成立以后,人民的广播事业得到飞速的发展,从1949年至1966年,在党和政府的正确领导下,我国初步建成了从中央到地方的各级广播宣传网。文学广播和整个广播事业一样,取得了逐步的发展。

1. 现代文学

以中央人民广播电台(前身是延安新华广播电台)为例,1954年开办的《小说朗诵》和《诗朗诵》,播出了大量短篇小说和诗歌。有武俊娴朗诵的杨麦的小说《早晨》,梁菁朗诵的马烽的小说《韩梅梅》,张凯朗诵的《老羊工》、《走娘家》等。诗歌有蔡骧朗诵的《寄台湾同胞》,蔡仁达朗诵的《寄给金门岛》,朱琼朗诵的《把红旗插上玉山山顶》,赵丹朗诵的《祖国颂》,蓝天野朗诵的《故乡三首》等。1955年7月,增办了《文学书籍》和《最近文艺刊物》两个专题节目,这两个节目主要选播新出版的作品和推荐书刊,并请演员朗诵书刊中作品的精彩片段。如《文学书籍》节目中,就介绍过吴运铎的《把一切献给党》,高玉宝的《高玉宝》,周立波的《铁水奔流》,以及李季的《玉门诗抄》等。《最近文艺刊物》于1956年4月改为《文学园地》,规定播出优秀文学作品,介绍文学基础知识、创作经验和作家活动等。从1957年起,诗歌朗诵活动活跃起来,曾举办过《小小诗会》节目。有请演员朗诵诗人的诗作,如蒋光慈的《乡情》,冯至的《蚕马》,李季的《生活之歌》,严辰的《路》等;有请诗人朗诵自己的诗篇,如臧克家、袁水拍、沙鸥、公木、韩忆萍、方殷、贺敬之、徐迟、公刘、顾工等人,受到青年诗歌爱好者的热烈欢迎。

1961年11月,文学方面开办了一个《文学爱好者》专栏节目。这个节目选材广泛,有古典的、民间的、"五四"时期的优秀作品,也有世界名著,但主要是播送反映社会主义革命和建设的文学作品。它以欣赏作品为主,分析作品为辅,必要时也介绍一些创作经验和文学基础知识。例如,为了反映1962年短篇小说的繁荣景象,举办了《一九六二年短篇小说集锦》专题,先请宋爽同志介绍了1962年短篇小说的创作情况,然后连续播出了吉学霈的《三个书记》、方之的《出山》、浩然的《彩霞》等一批优秀作品。在散文方面,播出的节目有朱自清的

《荷塘月色》，茅盾的《白杨礼赞》，陶铸的《松树的风格》，杨朔的《雪浪花》、《荔枝蜜》等。此外，还组织过不少诗会。这都很受文学爱好者的欢迎。1963年11月，把《文学爱好者》改为《短小说》、《诗文朗诵》、《广播剧》三个专栏节目。1965年1月，已经临近"文化大革命"前夕，除日常播出一些文学节目外，开办了《新人赞歌》专栏节目。这个节目播出的是大部分报刊上发表的报告文学、特写和革命回忆录，如《革命战士最爱听毛主席的话》、《毛主席和我们心连心》、《要造革命灯，先做革命人》、《手残志不残》、《纺纱的哲学》、《人民的好儿子刘俊》等，这个节目一直延续到1966年年底"文革"开始。

从1957年7月开始，中央人民广播电台文艺部专门举办了《革命故事》节目，除讲革命故事外，更多的是讲社会主义建设中的新人新事。《革命故事》这个专栏节目，办了十年之久，它的材料来源主要选自当时出版的《星火燎原》和全国报刊上发表的比较优秀的革命故事（包括故事性强的革命历史题材的短篇小说）和革命回忆录。这些材料经过编辑的加工处理，力求故事性强，通俗易懂，生动活泼，并请了一批以"说"擅长的演员，如纪维时、曹灿、郑榕、邵华、里坡、梁菁、顾威等人来播讲，讲得有声有色，很受听众欢迎。其中有不少节目，如《读"红岩"忆亲人》、《潘虎》、《白大姐》、《七根火柴》、《一袋干粮》、《妈妈的故事》等，在听众中都有很深的影响。

《长篇小说连续广播》节目，主要选用现代和当代题材的长篇小说，也有少量古典的和外国的小说。根据作品的艺术风格，有偏重于"说"的形式，有采用多人朗诵的形式播出。因为长篇小说故事有连续性，情节更为曲折，人物形象更为丰满，再经过编辑和演员的共同处理，使全书线索清楚，层次分明，有起有伏，跌宕多姿，吸引听众非一直听完不可。这个节目对听众的文化生活，提高他们文学素养，起了很好的作用，深受听众欢迎，特别是青少年听众，对这个节目更为喜爱。早在1950年4月，就办过《故事讲述》节目。1954年8月设立《讲故事》节目，播出了张振铎讲的《铜墙铁壁》、《铁道游击队》等。这是《长篇小说连续广播》节目的前身。1958年5月，开办了《长篇小说连续广播》节目，播出的长篇小说有《林海雪原》、《苦菜花》、《敌后武工队》、《红旗》《青春之歌》、《红岩》、《红日》、《小城春秋》等。到1964年5月，改为《小说连续广播》，去掉"长篇"二字。播出的小说有《艳阳天》、《古城春色》、《三里湾》、《风云初记》、《百炼成钢》等。到1965年11月，把《小说连续广播》节目，改为《说新书》节目，播出的有《焦裕禄》、《欧阳海之歌》、《英勇坚持社会主义道路的吕玉兰》等。

2. 中国古典文学

中国有着丰富的文学遗产，广播文学通过欣赏名著、名作以及专家对文学知识的普及和对文学艺术的评介等形式，更大范围地传播中国古典文学的艺术魅力，从而提高听众的阅读能力和欣赏水平，增长他们的文学视野。

1957年2月，中央台开办了《中国古典文学作品介绍和欣赏》专栏节目，曾请余冠英、林庚等学者写稿，介绍《诗经》(三讲)，介绍伟大爱国诗人屈原及其作品(四讲)，介绍建安文学(三讲)，谈唐诗格律(二讲)，介绍陶渊明及其作品(四讲)等。1957年9月，开办过《中学语文教材选播欣赏》专栏节目。这个节目是从"中学语文教材"中选择一些作品，请社会上的名家、学者对作品进行分析介绍，并请演员、播音员对作品作示范性朗诵，目的是为中学语文教师提供备课和课堂活动用的参考资料；帮助中学生有重点地复习一些作品；也为自修文学的青年创造学习条件。

1961年5月,为了帮助听众阅读书籍和欣赏艺术,当时中央台文教部举办了《阅读和欣赏》专栏节目。这个节目既介绍古今中外的文学,也介绍戏曲和绘画艺术,还介绍文艺知识,选材非常广泛,但偏重于介绍中国古典文学。撰稿人都是社会上的知名学者,如臧克家、肖涤非、周振甫、吴小如、周汝昌、胡念贻等。介绍的作品有《阿房宫赋》、《前赤壁赋》、《小石潭记》、《石壕吏》、《新婚别》、《师说》、《醉翁亭记》等。为了便于对照收听,在节目播出之前印有活页文稿,听众纷纷索要,来信猛增。这个节目在社会上很有影响,成为当时中央人民广播电台的十大名牌节目之一。

3. 外国文学

外国文学在文学广播中虽然没有固定的播出比例,但断断续续播出不少节目,主要是播送世界名著,着重选用19世纪以来的批判现实主义的作品、苏联卫国战争时期的作品,以及反映亚非拉被压迫民族、被压迫人民悲苦生活和革命斗争的作品。50年代播出过的作品有普希金的诗歌朗诵,马雅可夫斯基的诗《在别墅中的一次奇遇》,高尔基的散文《海燕》,安徒生的童话《海的女儿》,柯切托夫的小说《茹尔宾一家》(片段),波兰诗人密茨凯维支的《总督》,西班牙作家塞万提斯的《堂·吉诃德先生传》(片段),契诃夫的《谣言》、《公务员之死》,马雅可夫斯基的《列宁》(片段),莱蒙托夫的《童僧》,莫泊桑的《项链》,奥斯特洛夫斯基的《保尔·柯察金》(片段),冯至教授写的文章《介绍海涅的生平、著作和创作道路》,以及海涅的诗歌朗诵等。从60年代开始,选用亚非拉的作品逐渐地增多起来,如叙利亚小说《复仇》,黎巴嫩小说《烈士》,土耳其小说《我是怎样自杀的?》,智利小说《魔鬼巷》,危地马拉小说《他们都是美国佬》,还播出了一批反映越南人民抗美斗争的作品。

1961年3月,首次在季度节目时间表里标出了《外国文学》节目,这一时间播出的世界名著较多,有古希腊神话、伊索寓言,有雨果、裴多菲、普希金的诗,有巴尔扎克、莫泊桑、马克·吐温、杰克·伦敦、果戈理、托尔斯泰、高尔基的小说。此外,还选择一些有广播特点的作品改编成广播小说,如广播小说《五封信》、《琉森》等。这一时期的外国文学,较为丰富多彩,吸引着一批固定的听众。

4. 电影、话剧录音剪辑

电影、话剧节目,主要是通过"电影录音剪辑"、"话剧录音剪辑"和"录音报道"三种形式播出。1950年3月8日,中央人民广播电台播出了东北电影制片厂拍摄的故事片《白衣战士》,从此宣告"电影录音剪辑"这一节目形式的诞生,而且日益有所发展提高。之后,还播出了《光荣人家》、《中华儿女》、《民族大团结》、《钢铁战士》和早期的苏联影片《金星英雄》、《收获》、《玛丽黛传》等。这种形式的节目,一开始播出就受到听众的欢迎。1955年以后,播出的电影录音剪辑有《宋景诗》、《上甘岭》、《女篮五号》、《党的女儿》、《永不消逝的电波》、《英雄虎胆》、《我们村里的年轻人》、《林家铺子》、《林则徐》、《青春之歌》、《回民支队》、《五朵金花》、《真正的人》、《列宁的故事》、《牛虻》、《乌里扬诺夫一家》等。1960年5月,开办了《广播影院》专栏节目。把分散播出的电影录音剪辑,都集中在这个专栏节目里播出。后来,这个专栏节目每周播出次数有增有减,但每次播出的时间最短是60分钟。这个专栏节目播出了大量的优秀国产影片和外国影片,受到听众喜爱,成为中央人民广播电台十大名牌节目之一。

话剧录音剪辑,在1952年就开始了。同时,电台也搞"剧场演出实况转播"。当时转播过老舍的《龙须沟》、契诃夫的《尼亚舅舅》等。之后,多采取请话剧演员来电台进行室内录音的方式。如1955年第一届全国话剧观摩演出时,几乎每台戏都请话剧演员来电台进行室内录音。60年代虽然也有过一些室内录音,但为数不多。现在的做法,都是采取实况录音,以实况录音为素材,经过编辑剪辑播出。话剧虽然没有十分固定的播出时间,但还是播出过大量剧目,如老一辈剧作家郭沫若、老舍、田汉、曹禺、欧阳予倩等人的《屈原》、《蔡文姬》、《虎符》、《骆驼祥子》、《茶馆》、《名优之死》、《雷雨》、《日出》、《北京人》、《潘金莲》,等等。反映革命历史斗争和社会主义现实生活的剧目,如《万水千山》、《战线南移》、《同志,你走错了路》、《豹子湾战斗》、《东进,东进》、《"二七"风暴》、《槐树庄》、《明朗的天》、《夫妻之间》、《非这样生活不可》、《妇女代表》、《考验》、《初开的花朵》、《丰收之后》、《龙江风格》、《降龙伏虎》、《布谷鸟叫了》、《女飞行员》、《霓虹灯下的哨兵》、《千万不要忘记》等。外国名剧有:《钦差大人》、《伊索》、《智者千虑,必有一失》、《一仆二主》、《以革命的名义》、《中锋在黎明前死去》、《赤道战鼓》等。

录音报道节目,有比较长的历史。早在1955年7月,曾举办《电影俱乐部》和《话剧爱好者》两个专栏节目,它的任务是介绍正在拍摄或即将上演的新电影、新话剧;访问编、导、演人员,请他们讲创作经过和创作体会;报道电影、话剧界的一些动态消息。在《电影俱乐部》节目中,曾介绍过1955年9月份新放映的我国故事片《激流之歌》、戏曲片《秦香莲》,苏联影片《没落之家》、《草原上的吉卜赛人》,匈牙利影片《为了十四条生命》,保加利亚影片《九月英雄》,民主德国影片《危险的货物》等内容;介绍过1955年12月长春电影制片厂即将完成的新片《董存瑞》的拍摄工作;介绍过1957年3月举办的"新片展览周",并预告中央人民广播电台将从13部新片中选播《母亲》、《铁道游击队》、《李时珍》、《骄傲的将军》等八部电影录音剪辑。在访问编、导、演人员方面,曾邀请欧阳予倩、桑弧、白杨、张瑞芳、孙道临等人谈了艺术创作的体会,还录制了一些从无声电影时代即从事拍片工作的老演员的讲话,如洪警铃、王桂林、宣景琳、范雪朋等。他们讲了那时拍片的艰苦情景和国民党当局血腥镇压下艺人们的痛苦生活,进行新旧社会的对比,很有教育意义。可惜这批录音在"文化大革命"中被消磁了。在《话剧爱好者》节目中,曾邀请陈其通谈话剧《万水千山》的创作经过,并播出这个话剧的片段;曾访问中央戏剧学院,介绍了这所培养新一代话剧工作者的高等学府是怎样成长和发展起来的;曾访问北京人民艺术剧院,通过他们一天的业务活动,介绍了他们是在怎样提高自己的艺术修养,怎样进行形体锻炼,怎样分析剧本、钻研角色的;报道了中国青年艺术剧院为郊区农民播出话剧《黄花岭》和《母女俩》,以及他们和农民进行座谈活动的实况录音;报道了《从话剧〈"二七"风暴〉中看中国铁路文工团的干劲》和《河北省话剧团出发了》等。

这一时期的广播文学的特点主要表现在:全国以中央人民电台为中心以及各地电台开始单独设立广播文学专栏,文学节目大量涌现。题材更广泛,以古典文学、现代文学、外国文学为主;囊括古今中外的传奇小说、散文杂记、诗词歌赋、民间故事等各种体裁的作品;形式更多样化,容纳电影、话剧的录音剪辑等形式。大大丰富了人们的精神生活,提高了他们的文化修养,受到人们的极大欢迎。但是也可看到不足,有些专栏在一定时期播出的节目,流于形式、口号,不但制作粗糙,而且宣扬把艺术和政治简单等同的文艺思想。但是,应该看到这一时期的作品主流是好的,成绩是显著的。

三、广播文学事业严重受挫时期

"文革"十年,使得党、国家和人民的各项事业都遭到新中国成立以来最严重的挫折和损失,也使我国的广播事业遭到巨大的创伤,广播文学当然也在劫难逃。

"文革"初期,文学广播一度中断。古典文学被当作"封、资、修"的东西,加以批判。在"文化大革命"前夕,由于当时的形势,"外国文学"节目播出时间已经减少,"文化大革命"开始以后,"外国文学"节目就全部停播。"文革"后,可播的电影录音剪辑也越来越少,最后只剩下《地雷战》、《地道战》、《南征北战》"三战"了。因为反复播出次数太多,结果自然也就全部中断。1971年"林彪事件"之后,文学节目于次年恢复播出,但数量极少,没有固定的播出时间,录制出几个节目就播出几个。如有反映军民关系的小说《柿子熟了》、《南瓜生蛋的秘密》,描写老干部焕发革命青春的广播小说《青松更翠》,赞颂赤脚医生的诗歌《红柳》和记述王铁人事迹的《王铁人故事》等。后来,"四人帮"推崇什么,电台就搞什么。先后组织过北大、清华、红星公社、朝阳农学院、阳泉煤矿、大寨、小靳庄等处的"诗会",而且三赴小靳庄,采制了小靳庄干部、社员的诗歌节目。有的诗歌是赞扬"文化大革命""就是好"的,有的是夸"革命样板戏"的,有的是"反击右倾翻案风"的。在"文化大革命"中,直到1972年以后,播出的电影录音剪辑有《金光大道》、《青松岭》、《向阳院的故事》、《春苗》、《决裂》、《战船台》、《创业》等。但这些作品也大都是为"四人帮"的极左政治服务的。

在"文革"十年浩劫中,优秀的作品遭到禁锢;"文化大革命"极大地湮灭了文艺工作者的创作热情,广播文学的发展严重受挫。

四、广播文学事业复苏、振兴的新时期

1978年党的十一届三中全会给祖国带来了春天的气息,广播文艺又开始焕发生气。广播文学复苏了,一度停播的文学专栏如雨后春笋,又开始播音了。广播文学终于又盼来了一次获得新生的机会。

1. 现代文学

党的十一届三中全会以后,"文化大革命"以前各种形式的文艺节目,相继得以恢复和发展,广播文学劫后重生。中央人民广播电台当时选播了报刊上发表的不少比较好的作品,如小说《班主任》、《乔厂长上任记》等,并在1980年5月开办了《文学之窗》专栏节目。通过这个"窗口",采用各种形式,有请演员朗诵现代优秀文学作品;有请作家谈自己的创作经验和体会;有请评论家解剖、分析一篇作品或一个作家的艺术风格;有报道文学动态,目的在于向听众推荐优秀文学作品,提高他们的文学素养和欣赏水平。这个节目开办以后,在半年里,播出了短篇小说34篇,散文34篇,诗歌150多首,评介性的文章21篇,介绍文艺刊物8家,报道文学动态3次。由于这些节目比较生动活泼,也有较高的思想性和艺术性,受到听众热烈的欢迎。在1984年度的由听众评选中央人民广播电台优秀节目活动中,《文学之窗》名列第九,跻身于中央人民广播电台"十个优秀节目"的行列。

《长篇小说连续广播》这个专栏节目,在"文化大革命"中一度停播,到1974年恢复播出。播出的长篇有《雁鸣湖畔》、《千重浪》、《晨光曲》、《战地红缨》等。粉碎"四人帮"以后,加强了编辑力量,播出的长篇有《创业》、《朝阳花》、《阿力玛斯》、《许茂和他的女儿们》、《李自成》、《刑警队长》、《海妖的传说》、《风雨编辑窗》、《一百零三天》、《巍巍昆仑》、《高山下的花环》等。其中赵琮婕播讲的《许茂和他的女儿们》,王刚播讲的《海妖的传说》,被评为1981年中央人民广播电台的优秀节目。在《长篇连续广播》节目中,也播出过一些新评书,如

《赤胆忠心》、《平原枪声》、《烈火金刚》等,一度在全国掀起了评书热。1983年播出的袁阔成说的《三国演义》,听众反应非常强烈,并得到研究《三国演义》的专家们的好评,以及后来广大听众所熟悉的《故土》、《寻找回来的世界》、《新星》、《凯旋在子夜》、《风流才女——石评梅传》、《圈套与花环》和《音乐世家》等都是这一时期的新作。在演播和形式上都进行了新的尝试,由说唱到加混响,由单播到配乐广播,大大提高了节目的审美趣味,很受听众喜爱。

2. 古典文学

《阅读与欣赏》节目,经过一段时间的筹备,于1978年7月由中央人民广播电台恢复播出。重点放在介绍中国古典文学上,适当兼顾现代文学,同时介绍一些文学知识。在撰稿人方面,除了注意约请社会上老的名家、学者以外,还组织了一批中年的大学教师和文学研究人员,如吴功正、唐永德、倪其新、吴庚舜、傅经顺、杨子坚、袁行霈、赵齐平、赵庆培、刘学楷、余恕诚等。在介绍作品的方法上不再沿袭过去的陈规,注重对作品的艺术特点的透彻分析,对主题思想的揭示。如《陆游的婚姻悲剧及其"沈园"诗词》、《女词人生活侧影——介绍李清照的〈点绛唇〉、〈醉花阴〉和〈声声慢〉》、《精彩的穿插——三国演义片段〈曹操杀杨修〉的简析》,这些节目都深得听众的赞赏。同时,要求作品的介绍稿必须写得文情并茂,意趣盎然,语言清新,深入浅出,播起来流畅上口,听起来自然入耳,力求介绍稿本身就是一篇优美的作品。1984年之后《阅读和欣赏》还编播了明清散文、晚清诗歌、李商隐、苏轼、王维、陶渊明、《史记》、《诗经》、《花间词》、《楚辞》、陆游等作家、作品介绍的专题。1988年大规模地介绍了"中学语文古诗文"近百篇,吸引了众多中学生。这时期,在节目的质量上提出了更高的要求。在此基础上,应听众要求,已编印出版《阅读和欣赏》丛书,成为全国畅销的读物。

3. 外国文学

在这一时期,对外国文学广播的方针是:凡是外国的优秀文学作品都可选用,特别是可以多介绍欧美文学。当时国内有关外国文学杂志并不多,主要从《外国文艺》、《译文》、《外国文学》等几本有限的刊物上选材,曾播出了一些19世纪、20世纪的文学名著,如美国作家艾伯特·马尔兹的《二十号街的星期日早晨》,欧·亨利的《麦琪的礼物》、《最后一片叶子》,茨威格的《看不见的收藏》,狄更斯的《穷人的专利权》等。1981年夏天,开始筹办《世界名著欣赏》节目,选播各国著名作家的名著。这个节目在1981年11月开始播出,每月播出一次,每次介绍一位作家及其一篇代表作。广播外国文学,注意了在评述时去繁就简,生动活泼,既明白如话,又给人以诱导启迪,在演播上也注意了听众的感情交流,比较有亲切感,得到听众的欢迎。

4. 电影、话剧录音剪辑

粉碎"四人帮"以后,特别是党的十一届三中全会以来,中国电影才又兴旺起来。在1978年11月,虽然没有恢复《广播影院》的专栏节目,但是标出了固定播出电影和话剧的时间。20世纪80年代,社会上放映的比较好的电影,几乎都被制作成电影录音剪辑,其中反映现实生活的有:《海外赤子》、《樱》、《从奴隶到将军》、《庐山恋》、《大墙后面》、《苦难的心》等12部;革命历史题材的有《归心似箭》、《啊,摇篮》、《吉鸿昌》等10部;外国电影有《基督山伯爵》、《凡尔杜先生》、《佐罗》、《尼罗河惨案》等18部。电影录音剪辑,"文化大革命"以前,很受听众欢迎,"文化大革命"以后,仍然很受听众欢迎。1982年中央人民广播电台向听众进行了一次较大规模的调查,喜欢听电影录音剪辑的听众人数,在中央人民广播电台所有节目中占第二位。50年代初期,电影录音剪辑的解说词,是很简单的,多数停留在交代人物的动作和情节的衔接上。到60年代,通过业务实践和业务学习,逐渐认识到解说词不仅要起交代、提示作用,还应在深化主题、挖掘人物内心活动上多下工夫。"文化大革命"中虽然耽误了一段时间,但现在不少剪辑解说词文笔流畅,朴素自然,取舍得当,层次分明,揭示人物心理活动深刻,有时还夹叙夹议,妙趣横生,做到了源于电影而在某些方面又超过电影,可以说进入了比较成熟的阶段。

80年代播出的话剧有《丹心谱》、《曙光》、《陈毅出山》、《西安事变》、《伽利略传》、《报春花》等。1980年制作出17部话剧录音剪辑,有《救救她》、《陈毅市长》、《骆驼祥子》、《鉴真东渡》、《故都春晓》、《清官外史》、《她》、《霜天晓角》、《左邻右舍》、《深夜静悄悄》、《屋外有热流》、《再见吧,巴黎》、《神秘的古城》、《灰色王国的黎》、《公正舆论》、《为了幸福,干杯》、《猜猜谁来吃晚餐》等。王学娟同志制作了题目为《一部外国影片是怎么译制完成的?》的录音报道。这个录音报道的播出,不仅使听众增长了知识,而且使听众了解到电影译制工作者的辛勤劳动,从中受到教育。党的十一届三中全会以后,林毅搞过不少录音报道,如《享受思考的快乐——黄佐临介绍布莱希特戏剧》、《导演的胆识与影坛新秀——访李俊、斯琴高娃和赵尔康》、《不断攀登艺术高峰——访广州部队战士话剧团演员石韧》等。这些录音报道,不仅在内容取舍及深度上有所开拓,而且在手法上也有新的探索。

除了以上介绍的恢复和发展以前的一些专栏节目外,中央人民广播电台和各地方电台不断推陈出新,遍地开花。如80年代,中央人民广播电台1987年创办的《今晚八点半》,是一档综合性的文艺节目,节目内容包括音乐、戏曲、文学等领域。1988年开办《长篇评书》,涉及传统历史题材和现实生活题材。辽宁人民广播电台1985年创办《童话大王》,节目以古今中外的童话、寓言、民间故事、神话传说为主。吉林人民广播电台创办的《多彩的60分》下开辟了"名篇赏析"、"成语典故"、"名言谚语"等栏目。河北人民广播电台开办《文学广场》,旨在传播文学界信息,传授文学基本原理,指导听众的文学阅览和赏析活动。黑龙江人民广播电台的《周末一小时》节目、上海人民广播电台的《故事世界》专栏等,用轻松的乐曲将幽默小品、笑话、故事、文人轶事、知识典故等串联起来,收听率都居高不下。

随着技术的革新,以及创作者的辛勤耕耘,这一时期的广播文学节目不但在对作品的艺术提炼上和对节目制作的要求上都比以前有所提高,播音的效果也明显改善,特别是立体声广播的运用,使广播文学节目的收听效果达到了"听觉审美"的再次飞跃。这一时期的评书、小说演播比起"文革"时代已大为改观,取得长足的发展,涌现出一批优秀的好编辑、好策划,如鞍山台的李喜元、中央台的叶咏梅、南京台的陆群等;小说演播名家有:王刚、金乃千、张筠英、曹灿、张家声、赵琮婕、关山、瞿弦和、孙兆林、查曼若等;评书演播名家有:袁阔成、刘兰芳、单田芳、李鹤千、陈青远、田连元等。这一时期的广播文学真正进入了老百姓的文化生活,听众的好评如潮,纷纷来信表达自己的感动之情,也有很多听众诚恳地提出宝贵意见和建议,广播文学达到了空前的繁荣。

四

20世纪80年代中期的广播文学进入到了辉煌时期,在80年代末以后的一段时间里,由于诸多因素,广播文学事业开始有所下滑,人们对广播文学的关注度有所降低。广播文学的体裁开始萎缩,以前有小说、诗歌、散文、特写、传记、报告文学、电影、话剧、广播小品等。节目形式有全剧、赏析、讲座、现场直播、录音剪辑、编排、专题等。这一时期,广播文艺作品种类锐减,形式上也较少花样翻新。那些具有真知灼见的赏析,深入浅出的讲座,繁简得当的录音剪辑,鞭辟入里的评述已很少听到。同时,广播文学节目数量锐减。如中央人民广播电台的《阅读与欣赏》等一系列文学节目曾一度受到冷落,而且文学组还曾遭到解散的厄运。随后,由于市场经济的左右,很多电台片面地认识广播文学的价值,抛弃了广播文学这块宝地,压缩了一些好的文学专栏节目,文学节目散放在综艺板块里,而且比例数量少,收听率严重下降,广播文学几乎就剩"长篇小说连播"这一种类型了,广播文学的惨淡经营,令人扼腕。

广播作为20世纪科技的伟大发明,曾一度成为人们获取信息的主流媒体,广播文学也曾经一片繁荣景象。但是,进入20世纪末期,由于电视、网络等强势媒体的冲击,传播方式越来越多元化,进入受众稀缺时代,受众分流,争夺受众之战越演越烈,广播的发展面临着窘境,广播文学也因此面临更大的挑战。同时,市场条件下,为了适应新形势的变化,各地广播进行了大力改革,由于改革是在摸索中进行的,难免会有失偏颇,势必会影响到广播文学的发展。

目前的文艺广播以流行音乐、热线点歌等娱乐节目为主,甚至不乏低级媚俗的内容。固然,文艺广播应发挥娱乐欣赏功能,但也应具有一定的文化和知识内涵,有较高的审美品位。单纯的娱乐还只是一种感性的满足,而从中得到知识、充实自己的精神领域、提高自己的审美情趣,则更是一种智性的满足,而且是更高层次的满足,对听众应该更有吸引力。文学广播,几十年来,培养了众多的文学爱好者,使许多人从中熟知了中国文学名著和外国文学名篇,提高了文化素养。广播文学还使听众从中采撷生活智慧、感悟人生启示、进行历史反思;同时,广播文学,鼓舞人们的精神信念,充实人们的内心世界。有些电台片面地追求"利",而没有长远的眼光和前瞻性,把广播文学武断地加以割舍。殊不知,社会的转型、市场经济发展、价值观念更新、生活方式变化等诸多因素,引发人们心理的波动,人们比任何时候都渴求文艺能够提供更为坚实的精神寄托和仁厚的文化家园。

毋庸置疑,广播文学独特的艺术魅力以及它曾经的辉煌告诉我们,广播文学应该有无限的生命力。广播文学的暂时沉寂,并不代表它走向没落,失去了听众。20世纪90年代,仍然有一批执著的开拓者,为广播文学事业尽心尽责,上海人民广播电台开办的《子夜星河》、山西人民广播电台开办的《文苑漫步》、甘肃人民广播电台开办的《文学大厦》、福建人民广播电台开办的《文学戏曲百花园》、广东人民广播电台的《中国历史故事》……这些专栏节目各具风格,播出后,得到广大听众和专家的肯定。1990年8月20日,中国广播电视学会《小说连播》研究委员会在新疆乌鲁木齐成立。全国电台的《小说连播》节目的编辑结束了个体作战而开创了集团军联合作战的新局面;标志着《小说连播》这项事业在节目制作交换、业务理论研究和社会广泛合作的一个新时期的开始。再如,20世纪90年代获得全国广播文艺奖一等奖的文学作品,如安徽人民广播电台《不该忘却的英雄》、陕西人民广播电台的报告文学《根本利益》、青海人民广播电台的小说连篇《黄土青天》、辽宁人民广播电台的《打开一片被遗忘的天空》、广州人民广播电台的《诗人之怒》、天津人民广播电台的《面朝大海 春暖花开》、浙江人民广播电台的《我这样写歌——记诗人食指》、福建人民广播电台的《太平湖随想》等,都是广播文学的精品,极具审美价值。这些创作人员都是广播文学界的榜样和骄傲,也是捍卫广播文学的勇士。

当然,广播文学自身也存在着一些弊端。如从广播文学的十多年的演变历程来看,播出的节目内容、形式比较单一,缺乏精品,没有真正地了解受众的喜好和口味。同时,创作者的思想比较保守,创新还不够大胆,跟不上时代的变化等。广播人必须以现代人的竞争意识,以现代人的创新开拓精神去指导实施新颖独特的节目运作,方可取得较大的生存和发展空间,广播文学的唯一出路在于不断地创新。在节目的制作上加强技术要素(配乐、音响等),增强受众意识,使节目不但"高雅"而且"通俗";努力树立精品意识,打造品牌栏目;采取分众化的思路,多突出地方特色;尝试媒体经营,推出网络广播文学等。同时,也要看到办好节目与创收并不矛盾,鱼和熊掌兼而得之的范例并不少见。北京人民广播电台制作播出的 300 集《世界著名戏剧故事》,社会反响较大,经济回报也较高。湖北人民广播电台创办的《相约好时光》,在电台文学节目普遍不景气的情况下,此节目以积极向上、高雅清新的风格赢得听众。

其实,广播文学节目,只要坚持不懈、勤奋耕耘,终将有所收获。广播文学之路还很长,为振兴和发展广播,国家广播电影电视总局把 2003 年确定为中国"广播发展年"。"广播发展年"的宏观目标是:广播收听率明显提高,广播创收明显增加,广播影响力明显扩大,广播地位明显提升。为此,广播文学节目的创作也无疑赢得了一个新的发展机遇。

五

广播文学必须不断创优、推优。而全国评优活动体系的完善和发展,必然能更好地激发广大广播文学工作者钻研业务开拓创新的热情,促使广播文学精品的不断涌现,从而推动我国的广播文学事业的良性发展。

回顾我国广播节目的评优历程,"文革"前,中央和省市一级电台就曾举办过不同形式、不同规模的节目评优活动。1961 年根据群众评选在台内公布的《历史故事》等"十大名牌节目",在社会和业内影响深远,对提高从业人员的业务能力起到了积极的作用。真正意义上的节目评奖活动,尤其是全国性和区域性的节目评选活动,是从党的十一届三中全会以后开始的。1983 年由中央人民广播电台牵头举办了第一届"全国优秀广播节目"评选活动,这是首次举办的全国性广播节目的评选活动,以后每年一次。1988 年 2 月,广电部决定由中国广播电视学会统一组织评奖,至此,全国性广播电视评奖具有了国家级政府奖的性质。广播评奖初期以新闻类为主。至 1994 年 2 月,中国广播电视学会颁发"中国广播奖——广播文艺评奖立项方案、分类界定及基本要求"。并且,广播文艺奖中单独为广播文学节目设立了奖项,每年一次,也就是说广播文学节目终于有了专门的国家级政府奖项,这是目前全国广播节目最高等级的奖励。这一举措极大地鼓舞了广播文学的创作者,是广播文学的一场及时雨,给广播文学的发展打了一剂强心针。1995 年 1 月 7 日至 20 日,首届中国广播文艺奖评选在广东省拉开帷幕,评出了第一届获奖的广播文学节目,从此,广播文学的全国评奖活动走上了正轨。

本书中所搜集的作品主要是获得历届(共 12 届)中国广播文艺奖的优秀作品,如获广播文学一等奖的作品:安徽人民广播电台的《不该忘却的英雄》、陕西人民广播电台的报告文学《根本利益》、青海人民广播电台的小说连篇《黄土青天》、辽宁人民广播电台的《打开一片被遗忘的天空》、广州人民广播电台的《诗人之怒》等,它们代表了目前广播文学节目的最高艺术水平,体现了广播文学的时代性。同时,本书还搜集了一些作品创作者的感言和创作背后的故事,以期能开拓广播文学创业者的思路。再者,通过对中国广播文学的优秀栏目的介绍让大家对广播文学有更宏观的认识和了解。

六

再来看电视文学节目。我们知道,电视,既是一种后起的大众传播媒介,又进而发展成为一门相对独立的综合艺术,拥有自身的艺术表现手段。从而,电视之于文学,既是一种传播的媒介和手段,又因其特殊的艺术表现手段而逐渐丰富和改变了传统的文学表现的样式,进而形成了一种新的电视艺术形态:电视文学。

当澳大利亚七万年前的岩画被世人发现的那一刻起,人类的文化史与艺术史就被追溯到了一个更为悠远的年代。在众多的艺术门类中,音乐、舞蹈、绘画、雕塑、建筑、文学、戏剧等,都是早在蒙昧时代或者文明时代的初期便已经出现的艺术形态。而到了19世纪末叶和20世纪上半叶,随着现代科学技术的迅猛发展,作为现代艺术的广播、电影、电视才相继出现,成为人类科学史与艺术史上具有划时代意义的重大事件。在以上的艺术门类中,只有广播、电影和电视这些最年轻的现代艺术,才是我们唯一知道其诞生日期的艺术种类。

这里,我们仅就电视艺术的特性来展开讨论。作为一种综合性的艺术种类,电视艺术的综合性主要体现在以下两个方面:一方面,电视艺术将现代科学技术与艺术融合在一起。无论是电视艺术的诞生还是发展,都是科学与艺术结合的结果。就电视艺术的基础而言,它综合了光学、声学、电学、物理学、化学、机械学、计算机科学等多种自然科学与应用科学的技术成果。这些科技成果被应用到电视制作领域,使得电视艺术的表现手段日益丰富、不断创新。所以说,电视艺术的综合性首先体现在它是自然科学与社会科学、应用科学与人文科学、科学与艺术的综合产物。另一方面,电视艺术更是吸取了其他艺术门类在千百年来的发展实践中积累的经验和精华,并将它们的长处和特点进行融会和组合,最终形成了自己的表现手段,丰富和充实了自己的艺术表现力。例如,电视艺术与戏剧有着密切的关系,戏剧艺术多年来在编剧、导演、表演等方面所形成的艺术规律,为电视艺术提供了许多宝贵的经验。电视艺术也受到了文学的极大影响,无论是优秀的文学作品为电视艺术创作提供了直接的基础,还是文学艺术中的叙事方式和叙事手段给予电视艺术的启发,都是电视艺术发展不可或缺的重要营养。电视艺术从绘画、雕塑中也汲取了艺术营养,绘画和雕塑对光、影、色彩、线条、形体的独特处理,尤其是强烈的造型意识,为电视艺术的画面造型提供了丰富的艺术借鉴,增加了其表现手段的感染力。电视艺术还汲取了音乐的旋律感和节奏感,使音乐成为电视作品概括主题、抒发情感、渲染气氛的重要手段,甚至产生了以音乐为表现主体的电视作品,构成了电视艺术美的重要组成部分。

曾经有人质疑电视的艺术性,认为电视的本质是传播,无论是播出的各种新闻节目还是转播的各种文艺节目,电视都只是作为一种传播载体而存在,不过是人类延伸了的眼睛和耳朵。这种认识的产生和电视早期的作品形态有着一定的关系。早期的电视从业人员由于缺乏电视创作的经验,对电视的规律和特性没有足够的了解,更多的是把电视作为一种传播模式,发挥的是电视作为信息传播载体的作用;也正因此,电视的另一种功用,即电视的表达模式,却在一段时间里没有得到充分的发挥,电视的艺术传播功能在很大程度上被忽略了。然而,随着科学技术的突飞猛进,电视艺术的领域也发生着巨大的变革,越来越多的电视从业人员不仅继承了几十年来电视艺术发展积累的经验,同时也越来越多地利用高新的科学技术成果进行电视艺术创作。多种多样的电视艺术形式脱颖而出,以卓尔不群的崭新面貌出现在世人面前,不仅壮大了电视艺术家族,也丰富了电视艺术屏幕,更为电视艺术正名。

电视文学就是在这样的情形之下形成和发展的。说起电视与文学结合,可以说是和电视发展的历史一样长的。因为,任何一个电视节目,几乎都离不开文学语言的参与,无论是电视剧的文学剧本还是各类电视片中的解说词,无论是电视文艺节目中的主持人串场词还是专门的电视读书类栏目……在各种各样的电视节目形态中,文学艺术也以多种样式结合其中,成为不可或缺的重要组成因素。然而,必须指出的是,除去专门的读书类栏目,在其他的电视节目形态中,文学只是作为化合生成一个新物质的众多物质因素之一而存在,它并不是最终追求的目的。而在专门的电视读书类栏目中,文学艺术的传播和欣赏虽然成为主要目的,却由于这类节目多采取的是主持人或主讲人现场讲解释疑,电视仅仅作为传播手段进行传播的方式存在,因而可以说,此类电视读书栏目,更接近于文学本身,而不是电视本身,电视的信息传播功能得到了实现,而它的另一重要功能——艺术传播功能却被压抑了下来。

不同于其他艺术种类,虽然可以经由电视这种传播媒介到达广大观众,从而实现前所未有的大范围欣赏,然而,代价却是广大电视观众都无法感受到那些艺术形式原汁原味的艺术魅力,其中最有代表性的有戏剧、相声等剧场艺术。这些艺术形式由演员现场表演,通过演员的表演和观众的反馈在当时的观看环境中形成一种"场",这个"场"将演员和观众笼罩在其中,将演员的表演和观众的观看感受形成了一种互动,使演员和观众互相感染,最终形成一致的情感方向,达成基本和谐的情感释放。而通过电视传播的剧场类节目,虽然弥补了剧场中观众单一视点的缺憾,抓住了决定情节发展的重要细节,却很少能传递演员和观众在剧场观看时建立起来的那种"场",虽然也会有观众的反应镜头,却总给人隔靴搔痒的感受。无怪乎有一位坚守小剧场演出的相声演员说,电视相声只是相声艺术的初级和普及,想在电视这个平台上实现相声的研究生水平,那就是一句话:不能够。

文学却与此不同,经由电视这种全能语言的二次创作,不仅能够保留文学的意境美和长于抒情的特性,同时还能够焕发出别样的艺术风采。文学是通过文字语言诉诸读者的想象和联想,在读者脑中和心中形成想象的形象,并留下指认性并不明确的印象和感受。这种模糊形象一方面构成了文学的一种特色,另一方面也为电视的二次创作提供了有利条件。而电视艺术,作为一种强大的综合艺术,既是时间艺术,也是空间艺术;既是视觉艺术,也是听觉艺术,拥有多样的艺术手段进行创作。不同于文学的直入人心,电视创作的特点是直指人眼,通过创造一个个明确具体的艺术形象来让观众感受作品的艺术魅力。正因为文学和电视这两种艺术形式之间存在着这样的创作空间,才使得电视不仅仅作为文学传播的载体而存在,而是以和文学进行紧密化合的方式立足,从而产生了一种崭新的艺术样式——电视文学。

七

什么是"电视文学"?在很长一段时间内,人们对电视文学的认识局限于电视剧文学剧本,这种认识是人们根据一定的历史渊源推理出来的。一直以来,"戏剧剧本"被看作"戏剧文学","电影文学剧本"也被看作"电影文学",而"电视剧文学剧本"被叫作"电视文学"正与此一脉相承。但是,由于"戏剧文学"主要是指"戏剧剧本","电影文学"主要是指"电影文学剧本",它们都具有一定的单一性,并不涉及其他的艺术形式,所以这一命题可以成立。然而,电视却不同于戏剧和电影,因为在电视上存在的电视作品,不单单有"电视剧"一种,还有"电视小说"、"电视散文"、"电视诗"、"电视报告文学"等,这一切都应属于电视文学的范畴,而不是"电视剧文学剧本"一种所能涵盖的。所以,依据"戏剧文学"、"电影文学"的传统观念沿革下来,将"电视剧文学剧本"称作"电视文学"是不科学的,也是不规范的,应该称之为"电视剧文学"。真正的"电视文学"另有他意。

"电视文学"究竟如何界定?关于这一话题业内人士众说纷纭。

有人认为,"电视文学"就是指电视文学剧本,这种观念现在基本已经被认定是不严谨和不全面的。

也有人称"电视文学"是专指具有较浓厚的文学色彩的作品,经过电视化处理,形成电视小说、电视散文、电视微型小说、电视诗、电视报告文学等。它们都是以介绍文学的本体为主,通过电视中多种处理手段来介绍文学作品,以提高文学的观赏性的电视文学节目。

还有人认为,"电视文学"是一个十分宽泛的概念。从外延上来说,它包括电视屏幕上的一切文学形式,不仅包括电视剧文学剧本,甚至包括电视专题片、电视纪录片、电视艺术片内部构成中的文学表现部分;从内涵上来说,它主要包括依据文学的创作规律,文学的审美特征所创作的电视作品,诸如:电视小说、电视散文、电视诗、电视报告文学。持此论者还认为,电视屏幕上的任何一个电视节目,都有一个文学性的问题,文学是一切电视作品的基础。

综合上述各家观点,在本书当中,我们认为:电视文学乃是指将文学作品通过电视化的表现手法进行二次创作,将诉诸读者想象联想的文字语言转化为诉诸观众视听感官的声画语言,从而将诗意的想象转化为诗意的具象;以及直接运用电视艺术的表现手法进行创作,参照文学作品创作的规律,运用文学作品创作的技巧,并大量借鉴、吸取文字语言的叙事、抒情方式,具有文学的意境,体现出强烈的文学的审美特征的电视艺术作品。

电视文学,尤其是电视诗歌、电视散文的名称,经由中央电视台的《电视诗歌散文》节目多年持续播出,已经为很多人所熟悉和喜爱,然而,电视文学节目的出现并不是近几年的事情,而是有着很长的历史源流。

"电视文学"是一种国际共有的文化现象。据资料记载,早在20世纪50年代苏联就创作了电视小说《契诃夫人物系列》,这是一组以苏联著名演员伊·伊里因斯基自己担任解说并扮演全部角色的方式拍摄的《契诃夫短篇小说选集》;日本国家电视台(NHK)从建台开始就设立了"电视小说"栏目,在我国引起巨大反响的电视连续剧《阿信》,在日本就是以"清晨电视小说"的名义播出的;墨西哥的《父女之间》、《诽谤》、《卞卡》在本国都是被称为"电视小说"。在香港也早已出现了"电视文学"样式,无线电视台制作了"名家小说笔下的人物",亚洲电视台制作了"文学系列";台湾电视台也制作了"中国文学家"——《中国文学史电视集》,将历代著名义学家的生平、作品及其影响,通过电视屏幕呈现在广大电视观众前,并且特意邀请了台湾辅仁大学的著名教授担任该片的策划。

至今,中国的电视文学也已经历了几十年的历史发展。

1964年,中央电视台少儿部将著名作家管桦的小说《小英雄雨来》搬上了电视屏幕,以儿童剧中的"故事表演"这一形式出现。这部作品虽然经由演员的表演不可避免地强化了原作的戏剧因素,但同时却绝对忠实于原著,将原作中的全部文学语言,都通过新的声画手段充分地展现在了电视屏幕上,具有极强的文学性。并且,这部作品的诞生标志着先进的电子技术与文学作品产生了直接的密切关系,为将来电视文学的发展开了个头。

1978年,中央电视台少儿部设立了"文学宝库"专栏,目的是给经历了"十年浩劫"的少年儿童输送文学的营养。这一专栏采用"电视小说"的样式,将许多中外文学名著搬上了屏幕,先后播出过安徒生的《卖火柴的小女孩》、鲁迅的《故乡》《孔乙己》,莫里兹·日格蒙德的《七个铜板》,格林兄弟的《白雪公主》等十几部作品。这些电视小说作品,选取经典的文学作品作为蓝本,努力保持原作者的创作个性和独特风貌,以及文学原作的原有风貌、特征和艺术格调,克服了"电视剧"化的创作倾向,彰显了作品的文学品格。

1984年,江苏电视台尝试创作电视诗,并正式在电视屏幕上提出"电视小说"这一明确的概念。他们先后将美国作家欧·亨利的小说《最后一片叶子》改编成同名电视小说,此后,又将奥地利作家茨威格的小说《看不见的珍藏》、朱自清的散文《荷塘月色》等先后改编成电视小说和电视散文,以及当代题材的《小巷通向大街》《零点归来》等作品,它们的共同特点是,并非重视小说的戏剧性,而更加看重文学原著的叙事结构、语言表现形式,从而在电视屏幕上鲜明地树立起了电视小说的旗帜。

1992年5月,江苏电视台开辟了全国第一个电视文学栏目《文学与欣赏》,在第一套节目每周日晚的黄金时段播出。这个栏目着重介绍文学作品,推出文学新人,评论文学现象,辟有《电视诗》《电视散文》《电视小说》《作家风采录》《文学评论》《处女地》等子栏目,既有对文学作品的赏析,又有对作品的评析和对作家的介绍,可以说是一个具有较高品位的纯文学性电视栏目。1994年3月,《文学与欣赏》推出一部较全面反映汪曾祺文学生涯和文学成就的专题片《梦故乡》,有人称之为"电视文学片"。

1993年,上海东方电视台举办了"全国电视散文大奖赛",其中优秀作品有东方电视台的《夏天的羡慕》、福建电视台的《在路上》。这次散文大奖赛,为全国各地的电视文学爱好者和创作者提供了一片展示的舞台,也为大家互相借鉴彼此的经验和心得提供了一个平台,同时集中将一批优秀的电视文学作品推荐给了广大电视观众。

1995年以后,陆续有青岛电视台的《人生TV》、辽宁电视台的《三原色》、浙江电视台的《文学工作室》等电视文学栏目创办。

1998年春节,中央电视台《地方文艺》栏目推出了《'98全国首届电视诗歌散文展播》,从1998年2月1日播出第一期到1999年1月17日播出最后一期,共制作播出了26期共93部电视诗歌散文作品。截止到2005年底,该展播已经进行了八届,推出了大量优秀的电视诗歌散文作品,成为全国电视诗歌散文创作的中坚力量,代表了全国电视诗歌散文创作的最高水平,受到了广大电视诗歌散文爱好者的热烈欢迎和喜爱,也为喧闹的电视屏幕构建了一片"诗意的空间"。

电视文学的发展也受到了业界的关注,1987年11月1日至5日,江苏电视台组织召开"全国首届电视小说学术研讨会",专注于对"电视文学"的理论探讨和理论建设。1994年,中国电视艺术委员会召开了"电视散文观摩研讨会",对这种新兴的电视艺术形态给予了很高的评价。1995年,在第四届江苏电视艺术节期间,由江苏电视台发起的"电视文学节目观摩研讨会"同时在宁举行。来自北京、上海等全国各地的专家、学者以及世家电视台的编导共40多名代表参加了会议。大会集中观摩了10家电视台提供的30多个电视文学节目。

八

电视文学的发展经历了孕育诞生——发展成长——兴旺繁荣的过程，在这个过程中我们可以看出，涉及电视文学作品的许多方面都发生了改变：创作理念、作品形态、题材来源等，电视文学不仅适应着外部观看环境的需要，同时也根据自身的优势和劣势，不断调整着发展的方向。

如前所述，电视文学的孕育诞生是从电视小说开始的。1964年，中央电视台少儿部以"故事表演"的形式将管桦的小说《小英雄雨来》搬上了屏幕，因其绝对忠实于原著，将原著中的全部文学语言都通过电视的声画语言充分地展现在屏幕上，具有极强的文学性，被视为电视小说的雏形。而1978年，中央电视台创立的《文学宝库》栏目，也是将一系列的中外小说名著制作成电视作品奉献给广大电视观众，采用的方式仍然是保持原著风貌、基本格调以及作者创作个性等，从而对这种创作形式作了进一步的探讨，并使其有了新的发展。

文学样式除小说之外尚有诗歌、散文等，何以电视首先选择了小说呢？原因大概有以下几点：首先，小说这种体裁比其他两种体裁对于读者来说更具有亲和力。虽然不能说小说、诗歌、散文等文学体裁孰优孰劣，并且每一种体裁都有许多传世精品，但是不能否认的是，爱听故事是人类的天性，而小说中往往具有完整的故事情节、鲜明的人物形象、典型的故事环境，正好与人类的这种天性相吻合。其次，相对来说，小说比诗歌和散文更具有大众化的倾向。小说以叙事为主，作者将来自现实生活的灵感经过艺术的加工创作成跌宕起伏的小说作品，或起到警世醒世的作用，或为读者提供阅读故事的愉悦。而诗歌和散文以抒发作者自身的感情和体悟为主，所用语言比小说语言更为凝练和讲究，抒发的感悟相对个人化，并往往蕴蓄哲理，未必能引起读者的共鸣，故流传于世并为广大读者所熟知的文学作品中，小说的数量比诗歌和散文的数量超出很多。再者，电视人选择将著名的小说作品制作成不同于电视剧的新样式，一方面是为了保持原著风貌、格调和特色，从而做到对文学作品的普及；另一方面也是出于节约成本的考虑，据资料表明，中央电视台把鲁迅先生的小说《孔乙己》拍摄成电视小说，前后共用了5天时间，花了3000块元钱。而电视小说《七个铜板》只用了几百元钱，在两天内就全部制作完成。正是由于以上原因，当20世纪60年代中国的电视事业处于初创时期，屏幕上缺乏有文学性和文化含量的作品时，电视工作者想到了小说与电视的结合；也正是由于以上原因，当经历了"文革"的十年浩劫之后，为挽救广大少年儿童远离"文化的荒漠"，普及优秀的文学作品，电视工作者又一次将小说与电视结合，创造出了一种全新的艺术形式。

电视文学的发展成长时期几乎对应了江苏电视台对电视文学形式的探索期。江苏电视台于1984年左右先后制作播出了欧·亨利的《最后一片叶子》，斯蒂芬·茨威格的《看不见的珍藏》，以及当代题材的电视小说《小巷通向大街》、《零点归来》等，并且正式在电视屏幕上提出"电视小说"这一明确概念。此外，江苏电视台还制作了电视散文屠格涅夫的《门槛》，电视诗《古诗三首》，以及电视报告文学《生·死·爱》、《专业户外传》等。

这一时期的电视小说比之雏形期的电视小说有了较大的发展：首先，电视小说的取材范围不再局限于中外文学史上的著名作品，而是延伸到了当代文学的领域，这就使得电视小说在浓郁的文学性之外又增添了现实意识。其次，被搬上屏幕的文学作品不再止于小说，其他体裁，如诗歌、散文、报告文学等纷纷走上了电视屏幕，丰富了电视文学这个大家族。再者，电视小说的创作者在实践中摸索并总结经验，在保留文学原作的文学性的同时，注重电视声画语言的运用，超越了电视小说初期"带图像的小说"的创作实质，真正开始向着"电视化"的道路前进。还有，电视文学作品的创作不再是中央电视台一枝独秀的局面，许多地方台都开始进行电视文学作品的创作，东方电视台的《夏天的羡慕》、福建电视台的《在路上》等作品在1993年上海东方电视台举办的"全国电视散文大奖赛"中获奖。此外，在1995年以后，陆续有青岛电视台的《人生TV》、辽宁电视台的《三原色》、浙江电视台的《文学工作室》等文学栏目创办，从而使得电视小说真正初具规模，也使得文学作品如雨后春笋，破土而出，电视文学节目进入了成长发展时期。

电视文学的这一发展阶段是非常重要和关键的。以江苏电视台为主的电视文学节目的创作者们在各个方面和领域都进行了实验和创新，电视文学节目的创作理念和手段以及形态都有了长足的进展，并且为将来电视文学节目的成熟和繁荣打下了坚实的基础。具体来说，江苏电视台对电视文学节目的发展作出的贡献如下：首先，勇于创新，不拘泥于已有形式，将诗歌、散文、报告文学等文学体裁都搬上了电视屏幕，将文学与电视的结合进一步深化下去。其次，在内容表现上，充分发挥电视声画手段的特长，运用声音和画面语言，根据文学原作的需要，或者进行再现或者进行艺术的表现，从而将文学语言艺术地转化为声音和画面语言，传神地抒发文学作品中蕴蓄的感情，表现文学作品中内含的意境。再次，放开眼光，不局限于电视文学作品自身的创作，将电视文学作品放在节目中、栏目中进行整体构思，或增加原作者对自己及作品的介绍，或增加主持人、演员对作品的介绍和体会，或增加专家对该文学作品的解读与评价，或增加读者对该作品的体会和感受，构成了一种内容全面的"电视节目"和"电视栏目"形态，从而使观众对该文学作品和作者有了较全面的认识，较好地理解和欣赏电视文学作品。

电视文学作品在江苏电视台的开花结果其实不是偶然的事情，而是具有"窥一斑可见全豹"的意义。文学作品的阅读和欣赏一直以来都是大众精神食粮的主要来源，然而，电视这种全能媒体的出现，以其巨大的实用性和欣赏性与大众的日常生活胶着在一起，电视仿佛家庭成员般成为人们朝夕相处的伙伴，同时占据了人们大量的时间。文学阅读的时间也在被电视收看挤占掉的时间之列，然而，文学阅读已经成为所有接受现代文明熏陶的人们的精神需要，而电视媒体也需要文学的加盟来增加其文化内涵，于是，电视文学节目顺势而起。江苏电视台可谓顺应了这种需要，并且将这种艺术样式进行了卓有成效的探索，虽然电视文学节目没有因此引起全国性的关注，但是江苏电视台对电视文学节目创作所作出的贡献却是为电视业界所公认和赞誉的，如果说终究有人看得更远，是因为他站在前人的肩上，那么江苏电视台就是那功勋卓著的前人。

九

电视文学节目，更准确地说是电视诗歌散文，作为一种艺术样式在全国范围内产生影响，要归功于中央电视台的《地方文艺》栏目。《地方文艺》栏目是中央电视台为加强与地方各电视台的合作交流，专为各地方电视台的文艺节目提供播出的窗口而创办的，开播于1993年8月1日，主要播出各地方电视台录制的各类优秀的电视文艺节目，包括专场晚会、音乐艺术片、演出实况和节目集锦等，富有地方特色和民族风情，风格多样，五彩缤纷。1998年2月1日推出系列节目《'98首届全国电视诗歌、散文展播》，并设置了《名家谈散文》、《关于散文的话》、《栏目寄语》、《语丝》等小栏目，为电视文学的发展开辟了新的空间。《地方文艺》栏目除《'98首届全国电视诗歌、散文展播》外的其他节目，仍然在每周的固定时间播出。2002年，中央电视台开始实行栏目警示和淘汰制度，这项制度综合了三项指标，即客观指标、主观指标和成本指标，在整个分值体系里分别占50%、30%和20%，评价内容包含收视率、领导、专家评价和节目的投入、产出指标，并设置了栏目所在时段、频道和所属类别的权重指标。2003年年末，中央电视台的十个栏目被末位淘汰，《地方文艺》名列其中。《地方文艺》遭遇此种命运，原因显而易见：在20世纪90年代初的时候，中央电视台作为全国各级电视台中的翘楚，其观念意识和节目质量均领全国之先，各地方电视台都以能将自己的节目在中央电视台播出作为荣耀。然而，电视事业的发展突飞猛进，1999年起，一些地方卫星电视台的迅速崛起，正在构成国内电视格局的新力量，随着国内各级电视媒体不断改革升级，中央电视台虽然仍凭借政策优势、资源优势、人员优势保持着电视界老大哥的地位，但独领风骚的局面已不复存在，中央电视台与各地方电视台在很大程度上已成为竞争对手。因此，《地方文艺》栏目创立之初的"展播"目的已没有太大的意义，遭遇淘汰实属必然。与《地方文艺》中播出的地方文艺节目收视率低、不受观众喜爱形成鲜明对比，展播的电视诗歌、散文作品却受到了广大电视观众的关注和文学爱好者的倾心爱慕。也正因如此，电视诗歌、散文作品并没有随着《地方文艺》的消失而告别电视屏幕，而是在诞生于1999年的《电视诗歌散文》栏目中继续散发着迷人的艺术魅力。

《电视诗歌散文》栏目作为一种"非效益型"的电视节目样式，何以在中央电视台实行末位淘汰和成本核算制度之下，表面上没有优势却仍然能存在下去呢？它所存身的社会环境和电视环境是怎样的呢？首先，现在的整体社会环境都太功利，紧张忙碌的现代生活在带给人们无尽的物质享受的同时，却也将他们折磨得疲于奔命，心灵的澄静，灵魂的安谧，已成为真正的奢侈。人们如同巨浪急流中的舴艋舟，大多时候只能随波沉浮。铺天盖地的信息如同洪流将人们卷挟其中，人们沉溺其中尚不自知，遑论顾及自我，然而，当自我被压抑和忽略得越长久，也就越渴望得到重视和释放。诗歌和散文，抒发对自然的情感，流露对生命的感悟，表达对理想的追求，不仅是传承中国文化的重要载体，也是诠释人生的绝佳形式。正因为如此，许多在现实生活中坚硬了的心灵想要在诗歌和散文的世界中疗伤。其次，20世纪90年代的电视极大丰富，中央台拥有多套频道，地方台争先上星，"有线"扩展如火如荼，游戏娱乐节目、爱情速配节目随台可见，再加上电视剧里的苦情戏悲悲惨惨，宫闱戏恩怨情仇，戏说剧信口开河，我们的电视屏幕充斥着太多的笑语喧哗，浮光掠影；于是，在高收视率的背后也就不乏怨言和反思。而被有些人称为"屏幕里的书香和雅音"的《电视诗歌散文》却凭借表现真挚的情感、真纯的人物、真实的生活而走进了许多人的心灵。最后，电视诗歌散文，超越了单一的文学文本，通过将电视艺术和文学艺术的化合反应，融合了两者的优长和便利，成为了新型的复合文本，具有了新质。从而不仅为生活在"读图时代"的人们以他们所熟悉和喜爱的方式提供了抚慰心灵的"诗意空间"，也以现代传媒的便利方式简化了人们寻求"诗意空间"的方式。还有，《电视诗歌散文》自1998年到2003年，连续六年蝉联"全国电视文艺星光奖"优秀栏目奖，囊括第15、16、17、18届"全国电视文艺星光奖"电视文学类节目一、二、三等奖的全部奖项；2000年，被评为"中央电视台30个优秀栏目"之一。由此可见，《电视诗歌散文》具有的相对较高的收视率和在特定的精神社区内的良好形象，正是这些忠实观众的支持，使得《电视诗歌散文》能够长存于电视屏幕。

电视文学的起步是从电视小说开始的，然而发展到成熟阶段，电视小说却只占很少的数量，甚至有销声匿迹的倾向；电视诗歌，尤其是电视散文逐渐成为电视文学的中坚力量。这种局面的出现有以下原因：首先，散文比其他两种体裁更适合搬上电视屏幕。散文形散神聚，既有可供画面驰骋的广阔空间，又有随处点染却又无处不在的象外之意，创作起来可谓得心应手；小说情节性强的特点给编导在创作时"度"的把握出了难题，一不小心就可能变成了电视剧；而诗歌因其凝练和含蓄，限制了画面的作为，往往导致电视诗歌的形式过分讲究，却在诗意的阐释与升华上不尽如人意。其次，20世纪90年代散文作品的大量涌现为电视散文的创作提供了丰富的文本，也培养了受众对散文的欣赏习惯和解读能力。90年代以来，中国进入转型期，思想观念的转变也体现在文学领域，传统观念"文以载道"已不再一统天下。在这样一个契机下，散文这样一种自由随性、书写自我感受、表现情感体悟的文学样式，自然拥有了新的发展机遇。

电视散文表现形式灵活，涉及内容广泛，然而，归总起来可纳入两类：一种是文学作品的电视化表现，它将文学作品的艺术特性、空灵意境、情感哲理等运用电视艺术的声画语言加以创造性的反映，形成独特的艺术魅力。另一种是借鉴散文的写作手法及表现形式进行电视作品的创作，从而具备灵活的形式、深远的意蕴、有意味的画面等。而无论是以上哪种形式，涉及的内容却基本一致，主要有以下几种：一是对自然景观的歌咏和描摹。中国广阔的地理环境拥有丰富的自然资源，从古代起，中国人就有热爱山水崇尚自然的传统，反映山水之美、游历之乐、感悟之思的散文名篇数不胜数，电视散文将自然景观作为创作的主要内容也就不足为奇。这一类电视散文的灵魂所在是景后之致、景后之情、景后之思，如果只是停留于美景奇观的堆砌陈列，而忽视了融情于景、借景抒情，那些景就只能是没有生命的死板之物。二是记叙记忆深处难忘的人与事。大多数的人都过着平淡无奇的生活，却又都经历过不平凡的特殊时刻或事件，也许是偶然的邂逅，也许是生死的盟誓，也许是瞬间情感的涟漪……在旁人看来无关紧要，对当事人来说却是悸动心灵，终身难忘的。这一类电视散文的灵魂所在是回忆背后的"情致"，无论是改变命运的关键时刻，抑或心灵浪花的瞬间闪光，只要满储回忆者的深情和感悟，就能引起观众的别样感受。三是对历史的关注与思考。历史事件的重新解读、历史人物的是非功过、历史古迹的感怀咏叹、历史名作的新解诠释都属于这一领域表现的范围，此类作品往往具有时间积淀所形成的厚重感、沧桑感和朴拙之味。这一类作品的灵魂是将深远的历史比照切近的今时，抚今追昔，感慨良多，正是这种绵延于人类生生长河的不息之情韵，传承着中华民族的文化血脉，也见证着中国人发展前进的步伐。四是抒情写意、启迪心智的抒情哲理性散文。排斥哲理的作品不会是好作品，任何艺术都需要以独特的方式挖掘出文本中的意境，使创作自然散发出深远蕴藉的哲理意味和耐人寻味的升华美感。这类作品的灵魂所在是处理好情与理的关系，干巴巴的理论说教只能引起厌恶和反感，而美轮美奂却空洞无物的画面和音响又沦于形式化的浅陋，只有通过恰切的声画语言传达出常见却未尝识破的道理才能说是好的作品。

电视散文历经多年的发展，已经越来越走向成熟，也形成了多种多样的风格样式，但是，考察电视散文创作的主要元素，不外乎以下两种：一是电视画面（包括艺术性的字幕）。画面，作为电视语言最重要和最本质的手段，是电视进行艺术创作和信息传播的根本途径。在电视散文这样的电视艺术创作中，画面的作用更是显而易见，文学作品中的环境描摹、人物形象、服饰道具、意境营造等,主要是通过画面造型来完成的,画面拍摄时角度的选取、色彩的运用、虚实的搭配、面积的对比、动静的比照、朝向的设置等,都会给观众的欣赏带来完全不同的视觉冲击和心理感受,可以说,电视散文意兴湍飞的意蕴和情致正是通过恰当的电视画面设计实现的。二是电视声音。在电视散文的创作中,可将声音分成音乐、音响、音效和人声两部分进行探讨。首先讨论前一部分的声音,这些成分作为电视散文创作的结构元素,应该在创作之初就进行艺术的设计,不仅要与人声相和谐,还要与视觉形象的风格特质相融合,最终直接导向情感的抒发和宣泄,文学内涵的揭示与升华。其次要讨论的是人声,在电视散文中主要指文字和诗文的吟诵,它们是电视诗歌散文区别于其他文艺性节目,成为文学性节目的基本构成因素。文学文本中的文字与诗文,具有凝练的品格,蕴藉的余味,不仅能补充画面中的不足,更能够提升画面的意味和品质。而文学文字与诗文经过精心的连缀与组合产生错落有致、高低平仄的听觉美感,也成为电视散文中独具的审美享受。

中央电视台《电视诗歌散文》栏目经过几年的摸索和实践,不仅在电视诗歌和电视散文的本体创作上有了长足的进展,更在创立《电视诗歌散文》这个品牌和品牌的延伸上作出了成就,其成功之处值得借鉴和研究。首先,准确的自身定位和精美的栏目包装。试看《电视诗歌散文》栏目的导语:"天地人、诗音画、真善美。固守着文学的孤独和寂寞,守护着心灵的宁静和祥和。"《电视诗歌散文》在浮华喧嚣的电视屏幕上坚守文学这一方净土,不为利诱,不为名惑,只希望求得心灵的安宁和平静。正是这样纯粹明确的定位,使得《电视诗歌散文》在特定的精神领域拥有了忠实的观众和朋友。在栏目的包装上,以自然的音响、宁静的旋律和简洁的画面、大气的色调共同构成了《电视诗歌散文》栏目散淡却韵味十足的清新面貌,在观众心中留下了美好的印象。其次,超越了以往电视文学类节目的互动模式,整合网络资源,增强自身的竞争能力。电视文学的发展历程,经历了作品式、节目式、栏目式三个阶段,在这个发展过程中,体现了创作者对电视文学作品形态的不断完善和改进,也反映出了创作者对电视观众的逐渐重视和服务意识。但是,创作者和电视观众通过电视媒介的互动毕竟是有限的,这是由电视媒介的自身特性决定的;然而,当互联网加入这种互动的时候,这种互动就具有了无限的可能。观众在《电视诗歌散文》的网站上,可以欣赏最新播出的诗歌、散文作品及同步的音视频;可以查阅以往播出过的优秀作品的文学文本及精美图片;也可以参加与节目相关的网络调查影响节目的走向、品位甚至风格内容;还可以将自己创作的电视文学作品通过电子邮件的形式在《电视诗歌散文》的网站上发表;最后,根据收视群体的社会属性和需要,调整和制定作品内容。《电视诗歌散文》栏目的观众有大、中、小学的教师、学生,知名作家、学者,以及众多的华侨和侨胞等,适应他们的需要,《电视诗歌散文》推出了多种系列的电视文学作品。

在当今大众传媒高度发达的时代,人们追求大众文化的消费,媚俗的快餐文化充斥着人们的精神生活,广播电视文学几乎成为少有的几方净土之一,因而既需要有执著的守望者进行捍卫;同时,更需要有锐意进取的开拓者进行拓荒。本书的一个重要的期望就是把最优秀的作品奉献给大家。其目的就在于:希望能让大家徜徉在广播电视文学的殿堂,感受广播电视文学的特殊魅力,以激发更多从业人员的创作热情,推陈出新,创作出更多更优秀的广播电视作品。

中国广播电视文艺大系

1977—2000

第二部分

广播文学作品

广播电视文学节目卷

1977年　中国国际广播电台

桂林漫步

按：写桂林的稿子很多，这一篇写得概括而有特色。

你听说过中国的美丽城市桂林吗？桂林在中国的南方，距北京两千一百多公里，是一个具有两千多年悠久历史的古城。这里是典型的岩溶（喀斯特）地形，广泛分布的石灰岩，形成一种特殊的、奇伟壮丽的风景。中国自古以来就有"桂林山水甲天下"的说法。

（优美的乐曲出，压低混播）

从我国中南部的湖南乘火车进入广西壮族自治区，一路上都是绵延起伏的山岭；可是，一到桂林附近，景象变了：那高大险峻、气魄雄伟的五岭山岳消失了，出现了一个个平地突起、各不相连、奇形异状的山峰，好像无数巨大的盆景，摆列在铁路两旁。从车厢外望，目不暇接。甚至在繁华的桂林市区漫步，有时猛抬头就会看见一座奇峰突然出现在你的面前。人们根据山的形态给它们取了不少奇妙的名字：那平地突起、耸立在市中心的叫独秀峰，那石层纵断裸露，好像叠着层层彩缎的叫叠彩山，那坐落在江边，很像一只把鼻子伸进江水里的大象的，叫象鼻山，等等。

（乐曲出，压低混）

桂林的山，不仅外形奇特，而且山多有洞，洞内景物琳琅满目。最奇异的要算七星岩和芦笛岩了。七星岩因为在七星山下而得名，这里原是一段地下河道，后来地壳上升，河道露出地面，变成岩洞。早在一千三百多年前，这里就逐渐成为游览的胜地，洞内留下了不少传说、诗文和题刻。芦笛岩在桂林市西北，它是光明山上的一个溶洞，因为在这山上有芦笛草，可以做笛子，所以就把这岩洞叫芦笛岩。这个岩洞深二百四十米，洞内有各种颜色和形状的钟乳石、石笋、石柱、石花。有的像亭台楼阁，有的像玉树银花，有的像花果满园，有的像舞台上的帷幕，折叠拖垂，飘飘欲动，在彩色灯光的照耀下，光彩夺目，气象万千。因此，人们把芦笛岩称作"大自然的艺术之宫"。

据研究，很久以前，桂林是一片汪洋大海，在海底逐渐沉积了厚度不等的石灰岩，后来由于地壳的变动和海水的作用，形成了山和洞。由于岩洞内受到含有游离二氧化碳地下水的长期腐蚀和冲刷作用，形成许多石乳。解放后，园林工人充分发挥聪明才智，根据钟乳石的不同形态，分别配置了彩色灯光，使它更加鲜明突出，引人入胜。

（乐曲出，压低混）

人说现在的桂林有四多：游人多、画家多、工厂多、桂树多。在桂林，可以听到各种不同的语言和口音，看到各种不同的服装。人们来自全国各地，也有不少来自港澳和世界各国。桂林山水风光秀丽,吸引着专业和业余美术爱好者。桂林市有许多工厂的工人爱好绘画,不久前在桂林市举办的全市美术摄影展览会上,就有许多工人的作品。桂林的工厂是新中国成立后,特别是1958年"大跃进"年代才多起来的。如今,桂林全市有近三百家工厂,其中包括钢铁、橡胶、化工、纺织、造纸、电子、医药、食品等工业部门。去年全市工业总产值相当于1949年解放初期的二百三十多倍。由于有领导、有计划地采取了防止污染的有效措施,工业的发展不但没有损害桂林自古以来的天然景色,而且给它增添了几分妩媚。登上桂林市北面的叠彩山,看到一座座新建的工厂散布在那些奇幻的山峰之间,一幢幢楼房沿着绿阴覆盖的大道排列起来,让流过的漓江照着它们的倒影,使人感到新中国的无限生气。

桂林是一个四季常青的绿色城市。这里桂树特别多,漫步街头,在公园、石山、湖滨、河畔、城市街道以及工厂、机关、学校和住宅庭院到处种植桂树。每到夏秋之交,满城桂花,十里飘香。桂林的山属于石灰岩地质,石头上土层薄,温度变化大,保水力差,植树困难。桂林市园林局和广西植物研究所联合成立的石山绿化试验站,研究了克服这个困难的方法。最近几年,全市每年植树几十万株。

(乐曲出,混)

桂林之美,在很大程度上还因为水美。从桂林到阳朔83公里,漓江缓缓地流着,它像一面明亮的镜子,把青青的山峰和朵朵白云都映在水中,游鱼和水底的团团卵石历历可数。

为什么漓江水这么清澈?原来这里的地表多石灰岩,漓江水却含有可以溶掉石灰岩的碳酸气,这两种东西一旦溶于水中,水就变得清亮碧透了,也因这个道理,漓江越到下游水越清澈。从桂林到阳朔,沿江两岸,奇峰密布,山水相依。向来被人称道的"阳朔风景"主要就集中在漓江两岸。乘船游漓江,一路上可以看到清澈萦回的流水,苍翠奇妙的山峰,雄伟的石壁,千姿万态的钟乳石。漓江两岸,不仅风光绮丽,而且气候温和,雨量充沛,物产丰富。新中国成立后,两岸人民组织起来,兴建水库、塘、坝等水利工程两千三百多处,初步形成了一个水利灌溉网,使过去的荒山、荒地和干旱的沙洲得到了灌溉,连年获得农业丰收。

(乐曲突出,混)

阳朔是一个县城,这里的景色比桂林更秀丽。所以有人在"桂林山水甲天下"一语的后面,又加了一句"阳朔山水甲桂林"。阳朔也有很多名山,最著名的是碧莲峰,它很像一朵含苞欲放的莲花。阳朔县城的南面,有一座高插云霄、好像倒插的画笔的山峰,名叫"卓笔峰"。看到它,引起人们丰富的联想:今天,英雄的阳朔人民和桂林人民不是正挥动巨笔,把壮丽的山河描绘得更加壮丽吗?!

(胡耀亭采写,1977年)

1978年　中国国际广播电台

风光如画的丽江

各位听众！我国西南边疆云南省北部的著名风景区——丽江，是纳西族等少数民族聚居的地方，丽江纳西族自治县革委会和丽江专署也设在这里。这次节目时间，播送一篇配乐散文：风光如画的丽江。

（乐曲出，一段后混播）

丽江，这座海拔两千六百米的高原古城，以它气象万千的景色吸引着旅客。环抱古城的峰峦，如碧涛起伏，似翡翠堆积。淙淙流泉，穿城而过。到处鲜花怒放，四季飘香。

丽江的凉爽宜人的气候，也令人感到快意：这里的气温通常在22度左右，冬天不冷，中午可以穿衬衫；夏季不热，雨天可以穿棉衣，是个极好的休养胜地。

丽江城，既古老而又年轻。以四方街为中心的旧城区，卵石铺路，街道狭窄，房子低矮，过去几乎没有什么工业。新市区却是一派新姿：已有较大工矿企业十几个，柏油路宽阔而平坦，街道两旁都是漂亮的新式楼房。城北还修建了广场，在广场的一端矗立着毛泽东主席的全身塑像。每逢佳节，纳西族男女青年就在这里欢歌起舞。

新市区的大街小巷，人来人往，熙熙攘攘，身着民族服装的纳西族和其他民族妇女，有的说说笑笑在商店购买民族特需用品，有的到影院去看电影，或去上班。彩霞般的民族装饰，把这座小城点缀得更加生机勃勃。

（乐曲出，混播）

玉龙雪山，是丽江最富有魅力的胜景。它坐落在丽江城北约三十公里的金沙江沿岸，海拔近六千米，有十三座山峰，峰顶不但终年积雪，且被浓云遮盖。峰头的云彩万态千姿，变化无穷。

由于云海的深埋密盖，很难见到玉龙雪山的全景。我们总算幸运，来到不久，竟然看到了它那美丽动人的容颜，真是难得的奇观！只见白云如带，在半山腰缠绕。山巅的白雪，如银似玉，熠熠闪光。"丽江雪山天下绝，积玉堆琼几千迭"的诗句，正活画出雪山的美。

玉龙雪山，不但以它独有的风姿著称于世，也以它漫山遍谷的多种多样的植物驰名。这里的植物是以不同的海拔高度和气候分层而生的，它们色彩各异，浓淡分明，形成了从温带到寒带的缩影，因而这里被植物学家誉为"植物宝库"。据调查，光是有经济价值的木本植物就不下百余种，山上的药材已知名的就有四百多种。玉龙雪山还是"花的世界"呢，仅杜鹃花就有三百多种。远远看去，那丛丛簇簇的杜鹃花，和各种不知名的野花，犹如云霞飘落，好看极了。雪山还蕴藏着丰富的水利资源，无数条泉水向山下奔流，几里之外就能听到它们的响声。

（乐曲出，混播）

"到黑龙潭去看雪山的倒影吧！"丽江的主人这样热情地指点。一个晴朗的早晨，我们站在黑龙潭的玉带桥头,俯视清澈的水底。只见玉龙雪山十三峰如飞龙般潜在水中,轮廓清晰,气势磅礴,衬以片片流云,明净蓝天,真是一幅绝妙的山水画!

我们正入迷地观看雪山倒影的时候,潺潺的泉水声从身后传来。这座秀丽的公园里,清澈的泉水从各处涌出,汇积成潭。潭中有高三层的亭阁,高耸秀雅,名叫"得月楼"。潭畔古木参天,几百种花卉常年盛开。纳西族人民很早以前就开沟挖渠,把泉水引向各处,灌溉着城郊的大片土地。在城内,股股清泉从房前屋后淌过,使这座古城享有"户户泉水"的美称。

(乐曲出,混播)

离丽江城约15公里有个地方叫白沙,这里有过去纳西族土司的宫殿和寺庙,里面保存着350多幅精美的壁画。这些壁画,大约绘制于公元15世纪我国明朝中期。那时,汉族人口逐渐迁入丽江,汉族文化也随之输送进来。土司的建筑、雕刻、绘画等都聘请中原汉人来帮助。白沙壁画,就是由当时纳西族、汉族、藏族的艺人共同绘制的。

白沙壁画都是人物画,它反映了当时劳动人民的劳动生活和宗教生活,其中还有为数不少的佛像。这些壁画具有特殊的艺术风格和浓郁的民族色彩,线条纤细而清楚,人物形态端庄而又栩栩如生。

白沙壁画是有名的珍贵文物之一。解放以后,党和政府先后派了许多美术、考古、历史工作者进行考察和研究,并多次组织美术工作人员进行临摹。不少临摹作品曾先后在国内各大城市展览。

初到丽江的人,总要到石鼓渡口看看,石鼓渡口是中国工农红军第二方面军抢渡金沙江的地方。金沙江从峡谷中浩浩荡荡由西北方急流而来,到了这里又急转往北,形成了著名的"长江第一弯"。这里江面宽阔,水势缓慢,宜于渡船。江边立有一块青石做的石碑,状如鼓形,又圆又厚,所以叫作石鼓。"石鼓"这一地名就由此而来。

(乐曲出,混播放大到完)

当年红军来到这里,没收地方的浮财,分给了穷苦人,他们严守纪律,不拿群众一针一线,受到各族人民的热烈拥护。纳西族和各族群众主动给红军做向导,积极打捞沉船,赶制木排,帮助红军渡江。

中国工农红军第二方面军的一万八千多英雄健儿,在贺龙、任弼时同志的指挥下,于1936年4月间用两天多时间完成了抢渡金沙江的任务,取得了战略转移中的重大胜利。关于红军的许多传说故事,至今还在丽江人民中广泛流传着。

(云南记者站、国内新闻部采写)

1978 年　中国国际广播电台

成都漫步

甲：各位听众！现在请听特写：成都漫步。

（音乐出，混）

乙：春天，人们从多风沙的北方来到西南四川省省会成都，都有这样的感觉：令人讨厌的风沙不见了，空气里含有水分，那么柔和、湿润。放眼望去，到处是茂林修竹，河渠密布，花草如锦。而更加吸引人的是那为数众多的名胜古迹和全市正在向现代化迈进的步伐。无怪人们对这座古老而又年轻的城市，是那样向往和留恋了。

甲：成都距北京两千多公里，它坐落在四川盆地的中心。整个四川盆地四面为高山所环绕，北有秦岭和大巴山，西有青藏高原，南有云贵高原。北面的高山阻挡北来的冷空气，所以即使是东有巫山，冬季，这里气温也比同纬度的长江中下游要高，一年四季变化并不明显。

（音乐出，混）

乙：成都，是一个具有悠久历史的古老城市。远在两千三百多年前，这里就成为古蜀的都城。从那以后，历史上先后有蜀汉（公元3世纪）、前蜀、后蜀（10世纪）三个封建割据政权在这里称帝。公元前两百多年，成都的地方官李冰依靠劳动人民的智慧和力量，在这里兴修了举世闻名的都江堰水利工程，既能灌溉，又能排涝，靠了它，四川形成了沃野千里的"天府"之国。

甲：成都，也是一个文化古城。公元前2世纪的中国汉代著名辞赋大师司马相如和扬雄都出生在成都，8世纪的中国大诗人杜甫和12世纪的著名诗人陆游曾经长期寓居成都，在这里写下不少千古传诵的诗篇。

乙：在成都市各公园游览，人们随处都可以看到这种与悠久的历史和文化相联系的名胜古迹。在成都市南郊，有一片红墙环绕、古柏参天的园林。园内殿宇高大，布局严整，具有我国古代建筑艺术的独特风格。这里就是著名的诸葛亮武侯祠。诸葛亮是公元3世纪蜀国具有卓越才能的政治家和军事家，在中国民间传为智慧的化身。他辅佐刘备建立蜀汉政权，对当时我国西南地区的统一和经济文化的发展作出了积极的贡献。这里有蜀汉昭烈帝刘备陵墓，有刘备和诸葛亮的塑像，还有许多碑碣、匾联、鼎、炉、钟和诸葛亮铜鼓等文物，是研究蜀汉历史的重要资料。

（音乐出，混）

甲：从武侯祠东行，穿过西南民族学院、四川大学等院校聚集的文化区，就是掩映在锦江波光云影之间的望江楼公园。走进翠瓦红墙的园门，顺着翠竹夹道前进，眼前出现了一座高大古代建筑，就是望江楼。园里有各色各样的鲜花，而最引人注目的还是种类繁多的翠竹，不仅包括了四川全省各种珍贵的竹种，还有千里迢迢从华南甚至日本运来的三十多种名竹。有的枝叶遮

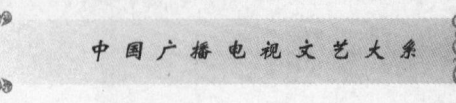

日蔽天，有的根部竹竿上重重叠叠满布奇节，有的枝叶挺秀细长好像凤尾。这里的每一条路径的两旁都种植了青竹，每一座亭台楼阁都深藏在绿竹丛中。人们漫步竹林中，连洒在衣服上的阳光似乎也染上了一抹翠绿色。

乙：望江楼公园原是8世纪我国唐代女诗人薛涛的故居。这里有一口井，水色清洌，相传薛涛就汲取井水，浸合其他原料，制成一种深红色的花笺，诗人用以写诗，名噪一时，人们把它叫作"薛笺"。

（音乐出，混）

甲：最令人流连忘返的是坐落在成都西郊浣花溪畔的"杜甫草堂"。杜甫是公元8世纪我国唐代的大诗人，公元712年他生于河南省巩县的一个小官僚家庭里，自幼好学，知识渊博，对政治有抱负。在青年时代，他就曾经漫游全国各地，以后定居当时的京都长安，公元759年由于政治上的挫折和生活的贫困，他又被迫离开长安，迁居四川成都郊外。他先后在这里住了三年多。杜甫的诗流传到现在的有一千四百多首，其中有二百四十多首是在这里写作的。

乙：杜甫所处的时代正是我国唐代由盛转衰的时代，剧烈的社会动荡把杜甫卷进了颠沛流离的人群之中，使他有机会更多地接触到劳动人民的苦难生活，因而对于他所经历的这个时代和所处的社会有更加深刻的观察。在他写作的大量诗篇中，有很大一部分反映了人民的苦难，提出了一些进步的政治主张。例如，他有一首叫《茅屋为秋风所破歌》的诗：在一个狂风暴雨的夜晚，疾风掀走了他草堂的屋顶，他从自己的苦难中想到了与他处境相同的劳动人民的痛苦。他在诗中喊出了"安得广厦千万间"的呼声，热望广大劳动人民有良好的居住条件。由于他的诗篇所反映的深广的社会内容和高度的艺术成就，后人把杜甫列为我国唐代成就最高的诗人之一。

（音乐出，混）

甲：走进杜甫草堂的"诗史堂"，迎面就是杜甫的全身塑像。诗人捻须微吟，栩栩如生，形态逼真。人们站在这里，久久不愿离去。跨过一座小桥，越过"柴门"的台阶，就到了"工部祠"，这里陈列着14世纪以来有关杜甫的石刻、石碑和泥塑杜甫像。后面的"草堂书屋"等展览室里，陈列着杜甫有关的图书文物，这里有杜诗版本展览，包括历代精刻本、手写本和解放后的铅印本，还有英、法、俄、日等十五种外文译本总共一百五十多种。这里还收藏着中文和外文出版的杜甫传记和杜诗研究论著二千七百多种，有关草堂的书画四千多种。从这里可以看出杜甫对丰富我国和世界文学宝库所作的贡献。

乙：杜甫草堂如今已经扩展为规模宏伟的园林了。园中种植了三十多种梅花，还有玉兰、海棠、山茶、杜鹃、月桂等名贵花木。一年四季，鲜花盛开，满园飘香。

（音乐出，混）

甲：成都，是一个多花的城市。成都又名锦城，早在两千多年前，这里就用蚕丝生产一种蜀锦，色泽绚丽，是珍贵的贡品。从那时起，历代都在成都设立管理织锦的官。成都的另外一个名称叫"芙蓉城"，相传公元10世纪蜀国国王曾经在成都土城上遍植芙蓉，每年9月，芙蓉盛开，满城锦绣。历代到过成都的诗人都曾经写过很多颂扬这里风物的诗词。

乙：成都的花木是很有名的。古时候，成都的人们称农历二月为"花市"，每年农历二月十五定名为"花朝节"。在这个节日里，种花的艺人们都把自己养种的名花挑到市上来，供人们欣赏并出售。这一习俗一直沿袭到现在。

甲：成都既古老又年轻。熟悉成都过去的人都会告诉你，1949年解放以前，成都的范围只相当于现在的四分之一。全市工业只有"两个半烟囱"。如今，成都已经拥有航空、冶金、机械、化工、电力、纺织、仪表、食品等工业。这一切都是解放后二十几年发展起来的。因此，就向现代化迈进来说，成都还只是青春焕发的小伙子。大诗人杜甫不是讴歌过成都的春天吗？其实，成都真正的春天是今天人民当家作主的时代。

（成都市城建局、成都市电台、国内部合采）

1978年 中国国际广播电台

群山环抱的贵阳

各位听众！现在播送本台记者写的一篇散文，题目是：群山环抱的贵阳。

（音乐出，混）

很早以前，有一位诗人，把中国西南贵州省省会贵阳形容为"连峰际天兮飞鸟不通"。这当然是诗人的夸张，但确也反映了贵阳当时的情况：山高、路远、交通闭塞。

贵阳是个群山环抱的城市。如果把四周的群山比作花瓣，那么贵阳城就好像花蕊一样坐落在花瓣之中。无论你从哪个方向进入贵阳，都可以看到那连绵起伏的群山，像大海的波涛一样展向天际。从前，在市中心，抬头就可以看到高山。如今，整个贵阳高楼耸立，厂矿连片，一座座高大的烟囱好像在和大山比高，四周的巍巍群山也似乎变得低矮了。

（音乐出，混）

贵阳坐落在平均海拔一千米到二千米的云贵高原上。高原上峰峦叠嶂，地面崎岖。境内无数河流长期切割地面，形成许多又深又陡的峡谷。俗话说"地无三里平"，这就是贵州地形的写照。

贵阳市现有人口120万，其中市区人口75万。解放前，贵阳仅有小型工厂作坊30多个，目前大中小工厂企业已发展到567个。1977年的工业总产值相当于解放初期的120倍，贵阳市已经成为拥有冶金、机械、电子、化工、纺织、食品等初具规模的社会主义现代化工业城市。

过去，贵阳市的交通确实是闭塞的。翻开旧地图看看，解放前的贵阳和省内外联系只是一些残缺的公路和古老的驿道。现在的情况当然不同了。航空，可以直达首都北京和全国其他大城市。解放后修建的黔桂（贵阳—桂林）、川黔（贵阳—重庆）、湘黔（贵阳—长沙）、贵昆（贵阳—昆明）铁路线把贵阳和全国各地联系起来了。公路交通密如蛛网，连最偏僻的山区也通汽车了。如果那位慨叹"飞鸟不通"的诗人今天还活着，他定会赞叹贵阳交通的"四通八达"了。

（音乐出，混）

当地的人告诉我们，到贵阳来最好是夏天或是冬天。六七月间，到处热得像蒸笼，贵阳的天气却像三四月，不冷不热。要是冬天，你从北方来，满身带着霜雪，一到贵阳，准会叫起来："哎呀，屋外的花草怎么还开着花呢！"其实没有什么奇怪。这儿属于亚热带，但又坐落在云贵高原上，海拔相当高，北面的高山挡住了从北方吹来的寒风，几方面条件一调节，自然就冷热均匀，长年都像春天了。我们来的时候已经是暮春季节了,杜鹃花盛开着。有几米高的大树,也有低矮的灌丛,花色有红有紫,有黄有白,漫山遍谷,十分好看。

贵阳有很多风景区。从市中心向西北走不上两公里就是著名的黔灵山公园。公园背靠苍翠秀丽的山峰,门前大道全为梧桐浓阴所覆盖。黔灵山是由三个山峰构成的,它像鼎足一样环抱着山腹的一大片洼地。山上有几百年的苍松,有二三十米高的丹枫,有罕见的能耐霜雪的红豆树。还有许许多多的古树。这里还有一个动物园,园中有大熊猫、小熊猫、华南虎、非洲狮以及孔雀、鹦鹉、珍珠鸡等。由于人工饲养技术的不断提高,这里的虎、豹、熊等连年产仔繁殖。1972年我国运往非洲苏丹去的一对华南虎,就是在这里长大的。在黔灵山的后面,有个黔灵湖,这是1955年拦山蓄洪建成的人工湖,面积约20公顷,湖面上绿波荡漾,辉映着群山的碧树苍岩,更增加山水的美丽。

(音乐出,混)

被称为"贵州高原花朵"的花溪公园位于贵阳市的西南。走进公园的大门,使人就像置身在一幅美妙的图画中。这里的山水都是大自然的杰作,没有任何人工痕迹。瞧瞧那花溪水,蜿蜒数十里,碧绿碧绿的,绿得像最醇的青梅汤,看一眼也叫人心醉。再瞧瞧那沿峰的翠柳花木,春天到了桃红一片,冬天到了梅香十里,岸上的石山、溪上的朱桥和在溪水里荡漾的轻舟,给人以恬静柔美的感觉。

令人感兴趣的还有贵阳南郊的"地下公园"。它是1965年才整理出来的石灰岩溶洞,长六百多米。它的形成大约经历了一百万年。洞中的石钟、石乳、石笋、石幔、石花构成了一幅琳琅满目、丰富多姿的景色。有的像山峰,有的像人物,有的像银河飞瀑,有的像飞禽走兽……奇形怪状,变化万千,真是目不暇接。

(音乐出,混)

过去看古典中国山水画,看到那些长在岩石上的古树,那巨大的树根,盘根错节深深地扎根于岩石缝中,感到很有意思。到了贵阳,游黔灵山,看花溪,我们亲眼看到了这些奇景。那些古树从山岭的石缝中长出来,枝桠在顶端交叉盘旋,有的像伞盖,有的像菌子。有的树根把岩石都穿破了,多么大的威力呀!园林局的一位同志告诉我们:石灰岩是碱性,树根有酸性,坚硬的石头也会在柔软的树根面前低头的。

在贵阳市,漫步街头,一幅醒目的宣传画映入眼帘:画面的上方是人造卫星和电子模型,下面是一群身穿各族服装的工人、农民和知识分子,他们目视前方,手挽着手,迈开大步。在他们前进的方向写着"二〇〇〇年"的字样,这就是贵阳市人民今天心里想的和正在为之奋斗的。

(国内新闻部采写)

1979年　中国国际广播电台

文化古城杭州

各位听众,在这次节目时间里,介绍文化古城杭州。

(音乐出一段后,混播)

杭州,是我国东部浙江省省会,它以风光绮丽的西湖闻名于世。杭州,也是一座文化古城,已有两千年的历史,9世纪末的吴越王朝和12世纪的南宋王朝,曾两次建都在这里。杭州的名胜和大量的石刻、碑志、建筑等,是研究我国历史和民族文化的珍贵文物。

公元822年,唐代大诗人白居易来杭州做刺史,他在三年任期内,对西湖有不少建树,同时还留下许多著名的诗篇。我们这里引用一首题为《钱塘湖春行》,诗是这样写的:

"孤山寺北贾亭西,水面初平云脚低。

几处早莺争暖树,谁家新燕啄春泥。

乱花渐欲迷人眼,浅草才能没马蹄。

最爱湖东行不足,绿杨阴里白沙堤。"

后来,他离开杭州,还念念不忘西湖的景色,写了词《忆江南》。词中有这样的句子:

"江南忆,最忆是杭州。

山寺月中寻桂子,郡亭枕上看潮头,

何日更重游?"

到了公元11世纪,宋朝的苏轼,又来杭州做太守。他发动人民开浚西湖,把掘出的泥土筑了一条贯穿西湖南北、长两千八百多米的长堤,就是现在的苏堤。堤上栽桃种柳,每隔不远,修一座桥,共有六座桥。每当春天在晓雾迷蒙中,远望苏堤六桥,犹如一幅水彩画,景色十分迷人。

苏轼又名苏东坡,是文学家、诗人,也是画家和书法家。他学识渊博,诗词清新豪迈,气魄雄伟。有一次,他和朋友们在湖上饮酒,开始是晴天,后来下起小雨,他因而作诗。诗中写道:"水光潋滟晴方好,山色空蒙雨亦奇。欲把西湖比西子,淡妆浓抹总相宜。"他把西湖比作我国古代的美女西施,意思是不论在什么季节和天气里,西湖都有它的独特风光。

后来,还有不少诗人、画家,在杭州吟诗、作画、篆刻、写书,他们留下的作品,使没有到过西湖的人不胜向往。

(音乐再出一段后,混播)

在西湖名胜中有一个孤山,这个小山在湖中偏西的地方孤立着,因此得到这样一个名称。登上孤山山顶,西湖全景可以一览无遗。山上种植大量梅花,冬天冷香袭人,环境十分幽静。

1903年我国清末大画家、篆刻家吴昌硕等人发起成立了一个专门研究金石篆刻(刻印)的艺术团体，叫"西泠印社"。刻印是我国特有的一种艺术形式，起源很早，古代的印大多数是铜质的，14世纪以后，石质印章才发展起来，形成一门艺术。印章有的刻自己姓名、别名，有的刻格言或诗句。刻好的印章用红色印泥印在绘画或书法作品上，十分美观、醒目。

　　西泠印社社址就在孤山西麓，这里有山泉，两旁是古树、竹林，洁白的玉兰、火红的山茶。泉旁的石上刻着"西泠印社"四个大篆字。这上面有个石塔，塔座上刻有神态各不相同的十五个罗汉，刻工很细。塔的西边有一石室，室中有"三老忌日碑"，这碑有一千九百年的历史，是我国汉碑中极名贵的一块，是西泠印社社员建室保存起来的。

　　在当年西泠印社的旧址中，现在陈列着许多印谱(篆刻印文拓本)，这是杭州教师、学生、工人等的作品。浙江美术印厂工人张根沉把周恩来总理青年时代写的一首诗《大江歌罢掉头东》刻在一个十几公分长的椭圆形印章上，刻法简练而典雅，继承了我国古代的传统而有发展。

　　(音乐出一段后，混播)

　　杭州的古代建筑、古代遗址是极丰富的。从这些建筑、雕刻中，可以看到当代的建筑风格和建筑者的智慧。

　　西湖南部，钱塘江畔的六和塔就是杰出的一个建筑物。这座塔建在月轮峰上，塔高60米。是砖木结构，共13层，它的平面作八角形，有24个柱子，在飞檐翘角上挂有104个大铁铃。由于各檐中间只见斗拱(柱和屋顶之间过渡部分)，不露塔身，又加以檐的宽度逐层缩小，因此塔的轮廓十分和谐美观。塔内每两层为一级，共七级，可拾级盘旋而上，直达顶层。塔内每层顶部都雕刻着人物、花卉、鸟兽和各种图案，用笔精炼而生动。如果从远处瞭望六和塔，只见层层密檐横空，檐上明亮，檐下黑暗，一明一暗，轮廓分明，这是我国古代建筑艺术上特有的适宜远望的处理手法。

　　登上六和塔，远望钱塘江大桥和江上帆影，使人心胸开阔。在钱塘江边还矗立着巍峨的蔡永祥烈士纪念馆。蔡永祥是守卫钱塘江大桥的人民解放军战士，1966年10月"文化大革命"初期，他为了抢救满载红卫兵的一列火车，在大桥上英勇牺牲。从那以后，每年春天，清明节前，许多系着红领巾的少年儿童，都来这里向烈士的塑像献花圈，纪念这位舍己救人的年轻战士。

　　在杭州西部丛山中，有一座本地最大的庙宇——灵隐寺，也是游人必到的地方。灵隐寺创建于晋朝，历代屡经兴废，至今已有一千六百多年的历史。是一处树老林深、文物丰富的古迹。

　　灵隐寺主要建筑有天王殿和大雄宝殿。大雄宝殿曾因年久失修，主梁下坍，佛像也被压毁。现在的大殿是解放后重修的，保持了原有的建筑风格。这座殿，高33.6米，是我国单层重檐的著名建筑。大雄宝殿内的释迦牟尼佛像高19米，用香樟木雕成，外饰金粉，造型生动。

　　灵隐寺的对面是飞来峰石窟，是座高两百多米的石灰岩山峰。这里山径迂回，林木苍翠，多岩洞峭壁。其中的龙泓洞，洞内可容数百人，由于岩石内部受到风化和侵蚀，渐渐形成裂缝，在洞中可望见天光一线，名为"一线天"，是一奇景。飞来峰上有古代石刻造像280多个，这些石刻是五代、宋(10世纪至13世纪)之间的作品，是我国江南古代石窟艺术的重要遗产。飞来峰沿溪山岩上的石雕像是在陡立的岩石上雕刻成的，可以想见，当年石工攀着绝壁进行雕刻是多么难能可贵。

　　在杭州，西湖边及其附近的峰峦上，还有很多名泉，如玉泉、虎跑泉等，用这些泉水泡西湖特产龙井茶，别有风味。现在名泉附近都设立有茶社，不论在风和日丽的春天，还是桂子飘香的秋日,都吸引着众多的游人。

杭州,是一个充满诗情画意的花园城市,也是我国文化古迹保存比较完整的胜地。未到过杭州的人对它渴慕,游过杭州的人,每一想到它也会产生"何日更重游"的心情。

(音乐放大到完)

(国内新闻部采写)

1979年　中国国际广播电台

天坛游记

(音响①古乐曲出,混)

坐落在北京城南的天坛,是中国明清两代(14世纪至20世纪初)皇帝祭天、祈谷的地方。当时,封建皇帝自称天子,愚弄人民,祭天的典礼皇帝要亲自出马,仪式最为隆重,所以天坛的建筑既雄伟壮观,又规模宏大,占地面积270多公顷。现在,它是北京市区最大的公园。

从天安门广场南行,出前门,再向南行两公里就到了天坛。天坛有两重围墙,把它分成内坛和外坛。这两重围墙,北边呈圆形,南边则呈方形,设计人以此象征所谓"天圆地方"。进入天坛的西门,深幽的道路两旁,古柏森森,使人感到一种肃穆、神秘的气氛。

进入内坛,眼前出现了一座高台基,这叫丹陛桥,也叫神道。它高出地面2.5米,宽29米,长360米。这条贯穿南北的神道连接着天坛两组主要建筑,往北是雄伟壮丽的祈年殿,往南是别具风格的皇穹宇和寰丘。

祈年殿建在一座洁白大理石的三层圆形高台基上,每层都护以雕花的白石栏杆,远看好像是放在白玉盘里似的。这座三层檐的祈年殿,连同台基高38米,直径30米。用红柱支撑的三层檐上,铺盖着青色琉璃瓦,顶子上冠一个铜制鎏金大圆宝顶,使整个建筑显得色彩绚丽夺目。殿内没有墙壁,只有槅扇门,殿顶有精美的彩画,高大、沉重的三重檐和梁架,完全靠28根巨大的木柱支撑。当中的四根柱子叫"龙井柱",高达19米多,两人合抱不过来。据说这4根柱子,象征着四季;中层12根柱子,象征着一年的12个月;外层的12根柱子,象征着一日的12个时辰。这三层柱子分别支撑着上面的三层檐,使这座木结构的大殿在建筑和造型艺术上,具有高度的艺术价值。

(乐曲止)

祈年殿原来是封建帝王祭天之处,后改为祈祷五谷丰登的地方。现在,祈年殿北面的皇乾殿里,还陈列着几百年前皇帝祭天时奏乐的各种乐器。

(音响②乐器声出,混播)

这是乐器中的编钟和编磬的声音。

出祈年殿,沿着神道往南,可以看到一座单层圆顶、上铺青色琉璃瓦的殿宇,叫皇穹宇。它高19.5米,房檐舒展,远远望去好似一把张开的金顶的蓝伞。这是当时祭天后储存皇天上帝牌位的地方。

皇穹宇的四周,有磨砖对缝砌成圆形的墙壁,这就是闻名的"回音壁"。一个人在一端贴着圆墙轻声讲话,站在60米处的另一端可以清晰地听见对方传来的声音,好像打电话一样。也许有人会觉得奇妙,实际上是声波沿着弧形墙壁连续反射前进的缘故。

(音响③说话声出,混播)

这里有一群外国朋友正耳贴围墙,很有兴味地试听对方传来的声音。"啊,听到了!"人们高兴得笑起来。

在皇穹宇台阶前的石板上,有引人注意的三音石。站在第一块石板上,拍一掌可以听到一声回音;站在第二块石板上拍一掌,可以听到两声回音;站在第三块石板上拍一掌,可以听到三声回音。这是因为人所站立的位置不同,发出的声波被圆壁折回再传入人耳的时间有先有后,所以听到的次数也不同。

(音响④掌声出,混播)

这是游客正在拍掌,回声清晰可闻。

出围墙向南就是寰丘。一座洁白的三层大理石圆坛,每层四周的边上绕以汉白玉石栏杆。据说,因为天是无边无际的空间,所以台上没有建房屋,对空祭祀,称之为"露祭"。中国古代把天看作阳性,寰丘的层数、台面、台阶、栏杆的尺寸等都是阳性数字(单数)。坛上层中间有一块圆石,四周铺的石板,呈放射状向外延伸,这里就是皇帝祭天的所在。寰丘外面的围墙建得低矮,上面青蓝色的琉璃瓦同天空一色,墙外松枝低垂,登上坛顶有凌空之感。寰丘上层中间的那块圆石,就是著名的"回音石"。如果你站在圆石正中,对空说话,你会听到响亮的回声,就像得到上天的应和一样。

(音响⑤说话声出)

一个游人正在说话,体会着其中的妙趣。

为什么一个人对空说话,耳边会回荡着声音呢?导游说,这是因为人站在圆石中心,说话时声波从周围栏板反射回来集中到一点上,所以听到较响的回音。回音石和回音壁、三音石一样,显示了中国古代劳动人民的智慧,他们巧妙地把声学、几何学原理运用于建筑方面,这是中国建筑史上的珍贵遗产。

(臧道林采写,1979年)

1980年 中国国际广播电台

中秋节

按:这是一篇介绍传统节日的较好稿件,它把知识性、趣味性有机地结合在一起,语言朴实、流畅。文章的开头也较为吸引人,避免了一般化。

最近到中国的外国朋友会发现,在各个食品店里,开始大量出售一种叫作"月饼"的圆形糕点。这标志着中秋节的来临。今年的中秋节是公历9月23日。按照中国的农历,这个节日都在每年的八月十五日。

中秋节的中秋在汉语里就是秋天中间的意思。因为农历八月是秋季的中间一个月,十五日又是这个月中间的一天,所以八月十五日就被称为"中秋"。

这一天是什么时候成为节日的呢?现在还没有确切的考证,只知道很早很早的古代就过这个节了。中秋八月,各种农作物和果品陆续成熟收获,进入了被称为"黄金季节"的美好时期。辛勤劳动了大半年的农民总要找个日子,摆出丰硕的劳动果实品尝庆祝一番,表达喜悦的心情。那时,人们把自己的温饱与幸福寄托于神的保佑,所以每年都要拜祭包括日、月在内的许多神。祭太阳在春天,祭月亮在秋天。秋天空气洁净爽朗,月光最亮。特别是八月十五日这天,月亮显得最圆,月色最亮最美。因此人们把这个最吉祥的日子选作节日。当然,古人当时还不知道,月光最亮的重要原因是由于这天的太阳、地球、月球运行到最接近在一条直线上,月亮接受了直射的阳光。

中秋节离不开赏月。古人面对明亮绮丽的月亮,幻想出不少美妙的神话。流传最广最久的是"嫦娥奔月"的故事。传说美丽的嫦娥是擅长射箭的武士羿的妻子。他俩都是天上的神。那时天上有十个太阳,它们一齐出来逞凶施威,烤得大地禾苗枯焦、江湖沸腾。人民活不下去,晒死、渴死、饿死的越来越多。羿为人民除害,射落了九个太阳。太阳的父亲东方天帝生气了,把羿和嫦娥由天神贬为凡人。为了长生不死,嫦娥请羿去西方昆仑山顶西王母神那里求取灵药。羿历尽千辛万苦,求回了两份灵药,不料被嫦娥一人吞下。由于药的神奇力量,嫦娥成神飞入月宫。月宫里除了一株桂树、一只白兔和一只三条腿的蟾蜍之外,什么也没有。后来过了许多年,才添了一个受罚放逐到月宫来砍桂树的仙人吴刚。

每当中秋节的晚上,孩子们都喜欢围着老人听神话、看月亮,幻想着奔上月宫,看看那棵桂树和好玩的白兔、奇怪的蟾蜍。

古人的愿望现在已经实现。今天人类借助宇宙飞船登上了月球。不过,那里一片荒凉,并没有桂树、白兔和蟾蜍,更不用说吴刚和嫦娥了。

当然,这并不影响神话中的嫦娥受人们普遍的喜爱和同情。古往今来,中国有不少以嫦娥为题材的绘画、雕塑、音乐杰作。一场名为《奔月》的优美大型舞蹈目前正在中国上演。至于中国出口工艺品中的嫦娥,也许不少外国朋友已经很熟悉。

中国幅员广大,各地中秋节的风俗习惯也不尽相同。除祭月赏月之外,有的地方还要举行"游火龙"活动。火龙用草扎成,三四米长,上面插满燃着的香火,几个人用竿撑起,后面敲锣打鼓,串游村庄,非常热闹。有的地方用砖瓦垒成空心塔,里面点燃蜡烛或木柴,照耀如画,人们围坐观看或做游戏、讲故事。还有的地方在中秋之夜举行灯会,能工巧匠扎出鸟兽鱼虫各种形状的彩灯,集中到一个地方玩赏,比赛技艺。有的人则喜欢用竿把灯竖在自家房舍周围,增添节日气氛。由于这天的太阳、地球、月亮最接近在一条直线上,受引力作用影响,海潮汹涌,所以有的地方的人喜欢在这天观潮。中国东海岸钱塘江大潮以气势壮观闻名于世,古今有不少大诗人写下了中秋节观潮的诗篇。

说到节日吃的,也是丰富多样。全家团聚,做些最爱吃的菜肴,欢乐一番自不必说。葡萄、苹果、梨、枣、菱、藕等各种瓜果刚刚成熟,当然也要尝个新鲜。有些地方还将果品互赠,并在晚上用来祭月。

开头已经说过,名为"月饼"的圆形糕点是中秋节最主要的代表性食品,它的美味人们普遍喜爱。据说月饼是公元7世纪开始出现的。最初只是包有糖馅的面饼,后来经过历代改进,制法越来越精,味道也越来越美了。这种糕点之所以做成圆形并称为月饼,大概受了中秋节圆月的启示。民间认为月圆是团圆的象征,所以中秋之夜,全家围坐吃月饼又有团圆的意思。

中国月饼种类繁多,风味不同,有甜的、咸的、荤的、素的。外皮由精面粉加植物油调制。酥皮的层次很多,每层很薄。硬皮的外面用模具压印出各种图案,非常好看。月饼的内馅有果脯、豆沙、枣泥、莲子、椰蓉、肉类,等等。不少地方的月饼以香甜鲜美、酥松可口而久享盛名。

(阎惠朝综编 1980年9月)

1980年　中国国际广播电台

明清两代的小说创作

　　按：这是一篇综合介绍稿，写的是明、清两代的小说创作，材料浩如烟海，但编者抓住了较为有代表性的小说《红楼梦》加以分析介绍，这种以点带面的方法是成功的。语言也比较通俗易懂。

　　各位听众：前几次《中国古典文学》专题节目中，我们分别介绍了诗、词、曲、赋等文学形式，在今天这个时间里，谈谈明清两代的小说创作。

　　在中国古代文学史上，小说的历史比起诗歌、散文来要短些，大约在公元3世纪才作为一种独立的文体出现。当时，诗歌、散文在文学史上处于主要地位，封建统治者和那些"有身份"的文人都推崇诗文，排斥小说，把小说看作是不登大雅之堂的东西。这在客观上影响了小说的发展，使小说的创作在前期一千年的历史中，尽管有大量的短篇流传下来，但始终远远落后于诗文的成就。从14世纪末期到20世纪初，也就是在我国封建社会最后两个王朝——明朝和清朝的五百多年中，小说创作出现了繁荣局面，产生了一大批优秀的作家和作品。从此，小说才成为中国文学史的一个重要组成部分。

　　这一时期的小说创作，蔚为壮观。从形式上看，有描写一人一事的优秀短篇，也有反映一个时代、一个社会的长篇巨著。在内容上则又有写历史的、写神怪的和写当时社会生活的，等等。其规模之大、成就之高是空前的。

　　为了不使听众们仅仅获得一个抽象的概念，现在以长篇小说《红楼梦》为例，谈谈中国小说的成就。

　　《红楼梦》是中国文学史上最伟大的一部古典小说，产生于18世纪中叶，是作者曹雪芹十年心血的结晶。小说以一个封建贵族家庭——贾府为舞台，展示了封建社会中各种尖锐的矛盾，剖析了封建社会末期的腐朽和黑暗。小说详尽地描写了贾府这个贵族家庭从兴到衰的全过程。这个糜烂的贵族家庭靠吮吸人民的血汗，过着穷奢极侈的生活。尽管大门上标榜"诗礼之家"、"簪缨世族"，但是肮脏与丑恶充满了这个家庭的每一个角落。正如老奴焦大所说，贾府只有门前的一对石头狮子是干净的。在小说的下半部，作者着力描写贾府的没落，其实是给行将灭亡的整个封建社会唱挽歌。听众们都知道，俄国列夫·托尔斯泰的作品是以对封建贵族的批判获得举世赞誉的，而比托尔斯泰的作品早约一个世纪的《红楼梦》，竟然从整个社会结构上揭露了封建社会的腐败，这不能不说是罕见的杰作。

　　《红楼梦》的伟大，不仅仅在于深刻的思想性，它在艺术上也有着前所未有的成功。作者以艺术之笔把小说中各种线索交织在一起，从中又突出了一对贵族青年男女贾宝玉、林黛玉的爱情悲剧这一主线。贾宝玉是小说的男主人公,他生活在这个贵族家庭里,虽然也过着养尊处优的生活,但他厌恶封建教育,鄙视功名富贵,对君臣、父子一类封建道德极为反感。女主人公林黛玉也是一个带有叛逆性的人物,她的很多行动背离了封建礼教规定的道路。由于思想上的一致,贾宝玉和林黛玉之间产生了真挚的爱情。但是,他们这些对封建道德的不恭,在封建家长看来是大逆不道的,所以,他们的爱情在封建势力的破坏下终以悲剧告终。最后林黛玉凄凉地死去,贾宝玉悲痛之余,弃家出走削发为僧。

《红楼梦》在艺术上的成就还表现在善于刻画人物。这部作品出现了四百多个人物,其中达到典型高度的除主人公贾宝玉、林黛玉外,还有几十人。《红楼梦》中大量写的是日常生活细节和许多普通、平凡的人,但这种描写并没有流于芜杂繁琐,它具有紧紧吸引读者的艺术魅力,使人一读就不想放下。因为作者表现生活是那样的逼真、天然无饰,就像并没有经过艺术上的虚构和想象,而只不过是按它原有的样子写出来的。这不能不使人佩服作者惊人的表现力。

《红楼梦》在我国的影响是空前的。它一问世,就惊动了当时的社会,人们争相传抄阅读,不惜重金购求。许多的青年读者深为书中的爱情故事所感动!随后还出现了根据这部小说改编的戏剧和说唱。至于20世纪以来改编的戏曲、电影就更多了。

《红楼梦》不仅在人民中获得广泛的传播,也引起了文人研究的兴趣。书出不久,就有所谓"红学"出现。两百多年来,对《红楼梦》的研究一直是很热门的学问。《红楼梦》的影响还远及国外,1842年就有一部分被译成英文。现在已有英、俄、德、法、意、日等十多种文本,其中俄文和日文是全译本。这些都说明,《红楼梦》不仅是中国的伟大作品,也是一部具有世界意义的文学著作。

从以上对《红楼梦》的介绍中可以看出,从15世纪以后,中国古典小说已是一门相当成熟的艺术了。这一时期的优秀小说作品,除了上面说的《红楼梦》以外,在长篇小说方面,有历史小说《三国演义》、反映农民起义的《水浒》、神话小说《西游记》,以及讽刺小说《儒林外史》;在短篇小说方面,有白话小说集《三言》、有文言小说集《聊斋志异》等。上述种种都是不朽的名作,这些作品在中国古代文学史上组成了一条光彩夺目的画廊。

(张惠玲、王庚年编写 1980年9月)

1981年　中国国际广播电台

景色奇特的石林

按：石林景色是美好的，而当地撒尼族人民殷勤好客更是吸引游人。此稿把二者结合起来，听来饶有兴味。但稿件结构松散，有些景色还描绘得不很清楚，文字也需进一步推敲。

石林，它奇特的景色和附近的撒尼族纯朴的民族舞蹈，一直令我心驰神往。

石林，在我国西南部云南省境内。从省会昆明乘坐旅行车三个半小时就到了。沿途有少数民族聚居的村庄，不时地会看到身着民族服装的撒尼族青年和妇女在田地里劳动的情景。

快到达目的地了，人们远远地看见了一片青灰色的石峰，这些大片的奇峰怪石密集地耸立在大地上，看上去就像是一片森林一样。人们称它为"石林"，确实是很贴切的。

石林每天接待着大量的国内外游客，这里有漂亮的旅馆、餐厅和商店。

经验丰富的导游老何告诉我们，这片石林的面积有3万公顷。在两亿七千万年以前，这里原是一片海洋，后来发生了地质变化，海底成了陆地，常年受到海水冲出的岩石裸露出来了，形成了今天这样的奇观。在大面积的石林中，我们开放了其中的80公顷供游人游览。

从石林宾馆出发有四条路线可供游览。老何为我们选择了一条景致最集中的路线，跟着导游，沿着石砌的道路，向石林的深处走去。人们立刻就被奇形怪状的石头包围住了。被称为石林大门的地方最集中地反映了石林的特色。许多古代名人在这里游览以后，根据石林的自然景色，在石壁四周题刻了许多诗句，来赞美它雄伟、奇特的景色。不少游人喜欢在这里逗留，欣赏潇洒的书法，摄影留念。

忽然，人群中发出了惊叹声，两座高耸入天的石柱上，夹着一块巨石，仿佛微风一吹，巨石就会从半空中落下来似的。其实不用担心，这种险象已保持了上万年。人们形象地称它为"千钧一发"。

沿着石阶，穿过了一峰又一峰，走过一洞又一洞。一路上无数曲径、石凳、石桌，在这里行走即使是老年人也不必担心太累了。这许许多多的山峰中有命名为"剑峰池"、"爱情海"和"幸福湖"的景色。

游人有时候是在石缝中穿行。有一处狭窄的石缝，稍胖的人还要使劲才可能挤得过去哩！在石林中穿行漫游，很像是走进了一个大迷宫，必须跟上队伍，否则是会迷路的。

在导游的指点下，我们被一个个天然的雕刻吸引住了。

一个石象站立在一块较为平坦的石峰上，它的长鼻子温驯地伸向地面，两只耳朵仿佛在微微扇动。无论从哪个角度看去,它都是一头大象。

"飞鸟喂食"的石峰更是有趣,两只尖俏的鸟嘴互相衔接,一大一小,很像是母鸟在为小鸟喂食。

传说,一百多年前撒尼族领袖赵发率领一千多人起义,他们凭借石林天险,抗拒清王朝官兵的进犯。在一个很大的天然石洞里,有石床和水池。据说,赵发就住在这个石洞里。附近的另外两个山洞是他们开会的地方。这里四周石壁密不透风。

从这里再走一段路就登上了石林的最高峰——望峰亭。习习的凉风吹干了满身的汗水,站在这里可以一览方圆几十里的石林全景。每一处奇峰怪石都有它特异的造型,有的叫"凤凰梳翅",很像一只凤凰在回头梳理自己的羽毛;有的像盛开的莲花,有的山峰像一朵朵大蘑菇。站在峰顶流连了一会儿,我们就抄一条近路回到石林宾馆了。石林宾馆经理杨景先生告诉记者:

(放杨景录音讲话)

距这里12公里有一处中石林,那里的石林景色与这里景色不大一样,远远看去一组一组像古堡一样,走进去一看,许许多多的石柱又大多是蘑菇形了。那里的岩洞也很多,还有一处一百米高的大瀑布,我们计划修一条公路,那时候就可以接待游人了。

石林附近居住的大多是撒尼族人。撒尼族妇女擅长刺绣。从商店里和撒尼族姑娘的手中可以买到绣有民族特点的头饰、腰带和图案精美的室内装饰。外地来到这里的游人们常在这里细心地挑选几件,带回去留作纪念。

(②撒尼族欢快的乐曲出混)

夜幕拉开了。撒尼族青年跳起了欢快的撒尼族舞。

(放大一段后压低混播)

这是附近撒尼族青年为欢迎远方的客人举行的歌舞晚会。他们那优美欢快的舞姿,把游人全部吸引到大厅里来了。(音乐放大到完)

③吹树叶歌

你现在听到的是六位撒尼族姑娘口中含着树叶吹奏的曲子。婉转的叶音道出了撒尼姑娘憧憬幸福的心声。(放大到完)

(女声小合唱:远方的客人请你留下来)这是一首当地民歌,歌词表达了撒尼族姑娘好客的心情,使客人们深受感动。(歌曲放大到完)

这个富有情趣的歌舞晚会进行了一个小时。

④音乐出 混

最后,他们又弹起了大三弦琴,邀请在座的客人一起跳撒尼民族的土风舞。

很快,客人和演员融合在友谊、欢乐之中。欢快的旋律、优美的舞姿把来自世界各地的人们连在一起了。(音乐放大到完)

晚会结束了,记者请出席晚会的西德马可勃罗第四十六旅行团的俄尔夫·彼特尔先生谈谈感想。他对记者说:

⑤放德国旅行者的录音讲话

我们幸运地观看了今天晚上的撒尼族民间歌舞。这些歌舞充分反映了这个民族的悠久历史传统、古老的文化以及他们的现实生活,对其他国家人民具有很大的鼓舞作用。

(薛晶采写 1981 年 12 月)

1983 年　中央人民广播电台

火焰山下绿宝石——吐鲁番

(歌曲:《美丽的吐鲁番》出一段,混播)

正是葡萄和甜瓜成熟的季节,我们来到了吐鲁番。刚到的那天晚上,就在葡萄架下看了一场富有民族和地方特色的新疆歌舞。其中有一首维吾尔族歌曲,名字就叫《美丽的吐鲁番》。

(歌声扬起,混播)

吐鲁番是美丽而富饶的。吐鲁番的葡萄名闻天下,吐鲁番的鄯善县是哈密瓜的重要产地,吐鲁番的长绒棉,品种和质量在全国都是第一流的。

吐鲁番有着独特的地理环境和自然景观。这里是我国最低的盆地,盆底的艾丁湖湖面比海平面低 154 米。这里也是我国最热的地方,最高气温达到 49.6 摄氏度。这里有红色的火焰山,绿色的葡萄沟,银光闪耀、终年积雪的天山博格达峰矗立在盆地的北面。

吐鲁番有着悠久的历史,它是古代丝绸之路的交通要道,至今还比较完整地保留着交河、高昌故城的遗址。这里有伯孜克里克千佛洞、阿斯塔那古墓群和额敏塔等文物古迹。

(歌声扬起,渐隐)

"吐鲁番的葡萄熟了",我们也在葡萄的色彩、芳香和甜美中沉醉了。大片大片一眼望不到边的葡萄园,每家每户几乎都有一架或者几架葡萄,集市上摆着一堆堆葡萄,毛驴车上装着一筐筐葡萄,到人家去做客,端上来的也是一嘟噜、一嘟噜刚刚摘下的葡萄。

吐鲁番是新疆的葡萄基地,全地区一共种植了 9 万亩葡萄,1990 年将增加到 20 万亩。我们访问了吐鲁番葡萄瓜类研究所。在研究所的葡萄园里,看到很多优良品种。淡黄的穗大粒小的是无核白葡萄,碧绿的像奶头一样的是马奶葡萄,紫红色的是红葡萄……

吐鲁番地区行署副专员吴明珠同志对我们说,发展葡萄是吐鲁番不可代替的优势。这里气候干旱,昼夜温差大,葡萄品种好,人民有栽培葡萄的丰富经验。吐鲁番种葡萄已经有一千五百六十年的历史了。

吴明珠同志是 50 年代西南农学院园艺系毕业的,在吐鲁番工作了 28 年,把自己的青春献给了边疆的建设事业。她曾经立下一个志愿,要让首都和全国人民吃上吐鲁番的葡萄和甜瓜。她从许多甜瓜品种中,选育出一个叫"红心脆"的优良品种。这种瓜皮是黄的,肉橘红色,又脆又甜,产量高,耐储藏,现在已经在新疆全面推广。近年来,她又培育了两个西瓜新品系:一个早熟,一个产量高。在鄯善县巧克塘大队的试验田里,我们参观和品尝了她培育的西瓜,特点是:

皮薄、籽少、味甜、汁多。吴明珠同志虽然担任了副专员，但是没有脱离科研工作，还经常和大家在一起，不少农民叫她"瓜专员"。在瓜田里，她和社员们亲切交谈，不时地发出爽朗的笑声。我们请她在话筒前说了几句话。

（实况）

记：看到你培育的甜瓜新品系，我们很高兴，请你谈谈今后的打算。

吴：行！从一到新疆来，我就有这么个想法，新疆是全国的瓜果之乡，特别是在我们吐鲁番，自然优势很好，葡萄和瓜品质都好，所以我立志要在这个地方工作，和这儿的维族同志一起，发挥这个地方的优势，把这儿的葡萄和瓜运到关内，让我们的人民都能吃到我们优良品种的瓜。28年以来，我一直坚持这个理想，不管遇到什么困难，总是想尽方法实现这个理想。但是，我觉得这个理想还没有实现，我们的鲜葡萄还没有大量运到关内，西瓜、甜瓜也没有大量运出去。今后打算从体制的改革方面着手，再想一些办法，能把优良品种的葡萄、瓜运出去，能够使全国人民吃到，我们就感到很幸福。

记：谢谢你！

在吐鲁番，除了葡萄和甜瓜，最引人的要算是火焰山了。古典小说《西游记》中的描写和戏曲舞台上的表演，给人印象实在太深了。还有唐代诗人岑参的诗句，他把火焰山干脆叫作火山。"火山五月火云厚，火云满山凝未开，飞鸟千里不敢来"，"火山六月应更热，赤亭口上行人绝。"

汽车一出吐鲁番县城，进入戈壁滩以后，气温马上就升高了，一股热浪迎面扑来，车窗左面出现了一座东西走向的低山，这就是火焰山。它长约100公里，宽10公里，高500米，由红色砂岩组成，当地叫它克孜勒塔格，意思就是"红山"。那赭红色的砂岩，火焰一样的沟纹，在强烈的阳光照射下，再加上山前是毫无荫蔽的戈壁滩，地表温度超过70摄氏度。这时候，你眼前看到的，身上感觉到的，都会和火联在一起，再加上想象的作用，火焰山就真"燃烧"起来了。我们在山口停留了一会儿，开始穿越山峡。据说，当年"丝绸之路"的北道，就经过这里。唐朝贞观二年玄奘就是从这条路到达高昌国的。走了一段，山沟里有流水了，还有红柳等植物。再往前，是一片密密芦苇，有的已经长到路边了。真没想到，横穿火焰山竟会看到一条青翠的芦苇沟。汽车一出口，山北和山南的景色大不相同，就像是用铁扇公主的芭蕉扇扇过了一样，风也清凉一些了，眼前是一片绿色的田野，种植着棉花、玉米和向日葵，公路两边有杨树、柳树和榆树等。火焰山也变得"温和"了，山势平缓，有两段真像是两道城墙。靠近顶部有一条规则的波浪形花边，下面纵横的沟纹，就像一幅幅中国山水画，真是大自然的杰作，是风这位艺术家雕塑出来的。

火焰山上，赤峰秃岭，寸草不生，但山中许多沟谷，像桃沟、木头沟、葡萄沟等，却是绿阴遍地，瓜果飘香。来自天山的雪水，滋润着这片土地。吐鲁番虽然气候非常干旱，年降水量只有十几毫米，但是有着丰富的地下水资源。盆地周围有博格达山、喀拉乌成山等四千米左右的高山，山顶终年积雪，春夏季冰雪融水，大都渗入山前戈壁砾石滩下面，形成一座巨大的"地下水库"。当地人民因地制宜，修建了一种特殊的水利工程——坎儿井，引出地下水，把戈壁沙漠改造成绿洲。

在去葡萄沟的路上，我们看到戈壁滩上有一个个一米来高的圆形沙土堆，排成一条直线，伸向远方的山脚下。走近一看，原来是一口口竖井，就像我们看到的普通水井一样，不同的是井下还有一条渠道，把各井连通起来，水在地下渠道中，从盆地边缘的山脚下流向盆地中央。这种渠道的设计是非常科学的，它巧妙地利用了盆地周围高、中间低的地形，使水能够自流。地下渠道既可以防止蒸发，又不怕风沙掩埋。吐鲁番地区有坎儿井一千一百多条，短的几公里，长的几十公里，加起来总长度有三四千公里，比著名的京杭大运河还要长一千多公里，真是一项利用自然、改造自然的伟大工程,它显示了吐鲁番各族人民的智慧和力量。

沿着一口口竖井,我们来到了坎儿井的出水口。看到这来自天山的清亮的雪水,心里真有说不出的高兴。我们捧起来喝了一口,还痛痛快快地洗了洗脸。

(流水声)

渠水欢快地流着。它流向棉田,流向苗圃,流向葡萄园……哪里有了水,哪里就有绿色和生命。

古老的坎儿井,今天继续发挥着作用,加上新修的塔尔朗渠、人民渠等大型水利工程,灌溉条件更加改善了。吐鲁番盆地的耕地面积从解放前的 30 万亩,增加到了 80 万亩,还营造了一条条绿色的防护林带……

吐鲁番就像戈壁上的一颗绿宝石,变得更加晶莹、美丽,在人们的眼前和心中,闪耀着熠熠的光辉。

(10 月 5 日广播)

简 评:

本台记者黄传惕、杨时光采制的这篇录音报道,把听众带到了美丽富饶的吐鲁番。听众好像跟记者一道品尝了甜美的葡萄和西瓜,游览了"火云满山凝未开"的火焰山,喝到了天山流下来的雪水……此稿描写细腻,文笔优美,情景交融,地方特色浓郁,音响运用也较自然,是一篇较好的广播游记。

1984 年　中央人民广播电台

茅盾故乡散记

各位听众,在这次节目里,请听张品兴写的散文:茅盾故乡散记。

去年夏天,我乘坐小客轮去著名作家茅盾的故乡——浙江省桐乡县乌镇。乌镇在杭嘉湖平原上,这里大片桑林连着稻田,稠密的村庄被竹林、桑林包围着,白墙黑瓦,绿水青田,一派水乡的迷人景色。航道在阳光下闪闪发亮,船只穿梭往来,有拖轮也有小篷船,有时还有一两片白帆,映衬着跨在河上的半圆形拱桥,远远望去,像是一幅和谐秀美的图画。

虽然慢慢悠悠地在船上过了四个多小时,可是一路上的秀丽风光,使我一点也不觉得单调,不知不觉就来到了茅盾的出生地——乌镇。这是座江南水乡典型集镇。不少房屋紧贴着河水,巨大的石柱把整个房子顶托着。街道很窄,有的地方伸开手几乎可以碰到两旁的板墙。道路由一色的条石铺成,天长地久,条石被行人的鞋底磨得很光滑。路两旁的楼房,上部伸向街道,使本来就狭窄的街道上空,只留下一米来宽的缝隙。在这条两公里长的老街上,两边开设着各种商店,店面的样子,让人想起茅盾笔下的"林家铺子"来,好像书中的林老板、寿生就生活在这样的街上。

在乌镇的观前街,我们找到了茅盾的故居。这是一座坐北朝南的靠街楼,四间三进,两侧墙头没有一扇窗户,是中国江南农村常见的样式。1896年7月4日,作家茅盾就诞生在这所古老的房子里。我们走进楼房的后院,这里有三间平房。幽雅的庭院里栽着南天竹、棕榈和葡萄藤。据说它们都是茅盾童年时候的伴侣。那棵天竹已经有八九十年的历史了,是当年茅盾亲手培育过的。房边高大挺拔的棕榈树,忠实地守卫着茅盾居住过的屋子,褐色的老葡萄藤依偎在花架上。1932年,茅盾回到久别的故乡,住在小院西面那间平房里。那是他的书房,《子夜》这部中国现代最优秀的长篇小说,一部分初稿,就是在这间书房西窗下写的。1981年茅盾逝世以后,当地政府特意对茅盾故居进行了修缮,书房里的物品,都是按照茅盾生前居住过的样子布置的。我走进被一架大书橱隔成两间的书房,望着屋中陈设,好像又看到了茅盾当年在这老屋灯下辛勤写作的情景。

茅盾故居现在办起了图书阅览室。我们参观的时候,这里正举办当地业余作者的书画展。

故居的隔壁,是茅盾小时候上的初级小学——立志小学。清朝的时候叫"立志书院",现在大门上还依稀可以看到这四个字。如今这里已经改建成幼儿园了。再走不远,就是茅盾上的高级小学——植材小学,可惜已经在战争中毁坏了。现在这里建成了一座公园。

在上小学的时候,茅盾就表现了惊人的文艺才能。他喜欢音乐、绘画,特别爱读中国古典小说,如《西游记》、《三国演义》等。他的写作才能很早就在故乡传为佳话。有一次小学会考,作文题目是"试论富国强兵之道"。茅盾纵论天下大事,写得头头是道,最后以"大丈夫当以天下为己任"结束全文。老师看了连声夸赞,写下这样的批语:"十二岁小儿,能作此语,莫谓祖国无天才也。"意思是:十二岁的小孩子,能写出这样的好文章,不要说国家没有天才啊!今天看来,这位老师的眼力还是不错的。

茅盾的故乡乌镇,是座有悠久文化历史的古镇。茅盾晚年写给故乡的一首《西江月》词中有这样两句:"唐代银杏宛在,昭明书室依稀。"这词中提到的唐代银杏树和昭明书室就是乌镇的两处古迹。从茅盾故居出来,穿过热闹的街道,走上横跨河道的钢筋混凝土桥梁,远远就看到那棵郁郁苍苍的古银杏树,它足有五层楼高,树干有四个人合抱那么粗,看它那昂首挺立、枝叶茂盛的样子,很难相信它已经有一千多岁了。离这棵银杏不到五十米远,就是南北朝时期梁代昭明太子的读书馆遗址,现在这里只剩下明朝万历年间的石坊,上面刻着"梁昭明太子与沈尚书读书处"一行大字。昭明太子名叫萧统,是梁武帝萧衍的儿子,中国历史上有名的文学家。他编选的中国古代文学总集《昭明文选》流传千古,产生过巨大的影响。在乌镇的民间还流传着许多昭明太子勤奋好学的故事,这些故事在茅盾的童年心灵上留下过深刻的印象。

茅盾对自己故乡的感情是非常深厚的,他热爱自己的故乡和人民。生前,他曾经多次寄书寄款赞助故乡的文化教育事业。临逝世的前一年,茅盾在一篇题目叫《可爱的故乡》文章中说:"漫长的岁月和迢迢千里的远隔,从未遮断我的乡思。"而且,越到晚年,他对故乡的思念就越强烈。他是多么想再一次回到离别了近半个世纪的故乡,亲眼看看它的新面貌啊!但是由于各种各样的原因,作家没有能够如愿就离开了人世。

茅盾年轻的时候,为了寻求革命真理和投身于解放中国的伟大斗争,离别了故乡,东奔西走,但是,他始终没有忘记自己故乡的人民,没有忘记那养育过他的土地。他在二三十年代写的著名小说《春蚕》、《秋收》、《林家铺子》等一系列作品中,都是用故乡的社会风俗、历史面貌作背景,描绘出一幅幅故乡人民苦难生活的悲剧画面。1932年作家回到自己的故乡,他看到自已熟悉的鱼米之乡乌镇,竟变得满目荒凉,百姓也到了濒临破产的境地,作家心情很沉重,他拿起自己的武器,陆续写出了《故乡杂记》、《乡村杂景》、《桑树》、《大旱》、《戽水》等文章。写下了故乡农村的破产、市镇的衰败和人民的苦难。

请听作家在《故乡杂记》中描绘的一幅景象吧!

"早晨七点钟,街上还是冷清清的时候,那当铺前早已挤满了乡下人,等候开门。这伙人中间,有许多是天还没有亮足,就守候在那里了。他们并没有什么值钱的东西。身上刚剥下的棉衣,或者预备秋天嫁女儿的几丈土布,他们带着这些东西,已经是他们财产的全部了。不是因为锅里等着米去煮饭,他们未必就肯送进当铺……"

现在的乌镇,再也看不到这种悲惨景象了。如今镇上办起了小工厂三十座,有以本地农产品为原料的食品加工厂、酿酒厂、蔬菜加工厂和服装厂,也有为当地农村服务的轴承厂、五金厂、仪表厂和农机配件厂,我们访问了乌镇丝厂,这个有五百多工人的小厂,生产的优质白丝远销到欧洲。

乌镇古老的市容也在变化,过去穿过乌镇的河道,河面狭窄,船只堵塞。现在已经拓宽到五十多米,三百吨的货轮也畅行无阻。河两岸一幢幢居民大楼正在建造。

我们访问了乌镇四周的农村,一条条输电线伸向了一个个村庄,一座座电力灌溉站浇灌着千万亩良田。每亩粮食平均产量达到一千八百多斤。到农民家里走走,家家户户还养着不少猪、羊、鸡、兔。几年前,蚕茧的收购价格提高了百分之四十,单这一项就使每户农民的收入平均增加三分之一。

明媚的阳光,把乌镇照耀得光辉灿烂。作家茅盾如果地下有知,看到自己家乡这崭新的面貌,一定会含笑九泉吧!

(1984年3月2日广播)

简评:

这是在《祖国各地》播出的一篇纪实性散文。纪实性散文不同于以虚构为主的文艺性散文。它讲求新闻的真实性,所写的要实有其人,实有其事,实有其景,但又要有文采。此稿写的是著名作家茅盾的故乡,题材本身重要,对听众有吸引力。加上作者以朴素清新的文笔,描写茅盾故乡从历史到现实、从旧社会到新社会、从茅盾生前到身后的面貌、沿革,并穿播有关茅盾的逸闻和对他写作生活的回忆,使听众如临其境,并引起对这位文学大师的深深怀念。此稿风格淡雅,感情细腻真挚,感染力强。

1984年 海峡之声广播电台

故乡月色美 亲人何时归

《可爱的家乡》节目开始曲

(山歌《中秋月》一段压混)

老家在祖国大陆的乡亲,我是王薇。在这"天上月儿圆,亲人喜团圆"的中秋佳节里,首先让我代表《可爱的家乡》节目全体同仁向您致以节日的亲切问候!衷心祝愿您早日与家人团聚!

（乐突出一段压混）

亲爱的乡亲，中秋时节，明月洒清辉，千里共婵娟。为了不辜负这良辰美景，我的同仁特意前往福建省厦门市采制了一组录音，想奉献给老家在厦门市的乡亲。下面就听我为您播放这些录音：

（出赏月船上南曲录音压混）

亲爱的乡亲，您也许想不到吧？这优美动听的南曲乡音并不是从戏院里传来的，而是从波光闪烁的海面上飘来的。中秋之夜，美丽的厦门岛沉浸在一片欢乐的气氛中。临海而立的一座座高楼大厦灯火辉煌，把长长的影子映在海中；一艘艘打扮得花枝招展的旅游船划破平静的海面，留下一串串歌声和笑声。人们在船上赏月观景，赌饼嬉戏，欣赏乡音，尽情尽兴，真是惬意极了！除此以外，如今，家乡厦门又增添了许多欢度中秋良宵的好去处：喜欢在山上赏月，可以拾级登山，到万石山植物公园的亭台楼阁中徘徊；喜欢在海边赏月，可以到鼓浪屿日光岩和菽庄花园的水榭长廊间流连；还可以到南普陀和集美等地找到您最满意的赏月之处。无论哪儿，都是欢歌笑语，热闹非凡！

（出赌饼的音响一段压混）

亲爱的乡亲，中秋赌月饼是您家乡特有的风俗，您也许还记得赌饼时的有趣情景吧？圆圆的桌上，摆上由状元、榜眼、探花、进士等大小不同的月饼组成的"会饼"，然后，一家老少团团而坐，依次抓起碗中的骰子掷去，掷中探花拿探花，掷中进士拿进士，谁掷中状元谁就是最有福气的，家里人要放鞭炮向他祝贺。最后，由长辈将最大最圆的状元饼切开，一人尝一块，分享团圆的欢乐。今年，厦门的赌饼之风更盛，从农历八月初七开始，赌中状元的鞭炮声就陆陆续续地响起来了。车站码头，大街小巷，到处可以见到赶回家过节的乡亲，手提着一盒盒包装精美的月饼，有的人家在过节之前就已经赌了好几回饼了。所以，尽管家乡著名的庆兰饼家等糕点厂生产了大量的月饼，还是供不应求。（出赌饼时的欢笑声、喝彩声压混）你听，乡亲们玩得多欢，笑得多甜啊！

亲爱的乡亲，自从1980年厦门兴办经济特区以来，工农业生产突飞猛进，人民的生活普遍提高，到处是一片繁荣景象。中秋期间，去年从台湾回厦门定居的江显富先生兴致勃勃地参观了东渡新港。他无限感慨地说：（出录音）"我从厦门出去时，还没有这个东渡。现在，港口里船很多，高楼大厦很多，建设得很好，变化很大，进步很大！"正像江先生所说的，厦门这几年的变化确实太大了，修起了现代化的国际机场，建起了大型专用码头，一座座高层建筑拔地而起，市区的范围也扩大了许多。现在，到厦门投资建厂、旅游观光的越来越多，厦门的经济正在快速腾飞，显示出它欣欣向荣的景象。居住在厦门市的乡亲如今也过上了丰满富足的生活。中秋之夜，我的同仁到市区信义里的大楼里拜访了去台湾人员的亲属张奋生先生。（出赌饼实况压混）一进门，他就被张先生一家热闹的赌饼场面吸引住了。（出鞭炮声）赌饼结束后，我的同仁和张先生交谈起来：（出录音实况）

李：张先生，刚才看到你们全家团圆，赌饼赏月，看来，你们的家庭生活是很幸福的！

张：是啊！今年中秋我们过得特别愉快，因为刚刚搬了新家。（笑声）你要是去年到我家去，就不是这个情况了。今天，这个厅这么大，才容纳得下这么多人。

李：您的家庭成员还挺多的！

张：今天来的才是一部分。今天在这里的，除了我老伴以外，其余的是我的孩子。

李：济济一堂啊！

张：今年春节，我们在这儿过年，光吃饭就摆了两席。

李：张先生，您一家还有不少亲人在台湾吧？

张：是啊！以我自己来说，我还有兄弟在台湾，此外，还有更多的老同事和老同学，这些都是过去经常来往的好朋友。他们已经离开家乡三十几年了，每年在中秋团聚的时候，我们也想到他们。我的老伴在台湾的亲人就更多了。

李：蒲女士，您也说两句。

蒲：（笑声）"我几个兄弟在台湾，也是离开好多年了。过去，中秋都是在自己家里团聚。我哥哥离开我快四十年了，他在家是老大，非常疼爱我。但是，自从他去台湾后一直没有消息。我很想念他！（抽泣声）我希望祖国统一的时候，他能回来见面。我们这里还有四个兄弟都在想念他。我也相信有一天，我们可以见面的。我大哥做人很好。过去，他每年都回家过年过节，一家人都欢欢喜喜的。我相信，他也很想跟我们见面的。"

盈盈一水，天各一方。张奋生先生和夫人蒲振权女士说出了居住在厦门的三千多户去台湾人员亲属的心里话。在中秋佳节，厦门大学中文系教授黄典诚先生思念在台湾的亲友，心潮奔涌，吟成了一首小诗：（出录音实况四句诗混入）"饼如天上月儿全，海峡人还各一边。两岸呼声同迫切，中华骨肉要团圆。"（突出掌声至完）

（出鲁帆演唱的《月之故乡》一段压混）

"天上一个月亮，水里一个月亮，天上的月亮在水里，水里的月亮在天上。低头看水里，抬头看月亮，看月亮，思故乡，一个在水里，一个在天上。"这是厦门歌舞团演员鲁帆唱给在台湾的伯父的一首心中的歌。我衷心地希望他的歌声能飞越台湾海峡，给久别家乡的亲人带去几分慰藉！（歌声扬起至完）

(作者：李永发　李流泉　播音：王　薇)

1984年　黑龙江人民广播电台

欢乐的水鸟之乡

男：朋友，你到过扎龙吗？有人说"南有卧龙，北有扎龙"，卧龙是人们所熟悉的，它在我国的四川省，那是珍贵动物熊猫的故乡。而扎龙呢？是在我国最北部的黑龙江省，它以众多的水鸟，特别是丹顶鹤在这里栖息繁殖而名闻中外。

女：最近，我们有幸到扎龙自然保护区采访，去看看扎龙的迷人风光，听听各种水鸟的歌声，亲身领略一下祖国大自然的美，这实在是一件令人兴奋的事情。

（渐出各类水鸟叫声，突出五秒、压低混）

女：凌晨三点多钟，东方才刚刚放亮，夜色还没有完全退去，我们在向导的带领下，向扎龙保护区的腹部走去，这是人们睡意正浓的时候，可是，在扎龙已经是百鸟齐鸣了。草原上的歌手——云雀，也参加了这个音乐会。我们作为这种交响乐的欣赏者，在大自然的舞台上，第一次听到这美妙的歌声，真是令人欣喜异常！

（突出水鸟的叫声，压低混播）

男：扎龙自然保护区地处黑龙江的嫩江支流——乌裕尔河的尾河地带，当乌裕尔河流到这里，就像一匹筋疲力尽的野马，失去了河道的控制，散漫地在扎龙这片低洼地上扩展开来，形成了方圆21万公顷的辽阔的沼泽地。这里大大小小的湖泊星罗棋布，长长短短的溪流纵横交错，那溪流好似根根银线，大大小小的湖泊就像穿在银线上的颗颗珍珠，景色十分动人。这里草茂水肥，环境幽美、恬静，是大自然赋予鸟类的天然繁殖场所，每到春天，当芦苇丛生、鱼虾活跃的时候，丹顶鹤、白鹤、大白鹭、白鹳等二百多种水鸟，就从南方来到这里，筑巢、生儿育女繁殖后代。

（突出划水声、水鸟叫声、压低混）

我们划着一叶小舟，顺着这芦苇丛生的特有溪径，驶入了水天一色的湖泊深处，为了不惊动那些引颈高歌的鸟儿，我们划得很轻、很轻，这时，清风徐来，水波不惊，成群的白翅浮鸥在我们的头上翱翔，时而俯冲下来，像蜻蜓点水一样，叼到了一条鱼或是虾，又飘然飞去。

（出鸥的叫声和鹭的叫声，压低混）

女：忽然，湖边的各种水鸟惊叫着，盘旋飞起。原来是一只老鹰从天边风驰电掣而下。多亏管护人员发现得早，老鹰被喊声惊走了，这里的混声合唱才又继续下去。

（渐出远处鹤叫声，压低混）

女：这是丹顶鹤的叫声。顺着声音看去，远处那些丹顶鹤，迎着风，在绿草地上，忽而翩翩起舞，忽而引颈长鸣，它们亲密地、悠然自得地在那儿散步、觅食。正在这时，有三位中学生模样的小姑娘，大概是被这美丽的丹顶鹤所吸引，竟然毫无顾忌地向丹顶鹤走去，当距离丹顶鹤还有几百米的时候，突然，丹顶鹤凌空飞起，引得周围的鹤齐声鸣叫。这时，使人们想起了唐朝诗人刘禹锡的诗句："晴空一鹤排云上，便引诗情到碧霄。"正当我们沉醉在诗情画意之中，管护人员突然大声惊呼起来："快跑，危险！"三个小姑娘只看到鹤的美丽，哪里知道鹤的厉害，而被这喊声惊得呆呆地站在那儿。当她们清醒的时候，鹤已经飞到她们面前，伸着长嘴，扇着翅膀，向她们扑去。她们这才如梦初醒，狂跑起来。鹤一直把她们赶出自己的占区，才摆出一副胜利者的姿态，昂首阔步地回到自己的领地。

男：自然保护区的同志告诉我们说，每对鹤，约有五公里方圆占区，在产卵育雏期间，是不让同类或其他动物接近的。如果有谁侵入了它们的占区，一定要驱逐出境才肯罢休。我们看到的这对丹顶鹤，是保护区人工孵化、驯养的，正在度蜜月。在这种时候，即使从小抚育它们的饲养员，如果靠近它们，也有被撕破衣服、啄破脸皮的事。

女：这种事，我们第二天就看到了。在饲养员喂食的时候，我们通过十倍的望远镜，看到了一个惊心动魄的场面：一只鹤飞到饲养员头上啄，另有两只鹤左右夹攻，又是脚踢又是嘴啄，尽管饲养员左推右挡，仍然是防不胜防。饲养员回来以后，我们看到他的头盔被啄开了，眼角鼻子被啄得鲜血直流，脱掉厚厚的雨衣，里边的衣服已经被水湿透了。亲眼看到这种情景，想到挽救珍禽和保护生态平衡的重要意义，对保护区的饲养员的感激、崇敬之情油然而生。

男：听众朋友，当我们游览了这大自然的迷人景色，聆听这鸟儿欢快的鸣叫声，观赏那在芦苇翠草丛中嬉戏漫游的丹顶鹤，你一定会为我们祖国有这样秀丽的山川而高兴！在这种时候，我们会很自然想到，那些为管护自然保护区和驯化稀有珍禽而付出辛勤劳动的人们。

女：我们早就听说，有位农民出身的养鹤专家，叫徐铁林，人们把他说得可神啦！他从小就生长在这块土地上，和鹤结下了不解之缘。每到春天，当越冬的水鸟千里迢迢从南方飞回来的时候，他就像迎接久别重逢的亲人那样，日夜跋涉在辽阔的沼泽地里。多年来，在这片土地上，到处留下了他的足迹。现在，谁知道他在什么地方，又迷上了哪对鹤，哪对鹭呢！只有在那高空翱翔的白鹤才知道他的下落。

男：这天，在自然保护区同志的指引下，我们终于在野外发现了徐铁林，通过望远镜，看到他正匍匐在一个土堆旁，观察研究两对鹤产卵的情景。他的位置，就处在两对鹤占区的边沿上。我们冒着随时被鹤攻击的危险，肌儿突突的，猫着腰，向徐铁林走去。我们正庆幸到达徐铁林的身边，一只丹顶鹤就向我们飞扑过来。我们真的要遭到饲养员的厄运了。这时，徐铁林安慰我们说："不要紧，有我呢！"鹤在我们头顶上盘旋了一圈，就落在离我们只有三米的地方，虎视眈眈，几次做出了进攻的架势。不知是看在徐铁林从小抚养它们的份儿上呢，还是发现我们这些人不会对它造成危害，总之，它耀武扬威地巡视了一会儿，又大摇大摆地走了。

女：徐铁林个子不高，但是长得挺结实、紧凑，脸色黝黑，微有胡须，两眼炯炯有神，有只蓑羽鹤依恋地围着他转来转去，形影不离。他说，鹤只有繁殖期才变得凶猛，不讲交情。平时，同人的关系却是很和睦的。我们的谈话就从这里开始。一提起鹤，徐铁林就眼睛发亮，情绪激动，绘声绘色地和我们谈了起来：

（录音）鹤对人是有感情的。有一次我在野外喝醉了，躺在草堆旁，两只鹤在我的身边，一边一只，直到我醒了，才让我回去了。

野生鹤的叫法多变。高兴时像人唱歌似的，悲伤时，叫得非常凄凉。它指挥小雏隐蔽或外逃的时候，叫声不一样，鸟类还是有语言的。这鹤产第一枚卵之前，嘟——叫，从喉咙中发出低音。它领小鹤觅食的时候嘟——。我们现在饲养员，就是根据大鹤唤小雏鸟的声音，嘟——这是根据巴甫洛夫食物引诱建立条件反射信号。从第一次喂食开始，远了就大声，嘟——，近了咕噜——这是模仿野鹤的叫声。（讲话完）

女：据说历史上有个公冶长，能懂得鸟的语言，那也只是历史的传说，无从考证。可是，徐铁林不就是一位活的公冶长吗？

男：人和自然界的动植物，组成一个平衡的生态统一体。在这人口发展越来越多，鸟的栖息地越来越小的情况下，如何使一些濒临灭绝的稀有珍禽繁衍发展呢？这正是扎龙自然保护区面临的科研项目。从1976年以来，他们已经孵化和驯养了丹顶鹤、白枕鹤、蓑羽鹤等近百只。他们的目标是建立人工繁育群，然后把它还给大自然。现在，他们又在进行人工孵化白琵鹭的试验。

（渐出小白琵鹭幼稚叫声，压低混）

刚出壳的幼雏，通身黄绒绒的毛，扁嘴巴像只琵琶，可能这种鸟就是由此而得名吧！白琵鹭是一种候鸟，数量极少，如果人工孵化成功，也会像鹤类一样，为大自然增光添彩。负责这项试

验的苏立英告诉我们说:

(录音)我是1982年东北林学院野生动物系毕业生,到这里工作时间不长。这里的生活条件和试验室条件都很差,但对我们探索大自然、理解大自然的条件却十分优越,因为我们就生活在大自然的怀抱中。我们这里还有许多有实践经验的老同志,我们在这里可以向他们学到许多知识,把书本知识和实践结合起来,丰富自己,提高自己,为自然保护事业作一点贡献。(录音完)

女:扎龙自然保护区以它地域辽阔、珍禽繁多而为世界鸟类专家所瞩目。就拿鹤类来说吧,世界鹤类有15种,我国有9种,而在扎龙自然保护区就可以看到6种。1980年以来,美国、日本、英国、加拿大、罗马尼亚等27个国家和地区的鸟类专家们,来这里考察的有两千多人次。这次我们来扎龙,正遇上美国鸟类学家梅适时·史密斯博士来这里考察,我们请他谈谈自己的感想。

(录音)记者:史密斯先生,请你谈谈到扎龙的感想好吗?

史:好,我愿谈一下。　(录音压低混播)

女:史密斯先生说,每次到扎龙来,都见到80多种不同的鸟。最有兴趣的是鹤。还见到3只只有在东南亚和中国才有的鸟。对我们来说,见到如此众多在美国见不到的鸟,感到非常高兴。我们在这令人难忘的地方工作和生活,感到十分愉快。因为扎龙有如此丰富的鸟类资源,是国内外所瞩目的地方。

男:听众朋友,我们到扎龙自然保护区的访问就要结束了,但是,扎龙的古朴、秀丽的风光,百鸟齐鸣的情景,将永远留在我们的记忆里。

(渐出几种水禽叫声、压低,消逝)

(作者:张立功　陈林　播音:江浩　程坤)

1984年　中国国际广播电台

王蒙答记者问:
我国文学创作的发展情况

廉秀英

听众朋友,你们好!新中国成立快35周年了。今天我们邀请我国著名作家王蒙来向大家介绍35年来,我国文学创作的发展情况。

王蒙今年50岁,现任《人民文学》主编,中国作家协会书记处书记,国际笔会中国中心副会长。50年代,二十多岁的王蒙曾以一篇抨击官僚主义作风的短篇小说《组织部里来的年轻人》轰动文坛。许多年来,他长期生活在农村、边疆少数民族地区,积累了丰富的创作素材。近几年,他大胆探索,写了几十部中短篇小说,上百篇文学评论,曾8次获得各类文学奖,是一位创作勤奋、很有才华的多产作家。好,关于王蒙,就简单地介绍到这里。下面请大家收听本台记者廉秀英与他的谈话。

(交谈实况出,混播)

记者:新中国成立35年来,我国文学创作取得了很大成就,请问您印象最深的是哪些?

王蒙:哦,这可是一个大题目,我只能说一点我个人的印象。给我印象最深的有过三次高潮,或者说三次丰收。第一次是新中国成立后的十几年内到60年代初期,作家怀着建设新中国的热情从事文学创作,成绩显著。像郭沫若、茅盾两位著名文学家写出了不少出色的文学作品和文艺理论著作,像语言大师老舍写出了《龙须沟》、《茶馆》等反映北京市民生活的剧作,到现在还是受欢迎的。特别突出的是一批长篇小说,在新中国成立10周年前后,最早出版的是一批反映革命历史、革命战争题材的作品,像《保卫延安》、《红岩》、《创业史》,接着,出现了一批反映农业建设的长篇,如《山乡巨变》。当然,还有不少写其他题材的巨著,如描写中国历史上农民起义的《李自成》(第一卷)等。这些作品至今仍然是长篇创作的高峰。中短篇小说、诗歌、散文的佳作更是不胜枚举,像巴金的《生活在英雄们的中间》、魏巍的《谁是最可爱的人》、杨朔的《雪浪花》都是很有影响的优秀作品。

第二次高潮是在"四人帮"垮台前后出现的。那个时候,作家与人民群众为了表达对"四人帮"的不满和反抗,歌颂反"四人帮"的英雄人物,自发地、大量地从事诗歌创作。我认为这样的诗歌运动,将载入我国文学史册。

第三次高潮是1978年党的十一届三中全会以后,出现了长篇、中短篇小说创作的繁荣局面。在长篇小说中,除了获得茅盾文学奖的《许茂和他的女儿们》、《芙蓉镇》、《东方》等6部作品外,还有《故土》、《花园街五号》等受欢迎的长篇小说。中篇小说发展得更快。在近年来举行的两次全国优秀中篇小说评奖活动、六次短篇小说评奖活动中,涌现了一大批优秀作品。据统计,在全国五六百种文学刊物中,每年平均要刊登上万个短篇小说,上千个中篇和十几部长篇小说,他们都拥有亿万读者。此外,在戏剧、诗歌、散文、报告文学等领域也涌现出了一大批群众欢迎的作家和作品。这时期的作品,不论从主题思想开掘的深广、题材风格的丰富多彩,还是从作品产生的社会影响、作家的创造力上来看,都是35年来我国当代文学史上不多见的。

(讲话出,混播)

记者:您刚才谈了35年来我国不同时期出现的大批优秀作品,我想我们的听众对作家队伍的发展情况也会感兴趣的,您给介绍一下好吗?

王蒙:好的。我先说说我国的老一辈著名作家吧。像叶圣陶、冰心、巴金、丁玲、艾青都是年过古稀的老人了,但是他们仍然在勤奋地创作。继他们之后,我国出现了第二代、第三代文学新人,40岁以上的算是第二代,40岁以下的算第三代。这几年又出现了一批更年轻的作家,像王安忆、铁凝都是三十几岁。虽然他们生活根底较浅,需要不断充实自己,但他们是最有希望的一代作家。此外,令人高兴的是一代女作家起来了,其中像张洁、谌容、张抗抗等全国知名的就有二十多位。目前,我国作家共有1万多人,他们正处在创作的黄金时代。

（交谈实况出，混播）

记者：为什么说现在是作家创作的黄金时代呢？

王蒙：我觉得这个，这可以从两方面来说，一个是现在的创作环境条件，一个是写作欲望和写作内容。我认为我们所处的时代是过去任何时代的作家所不能比拟的。旧中国战争频繁，民不聊生，政治局面动荡不安，作家人身安全得不到保障，创作没有自由，进步作家经常遭到迫害。1949年新中国成立以后，作家和全国人民一样获得解放，有了创作的自由，出现了一批好作品。但后来由于工作不恰当，就是常说的极左路线的干扰，作家稳定的创作生活得不到保障，艺术民主受到限制，他们的创作热情下降了。近几年的情况就大不相同了。国家制定了有利于安定团结、繁荣创作的方针政策，文学创作出现了空前的繁荣景象。

记者：您能详细谈谈这方面的情况吗？

王蒙：党的十一届三中全会以后，中国的变化是非常显著的。在文艺方面，变化也较大。我国对文艺政策作了重大调整，文艺为人民服务，为社会主义服务的方向和"百花齐放，百家争鸣"的方针已写入宪法，这就保证了文学创作和评论的自由，国家领导人也曾多次强调指出，文艺是复杂的精神劳动，需要文学家发挥个人的创作才能，他们写什么，怎样写，别人不应横加干涉。生活是无限广阔的，创作题材也应该丰富多彩，作家可以写生活的各个侧面，写各种各样的人物。现在我国已经出现不少面对现实、触及社会矛盾、提出人民关心的问题的作品。比如，张一弓写的中篇小说《犯人李铜钟的故事》就反映了农民敢于向错误领导作斗争的事迹。谌容写的中篇小说《人到中年》就描写了一位女医生的生活困境，提出了如何对待中年知识分子的重大问题。这些作品对社会的进步都起到了积极的作用，因而受到了领导人和人民群众的普遍好评。

在理论批评方面，作家、读者、文艺批评家都可以对任何作品发表自己的看法。有时个别作品有严重的错误倾向，应当进行批评，但批评总是限制在艺术讨论的范围之内。别人可以自由发表意见，作者也可自由发表意见。犯有错误的作者仍可继续发表作品，生活待遇不变。这样，作家人人心情舒畅，创作热情空前高涨。

（交谈实况出，混播）

记者：我还想到一个问题，就是中国当代文学创作在世界文坛上所处的地位，这个问题……

王蒙：我只能谈谈我个人的看法。我国近年来的创作成果，引起了许多国家的汉学家、文学家的注意。有不少的国家举行了中国当代文学讨论会，这本身就说明一些问题。

我接触到一些翻译成中文的当代外国文学作品。我的印象是，我们完全有理由为近年来我们的创作成果而自豪。在概括生活的广度、深度，在刻画思想感情的真挚、细腻方面，我常常觉得倒是我国同行们的作品更好些。我们的弱点是充分发挥艺术想象力不够，这应当向许多外国同行们学习。

我国各行各业现在都在进行改革。生活的变化为艺术创作提供了广阔发展的机会，同时也带来了一系列伦理、审美上的新情况、新问题。我们只有不断学习、认真探索，才能促进文学创作的进一步发展。

听众朋友,刚才我国著名作家王蒙向大家介绍了中国文学创作的发展情况。这次节目播送完了。

简评:

35年来,我国文学创作走过一条坎坷的道路,如何评价新中国的文学创作成就,中国作家队伍状况如何,在中国有没有创作自由?这些都是国外听众感兴趣的问题,这篇专稿比较清楚地回答了这些问题。

王蒙是一位在国内外有影响的作家,他自己就有一段坎坷的经历,由王蒙出面来谈这些问题,更有说服力。稿件内容充实,用事实说话,采用对话形式,听起来比较自然。

1986年　中国国际广播电台

永远了却不完的心愿

韩　冰

中国国际广播电台，亲爱的苏联听众，在今天的节目里，请听特写：永远了却不完的心愿。

在我国东海之滨的上海市，地处闹市的汾阳路街心花园内耸立着伟大的俄罗斯诗人普希金的铜像。每到黄昏，人们常常看到一位身材消瘦、眉目清秀的学者停立在花园里，默默地用纯净而又真挚的目光凝视着普希金的铜像，普希金也用智慧的眼神凝望着他。两人相对无言，许久许久……当最后一片紫色的晚霞溶进天幕，他才恋恋不舍地离去。

他是谁？为什么如此钟爱普希金？

这位学者是上海华东师范大学教授、著名翻译家王智量。王智量教授今年58岁，但头发已经过早的花白了。他告诉记者：

"最近我翻译的普希金的《叶甫盖尼·奥涅金》译本出版了。在我的译本之前，虽然有了别人的5个译本，但我国出版的《普希金选集》还是选用了我的译本。别林斯基曾经说过：《叶甫盖尼·奥涅金》是普希金最心爱的孩子。是啊，它也是我最心爱的孩子，它与我整整朝夕相处了29年。现在，我可以在普希金铜像前自慰，了却了一件多年的心愿。"

原来，王智量教授常常在普希金的铜像前，向普希金默默地在心头逐句地背诵他翻译的《叶甫盖尼·奥涅金》，仿佛要聆听诗人的指点。

王智量教授开始翻译这本书的时候才29岁——风华正茂的年龄。那时，他是中国社会科学院文学研究所的青年见习研究员。有一天，他独自倚窗，面对秋野，轻声用俄语背诵《叶甫盖尼·奥涅金》的诗句：

"谁生活过，思想过，谁就不可能

不在灵魂深处傲视人寰。

谁有知觉，永逝的岁月的幽灵

就会不时来拨动他的心弦。

……"

普希金优美的充满哲理的诗句，王智量那纯熟准确的俄语，引起正好在场的何其芳的注意。何其芳是我国著名的诗人、散文家、文学评论家，当时担任文学研究所所长。他拍着王智量的肩头说："你把《叶甫盖尼·奥涅金》译出来吧，下决心。"

在何其芳的鼓励下，王智量开始动手翻译。一年后他调离了文学研究所。从此，他带着书和译稿辗转北京、上海、甘肃、河北……在此期间王智量把《叶甫盖尼·奥涅金》的译稿修改十余遍,对原作里的每一个字,每一节诗,每一个节奏,每一个韵脚,都做了仔细的推敲。时间虽长,毕竟尽了心。

王智量教授从初中开始就热爱上了俄罗斯文学和苏联文学,那是 40 年代抗战时期,桂林少年王智量夜夜伴随油灯一盏,怀抱土造黄纸印刷的托尔斯泰、屠格涅夫、普希金等人的作品,如饥似渴,手不释卷。在璀璨的文学宝库里,他觉得自己目光深远了,天地无限宽广了。智慧的启示、生活的思索、奋发的力量,汇成一股清泉,在他心头流淌。1947 年,王智量考入北京大学法律系,这也是受俄罗斯文学的影响。他认为要想深刻地认识生活,最好的途径是从事法律,尤其在解放前的旧中国。最能把自己贡献给社会的是文学,而文学是课堂里学不出来的,只有法律才是生活的显微镜。解放后,他立即转入学习俄语。

时光荏苒,日月如梭。王智量不断地发表了一些作品和对俄罗斯文学的评论,可是,他一点不满足,内心萌发了一个想法:如果能把世界上优秀的文学作品翻译过来向人民介绍,那要比自己写文章贡献更大。

于是,王智量走上了研究和翻译的道路。

为了提高文学水平,特别是俄语水平,他把《安娜·卡列尼娜》、《战争与和平》等至少读了 5 遍,一套套精装著作,硬是给翻得破旧难提了。

中国有句成语:功夫不负有心人。现在,王智量教授懂得俄文、英文、德文、法文、日文和古希腊语。俄语和英语能运用自如。他翻译出版了近 500 万字的作品,有别林斯基的文章,叶赛宁、莱蒙托夫的诗,屠格涅夫的散文,狄更斯的长篇《我们共同的朋友》等。

二十九年前,王智量教授在何其芳的鼓励下,精心地翻译《叶甫盖尼·奥涅金》,今天,他了却了这个多年的心愿。可是,他发现自己错了。在自己内心深处有着永远无法了却的心愿,那就是要把更多更好的、更深更广的、更优更美的外国文学作品和专著介绍给中国人民。目前,王智量教授一面带着俄国文学和文学翻译两个专业的研究生,一面在主编一套专著《俄罗斯文学与中国》,再搞一本从本世纪初到现在的中国的俄罗斯文学资料汇编,还有 200 万字的《比较文学 500 题》,编纂《西方现代派文学辞典》,创作一本研究屠格涅夫散文诗的著作等。

王智量教授告诉记者:"我每天只能休息五六个小时,只想多译一些作品。每当我译完一本书的时候,仿佛是了却了一桩心愿,而又几乎同时,心里浮起的却是更多的心愿。在璀璨的外国文学宝库里,闪烁着无数颗晶莹的、光彩夺目的宝石,一个人,甚至一代人也无法完成介绍的使命,无法了却心愿。那是一代人传一代人的心愿,一代人传一代人的使命。"

各位听众,刚才播送了特写:永远了却不完的心愿。这次《友谊之页》节目播送完了。

简 评:

这篇特写,类似一篇抒情的散文。作者运用了文学的笔调,写了一位文学翻译家的故事:一位老教授勤奋努力的经历和他美好纯净的心愿,从而反映了中苏友谊的主题。

稿件从一个特写镜头开篇,勾画了一幅色彩斑斓、气氛恬静的画面:黄昏、普希金铜像、紫色的晚霞……又通过较细腻的描写和两个设问,一下子吸引了听众的心。然后又带进了老教授的自述,使文章层层深入,进一步抓住听众。

这篇特写命题含蓄,文字流畅,结构严谨,前后呼应,感情真挚。它表达的感情,易于为特定对象所接受。

1986年　中国国际广播电台

参观茅盾北京故居

廉秀英

听众朋友,你们好!今年是我国文学巨匠茅盾诞辰90周年,在这次《文化生活》节目里,请听本台记者廉秀英的录音报道:参观茅盾北京故居。

(音响①音乐出,混播)

茅盾是沈雁冰的笔名,他生于1896年,逝于1981年。茅盾故居坐落在北京东城园恩寺胡同13号。这是一个环境幽静的四合院,茅盾在这里度过了他一生中最后的6年。我怀着崇敬的心情轻轻推开临街的红漆大门,迎面墙上镶嵌的黑色大理石匾上镌刻着全国政协主席邓颖超题写的"茅盾故居"四个金字。故居占地面积为800平方米,分前后两个大院:前院的两厢房是会客室,茅盾曾经在这里会见过南斯拉夫作家代表团、日本作家佐藤洋子、法国作家苏珊娜等国际友人和国内作家、文学青年。北正厅和东厢房原是茅盾的家属使用的,现在辟为陈列室。陈列室门前是一尊汉白玉茅盾半身雕像,室内陈列着茅盾生前在社会活动和写作时用过的遗物和存书等四百多件展品,另外还有一百多幅图片。

(音响②工作人员介绍出,混播)

我一边听着工作人员的介绍,一边仔细地看着一件件展品,其中有两册书写清秀的小学生作文,上面还有几行老师的评语。这是迄今为止发现的茅盾最早的手迹,茅盾从1916年开始从事文学创作活动,在漫长的60年中,他始终怀着满腔热情歌颂人民,鞭挞中国的黑暗。他开始为《学生杂志》、《东方杂志》等刊物写文章,后来担任《小说月刊》的主编,这是当时的进步刊物。在展览柜里还有茅盾的《幻灭》,以及后来写的《追求》、《动摇》两部著作,这三本书合称为《蚀》三部曲。正是这三部名著,使茅盾的名字蜚声中国文坛。

30年代,正是中国最黑暗的年代。茅盾冒着被捕入狱的危险,创作了反映当时中国社会现实的长篇巨著《子夜》。展览大厅里陈列着茅盾写作《子夜》时的上万字写作提纲和《追求》、《动摇》两本书的手稿,以及他介绍外国文学作品、文艺理论著作等珍贵资料。这些都是茅盾毕生心血的结晶。

茅盾是我国新文学大厦的奠基人之一。他不仅是一位现代文学家、文艺理论家,而且也是一位社会活动家。室内一张张大幅照片,形象地向人们展示了他社会活动的足迹。这里有他出席全国文学艺术工作者代表大会时的讲话照片,有他率领中国作家代表团出访时的留影,还有他同中国作家、读者亲切交谈的场面。

从1949年新中国成立至1964年，他一直担任人民政府文化部部长职务，并且致力于文艺评论工作。1964年他又任全国政协副主席和全国文联主席、作家协会主席。

故居的后院是茅盾生前起居室和书房，走进明亮清洁的屋内，只见一对老式沙发，褪了色的布沙发套上有些地方已经磨破了；一张小圆桌上面放着几本书，沙发后面是一排书柜，里面放着各种版本的古书、茅盾著作、国外翻译出版的茅盾作品的各种版本；靠窗口处有一张大办公桌；墙上挂着一幅绘有波兰民间舞蹈的油画。这是波兰文化代表团50年代访华时赠给茅盾的。穿过这间屋子内的一扇小门，就是茅盾的卧室，墙上悬挂着茅盾母亲遗像，上面是茅盾亲笔题写的"我的妈妈，雁冰敬记"八个大字。茅盾的母亲是茅盾的启蒙老师。他对母亲一向十分敬重。窗前写字台上放着茅盾撰写的长篇回忆录的最后一张文稿，这是他一直工作到生命最后时刻的见证。我仔细地看着上面扭歪的字迹，仿佛看到了这位84岁老者艰难写作时的感人情景。桌子上还放着两副放大镜，工作人员告诉我，茅盾先生到了暮年，左眼失明，右眼只有零点三的视力，他是借助放大镜看书、写作的。再加上他患有哮喘病，写一会儿就要躺在床上休息一会儿，他就这样艰难地撰写了30多万字的回忆录，并为其他人的著作写了多篇"序"文。小桌旁边是一张旧式铁架大床，床上铺着褪了色的蓝白格子床单，床边摆着的床头柜上，放了一个三层的方漆盒。他每天把收到的大量来信放在盒子里，以便处理。铁床的对面是衣柜，上面挂着一件带着补丁的旧棉袄。工作人员说，(音响③讲话出，混播)我们在收拾茅盾的遗物时，发现箱子里的衣服也都是很旧的，只有几套质地好、做工讲究的衣服。据茅盾先生的亲属说，这些衣服是在接待国外朋友或出席重要会议时候才穿的。看着屋内摆设的老式陈旧家具，我想起他无私的品格：他曾为发展中国文学事业，将25万元人民币献给国家作为"茅盾文学奖"基金。到目前为止，中国作家协会已经举办了两届茅盾文学奖活动，奖给优秀长篇小说作者。文坛新人从中得到扶持和鼓励。参观完茅盾故居之后，工作人员向我谈了他们的打算。

(音响④讲话出，混播)

他们准备在书房内设一个文库，专门收集茅盾作品的各种版本和茅盾收藏的外文译本，最后将建成一个权威性的茅盾资料收藏中心，为研究茅盾文学创作的学者提供参考。

茅盾的儿子韦韬和儿媳陈小曼也很支持这项工作，他们无私地将收藏的茅盾全部著作献给国家，并且继续协助茅盾故居工作人员整理收集有关茅盾著作和文稿，他们现在正在为早日出齐41卷茅盾全集加紧工作。

听众朋友，刚才播送的是录音报道：参观茅盾北京故居。

1986年　江西人民广播电台

唤起共同的愿望和情感

——访作家袁鹰

王雪峰

各位听众，下面请听本台记者雪峰的录音访问记，题目是：《唤起共同的愿望和情感——访作家袁鹰》。

(出配乐散文《祖国的泥土》片段：①)

"红河波浪哟红又黄，

弯弯曲曲向越南；

红河的土地受苦难，

越南的人民在做牛羊。"

(声音压低，混播)

听众朋友，您听到的是配乐散文《祖国的泥土》片段。这篇散文是中国作家袁鹰1956年访问越南时在河内写的。一些上了年纪的听众也许还记得，当时，这篇散文曾以深沉真挚的感情打动了许多越南朋友的心。

(再出《祖国的泥土》片段：②)

"在我身旁的一个越南人，含着泪从内衣袋里掏出一个用手帕层层包住的小包，那里是一块捏成像拳头那般大的泥土！这个瘦瘦的越南人俯下身去，长长地吻着那块泥土。他的滚滚热泪，把那块泥土全都润湿了……"

多么感人的情景！作者用他饱蘸激情的笔表达了对越南人民爱国之心的敬佩，也抒发了和越南人民心心相印的感情。

整整30年过去了。当我最近采访袁鹰时，我感到这位年过六旬的老作家仍然热忱地关怀着越南和越南朋友们。

我们的谈话就是从《祖国的泥土》这篇散文开始的。

(出记者和袁鹰交谈录音③)

我不揣冒昧地提出了问题：您这篇散文中灼人的热情来自何处呢？

袁鹰回答道：来自共同的愿望和情感。

他回忆说:1956年我随中国文化代表团访问越南。那是我第一次到越南,可是踏上这南方邻邦的土地后,却没有一点陌生感。这也许是因为中越两国的自然环境、文化、生活和风俗习惯有着那么多相近之处吧,但我感觉更重要的还是因为我们两国人民曾有着共同的苦难遭遇,又有着相互支援、一起争取民族民主解放的斗争经历,这沟通了两国人民的感情。我在河内的历史博物馆看到一包泥土,那里面有着一个动人的故事,就是我在散文中提到的:1941年,胡志明主席从中国回到越南,当他踏上祖国的土地时,捧起了一把泥土,深情地吻着,然后把它珍藏起来。这个故事一直在我脑海中回旋着。我在越南访问期间,不论走到哪里,都能感受到获得解放的人民从土地的奴隶变为土地的主人那种喜悦的心情,和他们渴望在和平的环境里建设祖国的愿望。这种感受激荡着我的心,它使我想到了中国人民的同样的感情和愿望,促使我写下了《祖国的泥土》这篇散文。

袁鹰在访越期间还写了近十篇反映越南人民生活和斗争的散文、通讯。回国后,特别是在越南抗美救国斗争期间,又陆续写了大量关于越南的作品。他这些作品贯穿着一条主线,那就是表达中国人民对越南正义事业的支持和中越人民的深厚友谊。

(出讲话录音,混播④)

当谈到这些作品时,袁鹰说:我在写作时有一个想法,那就是反映中越两国人民共同的情感和愿望。它不是抽象的。每当我提起笔,眼前就会浮现出在越南结识的朋友们那一张张亲切友好的面容,耳边响起他们那充满对和平和美好生活的向往的话语。特别是他们对和平的盼望,只有饱经战争灾难的人才能有如此殷切、如此强烈的盼望。虽然已事隔多年,但每当想起,我仍然感到十分激动。

袁鹰从40年代开始从事新闻工作,至今已走过四十年的创作生涯,我没想到这样一位老作家的谈话竟是如此充满了激情。我问:听说您还访问过亚、非、欧的许多国家,能不能谈谈您的感受呢?袁鹰笑着回答:这就一言难尽了。不过,不论是到哪个国家,我都能感受到一个共同点,那就是各国人民对和平、友谊的向往与追求。这是人类生活所必需的部分,是整个世界走向进步、繁荣的保证。而作为一个文化使者,有责任传送和介绍各国人民对和平友谊的向往与追求。在我的作品中,以此为内容的国际题材的散文、通讯占了很大的比例,就是基于这种认识。

在采访结束前,我请袁鹰对越南听众讲几句话,袁鹰高兴地接受了我的要求。他说:

(出讲话录音,混播⑤)

"三十年过去了,我很想念越南的朋友们,包括熟悉的和只见过一面的文化界的朋友以及工人、农民、战士、少先队员朋友。虽然近些年来,由于人所共知的原因,我们两国的关系中断了,但我相信,两国人民的友谊却是长存的,我们两国人民也仍然有着在和平的环境里建设国家、过上幸福生活的共同愿望。那么,尽管音信隔断,我们的心仍然是相通的。我衷心祝愿朋友们能够实现自己的美好愿望。"

采访结束了,最后,我还想告诉听众朋友们,1982年,袁鹰把自己写的国际题材的散文结集出版时,特别选收了三篇他当年写的反映越南人民生活和斗争的散文。他在"后记"中写到自己的想法:"这是为了保存历史的一点记录,表明自己的一点心意。"

各位听众,刚才播送的是本台记者雪峰采写的录音访问记,题目是《唤起共同的愿望和情感——访作家袁鹰》。

简评：

一、主题鲜明

这篇人物专访通过作家对自己的越南之行及两国文化交流的回顾，表达了他对中越两国传统友谊的怀念和对世界和平的渴望。全篇内容充实，运用音响效果，更显得感情真挚。

二、选材好

作家袁鹰访问过越南，并著有大量关于中越友好的作品，在越南有一定的影响。通过对这样一位有声望作家的采访，确实能唤起越南听众对往事的回忆，具有较强的感染力。

三、通篇问答自然、贴切

最后播出作家对越南人民的问候和祝愿，会使听众倍感亲切。本文没有宣传说教的痕迹，是一篇好作品。

本文在1986年度国际台优秀广播节目评选中获二等奖。

1987年　江西人民广播电台

今朝团圆乐融融

程　普

（出欢迎的鞭炮声和相认后，压低混播）

"少小离家老大回，乡音未改鬓毛衰。"离家去台近四十年的熊光远老先生，昨天下午终于回到了家乡——南昌市郊区罗家乡佛塔村，与家人团聚。

熊光远1949年被抓壮丁去了台湾。如今他已经62岁，满鬓白发。熊老先生一走下汽车，就同迎上来的儿子、女儿紧紧地拥抱在一起。积压了四十年的思念一时难以倾诉，隔绝四十年啊……思念四十年！熊光远张开颤抖的嘴唇，说不出话。他抬起头看着家门口张贴的红纸对联"昔日思亲望穿秋水，今朝团圆满庭春色"，眼泪禁不住夺眶而出。

（出一段相认时的对话后，压低混播）

得知熊光远从台湾回到故里，他的七个弟妹特地从远近赶来，和自己的大哥相认。（对话音响扬起片刻。压低混播）。看着这一张张挂着泪水的笑脸，他感到那么陌生，那么难以辨认，但又是那么亲切，那么真挚。（音响消失）熊光远用一口浓重的家乡口音告诉家人：（出录音）

"我是11月2号在台北登记的，海峡两岸办得都很快，尤其是人民政府更快，帮助我找在大陆的亲人。主要是在香港拖了很久。我是18号到香港，19号到广州，20号到这里。今天是21

号,归心似箭。"(压低混播)

熊光远是听到台湾当局宣布11月2号开始办理登记回大陆探亲的手续消息后,向台北红十字会登记回大陆探亲的第一个人。当时有人问他:你准备了多少年回大陆探亲?他回答:我准备了将近四十年。这发自肺腑的话语,表达了一位孤身在外老人的思乡之情。

(出一小段相见对话,然后混播)

一位村干部告诉熊光远,他的重侄孙,在他19号进入广州那天出生了。熊光远听后开心地笑了。他看着满屋亲人,怎能不笑,在他离家时,全家只有12人。而现在已是四世同堂的50口人的大家庭。人丁兴旺,济济一堂,共享天伦之乐。他感激人民政府对他子女的关怀,感激众乡亲对他家庭的照顾。

熊光远欣喜的脸上,时常也流露出忧伤,他深深怀念着已经去世的双亲,为自己没有尽到做儿子的责任而内疚。他深深地叹了口气,老泪纵横地对家人说:(出他的录音后,混播)"我准备去给他们烧点纸。告诉老人家我回来了。"(混播)。他回来了,了结了多年的心愿。

(1987年12月12日播出)

1988年　中国国际广播电台

世界上最长的史诗

陆水林

主持人:各位听众,现在请听本台记者路明采写的录音报道:《世界上最长的史诗》,向大家介绍一下中国藏族英雄史诗《格萨尔》。

路明:我是路明。朋友们,说起史诗,您可能首先想到希腊荷马的史诗《伊利亚特》和《奥德赛》,还有印度史诗《罗摩衍那》和《摩诃婆罗多》。这些史诗在世界上有着崇高的地位,也受到中国人民的喜爱,被译成中文出版。

那么,中国有没有史诗呢?曾经有一段时间,人们都以为中国没有史诗。如著名哲学家黑格尔在他的巨著《美学》中就断言:中国没有民族史诗。一些中国人也曾为此感到遗憾。实际上,中国不但有史诗,而且数量众多,内容丰富。中国有五十多个少数民族,许多民族都有自己的史诗,南方各民族的史诗有一百多部;北方的蒙古族也有近百部史诗,其中,最出色的要算是柯尔克孜族的《玛纳斯》、蒙古族的《江格尔》和藏族的《格萨尔》。尤其是《格萨尔》,堪称是世界上最长的史诗了。为了向大家作一点介绍,我们走访了藏族学者降边嘉错先生。他是中国社会科学院少数民族文学研究所《格萨尔》研究室主任、全国《格萨尔》领导小组副组长。降边嘉错先生,您先说说,《格萨尔》是一部什么样的史诗呢?

降边: (出实况,混播)《格萨尔》大约产生于藏族氏族社会开始瓦解、奴隶制社会开始形成的历史时期,大约在公元1世纪至5世纪。在这之前,藏族已经有许多关于天地形成、民族起源的神话和传说,有许多英雄豪杰的故事和大量诗歌、谚语。在这些基础上,经过人民大众和说唱艺人世世代代的努力,逐渐形成了一部伟大的英雄史诗。史诗通过对主人公格萨尔征战四方、降妖伏魔、造福人民的英雄业绩的描绘,向人们展示了古代藏族历史发展的进程,反映了藏族人民要求国家统一、民族团结、社会安定、人民幸福的强烈愿望,也反映了古代藏族人民的信仰、风俗和道德观念。

路明: 您能不能向听众简单介绍一下《格萨尔》的主要内容呢?

降边:《格萨尔》的内容非常丰富,而且,各地流传的故事又有不同,大量内容还在搜集、整理之中。大体说来,《格萨尔》一百多部①的内容可以分成三部分。第一部分讲格萨尔是天神之子,为了消灭世上的妖魔鬼怪而降生人间。他在童年时期就完成了许多英雄业绩,最后通过赛马成为(岭国的)国王;第二部分是史诗的主要部分,叙述格萨尔如何降伏四大魔王,后来又陆续征服了几十个魔国和敌国,消灭了那里的妖魔和暴君,使人民过上安宁幸福的生活,这一部分生动地描写了上百次大小战争,刻画了众多的人物形象,是史诗最精彩、最吸引人的部分;史诗最后一部分讲格萨尔到地狱救出了母亲和妻子,完成了下世的全部使命,最后返回天国。

路明: 为什么说《格萨尔》是世界上最长的史诗呢?

降边: (出实况,混播)我们可以和荷马史诗及印度史诗比较一下。《伊利亚特》和《奥德赛》都只有1万多行。《摩诃婆罗多》最长,其加尔各答版本有214960行。而《格萨尔》要长得多。我国王沂暖教授做过一次统计,他根据已见到的资料,统计出不重复的《格萨尔》手抄本和木刻本有106部,他对其中39部的唱词一行一行作了统计,共有242068诗行,已经超过了《摩诃婆罗多》。

更重要的是,我们现已发现114位说唱《格萨尔》的民间艺人,其中藏族99人。许多艺人虽然是文盲,却有着惊人的记忆力和非凡的艺术才能。他们多的能说唱120多部,少的也能说唱几十部。他们说唱的内容,远远超过了现有的手抄本和木刻本。因此,近些年来,我们一直在进行紧张的录音工作,把他们说唱的《格萨尔》保存下来,并整理出版。到现在为止,已为著名艺人录音4000多盘磁带。根据这种情况,估计《格萨尔》能超过100万诗行。至于确切的行数,要等将来搜集、整理工作全部完成后才能知道。总之,《格萨尔》是当之无愧的世界上最长的史诗。

路明: 朋友们,许多世纪以来,《格萨尔》主要靠民间艺人传播。随着社会的发展和现代文化的影响,史诗赖以流传的环境发生了很大变化,许多内容面临着失传的危险。但是,由于中国政府的重视,《格萨尔》的搜集、整理和研究工作取得了巨大的成绩。《格萨尔》必将成为世界文化宝库中闪亮的明珠。

主持人: 各位听众,关于史诗《格萨尔》,今天就介绍到这里。谢谢收听。

附 注:

① 这里的"部",可以说相当于多卷。本书中的"卷",每一部叙述格萨尔一生经历中的某一件事迹,各部首尾完整,独立成篇。

简　评：

　　这篇录音报道概括了《格萨尔》的内容，并把它和著名的希腊荷马史诗、印度史诗相比较，从而肯定了《格萨尔》在世界文化史上的地位，有对外广播特点。同时还介绍了我国政府珍视藏族文化遗产，致力于搜集整理出版《格萨尔》，宣传了我国的民族政策，这在当前西藏问题被世界关注的情况下，尤有针对性。

　　不足之处是，史诗内容的介绍过于简略，没能满足听众欣赏史诗精彩片段的人意。

（张伟民）

1988年　中国国际广播电台

藏族系列（一）文化遗产

林少文

　　主持人：这里是北京电台。您好，又到了《中国文化》节目时间了。我是林少文。

　　（音乐："藏族文化"起，混）

　　中国有56个民族，每一个民族都有其独特的文化。从本周起，我们将播出一个系列节目，介绍藏族文化。这个少数民族主要居住在中国西南地区、世界上海拔最高的高原上。

　　（音乐扬，渐小，混）

　　西藏是一片辽阔而迷人的土地。其中一部分常年覆盖着冰雪，其余地区则多为荒芜的原野。通过无数的山峰、河流和湖泊，大自然将它的美展现在这一片土地上。而给这一高原增辉添彩的，是勤劳、智慧和诚实的藏族人民。

　　（音乐扬，小，混）

　　和中国其他少数民族一样，藏族具有悠久的历史和高度发达的文化。藏族的民间故事、诗歌、歌舞和戏剧已经形成了自己独有的形式和地方色彩。对这一点，中央民族学院的藏学教授王尧深信不疑，他用自己的毕生精力研究这一片神圣的土地。

　　（出王尧讲话，混）

　　王尧：一提起西藏，我的第一个印象就是一片十分美丽的土地，和这片土地上那些深受佛教影响的文化背景。西藏人战胜了令人难以想象的困难，创造了丰富的文化。从此，这一文化又滋养了它的创造者。

　　主持人：王教授认为，神话故事是西藏文化的重要的组成部分。诸如有关人类起源的故事等不少神话在口头流传，追述了藏族和藏族人的起源。下面是一则著名的神话故事。

　　（音乐起，混）

女声： 很久以前，西藏是一片无边无际的大海。波涛拍打着海岸，岸上到处生长着松树、柏树和棕榈树。森林里长满了各种奇花异草，成群结队的鹿和羚羊在飞奔着；犀牛不紧不慢地行走，悠闲地来到河边饮水；杜鹃、画眉与云雀在树梢上来回跳跃，唱着悦耳的歌；兔子在绿草坪上嬉戏。那是一幅和平而又宁静的动人画面。

（音乐起，混）

女声： 但是有一天，从海里突然蹿出一条长着五个脑袋的恶龙，它搅动着波浪上下翻腾。森林一片混乱，花草树木被毁灭。栖息在森林里的鸟兽感到灾难已降临到头上，它们逃到东边，可东边的树林摇摇欲坠，绿茵被大水淹没；它们涌向西边，可那里同样是一片狂涛。鸟兽们只能坐以待毙了。就在这时候，大海中忽然升起了一道五色云彩，它变成了五个姐妹，五个会飞的女佛。五姐妹飞落到海滩上，用她们那神奇的佛法去降服五头龙。当恶龙被制服后，大海又平静下来。林中的鹿、羚羊、猴、兔和鸟拜倒在五姐妹面前，感谢她们的救命之恩。

（音乐起，小，混）

女声： 当五姐妹准备回到天上去时，鸟兽们恳求她们留下继续保护它们。五姐妹对鸟兽非常同情，便同意留下，与森林居民们共享和平。接着，她们让大海退去。后来，东边的大海变成了一片茂密的丛林，西边是无边的沃土，南边变成花草盛开的花园，北边则成为一望无际的大草原。五个会飞的女佛自己则变成了喜马拉雅山脉的五大主峰。

主持人： 另一则有关藏地起源的类似的传说称今日大昭寺一带曾是海的中央。当海水干枯时，中央留下了一个无底洞。据说在公元前7世纪时，数万头羊被征来运土填洞以便建造寺庙，但洞总填不满。最后，有一头羊跃入深潭，才填满了洞穴。今天的游客可以在大昭寺的墙壁里看到一头石羊的脑袋。和传说一样，藏族的民间故事开始也以口头形式流传。民间故事分成四类：用智慧战胜权威的故事，带有传奇色彩的童话，反映真挚爱情巨大力量的恋爱故事和有关动物的传说。

在所有文学作品中，长篇史诗《格萨尔》被普遍认为是西藏世俗文学中的一颗珍珠。这部史诗描写了格萨尔王在当地的开发和他为保卫人民而同外部入侵者英勇战斗的事迹。史诗在全西藏广为传诵，在农民家中，在草原上牧民的帐篷里，在城乡和边远的地区到处都可听到。至于史诗的篇幅，至今还没有定论，各种说法不一，其数量从30卷到60卷不等，但最集中的意见称该史诗有36卷，总篇幅有1500万字之多。

《格萨尔》这部深受藏族人民喜爱的伟大史诗叙述了吐蕃王朝灭亡之后四百年间崛起的各国之间的激烈战争，它生动地描绘了那些动乱年代纷乱的战况。史诗对一百多位人物分别做了细致的刻画。

像对史诗一样，藏族人民同样善于诗歌创作。中央民族学院的王尧教授称几乎每一个西藏人，包括文盲，都会作诗吟唱。诗的内容可以说无所不包。一些宗教领袖如六世达赖喇嘛，同时又是很有造诣的诗人。说到这里，王教授用藏语朗诵了一首六世达赖的诗。

（王尧用藏语念诗，第3行起混）

男声： 啊，东方的山头上，
　　　　升起了皎洁的月亮；
　　　　在我的心底，
　　　　想起我那可爱的娇娘。

主持人: 王尧教授说,藏民对于诗歌的浓厚兴趣以及他们的诗歌创作能力使他大为惊叹,甚至连藏族最经典的医学和天文学著作也是用诗的语言写成的。

藏族人的才能还表现为能歌善舞,而且歌舞总是融为一体,自娱多于表演。

高亢嘹亮是藏族歌曲最明显的特点之一。这主要是由于他们生活在高原上,常常在室外旷野里歌唱。

(才旦歌唱出,混)

您现在听到的是藏族著名歌唱家才旦卓玛的演唱,歌曲祝福所有相爱的人们。

(才旦歌唱扬,小混)

素有"歌舞的海洋"之称的西藏,总有唱不尽的歌,跳不完的舞。尤其到了节日盛典,从蹒跚学步的孩童到成年人,所有的人都会加入到歌舞的行列中来。

(歌舞出,混)

到了收获季节,歌声与劳动相伴。有时农民们围着圈,牧民们则整夜围坐在篝火旁,载歌载舞,久久不散。在冬夏季的节日里,城镇市民带上青稞酒来到公园野餐,每餐必舞,常常狂欢至夜幕降临。

可是在王宫和上层贵族家里,人们却偏爱另一种风格的音乐。

(央宗演唱出,混)

富人们和受过良好教育的人们喜爱较为典雅的乐曲。现在您听到的是由央宗演唱的一首爱情歌曲,它赞颂了能战胜邪恶命运的真挚的爱情。

(音乐放大至一段尾)

另一种深受藏族人民喜爱的艺术形式是藏戏。

(藏戏中鼓声、舞蹈片段出,混)

和在汉族地区流传的京剧一样,藏戏也是一种综合艺术,但两者有很大的区别。藏戏经常讲述一个带宗教色彩的故事,其形式综合了朗诵和歌舞,还包括了面具艺术和服饰艺术,并且总是有一位旁白演员串讲故事。

(藏戏旁白部分出,混)

据传,藏戏是15世纪由一位喇嘛唐东吉布发明的。他为了造福人民,准备在藏地的每一条河流上修建桥梁。唐东吉布花了三年工夫为此募捐,但这一努力最终失败了。之后,他便组织了一个七姐妹戏曲表演队,自编自导排演表现佛教教义的歌舞剧,在各地巡回演出。这就是藏戏的开始。

(藏戏歌舞部分出,混)

藏戏主要在广场上表演。演员登台时,乐队敲锣打鼓,为歌舞伴奏。这是藏戏的第一部分,常用来吸引观众。

接着是第二部分,也就是藏戏的主要部分。这一部分由一位旁白演员负责向观众介绍所演的剧情。

(藏戏旁白部分出,接选曲,混)

一部藏戏通常要演一两天。最后结尾总是由演员向观众祝福吉祥如意。

在藏戏的第三部分,演员们边表演歌舞,边接受观众的捐赠。

(藏戏《郎萨》中对白、音乐出,混)

我们现在听到的这部藏戏叫《郎萨》,这是藏戏八大传统剧之一。该剧讲述了一个乡村姑娘皈依佛教之前的苦难遭遇。据藏学教授王尧说,所有的藏戏都有一个令人愉快的结尾,借以表达佛教的力量。不消说,宗教对藏族所有的艺术形式都具有无可比拟的影响力。

(音乐出,混)

刚才我们谈了藏族的文化。下一周,我们将向您介绍有关西藏的社会习俗和藏人的生活方式,请到时收听藏族系列的第二篇。这里是北京电台,我是主持人林少文。

(1989年7月20日播出)

简评:

中国的西藏高原和藏民族,对外国听众来说,有很大的神秘感和好奇心。由于多种原因,外部世界颇为"关注",外国舆论作了很多不实和歪曲的报道,影响很坏。藏族系列节目系统地介绍中国藏族的悠久历史、源远流长的文化以及富有民族风情的生活习俗等,以消除外部世界对西藏问题的歪曲和偏见。《文化遗产》是这个系列节目的组成部分,也是系列节目的开篇。

这个开篇为系列节目作了很好的铺垫。编采的构思颇具匠心。节目一开始,通过音乐和解说,给人展现西藏高原美的神奇景观;接着讲述藏文化中富有诗意和浪漫主义色彩的神话故事;然后通过藏学者以及藏族文化人介绍藏文化的不同层次和特点;藏人的能歌善舞通过藏族著名歌唱家才旦和央宗的介绍和演唱也充分表现出来;藏族有世界上罕见的《格萨尔》长诗以及带有佛教色彩、善良战胜邪恶的藏戏等,这些内容丰富和形式活泼、音响多样的介绍,使节目富有思想性、知识性。

该节目在国际台1989年度优秀广播节目评选中获系列节目二等奖。

(黎体贤)

1989年　浙江定海县广播电台

三毛故乡行

朱甬春　吴　坚　周兰玉　叶　树

当三毛骑着阿拉伯的骆驼跋涉在茫茫无边的撒哈拉沙漠上，当她看着日月潭的黄昏载着盛满落叶的纸船在水雾中漂游，她的心中一定会盈着家乡弯弯的村路和秀丽的山水，梦里千度总不散的故乡土地该会是啥模样呢？

（出船笛声。混播）

4月20日傍晚，祖籍定海区小沙乡的台湾著名女作家三毛在走遍千山万水之后，终于踏上了梦里寻了千百遍的故乡土地。三毛头戴绒线贝雷帽，上穿大红羊毛套衫，一上定海鸭蛋山轮渡码头，就被裹进了浓浓的乡情中。

（三毛与亲友相聚的哭泣声，三毛哽咽地不住念叨）

三毛：总算赶来了，赶来了。

记者：三毛女士，您说几句吧。

三毛：（抬腕看表）1989年4月20日，6点差4分，踏上故乡土地。悲喜交织，不相信是真的，好像如在梦中，大概不是真的……

记者：是真的，你真的回到故乡了。

三毛：码头上那个人小时候他抱过我，倪竹青叔叔，我3岁的时候他抱过我。四十年了，现在该我抱他了，他在哪里我也不知道……

（汽车引擎声）

三毛出了码头以后，就直奔环城南路84号大伯母家，（现场音响渐入）一见到86岁高龄的大伯母，她就跪倒在地上，哭泣着磕了三个头，然后两人紧紧拥抱，诉说着无尽的思念。

当晚，激动难平的三毛在住处向记者说出了这次回乡的心愿。

（出录音）

三毛：各位乡亲，我刚才回到我的大伯母家里，她用毛巾给我洗脸，其实这时候我的眼泪已洗尽了我四十年的风尘，故乡的人真是亲哟。我这次回来，有三件事是最重要的。第一件就是我的祖先，祭祖。这不是迷信，我觉得这是一种中国的传统，一种礼仪，一种教育，告诉我的祖先说，你们在海外的那一支有一个代表回来了。第二呢，看看我祖先的坟，我要告诉我的亲祖父，我们一家在海外都很好。第三件事非常重要，我希望平平静静、冷冷静静地用爱的眼光来看我的故乡。这三件事我做到的话,我的心愿也完了。

三毛原名陈平,早年随父亲从上海去台湾,今年46岁。她用"三毛"的笔名写过二十多本书,并被翻译成15种语言。1983年5月,大陆第一次出版了《三毛作品选》,这以后,三毛的名字被越来越多的大陆读者所熟知。但当21日下午,本站记者告诉三毛,小沙的乡亲们亲切地称呼她为"小沙女"时,三毛高兴地喊了起来:

(录音)

三毛:小沙女,好,这个我非常喜欢。因为我对"三毛"做厌了,我想试一试台湾的编辑先生们,不用"三毛"的名字去投稿,投不投得进。因为当年也是不认识的,当年从沙漠自己去投稿,我们是台面上见功夫,我们真的没有人情可言的。换个笔名,叫"小沙女",看投不投得进,我知道我笔好。"在春"楼主——小沙女,因为红楼梦里有元(春)迎(春)探(春)惜(春)嘛,我来个"在",春不走哇,就是在这里。告诉小沙的乡亲,我第二个笔名就叫小沙女。

三毛曾经说过,她所以取"三毛"这个笔名是认为自己的生活很像大陆画家张乐平笔下的三毛。而现在一个乡土十足的"小沙女",是否蕴藏着早日结束四十年的漂泊流浪、植根家乡热土的愿望呢?

小沙女,小沙人在等着你呢。

(现场音响、混播)

4月22日上午,蒙蒙的春雨刚停。十点三刻,一身素装的三毛扑进了祖先生活了一辈子的土地——小沙乡陈家村。

(出录音)

三毛:我踩踩故乡的土,我看看故乡的地,这就是我祖先走过的路吗?这就是我的老家对吗?我先回家,我先回家……

三毛祖父陈宗绪生前的旧居里安放着一张八仙桌,桌上插着香烛,三毛激动而又虔诚地点燃了烛火,然后,深深地三跪九叩头。

顺着青青的山路,三毛来到了祖父的墓前,一见到祖父的墓碑,三毛就哭喊道:

(出录音)

三毛:阿爷,我没有照顾你一辈子,阿爷跟我讲讲话,等会安安静静跟我讲话。

接着三毛又捧着一束山花,紧紧贴着墓碑,亲吻着,喃喃地私语。

离开时,三毛依依不舍地口中念叨着:

(出录音)

三毛:平平走了,你跟我一块走哇,陪着我平平安安回去,明年再来呀。

随后,三毛捧起一把家乡的土,盛进一只麦秆编制的小方盒里,又捡起两片红红的樟树叶,放进贴胸的口袋。她说,带回台湾,可以让父母也闻到家乡的气息。

那天下午,三毛在团团绕看了村子一圈后,深情地对记者说:

(出录音)

三毛:小沙是个小地方,我是这里人,用不着客气,我就说几句老实话:小沙的生活环境和水平,刚才我看了一下,我也不是看表面样板的,我回到自己的老家去看一看,问了一问,我觉得比我想象中的生活要高多了,所以非常放心。那么,我看了呢,心里很高兴,谢谢!

4月26日,三毛在家乡度过了难忘的5天后离开定海。临别时,面对送行的亲人们,她感

慨万分:

(出录音)

三毛:所有我爱的东西,故乡的人都给我了,这是很感动的,我连故乡的筷子也带了一双……

记者:三毛女士,这次家乡之行你印象最深的是什么?

三毛:印象很多啦,人情还是非常温暖的,这是最重要的。

(混播)

是的,割不断的是两岸的亲情,挡不住的是长流的水。再见了,三毛!再见吧,小沙女!

(船笛声渐止)

(1989年4月27日播出)

1990年　中国国际广播电台

《中国唐诗》(1-4)

周平宇　稽书佩

1. 唐诗漫谈

听众朋友们,你们好!有一些听众朋友来信表示希望我们在节目中介绍中国古典诗歌。还有一些对中国古典诗歌有所了解的朋友还希望知道为什么中国唐王朝时期的文学出现了那样繁荣的局面,产生了那么多诗人,他们写下了那么多美丽诗篇。据此,我们决定开办《中国唐诗》节目。

中国是一个有悠久文化历史的国家,各个朝代都有不同的文学特色,唐王朝存在于公元7世纪初到10世纪初(618—907),那个时期的文学全面繁荣,诗歌、散文、小说都取得了杰出的成就,而诗歌是那个时代文学的代表,后人把唐代称为中国诗歌发展史上的黄金时代。18世纪初出版的《全唐诗》一书是有关唐诗的书籍中内容和篇幅最多的一部,共900卷,它所记载的诗人就有2300多人,作品近5万首。这当然不是唐诗的全部,因为还有大量作品已经遗失。

唐诗的主要特色是作品内容比过去历代丰富,反映社会生活面广阔,这从我们在以后将向您介绍的作品中也可以反映出来。首先我们将介绍唐朝三位最伟大的诗人的作品。浪漫主义诗人李白的作品《蜀道难》、《望庐山瀑布》、《早发白帝城》描写了祖国的壮丽河山;现实主义诗人杜甫关于战争题材的作品《兵车行》和《悲陈陶》,前者抨击唐朝当局为扩边而穷兵黩武,后者则歌颂为平息军事叛乱、保卫国家而牺牲的战士;另一位现实主义诗人白居易的作品《卖炭

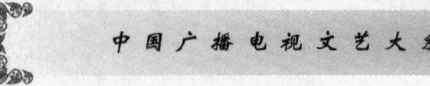

翁》、《上阳白发人》和《琵琶行》反映了社会下层人民的生活和封建社会受蹂躏的女性的命运。将向您介绍的其他诗人的作品中,孟浩然的《过故人庄》和王维的《山居秋暝》反映了农村生活,李商隐的一首恋歌歌颂了男女间纯洁真挚的爱情,孟郊的作品《游子吟》歌颂了伟大的母爱。还有一些作品反映诗作者热爱大自然、热爱生活的纯朴感情,仅从谈到的这一小部分作品已经反映了唐代诗歌题材的广泛。实际上,从唐诗中,后人可以了解到唐代的社会生活和人民的思想感情,唐诗的这个特色是中国诗歌史上的一个进步,在唐代以前的大多数年代里,由于诗坛掌握在君主、贵族上层人物手里,诗作者缺少社会生活体验,尤其不了解民众的生活和感情。那时的作品只限于表现宫廷风尚和贵族上层生活。当然,这里说的不包括民间的歌谣。

伴随着诗歌题材的日臻丰富,唐朝诗歌的形式也发展了。唐诗的主要体裁有律诗(有规则的诗)、绝句(短截的诗)和古体诗。律诗和绝句是到唐朝初期才定型的新体裁,由于这两种新体裁的出现,历史流传下来的其他体裁就被称为古体诗,以与新定型的两种体裁区别。

律诗因为它须受严密的格式和韵律的约束而得名,每首律诗规定为八句,每句字数必须相等,或五个汉字,或七个汉字,分别称为五律和七律,诗中每个字的声调高低抑扬也必须遵循规定予以选择,这是为了调节字与字间、句与句间的声调,使之和谐、协调、悦耳,这同以拼音文字写作的诗歌中对用字有轻重音、长短音的规定相似。另一项重要的、也是有趣的规定是,在八个句子中,第三句和第四句两句,第五句和第六句两句,都要运用一种叫做"对偶"的修辞方式,即在两个句子之间,用对称的词表达出相反或相关的意思。下面两个句子是一首律诗中的第五句和第六句,为我们提供了"对偶"的例子。

　　　　沉舟侧畔千帆过,
　　　　病树前头万木春。

第五句头的"沉舟"对第六句头的"病树",而句中间"侧畔"对"前头",句末"千帆过"对"万木春"。这就是对偶的修辞方式。这种修辞方式大大加强了语言效果。另外,作为诗歌,律诗当然还有关于押韵的严格规定。

绝句因短而得名,每首只有四句。和律诗一样,绝句也要受一定的格式和韵律的约束:每句字数必须相等,或五个汉字,或七个汉字,分别称五绝或七绝,诗中每个汉字声调的高低抑扬也必须遵循有关的规定,同样还要遵守押韵的规定。

古体诗每首无一定的句数,一首诗中,每句的字数可以相等,或五个汉字,或七个汉字,也可以不相等。至于押韵以及每个字的声调高低抑扬,比起律诗和绝句要自由得多。

这就是唐诗中的三种主要体裁。

中国唐王朝文学艺术,尤其是诗歌的空前繁荣,是由当时的经济、政治和文化条件促成的。

在唐朝以前,从3世纪到6世纪,中国受分裂和战乱的困扰达四百年之久,生产受到空前的大破坏。作为统一的国家,唐朝建立以后,采取了一些比较开明的政策,使人民得以休养生息,从而恢复和发展了经济,促成了唐朝前期一百年的经济繁荣,这是唐朝文学艺术得以发展的物质基础。

唐朝在思想文化方面采取比较自由的政策,允许儒、佛、道三家思想并存,也不排斥其他宗教的传播,这客观上使知识分子扩大了视野,活跃了思想。唐朝还积极开展国际文化交流,这使中国文化得以吸收其他民族的文化精华而更为充实。

促成唐诗空前繁荣的一个直接原因是唐朝的科举制度,这是通过考试从知识分子中录取文官的制度,而诗歌是考试的重要内容,这就直接促进了诗歌的普及和提高。这项制度不仅提高了中下层知识分子的地位,也结束了贵族上层控制诗坛的历史。和过去不同,唐诗的作者更多的是中下层知识分子,甚至还有和尚、尼姑和歌伎,他们由于接近社会,比较了解人民,有丰富的生活经历,从而在作品中能广泛反映社会各阶层人民的生活和思想感情,而且作品的题材广泛。

在向您介绍中国唐诗以前,今天我们先就有关唐诗的情况作这次漫谈,下次节目我们将介绍被称为"诗仙"的浪漫主义诗人李白和他的代表作《蜀道难》,欢迎您收听。再见。

2. 李白诗作《将进酒》和李白的豪放性格

听众朋友们,晚上好!现在是《中国唐诗》节目时间,在这次节目里,继续介绍唐朝浪漫主义诗人李白的作品。今天介绍他的另一篇代表作《将进酒》(可译成《劝酒歌》)和诗人豪放的性格。

在上次节目里,我们谈到诗人李白一生漫游四方,并喜欢结交道士、侠客,这些经历促成了他豪放、乐观、追求自由的性格,而诗人好酒,有极大的酒量。后人研究诗人的作品后发现,他有关咏酒的诗篇最能表现他的上述性格。今天要介绍的《将进酒》就是以其豁达、豪放的风格而受到后人推崇。

请听诗文:

君不见黄河之水天上来,	天上来:从天而降。
奔流到海不复回。	
君不见高堂明镜悲白发,	(您没看到大厅镜子面前主人正为白发而悲伤吗?)
朝如青丝暮成雪。	(清晨还乌黑得像黑丝到日暮时已经像雪一样白了。)
人生得意须尽欢,	
莫使金樽空对月。	金樽:精美的酒杯。
天生我材必有用,	
千金散尽还复来。	散尽:花光。还复来:还会再有。
烹羊宰牛且为乐,	
会须一饮三百杯。	会须:应该。
岑夫子,丹丘生,	夫子:对长者的尊称,指岑勋。生:对平辈的称呼,指元丹丘。
将进酒,杯莫停。	
与君歌一曲,	
请君为我倾耳听。	
钟鼓馔玉不足贵,	钟鼓:富豪人家摆宴时奏乐用的乐器。馔玉:精美的食品。比喻豪华生活。
但愿长醉不复醒。	
古来圣贤皆寂寞,	寂寞:孤独,被人遗忘。
惟有饮者留其名。	(只有善饮者能为后人所铭记。)
陈王昔时宴平乐,	陈王:曹操之子曹植的封号。宴平乐:在平乐观设宴。

斗酒十千恣欢谑。	斗:古代盛酒器。十千:十千钱。恣欢谑:尽情嬉笑取乐。
主人何为言少钱,	
径须沽取对君酌。	径须:别迟疑,尽管。沽取:买来(指酒)。
五花马,千金裘,	五花马:名贵的马,毛为五色花纹。千金裘:值千金的皮袍。
呼儿将出换美酒,	呼儿:叫书童。将出:拿出去。
与尔同销万古愁。	万古愁:积压多年的烦恼、忧愁。

读了诗文,我们就可以感到作品中所表现的豁达、豪放的风格。同时,我们还感到诗人的情绪似乎不断变化着:忽悲忽喜,忽喜忽悲,前后共有两次起伏。为什么?这要结合诗的创作年代来分析。

诗人李白为了实现其治国济民的伟大抱负,曾到京都长安去了两次。第一次是在他30岁的时候,他希望能遇到某个贤能的前辈发现他的才华,并把他推荐给朝廷。但他此行没有什么收获,因为当时的皇帝李隆基沉于酒色,不理朝政了。朝廷里奸人弄权,他们不可能重视人才。唐朝开国以来的兴盛繁荣发展到这时,就像中午的太阳,眼看从此将开始西下。不过,在这次进京之后,李白在失望之余,对前程还没有失去信心,尽管国家潜伏着危机,但李白看到的还是表面的繁荣;而且诗人这时还年轻,认为理想没有实现,只是时机未到。又隔了十多年,诗人第二次进京,这一次是皇帝李隆基把他召去的,李白满以为报国的时机终于来到了,谁知道皇帝把他找去只是要他做一个点缀宫廷生活的御用文人,为皇帝吟诗助兴,并不让他参与政事,这对李白的抱负是一次无情的打击。而且,在朝廷中的所见所闻使他看到了在繁荣掩盖下国家已潜伏着危机,他预感到国家将由盛而衰,这时他也已四十多岁。所以,对实现自己的理想,他感到没什么希望了,两次进京的不同感受使他在这两个不同时期的作品的主题和思想情调也有所不同。在第一次进京后,他虽失望,但仍抱有信心,内心是矛盾的:既感到青春易逝,常常自悲自叹,又觉得来日方长,常常自慰自解。所以在作品中就常常出现悲欢交错或掺杂的调子;而在第二次进京后,他几乎是绝望了,在作品中就更多地表现愤慨的情绪,言词也趋于激烈。《将进酒》是诗人第一次进京后那个时期的作品,所以诗中时而是失意的牢骚,时而是欢乐的歌声,既有伤心的眼泪,又有爽朗的笑容。

《将进酒》这首诗是诗人在同两个好友饮酒时写的。在35岁那年,诗人应洛阳好友元丹丘的邀请到他家小住,那里离黄河不远。有一天,他们同另一个朋友岑勋到一个可以看到黄河的山岭上去饮酒。酒,使怀才不遇的李白积蓄在心头的许多话一起涌到嘴边,他就从奔腾的黄河提笔,即兴写了这首诗。开头的四句抒发了他的满腹愁思:

    君不见,黄河之水天上来,奔流到海不复回。
    君不见,高堂明镜悲白发,朝如青丝暮成雪。

黄河是中国的第二大河,长五千多公里,从西部高原,泻向东部平原,注入东海,落差极大,河水汹涌澎湃,气势磅礴。诗人以他惯用的夸张手法,说黄河是从天而降,势不可挡;流向大海,势不可回。接着又说早晨还是乌黑发亮的头发到晚上竟完全变白了,真是令人感慨。诗人的这头四句,一方面以河水一去不复返比喻人的青春一去不复返;一方面以黄河的伟大、永恒、坚强反衬人的生命的渺小、短暂、脆弱,这四句是诗人对自己青春已渐逝而功名未成的悲叹,不过,这悲叹是壮志未酬的悲叹,虽悲犹壮。

接着,诗人笔锋一转,在下面的八句中又是充满乐观的笑声:

> 人生得意须尽欢,莫使金樽空对月。
> 天生我材必有用,千金散尽还复来。
> 烹羊宰牛且为乐,会须一饮三百杯。
> 岑夫子,丹丘生,将进酒,杯莫停。

诗人大概又想到唐王朝的繁荣,所以又充满自信地说"天生我材必有用",兴高采烈地劝两位好友说"人生得意须尽欢","会须一饮三百杯",这时的诗人,谈论自己是多么自负,谈论人生是多么乐观。与落笔那四句的悲叹显然不同了。

可是,正当诗人举起酒壶劝两位朋友"杯莫停"时,对功名未成的焦急和不快又涌上心头,他又唱起惆怅的调子:

> 与君歌一曲,请君为我倾耳听。
> 钟鼓馔玉不足贵,但愿长醉不复醒。
> 古来圣贤皆寂寞,惟有饮者留其名。
> 陈王昔时宴平乐,斗酒十千恣欢谑。

诗人由惆怅而愤激,他似乎又把一切都看穿了,他说富贵并没有什么用处,倒不如醉生梦死一生,这当然是他出于愤激而发出的对社会的抗议。他把自己比作历史上的圣贤,历史上确有许多圣贤是不得志的。他们正如诗人所说,常常被社会所遗忘,过着孤独的生活。诗人举出五百年前的陈王作例子,表示要以他为榜样,来一个长醉不用醒。这个陈王是3世纪时魏国皇帝曹丕的弟弟曹植,陈王是他的封号。这位陈王才华出众,但受到当皇帝的哥哥的猜忌和压制,没有机会发挥自己的才能,因此这位陈王常常借酒消愁。有一次在一个叫平乐观的道观里设宴,喝着十千钱一斗的好酒,李白在诗中说的就是这次宴会,他主张像陈王那样恣肆,别去追求什么功名了。

接着,可能是主人看李白已经喝了不少了,不想响应李白的建议,故意说没有钱买酒啦,但李白哪肯答应,于是他咏道:

> 主人何为言少钱,径须沽取对君酌。
> 五花马,千金裘,呼儿将出换美酒,与尔同销万古愁。

诗人的兴致又高起来了。诗末的这几句把李白豪放、浪漫的性格表现无遗。前面诗人就说过"千金散尽还复来",现在一听主人说没钱买酒,他把自己做客的身份也忘了,喧宾夺主,竟提出把他的马和皮衣拿去卖了并换成酒,好继续喝个痛快。诗人认为,只要痛饮一番,就可以把积压多年的忧愁统统一扫而光。

　　诗人李白生活在唐朝盛极将衰的转折关头,这个时代特点在诗人心灵上留下了烙印。因此,从《将进酒》这首诗所表现的感情起伏,既可以听到诗人的心声,也可以窥见那个时代的特点。

　　听众朋友们,刚才播送的是中国唐朝浪漫主义诗人李白的著名诗篇《将进酒》。今天的《中国唐诗》节目播送完了,在下周的唐诗节目中将介绍李白另一种风格的诗,欢迎您到时收听。再见。

3. 现实主义诗人杜甫和他的作品《兵车行》

　　听众朋友们,现在是《中国唐诗》节目时间。从这次节目开始,我们向您介绍唐代另一位伟大诗人——杜甫和他的作品。对您来说,杜甫也许不是一个陌生的名字。

　　您是否读过这样的诗句,"朱门酒肉臭,路有冻死骨"?这是诗人杜甫的作品中传诵千古的名句。"朱门"是指富豪人家,中国古代的王侯贵族都用大红色涂门户,所以"朱门"是富豪人家的代称。杜甫说,富豪人家的酒和肉多得任其腐烂发臭,贫穷老百姓却得不到起码的温饱而冻死在路旁,这是诗人对他所处的8世纪中叶中国封建社会贵族和穷苦百姓贫富悬殊所发出的慨叹。

　　杜甫善于选择具有普遍意义的社会题材来反映政治现象,上述诗句是一个例子;杜甫又善于对现实生活进行高度概括,把内涵丰富的社会题材表现在一两个句子里,上述诗句在这方面也是一个例子。

　　杜甫生于公元712年,与李白是同时代人,比李白小11岁。杜甫出身于封建官僚家庭,从小接受了封建儒家思想的教育和熏陶,立志要辅助王朝统治者治理国家。不过,他同李白一样,生活在皇帝沉湎酒色、不问政事、奸人弄权的年代,所以终生未能实现自己的志愿。

　　杜甫在35岁那年到了京都长安,在那里客居了十年,在他到长安的第二年,他参加了朝廷为录取文官而举行的考试,当时主持考试的,正是把持朝廷大权、把朝政弄得一片昏黑的礼部大臣李林甫,这是一个为满足权力欲而常常排挤和陷害忠贞人士的家伙,他主持这次考试没有录取任何一个人,却蒙骗皇帝李隆基说"野无遗贤"(野:民间),京都十年的经历使杜甫洞悉了当时朝政的黑暗,以及由此而隐伏着的社会危机。他认为表面繁荣的唐王朝正开始走向衰落,他的判断不久就为历史的发展所证实。在这十年中,诗人的生活逐步贫困。生活使他的思想感情逐渐向人民接近,并使他成为一个忧国忧民的诗人。诗,在杜甫手里,这时已不只是抒发感情、摹写物象的工具,而且也是干预时事、评论国政、反映人民呼声的手段。

　　杜甫在京都期间,看到唐朝为进行扩边侵略战争而不断招募兵马甚至强行抓丁。面对这种穷兵黩武的政策和老百姓的苦难,诗人写出了他的第一篇为人民的疾苦呼喊的杰作《兵车行》。这是杜甫创作道路上的新起点,他的笔触从此从个人的感伤忧愤转向了广阔的现实世界。这时,诗人大约40岁了。

　　现在我们来读《兵车行》。

兵车行

车辚辚，马萧萧，	辚辚：车轮滚动声。萧萧：战马嘶叫声。
行人弓箭各在腰。	行人：行役的人，即出征士兵、征夫。
耶娘妻子走相送，	耶：父亲。走：奔跑。
尘埃不见咸阳桥。	（人、马、车使尘埃大起，能见度差，使前面咸阳桥看不见。）
牵衣顿足拦道哭，	拦道：拦住去路。
哭声直上干云霄。	干云霄：冲云霄。
道旁过者问行人，	
行人但云点行频。	点行：按名册抽丁入伍。频：频繁。
或从十五北防河，	或：有的。（有的人15岁就去黄河北防守边疆。）
便至四十西营田。	（到40岁还在西部边境屯田。）
去时里正与裹头，	里。村。里：村长。与裹头：为之包头(年龄太小)。
归来头白还戍边。	还戍边：又被征召去戍边。
边庭流血成海水，	边庭：边境。
武皇开边意未已。	武皇：汉武帝，借喻唐王李隆基。开边：武力开拓疆土。
	意未已：愿望还未满足。
君不闻汉家山东二百州，	汉家：汉朝，喻唐朝。山东－华山以东地区。
千村万落生荆杞。	落：聚居的地方。荆杞：两种野生灌木。
纵有健妇把锄犁，	
禾生陇亩无东西。	（田地的庄稼长得杂乱。）东西：东和西，无东西。行列不规整。
况复秦兵耐苦战，	（何况征自关中的兵员善战。）
被驱不异犬与鸡。	（被征的就更多，简直像鸡狗，成群被赶着走。）
长者虽有问，	
役夫敢申恨？	敢申恨：哪里敢申诉心中的怨恨？
且如今年冬，	且如：再比如。
未休关西卒。	未休：没有停止。（没停止在关西征兵。）
县官急索租，	
租税从何出？	从何出：到哪里去弄(钱)呢？
信知生男恶，	信知：确信；恶：不好。
反是生女好。	
生女犹得嫁比邻，	犹得：还可以。
生男埋没随百草。	百草：野草。（和野草一样被埋。）
君不见青海头，	青海头：青海边。（唐时那里战争绵延数十年，战死者无数。）
古来白骨无人收。	
新鬼烦冤旧鬼哭，	烦冤：诉说冤情。
天阴雨湿声啾啾。	啾啾：想象中的鬼哭声。

这是一首叙事诗，也是一首时事诗。内容分两部分，前一部分写诗人所目睹的被强征的青

年同亲人作生死别的情景；后一部分记述一个士兵的控诉。

前一部分只有六句，诗人以雄浑的笔法，如风至潮来，蓦然间在读者面前展现了一幅巨幅的送别图：在兵车隆隆、战马嘶鸣的嘈杂声中，被抓来的穷苦百姓一个刚刚换上征衣的士兵正向边境开拔。士兵们的父母妻儿乱纷纷地在队伍中寻找着自己的亲人，呼喊着亲人的名字，扯着亲人的衣衫，他们捶胸顿足，边叮咛边号哭，千万人的哭声汇成震天巨响，在空中回荡。读者很容易想象到，一个家庭，突然被抓去了主要劳动力，受到的打击有多么沉重；因此，在同亲人作生死别时，眷属们的心境是眷恋、悲怆，也是愤恨、绝望。

诗的第二部分共28句，是一个士兵回答路旁一个老者的询问。老者问道：这里发生了什么事？回答说，频繁地征兵，有的人15岁就被征去，到40岁还在边境屯田；去时是一个不懂事的孩子，连头巾都是里长替他裹的，回来时头发已经白了但随即又被征调去戍边。连年的征兵已经导致华山以东大片地区人烟萧条、田园荒芜、荆棘丛生、满目凋残。诗人从眼前所见联想到扩边政策在全国造成的后果，从一点推向普通，从而扩大了诗的表现容量，加深了诗的表现深度。

征夫接着把话题转到了时事。他说，今年冬天征兵仍没有停止，可是县官却照旧催缴地租，我们到哪里去弄钱来交租呢？诗人对现实的揭露在这里进了一步：老百姓遭受的苦难是双重的，除了被抓丁，还有被逼租。

征夫然后感慨地说道，如今生男孩还不如生女孩更好。在中国封建社会，重男轻女是普遍的社会心理，但连年战争吞噬了大批男子的残酷现实改变了人们这种传统心理，这说明老百姓的心灵所受到的摧残是多么严重。征夫最后说，边境战场上遍地尸骨，新鬼在诉说自己的冤情，旧鬼哭声不断，尤其是阴雨天，鬼哭声就更令人感到凄惨。诗的这个结尾大大加重了鞭挞穷兵黩武政策的力量。

诗人杜甫从创作《兵车行》开始，走上了现实主义的创作道路，在这以后的作品中，他揭露皇亲贵族倚仗权势过着骄奢淫逸的生活，抨击贪官污吏搜刮民间钱财导致百姓卖儿鬻女的罪恶，嘲笑庸懦无能的将领使国家安全失去保障。同时，诗人歌颂保卫国家安全而牺牲的战士，描绘田夫野老真挚、坦率、粗豪的精神面貌，赞美劳动妇女的勤劳能干和激流中船夫的勇敢，等等。杜甫最伟大的贡献是他把许多富有社会意义的重大主题带进了诗的领域，使中国古典诗歌空前深入地走向人民，走向现实生活。因此，他被后人称为中国文学史上最伟大的现实主义诗人和最伟大的政治诗人。他的诗篇则由于广阔反映了唐朝由盛而衰整个转变过程的社会景象而被称为"诗史"。

刚才播送的是《中国唐诗》节目之六，题目是：现实主义诗人杜甫和他的作品《兵车行》。这次节目播送完了，下次我们将介绍诗人的另一首叙事诗：《茅屋为秋风所破歌》，反映诗人的心和人民连在一起，欢迎收听。

4.《卖炭翁》和白居易的诗歌理论

听众朋友们，你们好！现在是《中国唐诗》节目时间。今天我们要介绍唐朝第三位伟大诗人——现实主义诗人白居易的作品和他的诗歌理论。

亲爱的听众，您到过中国的杭州西湖吗？到过西湖的朋友可能还记得湖面上那道红桃绿柳交错，风景优美的湖堤，它以诗人白居易的姓命名，称为白堤，这个堤名永远留下了杭州人民对诗人的怀念。

公元9世纪20年代,白居易在杭州担任最高行政长官,他在任四年做了许多造福于人民的事,最重要的是兴修水利。他在西湖修堤建闸,引西湖水灌溉农田,当地人民对白居易感戴至深。随着岁月的流逝,白居易主持修筑的湖堤已经荒塌了,但不知从哪个年代起,人们把湖面上那道风景优美的湖堤称为白堤,说它就是当年诗人修筑的,这是出于误会或出于对诗人的崇敬,希望他的业绩永存后人心间而有意所为,现在已经无从查考了。但无论如何,白堤这个名称,是白居易关心人民疾苦的见证。

白居易青年时代过着颠沛流离的生活。用他自己的话说,常常是"衣食不足,冻馁并至"。贫困的生活使他接近人民,了解人民的疾苦,深切同情人民,不满当时的弊政。这在他的作品中表现得非常鲜明突出。现在我们介绍他的一首叙事诗,叙述一位卖炭老人的故事。

卖炭翁

卖炭翁,
伐薪烧炭南山中。　　南山:终南山,位于长安之南。
满面尘灰烟火色,
两鬓苍苍十指黑。
卖炭得钱何所营?　　营:要求。何所营:做什么用。
身上衣裳口中食。
可怜身上衣正单,
心忧炭贱愿天寒。
夜来城外一尺雪,
晓驾炭车辗冰辙。　　冰辙:结冰的车辙。
牛困人饥日已高。
市南门外泥中歇。
翩翩两骑来是谁?
黄衣使者白衫儿。　　黄衣使者:太监,身着黄衣。白衫儿:太监的爪牙,身着白衫。
手把文书口称敕,　　敕:皇帝的诏令。口称敕:说奉皇帝的旨意。
回车叱牛牵向北。　　回车:调转车头。叱牛:吆喝驾车的牛。向北:市场在城南门外,皇宫在城内,故向北。
一车炭,千余斤,
宫使驱将惜不得。　　宫使:太监。驱将:把牛车赶走。
半匹红纱一丈绫。
系向牛头充炭直。　　直:值。炭直:炭的价钱。唐代可用丝绢充当货币,但半匹红纱和一丈绫值不了一千多斤木炭,差得远,所以实是强夺。

现在我们一起来欣赏这首诗,诗的开头四句是:
"卖炭翁,伐薪烧炭南山中。满面尘灰烟火色,两鬓苍苍十指黑。"

诗人首先要告诉读者,这是一个出卖自己劳动成果的老人,他不同于贩运木炭的商人。看那留在他脸上和手上的烙印,就可以知道他那劳动是很繁重的。诗的这个开头使读者可以想象到,为了烧出一车木炭,老人在深山中披星戴月,凌霜冒雪的情景。无疑,每块木炭都渗透了老人的汗水。当然也凝聚了老人的希望。接着,诗人设了问答:

"卖炭得钱何所营?身上衣裳口中食。"

作者以这一问一答,进一步告诉读者,这位老人别无衣食来源,他赖以生存的就是烧炭卖炭的微薄收入。可以想见,木炭能否卖个好价钱,对于他将意味着什么。作者再一次强调了老人对木炭寄予的希望。接着,诗人写道:

"可怜身上衣正单,心忧炭贱愿天寒。"

这是一个矛盾,老人既然"身上衣正单",出于本能,他本来应该希望天气暖和些才是,可是,由于"心忧炭贱"会减少收入而影响生活,理智使老人一反常理而"愿天寒",只有天寒,他的炭才能卖个好价钱。作者写出这个残酷的现实,再次点出老人对这一车炭所寄予的希望是很高的。

卖炭老人终于盼来了"天寒":"夜来城外一尺雪"。这场大雪使老人不必再"心忧炭贱"了,京城里的达官贵人,富商巨贾,为了取暖,难道还会斤斤计较炭价的高低吗?于是,老人趁着下大雪的机会,"晓驾炭车辗冰辙"。这时,他心里大概并不埋怨积雪车难走,而是在盘算着这一车炭卖多少钱,将换来多少衣和食了。

诗的后半部分叙述了老人卖炭的遭遇,强忍着饥饿和寒冷的袭击,怀着美好的希望,老人驾车来到京城南门外等待买主。他的命运如何呢?形势急转直下,"翩翩两骑来是谁?黄衣使者白衫儿。"不幸的老人遇到了穿黄袍的太监和穿白衫的太监的爪牙。他们叱令老人把炭送往皇宫,只给他半匹红纱和一丈绫,作为这车一千多斤的木炭的全部代价,老人美好的希望像梦一般顿时消失了。

这是一首叙事诗,是专门抨击当时的"宫市"(宫:宫廷;市:购买)制度的。在中国封建社会,一个昏庸的皇帝常常被一些怀有野心的宫廷太监或朝廷高官篡夺了权力。那些人骗取了皇帝的信任,从而掌握了大权在朝廷内外横行无忌。在白居易生活的那个年代,宫廷中也正演出太监专权的悲剧,为了中饱私囊,篡了权的太监甚至把为皇宫采购日用品的权力也从政府职能机构手中夺去。他们常常派出数十甚至数百人到市场物色物品,只要他们看中了,就以低价强行买去,有时甚至公开掠夺不给分文。受这种"宫市"制度之害的百姓无数,由于这个问题涉及皇帝和当权的太监,所以几乎无人敢于过问。但关心人民疾苦的白居易不畏强暴,他写了这首诗,表示了他对所有吃尽"宫市"制度之苦的百姓的同情,并无情鞭挞了"宫市"制度的罪恶。

白居易对"宫市"制度的鞭挞并不表现为激烈的言词,全诗没有提出任何谴责或抨击,甚至也没有讽刺或议论。诗人以"反衬"的表现手法,实现了创作意图,写老人山中含辛茹苦,衣单而愿天寒,反衬了老人对卖炭得钱以维持生活的强烈希望,而突出老人求生存希望的强烈,反衬了希望破灭的痛苦;希望破灭对老人的打击,正反衬了"宫市"制度的罪恶。

(如时间允许,这里可将全诗再念一遍)

作为杰出的诗人,白居易同李白、杜甫齐名。他们是唐代三位最伟大的诗人,李白和杜甫生活在同一年代而且是相互仰慕的好友。白居易生活的年代稍晚些,在李、杜去世之后,他是伟大现实主义诗人杜甫的有意识的继承者。杜甫在世时,唐代文学正经历着由浪漫主义到现实主义的转变。杜甫是这一大转变的旗手。白居易沿着杜甫开辟的道路前进,并在总结经验的基础上,建立了现实主义诗歌理论。白居易认为,诗歌的产生是由于与国家和人民有关的社会事件触动了作者的情感的结果,社会的情况由作者从不同角度反映到诗歌中来。因此,白居易主张诗歌应当写时事,反映人民的疾苦,并指谪时政的弊病。他又认为,诗歌具有教育的社会功能,能影响人的思想意识,改变现实,又因此,白居易主张诗歌的形式必须服从内容,为内容服务,不应拘泥过去那些固定的格式和题目,而且语言应该通俗平易,《卖炭翁》这首诗就是白居易全面而具体地实践他这些观点的作品之一。

　　白居易的诗歌理论对于掀起唐代中期现实主义诗歌创作高潮起了直接的指导作用。这是伟大诗人白居易的独特贡献。

　　听众朋友们,今天的《中国唐诗》节目播送完了,在下周的这个节目中将继续介绍白居易的作品,欢迎您到时收听。再见。

(1990年4月至1991年1月播出)

1991年　鹰潭人民广播电台

江南无韵诗

　　沿着古运河曲折的河道,一直向南走,越过长江,便是温馨如诗、旖旎如画的江南了。一进江南,你就会想起溶溶的月色中那恬静朦胧的荷塘,斜斜的夕阳下那挺拔摇曳的椰树,幽幽的雨巷里那丁香色的雨伞和那丁香色的姑娘。哦,雨可以说是江南最有特色的了。

　　挽上潇潇洒洒的季候风,一直向春走,走近北回归线,便是色彩斑斓、湿润空濛的梅雨季了。走进雨季,你便可以看见淅沥的清明雨中那一面面湿漉漉的酒幌,晶亮的太阳雨下那一丛丛碧绿绿的凤尾竹。蒙蒙的黄昏雨里那一幅幅水墨写意画。哦,那幅雨打芭蕉图,最是诗情盎然的了。

雨打芭蕉

　　　一帧潮湿的春的画幅
　　　斜斜地挂在
　　　黄昏灰蒙蒙的墙上
　　　醉态的风倚着墙站着
　　　审视这泼墨写意的草图

　　　雨的纤针

把那浓浓的暮色扎扎实实地
缝在宽宽的芭蕉叶上
芭蕉林渐渐地散成了绿色的雾
叮叮咚咚地弥漫开来
三月的雨
把芭蕉叶洗得白净水亮
江南正因为有了这绿色的雾
风会画
雨会吟……

当火红的杜鹃跟着多情的三月风开满山谷的时候,油菜花像一条柠檬色的河,流淌在碧绿的旷野里。江南选择了这五彩缤纷的季节,隆重举办了一年一度的雨季艺术节。

如果你白天戴着尖尖的斗笠欣赏了画展,那么请你别忘了晚上那场传统的音乐会。

春夜听雨

雨,在古老而悠长的青石小巷里,忽紧忽慢地模仿着古筝的韵味。
轻轻地拨,
拨响了树叶,拨响了瓦片和窗扉,也拨响了不眠人的心弦。
风,在静谧而温情的夜色中,有滋有味地学着洞箫的音色。
轻轻地吹,
吹响了鼾声,吹响了梦呓和婴啼,也吹响了夜归人的叩门声。
江南孟春雨夜,是传统的音乐会,在这传统的音乐会里有一支传统的古筝洞箫合奏曲。
忽紧忽慢地拨长了多少缕情,
有滋有味地吹圆了多少个梦。

江南绵绵不绝的雨,不仅丰满了田野,丰满了山峦,也丰满了江河湖泊,丰满了江河倒映的桥影。

江南有数不尽的桥,它是江南人精雕细凿的工艺品,是江南人的智慧。它连接了这一岸和那一岸的美丽,沟通了这一边和那一边的文明。

江南石桥

江南石桥是一条古老的渡船,静静地漂泊在岁月的河边。

它渡你进十三经,渡你观二十四史;渡你上寒山古寺听悠悠晚钟,渡你进九嶷幽谷看斑斑泪竹;渡你到咸亨酒店品几盅绍兴老酒,渡你去洛阳桥头哼几句泉州南曲。

江南石桥古典地为南中国作序,一节节、一段段,缀满了南国弯弯曲曲的路。

江南石桥是你走进南方的门,你想绕也绕不过去。

没有石桥,你看不见南方,看不见晨雾迷蒙中的秦淮河边依依春柳,看不见夕阳斜照里的爱晚亭前煜煜秋枫;没有石桥,你走不进南方,走不进西子湖缠缠绵绵的梅雨季,走不进汨罗江牵牵挂挂的端午节;没有石桥,你更懂不了南方,懂不了扬州女子都像那纤柔的扬州瘦竹,懂不了衡阳男儿都像那坚韧的衡阳石头。

江南石桥是南方的传统呵,江南石桥是南方的文化,江南石桥就是一部厚实的南方志。

江南所有的美都离不开水,江南的女人也是用水做成的,青山绿水,小桥风月永远是她们的背景。

江南女人的心事如她们酿的水酒,总是那么甜甜的,一旦你仰脖痛饮了这甜甜的水酒,你便离不开南方,离不开南方那多情的岸。

南方的岸

南方,是女性的南方。

南方的女人是岸,你一旦爱上南方的女人,你就总也走不远,总是禁不住回头回头再回头。总是扯不满远航的风帆,总是眼里时时噙着女人温热的泪。最后,总是停下来轻轻地对自己说:还是回南方吧……

南方女人的思念是岸,南方女人的眼神像岸一样曲曲折折,望得你归乡的梦总也做不圆,望得你床前的月总是那么清清瘦瘦。只要你出三天远门,南方的女人就会在自己的脸上,用泪水大写意地勾勒出你粗犷的容颜,为你站成南方一帧忧郁的风景。

南方的女人那才是真正的女人,南方女人读得懂你的眼神,南方女人就是骂你呀,也比北方女人骂得缠绵,娶了南方女人,你就离不开南方,就是死后,你也会成为一株杨柳,轻轻地抚慰这南方多情的岸……

呵,南方,女性的南方!

江南这片古老的土地,不仅孕育了美丽和富饶,还孕育了悠久的文明,孕育了敢于追求、勇于探索的人们,他们在故乡山山水水,一草一木中,不仅仅得到了美和爱,也得到了思想和力量。

芭蕉林的情思

我选择了初夏,
这个多思的季节,
为了那珍藏了多年的梦境,
我回到了故乡的芭蕉林。

慢慢走,脚步儿轻轻,
风在紫云英的花蕊里,
睡得安宁。

青春抽象成两撇胡须，
写在唇上压迫了天真。

我只想寻找那神秘的地点，
寻找那老人，芭蕉叶般宽宽的背影，
那是个露水漂白的清晨，
为了一枚鲜红的果子，
一个绿色的诱惑。
我把整个白昼搁在流泪的
红蜡烛旁，
钻进雾一般的芭蕉林。

风舞动着所有的叶片，
太阳下，殷红的芭蕉
迷幻成了千千万万面举向天空的旗帜，
而路却突然消失了。
只有跌落在地上的沉重的黄昏；
只有游弋在黄昏里的点点流萤，
嘲弄着我迷惘的眼睛。

你从绿色的雾中走来，
在湿淋淋的阴影中，
拾起我喑哑的哭声，
轻轻地拭去哭声的泥泞。
从此，我便有了一个真实的梦，
一个芭蕉叶般宽宽的背影。

而今，我又来到了芭蕉林，
在这个风华正茂的季节，
阳光敲响了所有的叶片。
我再也不会迷路了，
虽然叶子还是那样的嫩绿，
虽然小路还是那样的泥泞。

老人却不在了，
他只留下了宽宽的背影……
我默默枕着大树
裸露的根，

深情地望着芭蕉林,
叶子收集了世界上所有
深沉而质朴的绿,
奉献给明朗的天空。
我伸出粗壮而结实的手,
承接着叶片剪辑的阳光。
我喃喃地诉说着,
在这里获得的思想、力量和爱。

哦,故乡的芭蕉林,
我为你带回了一颗心哟,
一颗在梦境里浸泡过千百回的心。
即使漫长的岁月把我的泪,
去泥泞我的小路,
即使坎坷的命运把我的心,
散落成我小路边的荒草,
我也将和你在一起傲然挺立。
用坚强的手,
紧紧挽住,
我故乡密密的芭蕉林……

不哭的是秋,不笑的是冬。当沉默的秋海棠流行成江南一支凄婉清丽的秋歌的时节,南方的枫树林静静地目送着季候风向冬天移去,目送着整个青春的日子向冬天移去。

晚秋枫林

忍不住更年期太阳的斜视,
枫树所有的毛孔都龟裂了,
裸露出白嫩的躯体。
手挡着风,
却挡不住月的冰冷的光束。

盛夏时孕育的自信,
在猫头鹰的怂恿下,
迟疑地向赤道迁徙。
满头的金发,
被冷酷的秋风扯乱,
一面面写着誓言的三角旗,

相互比划着流亡的线路图，
打着旗语匆匆地告别。
飘零的祝愿，
汇成原始的无伴奏合唱，
为寻春的脚步饯行。

缄默的旅雁，
在印满备忘录的天宇上，
庄严地书写了一行行
秋的省略号，
省略了这次远行的终点和归期。
在启明星的一再暗示下，
枫林默默地昂起了头，
毅然地梳起了中年的发髻，
举起铁一般的手臂，
参加来春隆重的竞选。

如果说南方的岸是女性的岸，那么南方的海则是男性的海。那里有男子汉胸膛一样宽阔的海域，有男子汉血液一样奔涌的浪潮，有男子汉脊梁一样挺立的桅杆，有写满男子汉宣言的风帆。

南方的海汇集了南方所有的江河，汇集了南方所有的柔情。南方海的儿子，从小便领略了大海风浪的锤炼和港湾温柔的抚慰。

海的儿子

妈妈生我的时候,正是涨潮的时候,潮水在妈妈的眼里涨了三个月,爸爸才趁着潮水回来,带回了涛声般豪爽的笑,带回来海潮般执著的情。

爸爸一回来,就用缆绳一般粗壮的胳膊搂我抱我,用珊瑚一般粗糙的下巴亲我扎我。我从他的眼里看到海的深沉,从他的呼吸声中听到了海的韵律。

往后,我每年都在爸爸的臂弯里领略一次港口停泊的欢乐,在爸爸的肩头上领略一次海上舰塔的颠簸。再往后,我穿上了小水兵服,戴上无檐帽,挺神气地装扮成英武的船长,妈妈是我唯一的水手。

当我最终和爸爸一样,试图走出妈妈的视线,试图像一尾鱼,轻轻地游出妈妈涨满潮水的眼睛,我的心里和眼里也开始涨潮。我明白,妈妈湿湿的眼角又将印上一个深深的鱼尾,一个是爸爸的,一个是我的……

南方的海容纳了南方所有的江河百川,却容纳不了南方所有男人的身影。但是大海那一声声雄性的呼唤,却时时刻刻召唤着一颗颗渴望拼搏的心。

奔向大海

　　大海呵,你螺号和渔歌组合的传说,深深地吸引了我。我带着朝圣般虔诚的心,带着岸的渴恋,奔向你,奔向你!

　　我知道,大海不是平坦的草坪,不是温馨的摇篮。那里没有遍地烂漫的蒲公英,也没有悠然恬静的梦驼铃。大海是一座庞大的竞技场,世代都角逐着搏风击浪的男子汉,这面蓝色的旗帜,覆盖过多少海之骄子的遗骸,这永不凋谢的洁白浪花,献给了多少好男儿的英魂。

　　既然我扑进你的怀抱,无论你把我托向浪峰,还是把我抛下波谷,给我蓝色的祭旗,还是给我洁白的素花,我毫无怨言。我的呼吸是你潮的涌动,我的脉搏是你浪的拍击。我无畏于黑色的礁石,无畏于灰色的飓风,我的生命是你的!

　　正因为这,我奔向你呵,大海!

　　沿着古运河曲折的河道,回头往北走,那婆娑的棕榈树,燃烧的木棉花,密密的甘蔗林,还有那红红的相思豆,便会萦萦绕绕在你的梦里。

　　挽上潇潇洒洒的季候风,慢慢地离开北回归线,那如泣如诉的梧桐雨是江南对你的低吟,那一页页远去的白帆是江南寄给你的情书,那整个的江南哟,就是那永远飘逸的黄手绢,时时召唤着你……

　　呵,魂系梦绕的江南哟!

　　刚才播送的是鹰潭人民广播电台录制的文学专题节目《江南无韵诗》。

配乐:郭　辉　曹瑞琦
录音合成:王昌煌
作者:江南草　晓　舟　谷　子　梦　然
播音:杨红夷　陆澄照　魏　民
责任编辑:季南丽

1992年　上海东方广播电台

北京风俗音画

编辑：安琪、弘明
主持：安琪(藏韬、叶波)
监制：张鸣

(东方电台台号)
(《阳光列车》片头)
(《牧笛》奏出舒缓、沉思的旋律,叠入画外音)
你有没有用你的脚步,叩响过北京的街道?你有没有在夕阳西下的时候,俯瞰北京城中央那一片金黄色的建筑群?你有没有穿行在香山漫山遍野的红叶之中,体味着灵魂的沉醉?你有没有迎着纷纷扬扬的雪花,行走在昆明湖吱吱嘎嘎冰冻的湖面上?
《阳光列车·伴你走天涯》推出的《北京风俗音画》,展现给你的是一幅幅色彩斑斓的风俗画,让我们一同去寻访北京的胡同、四合院、茶馆、天桥,品尝风味浓郁的小吃,相信你一定会有特别的滋味。
请与我同行。
(《京调》片头——)
北京风俗音画·小村人眼中的北京
(叠出马路声、嘈杂声)
南来的人,北去的人,在北京留下了足迹。小村的人,大村的人,城市的人,百川归海,流到了北京。风风雨雨洗刷之后,后来的人,却再也分辨不出前人的脚印。
洗刷不去的是什么?雄风八面依旧气象万千的又是什么呢?是北京。
数不尽的宫殿楼宇,数不尽的民宅民房,数不尽皇族的辘辘马车,数不尽百姓的脚步声,从清晨到寂静的夜晚。
一千个人眼中,就有一千种北京。那么一个小村人眼中的北京呢?
(陕西民乐悠扬的唢呐声渐起,叠入诗)
(诗《我站在北京的街道上了》[选]杨争光著)

我们家在小村里
小村是庄稼人的小村

小时候，祖父给我说
长大了，到大地方去
他最远走到那小镇
他在小镇上卖过菠菜，买过猪崽
我的祖母就是他在小镇上捡回来的
一个流浪女人
从此他又在小镇上卖祖母织的粗布了
他希望他的儿孙比他强壮
强壮地从小路走上大路
从大路走向没见过的大地方
(《京调》音乐由强渐弱)
他说北京就是最大的地方了
北京住着皇帝
皇帝是世界上最有能耐的男人
皇帝的老婆是世界上最了不起的女人
皇帝坐的轿子
比我们村上财东杨二还要威风
皇娘娘穿的衣服
比杨二的老婆还要气派
北京的城楼都镶着金子
北京的街道都铺着银子……

我站在北京的街道上了
我是从埋着祖父的地方来的
我想起了祖父
流眼泪了
(《京调》乐再次扬起，渐弱)
北京确实很大
北京的大是祖父无法想象的
走进不再住皇帝的宫殿
我不知道，祖父会不会感到心疼
他会不会说
不住皇帝的皇宫不再是皇宫
没有皇帝的世界也不再是世界

马路为什么要那么大呢
匀一点地方不能多种点庄稼吗
花和草为什么要栽在瓦盆里呢
瓦盆不是盛盐和酱油的吗
男人和女人为什么要游游逛逛呢
游游逛逛的人会过日子吗……

我站在北京的街道上了
我是从埋着祖父的地方来的
我想起了祖父
流眼泪了
(《京调》乐叠入)
小村的人都知道北京
小村的人常念叨北京
小村的人都说
最有福气的人才能去到那儿
北京是不知道小村的
小村太小太小了
小村太远太远了
小村在那棵皂荚树下
一股风就可以吹走的小村

是小村使北京显得宽阔的啊
是小村使北京显得沉重的啊
是小村使北京显得辉煌的啊
是小村使北京成了大地方的啊
我不知道——在北京的街道上
看不见我们的小村
看不见那棵皂荚树
小村的人会不会伤心
小村的人会不会难过……

小村的人都说
最有福气的人才能去到北京
我是我们村最有福气的人了
我流眼泪了
(唢呐声扬起)
我走了很远很远的路程

走过了三条大河和很多山
也走过了很多小村
我是从小村里来的
那里埋着我的祖父和父亲
那里住着我的妈妈
临走的时候,妈妈给我说
到了大地方,别忘了老家
受不了外边的生活
就回来种庄稼……
(《京调》乐回复叠入)
我知道
我再也不会回到小村了
我要在大地方生活了
可我是从小村里来的啊
站在北京的街道上
我流眼泪了

(唢呐声背景中,叠入画外音)

这是陕西诗人作家杨争光1978年写的长诗《我站在北京的街道上了》,流泪的不仅是诗人,而是向往了几代几辈子,却又无法走出小村的人。

北京有其他城市没有的恢宏气势。可以说,每一座城门都有一段历史,每一条胡同都有自己的故事……

(故宫城墙根遛早的背景渐入,叠画外音)

你听,这是故宫城墙根儿"遛早"的老人。夕阳无限好,只是近黄昏。而这些老人的黄昏,和清晨一样生机勃勃。在他们身边,是古城墙的遗址,诉说着时代的变迁。

一排排笔直高大的银杏树,在冬季的寒风当中摇曳,树叶纷纷飘落,铺成一幅幅厚厚的黄色的地毯。

站在皇城根儿,我们又该往何处去呢?

(遛早背景渐隐,古筝乐渐入,音乐渐强,叠画外音)

如果你从高处俯瞰北京城,望见的是一个整整齐齐的大方块,紫禁城的大屋顶在阳光下金碧辉煌……

而如果你在北京城里穿梭,走过宽敞的大道,也会走过幽静的小路,那就是连接四合院、宅第的胡同。

曾经听过北京人说过这么一个故事,记忆非常清晰。北京大学地理系的元老侯仁之先生,去美国访问时带去了一样礼物:一块砖,外面花五百美元,做了个很精致的盒子。美国大学教授拿到这份礼物,很高兴,对学生说,这块砖比美国历史还长。侯仁之先生告诉他们,在北京胡同里,可以很容易地找到这样的砖。

这是个很有趣的故事,北京有些胡同,确实可以称之为老寿星。胡同这个外来语,比"北京"这个名称的出现,早了一个世纪。人们往往感叹万里长城的雄伟壮观,但很少有人意识到,把北

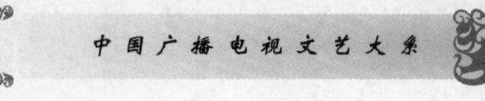

京城所有的胡同都连起来,绝不会比万里长城短。

那一条条胡同,初看上去,灰墙灰瓦,一个模样。其实,如果你静下来,走进幽静的胡同里,就会知道,每一条胡同都有一个说头,每一条胡同都有自己的故事。

(《京调》片头——)

北京风俗音画·胡同风情

在一个大雾弥漫的星期天早晨,我和嘉宾黄广生来到了国子监,采访《北京胡同》一书的作者翁立先生。

(京韵大鼓背景声中,主持人在国子监、电视专题片《北京胡同》摄制现场采访翁立)

这个"胡同"在蒙古语里是"水井"的意思,草原牧民、蒙古族是个游牧民族,有水井的地方才有人烟,才得以生存。现在北京城整个儿的街巷和胡同统称起来有6136条,直接以胡同命名的有1314条。

北京胡同起名很有意思,分四大类。北京胡同名称是自然而然产生的,国子监街是原来国子监的所在地,是以建筑命名的胡同;有以人名命名的胡同,各种各样的人,有达官贵人也有普通的平民百姓,有马状元胡同,也有张秃子胡同、王寡妇斜街。有的是根据它的地形景物命名的胡同,有条胡同从这边进去,绕一个U字形从那边又出来的,像一个人两只手一抄,称为抄手胡同;还有一种以市场商品命名的胡同。

(京韵大鼓音乐渐强……叠画外音)

老作家汪曾祺曾说:

北京城像一块大豆腐,四方四正。城里有大街,有胡同。大街、胡同都是正南正北,正东正西。北京人的方位意识极强。过去拉洋车的,逢转弯处都高叫一声:"东去!""西去!"以防碰着行人。老两口睡觉,老太太嫌老头子挤着她了,说"你往南边去一点"。这是外地少有的。街道如是斜的,就特别标明是斜街,如烟袋斜街、杨梅竹斜街。大街、胡同,把北京切成一个又一个方块。这种方正不但影响了北京人的生活,也影响了北京人的思想。

胡同文化是一种封闭的文化。住在胡同里的居民大都不大愿意搬家。有在一个胡同里一住几十年的,甚至有住了几辈子的。胡同里的房屋大都很旧了,"地根儿"房子就不太好,旧房檩,断砖墙。下雨天常是外面大下,屋里小下。一到下大雨,总可以听到房塌的声音,那是胡同里的房子。但是他们舍不得"挪窝儿"——"破家值万贯"。

四合院是一个盒子,北京的理想的住家是"独门独院"。

北京人易于满足,他们对生活的物质要求不高。有窝头,就知足了。大腌萝卜,就不错。小酱萝卜,那还有什么说的。臭豆腐滴几滴香油,可以待姑奶奶。虾米皮熬白菜,嘿!

(京韵大鼓扬起,叠画外音)

北京胡同文化的精义是"忍"。安分守己,逆来顺受。老舍《茶馆》里的王利发说:"我当了一辈子的顺民。"是大部分北京市民的心态。

(《京调》片头——)

北京风俗音画·京城小吃

人们都说"吃里乾坤大,吃里岁月长",别小看吃,它是人们生存的第一需要,一切历史从吃开始。

你不可能再重新走过那辉煌的五千年历史,但吃是中国优秀传统文化的一部分。

上海有上海的小吃，上海人可以如数家珍一道道说来，而如果你去北京，不尝尝北京的小吃，就太遗憾了。

北京的小吃，可是古得地道。哪一样都可以咬出一段典故或传说。

老北京都知道，旧日北京最热闹的地方有三处，东四、西单、鼓楼前，而现在呢，换地儿了。这会儿，你听听人民文学出版社弥松颐先生侃上两样小吃，不过瘾？您自个儿尝去。

(录音：弥松颐谈北京小吃)

小时候逛庙会，卖豌豆黄的推着独轮车，车上放着许多沙锅，锅里放着豌豆黄。吆喝得很好听，(吆喝调)豌豆黄儿哩大块儿。切成三角吃，里面还有枣。清朝人写过竹枝词："从来食物属燕京，豌豆黄儿久著名。红枣兜馅金馅里，石子一块卖黄琼。"

再介绍一个小吃，叫北京的烧饼。芝麻烧饼有好几种，当然是面做的，里面裹着芝麻、芝麻酱，外面有芝麻，厚厚的，这是里面比较实的。还有一种中间空的，两面有东西的，叫吊炉烧饼。侯宝林的相声里面曾说："吊炉烧饼扁又圆，油炸的麻花脆又咸。"现在没有吊炉烧饼了，小时候，我特别爱吃。

(《京调》片头——)

北京风俗音画·天桥往事

(电影《城南旧事》主旋律渐入，叠画外音)

这是电影《城南旧事》的插曲。城南旧事，必定包含一段天桥往事。听一位百岁老人说，在从前，真的有一座白色的桥，连今天生活在北京的人，见过这天桥的也为数不多。

为什么叫天桥呢？有人说是因为真龙天子年年要经过这座桥去祭天。因此叫天桥。也有人说它是沟通人世和天界的必经之桥，所以才叫天桥。

(当时天桥人家的背景、街景、嘈杂声、叫卖调、过往行人声)

很久很久以前，每到雨季的时候，北京南城的雨水全汇聚在天桥这儿，加上水渠和龙须沟里的水，形成一片沼泽。清代乾隆年间整治后，变成了到处是柳树、荷花的江南水乡，后来呢，就成了兴旺的市场，穷人的乐园。

也许老年人的回忆，是让我们这些人明白，北京有着怎样的过去，从怎样的历史走来，逸闻趣事里又孕育了怎样的心态。您不妨听听著名的艺术家新凤霞女士跟您说说天桥的旧事。

(在新凤霞家，主持人听新凤霞说天桥旧事)

当初，天桥这地方可大了，上没有盖，下没有门，四通八达，藏龙卧虎。五行八作都有，艺人成堆，小吃成堆，外地做小买卖的成堆。比如您要买腰带买鞋买袜子买布头，就要上小市场，要吃东西，到公平市场，卖豆汁挨着卖油饼的，卖油饼的挨着卖烧饼的，茶汤呀豆浆呀，你就可以吃烧饼就吃个薄脆，再喝一碗豆浆就舒服。

天桥靠的是义气，比如说你从外边来，是做艺的，会翻跟头，到后台一作揖，说求帮来了，艺人就会让你上场，瞧瞧你的本事，看看你的能耐，给你订份子挣钱。艺人抱团儿讲义气，你要欺负了一个，大伙儿都跟你干，比较齐心。

天桥这地方可以说大的人物也去，多穷的人也可以玩，有几毛钱可以玩一天，吃得饱饱的。天桥是穷人玩儿的地方。

天桥的小店很多，三箭口这一带，有鸡毛店，沙子店，抱锅店。如鸡毛店，空空的房子里放很多鸡毛，冬天穷人没地方呆，披麻口袋片，用戏报绑在腿上，就住鸡毛店。沙子店里把沙子放屋里,灶里把树枝报纸烧热了,把沙子烧热了,躺在沙子里,是最穷最穷的人住的。还有抱锅店就是房间也是平房,里面有一口破锅,那么就在灶里点着了,把锅点热了,用来取暖。天桥当时就是这样的情况。

(古筝音乐渐入,叠画外音)

尾声

浏览了一幅又一幅北京风俗民情的音画之后,在离开北京这座宏伟的城市之前,我们在清晨,踏进了皇帝祭天祈谷的地方——天坛,这是北京最美丽的建筑。

穿过郁郁苍苍、肃穆安详的松柏林,我静静地站在天坛上。岁月的风,翻越千山万水,带着冬季的寒意,紧一声,缓一声,注定要吹散我的头发,吹到我的生命里来。

我看着斑斑驳驳的红色的墙,看着天坛祈年殿青琉璃顶,看看碧空蓝天,似乎感觉到亘古的声音朝我走来,虽然隐隐约约,却万语千言。

(古筝音乐扬起)

每个人的人生只是长长流水中的一小段,总有消逝的时候。如同许多色彩纷呈的风俗民情胡同四合院,也在渐渐消失,终将成为一种记忆。而拥有记忆的人生,是丰富的。

(《阳光列车》片尾叠入)

作者简介

安琪,本名王莹,1960年11月出生,原为上海医科大学附属华山医院护士,1990年进入上海人民广播电台工作。安琪热爱广播事业,在上海台工作期间制作的《音乐博览会》和《音乐画廊》等节目以其编排精巧、主持风格自然亲切而令人耳目一新。1992年加盟新成立的东方电视台,她成了一名集编、采、播于一体的名副其实的主持人,由其策划主持的《阳光列车》、《安琪工作室》、《你的故事我的歌》在听众中产生了很大的影响。安琪倾心探索音乐在广播中的作用和各种声音手段的变化交融,逐步形成了自身独有的略带洋化、强调节奏和韵律的播音风格。此外,她也很注重广播作品的文化品位,力图将平淡的生活营造成一幅幅画面,做到了可听性、娱乐性和知识性的统一。她所制作的《北京风俗音画》和《走进三峡》先后荣获上海广播电视政府奖广播文艺二等奖和广播社教奖二等奖。

1995年2月24日,安琪因煤气中毒不幸逝世。为了纪念这位深为广大听众爱戴的节目主持人,上海人民出版社编辑出版了《安琪,永远的天使》一书。

1992年　江西九江人民广播电台

浔阳江上尽风流

男：滚滚长江，催浪东下，历经千回百折，流到吴楚交界处时，豁然间变得格外开朗、壮阔起来。好像地脉延伸到这儿，地气运行到这儿，冥冥之中，感应了什么灵气。那巍峨庐山拔地而起，浩渺鄱湖绿水依依……好一派天造地化的奇山秀水，好一片鬼斧神工的洞天福地。

女：这就是长江中下游的浔阳江段，那临江峙立的也就是"九派浔阳郡、分明是画图"的名城九江了。

男：名水长江，名山匡庐，名湖鄱阳……九江真可谓集大自然精英于一身了。于是，这千年古城留下了千古绝唱。陶渊明、苏东坡、李白、杜甫、白居易、黄庭坚都曾在这里各领风骚，竞显风流。

女："千古兴亡多少事，悠悠，不尽长江滚滚流。"当改革开放的大潮猛烈冲击着古浔阳时，浔阳江又奏响了雄浑瑰丽的新乐章；浔阳人又由衷地吟诵出赞美的新诗行。

哦，我的浔阳江哟

雪化了！冰消了！春天来了！

岸柳的枯丫又绽出点点鹅黄，江堤的岩缝又探出纤纤新绿，淌过沉重的冰封期，浔阳江，你又奏响了欢快的乐章，江轮划出的水带不是晶莹的线谱吗？欢跃追逐的鱼群不是亢奋的音符吗？哦，我年轻的浔阳江哟！

我当然知道，你也有过跌落的创伤，淤塞的苦闷，你也经受过雷电的轰击，风雨的欺凌，留下那冲不淡、抹不去黝黑色的记忆，浪淘尽白司马的清泪，苏学士的叹息，你鄙屑李太白"遥看瀑布"的洒脱，陶渊明"悠然见南山"的空灵，百结回肠你冲腾着太多的血泪，太多的残梦，我古老的浔阳江哟！

有人说，没有曲折就没有你，没有风雨就没有你，于是，你汇细流聚百川，穿过峡谷，跃过险滩，执著地奔向大海。

那雄浑的涛声仅仅是你悲怆的鸣咽吗？

那沉重的水花仅仅是你怨艾的泪水吗？

不呵，不！这是你进击险阻而迸发的呼啸，这是你奔流到海不复还的咏唱——这才是你不屈的灵魂自白，我伟岸的浔阳江哟！

黑夜不会比河道更长，今天，你扬波高唱俱往矣——

俱往矣，你冲击出的河谷还在，嶙峋岩壁刻下你起伏的人生，一部石化的史诗呵。

俱往矣，你东去的流向不变，敞开的纯净透亮的胸襟，弘扬百折不挠的个性，你开拓着格外宽阔的明天。

俱往矣，重建的浔阳楼再没有宋江的反诗；新修的点将台再没有周瑜的鼓点。纵然，还有破帆飘摇，枯叶浮沉，你毕竟有了春风的和熙，夏日的烂漫。

不在意红玫瑰的献媚，不在意朽木衰草的腐败。你凝聚！你翻卷！你腾跃！你奔突！容不得闭塞！容不得羁绊！你本来就是为开拓而生存的啊，我刚毅的浔阳江哟！

你听到大汽锤高亢的拍击吗？

你听到推土机粗犷的轰鸣吗？

这才是属于你的八十年代的春歌啊！

哦，我听懂了你的倾诉：哗——哗！

流吧，淌吧！以你的桀骜，以你的潇洒，以你的雄浑，以你的奔放。看！前面正是金灿灿的河床，还有轮金灿灿的太阳。

还会有扭曲的河汊。还会有突发的风暴。可我相信，明天属于你！大海属于你！

江心那十座屹立的桥墩托举着的不正是你明天彩虹般瑰丽的希望吗？哦，我古老而又年轻的浔阳江哟！

岸边有一抹浓影，那是往左倾斜的锁江楼，我听见你笑了。是啊，多么荒唐的命名。浩荡东去的大江是锁得住的吗？"锁、不、住——锁、不、住"惊涛拍岸发出自信的回音。哦，我充满希望的浔阳江哟！

女： 沿江漫步，江水依然是那样五彩斑斓，江岸都已变成了致富的摇篮。江边那喧嚣的农贸市场展示了怎样的一种生机啊！

男： 朋友，请随我到浔阳的早市上去走一走，看一看，去品味和分享浔阳人生活的甜蜜和喜悦吧！

浔阳早市

当雾的洁白的手绢轻轻擦拭着浔阳江畔的黎明，当清澈的小河潺潺汇集一起迎来第一缕晨曦，浔阳江畔的早市开始从温温柔柔的浔阳女的甜甜脆脆的叫卖声中醒来，从第一抹清清爽爽的晨光的爱抚中醒来。

软语温言酝酿成的各种浔阳小调，飘飘洒洒于每一个人的希望之中，洒洒飘飘于每一个人幸福的笑靥里。

一竹篾韭菜绿茵茵展示着春天的倩影，展示着永远也读不尽的嫩嫩青青的童话。

一竹篾西红柿描绘着夏季红艳艳的色彩，谱写着夏季热烈的欢歌。

一堆堆是否谕示着崛起期冀、一筐筐是否袒露着收获的喜悦。

秤上称出彼此的祝福。篮子里装满浔阳女舒心的笑和温馨的梦。

啊，朋友！到热热闹闹的浔阳早市上去走一走吧、到热热闹闹的浔阳早市上去仔仔细细地瞧一瞧！

浔阳的早市上乡土情很浓很浓，浔阳女的叫卖声韵很甜很甜，浔阳人的感情很深很深。

男：浔阳江既有着凝脂般温柔的心肠，又有着高山般伟岸的脊梁，母亲河刚柔相济的个性哺育了千姿百态的山山水水，更滋养着二分狡黠、三分倜傥、五分豪放的浔阳儿女，千百年来，正是他们脚踏着湿润的黄土地，描绘着浔阳古城耀目的形象。

女：当浔阳江岸还是芦花一片，浔阳人的先辈就吼出了第一声船工号子，粗犷、高亢的号子触入了史册，才使得千年古城格外的雄浑、深沉……

第一声号子

踩着砾石，顶着烈日，背着纤绳，追着父兄的足音。我喊出我的第一声号子。

侧耳听听，我的号子竟是这么纤弱、低沉、短暂；而父兄们的号子却是那么粗犷、高亢、悠长，像波浪拍打着堤岸，像林涛撞击着山谷，像江风浩荡鼓起我心的帆。

望着父兄留下的深深的脚窝，我明白了：是我的汗水流得太少的缘故；是我的皮肤没有晒黑的缘故；是我的意志还未磨硬的缘故。

于是，我躬起脊背，踩着我的第一声号子，默默前行。

一股力在我心中微荡，纤绳绷紧了。

呵，我拉着的是沉甸甸的帆船，沉甸甸的生活，沉甸甸的祖国呀！

我坚信在生命的纤道上，总会摔响我雄沉的号子的。

女：只有人民才是历史的主人；只有浔阳儿女才是浔阳江的弄潮人。第一声船工号子牵出"陆通五岭，势拒三江"的通都大邑，迎往送来山媚水秀的商旅胜地，浩浩江水漂走浔阳人多少晶莹的汗水，殷红的鲜血……

男：几番风雨，几番沉浮，改革的拍岸惊涛终于淹没苍凉的渔歌，七省通衢，黄金水道的浔阳即将举起绚丽的长虹！

女：这是穿过历史震荡的现实的桥！这是架越明天的理想的桥！请听，伫立江岸的浔阳人眺望桥墩，平添了几分得意，几分欣喜！

几番风雨浔阳桥

曾经是多少风风雨雨，使我于迷蒙中瞧不见遏浪的白帆；曾经是骇人的江涛拍岸，淹没了我祖祖辈辈那苍凉凄婉的渔歌，打从孩提时起，常常梦中搜寻"枫叶荻花秋瑟瑟"的去处，然而，流去的浔阳江的水，毕竟永远地流走。我的梦幻，也永远的流逝……

属于记忆的，在我的脑中从未淡泊。浔阳江上，潇潇的细雨，绵绵的一片白。苍苍茫茫中，那成群的汽车，排成龙阵，如同焦躁的马，在江岸暴烈地扬蹄、嘶鸣，等待着从彼岸缓缓移来老态龙钟般的渡轮……

飞转的车轮在刨着无情的江岸，让浔阳城添了几分忧郁，几分惆怅。于是，日复一日地朝北翘望。于是，在翘首望北的日子里，我心里也留下了躁乱的深辙。每当听见江岸急骤的汽车喇叭声，心中的压抑油然升腾；每当江上轮渡船拉起闷天的汽笛，我仿佛看见疲惫的浔阳城在粗粗地喘息。于是，我把眼睛嵌在滔滔的江水里，盼望着有朝一日江上耸起中流砥柱，盼望着从江上擎起撑天的手臂，将浔阳城的脉管托向远方。让浔阳城的心跳，合上时代脉搏的律动。

望啊望,盼啊盼,长江水去而不返,杜鹃花谢又花开,终于盼来两道引桥翘立,十枝春笋拔节,展开沉重的翅膀腾飞,显得多么艰难。十年浩劫的创伤未愈,僵化的阴影还在,大桥建设者更能领会"改革是一场深刻的革命"建了缓,缓了建。大桥呵,你在承载车水马龙之前,已经承载起凝重的历史积淀的重荷。直到九江城列入江西七五规则的重点门户,中央领导一再把蓝图圈点,大桥工地重又焕发出勃勃生机。

然而,理想从没有阻断,奋斗从未中止,我眼前又闪回一组震颤人心的画面。

忘不了啊!那潇潇的雨,那绵绵的白。浔阳江水掠过一阵呜咽,在那冰冷刺骨的冬天,年轻的潜水员,一个结实的北方汉子,潜入第十号桥墩水下作业,而意想不到的灾难,使这位血气方刚的小伙,来不及呼吸,就告别了人生!人们记得,有位年仅23岁的装吊工,高空作业,未避过事故的厄运,从十几米高的脚手架上沉沉地摔落在浔阳江岸,他却是永远两年半工龄。人们还记得,有那么一个催人落泪的场面,当建桥工地上的电机房出现危险情况,桥墩上施工人员面临生命威胁的紧要关头,就是那位老电工,咆哮着奔进机房,用双手握住振动器,让强烈的电流从自己的心脏通过。人们不会忘记,一位患了癌症的老工程师,在临终前还恋恋地呼唤:"我的大桥!——我要看到它!"就这样,留下了不瞑的目,留下了一曲悲壮,留下了洪流中永恒的丰碑。

一尊尊钢铸铁打的身躯,在风雨中屹立,在展示气冲霄汉的力的非凡。我为这气概所震慑,也为自己脉管里流着浔阳江的血液而自豪。我想,梦幻中的浔阳桥,尽管还在惊涛骇浪中经受着风雨,但它确已是浔阳江上变幻的现实。

又见潇潇雨,又见绵绵白,雨中机声隆隆,搅彻浔阳江天;雨中焊花闪闪,装点七彩飞虹,待到一桥飞架南北,我若把酒临风登桥抚江,一定会涌腾出更加激越的诗文,如同那浩荡东去的流水,悠然且又恬然。

女:浔阳江流淌的是沉甸甸的水,她流经的是沉甸甸的土地。浔阳人正以如椽大笔,谱写着令江州司马自愧不如的雄浑诗章,召唤着明天,召唤着希望!

腾飞吧,九江!

有人说你是杏花春雨,轻纱薄雾,
我却说你是温柔的江南姑娘,
有人说你文文静静,俊美秀丽,
我却说你水烟飘渺、绰约迷茫。
多少游子魂牵梦绕思你情切切,
多少女儿紫燕南飞想你淡淡妆……
然而我却要深情地呼唤一声:九江——
你是祖国版图上开得艳丽的丁香!
打开北门,长江负起一代人的理想,
它涌来神奇的光束和湿漉漉的春光。
假如这时漫步长江"画廊",
水乡老表摆出香喷喷的鱼席,

频举高脚杯向你倾诉丰收的衷肠。
当你在乡间度过一个甘甜的夜晚，
拣起玫瑰之梦，回到朝阳路口。傍柴桑——浔阳——九江——？
哦，东方的"日内瓦"变得如此辉煌！
假如白司马再来与琵琶女叙别，
他还有"枫叶荻花秋瑟瑟"的感伤？
假如陶渊明从桃花源走来，
他一定会鄙夷自己，千古吟诵的诗章！
为了让更壮丽的诗篇留传存世，
腾飞吧，人杰地灵的九江！

女：承东启西，连接南北的浔阳江，山青水秀，风物宜人的九江城，理当有光辉的明天！
男：诗人说浔阳江是中国塞纳河，九江是东方日内瓦。
女：哦，我说，我们双手捧出的将是让塞纳河俯首、日内瓦羡慕的中国的九江！
男：滚滚长江，催浪东去。
女：闯过险滩，涌向大海。
合：扑向那遥远天际的太阳……

作者：安文江　陈民　冷克明　罗会珊　王飞鸿　　播音：蔡伟　陈薇　亢路　一播
责任编辑：陈薇　　配乐：荆凡　　录音合成：韩邦武

1993年　山西人民广播电台

杜甫《春夜喜雨》赏析

《春夜喜雨》
好雨知时节，当春乃发生。
随风潜入夜，润物细无声。
野径云俱黑，江船火独明。
晓看红湿处，花重锦官城。

《春夜喜雨》这首诗，是唐代伟大的现实主义诗人杜甫在成都草堂写成的，是一首描绘春夜雨景，表现喜悦心情的名作。在这首八句四十字的小诗中，诗人发挥了他不平凡的艺术才能，表达了丰富的内容,点出了时令季节、时间地点,描述了风中细雨的情态,写了阴暗中的野径、雨里江船上的灯火,刻画了雨夜的景色声响,又描绘出了诗人想象中的雨停、天亮、花润的良辰美景,抒发了诗人内心的喜悦之情。这首诗的主要艺术特色是:句句在写景,但句句有情;句句不露一个"喜"字,但句句流露出了诗人欣喜的心情。

听众朋友,下面让我们来具体欣赏分析这首《春夜喜雨》体会它的艺术特点。先来欣赏头两句:

"好雨知时节,当春乃发生。"这首诗以"好雨"二字起笔,照应了诗题的"春雨"。这两句是诗人急切地盼雨时,对忽然而来的及时雨从心底涌出的赞叹。这是冲口而出的赞美,概括而充满感情。杜甫是一位要"一洗苍生忧"、"穷年忧黎元"的诗人,他的所喜所忧、所爱所恨常常同黎民百姓联系在一起;他自己又有过"岁拾橡栗随狙公"的苦难经历,有过"幼子饿已卒"的悲痛。到成都后,他在浣花溪的菜园药圃里从事过一些体力劳动,所以在禾苗萌发生长、渴望雨水的时候,他见到雨来了,自然是十分高兴的。"好雨"二字已反映出诗人的喜悦和赞美来了。接着又用一个"知"字把"好雨"同"时节"联系起来,使本来无知觉的雨丝有了知觉,有了感情,它似乎懂得大地在欢迎它,万物在期待它,诗人同人民在一起迎接它,于是它就按时节及时赶来了。这里,诗人喜悦的心情,不是直接表达出来的,而是通过把雨拟人化自然地反映出来的。

诗人没有停留在只是概括地写春雨,紧接着又作了具体的进一步的描述:"随风潜入夜,润物细无声。"雨,太大过急,会冲击、扼杀春天的嫩苗,会冲刷流失泥土,并非好雨,只有蒙蒙细雨轻轻落在枝叶上,慢慢地浸入泥土中,才是春日的好雨。诗人用"细无声"、"潜入夜"来描写雨的细、雨的轻、雨的柔。柔和的细雨,自然没有骤雨那样的声势音响,它是在风声的伴随下飘落下来的,又不是溅落在枯枝败叶上,所以使人甚至觉察不出有雨声,好像它是悄悄地轻轻地在夜晚走来,默默地滋润着万物。诗人用"潜"这个字来描绘"好雨"的"细无声",来同首句中的"知时节"相照应,赋予雨以生命的智慧,极其传神地写出了雨的神情:它只是想洗涤和滋润渴望春雨的禾苗花卉,并不想惊扰夜间入睡的人们。诗人心目中的雨,是这么好,诗人笔底的雨,是这么美。它已经不是作为自然物的雨出现在我们面前了,而是带着诗人赋予它的生命,带着诗人"一洗苍生忧"的气质,以人格化了的雨的形象出现的。

"随风潜入夜,润物细无声",这两句主要是从诗人听觉方面写的,通过听觉的感受,表现诗人的喜悦。接下来的两句"野径云俱黑,江船火独明",则是从诗人的视觉方面写的。由眼前到远处、由地面到天空,诗人极力望去,天黑路暗雨意正浓,在整个空间一片黑暗中,只有江船上的灯火显得格外明亮。这一联诗,侧重于描写细雨中的夜景,暗示出这是一场通宵好雨,不会昨雨放晴。它的艺术效果照应了诗题,对"随风潜入夜"的"夜"作了具体形象的描写,而是让色彩鲜明的小小灯火与天黑云暗的博大空间相映衬,给春天的雨意增添了异彩,更显得有生气,并为尾联作了铺垫;同时,也让读者进一步想象到诗人当时喜悦的神情。他在那里倾听着、观望着、欣赏着,看到了,它准会下个不停,下到天亮的。心情激动的诗人,浮想联翩,或许,眼前江船上红亮的灯火,在他的想象中已变成了一朵朵鲜红的花,于是吟出诗的最后两句:"晓看红湿处,花重锦官城。"

"晓看红湿处"中的"红",是指红色的花,是承受了雨露滋润过的红润润的花。花有各种色彩，杜甫是以具体的红花来代表春季的百花。"花重锦官城"中的"花重"是说着雨后的花显得沉甸甸的了，这里不只是着眼于雨后花枝的分量的变化，更主要的是说明被雨滋润过的花更加壮实饱满，更加浓艳了。"锦官城"，是成都的别称，杜甫草堂就在成都西南郊的浣花溪畔。这两句诗，更有风致。诗人在阴暗的雨夜，除了江船上的灯火外，什么都看不到，但他根据自己生活的经验，加以丰富的联想，在他面前出现了一幅美丽的图景：夜幕拉开了，雨停云散了，成都城内外的花朵，经过春雨的洗礼带着水珠，沉甸甸地呈现出各自秀美清丽的姿态。在"野径云俱黑"的时候，诗人就想到了第二天清晨的情景，雨尚未停，就想象到了雨后花枝的风姿，这就用形象鲜明的富有色彩美感的画面，赞美了春夜好雨，也不露痕迹地巧妙地抒发了诗人自己的"春夜喜雨"之情。

《春夜喜雨》这首诗，字面上是以描写春天夜晚细雨的图景为主，除诗题外，在所有的字句中并无一个"喜"字，诗人"喜雨"的感情，是随着"知时节"、"潜入夜"的细雨"潜"发出来，并渗透在所有诗句中的，又是通过凝练含蓄的诗句以及整个诗的意境渗透在读者心田里的。

浦起龙先生说："写雨切夜易，切春难。"杜甫的这首《春夜喜雨》，不仅写得切夜切春，而且写出了典型春雨也就是"好雨"的高尚品格，表现了诗人的、也是一切"好人"的高尚人格。

这首诗的章法很有特色。首联点明题雨，起得既平稳又突兀，颔联紧接上联，全面扣住诗题，从听觉方面实写喜雨，用笔较淡，颈联也就是第三联，从视觉方面虚写喜雨，用笔较浓，第三次点明春雨之好，尾联从夜写到晓，从雨写到晴，收到了"宕出远神"的艺术效果。

这首诗的语言也很精妙。就练字而言，除"潜"、"细"、"湿"、"重"四字一向为人称道外，其他如"知"、"乃"、"俱"、"独"等字，也非常准确形象，从中可以体现出诗圣杜甫驾驭语言的深厚功底和卓越才能。

听众朋友，一般来说，欣赏古诗，只作理性分析往往是不够的，其中的韵味，微妙之处，只有亲自朗诵、吟唱，才能体悟它的真正神韵，接下来通过朗诵、吟唱、歌唱这几种形式，我们进一步来欣赏、品味杜甫的这首《春夜喜雨》：

好，我们再来欣赏一遍方明老师的示范朗诵：……

接下来，请欣赏劳在明老师吟唱《春夜喜雨》：……

最后请欣赏著名歌唱家姜嘉锵演唱这首诗：……

听众朋友，杜甫的诗《春夜喜雨》就欣赏到这里。录制：张新华，编辑：郭志刚。这次《阅读与欣赏》节目播送完了。

（山西人民广播电台　1992年3月31日首播）

1993年 广东人民广播电台

家

(歌《可爱的家》——)

男：亲爱的听众朋友，在您收听我们的《文学海洋》节目的时候，您是和父母家人一块儿呢，还是独自一人、远离家园呢？

女：不知您是否有过这样的经历，那就是在热热闹闹的良宵佳节里，独自一人、远离父母，度过那漫漫长夜。你会觉得，黑夜是那样地难熬，而你对家的思念牵挂，是那样地强烈，甚至你会后悔，不该离开可爱的家，在外闯荡。

男：家、父母、亲情，正是这些千古情结，构成了古今中外无数文学名篇的主题。

女：而家的可爱，家的温馨，家的眷顾和恩惠，尽管被文人们吟诵了千百年，可是至今仍没有停止。对于家，文人们好像有着写之不尽的话题。

男：不过，古代的中国文人，多数都是以天下事为己任，对家和对亲情的表示大多是在战争、失意或远游等等的特别环境下体现的。像"烽火连三月，家书抵万金"，"云横秦岭家何在，雪拥蓝关马不前"，"还家万里梦，为客五更愁"等这类的诗句，就是其中的典型。

女：这也难怪。无论是多么刚强沉着的汉子，都会在离乱的环境中，倍觉家庭的可爱，何况是敏锐善感的文人呢。

男：在漫长的人生之旅中，家庭，是一条维系始终的长绳。童年，人们依赖家庭，尽享亲情。青年，人们从反叛家庭开始，而到回归家庭结束。中年，人们在肩负起家庭的责任之时，重新省悟家庭之爱。到了老年，人们对家的认识又会是怎么样的呢？你说说看。

女：其实，我们在这儿所说的家，是一个挺抽象的概念。落实到每一个人，家则有着各种不同的情况。比如说，一般人都会有自己的家，父母亲的家，还有儿女的家。家还会变迁，例如因搬迁而改变，或因婚姻关系的改变而改变，等等。所以，一个人到了老年，"家"的概念对于他，一定是很复杂很矛盾的，不仅仅是通常人们所指的那个可依傍可依靠的家了。

男：有那么一首歌叫做《我家在哪里》，说的是流浪的人不知道自己的归宿在哪里。而有一位九十多岁高龄的老人写了一篇文章，题目是《我的家在哪里》。大家或许会感到奇怪吧。这位老人为什么会有这样的问题呢？她的答案是什么呢？我们一起来听听这篇动人肺腑的散文，它的作者，是我们熟悉的冰心老人。

(播放《我的家在哪里》)

我的家在哪里

梦,最能"暴露"和"揭发"一个人的灵魂深处连自己都没有意识到的"向往"和"眷恋"。梦,就会告诉你,你自己从来没有想过的地方和人。

昨天夜里,我忽然梦见自己在大街旁边喊"洋车"。有一辆洋车跑过来了,车夫是一个膀大腰圆,脸面很黑的中年人,他放下车把,问我:"你要上哪儿呀?"我感觉到他称"你"而不是称"您",我一定还很小,我说:"我要回家,回中剪子巷。"他就把我举上车去,拉起就走。

走穿许多黄土铺地的大街小巷,街上许多行人,男女老幼,都是"慢条斯理"地互相作揖,问好,一站就站老半天。

这辆洋车没有跑。车夫只是慢腾腾地走呵走呵。似乎走遍了北京城,我看他褂子背后都让汗水湿透了,也还没有走到中剪子巷。

这时,我突然醒了,睁开眼睛,看到墙上挂着的丈夫文藻的相片。我迷惑地问我自己:"这是谁呀?中剪子巷里没有他!"连文藻都不认识了,更不用说睡在我对床的陈屿大姐和以后进到屋里来的女儿和外孙了!

只有住着我的父母和弟弟们的中剪子巷才是我灵魂深处永久的家。连北京的前圆恩寺,在梦中我也没有去找过,更不用说美国的娜安辟迦楼,北京的燕南园,云南的默庐,四川的潜庐,日本东京麻市区,以及伦敦、巴黎、柏林、开罗、莫斯科一切我住过的地方,偶然也会在我梦中出现,但都不是我的"家"!

这时,我在枕上不禁回溯起这九十年所走过的甜、酸、苦、辣的生命道路,真是"万千恩怨集今朝",我的眼泪涌了出来……

前天下午我才对一位年轻朋友戏说:"我这人真是一无所有:从我身上是无'权'可夺,无'官'可罢,无'级'可降,无'款'可罚,无'旧'可毁;地道的无顾无虑,无牵无挂,抽身便走的人。"万万没有想到我还有一个我自己不知道的,牵不断、割不断的朝思暮想的"家"!

男:这真是一篇真情流露的好文章。虽然只有短短的几百字。却从"家"之变迁这个角度,写了自己的整整一生。而且可以令人几番回味,几番流泪。

女:冰心老人通过一个梦,写出了老年人(其实也就是所有的人)灵魂深处的家,就是儿时与父母兄弟相亲相爱相居住的家。这个家,竟然令一个九十高龄的耄耋老人午夜梦回,魂牵心挂。她超脱了所有曾经有过的家,而唯一不能在心中放下的,是这个儿时的家。这种深沉的不可言说的情感,确实令每一个离家或没离家的人,再次回顾或感受"家"这个词的意义。

男:据说,曾经有科学家预言,在未来科学高度发达的社会里,家庭将不再存在。因为人类生育和抚养的责任,将由社会来统一完成。例如,工厂将会像生产产品一样,运用高科技,生产出大批的、不知父母的婴孩,然后按照需要,把他们培养成各种类型的人才。这样一来,家庭的基本功能——培养和照顾下一代,就丧失了,所以,家庭也就没有必要存在,自然也就消亡了。当然,这只是某些人的预言,谁也不知道它是否会真的实现。

女:有些科学预言真是让人感到可怕。就我个人来说,我宁可生活在科学没那么发达的今天,享受家庭的温暖、亲情的温馨。我觉得,用科学去取代人的天性,人的情感,那么,这个世界将会减少许多色彩,许多故事,许多浪漫。你说是吗?

男:是呀,因为有着各种不同的人,不同的家庭,才会有整个人类社会复杂斑斓的色彩,才会有生活中多姿多彩的趣味,才会有作家笔下异彩纷呈的文章。

女:不知道在科学发达到可以代替一切的未来社会,文学是否还能存在呢?

男:这你不必担心,文学是人类情感的家园,人类只要有情感存在,就会有文学的存在。

女:原来连情感都有自己的家园,看来今天我们谈的话题总是离不开"家"。每个人在家中都有自己的角色,不是身为长辈,就是身为晚辈。从前,两辈人之间的关系,基本上是慈与孝,安排与服从的关系。而今天,随着时代与社会的民主化,家庭也变得更加民主化了,这令有关家庭的文学作品,也变得更加丰富多彩起来。

男:在这里,我们再请大家欣赏一篇散文,题目是《凯蒂的女儿》。作者:美国的琴玛 莉·珂安。

(播放《凯蒂的女儿》)

凯蒂的女儿

我小时候,不称妈的心,妈也不称我的心。我们都不是彼此心目中的对象。

我心目中的母亲应该是梳粑粑头的棕发中年妇人,穿围裙,喜欢做饼,态度端庄,说话温柔,爱唱圣诗,婚前是教师或图书馆员。

可实际上呢,我妈因为需要做事和帮着做家务停了学。我出世那年,她19岁,高高的身材,顽皮得像男孩子,披着一头金发,宽肩窄臂,两腿修长,像个运动员——她的确是运动员。即使在顶愁苦的日子,妈也有兴致找乐儿,她纵声大笑起来,好比放鞭炮。一位养病的邻人常对我说:"我喜欢你母亲笑。"可那位邻人的家和我们相隔两幢屋子。别人的妈唤孩子回家,是颤抖的高音;我妈呢,是把两个手指放在嘴唇上,一声口哨,隔一条街都听得见。

我妈认为最开心的事,是邀上许多人(最好是亲戚,我们的亲戚总有好几十)到我们的小屋子里来,准备吃的喝的,先跳舞,后唱歌,嘻嘻哈哈一个晚上。她可不唱圣诗,她唱流行歌曲为我催眠。我爸爸呢,他觉得妈样样都好。

我妈固然不是我心目中的母亲,我更不是她心目中的娃儿,连性别都不对。我呱呱坠地,我妈听说我不是男孩,简直愣住了,只好请姨妈给我取个名字。可是她后来认为我是医院育婴室中最大最胖的婴儿,才觉得生我也还值得。

还有,她自己兄弟姊妹一共有10个,所以觉得她想好的那些男孩子名字,以后还有机会再用。可是我一岁的时候,她动了一次紧急手术,从此不能再生育了。虽然现在我已明白妈的苦衷,但我小时候只知道做妈的实在不容易,要我一个孩子代替10个,实在办不到。

比方说,好强。我妈认为孩子要好强。如果我在外面挨了揍,哭哭啼啼回家,她就说:"看着,就这样举起拳头来。"

"我不会!"我哭着说。

"举起拳头,"她命令我。我哭得更加厉害。她毫无办法,恨得伸出右手,反而想揍我一拳。

妈决计要我成为美丽的童星,多才多艺,能歌善舞,赚大钱,并且好强。所以我3岁,她就送我进了拉巴姆小姐的舞蹈学校,学脚尖舞、踢踏舞、芭蕾舞、特技。4岁时我已跳得不坏了,拉巴姆小姐叫我当众示范。我妈很得意,忙着陪我去上课,陪我到教区礼堂妇女会和本地戏院举行的天才之夜参加表演。

但是好景不长。我进了小学,念书识字。识字真是妙不可言,仿佛有了开启魔术之门的钥匙。妈常说:"你总是说'等这一页看完了',是什么意思?还不赶快练你新学的舞。"后来,妈则不耐烦地说我:"整天泡在图书馆里,我看了就讨厌。"

有一次,要表演了,我还在看书,不练习,终于被妈抓到了。她大叫起来:"我的天呀!看书!整天坐在那儿看书!人家秀兰·邓波儿在发大财呢!"

她终于对我下了最后通牒:"读书,学舞,你究竟选哪一样?"我说:"读书。"听了这话,伤心、失望、惶惑,一起显在她脸上。

那个周末,她把我的话告诉了姑妈,姑妈说:"也许这样最好,凯蒂。你看,她那副样子,快7岁了,细细长长的像个豆荚,还缺了两颗门牙。我看,她可不是秀兰·邓波儿。"

妈顶了她一句:"不是秀兰·邓波儿,还可以赶上珍蕙漱丝呀。"

我渐渐长大了。母女二人吵吵闹闹的时候也渐渐地少了。进了中学以后,妈和我甚至彼此有了一点了解———一点点。

妈的娘家一向注重运动。有几年,妈和姨妈是很出风头的运动选手。我每次跟她们出去,总有陌生人走过来问:"喂,你是不是姓丹尼海?我看过你打球。"

我进了女子中学,参加篮球校队,妈很高兴,可是一听说我担任后卫,她又很失望了。

"你什么时候担任前锋?"她问。

我回答说:"怎么也不会。"

"琴玛丽,那你就永远不会得分了!"此后她对篮球赛也就不热心了。

但是有一方面。我开始达到了她的标准:好强。我中学毕业,获得了大学的奖学金。妈从来没有想到过要我进大学。爸爸当时在军队里,妈为了贴补家用,在一家书籍装订厂工作,收入很少,加上我暑期和课余工作,家里才勉强凑合。我把这消息告诉她。她一时无话可答。

过了不久,有一天她得意洋洋地说:"琴玛丽,你可以进大学了。"原来她找到了一份当时工资算高的工作:刷洗火车。这种工作不但肮脏,而且吃力,原是男人做的工作,但是她从无怨言。一来我并不知道做苦工是什么滋味,二来她自己又这样处之泰然,我竟然从来没有想一想,妈应不应该为了实现我的梦想去做那样苦的工。

在大学里,我的成绩优异。但我常常膺选参加各种学生大会,不需自付旅费,妈更高兴。妈从未出过远门,看我到远处去旅行,她觉得很了不起。我坐火车的时候,穿上向同班同学借来的短皮袄、向另一位朋友借的裙子,活像是汽车广告上的女孩子。

有一天我告诉妈将有远行,妈说,火车开的时候,她在调车厂做工,她会向我挥手的。果然,火车出站时,我向调车场张望,看到有个人在挥手,就是我母亲。我站起来,用力挥手。但是阳光照着她的眼睛,她看不见我,只是不停地慢慢挥手。我看得见她:金色的头发用一块大手帕包着,厚底鞋,粗糙的一双手。而我穿着一身借来的漂亮衣裳,脚下的车厢地板很可能就是妈洗刷过的——我突然觉得应该让她看到我,让她知道我也在向她挥手。我使劲地挥手,但是那小小的人影只是盲目地在挥手,后来我们互相都看不见了。

我家的规矩,在外面可以感情奔放,对家人却要严格地抑制自己内心的情感。然而那天我晓得,我可以无所顾忌地告诉我妈,我多么的爱她。

那样的机会后来却没有了。我大学毕业后几年,妈就死了。在我长大以后,她死以前,我渐渐明白,和自己性格完全不同的人在一起,也能过得很愉快。我们始终不能用言辞表达,可是妈知道我对她的感情,我也知道她对我的感情。

她死后几个月,我参加一次集会,有一个陌生人走过来。对我说:"我也许太冒昧了,您是不是贵姓丹尼海?"

"不是,不过我妈姓丹尼海。"我答。

他啪的一声捻了个榧子。"原来你就是凯蒂的女儿!我以前看见她的时候,她还是个小姑娘呢。丹尼海一家我都熟。好人,好人。"他摇摇头,面露微笑。"你就是凯蒂的女儿,一点也不错。你走到哪儿,我也认得出。"

我笑着说:"谢谢你。这是我最爱听的恭维话。"

男:谁说只有慈祥端庄的母亲才是好母亲呢,这位名叫凯蒂的母亲,喜欢运动,喜欢热闹,在自己女儿身上,寄托了许多不切实际的期望,可是这都不妨碍她成为一个合格的好母亲。

女:的确。在今天,家庭的概念与从前相比已经改变了很多。像《红楼梦》中的大家庭,已经变成一个遥远而陌生的东西。在当代作家的笔下,家庭,是事业、金钱和亲情相互冲撞的交汇点,所谓"温馨的港湾",几乎是一个可望而不可及的梦想而已。

男:但是,不管怎样变,人们对家庭的爱和希望从家庭得到的爱,这两点是始终不变的。现代家庭的日益小型化,使得文学作品在反映家庭之爱时,更加困难。因为家庭的元素减少了,矛盾的种类肯定也减少了。

女:这样一来,倒是促使作家们把笔触更深地进入到夫妻之间的内心生活,在这方面,也有许多优秀之作的。

(放歌《可爱有家》——)

男:我想,这应该成为我们下一次节目的话题了吧,因为我们的时间已经是差不多了。

女:这次节目的撰稿是吴剑辉,主持人是蔡伟和风铃,朗诵:马丽,录音合成:谢倍伟、彭雪珍,音乐编辑:赵毅敏。我们下一次节目再会。

(广东人民广播电台1993年首播)

1994年 天津人民广播电台

《凤凰琴》台本

<报台>天津人民广播电台文艺台,听众朋友,现在请听国产故事影片《凤凰琴》的录音剪辑。

<1>(电脑打字的效果声,加混响叠)

据统计,我国每年适龄儿童失学人数均在百万以上。公元1989年10月30日,中国青少年发展基金会向海内外宣布正式实施"希望工程",救助贫困地区失学儿童重返校园。("立正,敬礼,奏国歌"稍后部分需加混响)

<2>("立正,敬礼,奏国歌"口琴,笛子,国歌,叠)

你听过用一支笛子和一把口琴合奏的国歌吗?如果不是去采访,我这辈子恐怕也听不到这样的国歌。那地方叫界岭,每天早上的同一时刻,校长便率领全体师生到巴掌大的操场上去升国旗。说是全体师生,其实老师只有三个,吹口琴的姓邓,吹笛子的姓孙,再加上姓余的校长,一色儿都是还没转正的民办教师,但这并不妨碍他们把升国旗的仪式搞得跟天安门广场上的升旗同样庄严。在群山封闭的小天地里,他们就这样一天天一遍遍地把国歌和国旗像种子一样种进那些山村孩子幼小的心田。(重复一遍国歌,叠)

我此行的目的是要给领导写一个关于建希望小学的内参,但采访从一开始就不顺利,乡教委主任叫我去找一位刚刚离开界岭的小张老师,她给我讲述了一个关于"凤凰琴"的故事。

(P1"去年高中毕业以后……")

<3>(P11"上面写着呢"杂叠)

舅舅不大情愿提起的那把琴,是一把很旧的弹拨琴,表面已经剥落,不过抹去上面的灰尘,"凤凰琴"三个字还依稀可辨,以后英子每当看到这把琴便会不由自主地去想象它的主人。

(P12"舅舅,他们这是干嘛去呀?")

<4>(P15"以后多帮帮她"后删接P16笛子声,叠)

新的生活就这样开始了。英子说,起初她根本没把转正之类的事放在眼里,可不久她就发现,"转正"这两个字在界岭小学老师中是个最敏感最微妙的字眼儿,而当时的英子以她年轻的阅历和浅显的体验仅仅把"转正"理解为,那不过是由农业户口转为正式的城镇户口而已,也许是由于这种没有分量的清高吧,她时常有种不由自主的优越感。

(P16"我舅舅常惦记着你的……")

<5>(P19"立正!敬礼!奏国歌!"音乐叠)

英子说,她是在界岭小学头一回听到这样的国歌。尽管界岭小学小得不能再小了,算上新来的她也不过一个校长三个兵,外加二十几个年龄参差不齐的孩子。不过每当太阳升起的时候,这用口琴和笛子奏出的国歌,就会伴随晨风把一面国旗升上界岭那片小小的蓝天。在穷乡僻壤之间,他们用这种方式,顽强地将自己和外面的世界连在了一起。

(P19"礼毕,解散……")

<6>(P20"孩子有希望了"音乐叠)

英子睡不着的时候,就一边拨弄着那把不知隐藏着什么故事的凤凰琴,一边琢磨着余校长说的那些话。

(P20敲门声"谁呀?……她不生气"音乐完,下接P30"余校长,那只凤凰琴是谁送给……回去睡吧"音乐叠)

<7>(P30"回去睡吧"音乐叠)

余校长的话好像只说了一半,"凤凰琴"仍像个谜团,英子知道看来谜底只有到舅舅那里去找了。(回接P24"张老师,这是李子……她妈就是王小兰"音乐叠)

英子还跟我说,她在山上呆得越久,就越发现那儿的每个人其实活得都很不容易,了解他们越多,越觉得自己肤浅。有一天,她叫李子在班上念了她写的作文。

(扬起"我的妈妈是个好妈妈")

<8>(P36"小张老师,你来"空叠)

英子说,当那虎口脱险的150元补助金被余校长郑重地分成五份摆到桌子上时,谁也没有动手去拿。(扬起"小张老师啊,这是你的一份"……P37"数数"杂,叠)

没有人回答小张老师的疑问,也没有人追究那第五份补助金的去向,大家像是都心照不宣,英子当时还不懂这种在艰辛生活中养成的默契。(扬起P29"娘,怎么才回来……"P39"走,回去吧。"空,音乐叠)

英子觉得背后的那双眼睛一直在目送着她和孙老师,看着眼前这对苦涩的情人,英子心里很不是滋味儿。

(扬起P40"刚才那个人就是王小兰吧")

<9>(P47"这杯酒我喝了"音乐叠)

没有人知道这杯酒下肚的滋味,也许孙四海的笛子知道吧,要不它怎么总是这么低回幽怨,仿佛诉说着不尽的心事。而酒席上的那场交易在当时的小张老师看来不仅恶心而且是莫大的羞辱,她实在弄不明白,三个堂堂大男人怎么能咽得下这口气,心中不免浮起了几丝轻蔑和不屑。

(音乐完,下接P48"转眼10天过去了")

<10>(P51"你什么都不懂!"哭声需加长,叠)

英子说,那是她第一次领教到生活的复杂,并毫无准备地在它面前碰得头破血流。

(接P51"你还觉得委屈呀"……)

<11>(P53"余校长,余校长!"音乐,叠)

没想到就连被称作"和事佬"的余校长也板起了面孔,关上了门。小张老师这才意识到不是一句"我错了"就能抵偿无知和幼稚所造成的伤害。

(扬起P53"学校开会,为什么就不让我参加?"……P53"研究好了,通知你"空,杂需接长,叠)

大概是学校的过冬问题太迫切了,大伙无法接受几千块钱到手又飞的事实,因此才无法原谅小张老师那出于正直的告发。

(P50"张老师……"此背景需加长,叠)

不过这种情绪很快就被另外一件关乎每个人命运的大事冲淡了,这就是民办教师的转正问题。而由于小张老师的特殊身份,她也不再被大伙冷落,而是成为关注的焦点。为了出口气,她整天把自己关在宿舍里,还索性用报纸把窗户全都糊起来。

(扬起P56"叶碧秋,有事吗?"……P56"是这样,进来吧,我给你查查"杂,叠)

身为乡教委主任的外甥女,她深知自己的一举一动都会引起每个人窥探研究的欲望,显然一切都在她的预料之中。

(扬起P56"哦,我想起来了")

<12>(P61"不会出什么事的"狼吼,人喊,叠)

为了一纸民办教师的转正表格,邓有梅偷树,孙四海丢人,而自认既没本事又没门路的余

校长则四处救火,此时也顾不上一身的老骨头,又漫山遍野地领着大伙去找孩子了。那张纸就是再重要,也抵不过命吧。

(扬起 P61"李子,李子")

<13>(P62"我也不知道"音乐起,叠)

英子说,那天晚上,她看见孙四海坐在山顶上烧书,他坐在黑暗中,一张一张一页一页地把那些寄托着他全部希望的书本全都烧了,然后静静地看着灰烬飘向不知深浅的山谷。英子想,那会儿他眼前一定浮现着李子那惊恐的眼神和李子妈那哀伤的表情。她至今不知道孙四海究竟是从那眼神的表情里,还是从与他息息相关的大山月夜中,最终找到了内心的安宁。又一个黎明降临了,随着太阳的升起,每个人心中都注进了一束新的阳光。

(扬起 P63"立正!敬礼!奏国歌!")

<14>(P67"上面的事,我去说。"需补加杂音,叠)

英子说当时她怎么也没想到,她决定让出的那个转正名额,后来竟引出了那么多的故事,并使她意外地揭开了"凤凰琴"的谜底。

(接 P67"今天咱们研究一下"……P67"还是投票表决吧。"后删,下接 P68"我来说两句吧。"……P70"谢谢"杂,音乐,叠。)

明爱芬,这位在床上瘫痪了十几年,用枯萎的青春默默陪伴着大山和丈夫的山村女教师,用颤抖的手一字一画地在那唯一一张民办教师的转正表格里填上了自己的名字。就在这天夜里,她带着无限的满足离开她所眷恋的大山、亲人和孩子。

(扬起 P70"孙主任,余校长怎么还没来呀"……P71"明教师,她走了"音乐、叠)

一床旧被单盖住了明老师的身体,那张还没来得及生效的转正表,又转回到余校长的手里,只是一夜之间它的分量又重了许多。(扬起 P72"英子,你不是总想知道这只凤凰琴的主人吗?")

<15>(P74 歌"小张老师……还很困难"歌,叠)

1990年9月5日邓小平同志为希望工程题词。至今希望工程已累计救助失学儿童一百多万人,改善捐建希望小学七百多座,当人们把点点希望播撒给贫困地区的失学儿童时,请不要忘了用双手身心托举起这希望的全国200万民办教师。他们需要的不仅仅是敬意,请给他们多一点关注和切实的帮助。这是我在关于界岭小学的内参里特别加上的。

(音乐叠)听众朋友,以上您听到是国产故事影片《凤凰琴》的录音剪辑,这部电影在拍摄时历尽艰辛,摄制组不得不四处奔波去筹措资金,从导演到演员,他们的思想都随着拍摄的进展而升华,影片完成后,摄制组成员一致同意从本来就很少的片酬中,拿出1万元捐给"希望工程",用自己的实际行动奏出了《凤凰琴》最后一个明亮的音符。

本片由天津电影制片厂与潇湘电影制片厂合拍,编剧:桔生,导演:何群,主演:李保田、剧雪等。本片获1993年度电影政府奖;第14届金鸡奖最佳故事片、最佳编剧、最佳男演员奖;第17届大众电影百花奖最佳故事片、最佳男演员奖;并获第66届奥斯卡最佳外语片参赛资格。

本节目监制:大方,撰稿制作:王荣,录音合成:郝宝卿,技术监制:王建强,总监制:刘淑贞,解说:林东。谢谢收听,这次节目播送完了。

(天津人民广播电台1995年首播)

1994年 丹东人民广播电台

《毛泽东和他的儿子》台本

【纪录片音响:1950年6月——带来什么(乐)——

解说(混乐):1950年,北京。在一个规模较小的放映室里,中国最高领导人毛泽东坐在沙发上,神情严峻地盯视着银幕,在毛泽东的身后,坐着他的儿子毛岸英。

[岸英,到前面——你把彭总给我请来。]

解说(混空):受命出征抗美援朝的彭德怀,一身戎装地来到了主席的寓所。

【你过两天——求个情吧(笑声)。

解说(混空):毛泽东把酒求情,彭老总只好答应。岸英离开了主席寓所后,急急跑到医院里,看望年轻的妻子思齐。

【你好了吗——噢,思齐(乐起)——

解说(混乐,缓播):岸英望着年轻的妻子,心中似有千言万语。他不愿在此时把出征的消息告诉思齐,不愿再用别离的愁绪去缠扰妻子那颗纯真的心。(渐压)

【朝鲜战场枪炮声——

解说(混炮声):离开了父亲,告别了妻子,岸英随彭总来到了朝鲜。此时的三千里江山,早已是一片烽火弥漫。

【侧翼插过去了——你这个伢!(笑声)

解说(压混):老总别不过岸英,只好承认输棋,笑声里,仿佛这不是战场,而是轻松的游戏。倒是敌人的空袭,时时提醒人们,这只不过是战争的间隙。

【敌空袭声——我去给他写信(笑声)

解说(混空):彭总望着出掩体的毛岸英,含笑地点了点头。毛泽东的儿子!不居高自傲,不盛气凌人,对人友善,谦虚谨慎,多么难得的一个好青年哪!一股深深的爱意,从彭总心底里涌起。

【岸英,吃吧——理解正确

【岸英,吃饭吧,粥都凉啦——刚刚一年多

【敌机空袭——枪毙了我也不让你去——

解说(压混):敌机的突然空袭,将司令部炸成一片火海。岸英和高参谋没有来得及冲出敌机的轰炸,英勇牺牲了。空袭结束后,人们来到烈士的遗体面前,面对着两个年轻的生命被敌人夺去,彭总和指战员们悲痛万分。

【(乐),我们接到电报——新婚燕尔啊

【岸英你好——没日没夜地工作(乐止)

解说:刘思齐心系朝鲜,惦念着岸英,可是岸英再也收不到她的信了。岸英去了,永远地去了。只有那音容笑貌留在人间,留在战友、亲人、妻子和父亲的眼前耳畔。

【主席,长沙来的信——和岸英尝尝,(笑声)

【爸爸——多嘴,快去搞

【今天吃肉,红烧肉——毋庸置疑呀

【岸英给你来信了吗?——做梦了吗?

【思齐呀,搞革命——吃红烧肉哇——打胜仗啊!

解说(压混):战争的烽烟随着时光一道流逝,胜利伴着焦急的期待一同到来。岸英牺牲一个月以后,这不幸的消息再也无法对主席隐瞒了。在总理的精心关照下,有关人员将这个消息告诉主席。

【主席,有点事情——岸英牺牲了,啊!——

解说(混乐):主席被这不幸的消息惊呆了,他举头环望,仿佛世界都在旋转。

【怎么个情况——我也就别无遗憾了

解说(压尾乐):沉溺于往事,更勾起了对亲人的眷恋之情。做父亲的拳拳之心,隐藏在那高大的身躯里,也禁不住要暗暗地流泪。旧梦依稀,往事历历,积淀成无言的痛苦,深深地埋在毛泽东的心底。

【爸爸——我来削

【你想岸英了吗——真是我的好孩子呀!——

解说(后混):望着刘思齐那天真纯朴的面庞,毛泽东有苦难言,他无法把岸英的消息告诉给她。失子之痛,刻骨铭心,但作为一个领袖,一个伟人,毛泽东心中想的,却比失子之痛更广阔而久远。

【汽车声,脚步声,彭总——哪有这样的道理

解说(压混):听到主席的这番话,彭总激动得热泪盈眶。无产阶级革命家的宽广胸怀,使毛泽东成为最伟大的父亲。一个慈父,一个伟人,在这个时候,和谐地统一在一起了。

【小王,给我按摩一下——也许会好一些。——

解说(混乐):五月,金黄的田野,正是油菜花开放的季节。一队黑色的轿车在乡间的土路上逶迤穿行。毛泽东从一辆车的车窗里向外望去,看到生机勃勃的田野,脸上现出了喜色。

【小姑娘——送匾的(乐)——

解说(混乐):毛泽东和随行人员跨进了屋子,映入眼帘的是破旧的家什和黑黄的墙壁,它们仿佛在无言地诉说着生活的艰难。毛泽东看了看在门边的烈士遗像,又看了看贴在正墙上的自己的画像,走过去慢慢地揭下来。

【——照您的话去做

【惭愧——非认输不可呀,(炮火声)——

解说(压混):历时两年多的朝鲜战争,终于临近了尾声;中朝两国人民浴血奋战,即将迎来最后的胜利。随着朝鲜战争临近结束,向刘思齐隐瞒岸英的消息已经越来越困难了。疑惑、忧虑、焦急,日甚一日地缠绕着思齐的心。身为父亲的主席再也不忍心这样继续下去了。

【思齐呀,你是不是一个爱哭——狱中斗争呢

【你真是一个好样的姑娘呦——好命苦哇(哭声渐压)

【音乐过渡,删尾

【枪炮声,朝鲜战争——与日月争辉(乐)

解说(混空):还是这间放映室,还是这一排排的沙发。胜利了,银幕上是如潮的欢呼声,可身后却没有了毛岸英。灯亮了,毛泽东没有动,仿佛是等着岸英走过来,又仿佛是在回味着两年前的那一天。

【主席——(乐起)——

解说(混):胜利了,凯旋了。岸英啊,你在哪?你在这一排排戴着军功章的英雄行列里吗?你在这一张张胜利的笑脸中吗?你该笑了,你的英灵应该含笑。因为是你,同千千万万的烈士们一起,换来了今天的胜利。你是毛泽东的儿子,也是中国人民的儿子。生命已逝,英灵长存。人民将会永远地纪念和敬爱那些为他们的利益作出牺牲和贡献的人,人民是永恒的纪念碑!

各位听众,刚才大家听到的是潇湘电影制片厂摄制的彩色故事影片《毛泽东和他的儿子》的录音剪辑。编剧:方涛初、骆矩,导演:张今标,主要演员:王仁、姚刚、徐扬、丁笑易。剪辑写稿:张宗宪,复制合成:张荣生,解说:路山。

这次节目播送完了。

(丹东人民广播电台1994年4月6日首播)

1995年 福建人民广播电台

世纪的爱心

福建人民广播电台,在这次文节目时间里,播送文学专题《世纪的爱心》,介绍冰心和她的散文,欢迎收听。

(悠扬的音乐,扬)

1995年10月5日,是我国著名女作家冰心先生95岁华诞。这一天,在冰心老人的家乡福建,人们以"《冰心全集》出版学术讨论会"的朴素方式,庆祝了这位与世纪同龄的杰出作家的生日。面对八卷、400万字的《冰心全集》,与会者几乎都同时想到了本世纪另一位文学家巴金先生几年前说过的一段话:"冰心大姐是五四新文学运动的最后一位元老,她写作了近一个世纪,把自己全部的爱奉献给一代一代的青年,她以她的一生呕心沥血,为中国的文学事业作出了巨大的贡献,她是中国知识界的良知。我敬重她的人品文品并以她为榜样。"

的确,当这个世纪即将过去的时候,我们面对冰心和她的作品,都突出地感觉到,很多东西将被抛在时间的山峦后面,很多记忆将在人们的脑海里湮没,但是,人们不会忘记冰心,不会忘记冰心为人们点亮的那一盏心灵的明灯。这也是巴金先生所说的:"冰心大姐的存在就是一种巨大的力量。她是一盏灯,照亮我前面的道路。"冰心,这个五四新文学运动中曾以"问题小说"、"冰心体散文"和《繁星》、《春水》体小诗"震动五四文坛的开拓者,这位以"三寄小读者"哺育了几代少年的文学祖母,这位泰戈尔、纪伯伦作品的出色翻译家,这位"生命从80岁开始"的永葆创作青春的世纪文坛的宿将,是我们20世纪中国正直与雅洁的象征。(乐止)如果说,在20世纪百年中国文学中,鲁迅代表冷峻深刻的思想,巴金是热情与良知的化身,那么,冰心就是纯洁与爱心的旗帜。冰心的作品,如同暗夜里的星光,酷暑里的清泉,温暖和滋润了一个世纪中国人的心田。因为有了冰心,中国现代散文史上的美文才翻开了崭新的篇章。这是多么迷人的《笑》啊!如同圣母和蒙娜丽莎的微笑,像典雅端庄的花朵,开在1920年的冬天——

雨声渐渐地住了,窗帘后隐隐的透进清光来。推开窗户一看,呀!凉云散了,树叶上的残滴,映着月儿,好似萤光千点,闪闪烁烁地动着。——真没想到苦雨孤灯之后,会有这么一幅清美的图画!

(乐扬)

凭窗站了一会儿,微微的觉得凉意侵人。转过身来,忽然眼花缭乱,屋子里别的东西,都隐在光云里;一片幽辉,只浸着墙上画中的安琪儿。——这白衣的安琪儿,抱着花儿,扬着翅儿,向着我微微地笑。

"这笑容仿佛在哪儿看见过似的,什么时候,我曾……"我不知不觉地便坐在窗口下想,——默默地想。

严闭的心幕,慢慢地拉开了,涌现出五年前一个印象。——一条很长的古道。驴脚下的泥,兀自滑滑的。田沟的水,潺潺地流着。近村的绿树,都笼在湿烟里。弓儿似的新月,挂在树梢。一边走着,似乎道旁有一个孩子,抱着一堆灿白的东西。驴儿过去了,无意中回头一看。——他抱着花儿,赤着脚儿,向着我微微地笑。

"这笑容又仿佛是哪儿看见过似的!"我仍是想——默默地想。

又现出一重心幕来,也慢慢地拉开了,涌出十年前的一个印象。——茅檐下的雨水,一滴一滴地落到衣上来。土阶边的水泡儿,泛来泛去地乱转。门前的麦垄和葡萄架子,都濯得新黄嫩绿的非常鲜丽。——一会儿好容易雨晴了,连忙走下坡儿去,迎头看见月儿从海面上来了,猛然记得有件东西忘下了,站住了,回过头来。这茅屋里的老妇人——她倚着门儿,抱着花儿,向着我微微地笑。

这同样的微妙的神情,好似游丝一般,飘飘漾漾地合了拢来,绾在一起。

这时心下光明澄静,如登仙界,如归故乡。眼前浮现的三个笑容,一时融化在爱的调和里看不分明了。

(乐止)

冰心的这篇《笑》,是新文学开创初期引人注目的典型清新的美字,它以镇密、凝练、诗意的文字,向传统的文言文提出了挑战,为确立白话文的文学地位起了推动作用。这篇散文全篇吟咏的,就那么一个微微地笑,但这笑充满现实人世的纯真和温暖,给人一种光明澄静、如登仙界、如归故乡之感。这里既有清美的自然美景与"苦雨孤灯"之下人的寂寞孤独的对比,又有外部景象的静与内心世界的动的对比,在爱的吟咏中以爱为核心的想象和幻觉逐一展开,最后结束在"融化在爱的调和里"这圣歌般的升华之中,给人一种温馨甜美的感受。

(乐)

《笑》里有人类爱之永恒的诗意与美丽。只有伟大的爱心,才能创造这永恒的微笑。现代著名作家郁达夫曾在《中国新文学大系·散文二集》导言中热情称赞过冰心散文风格的清丽、文字的典雅和思想的纯洁,把她比作是月光一样的歌声散溢在宇宙中的使者。他认为,福建的秀丽山水和中国传统文化的深厚,陶冶了冰心"意在言外,文必已出,哀而不伤,动中法度"的文风。这是很有见地的。当然,冰心之所以为冰心,主要还是由于她有东方才女博大而无私的心,在20世纪中国文化融合与文化失真的矛盾中,从本民族深厚的人本主义思想传统出发,既接受了自己时代进步文化思想的启迪,又始终维护着人类精神、理想的高贵性和纯洁性。(乐止)冰心的作品,是一块未被污染的绿岛,因为有了冰心,我们才有了那么明澈的大海,那么鲜亮的山水,那么纯洁的母爱。她昭示了人类生活中最为重大和重要的,这就是"爱"与"同情"。冰心的《寄小读者·十九》中写道:

(乐扬)

我要以最庄肃的态度来叙述此段。同情和爱,在疾病忧苦之中,原来是这般的重大而慰藉!我从来以为同情是应得的,爱是必得的,便有一种轻蔑与忽视。然而此应得与必得,只限于家人骨肉之间。因为家人骨肉之爱,是无条件的,换一句话说,是以血统为条件的。至于朋友同学之间,同情是难得的,爱是不可必得的,幸而得到,那是施者自己人格之伟大!此次久病客居,我的友人的馈送慰问,风雷中殷勤的来访,显然看出不是敷衍,不是勉强的。至于泛泛一面的老夫人们,手抱着花束,和我谈到病情,谈到离家万里,我还无言,她已坠泪。这是人类之所以为人类,世界之所以成世界呵!我一病何足惜?病中看到人所施于我,病后我知何以施于人。一病换得了"施于人"之道,我一病真何足惜!

"同病相怜"这一句话何等真切?院中女伴的互相怜惜,互相爱护的光景,都使人有无限之赞叹!一个女孩子体温之增高,或其他病情上之变化,都能使全院女伴起了吁嗟。病榻旁默默地握手,慰言已尽,而哀怜的眼里,盈盈地含着同情悲悯的泪光!来从四海,有何亲眷?只一缕病中爱人爱己,知人知己之哀情,将这些异国异族的女孩儿亲密地联在一起。谁道爱和同情,在生命中是可轻蔑的呢?

爱在右,同情在左,走在生命路的两旁,随时撒种,随时开花,将这一径长途,点缀得香花弥漫,使穿枝拂叶的行人,踏着荆棘,不觉得痛苦,有泪可落,也不是悲凉。

《寄小读者·十九》是能够体现冰心基本人生观念和文学主题的一篇散文。作者提出"人类之所以为人类,世界之所以成世界"的根本原因,就是人类生活中存在着"爱"与"同情"的美好感情。正是由于有了这种互相给予的美好感情,不同地域、不同种族的人们才能生活在一起,生命才能承受起许多不堪承受的东西。毫无疑问,这是人类社会生活中最基本、最朴素,也是最根本、最深刻的真理,然而又是生活在内忧外患和商业竞争时代的人们最容易忽略与遗忘的真理。冰心在20世纪中国文学中的独特意义和贡献,就在于她不管历史与现实有多少误解,不管个人生活有怎样的坎坷和沧桑,她都能几十年如一日地以散文的形式,追求着自己心中的理想,寻找爱的真谛。如从20年代在《寄小读者》中写星空、大海、母爱,到40年代在《再寄小读者》中歌唱友谊和生命,再到80年代在《三寄小读者》中吟咏生活中的花、光和爱。从20年代讴歌《笑》与《往事》,到五六十年代以《小橘灯》、《樱花赞》、《一只木屐》等作品中,描绘人间的温情和对和平生活的渴望,再到八九十年代抽出生命过程中的丝丝缕缕,追忆故乡,感念熟悉的人和事，这些散文处处流露出作者爱祖国、爱人民、爱故乡、爱生活的纯真感情，使我们深深地感到冰心老人的爱是那样的富有生命力。

80年代以来，冰心还写了《万般皆上品》、《我请求》、《介绍三篇小说和三篇散文》、《无士则如何》等一批让人"烫手"的千字檄文，开创了冰心文学创作的第二个高峰。这些文章思想可谓犀利，文笔可谓简练，从一个侧面反映出作者对社会丑陋现象的鄙视和憎恨，真令人拍案叫绝。其实这些"什么尖锐的问题她都敢碰，什么不平她都要鸣"的文章也是冰心博爱之心的组成部分。因为她对自己的祖国和人民爱得那样深，所以才会对那些逆道而行的丑陋现象恨得那么深。因此，我们可以说，正是这种"直言不讳"，才构成了冰心爱心的完整性和高贵性。冰心的这些文章发表后，海内外读者的信件如雪片般飞来，以至于老人读后，不得不请友人用麻袋装起来，送到中国现代文学馆"冰心文库"保存。

（乐）

听众朋友，生活在我们这个充满忧患与苦难、阴雨与阳光的世纪，有与没有冰心的存在是不一样的。因为有了冰心，因为有了冰心的散文，我们这个世纪的几代人多了一分温暖与抚慰，多了一分良知、爱心和同情的馈赠；因为有了冰心和她的散文，我们许多人从小就知道了应该怎样怀着永远的爱心对待生活、对待生命。我们应该感谢冰心对我们世纪的奉献，感谢她对美丽而忧伤的生命、生活的肯定，感谢她用慧眼慧心拣拾和串联起我们散失在生活道旁的美丽，不仅让我们感受到现实人生的温热，而且让我们意识到灵魂深处的"向往"与"眷恋"。（乐止）冰心最新的散文《我的家在哪里》就是一篇揭示人类灵魂究竟眷念什么的佳作。萧乾先生盛赞这篇散文是"一颗使人爱不释手的水晶：玲珑剔透，似在素淡的月色或绰绰灯影下看人生"，映照出了冰心先生走过的和正在走着的灿烂旅程。在这篇散文里，冰心记述了一个梦境，梦见自己像小时候那样喊了一辆洋车，穿过黄土铺地的大街小巷回她北京中剪子巷的家。等到梦醒后，她感到，她一生中住过的国内国外许多别的地方都不是自己的家，"只有住着我的父母和弟弟们的中剪子巷才是我灵魂深处永久的家"。接下来，冰心老人写道：

（乐扬）

这时，我在枕上不禁回溯起这90年来所走过的甜、酸、苦、辣的生命道路，真是"万千恩怨集今朝"，我的眼泪涌了出来……

前天下午我才对一位年轻朋友戏说："我这人真是'一无所有'！从我身上是无'权'可'夺，无'官'可'罢'，无'级'可'降'，无'款'可'罚'，无'旧'可'毁'；地道的无顾无虑，无牵无挂，抽身便走的人。万万没想到我还有一个我自己不知道的，牵不断、割不断的朝思暮想的'家'！"

从五四时期的散文《笑》，于苦雨孤灯之后，面对墙上画中的安琪儿，拽出五年前、十年前两个充满现世人间温情的微笑，到七十几年后，在《我的家在哪里》这篇散文近作中，于梦中回到和亲人生活了10年的北京中剪子巷这个"灵魂深处永久的家"，我们不难发现，冰心先生魂牵梦绕的正是人世间只图有施于人，别无他想的温馨美好的感情。让我们永远怀着爱心与同情生活，让我们珍惜这颗世纪的爱心。

（乐扬）

爱在右，同情在左，走在生命路的两旁，随时撒种，随时开花，将这一径长途，点缀得香花弥漫，使穿枝拂叶的行人，踏着荆棘，不觉得痛苦，有泪可落，也不是悲凉。

(乐止)

刚才听到的是文学专题《世纪的爱心》,介绍冰心和她的散文,写稿:王光明,编辑:肖曙,播音:林卉,作品朗诵:张乔、程远、李又子,制作:许若智,总监制:陈廉,监制:王宏。这次节目播送完了。

(福建人民广播电台1995年2月7日首播)

1995年 辽宁人民广播电台

石评梅与高君宇

各位听众朋友:

欢迎您收听文学节目《石评梅与高君宇》。

(男)我是宝剑,我是火花。

我愿生如闪电之耀亮。

我愿死如彗星这迅忽。

(女)这是君宇生前自题相片的几句话,死后我替他刊在碑上。

君宇!我无力挽住你迅忽如彗星之生命,我只有把剩下的泪流到你的坟头,直到我不能来看你的时候。(选自石评梅题在高君宇墓碑上的碑文)

……音乐起……

(旁白)在北京陶然亭公园的西湖之滨,中央岛西北山麓丛林之中,有两座汉白玉石碑,那里并葬着两个风起云涌年代中的风云人物,一位是五四运动的先驱者,中国共产党早期杰出活动家高君宇,一位是才华横溢、著作甚丰的"五四"新文化开创时期北京著名女作家石评梅。

(旁白)陶然亭的"高石之墓"记载着两个年轻人悲欢离合的爱情经历和他们为理想而奋斗的艰难历程。天长地久有时尽,此情绵绵无绝期,我们的故事就从这里开始。

……音乐推起……渐弱……

石评梅,山西平定人,1919年她17岁的时候考入了北京女子高等师范学校,毕业后担任北京师大附中女子部主任。从教之余,著作甚丰,成为当时的著名作家。

高君宇是我党早期的革命活动家,1916年考入北京大学英语系;五四运动中,他率先冲进赵家楼,始终站在斗争的最前列;1920年北京社会主义青年团成立,他被推为第一任书记;他是建党早期第一批党员,曾经当选为"二大"中央委员;他曾经是孙中山先生的秘书,在广州协助孙中山镇压企图推翻革命政府的商团叛乱;他曾经是周恩来和邓颖超热忱的"红娘"……

(旁白)两位优秀出色的青年就是我们的主人公。

……音乐起……

五四运动过后的评梅,正在北师大读书,她时常感到彷徨、迷惘和困惑,加上初恋受挫,青

春的激情在痛苦中饱受煎熬,在她的诗中,她这样写道:

(女)《疲倦的青春》(音乐起,选自《石评梅作品集》)

　　疲倦的青春啊,
　　载不完的烦恼,
　　运不尽的沉痛,
　　极全身的血肉,
　　能受住几许的消磨?
　　缠不清的过去,
　　猜不透的将来?
　　一颗心!
　　他怎样能找个恬静的地方?
　　凭一时的春。
　　扶持不住永久的人生;
　　严厉的风霜逼着,
　　冷峭的冰雪浸着;
　　眼看着沉溺在暴风的威权下!
　　……

(旁白)在失落和进取中挣扎的评梅结识了高君宇,高君宇努力开导评梅,摆脱个人愁绪,融入时代洪流,他们以文会友抒发自己的豪情,经过几年的交往,他们产生了真挚纯洁的感情,君宇在枫叶中题诗表达自己的情感,但却遭到了评梅的回避。评梅在自己的散文《一片红叶》当中表达了自己的心迹:

(女)《一片红叶》(节选自《石评梅文集》)

　　……大概已是夜里10点钟,小丫头进来递给我一封信,拆开时是一张白纸,拿到手中从里面飘落下一片红叶。"呵!一片红叶!"我不自禁地喊出来。怔愣了半天,用抖颤的手捡起来一看,上边写着两行字:

(男)"满山秋色关不住,一片红叶寄相思。"

天辛采自西山碧云寺

10月24日

(女)平静的心潮,悄悄被夜风吹皱了。我伏在案上静静地想,马上许多的忧愁集在我的眉峰,我真未料到一个平常的相识,竟对我有这样一番不能抑制的热情。只是我对不住他,我不能受他的红叶。为了我的素志我不能承受它,承受了如何忍心欺骗他,我即使不为自己设想,但是我怎能不为他设想。因之我陷入如焚的烦闷里。

　　在这黑暗阴森的夜幕下,窗下蝙蝠飞掠过的声音,更令我觉着战栗!我揭开窗纱见月华满地;斑驳的树影,死卧在地下不动,特别现出宇宙的清冷和幽静。我遂添了一件夹衣,推开门走到院里,迎面一股清风已将我心胸中一切的烦念吹净。无目的走了几圈后,遂坐在茅亭里看月亮,那凄清皎洁的银辉,令我对世界感到了空寂。坐了一会儿,我回到房里蘸饱了笔,在红叶的反面写了几个字,"枯萎的花篮不敢承受这鲜红的叶儿。"

（旁白）可是又有谁理解评梅当时那颗破碎的心呢,感情的创伤要依靠时间和温情的弥合,君宇你知道吗?1924年夏天,评梅回到了家乡山西平定,她要让时间和空间冲淡自己对君宇的一番爱意和感动,君宇无疑是一位时代的弄潮儿,他投身于他认定的理想和事业,有着坚强的人格和不屈的动力,但是评梅只能用文字抒发内心的波动,于是她创作了她的成名作《春的微语》。(节选自《石评梅诗集》)

（女）我依稀是一只飞鸿,
　　　在云霄中翱翔歌吟;
　　　我依稀是一个浪花,
　　　在碧海中腾跃隐没;
　　　缘着生命的途程,
　　　我提着丰满的篮儿,
　　　洒遍了这枯燥的沙漠。
　　　埋葬了的花魂,
　　　蛰伏了的秋虫,
　　　都在彩色的尘土中复生!
　　　朝阳呵如烘!
　　　雪涛呵上涌,
　　　桃妹妹和柳姐姐,
　　　替杜鹃结识了一座音乐亭!

——《春的微语》

（旁白）这片爱的微语是不是已传递到君宇的心头,君宇在为革命奔波劳累中给评梅写了一封信。(选自《石评梅作品集》)

评梅:

你中秋前一日的信,我于上船前一日接到。此信你说可以做我唯一知已的朋友,又说我们可以做以事业度过这一生的同志,你只会答复人家不需要的回答,你只会与人家订不需要的约束。

你明白地告诉我之后,我并不感到这消息的突兀,我只觉心中万分凄怆!但是评梅,我是有两个世界的:一个世界一切都是属于你的,我是连灵魂都永禁的俘虏;在另一个世界里,我是不属于你,也不属于我自己,我只是历史使命的走卒。假如我要为自己打算,我可以去做禄蠹了,你不是也不希望我这样做吗?

然而,我何尝不知道,我是南北飘零,生活在风波之中,我何忍使你同入此不安之状态?所以我决定:你的所愿,我将赴汤蹈火以求之;你的所不愿,我将赴汤蹈火以阻之。不能这样,我怎能说是爱你!从此我决心为我的事业奋斗,就这样飘零孤独度此一生。人生数十寒暑,死期匆匆即至,奚必坚执情感以为是。你不要以为对不起我,更不要为我伤心。

我们是期望海上没有浪的,它应当平静如镜;可是我们又怎样使海上无浪?我希望你从此愉快,但凡你能愉快,这世上没有什么可使我悲哀的了!

写到这里,我希望海水,海水是那样平静。好吧,我们互相遵守这些,去建筑一个富丽辉煌的生命,不管他生也好,死也好。

......

（旁白）评梅并不知道此时的君宇正在协助孙中山先生建立革命政府,担任孙中山先生的秘书,此时的君宇戎马生涯,在枪林弹雨中穿行,在日记当中,他这样记述道:(选自《石评梅传》)

（男）1924 年 10 月 26 日

党中央发来急电,言明 10 月 23 日冯玉祥发动北京政变,25 日在北苑召开军事政治会议,决定邀请孙中山北上,主持大计,解决国事。中央决定,命我竭尽全力,动员孙先生无论如何下决心北上。北京政局不稳,为防止段、张乘虚而入,造成局势恶化,应敦促孙先生,尽快北上！

11 月 12 日

孙先生 10 日发表北上宣言:主张废除不平等条约,召开国民会议,以求中国之统一与建设。同时,由国民党中央党部发出通告:"现奉总理谕:定期于 11 月 13 日首途北上,是次总理赴京主持大计,关系本党前途,凡在革命政府旗帜下的农、工、商、兵、学,均应有一种热烈表示。本会拟邀约各界于 10 日下午 6 时,在第一公园集合,举行提灯欢送会,同声庆祝。"

是夜,参加灯会的人们非常踊跃,情况盛极一时。

（旁白）理解是信任的桥梁,回到北京的评梅深深感动于君宇情真意切的来信,字字和着泪写在柔弱而又意志坚定的评梅心头：

……我虽无力使海上无浪,但是经你正式决定了我们命运之后,我很相信这波涛狂风统治了的心海,总有一天会风平浪静,不管这是在千百年后,或者就是在这样握笔的即刻；我们只有等平静来临,等死寂来临,假如这是我们所希望的。容易丢却的,便是兢兢然恋守着的,愿我们的友谊也和手一样,可以紧紧握着的,也可以轻轻放开。宇宙作如斯观,我们便毫无痛苦,且可与宇宙同在。

战斗中,我手曾受微伤。不知是幸运呢还是不幸,流弹洞穿了汽车玻璃,而我能坐在车里不死！这里我还留着几块碎玻璃,见你时赠你做个纪念。昨天我忽然很早起来跑到店里买了两个象牙戒指,一个大点的我自己戴在手上,一个小的我寄给你,愿你承受了它。或许你不忍吧！再令它如红叶一样的命运。愿我们用'白'来纪念这枯骨般死静的生命……"

（旁白）评梅知道君宇将回到北京时欣喜若狂。"宇哥就要回来了。宇哥你快回来吧！北京城将张开双臂欢迎你。"

（旁白）评梅决定接受君宇赠送的象牙戒指,而这个时候,君宇却病倒了……

（女）:散文《象牙戒指》(节选)

他病在德国医院时,出院那天我曾给他照了一张躺在床上的像,两手抚胸,很明显地便是他右手那个象牙戒指。后来他死在协和医院,骨骸放在冰室里,我走进去看他的时候,第一触目的是他右手上的象牙戒指。他是带着它一直走进了坟墓……

（旁白）君宇的死,使评梅感情受到严重打击,她几乎痛不欲生,君宇的死使她真正认识到,君宇是一位伟大而多情的英雄,只有她才是他忠诚的情人,才是他生命的盾牌,灵魂的保护者！她决心把自己的青春和爱全部献给死了的君宇,她决心走君宇的路来悼念君宇。在《寄给黄泉路上的君宇》一文中,评梅写道：

（女）几年之后,世变几迁,然而我的心,是依然这样平静冷寂的,抱持着理想上的真实而努力。有时我低泣，有时我痛哭。低泣，你给我的死寂；痛哭，你给我的深爱。然而有时我也很快乐，我也很骄傲。我是鄙视世人微微含笑，我们圣洁的、高傲的、孤清的生命，是巍然峙立于皑皑的云端。

生命的圆满，生命的圆满，有几个懂得生命的圆满？那一般庸愚人的圆满，正是我最避忌恐怖的缺陷。我们的生命是肉体和骨头吗？假如我们的生命是可以毁灭的幻体，那么，宇哥！我的这颗迂回潜隐的心，也早应随你的幻体而消逝。我如今认识了一个完成的圆满生命是不能消灭，不能丢弃，不能忘记；换句话说，把我已永存。多少人都希望我毁灭，丢弃、忘记，把我已完成的圆满生命抛去。我终于不能。才知道我们生命并未死，仍活着，向前走着，在无限的高处建设着。

我相信你的灵魂，你的永远不死的心；你的在我心里永存的生命是能鼓励我，指示我，安慰我这孤寂凄清的人生旅途。我如今是愿挑上这副担子走向遥远的黑暗的生到死的路上。一头我挑着已有的收获，一头挑未来的耕耘，这样一步一步走向无穷。宇哥，你明白我的心吗……

像我目下这样夜静时的心情，能这样平静地写这封信给你，你也许会奇怪我罢！我已不是从前呜咽哀号，颓丧消沉的我。我是沉默深刻，容忍涵蓄一切人间的哀痛，而努力去寻求生命的真确的战士。……

（旁白）评梅每个星期天和清明节都到陶然亭畔君宇的墓前挥泪祭奠，悼之追悔，她说："生前未能相依共处，愿死后并葬荒丘"。就这样，评梅终因悲伤过度，于1928年病逝，年仅26岁。

（旁白）评梅的朋友根据她生前的遗愿，把她和高君宇并葬在一起。当时任古老的北京城街谈巷议，奔走相告，经年不衰，一时传为佳话。

……主题音乐推上……

（旁白）1956年周恩来总理在审阅北京城市规划总图时曾强调保存"高石之墓"，他说："革命和恋爱没有矛盾，留着它对青年人也是教育。"

（旁白）1982年邓颖超在《人民日报》上发表文章说："我和恩来同志对高君宇同志和石评梅女士相爱非常仰慕，但他们没有实现结婚的愿望，却以君宇同志不幸逝世的悲剧告终，深表同情缅怀之思，至今犹存。"石评梅和高君宇的故事讲完了，他们以一代风流挥泪血足迹走向成熟和坚强，走向人生的悲壮与辉煌！石评梅和高君宇的爱情故事以及他们那风流倜傥的人生交响诗的华彩乐段，离今日已经很遥远了，但是不管是心志还是爱情，依旧有着高尚与卑微的区别，有着清俊与艳俗的区别。那么，在你人生的风景线上，您该如何谱写您的生命诗篇？

各位朋友，文学节目《石评梅与高君宇》就播送完了。

编辑：**武雪梅**，播音：**刘艺、胜春、向莹**，复制合成：**夏克波**，录音：**侯春林**。朋友们再会。

（辽宁人民广播电台1995年9月16日首播）

1996年 辽宁人民广播电台

澎湃的诗情

男：辽宁人民广播电台，听众朋友你们好，现在是文学专题节目，介绍王权利和他的诗作，题目是《澎湃的诗情》。

(潮水声，音乐深沉，抒情)

诗人的情怀在时代的大潮中澎湃。

澎湃着豪放，澎湃着壮烈，澎湃着一曲曲历史的赞歌。

(音乐扬。渐弱，混话)

女：回顾一下他身后，一行曲曲弯弯的脚印直铺入北方的大山里。

那时他还年轻，但他有着一双和老农一样结满硬茧的大手，那双手曾握着粗拙的笔，写出地头小诗，写大山的情怀，写劳动者，写普通人，写生活给他的哲思和喻理，于是他带着大山土气步入了文学之门。后来，当他结束了知青生活成为《抚顺石化报》的记者时，仍然不忘大山给予他的质朴和厚重，这质朴厚重奠定了他诗的底蕴。他一次次深情地呼唤大山，他把大山的气魄融入了他的诗章。

他喜爱用诗的形式去记录生活，赞咏强者，去唱和时代的潮声。

(播配乐诗《啊，十月风》 混话)

　　　　啊，十月风，
　　　　你灵动十二亿双眉宇。
　　　　你说先辈用炮火驮来了今天，
　　　　所以光芒不能匍匐、倒下。
　　　　你搁浅了所有虚肿的日子，
　　　　长成为一场时代的飓风。
　　　　岁月不会吹凉你的脸颊，
　　　　因为你的心是红霞的燃烧……

(音乐，混话)

女：这是他的力作《啊，十月风》。他的诗以改革开放为大背景，向人们展示出广阔雄壮的历史画面，抒发出他那从心底涌出的澎湃诗情。

我们的诗人该正式出场了，几年前他的名字在抚顺城那"疙瘩"的诗人排行榜上，是绝对寻不到，由此可说我们在呼唤着一个陌生的名字——"王权利"！

在我们指名道姓评说他和他的诗作之前，还是请他自己作"开场白"吧：

(录音：王权利)

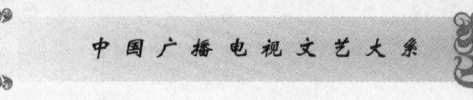

"我不赞成诗歌仅仅从感觉出发,一味地表现自我意识,一味地追求超越现实的闲情逸致,更不赞成某些作品的矫揉造作、浮躁不堪,当然,我也不反对诗歌有多种流派,各种追求。"

女:正是因此,诗人总是满腔热情地去歌唱时代的进步,歌颂创造世界的劳动者,歌颂普通人的纯美之情,并在抽象的思索、丰富的想象、深刻的哲理中创造诗的美好意境。如今他已有八百多首诗歌发表,并出版了诗集《澎湃的潮汐》。从他的诗作可以看到他作为《抚顺石化报》的文艺编辑,总是把诗的触角伸向石化的第一线,去写那流大汗的工人们,去写劳动场面。在朦胧诗时髦的时候,有人带有调侃意味称他为"大潮诗人",其实别人怎么称呼他,他并不在意,因为那是别人的事情,但他却十分在意作为诗人的宣言:

(录音:王权利说)

"作为一名诗人,最重要的是要有属于时代的、民族的灵魂。诗人应该是时代前进的鼓手、号手、战士;应该是哲人、探险家、歌手、水手;诗人应该是人民的、大地的,或工人的忠诚儿子。"

女:在朦胧诗的诗人们主张"凭感觉写诗"的喧闹中,他仍然坚持到澎湃的时代生活中去汲取诗情和创作素材,他仍然不肯丢弃从山野带来的土味儿和劳动者的质朴,他仍然咏唱劳动者的博大情怀。

1996年,他的力作《啊,十月风》竟作为10月3日《人民日报》文艺版的头题刊出,由此这位名不见经传的、从山里走出的诗人引起人们的关注,人们开始认真地研究他和他的诗作。下面让我们一同聆听这首长诗:

(播长诗《啊,十月风》)

啊,十月风,
你灵动了十二亿双眉宇。
你说先辈用炮火驮来了今天,
所以光芒不能匍匐、倒下。
你搁浅了所有虚肿的日子,
长成为一场时代的飓风。
岁月不会吹凉你的脸颊,
因为你的心是红霞的燃烧。
你举着巨人用血打磨的箴言,
在地平线上架起了一道曙光。
你要在英雄的史诗上,
写上第三代的足迹。

啊,十月风,
你是牧笛放飞的深挚的情歌。
那罗湖桥畔潸然的泪花,
那香江边成熟的思念,
似绿叶回到了阳光,
似儿女投向了母亲;
那不眠的黄河小浪底之夜,

那长江三峡截流的石破天惊,
似父亲威严的嘱告,
似母亲谆谆的叮咛。

啊,十月风,
你是奥运圣火点亮的国歌。
那亚特兰大硝烟锻造的十六金,
来自把冷暖和惊险留给自信的勇气,
来自东方神鹿们超越欢呼的震撼。
数年的砥砺、意志的冲击,
终于升起了年轻共和国的风采。
那"起来、起来、起来"的高亢之音,
演绎着祖国行进得更高、更强、更快。
在亚城,我们找到了中国的雄心,
我们的意志品质比奖牌更璀璨。

啊,十月风,
你纵贯了大江南北九省。
大京九的豪歌牵出了机车的嘶鸣,
她像一把开山的利斧,
斩断了革命老区的贫穷;
她像一条金色的太阳河,
浇灌着唤起奔腾的小康之梦。
她是黄金海岸伸向内地的神话,
她是人类的又一次神奇之梦!

啊,十月风,
你是颁发给民族脊梁的奖章,
青年志愿者是那太阳的辐射,
他们用爱的故事来塑造现代人。
从孔繁森积雪的额头上,
读出了站在珠峰上的人格,
在李国安飞沙的鱼尾纹里,
印着"上下两不愧"的情操;
在徐虎那浸泡日月的汗水里,
看到了为人民燃烧的真情;
在除恶务尽的捷报里,
人们又开始回味起宁静的黎明……

啊，十月风，
你是长鼓里欢跳的白山黑水，
你是动地秧歌的黄土高坡，
你是桂林崭新的两江机场，
你是魂留人间的抗洪英灵，
你是哲里木黄金的五谷，
你是西沙翔鸥曼舞的落红，
你是国际大市场"咔嚓、咔嚓"的接轨，
你是冲浪者斗罢艰险的深沉，
你是张家港播撒的文明，
辗转地找回了生命的青春；
你是母亲会心的一笑，
人间在心灵里迸发出原色的温馨。
你将自己浓缩成了"中国"，
世界将在你的目光里重新审定。

啊，十月风，
——金色的风。
在即将托起使命的历史关头，让我们走下观潮的大看台吧！
去驾驭潮起潮落，
因为我们是：十月的风！
啊，让我们手捧着对十月的虔诚，
再一次祝福你，
重塑一个微笑的永恒！

女：这首诗分为七段，让"十月风"先"灵动十二亿双眉宇"，然后从历史中越起，跨越一个又一个时代，再风动祖国的一个个角落。诗人通过"十月风"的纵横荡漾，把历史的和现代的情绪纵横交织，既有丰厚的信息储量，又有饱满的情感蕴含。诗人以博大的气魄让"十月风"充溢和跨越时空，使我们感觉到他怦然心跳。他的脉搏与历史和时代的主旋律一同律动，他抒发的不是那狭隘的小角落的纯然的个人情感，是对社会主义祖国无限热爱的激情，是对改革开放的壮丽前景充满自信的豪情。诗人从生活大潮中获得艺术灵感，并锤炼成他的诗情。

男：他的诗友刘万石先生评论他和他的诗作时说："他为人、为诗，正直、执著、向上，并未被世俗流风吹卷得身姿倾斜、脚步踉跄。'古调虽自爱，今人多不弹。'当很多人一味醉心于如梦如幻的幽境里'月下独酌'，过分流连于小情小景的轻吟浅唱和爱来恋去的缠绵时，他未改初衷坚持着贴近生活的现实主义诗风。作品中弥漫着浓郁的时代气息，这是极其自觉的、凝重的历史感和认真的使命意识的交融。"

王权利作为一位诗人，没有离开他所在的石化这块沃土，他实实在在地体验着工人的生活，触摸着工人的脉搏，去积累诗的素材，去点燃创作的火花。

让我们随着他的脚步走进炼油厂,听听工人们对他的诗的评价:

(录音:女工人)

"我是一名青年工人,我非常喜欢读诗,特别是王权利同志的诗歌,读起来他的语言特别流畅,而且非常朴实,读过之后给人非常向上的感觉……"

女:在抚顺石化一厂,要是说起王权利和他的诗,工人们都有说不完的话:

(录音:男工人)

"他经常到我们企业来,到车间、到班组、到我们的检修工地,在夏天烈日炎炎,刮风下雨,他带着安全帽、穿着工作服和工人一起劳动,所以他的作品和我们工人的思想脉搏一起跳动,充分体现出我们工人的喜怒哀乐。"

女:是的,每当王权利走进炼油厂,激情立刻汹涌澎湃,那富于想象的诗句便喷涌而出:

(音乐,混话)

男:"我们相聚在石化树下……/胸中升起赤诚的热血。""你纯纯的气息弥漫着莺声/如轻盈的云雀在桦林争鸣嬉戏/窈窕的动感像海伦传情的眸子/石榴红的衩裙点烧了晨曦……/没有你/生命的熔岩就会冷却/我的星辰就要陨落/因为我早已把你/剪贴在我摇不醒的梦里。"

这情真真、意切切的诗句表达了诗人热爱石化的心声。他几乎把石化当成了自己的生命,他又在诗里说:

"我愿将青春投进你退思的身影/化作乳白的/运行的羽翼/为了茫茫天涯的橄榄树/纵然耗尽红润/枯黄青丝/也要相随相依。"

(音乐止)

这些诗句,以时间和空间的跳跃的意识流动,表达诗人愿把自己的一切献给石化,并肩负起时代赋予的重任,用青春来塑造一个高亢的自我。

女:王权利的诗,以主题鲜明、节奏流畅、字句明快构成了自己的特色。他的诗,在语言上,多用排比、对偶等修辞,并且音韵铿锵,富有鲜明的节奏性和旋律性,所以大都朗朗上口,十分适于朗诵。另外,他的诗在遣词造句上也很别致,常常平中见奇,给人新鲜的感觉,如《啊,十月风》中的"你举着巨人用血打磨的箴言,浇灌着唤起奔腾的小康之梦"等诗句,有意将一些诗语超常地搭配错位,咀嚼起来很有味道。其实只要我们细心地阅读一下,便会发现,他的许多诗在语言文字结构上都很特殊,常常在质朴中见俏丽,无华中见有华。例如他的另一首小诗《父亲的额纹》,无论从诗的构思和造句上都很有新意,琢磨起来,合理合情,仅用40行的铺陈,便栩栩如生地雕塑出"父亲"的形象。

(音乐,混诗)

　　　　父亲的额纹
　　　　似一卷沧桑
　　　　用岁月缩写
　　　　是生命的主题歌
　　　　父亲　爱用弯曲的额纹
　　　　写起重工的轶事
　　　　一重皱纹　便是
　　　　一架起吊的山

一处额头弯　便是
一帜重奏的凯旋
那短的纹理　便是
一尊钢铁罗汉的拔起
那紧蹙的聚点　便是
一个冲破禁区的宣言
那犁深的章回啊
便是　绝唱之篇

父亲的一畦额纹
吊起了　地北天南
风雨洗礼的振兴梦
就刻在　额间

昨夜
父亲　吞吐了一夜星斗
额纹辉映的炼塔星群
巍峨成微笑的信念
我　披着失眠的星辰
破译父亲的　额纹
纹字平易
却又艰深-
我读成　大海
海边　没有避风的港湾
我读成　高山
山上　没有攀登的小径

我的心　跳进了父亲的额海
宁愿　化作一朵油花
我在额纹里饱览
读了千遍　万遍

终于
在你退休的第一宵
读出了大写的　父亲
　　　——铁人

女：看来，王权利的诗作中不仅有像《啊，十月风》那样气势宏阔的诗章，也有像《父亲的额纹》那样笔触细微，微到"额纹"这样的诗章。从他的诗作中我们可以洞察到诗人胸襟的洁净、坦荡和情感的细腻、深沉。王权利的诗易读、易懂,读来平易近人,但却平中见奇。他的诗与他的人一样,不矫饰、不玄虚,但平易中却蕴含着深刻的哲思和丰富情感,给人启迪,激发人奋进,激发人向上。

男:王权利的诗使我们看到了他的心灵世界像生活本身一样的淳厚、繁杂,其实,了解他的人都知道,如今步入中年的王权利有着丰富的生活阅历,这阅历也是坎坎坷坷的。他为自己写过百字文的"小传",他说:"我,王权利,一个凡俗的沈阳人,'满族八旗遗少',读至大专中文。做过知青、教师、校长、办公室主任、宣传干事、记者,现任《抚顺石化报》文艺编辑。祖先无甚大贤大德,落下了我这个满世界里胡乱涂鸦的孽种。"

女:从这简短的漫画式的文字中,我们可以感受到王权利并不满足于社会给予,他也并非是一味地恭谦,而是一种生活的回报使他感到不安,因为他不苛求回报,而总是希望自己能为社会多奉献,以创造出更大的人生价值。因而,他不以曾经坎坷而幽怨,不以征途艰险而却步。尽管往昔的生活中有种种的不如意,但他并不虚无那些实实在在的经历,回想起来,仍然付出满腔热情,他总是忘怀不了他曾经工作、生活的地方,哪怕是最艰苦、最偏远的乡村,所以他又有《乡情》这样的诗作:

(音乐,混诗)

　　　　苦房草　撑着天
　　　　白桦树　卧炕沿
　　　　乡情　碾弯了拉柴的山路
　　　　弯成一首苦乐的诗篇
　　　　虽然　岁月犁过多少命运的青黄
　　　　毕竟　乡情的绿荫依然

　　　　锄板吻烫的乡情
　　　　在穗头上　翻晒稚嫩的脸
　　　　大爷的蛤蟆烟　升起艾香的故事
　　　　大娘的粘火勺　印着烤暖的雪山
　　　　农隶小妹的笑声
　　　　比塞来的红薯还要香甜
　　　　泥火盒　盛着香喷喷的农历年

　　　　总想用沉淀的夕阳　洗去入山的苦难
　　　　总想用惆怅的雷电　炸掉山沟的贫寒
　　　　当汗雨初晴的那个早晨
　　　　我却走不出眷恋的泪眼
　　　　几度乡情啊　早已穿透我的心田

　　　　背着乡情回城
　　　　地里还长着返青的心愿

哪一个足迹　不是山村的乳名
哪一个夜晚　不是山风的叫板
我五步一回眸啊　模糊不了
生命刻下的那一段

搓不掉泥土的草芽香
搓不掉山里人的情一片
梦里　挂着那条羊肠小路
歌里　品着一泓潺潺的山湾
是大娘的饽饽　黄熟了我的嗓音
是老队长领我　找到了人生的支点
啊乡情　你是一幅永远难忘的画卷

女：在王权利的笔下，生活总是那么美好，那么有情有趣。这便不能不唤起人们去热爱这个世界、热爱身边的生活，并为创造美好的世界和美好的生活而奋斗。

（音乐混入）

男：综观王权利的诗，不难觉出，他的许多诗句都沾满了泥土味儿、汗味儿，有着不可忽视的现实意义和审美价值，诗人站在改革开放的风景线上，以美的音韵、澎湃的诗情奏起"劳动畅想曲"，像激昂的号角、轰鸣的战鼓唱和着时代的主旋律，唱和着劳动者的心声……

（音乐扬起）

女：听众朋友，刚才您收听到的是文学专题节目《澎湃的诗情》，编辑写稿：崔春昌，播音朗诵：房鸣震、陈红，配乐：傅长春，复制合成：张树梅，录音：丁力，监制：高岚，总监制：李力。谢谢您收听，再会！

（辽宁人民广播电台1996年2月8日首播）

1996年　黑龙江人民广播电视台

永远的风景

黑龙江人民广播电台，现在是文学节目时间。

主持人：听众朋友，今天是10月22号。六十年前的今天，中国工农红军胜利完成了举世瞩目的二万五千里长征，到达了陕北，从此，延安成了革命圣地。

人潮涌向西北，其中有不少是洋溢着青春热情的女青年。

（书店嘈杂声，购书现场。压混）

今天，在首都北京、在上海、在南京、在哈尔滨，在许许多多的城市里，人们在争相购买一部新书——《延安女性风景》。

请听文学专题《永远的风景》。

——《永远的风景》公益广告

男：战争从来就与女孩、花季格格不入。

女：然而，为了正义与和平，五十多年前，一些正值花季的女孩，却义无反顾地奔向了延安，走进了战争。

男：她们怎样在血雨腥风中绽开自己绚烂的花瓣？

女：她们怎样在抗日的烽火中燃烧自己无悔的青春？

男：请听文学节目《永远的风景》。

向您介绍一部新书《延安女性风景》。

女：带您去结识一批英雄，走进她们的心灵……

主持人：延安女性，这道特别的风景，曾经尘封在岁月的长河中，湮没在大西北弥漫的风沙里。现在它随着一部新书《延安女性风景》清晰地呈现在我们的眼前……

男（旁白）：在抗日战争时期被称为"陪都"的重庆，住在前美国领事馆楼内的康氏家族是很引人注目的。家庭的中心人物康心之经营银行、矿产、房地产等庞大的实业集团。他性情豪爽，喜好结交，在重庆上流社会被称为"食客三千"的"孟尝君"。

小女儿康岱沙，聪明美丽，她在这种优裕的环境中无忧无虑地生活着。可是有一天在康家大宅里，却不见了岱沙的身影。

女（独白）：

爸爸、妈妈：

我走了，请原谅女儿的不孝。女儿是以一个中国共产党党员的身份去延安，参加抗日队伍的。

我知道，听了这个消息，你们会很难过，会千般地舍不得我。爸爸尤其会说，为了你的前途，去美国留学的手续全都办妥了呀！但是，您怎么没看到，日寇的铁蹄正在无情地践踏中国的国土，生灵涂炭，民族危亡，国难当头，我留学又有什么用？还会有什么美好的前途？

爸爸，当您愤怒地对我说：要去延安，咱们就脱离父女关系时，女儿伤心极了。还记得在嘉陵江畔看到的那些贫苦的水上人家吗？那几个饿得哇哇直哭的孩子，面对的竟是掺了许多野菜的糊糊汤。想到我们家里普通一桌席，就足够这些贫苦人家活上一年的奢靡，我不能不感到震惊与愧疚。要救中国，也要救老百姓，这将是我生命中永远的选择。

男（旁白）：

岱沙离家出走，奔赴延安的举动，成为当时重庆上层社会轰动一时的新闻。

与康岱沙不同，30年代的天津，有个家境贫寒的女学生，叫薛明。小学六年，她年年都考第一，最后又以总分第一名的成绩考入了著名的天津三八女子学校。

女（独白）：

天津遭到日机的疯狂轰炸，人们满腔悲愤。那时候，我们十七八个学生运动骨干聚集到了天津郊区一个叫杨柳青的地方。大家群情激奋，一致决定要到南京政府请愿。南京离天津有四百多里路。同学们知道我只有一个早年守寡、年迈体衰的母亲和一个尚未成年的妹妹，平日家里全靠我啦。领队就站起来问我:"薛明,那么远的路,不能回家照顾母亲和妹妹,你能坚持吗?""我已经没有别的选择,抗战到底,死不回头!"说完,我已是泪流满面啦。到了济南,一下车,就见站台上人山人海,各色的旗帜一个劲儿地挥舞。原来,都是自发来欢迎我们的老百姓。我们心里别提有多激动啦。哪料到,我们兴致勃勃刚出火车站,就被韩复榘派来的军警抓了起来。我们挣扎着大声叫喊:"我们是来抗日的,干嘛要抓我们!"韩复榘恶狠狠地说:"把日本人惹到我的地盘上,你们兜着呀?都给我滚!"

就这样,我们被赶出了济南。国民党不抗日,那就找抗日的共产党去。其实,我们心里早就祈盼能够到延安去,到抗日的一线去。历尽周折,1938年,武汉危在旦夕的时候,我终于走向了风沙弥漫的大西北,走向了抗日的心脏——延安!从此,我再没有回家照顾过我年迈的母亲……

男(旁白):

延安是一座大熔炉,革命的剑与火,在这些热血女青年生命中,刻下了一串串苦难与光荣。在南泥湾,他们响应毛主席的号召,自己动手,丰衣足食,向荒山宣战。陈静和其他女战士们也像男同胞一样,挥起了镢头……

女(独白):

领导宣布女同志三个人用一把镢头,男同志一人用一把。我们女兵全都造反了:"干吗嘛,这分明是歧视我们妇女。"领导无奈,只好说:"好吧,那就一人一把。"那时候,我刚从城里来,从小娇生惯养的,扫帚把都没摸过,哪摸过什么镢头呀。我跟在男兵邵凯的后面,吭哧吭哧刨个不停。别人休息了,我还跟在邵凯的后面刨。手里的镢头沉甸甸的。渐渐地我就觉着眼前直晃,有些把持不住了。突然,一镢头下去,听前面的邵凯"哎呀"一声就倒在了地下。鲜血像泉涌般从他脚脖子那儿喷了出来。我哇地一声吓得哭了起来,一下子跪在地上,捧着邵凯的脚连连喊着:"怎么啦,怎么啦?!"

原来,自己一镢头下去,把邵凯的左腿筋腱给刨断了。当时延安的医疗条件很差,邵凯左腿最终成了残疾。不过,在医院陪着邵凯练习走路的日子里,我们两个渐渐产生了感情。几十年的风风雨雨,我都是伴着自己的丈夫邵凯度过的。

男(旁白):

延河流水,送走了多少动人的故事。在这里,康岱沙、薛明、陈静、卓琳、黎侠、李敏、苏菲、孟于、孙克悠……多少女青年成长为真正的战士。

后来,她们从宝塔山下出发,穿过青纱帐,奔向太行山。再后来,她们越过黄河波涛,跨过长江天险,挺进大西北,进军大西南,直到迎来五星红旗冉冉升起。古老的中国,换了这片天!

——公益广告

男: 阅读一部新书。

女: 结识一批英雄。

男: 《文学节目》——《永远的风景》
带你走进新书——《延安女性风景》

主持人: 延水浊,延水清,几代人都在唱着延安的歌儿……就在昨天,省城哈尔滨举行了长篇纪实文学《延安女性风景》签名售书活动。前来购书的群众在新华书店门前排起了长长的队伍。

——出黑龙江大学张葆成教授录音

张教授： 昨天我来书店的时候，看到许多人在购买《延安女性风景》。今天人更多啦。我想琢磨琢磨这本书为什么挺抢手？

我觉得《延安女性风景》这本书最成功、最精彩、最吸引人的地方，是它独特表达这个厚重主题的方式。以前我们看到的革命历史题材的书，大多是正面说教式，展现人物的高大。似乎革命人物、革命前辈们没有正常的情感、喜好，而《延安女性风景》这部书恰恰是这一点非常突出。比如书中有这样的例子：十六七岁的女孩子正值花季，都爱美。可当时延安生活条件十分艰苦，女战士就拆了红毛衣在草鞋上打个红樱，摇摇晃晃很漂亮；像在衣服领子上衬块白布等；像女青年到百姓家做工作，一开始群众不接受，她们就用女孩子独特的方式，坐在老百姓家门口唱一宿的抗战歌曲，直到老百姓打开房门接纳了她们，哎呀，特别感人。像这样地表现当年延安女战士，自然就拉近了读者与这些女战士的距离，你不得不被她们所吸引。不完全是探秘心理的驱动，而是一种表现，一种精神在吸引着你。

主持人： 听众朋友，黑龙江大学张葆成教授的一番分析，恐怕道出了《延安女性风景》这部书受欢迎的一些深层次的原因。那些年轻的女孩子，用自己柔弱的臂膀，擎起了正义与反抗的旗帜；用自己质朴、执著的信念，凝缩了中华民族的魂魄——那就是，五千年来中华民族不死、不倒、不散，能够昂然屹立于世界民族之林，有如黄河般生生不息的脉动！也许正是这脉动，才激发了长篇纪实文学《延安女性风景》那极大的魅力。

《人民日报》报道说："长篇纪实文学《延安女性风景》刚刚问世，却真真实实地走进了许多读者的视野中，一步迈进了畅销书的行列。"首都的一些文学评论家及有关人士还专门召开了一个研讨座谈会，对《延安女性风景》热销现象进行了理性思考。

听众朋友，徜徉在延安女性的行列和精神世界中，我们的思想会因为她们而飞扬，我们的灵魂会因为她们而震撼。

半个世纪的风风雨雨，延安女性有的已经离开了我们，健在的，都成了老奶奶。是什么人还在记述着这些生动的故事？是什么人铺展历史的长卷，拂去岁月的征尘，在追寻着延安女性的足迹？

作家蒋巍、雪扬大妇默默地在人海中穿行。从耄耋之年的老战士口中，挖掘悠远的回忆；从关于延安零零碎碎的追述中，寻觅星星点点的闪光处。最后，用饱蘸深情的笔，串联出一幅绚烂的画卷。

至今，谈到《延安女性风景》的创作，面对"为什么要写这样一本书"的问题时，蒋巍、雪扬夫妇都久久不能平静。

——出录音

蒋： 应当说，我们就是把过去对延安暂时的理解，把概念化的东西打破了。比如像那个女孩子愿意照镜子，可是只一个人有镜子，大家每天你照、我照挤不开，最后干脆把镜子摔到地上，摔碎了，然后一人一小块，就算照镜子啦。我们听到的这样一些生活细节上的故事，恰恰特别感动人。她们代表的是我们民族的这种自强不息、追求独立和自由这样一种民族精神，这种精神一直是引导我们民族前进的火炬，一种内在的推动力。

主持人： 听众朋友，刚才我们带您去阅读了一部新书，浏览了一道风景。当我们即将合上

《延安女性风景》这部长篇纪实文学的时候,相信您一定不会遗忘掉后记中这样几行字:

当云一样的白发覆盖了一个人的生命,而她的青年时代还不被淡忘,总被提起,并且时时感动着后人,那么她的生命中一定洋溢着推动时代前进的力量。

当今天的男孩和女孩欢笑着,牵着风筝跑过林阴道,跑过绿草地的时候,请别忘记,这些白发苍苍的老人,正坐在旁边的长椅上,充满爱意地注视着你们……

听众朋友,您刚才听到的是文学节目《永远的风景》。

撰稿:丽敏、杨晶,编辑:雪薇、方梁,播音、主持:文佳、王波等,音乐编辑:关英

(黑龙江人民广播电台1996年10月22日首播)

1996年 甘肃人民广播电台

编辑手记:生命之水的礼赞

女:亲爱的听众朋友,欢迎您收听甘肃人民广播电台的"文学大厦"节目。主持人路人、晓丹代表责任编辑匡文留向您问好!今天,我们为朋友们安排了文学专题:《编辑手记:生命之水的礼赞》。

(歌曲《黄土高坡》第一段渐起。渐扬。至第一段尾声时压混)

女:八百里秦王川,茫茫无人烟。黄土塬刮的是黄土风,泪眼盼命脉。千年的渴盼,千年的无奈;千年的祈祷,千年的辛酸……朋友,当我初次踏上这片广袤的黄土地,一望无垠的荒芜与苍凉叫我的心颤抖了!土地渴望种子温暖的触摸,有力的依偎,她那母爱博大的辉煌和不朽的荣耀永远是果实与麦穗的微笑啊……然而,八百里秦王川呵,生命的活水与你无缘,你默默敞开厚实的胸膛,承载漫漫黄土风冷酷无情的撕打……朋友,你听,无泪的秦王川在诉说什么……

(音乐渐起。沉重,苍凉,无奈,西北风。压混)

男:(朗诵匡文留诗《无泪的秦王川》)

  这里生长沙砾

  这里生长荒原

  这里生长

  擎起太阳又滚落太阳的地平线

  唯独不生长

  田禾的欢笑与绿意的摇曳

  这里生长淳朴

  这里生长辛劳

这里生长
　　　滋润乳汁也描画皱纹的
　　　炊烟
　　　唯独不生长
　　　金穗的沉思和畅饮的甘甜

　　　秦王川无泪　泪
　　　久久干涸在枯竭的
　　　碗边　炕沿　和
　　　堆满风沙的心田

　　　被苦焦坠弯了腰的黄土高坡呵
　　　当梦境飘过浪花的笑语
　　　奔泻的大通河翻卷的大通河
　　　有没有一把金钥匙
　　　让我们嫡亲的父老
　　　打开这扇神话的大门

(音乐渐隐)

女: 奔泻的大通河,翻卷的大通河,就在重峦叠嶂的那一边,昼夜不舍,流向大海。于是,终于有这么一天,我们这块古老神奇的黄土高原上,一个叫"天堂寺"的地方,创世纪般的雷霆,震撼了华夏大地!朋友,让我以神圣的生命,澎湃的热血——这样的名义告诉你,也告诉全世界:举世瞩目,功在千秋的引大入秦工程这辉煌的交响,奏响了!

(音乐起,激动、昂扬、热烈、亦深沉。渐压混)
(朗诵何来诗《穿越的礼赞》)

男: 滔滔的水　在天堂寺
　　　以哲人和勇士的姿态
　　　积蓄巨大的智慧和勇气
　　　去穿越沟壑和群山
　　　穿越中国最大的隧道群
　　　穿越亚洲第一的渡槽和倒虹吸
　　　穿越世界地质的陷阱和灾难
　　　穿越艰辛　穿越风险
　　　穿越世纪的困惑和向往
　　　穿越土地的饥渴和期盼

女: 大自然的征服者和水
　　　将豪迈地穿越时间
　　　从黄色的日子到绿色的日子
　　　从贫瘠的山原到丰饶的山原

征服者和水
　　　将掀开一部庄严的法典
　　　宣判愚昧和怯懦的刑期
　　　宣告穿越的胜利
　　　啊　穿越
　　　这是何等煊赫的字眼
男：钻头穿越岩石的骨肉
　　　闪电穿越乌云的黑暗
　　　电流穿越金属的反抗
　　　鱼群穿越海的深渊
　　　如一条条钢铁的巨龙
　　　穿越
　　　从亘古向着明天
女：红头盔　黄头盔
　　　黑眼睛　蓝眼睛
　　　闪耀着穿越的欲望
　　　闪耀着穿越的激情
　　　岩石在一米一米地退缩
　　　人在一米一米地占领
　　　穿越者强有力的心脏
　　　从内部轰击着山的胸膛
　　　在冷冰阴湿的岩层
　　　奔突着穿越者血液的火浆
男：这是智慧和神力的竞争
　　　这是意志和造化的较量
女：哦　中国穿山甲
　　　披挂什么样的甲胄
　　　凭借什么样的神威
　　　进行空前卓绝的穿越
　　　创造空前瞩目的辉煌
男：滔滔之水
　　　从天堂寺到秦王川
　　　演奏着动人心弦的交响
　　　这是献给征服者的颂歌
　　　这是献给穿越者的礼赞
　　　这是一支
合：响彻千古的绝唱
（音乐渐隐）

女：我被这支千古绝唱深深地激励着，轻轻踩动这举世无双的旋律，任由它的牵引……朋友，你可知道，我在引大入秦这一片热土，这一个特殊而神奇的战场，看到了什么？听到了什么？……一个普通的饭盒，一床浸透汗渍的被褥，这，就是我们建设者的形象啊！

(音乐起。深情，真挚，如诉。压混)

男：(朗诵嘉昌诗《一个饭盒一床被》)

  昔日来时
  筚路蓝缕
  一个饭盒一床被

  今日竣工
  留下赠礼
  一个饭盒一床被

  秦王川
  从此满盛甘甜波光水影
  为岁月披上青翠

  艰苦里你有营养
  胜利时却有泪水

(音乐渐隐)

女：是啊，当我们与胜利紧紧相拥，每一颗心怎能不盈满美酒？哪一双眼睛不热泪滚滚？甘肃省委书记阎海旺同志深情地说："这是一个处于崇山峻岭、建筑物繁多，且以隧洞群为主要特点的水利工程。这是一个线长点多、渠网纷呈的水利工程，总干渠全长87公里，其中隧洞33座，总长75公里。这是一个经过了'两下三上'的曲折历程，世界银行重视、多国会战的水利工程。这是一个领导高度重视与改革开放的时代大潮相互辉映的水利工程。"朋友，你知道吗？亚洲之最，屹立在这里；世界之最，镌刻在这里。此时，当我再次伫立在引大入秦工程的隧道口前，心底的歌，早已喷薄而出！

(音乐起。激越，动人心弦。渐压混)

(朗诵李云鹏诗《隧道口前》)

男：确信山的阻隔
  是一种动力
  而重重山峦的铁壁似的围墙
  则是诱惑勇毅之士的
  火爆的挑战

女：来自穆里山的
  发着响声的
  闪着光的
  以世纪的寂寞

在山的臂弯里拼命奔冲的
　　　大通河
　　　在以挑战寻找汉子的同时
　　　也寻找节日
男：隔山隔岭的那边
　　　戴着草帽踯躅于炎阳下的
　　　农家汉子
　　　对于水的世代的渴盼已化为火
　　　而秦王川龟裂的土地上
　　　满是呼唤大通河的
　　　声嘶力竭的口……
女：这自然与愿望的强猛碰撞
　　　以擂台的方式
　　　凛凛然立在危峻的山前
　　　西部是生长汉子的土地
　　　在一个霞光四溢的早晨
　　　无畏将铁臂伸过重重险峻
　　　与穆里山握成了某种默契
男：旗帜张起来
　　　就有一股不可阻遏的西北风
　　　脚步响起来
　　　就有一种动地的震撼
　　　汉子们拍拍山的胸脯
　　　那山那赳赳傲立的山
　　　便欣然接受时代的掘进
女：月光如灯炬贯通夜晚的隧洞
　　　抵达一个初兴的节日
　　　一句欢呼还没有出口
　　　又有隧洞邀纳了阳光……
　　　这一切贯穿着多少不眠星夜
　　　这一切渗透着多少汗血与泪水
男：挑战的山矮了下去
　　　应战的汉子们站成山峦
　　　在宏大的亚洲第一输水洞前
　　　听啊
　　　大通河喷溅着喜泪的发言……
（音乐渐隐）
女：朋友，亲爱的朋友，"为什么我的眼中常含泪水？是因为我对这土地爱得深沉！"请跟我一起,跟我一起来吧,眺望绵延的黄土山黄土原,浪花的欢歌已滋润甘甜了这世世代代的沉默,绿意的润泽正拓展拥吻着这祖祖辈辈的干涸。这是改革大潮一浪高一浪推出来的英雄群雕,这是我们伟大的共和国璀璨旖旎的长卷中一页壮丽的景观与诗篇!如今,你再也认不出昔日的黄土原,昔日的秦王川啦。我们亲爱的母土已深深迷恋住了种子那热情洋溢的小小躯体,它们童话般地迅速伸长可爱健壮的小胳膊,去沐浴春风雨露,去拥抱日月星辰,让麦穗金子样的光芒荡漾成新世纪的海洋吧!

(歌声起。《在希望的田野上》。渐激昂,压混报尾)

女: 亲爱的听众朋友,刚才您欣赏到的是甘肃人民广播电台的文学专题节目《编辑手记:生命之水的礼赞》。

男: 诗作:李云鹏、何来、嘉昌、匡文留;主持人:晓丹、路人;录音制作:董克昌;编辑、撰稿:匡文留;监制:张家昌、成伴。

女: 听众朋友,感谢收听我们的节目,再会!

(音乐渐隐)

(甘肃人民广播电台 1996 年 12 月 25 日首播)

1997年　湖南人民广播电台

月光奏鸣曲
——唐诗之旅

(台号……)

听众朋友,在今天的文学节目时间里,请您欣赏配乐散文《月光奏鸣曲——唐诗之旅》。

(出音乐《花好月圆》数十秒后压混……)

"月出皎兮,佼人僚兮。舒窈纠兮,劳心悄兮。"中国诗歌中的一勾新月,从《诗经·陈风·月出》篇中冉冉升起,向远古的山川洒落最早的清辉,然后弯过汉魏六朝的城郭,照耀中古时代许多诗人卷帷仰望的幻梦。时至唐代,月明星稀,它终于圆满在苍茫的天庭之上,辉耀在诗人的瞳仁之中,流光溢彩在从初唐到晚唐的许许多多的诗篇里。如果翻开卷帙浩繁的《全唐诗》,你可以看到唐代诗人举行过规模盛大的月光晚会,大大小小的诗人都曾登台吟诵他们的明月之诗。那场晚会永远不会闭幕,听众而兼观众的我也永远不会退场。在熙熙攘攘的红尘,营营扰扰的俗世,我珍藏在心中的,是永远也不会熄灭的唐诗中的月光。

(音乐扬起渐弱至消失……)

春江花月

（出音乐《春江花月夜》数十秒后压混……）

我喜欢倾听中国的古典名曲。此刻，当我写下"春江花月"这个标题时，民族管弦乐曲《春江花月夜》那众多乐器的合奏齐鸣，便在我心中响起，乐声宛如一座长桥，把我引渡到遥远的从前……（音乐扬起数十秒后压混……）

我感谢唐代诗人张若虚，这位扬州人虽然与贺知章、张旭、包融齐名，称为"吴中四子"，但两《唐书》对他未设专传，其生卒年与事迹今日也已经无考。在他的名下，《全唐诗》仅存诗二首，一首是平平之作的五言排律《代答闺梦还》，一首竟然是那篇永恒的有如奇迹般的《春江花月夜》！

张若虚的《春江花月夜》，曾伴随我人生的花样年华。湘江，在我所居住的城市长沙的城边流过，灌有一座长岛，人称水陆洲或橘子洲。那时，还没有凌空飞架的大桥，过江的人靠的是渡轮或小舟迎来送往。很少污染的江水，唱的是自古相传的碧蓝的歌谣，幽静少人的橘子洲，还像童话中的一幅插图。我们常常在春天的黄昏渡江登岛，在江边的一伞树阴下等待月上柳梢头。春江浩荡，当万古如斯的一轮月华从江中涌出，江干白沙如雪，长洲花林似雾，我年轻的心中如痴如醉的是张若虚的诗句："春江潮水连海平，海上明月共潮生。滟滟随波千万里，何处春江无月明？江流宛转绕芳甸，月照花林皆似霰，空里流霜不觉飞，汀上白沙看不见。江天一色无纤尘，皎皎空中孤月轮。江畔何人初见月，江月何年初照人？……"

（音乐扬起后压混……）

似水流年。数十年后再来读张若虚的《春江花月夜》，当然已有较深层次的理解。如今，湘江早已没有过去的清且涟漪，橘子洲也已屋宇拥挤人烟稠密，江边的那株柳树虽在却也已不再飞絮，我和少年的恋人如今也华年已老，但我心中的张若虚的《春江花月夜》，却永远永远年轻。

（音乐扬起……渐弱至消失）

边 塞 月

唐诗如同浩浩荡荡的长江大河，其中的边塞诗波涛汹涌，浪花千叠。边塞多雄天险隘，而高空的明月是关山的背景，征人的多愁，历史的见证。因此，许多边塞诗被那一轮明月照亮，就绝非偶然了。（起音乐《月儿弯弯照九州》数十秒后压混……）

王昌龄在《从军行》中歌吟："琵琶起舞换新声，总是关山旧别情。撩乱边愁听不尽，高高秋月照长城。"秋天是草林摇落而倍加怀人的季节，何况是边塞的秋天？更何况是边城的秋月？时隔千载之后，我于一个早秋之日从北京远去青海，在西部边陲的月夜，我竟然和唐代边塞诗中的明月撞了个满怀。至今回忆往事，仍可拾起几片粼粼的月光。（音乐扬起后压混……）

20世纪60年代伊始，我毕业于北京一所高等学府的中文系。因为当时只管埋头读书而不顾抬头看路，心知我们这些"只专不红"的人只会被远放边疆，而绝不可能留在北京，加之那一代青年大都单纯热情,所以我也满怀建设边疆的豪情壮志,三个志愿分别填写了青海、内蒙与西藏。

车轮西行,日轮也西行,列车终于和夕阳一起抵达青海的省会西宁。我们一行数十人被安顿在湟水河边的招待所,便开始了在青海最终的而远非最后的晚餐。晚饭后,同学少年似乎是患了集体失语症,在那摆放着双层床可住数十人的大房间内一个个爬上床去早早地安眠或无眠。

然而,应该都是眠而不安吧?秋夜边地的天空碧蓝如海,不染纤尘,我在唐诗中见过不知多少回的那轮边塞明月,正攀过远处的山峰而升上中天,把清霜洒遍边城,也洒满我一床。辗转反侧,我不禁想起唐代诗人吕温,贞元二十年使吐蕃,在青海被拘留经年。他的诗多次写到青海,而他的《吐蕃别馆月夜》,写的似乎就是我斯时斯地亲历的情境:"三五穷荒月,还应照北堂。回身向暗卧,不忍见圆光。"心中默诵着吕温的诗,我真想问问他:你当时羁留的"别馆"所在地,是否就是我今夜暂住的招待所呢?

虽然远离家乡和亲人,初来乍到那陌生而艰苦的不毛之地——君不见之"青海头",但我心中奔流的,毕竟是不易冷却的年轻的热血。深宵不寐,我想得更多的是豪气干云的李白,那一轮明月当晚从他的《关山月》中奔逸而来,如一面银锣,敲响在万山之上的蓝天之上和我的心上:"明月出天山,苍茫云海间。长风几万里,吹度玉门关。"(音乐扬起后压混……)

山 月

在形态情境各异的月亮中,"山月"是最逗人怜爱和引人遐想的一种了,也是苏东坡,在《赤壁赋》中就曾赞美:"惟江上之清风,与山间之明月,耳得之而为声,目遇之而成色。取之无禁,用之不竭。"

我的前半生,和唐诗中的山月不知相聚过多少回,与大自然中的山月也有过多次邂逅,而其中的两次尤其令人难忘。70年代末,如今名满天下的湘西张家界,其时还藉藉无名,且不说外省人茫茫无所知,连近在长沙的我,也只听到一点美丽的风声。在一个初秋之日的黄昏,我们驶驱一日之后终于到达山下,来不及安顿行囊,我便奔出那时唯一的简陋的招待所,到室外朝拜山神。那些奇崛峭拔见所未见的山峰山影,崇得我目不转睛,美得我心旌摇荡,直到它们渐渐溶化在苍茫的暮色和苍老的夜色里。

(出音乐,数秒后压混)

忽然,暗蓝的天空幻为银灰,躲在山背后的一轮圆月,连招呼也不打一个,仿佛存心要抛给我们一个惊喜,便从山尖上涌了出来,有如一位风华绝代的美人登场,明光四照,仪态万方。这时,不仅我们望得目瞪口呆,就连那些山的臣民们——早已归巢休整的鸟雀,也此鸣彼哧地欢呼起来,和山脚铿铿锵锵的金鞭溪水合奏出一支秋宵的深山小夜曲。如斯情境,使我蓦然想起了王维的《鸟鸣涧》来:"人闲桂花落,夜静春山空。月出惊山鸟,时鸣春涧中。"(音乐扬起后压混)

初游张家界,我由实景而诗境,领略了王维诗中的山月之美,在夏夜的湘西南木瓜山上,我有幸和他的山月再度相逢,并作人天之间的交流与对话。那是有一年的八月酷夏,何草不黄?远避祝融蒸沙铄石的炎威,暂别终日纷纷扰扰六根都不得清净的红尘,我远遁湘西南隆回县的深山。山名木瓜，林木蓊郁，山脚有溪流如小家碧玉，山中有水库似大家闺秀。我和诗人匡国泰于其间优游哉哉，不亦乐乎。（出《二泉映月》音乐，压混）我们坐在林中纳凉赏月。《二泉映月》那如怨如诉的溪水，从国泰手中的两根琴弦下流泻出来，在四周松竹的清香里荡向远方。奏者如迷，听者如醉，我心中的俗念，身上的红尘，被音乐的流水一时洗尽，山下的车水马龙、熙熙攘攘、酒绿灯红、你争我斗已宛如隔世。此时，山中寂寂无人，唯有清泉鸣于石上，松风游于林间，高天的明月像一个从不生锈的银盘，从树隙间筛下叮当响的碎银……（音乐扬起后渐弱至消失）

故 乡 月

（起音乐《明月千里寄相思》数十秒后压混……）

"老住香山初到夜，秋逢明月正圆时。从今便是家山月，试问清光知不知。"这是白居易的《初入香山院对月》，他将洛阳香山的月亮视为家乡的月亮，是对新居地的赞美，也是一种曲线怀乡。杜甫在《月夜忆舍弟》中就说得更直接了："露从今夜白，月是故乡明。"一语中的，一往情深，千百年来是患了怀乡病的人暂时止痛的良药。然而，怀乡病患者用得最多而见效最快的，该是李白的《静夜思》那一贴了。

最近我竟然也一度患了严重的乡愁病，并只得常常请李白的诗来疗治。那是去年秋天，云无心以出岫，我去国离乡，乘庄子的大鹏，不，现在的波音747，飞越太平洋去美利坚大陆探亲。父母和两位妹妹居于旧金山市，儿子和儿媳工作于阿肯色州，高堂在侍，手足在旁，儿孙在下，出有车，食有鱼，入眼的有异国风光，照理说我应该乐不思蜀了。然而，我却莫名其妙地罹上了怀乡病。记得给台湾的诗人朋友痖弦去信时，我曾这样写道："旧金山气候奇佳，日日风和日丽，夜夜月白风清，但晚上看到月亮，似乎觉得陌生，仿佛已不是李白的那一轮了。对门人家种了许多芭蕉，蕉叶迎风，但吹拂的却是美利坚的风，也不见怀素前来挥毫题字。金门大桥不愧为世界奇观，但不知何故，我总是想起故国的'小桥流水人家'，想起唐人'二十四桥明月夜，玉人何处教吹箫'的诗句。"

旧金山少见气扬州，更无桂花，犹记中秋之夜，是那高挺的棕榈树挑起一轮明月，我虽然和亲人欢聚一堂，品尝唐人街买来的各色月饼，但面对中秋明月，我仍然觉得举目山河之异。在中国，不论我置身何处，长沙是我的故乡；在世界，无论我走到哪里，中国是我的故乡。故乡啊故乡，我的故乡，在异国的中秋，在许多人视为乐土的彼岸，我心中洋溢的却是一坛古老的怀乡的酒："床前明月光，疑是地上霜。举头望明月，低头思故乡。"

（出歌曲《静夜思》至结束……）

（出音乐数秒后压混）

当今是一个科学昌明的时代，人类早已登上了月球。据说月球上大部分是奇岩峭壁，即使是平地也寸草不生，白天酷热，夜晚奇寒，没有水的踪迹，空气也无影无踪。何曾有吴刚与他砍伐的桂树？哪里有嫦娥和她居住的玉宇琼楼？科学家还语重心长地指出，月亮与地球现在虽然相距约二十五万五千公里，但它怀有叛逆之心，已有渐行渐远的发展趋势，如此行行复行行，终有一天会远走高飞，再也不和地球照面。中国人是爱月恋月的民族，还是不去了解月球的真相为好，只顾高咏低吟自己的明月之诗吧，如果真有那么一天，月亮向地球说一声"拜拜"，那也用不着苏东坡来问"明月几时有，把酒问青天"了，按资论辈，青莲居士在《把酒问月》中早就问过了:"青天有月来几时,我今停杯一问之。"

听众朋友,以上您欣赏到的是配乐散文《月光奏鸣曲——唐诗之旅》,由李元洛撰稿,刘建辉编辑、整理、配乐,王峰播音,录音合成刘建辉、唐献春。这次节目播送完了。

(湖南人民广播电台1997年11月首播)

1997年　中央人民广播电台

生命的追问

中央人民广播电台,现在播送文学节目。请听《生命的追问》。

(音乐,混)

各位晚上好,我是小雪。今天晚上的节目由我来为大家主持。我们安排了作家专题介绍,播放对女作家张海迪的采访录音和张海迪的散文欣赏,欢迎大家收听。

7月10日上午,在人民大会堂,中国作协召开了张海迪新作《生命的追问》出版座谈会。《生命的追问》是作家出版社出版的张海迪散文作品集。这本散文集受到了作家、评论家们由衷的称赞,它的善良、朴实、纯洁等都获得了好评。借张海迪到北京开会的机会,我把采访的话筒支到了她所住的旅馆的床前。

(采访录音)

问:你好,张海迪,很高兴认识你。

张海迪:我也很高兴。

问:最早知道你的名字还是在十几年前,那是80年代初的事情。你那时是作为一代年轻人的楷模,各种新闻媒体在宣传,也有文学作品在写你,今天再见到你是作为作家的张海迪出现的。那么,你自己回想一下,十几年前作为模范典型的那个张海迪和现在这个作为作家的张海迪之间变化很大吗?

张海迪:我想正像你见到的我有了很大的变化,第一位的就是年龄的变化,当时你们认识我的时候,我才28岁,到今年我已经42岁了,当时如果说我还是一个非常幼稚的青年,刚刚走上文学创作道路,那个时候仅仅是一个空头的作家,那么到了现在,已经出版了(连这本书在内)第八本书,在写作期间,我自己的心理也慢慢成熟起来。另外阅历也丰富了许多,对生活的认识也更深了一些。特别是写作的时候阅读了很多很多的书,它们更加丰富了我的思想,丰富了我的生活,我想这就是我第一位的变化。

问:十几年前我们通过文学作品和新闻媒体认识的那个张海迪,我那时候印象特别深的是你虽然患了很重的病,但是你生活得特别开朗,特别向上,特别明朗。我现在已经记不起来了是当时的文学作品留给我的还是我自己总结的:张海迪就像一团火一样,她不仅燃烧自己,温暖别人,也带动她周围的人一起燃烧。这是你最有魅力的性格。但是这次我们读了你的散文集《生命的追问》,在作品中我们看到的张海迪好像流露出更多忧伤的调子。我不知道是这么长的岁月使你的内心世界更丰富了,还是说过去的你本来就是这样的东西,只是你把它隐藏得很深。

张海迪:就像你看到的,十几年前其实我本来就是一个内心情感非常丰富的女孩子,从我小时候就是这样。你可以看到我以自己的真心来写散文。散文最重要的就是直指心灵。真情实感我强调是写好散文的基础。一定要出自内心才能打动内心,我始终相信这一点。我这次写的跨度是比较长的,前面有两篇我写了我自己的童年——当时还能奔跑的时候留下的那些印象,在幼儿园调皮,在爷爷奶奶家住的时候是个爬树上房爬楼顶的小姑娘。流失的岁月中有很多很多让我们深思回味的东西。在第三篇以后,你可以看到,作为一个少女当时内心丰富的情感,我想可能是很多健康女孩子也没有这么丰富。在我的生活中虽然有很多很多的不幸,但最重要的我也得到了很多很多健康人得不到的东西。我觉得残疾给人两种东西:一是苦难,另外是给予我一种感受能力,这点非常重要。

最能够打动读者的大概就是张海迪那些以少女时代的目光回首往事的作品,好,让我们一起来欣赏《美丽的清贫》的片段,由雅坤朗诵。

(《美丽的清贫》)

我喜欢坐火车,在漫长的旅途中,我喜欢火车的汽笛呜呜地叫着在田野上奔驰,我喜欢火车的烟囱喷着白雾穿出青翠的山谷,我喜欢火车隆隆地震响着在金色的迷蒙中驶向红红的夕阳。呜——,那一声悠长的汽笛总是让我忘记时空,车窗外匆匆闪过的景象总是让我回想起童年的时光。那时候妈妈总是背我到很远的地方去找医生,妈妈总是说你的病能好,你还能站起来,只是现在还没找到能治这病的医生。我于是就常常坐火车,可我没有健康的孩子坐火车旅行的那种新奇和快乐,我像大人一样心事重重,我总是盼着自己能够快点好起来,不让妈妈再背我四处奔波。

那一次我们是秋天坐火车的,窗外的风景绿色和金黄交汇着。车窗开着,清凉的风吹进来,妈妈那时穿着白衬衫蓝呢裙,在后来的好几年里,妈妈春天和秋天就总穿这套衣服。火车呜呜叫着,渐渐慢下来了,车窗外的风越来越凉,妈妈套上一件灰色的旧毛衣说北京到了。

那天晚上我住进了妈妈事先联系好的医院。在住院处护士阿姨让我跟妈妈再见,阿姨说这里不能留人陪着,妈妈只能明天来看我,说完就推着轮椅带我去洗澡换病号服,然后抱我送进了儿童病房。那一夜我睡得很香甜,第二天睁开眼睛时,我看见妈妈正坐在我的床边,我问妈妈昨晚住在哪儿了,妈妈说我睡在这儿花园里的长椅上了,早上一个警察叔叔因为这事儿还盘问我了半天呢。我今天就回家这样可以省些钱。妈妈说着拿出给我买的住院的东西,脸盆、毛巾,还有一只布娃娃。妈妈摸着我的头顶,她说你可要听医生叔叔护士阿姨的话,你吃饭一定要吃饱,我给护士阿姨说了,你没有饭票了就请阿姨写信,我就给你寄钱来,还有你的齐眉穗儿长了,就请阿姨剪剪,或是用发卡往上卡卡,别扎坏了眼睛……

妈妈将自己的一枚发卡取下,轻轻别在我的头上。我忽然想哭,我忽然很想抱住妈妈,把脸贴在她的胸前让眼泪流下,可我没有,我从没这样哭过,我只是无数次地这样想过,疼痛的时候,害怕的时候,难过的时候……我从没这样哭过,是因为妈妈从不让我这样哭,她说你得坚强,你从小就得锻炼自己。那天妈妈一定知道我流泪了,可她装作没看见一样,她说你快点儿好起来,我来接你的时候给你带新衣裳。我点点头,我的泪珠噼里啪啦掉在手背上。

妈妈走了,我趴在窗口看着妈妈穿过医院的花园出了大门,妈妈穿着灰毛衣蓝裙子的身影消失了,我只觉得泪眼朦胧……

在采访张海迪之前,我对她说:如果我的问题不太合适,她可以不回答。但是张海迪坦然地表示她可以回答任何问题,于是就有了我们下面这样一段对话:

问:相比较其他女作家,你散文中涉及爱情的描写是很少的。

张海迪:啊,还少啊?

问:而且我有这么一种感觉——尤其是其中3篇《湖畔的结构》、《长发飘飘》、《钢琴课》,在这3篇作品中比较集中地表达了不仅仅是少年时期青春萌动时的感情,而且跨越了从少女到成年感情的波澜。我不知道我的感觉对不对,你似乎对爱情实际上是保持了一定距离的,往往只是在明确感情寄托对象成为绝无可能时候,你才敢说出来:我爱你!比如说永远走了,永远不在了,你才敢宣泄出来,表达出来。我不知道这是你创作中的一种选择,还是你在实际生活中对感情有一定距离?

张海迪:我写这些东西,这都是过去的事情了。当然这两种我都有一种十分特殊的感触,比如《湖畔的结构》是虚着写的,是我非常朦胧的一种梦境,也是我心里牵挂的一种感情。这是1979年的事情,你可以看到,当时我的感情非常渴望爱。但当我意会到我生活在轮椅上的时候,我产生一种恍惚,我有什么资格?有什么能力去表达我的感情?我非常想说出那句话,但这些话的句子都是破碎的,它们在我的脑海里就像化学的元素一样,分子一样浮游着,我表达不出来。当然这是非常特殊的阶段。但是当我真正可以跟G说些什么时候,所有的一切"go with wind"——随风而逝了。时间改变了很多很多的东西,它就像你开始问的那个问题一样,留给我很多淡淡的忧伤。在这个时候,我已经有了家庭,书中的G也已经有了家庭,在这个时候,距离就是美。包括G送给我的发带,我也让它随风飘走了,就像我记忆的河流向远方,不该得到的东西就让它飘走吧!我想淡淡的忧伤在人生里也是一种非常美的东西。我喜欢淡淡的忧伤,喜欢染着忧伤色彩的作品。我觉得忧伤调子的东西往往给人更多的想象,它可能比快乐的东西给人更长久的回味。在我生活中,因为残疾失掉了很多的东西,但我也获得了很多东西,忧伤色彩的美丽的东西。我很珍视这些记忆,我觉得今天用笔表达出来是一种幸福。而且我当时对待生活的态度,还是比较值得回味的。我相信《湖畔的结构》、《长发飘飘》、《钢琴》再过十年以后也会有人读。

好,听众朋友,现在您将要欣赏的就是《湖畔的结构》的节选,由雅坤朗诵。

(《湖畔的结构》)

我赶往湖畔,因为湖的召唤。

我转着轮椅,我从很远的地方赶来,我的双手走到这里已经磨起了血泡,皮下渗出了血迹。我的手常被轮子的铁圈磨破,缠上纱布才能继续再走。这次我竟然忘了带着纱布,我已走得精疲力竭。湖畔很远,我穿过大片红色的郁金香,我穿过白色的大风车,有风,不大,白色的风车缓缓地转动,我停留在白色的风车下,一群女孩子正在风车下练习舞蹈,她们白色的纱裙在红色的郁金香的花丛中起起伏伏。没有音乐的伴奏,伴着风伴着舞的,是女孩子们自己唱出的和声。我出神地望着她们,竟忘记湖畔之约。忽然风大起来,白色的风车急急地转动,撩乱了我的长发,掀起女孩子的纱裙,她们惊呼着跑向红色的郁金香花丛的深处。我的轮椅孤零零地在风中继续往湖畔走去。我为什么要去湖畔?他说你一定要去,其实我不想去,他说你必须来,他说我在湖畔的一块黑色留言板那儿等你。他说留言板不远处有一只小船。

其实，我真的不该到湖畔来，那一次见到他并不是在湖畔，是在河边，夕阳很红，河水也就很红，波光闪闪，那金红的光晃着人的眼睛。河中间一群姑娘正在摸河蚌，摸螺蛳，她们的裤腿儿高高卷起，她们的笑声传到岸边。他站在我身边，他说怎么样，我们也到河里去吧。你可以摸到河水。我仰头望着他，我们？你是说我们？我的心猛然跳得很急，他说我们，就是我们……他抱起我向河中心趟过去，我仰头望着夕阳染红的云，我的长发拖在水里，我的裙子也拖在水里，我将一只手臂垂下，我感到温和的水流在我的指间淌过，还有活泼的小鱼……我能很近地看着他的眼睛，感受到他的呼吸。我在他的有力的怀抱里，我忽然很想对他说一句话，一句能充分表达我的思想的话。我绞尽脑汁，一时却觉得我的词汇是那么匮乏，我只想对他说一句话。终于我没能排出那些词汇的秩序，我的脑海里出现的是门捷列夫的元素周期表……

湖畔很美，翠绿的柳荫下有白色的长椅，我沿着湖畔寻找，寻找黑色的留言板，寻找他的身影。湖水碧绿，泛着文静的涟漪，一群白色的鸽子在草坪上猛然飞起，我的眼前一片缭乱。我继续向前走着，我的双手已是鲜血淋漓。终于，我看到了黑色的留言板，乌黑的板面没有一丝粉笔写过的痕迹。四周没有人影，一只孤独的小木船被一根绳儿拴在一棵树上。小船轻轻摇着，像是快睡着了。我拿起白色的粉笔在黑色的留言板上写着，我想这正是我想说的那句话，很久以前的那些词汇终于排出了秩序，粉笔末和我的眼泪一起坠落，一起随风飘去。黑色的留言板白色的大字十分清晰。

假如我能站起来吻你，世界该多美啊！

我放下粉笔，又转起轮椅，青青的草地上留下我的手上的血滴，星星点点，一片殷红。湖中碧绿的涟漪一圈圈散去……

我醒了，我发现自己伏在桌上。此时正是深夜，远远的钟摆轻轻地敲着：当——当——当。

问：你在《长发飘飘》好像是很多文学评论家都谈到非常喜欢的作品，我也很喜欢。

张海迪：谢谢。

问：你在《长发飘飘》里告诉我们，你曾经有过一个人生道路的选择机会：就是在你成为公众人物之后，你可以走上一条从政的很平坦的路，山东省团委副书记的位置已经给你留下了。但是你拒绝了，坚决要求去创作室，当一个专业作家。你那时候是不是就已经坚信自己能够写出有价值的文学作品？

张海迪：我这样告诉你，很多的朋友问我，还有朋友写信给我：海迪姐，你怎么样在文学道路上走啊？其实我这么想一想，当时我有一股勇气，坚定的自信心。少女时代我就很喜欢一句话，居里夫人的："我们要有恒心，尤其要有自信心。"我觉得作为奋斗的女性，自信心非常重要。当时我选择这条道路的确是战战兢兢，我自己有非常多的困惑，我经常追问自己：我写什么？我怎么写？不断对自己进行生命的追问。当时说实话我给自己树立了一个非常远大的目标，我觉得人生认识能力非常重要，认识能力奠定了你认为真性的目标，你可以为它奋斗，这样才有坚定的信念。接下来的日子就不好过了。每一天都在痛苦中度过，拿起笔来面对一页页一摞摞的稿纸写什么，从哪儿开始写？这真是一个大难题。因为我的理想，我从小并不希望成为作家，我从来没有梦想过当作家，我梦想当医生，喜欢当化学家。生活让我选择了这条道路，那么我就想：我用我的生命做个实验，我到底行不行。我坚定地相信我自己一定能行，但是我知道有一个过程。正像我在书里说到的：我已经决定去找那个美丽的星星，文学的星星，尽管它离我的距离好像要用光年来计算，但我还是义无反顾地去追寻。到今天真的我感到很欣慰，我一点也不后悔。我再一次感谢生活,给了我这种感受能力,让我成为一个作家。

苦难造就作家。如果说精神上的痛苦与挣扎对伟大的作家是必不可少的,那么见诸张海迪的奋斗过程中的则是精神和肉体的双重痛苦。病痛不仅陪伴她的日日夜夜,也时时出没于她的笔端,甚至成为她精神世界的镜像,她的搏斗,她的挣扎,她的苦难和她的升华。借用她自己的话说:"即使被痛苦的磨盘碾碎躯壳,还会留下灵魂闪闪发光。"她的散文《病痛的片断》就是对她这一生生存状态的最好的写照。

在关上采访话筒之后,张海迪悄悄告诉我,她把她的每一天都当成最后一天来过。可能就是这个劲头,使张海迪在高位截瘫和癌症的双重打击下,仍然有滋有味地活着。她写作,读书;学英语,日语,德语;她唱歌,拍MTV;另外她还练习射击,参加远东伤残人运动会;她关注残疾人事业,关注妇女问题,等等,这一切又都是在每一天,每一时,每一刻伴随的痛苦中度过的。

张海迪只在北京呆了短短的三天,现在她已经回到了她的故乡山东济南。希望此刻张海迪也在收听我们的节目,衷心地对张海迪说一句:祝好人一生平安!

听众朋友,刚才您听到的是文学专题节目《生命的追问》。这次节目播送完了。

(中央人民广播电台1997年7月15日首播)

1997年 辽宁人民广播电台

为了地球的明天

女: 辽宁人民广播电台,在这次节目时间里,请听文学专题《为了地球的明天——介绍李松涛,抒情长诗〈拒绝末日〉》。

男: 日历一张张飘落,20世纪即将过去。岁月的长河奔流不息,我们即将迎来崭新的21世纪。

女: 在我们赖以生存的地球上,辽远的天空大地、缤纷的色彩生命、智慧的人类、神奇的自然息息相通,亿万斯年。时光流转,当我们俯视今天脚下的地、环视茫茫的四周,发现地球被污染、人类生存环境恶化时,会不禁发问:这将如何实现我们的光荣和梦想?

男: 军旅诗人李松涛正是带来保护环境、爱护大自然的急切焦灼的呼唤,带着对地球被破坏的沉重悠长的叹息,带着对人类生存质量和前途的深刻思考而写下了抒情长诗《拒绝末日》,并登上了首届中国鲁迅文学奖的奖台。

女: 获奖是令人兴奋的时刻,然而李松涛的思绪依然沉陷在诗歌的情绪中,在诗中,诗人思想的羽翼扶摇纵横、神驰上下,从一个感悟跳到另一个感悟,对世界的现实作出了伤感的判断:

男: 超载的地球疲倦着,

忧郁的地球苍老着。
海洋一阵紧似一阵地呕吐,
腥味的赤潮携扶死鱼烂虾。
河床不再有水的躺卧,
湖底老出了皱纹。
中国——乃至世界,
依恋着地球。
我们不能动迁,
火星上没有马丁叔叔,
月球上没有嫦娥。
人类只能旧房改造,
精修地球、善待地球。

女: 李松涛在诗中以"拒绝末日"的响亮坚定的声音回答了人类面临的生存危机。诗人的视野从城镇到乡村,从城市水泥建筑立起的机器轰鸣中感觉出失去良田的失落,从乡间路旁蒸蒸日上的小企业的丛丛烟囱中体味出忧虑,从禽鸟坠地、树林扑倒、清泉哑然、花草枯萎的现象中发出沉痛急切的惊呼,诗人一路走来,吟出一路诗句:

男: 水汪汪的春,
还能否在檐角呢喃?
香喷喷的秋,
还会在枝头闪烁?
田园风光的赏心悦目,
将是下一代的悠悠怀念?
蜂巢蚁穴葵花籽般的住房,
密麻麻封镇了大地。
干涩的季风穿透缝隙,
柳枝垂帘竖挂,
蔫头耷脑的庄稼草木,
层层加深了对湿度的渴盼。
水啊,水啊。
龟裂的门轴吱吱呜呜地干嚎,
辘轳在井上,
一圈圈地叹息。
青蛙问:嬉耍的鱼儿呢?
莲藕问:欢乐的蛙鸣呢?
池塘问:戏水的鹅鸭呢?

男: 房门张大了嘴巴:
涟漪荡出的温软风景不见了,

窗子愕然地获悉：
倒映高楼的水不见了。
辽阔的白洋淀干涸见底，
泰山俯瞰的泉城已徒有虚名。
洞庭湖日渐萎缩，
《岳阳楼记》即为残梦——
幸亏范仲淹有心
于盛年记下盛景……
我问游丝般喘息的莫愁湖：
还敢妄称莫愁吗？
我问油污遮面的漓江：
还敢大言碧透独秀？

女：李松涛的思绪在辽阔大地的山川湖海中沉浮，浓烈的情感在天空和土地间起落，他没有咀嚼一己之悲欢，没有陶醉于名胜风景中浅斟吟唱，而是一种清醒、沉痛、执著、急迫的对人类生存环境恶化的忧患意识。其实关注环境并非诗人的发明，早有清醒的仁人志士在大声疾呼，国家也有了环境保护法。诗人的责任，是以鲜明的形象、飞扬灵动的想象、高度统摄力的意象来描绘自然界被破坏的程度，揭示世人麻木愚昧短见的程度，勾画出阴森逼人的生存环境前景的图像，去直接叩击读者的心灵、使人领悟、使人奋起，使人增强拒绝末日的使命感和创造美好洁净未来的坚强信心。在谈到《拒绝末日》一诗的创作时，李松涛说：（讲话录音）

我是一名部队作家，有机会到过全国各地。在黄河岸边，我看到有的河段岸边，洪水冲刷过后留下道道深沟，心里很难过；在新疆、内蒙一带看到沙漠似猛兽一样张开巨口吞噬良田，也咬痛我的心。正是怀着一种忧虑，我写下了这首长诗。

女：李松涛是辽宁省昌图县人，现在沈阳军区空军政治部工作。几十年来，他是以强烈的社会责任感、历史使命感和人生正义感作为生活的根本准则和创作的思想追求。在写作《拒绝末日》一诗时，基于对自然的爱和对人类自身命运的关切，他把大自然看成是有生命、有意志、有感情、有知觉的对象，把乱占的耕地比作大地的一块伤疤，把乱建的房舍比作一枚龋齿，而把古老村庄的一棵阅尽千年风霜的老榆树比作一个阅历深厚、自尊自强的老人，有血有肉、感情丰富，它看遍了沧桑、厌倦了沧桑：

男：没有老榆树的村庄，
还叫村庄吗？
没有老榆树的世界，
还叫世界吗？
残忍,肢解了老榆树的尸体——
树干锯成了菜墩儿，
剁动物的肉、植物的肉，
愤怒的嘭嘭声重申着一条戒律，
树枝烧饭暖炕，
火光照亮了一个教训……

惊蛰吁口长气,鲜嫩的太阳,
明媚地眨一下眼睛,
所有的榆叶都啁啾起来。
鸡啼、犬吠、楼铃及鞭哨……
合吟一首田园诗。
斜杈上卡着的喇叭,
以阴晴冷暖的预报,
吸引每一扇洞开的窗门;
老榆树就是一个舞台,
老榆树就是一枚村徽。

隆冬里冻死了多少朵棉花?
酷夏里热昏了多少把扇子?
毛茸茸的榆荫轻覆,
环行的岁月里农事葱茏——
织进了老榆树的叶脉与年轮。

老榆树啊,
你以枝条紧紧抓住天空,
天空才没让流云掠走;
你用根须牢牢缠裹土地,
土地才没让洪水冲跑。
你是时间里最通俗的树种,
是空间里最随和的植物,
是艰辛里最诚挚的乡伴。
软风中絮语,
劲风中嘶鸣,
与村庄共有多味的春秋。

土房变砖房了,
平房变楼房了。
老榆树上的喇叭好久不说话了,
老榆树上的铁钟好久不言语了。
手与手吻递着大额的纸币。
午夜,麻将哗哗浪响,
旋起漆黑的动议——
修录像厅等于建银行,
老榆树得赶快腾地方,

赚了大钱,分成嘛……
——坚硬的手指戳乱脆薄的灯影。
为首的汉子打了饱嗝儿,
酒气顿作杀气:砍!
一字出口,那嘴从此——
成了永不闭合的枪口,
成了永不愈合的伤口。

女:时间到了20世纪90年代,诗人李松涛在社会物质财富迅速增长、人们生活条件更趋舒适的背后,感到大自然正受人类的威胁,人类生存环境恶化将会使前景暗淡。他以诗人的良知和敏锐的思想洞察力,探究人与自然的有机联系和内在规律,在对人类命运进行深层的思考。我们生活在地球上,人类依附自然、利用改造自然。然而人类的活动也要顺应自然界的发展规律,不能无节制地损伤破坏灭绝地球上除人类以外的所有生命。如果地球上绿色消退、珍稀动物灭绝。群鸟逃逸,只剩下水泥建筑和沙漠风暴时,这个世界将是多么恐怖、冷漠和苍凉。因此,李松涛在诗中表露出对自然界的眷恋和爱意,并对自然万物发出真情的呼唤:

男:回来吧,大自然,
我的伙伴,我的师长:

花朵教我认识芳香,
霞光教我懂得色彩,
岩上松柏教我蔑视严寒,
海边礁石教我不怕吞没;
新月教我发展生机,
荒原教我勇于开拓;
大海教我运动,
天空教我开阔;
篝火教我燃烧,
山泉教我快乐;
彩虹教我幻想,
神秘果教我思索;
猛虎教我勇敢,
湖泊教我温和;
鸳鸯教我恩爱,
并蒂莲教我合作;
苍鹰教我飞翔,
喜鹊教我筑窝;
蜜蜂教我勤劳,
百灵教我唱歌;
春天教我播种,

秋天教我收获。

我爱地球，
我爱大自然，
因为我爱生活！

女：诗人浓烈的思绪在地球的现状、大自然的变化和人类的生活命运中跳荡，时而是冷峻的现实描绘、时而是焦灼的对未来的思索。而诗人的想象和联想又浸透着中华文化的滋养，呈现出浓重的中国文化的特色和气派。在诗中，诗人的心总是和古今贤哲鸿儒的心相通，也总是在被污损的山川名胜中寻觅先贤的影子，谛听消逝了的遭响。

在描绘水土流失风沙肆虐的黄土高原时，诗中写道："振翅的黄河终日呼啸在李自成挥师的古道上，司马迁行吟的龙门前，武则天炮制洛书的古渡头，毛泽东运筹帷幄的窑洞前。"而面对被污染、失去了明媚的天空，诗篇在叩问："这还是岳飞仰天长啸、高喊天日昭昭的那张天吗？这还是王安石驿路吟咏、收霞过晚川的那张天吗？"

诗篇写来酣畅淋漓，行文自由奔放而又严整有序。全诗分为九章，每一章都由两部分组成。前一部分是恣情极尽的抒怀、夹叙夹议、奔放不羁，第二部分则是一首隽永清丽的短诗，凝炼精致，或深化主题，或从一个全新的侧面拓展前一部分的诗情。这如同大合唱中不同声部的轮唱，使整首长诗增添了神韵，使读者在阅读过程中消除了因过强的心理震撼连续出现而引起的某种疲惫，引发出新的阅读热情。

比如，诗的第五章分为"血祭"和"鹤翎的重量"两部分，第一部分是对黄鹂鸟死亡、天鹅遭猎杀的忧愤焦灼和沉痛抒情；第二部分则是一段抒情短章，描绘一名空军战士到了绿浪翻滚、清水点点的丹顶鹤自然保护区的感想，写来优美、委婉：

男：我到鹤乡，
　　草绿军装，倏然融入暖风中，
　　涌动的苇浪。

造访吉祥与长寿的精灵，
探视美好的带翅徽章——
丹顶鹤哟，朵朵低回的白云，
各驮半轮初露的朝阳
凌空抖落一根雪色翎羽，
——赠我束翼族的热望。
把它插上士兵的使命，
让警惕和智勇
高高飞翔……

为了这珍禽丽日下自由的繁衍，
为了这自然保护区
秀美宜人的风光，

我要匆匆归去,在万顷苇浪的尽头,
腾空而起,扑向
雷鸣电闪的天疆!
哦,我的银燕也似白鹤,
九霄间标志着:
生活的吉祥
与幸福的久长……

女:作者的思绪在诗中纵横驰骋,期盼着人间充满幸福吉祥,人类在地球上的明天不是末日而是美好的未来。作者也欣喜地看到了人类在环境问题上的日益广泛的觉醒,为拒绝末日而进行的艰苦努力和取得的成就。在诗中,李松涛以一种欣悦、轻快、充满柔情的笔触吟唱,着力描绘那个执行飞播任务的女飞行员:

男:可是天空款款而来的仙子?
可是月宫翩翩起舞的嫦娥?
哦,或许是那飘逸的飞天,
——敦煌莫高窟是你的住所。
在瀚海长久的包围之中,
你认识了熄灭炊烟和生命的亘古生涩,
黄沙狞笑着,把青翠吞进嘴里,
而后,化为漠风悠闲的饱嗝……
森森石壁上,你以悬空飞翔的姿态,
阐述执著的夙愿,表达顽强的性格。
你坚信:自己双手撒下的——
是总有一天要落地的花朵。
不再属于传说——
不再属于葡萄架下娓娓摇动的蒲扇,
不再属于火盆旁边朋来有声的烟锅,
而今,你终于起飞啦!
带来草籽树种:千颗、万颗,
从线装书竖排的繁体字间,
从千佛洞阴暗的冷岩上,
从亿万人温热的心窝,
起飞啦,起飞啦,
——去飞播!
支持困守的红柳,声援苦斗的梭梭,
不能再依赖驼峰下四蹄慢吞吞的跋涉。
只有借助女飞行员,你飞的速度了——
制止混浊的燥风再拉长历史的皱纹,
避免嘶鸣的沙尘再蹦进未来的眼窝。

啊！重复死去无数次的地域，
由于你，将获得一次永恒的复活。

你使神话与现实失去了界限，
千载风尘，一朝弹落，
女人那浪迹四方的梦找到了归宿，
祖先比理想还大胆的幻想找到了寄托，
明天，这儿将生长起绿荫荫的快乐！

女：诗篇《拒绝末日》关爱着大自然的生命，呼唤着人类和地球的明天。明天，我们将迎来新的一轮太阳，明天，我们将迎接崭新的21世纪。明天，天空和河流、绿色和土地、智慧和力量，在时光的飞梭中演奏着四季的色彩，弹奏着生命的韵律。人类生活在地球上，牢记住历史的教训，把握现实的今天，拒绝末日，定将创造美好的明天。诗篇的最后写道：

男：水声叮咚，彩霞任意，
黄昏蓦然生动起来……
胸脯朝向光明，
阴影抛在背后；
将痛苦踩在脚下，
与幸福并肩而行。
向历史讨肥，
于现实耕种，
送未来收获。
是春苗，日后——
自会有自己的高度。
是新月，日后——
自会有自己的圆满。
在这地球上——
最终的最美的吉祥物，
——只能是人类！

女：听众朋友，刚才您收听到的是文学专题《为了地球的明天——介绍李松涛的抒情长诗〈拒绝末日〉》，编辑：寇志凤，播音：张立、房明震，配乐：傅长春，录音：韩颖辉，复制合成：许玉莱，监制：王鸣铎，总监制：李力。听众朋友，再会。

（辽宁人民广播电台1997年11月7日首播）

1998年 黑龙江人民广播电台

中国人,中国魂

（——《七子之歌——澳门》渐入,压混）

女:这个冬天,宛如遥远的呼唤,"母亲,我要回来,母亲!"这声音回荡在中国大地,萦绕在海内外华人的心田……

歌词作者就是诗人闻一多。

如果说中国现代文学史是一座浩瀚的星空,闻一多便是其中耀眼的星辰。毛泽东称他是"面对美帝国主义和国民党反动派,拍案而起,宁可倒下,也不愿屈服的民主斗士"。在短暂的生命历程中,他用自己的笔,用满腔热血,实践着一个纯朴的诺言:诗人的天赋就是爱,爱他的祖国,爱他的人民……

男:黑龙江人民广播电台,文学专题《中国人,中国魂——介绍闻一多和他的爱国诗篇》。

> 你可知Macau,不是我真姓,
> 我离开你太久了母亲。
> 但是他们掳去的是我的肉体,
> 你依然保管我内心的灵魂……
> 三百年来梦寐不忘的生母啊,
> 请叫儿的乳名,叫我一声澳门,
> 母亲,我要回来,母亲……
>
> ——《七子之歌—门》

女:《七子之歌》是1925年闻一多留美归国后创作的。在诗中,闻一多把被列强割走、租借的澳门、香港、九龙、广州湾、威海、旅顺(大连)、台湾,比作祖国母亲流失的七个孩子。"母亲,我要回来!"这呼唤仿佛从诗人的血脉中流淌出来,张扬着,呼啸着,扑向神州大地,哪个中华儿女心灵不会受到震撼!

清华园,闻一多先生的塑像矗立在阳光下,叼着烟斗的闻先生在沉思。先生是依然沉浸在被列强践踏的苦痛中,还是回忆着五四运动的师长学友呢?1922年,一叶扁舟,远渡重洋,先生前往大洋彼岸的美国。您找到什么了吗?

心灵独白

男:我就像一个"流囚",孤苦无告,眷怀哀忱哪!

——音乐

啊,那里是苍鹰的领土——

那鸷悍的霸王啊！
他的锐利的指爪，
已撕破了自然的面目，
建筑起财力的窝巢。
那里只有铜筋铁骨的机械，
喝醉了弱者的鲜血，
吐出些罪恶的黑烟，
涂污我太空，闭熄了日月，
教你飞来不知方向，
息去又没地藏身啊！

——《孤雁》

女：闻一多先生在这首题为《孤雁》的诗中，向傲慢的美国霸权者射出了愤怒的箭。"征夫怀远路，游子恋故乡。"在诗歌《太阳吟》中，先生把自己所有的思念，都化成了神奇瑰丽的想象……

——音乐

太阳啊，刺得我心痛的太阳！
又逼走了游子的一出还乡梦，
又加他十二个时辰的九曲回肠！

太阳啊，火一样烧着的太阳！
烘干了小草尖头的露水，
可烘得干游子的冷泪盈眶？
……
太阳啊——神速的金乌——太阳！
让我骑着你每日绕行地球一周，
也便能天天望见一次家乡！

太阳啊，楼角新升的太阳！
不是刚从我们东方来的吗？
我的家乡此刻可都依然无恙？

太阳啊，我家乡来的太阳！
北京城里的官柳裹上一身秋了罢？
唉！我也憔悴的同深秋一样！
……
太阳啊，这不像我的山川，太阳！
这里的风云另带一般颜色，
这里的鸟儿唱的调子格外凄凉。

……
　　太阳啊,慈光普照的太阳!
　　往后我看见你时,就当回家一次,
　　我的家乡不在地下乃在天上!

——《太阳吟》

　　女:闻一多是抱着研究西洋画,振兴东方艺术的理想到美国去的。然而,在华人处处受到歧视的美国,他却无法平静地拿起画笔。先生沉浸在对祖国的热切思恋中:"太阳啊——神速的金乌——太阳!让我骑着你每日绕行地球一周,也便能天天望见一次家乡!"家乡是多么的美啊!"习习的秋风啊,吹着,吹着!我要赞美我祖国的花!我要赞美我如花的祖国!请将我的字吹成一簇簇鲜花,金的黄,玉的白,春酿成的绿,秋山的紫,然后又统统吹散,吹得落英缤纷,弥满了高天,铺遍了大地!"

　　当许多人为能留在国外绞尽脑汁的时候,1925年6月,在清华苦读了十年,终于有机会在美国发展的先生却提前归国了。然而,就在这时候,上海爆发了"五卅惨案"。帝国主义肆无忌惮地镇压中国人民。枪声,打碎了跑马场的喧嚣,南京路上的石头被中国工人的鲜血染红了……

　　心灵独白

　　男:一片黑暗、残破、凄凉。这就是魂牵梦萦的家园吗?静夜,我不能,不能受你的贿赂!中国的前途何在?中国的命运又握在谁的手中啊?

　　——音乐
　　　这是一沟绝望的死水,
　　　清风吹不起半点漪沦。
　　　不如多扔些破铜烂铁,
　　　爽性泼你的剩菜残羹。

　　　也许铜的要绿成翡翠,
　　　铁罐上锈出几瓣桃花;
　　　再让油腻织一层罗绮,
　　　霉菌给他蒸出些云霞。

　　　让死水酵成一沟绿酒,
　　　漂满了珍珠似的白沫;
　　　小珠们笑声变成大珠,
　　　又被偷酒的花蚊咬破。

　　　那么一沟绝望的死水,
　　　也就夸得上几分鲜明。
　　　如果青蛙耐不住寂寞,
　　　又算死水叫出了歌声。

这是一沟绝望的死水，
　　这里断不是美的所在，
　　不如让给丑恶来开垦，
　　看他造出个什么世界。

——《死水》

女：这真是闻一多式的爱国诗篇！诗篇《死水》标志着闻一多丢掉了用理想的花环编织出的色彩斑斓的梦，开始把历史和现实、爱国和反帝融合在一起，不再盲目地礼赞了，而转向对黑暗现实的揭露和鞭挞。《醒呀》、《我是中国人》、《爱国的心》一首首透着民族庄严声音的诗，回响在中国大地。

　　抗战的烽火，让先生经历了一次洗礼。1937年，闻一多和北大、清华、南开的爱国师生一起，辗转来到了云南，创建"西南联合大学"，教师可以乘火车从长沙直奔昆明，可先生硬是和学生们一起踏上了征程。三千里长路，尽管风餐露宿，雨打霜摧，可闻一多听到了前所未闻的故事，心中燃起了希望的火！

心灵独白

男：云贵山区那些刻着"千古流芳"的石碑，不会流芳千古，可赞颂红军长征精神的口碑却能刻在人们的心上，最终让国人在沉默中爆发。

——音乐

　　有一句话说出就是祸，
　　有一句话能点得着火。
　　别看五千年没有说破，
　　你猜得透火山的缄默？
　　说不定是突然着了魔，
　　突然青天里一个霹雳，
　　爆一声：
　　"咱们的中国！"

　　这话叫我今天怎么说？
　　你不信铁树开花也可，
　　那么有一句话你听着，
　　等火山忍不住了缄默，
　　不要发抖，伸舌头，顿脚，
　　等到青天里一个霹雳，
　　爆一声：
　　"咱们的中国！"

——《一句话》

女：这是闻一多著名的诗《一句话》。抗战期间，先生不再写诗了，好像要等待一次机会，让诗情的火山来一次前所未有的喷发。可是，他太天真了。抗战胜利后，国民党反动派不仅反对成立联合政府，还公然发出了反共的叫嚣，天空翻滚着内战的阴云。先生愤怒了，冲出书斋，为进步学生的"新诗社"担当导师;挥笔撰文,讨伐国民党独裁统治;拒绝国民党的高薪,毅然投身到争取民主、自由的行列,奔向光明。

在国民党统治区,像闻一多这样既敢于秉笔直书,又勇于挺身战斗的诗人绝无仅有。1946年7月11日,国民党特务暗杀了民主人士李公朴。闻一多明明知道自己是国民党特务暗杀名单上的二号人物,可他不顾危险,在追悼会上慷慨陈词,大义凛然:

男:这几天,大家晓得,在昆明出现了历史上最卑劣、最无耻的事情!李先生究竟犯了什么罪,竟遭此毒手?无耻啊!无耻!这是某集团的无耻,恰是李先生的光荣!

你们杀死一个李公朴,会有千百万个李公朴站起来!正义是杀不完的,因为真理永远存在!我们不怕死,我们有牺牲的精神,我们随时像李先生一样,前脚跨出大门,后脚就不准备再跨进大门!

女:闻先生的最后一次演讲,像闪光的利剑,直刺国民党的胸膛。敌人颤抖了。当天傍晚,先生还没有走进家门,国民党特务就向他射出了罪恶的子弹。

闻一多倒下了,倒在了殷红的血泊里,倒在了青翠的芳草中,用自己的生命,写完了最后的诗篇!

——音乐

昆明的冬天依然草绿花香。云南师范大学的校园里,纪念闻一多先生的"民主草坪",盛开着粉色的叶子花。在校园里西南联合大学的旧址旁,已过古稀之年的闻立鹏将一束洁白的马蹄莲摆放在父亲的衣冠冢前……

——闻一多之子闻立鹏录音

"王师北定中原日,家祭勿忘告乃翁。我就要告诉他,在人民的新中国,他的夙愿才能得以实现。澳门回归恰逢他百年诞辰,这真是最美满的天意巧合呀!可以想象,当他高高地坐在九天之上,竖起耳朵听这个女童领唱《七子之歌》,两个眼睛注视着澳门回归的庆典,该是多么的高兴呀!"

小学生:

我们是东海捧出的珍珠一串,
琉球是我的群弟,我就是台湾。
我胸中还氤氲着郑氏的英魂,
精忠的赤血点染了我的家传。
母亲,酷炎的夏日要晒死我了;
赐我个号令,我还能背城一战。
母亲!我要回来,母亲!

——《七子之歌——台湾》

——音乐渐强,演职员表

女:听众朋友,刚才播送的是文学专题《中国人,中国魂》。

策划:杨晶,撰稿:由笛、杨晶,编辑:雪薇、阿元、程闫、刘瀛、包维森。播音:王波、方梁、文佳,音乐:关英,录音合成:宋铁民、刘占松、曲福生、王洪武,监制:方梁、杨晶,总监制:丛林、刘向晨、王春莉、刘玉平。

(黑龙江人民广播电台1998年12月20日首播)

心灵的独白

(音乐)

女：不知道从什么时候起，西藏引起了我越来越大的兴趣，也许是因为作曲家何训田的一组描写西藏的音乐。这是一个汉族艺术家眼中的西藏，音乐迷离梦幻充满了一种空灵的气息，我的思绪飞向了这片世界上最高的土地。多么神奇啊，在这块由昆仑山脉和喜马拉雅山脉组成的高原上，蛮荒的大山犬牙交错般地纵横，它的每一个山峰仿佛都要刺透苍穹。我被这一种自然界浑厚雄奇的气势所深深地震撼了。

循着这乐声，我的视线进入了藏族画家尼玛泽仁的绘画世界，这是一片宁静和谐的天地，绚丽的色彩和变化多端的线条，构成了一幅幅美轮美奂的图画。这一幅幅绘画作品，都似乎在向我们讲述着关于藏族和他们的历史，讲述着他们的心路的历程，讲述着他们的整个精神世界。

男：这的确是一件不容易的事情，在很久以前，当我还在四川美术学院学习的时候，我的老师就教诲我，作为一个藏族画家，一定要走民族化的道路。我面临的课题是，如何在藏民族这块文化的沃土中确立自己的位置，如何把传统的民族文化与现代艺术有机地结合起来。我一直在努力寻求一种打破僵局的方式，寻求一种创作上的革命。我明白，作为一个艺术家，他首先要表达的是最能够激动它的东西，就像火山爆发一样，从内心深处喷发而出，只有这样的作品，才具有感染力，才是具有生命力的东西，从而获得不朽的价值。

女：我不得不承认，尼玛泽仁的绘画作品散发出一种强烈的感染力，只要你静静地细细地读这些作品，你会得到一种心灵的升华，它会引领我们远离喧嚣，进入一个静谧的世界，在这个世界里充满了至真至纯至美，在这里，我们看不到一切丑恶的东西，看不到仇恨与暴力，看不到痛苦与灾难，看不到泪水与悲泣，在这里我们看到的是人与宇宙和谐自然地融为一体，在这里没有噪音与污染，有的只是宁静与祥和，有的是心灵的狂喜与自在，只有在这样的一种世界里，我们才能听到自己的呼吸声与心跳，我们追逐的方向才会向着自己的内心，也只有在我们的心向内倾听的时候，才不会面对光怪陆离的世界而迷失自己，也只有向内倾听的心灵才能获得智慧。这就是尼玛的绘画想要告诉我们的吗？

男：我并没有刻意要告诉人们什么，我的画只是我心迹轨道上的一个记录，当我的内心感受到什么时，我便用我的画笔记录下它。这就是展现在人们面前的我，它是真实的，没有丝毫的矫饰与浮华，没有哗众取宠，它只是我心灵的独白，是我对这个世界的感悟直白。当我现在描述这一切的时候，似乎是一件很容易的事情，然而，这里面历经了多少心路的历程与苦苦的求索。

女：蛮荒的高原，辉煌的文明，乐观豁达健康的人民，构成了我们这个世界最为独特的人文景观，它们的反差是如此的强烈，在这炫目的反差之中，蕴含着一种深深的和谐。如果把我中华比喻为一块锦缎，那么藏民族的文明就是其中最为亮丽的一块。是什么动力使藏民族在如此恶劣的自然环境中，进行艰苦卓绝的创造？这似乎就是尼玛泽仁苦苦求索的起点。

在命名为《空》的画幅上,我的视线从两山之间的夹缝中穿过去,一轮金灿灿的阳光,照射着岩石上的天葬台,一只秃鹰盘旋在天葬台的上空,白色的红色的经幡随着微弱的风在飘荡;许多特殊的线条直通天葬台;整个画给人以神秘感和一种祥和的气氛。看来,尼玛的画是要告诉我们,无论你生前是多么的高贵和显赫,或多么的穷困与平贱,幸福或痛苦;无论你是国王或是乞丐,你最终的归宿都在这里。佛教思想是藏民族的核心思想,贯穿于他们的全部生活之中,不了解这一点,你不可能了解西藏,就不可能了解藏民族。藏民族认为死亡并不是一件可怕的事情,死亡只是生命形式的一种转化,是一个生命向另一个生命转化的一个点。在整个画面中,我们看不到阴森与恐怖;我们看到的是亡者的灵魂也随着秃鹰,被带上了天空;同时,亡者把自己的躯体奉献给大自然和大自然中的生灵,体现了佛教思想博大的爱。

在《极地的梦》这幅画面上,苍茫皓渺的宇宙间,巨大的岩石横亘而出,直指苍穹,耸立于宇宙之间。柔和的蓝色紧紧地摄住了我的视线,在这宝石般的蓝色之中,我们体会到一种深深的宁静,仿佛一切都已进入这静谧之中而停止;然而,一切都生生不息地运动着,一抹太阳的余晖照在山岩上,佛像时隐时现地从岩石中凸显出来,日月轮回,岁月流淌,不知不觉间千百年过去了,佛的岩画已在岁月的侵蚀中风化了,显得有些斑斑驳驳,这是一种只有在梦中才能见到的境像。寓示着藏民族追求永恒的涅槃,超越时间的限制和空间的限制,而与宇宙共存;《极地的梦》力图想要表现藏民族精神的支撑点和崇高的精神追求,这种景象是世界屋脊上精神力量的升华。

(配乐)

寂静的荒原与生命顽强抗争,形成强烈的对比,牧羊的小姑娘望着远去的羊群,执著地在这块祖辈留下的贫瘠土地上生存着,这是《羊群已远去》的画面。一大片黄褐色的土地,这就是今天世界屋脊的生存环境,这个民族就生存在这个地方;在画面上我们看不到羊群,苍茫大地上,没有绿草,有的只是干涸龟裂的岩土,小姑娘孤零零地站在无垠的荒原上,怀中抱着一只弱小的羔羊,她该往何处去呢?何处才有生命的绿洲? 随着羊群去追逐水草吗? 画面简洁,意境悠远,非常明晰地把我们带入了这样一个命题的思考:宇宙、生命与环境。

(配乐)

人世间最美好的事物,莫过于男女间的爱情了,世界上最美的歌是赞美爱情的,最美的诗是献给爱情的,最美的花是属于爱情的;《这歌声不属于我》是一幅表现六世达赖喇嘛仓央加措内心世界的作品,仓央加措一生写了大量的脍炙人口、家喻户晓的情诗,但作为一代宗教领袖的他,却不能享有世俗的爱情生活。纵览整个画面,是连绵不绝的群山,画面凝重而略显悲壮,画中的人物形孤身单,他身穿红色袈裟,背向尘世,独自一人向着群山走去,渐渐地、渐渐地,消失在群山之中。那一袭红色的袈裟是整个画面的一个亮点,这火样般跳动着的红色,似乎象征着仓央加措的决心与毅力。这时,我心中骤然涌动起那首著名的小诗:

　　从东边的山尖,
　　升起白白的月亮。
　　未嫁少女的脸儿,
　　在我心中已渐渐地显现。
　　……

人世间的爱情纵然美好,又怎能阻挡追求完美人格的人,但要割舍心中的爱情,又岂是一件容易的事。

男：我曾经有过无法确立自己的创作主题，就像一个找不着家的孩子一样的苦闷和困惑，也曾有不是每个画家都能够如我一般的幸运。在艺术的创作道路上获得一种深刻的启示。那是在1982年的秋天，我和几位绘画界的朋友在甘孜州的德格县采风，德格是一个文化之乡，德格印经院在世界藏学界有着极大的影响。就在我们一行结束采风准备返回康定的时候，一种难以名状的情绪缠绕在我心中，我仿佛被一种无形的力量牵引着，来到一处小山沟，就在这时我听到附近的一个小寺院内传来阵阵铃声和绵绵密密的诵经声。出于好奇，我顺着声音走进小寺院，推开门一看，只见一些喇嘛正在念经，当我走近去看时发现墙上挂着一幅巨大的唐卡。我惊呆了，天啊，在近20米高的画幅上，莲花生大师栩栩如生地端坐其中，显得是那么雍容睿智，仿佛要洞穿我的心，两眼满含慈悲地注视着我；就在这刹那间，我有一种醍醐灌顶的感觉，仿佛被雷电击中一般。我静静地注视着，不知过了多长时间，我方才回过神来，我当时简直不敢相信这是真的。我连忙跑出寺院，揉揉眼睛，再次回到唐卡前，我发现这三幅唐卡确系艺术中的精品，显然是出自艺术巨匠的手笔，画得非常精细，底色是黑色，而且金碧辉煌，金线勾勒产生一种流动的感觉，使人不由自主地产生崇敬和膜拜的心理，艺术手段十分高明。过去我在故宫等其他博物馆看到一些古代的作品，但像这样的艺术作品却不多。这组画对我产生了前所未有的震动。就在这天晚上我失眠了，我终于可以确定我要走的路了，就在那一刹那，我找到了我的家，我由此获得了艺术上的新生。此后，我的绘画手法更加灵动，西方绘画的写实，国画的意境、藏画的色彩，在我笔下挥洒自如。这是一种全新的绘画语汇，我将一种被现代世界所接受的艺术形式呈现在我的画布上。事实证明，我的艺术实践是正确的。随着组画《格萨尔》在全国少数民族绘画展上获得金奖，以及后来大量充满个性的创作，都获得了极大的成功。我被敬爱的班禅大师赐封为"第十世班禅画师"，这是班禅大师给我的最高的荣誉，也是我创作中最大的动力之一。我要通过我的努力，让人们了解藏民族，了解我们的历史和文化，这是我的使命。

女：透过画布，我们似可看到尼玛泽仁拳拳赤子之心，浓浓爱国之情。《没有故事的土地》和《元蕃瑞和图》是一组以历史事件为背景而创作的巨幅画作。公元13世纪，萨迦法王贡噶坚赞为了民族的生存和发展，从西藏的萨迦寺出发历经艰辛，经过三年的长途跋涉，来到甘肃凉州，与元朝皇子阔瑞商讨统一大计，从此西藏正式归入中国版图。在画作中我们可以看到，祁连山的滚滚黄沙和荒漠，阻挡不了萨迦法王统一的决心。疾速翻飞的马蹄，恰似萨迦法王急切心情的写照。通观全画，正气凛然，端庄祥瑞。尼玛泽仁把火一般激情付诸于笔端，泼洒于画布之上，维护国家的统一，民族的团结，这也是藏族人民最高的利益。

男：很多年过去了，我现在才理解班禅大师的远见卓识。班禅大师赐封我为他的画师，不仅是把巨大的荣誉给予了我，大师此举还有更深的含义，就是用我的艺术理念，我的艺术实践，来向世人阐示大师自己的主张，同时还要把目光伸向未来。我没有辜负班禅大师的殷切期望，这几年来，我的画分别在英国、法国、奥地利、美国等十几个国家和地区展出，赢得了各国朋友的高度赞誉。作为新中国藏族画家的代表，我的作品也因此进入了世界一些大型的艺术博物馆。我要尽我所能，向一切关心西藏的人们宣传这段历史，他们通过我的画，了解了西藏，了解了藏族文化，了解了藏民族在祖国大家庭中的地位。

女：走进尼玛泽仁的绘画世界，使我完成了对西藏的精神之旅，尼玛泽仁的画像一扇窗口……我从这里窥见了西藏文化的富丽堂皇，雍容华贵，博大与厚重，透过尼玛泽仁的绘画语汇,我们理解了西藏和那里的人民以及西藏文化的无穷魅力与精湛。通过尼玛泽仁的画也使我进入到他的心迹轨道。

男:我的心忠诚于艺术,忠诚于我的故乡,忠诚于我的人民,忠诚于我的祖国,我的画便是我心迹的表白。

女:这是一种难得的体验,我在尼玛泽仁的绘画世界里,感悟到生命力的顽强与无限的创造力,我要从这生生不息的顽强生命力中,领悟生命的真谛。

这次节目播送完了,谢谢收听。

(四川人民广播电台1998年12月12日首播)

1999年 福建人民广播电台

太平湖随想

福建人民广播电台,现在是文艺节目时间。在这次节目时间里,请大家收听文学专题节目《太平湖随想》。

谨以此节目纪念我们敬爱的老舍先生诞辰100周年。

(乐起,压混)

又一次来到太平湖,是在北京晚冬时节的一个清晨。

天色尚未大明,隐隐有晨星闪烁。我伫立在新街口外大街西侧的护城河边,凝望着对岸的"太平湖"。凛冽的寒风吹拂着我的衣襟和长发,而我却感觉不到一丝寒冷。我的心中波涛汹涌,眼眶里蓄满了热泪。

很多次来北京,也不止一次地路过这里,但我还从没像今天这样静静地伫立过、感动过。三十三年了!我想我,还有很多中国人都不会忘记,三十三年前,我们的老舍先生就是在这里结束了他平凡而又壮丽的一生。(乐隐)

其实,太平湖作为一个"湖"早已不存在,甚至这个地名也消失了。70年代修建地铁时,这个不大的湖被填平,上面盖起厂房,成了地铁车辆的停车场,而在北京人心中,"太平湖"这三个字永远也不会消失,因为老舍,还有他笔下的那一个个生动鲜活的人物:祥子、虎妞、丁四嫂、程疯子、王掌柜、唐铁嘴——

(电影《骆驼祥子》中北京过新年的场景音响,渐弱,压混)

我的眼前浮现着电影《骆驼祥子》中,一帮穷车夫在大年前给刘四爷做寿时的情景。一百年前,也是在这样的一个日子里,老舍出生在北京西城护国寺旁小羊圈胡同里的一个贫苦的旗人家庭。(乐起)(出作品《正红旗下》节选)

我是腊月二十三酉时,全北京的人,包括皇上和文武大臣,都在欢送灶王爷上天的时刻降生的呀!

灶王爷上了天,我却落了地。

第三天正 12 点,晴美的阳光与尖溜溜的小风把白姥姥和她的满腹吉祥话儿,送进我们的屋中。白姥姥在炕上盘腿坐好,宽沿的大铜盆里倒上了槐枝艾叶熬成的苦水,冒着热气。参加典礼的老太太们、媳妇们,都先"添盆",把一些铜钱放入盆中,并说着吉祥话儿。几个花生,几个红、白鸡蛋,也随着"连生贵子"等祝词放入水中。

边洗边说,白姥姥把说过不知多少遍的祝词又一句不减地说出来:"先洗头,做王侯;后洗腰,一辈倒比一辈高;洗洗蛋,做知县;洗洗沟,做知州!"大家听了,更加佩服白姥姥——她明知盆内的铜钱不多,而仍把吉祥话说的完完全全,不偷工减料,实在不易多得!虽然我后来既没做知县,也没做知州,我可也不能不感谢她把我的全身都洗得干干净净,可能比知县、知州更干净一些。(乐渐隐)

大概是因为出生在迎接新年的时候,老舍的父亲给他取个名字叫庆春。成年后他将自己的姓氏舒一分为二,取字"舍予","老舍"这个笔名也因此而来。一个"舍"字,颇有些舍生忘死、大义凛然的味道,这是否也暗示着他后来沉湖自尽的悲剧结局呢?

事实上,老舍不是一个生性悲观的人,恰恰相反,他身上突出地体现着一个老北京人所特有的乐观与幽默。1930 年,进步刊物《现代文学》遭国民党当局封杀,主编赵景深改办《青年界》,继续发表新文学作品。当时,很多作家不了解情况,一时之间稿源很成问题,赵景深写信求助于老舍,落款时写了一个大大的赵字,并用圈圈起来,意思是赵某被围,要老舍快发救兵。老舍很快回了一封信:

景深兄:

元帅发来紧急令:内无粮草外无兵!小将提枪上了马,青年界上走一程。咦!马来!参见元帅。带来多少人马?两千来个字!还都是老弱残兵!后帐休息!得令!正是:旌旗明日月,杀气满山头!

祝吉祥。

附臭文一

弟 舍予鞠躬

正是凭着这种幽默俏皮的文风,老舍在二三十年代的中国文坛上独树一帜,并最终使他成为一名杰出的语言文学大师。

抗战时期是老舍文学创作的一个高峰,他在多种文学体裁的写作上都卓有建树,在四川北碚那段最艰苦的日子里,他还创作了长达百万字的长篇巨著《四世同堂》的前两部。人们惊叹老舍旺盛的创作精力,而更加敬重的是他的为人。他的朋友很多,除了文艺界同行,还有不少民间艺人,甚至车夫、小商贩,他经常拿着微薄的稿酬请穷哥们吃饭,无偿为他们写鼓词、相声段子。他待人宽厚,对自己却很严格,大义当前,决不姑息迁就。

1944 年,日军欲从贵州独山方向包围偷袭重庆,重庆方面哗然,纷纷准备再向西撤。友人萧伯青问老舍:"您怎么办?"老舍脱口而出:"北面就是涛涛的嘉陵江,那里便是我的归宿!"

消息传出后,很多朋友写信来询问虚实,老舍在给王冶秋先生的信中是这么回答的:"跳江之计是句实谈,也是实话。假若不幸敌人真攻进来,我们有什么地方、方法可跑呢?不用再跑了,坐等为妙:嘉陵江又近又没盖儿!"

嘉陵江又近又没盖儿!这是中国有气节的文人的一个含泪的惨笑,俏皮,悲愤,十足的老舍味儿。

老舍没有跳进嘉陵江,却跳进了太平湖。也许,这个结局早就注定了,他的气节、信念,注定了他将以这种方式结束自己的生命。可是,这一切难道就真的不可避免吗?他是那么热爱新生的祖国,那么热爱给了他无限创作灵感与激情的北京。

(乐起,压混)

抗战胜利后,老舍应邀赴美国讲学,一去经年。等他回来的时候,我们的国家已经发生了天翻地覆的变化,新中国就要成立了!我们可以想象,生于贫寒之家、半生飘零的老舍,此时此刻的心情是多么的激动和喜悦!正是"白日放歌须纵酒,青春作伴好还乡"。

我高兴回到祖国来,祖国已不是半封建半殖民地的国家,而是崭新的,必能领导全世界被压迫人民走上光明,自由,与幸福的路途上去的伟大力量!

老舍怀着对新生活的无比热爱迎来了生命中的又一个创作高峰,接连创作了《龙须沟》、《春华秋实》等一系列歌颂新社会的优秀作品。他自称是"歌德派",歌共产党、新社会、毛主席之德。有不少老作家还记得,好多年里,每当"五一"、"十一",天安门前举行庆祝游行时,总有两三人作为领队,兴奋地走在文艺界的万人方阵前列,他们中间一直有老舍。在那些日子里,他无疑是一个典范,一面旗帜。(乐隐)

那是一段阳光明媚的日子,而老舍的心中,依然有阴云笼罩:他没有阶级斗争的经验,对于新生的政权和当时的阶级斗争形势懵懵懂懂,尽管他尝试着努力改造自己的思想,响应"文艺为人民大众服务、为阶级斗争服务"的口号,创作了大量顺应时代潮流的文学作品,但他始终未能塑造出一个真正成功的革命者形象。因此在很长的时间里,他都承受着来自各方面的非议与责难。

老舍感到委屈:一个作家怎么能够写好自己不熟悉的生活呢?作为一个从旧时代走过来的文人,他还是对老北京人的生活情有独钟。他从小就生活在穷苦人群之中,北京的大杂院、洋车夫、赶驴脚的、拉骆驼的,他都再熟悉不过。天桥说相声的唱大鼓书的、耍把式的、卖狗皮膏药的,这些人才是他写作的资本。一想起这些,老舍的心灵便进入了一方自由自在得心应手的艺术天地。声音、味道、人物、画面,仿佛所有的一切都呼之欲出。就在这样的一种状态下,他创作出了堪称经典的传世之作:话剧《茶馆》。

(乐起,压混)

我自食其力,凭良心干了一辈子啊,我一事无成!七十多岁了,只落得卖花生米!个人算什么呢?我盼哪,盼哪,只盼国家像个样儿,不受外国人欺侮!我盼谁都讲理,谁也不敢欺负谁!可是,眼看着老朋友们的一个个不是饿死,就是叫人杀了。我呀,就是有眼泪也流不出来喽!松二爷,我的朋友,饿死啦,连棺材还是我给他化缘化来的!他还有我这么个朋友,给他化了一口四块板的棺材;我自己呢?我爱咱们的国呀,可是谁爱我呢?看(从筐中拿出些纸钱),遇见出殡的,我就捡几张纸钱,没有寿衣,没有棺材!我只好给自己预备下点纸钱吧,哈哈,哈哈!

我总也忘不了在全剧快要结束的时候,常四爷提着小筐一边卖花生,一边给自己捡纸钱的那个场景,他满含着悲愤与凄凉的泪水,唱响了一曲旧时代的葬歌。(乐隐)

《茶馆》于1958年在北京首演,影响巨大,同时也遭到一些批评,主要有两点:"没有揭示社会的基本矛盾","没有真正显示革命力量"。尽管老舍一再声明自己所要表现的主题是"埋葬旧时代,暗示光明的到来"。但在有些人看来,仅仅是"暗示"还远远不够。因此,这部杰出的剧作在随后的二十年里经常引起争议,甚至是批判。这在我们今天看来十分可笑,而在那个文学被视为阶级斗争工具的年代里,一部"不合时宜、不识时务"的作品注定要被打入另册。

老舍的命运又何尝不是如此?又几经徘徊、挣扎之后,他终于悲哀地发现:自己是真正的老了,再也不能理解这个变得越来越狂热的世界。

你们大概觉得我是一个六十多岁的资产阶级老人,一方面希望革命成功,一方面又总是跟不上时代的步伐。我们这些老人不必再为我们的行为道歉,我们能做的就是解释一下我们为什么会这样,为那些寻找自己未来的青年人扬手送行。

没有人愿意听他的解释。(乐起,压混)1966年8月23日,老舍在位于北京成贤街孔庙的一次集会上,被认为是反动学术权威受到无休止的攻击与谩骂,一些年轻人甚至把一块标有"反革命黑帮分子"的牌子挂到了他的脖子上。老舍的精神彻底崩溃了。他欲哭无泪,欲辩无言,他怎么也无法将自己的一生与"反革命黑帮分子"这七个字联系在一起。他含着满腔的屈辱与悲愤把这块最不应该属于他的牌子扔在地上。这一举动招致了更加残酷的非人性的殴打。

"我没有说违心的话,我相信,毛主席、周总理是理解我的,人民是理解我的!"就在当天晚上,遍体鳞伤的老舍被抬回家中,还对夫人说着这样的话。

"阴间",在那里我可以看到许多我所爱的人。倘使我有一天真的见到了老舍,他约我去吃小馆,向我问起一些情况,我怎么回答他呢?……我想起了他那句"遗言":"我爱咱们的国呀,可是谁来爱我呢?"我会紧紧捏住他的手,对他说:"我们都爱你,没有人会忘记你,你要在中国人民中间永远地活下去!"

(乐扬起,渐隐)

听众朋友,以上您收听到的是文学专题节目《太平湖随想》,撰稿:马逢萃、姚文晖,编辑:戴云、郭权,播音:林卉,作品演播:李又子、马艺,录音合成:林国富,监制:王宏。这次节目播送完了。

(福建人民广播电台1999年2月8日首播)

1999年　山西人民广播电台

人与自然的对话
——冯骥才的奥地利之旅

德语:……(压混)

小女孩:你们好吗?你们是不是很高兴?今天阳光怎么样?你们是不是渴了?我给你们浇点儿水吧?!

(飞机声)

主持人:中国文联执行副主席、联合国教科文国际民间艺术组织副主席——冯骥才先生,又一次作为"文化和环境的关注者",应奥地利政府艺术部之邀,前往这个位于欧洲腹地的"森林王国"……一踏上那片土地,冯骥才的整颗心就被绿色染透了!

(录音)

奥地利我去过三次,有一次我住在阿尔卑斯山上边,是当时中国的一个文化参赞,他本身是个诗人,他陪着我。我到那儿去以后,真是让我特别感动,我们去的时候呢,有一个主人,他是个体育教师,有一个女儿,作为主人来欢迎我们。它这个山呢,周围全是树木,那空气清新得真是难以想象!山上主人的那个女孩,早晨起来我看她在那儿说话,因为德语我听不懂,后来我就问文化参赞,这女孩每天早晨起来跟那些树说什么话?这个房子前面有很多小树,那树呢就跟那个孩子一般高。女孩子大约只有十三四岁吧,每一棵树她都抱着它跟那些树说话。后来他告诉我说什么呢?她就是早晨起来问那些树好。她说,你们好吗?你们是不是很高兴?今天阳光怎么样?你们是不是渴了?我要给你们浇点儿水吗?就挨个儿跟那些树说话,然后亲一遍这棵树。阿尔卑斯山上的人就是这样,他认为一切都是有生命的。

(录音止)

主持人: 森林覆盖了阿尔卑斯山,覆盖了整个奥地利土地的40%,在维也纳近郊也有大片森林,这就是举世闻名的维也纳森林。

(在音乐《维也纳森林的故事》中混播冯骥才的散文《维也纳森林的故事》片段)

维也纳人的骄傲与福气之一,是他们生活在层层叠叠的绿色包围之中。森林不单是维也纳人度假游玩的去处,平日的黄昏里人们也常常驱车来到城市东北角的卡伦堡山上,敞开肺叶,张开嘴巴,大口吸吮着林海散发出来的清新湿润、凉意和充沛的氧气。放眼远眺,绿海无边,每一棵树都是一朵绿色的浪花,多少树才汇成这海一样的无边无际的森林呢?

我在游览维也纳郊外的一座皇家猎宫时,骤然风雷交加,大雨疾降,忽见大片的草地里冒起浓浓白烟,林间更是烟雾飞扬,很是壮观。导游告诉我,这是因为森林和草地吸收阳光的热量,冷雨一浇,顿成烟雾,我才深知森林与草地作用的非凡。

早在1852年奥地利就颁布了《森林法》。这实际上就是严格的森林保护法,科学性与应用性结合得很完美。比如采伐,伐掉的那一片林木的空地,正是需要阳光射入、促使森林更好生长之处。所以奥地利人从来不缺乏木材,也不缺乏绿色。

如果留心观察,还会发现维也纳人对房前屋后的草地就像对居室内的地毯一样爱惜。他们甚至不肯使用汽车里的空调,担心废气污染草木与空气。在这个百万人口的大城市里,无论何处,张目一看,总有鲜艳的花木在视野之内;放眼望去,空气透明,视线无阻,各种各样的鸟儿就无忧无虑地生活在这千楼万宇中间。

一天黄昏,我在城市公园正兴致勃勃地欣赏露天音乐会,忽然大厅的顶上发出了声声异样的鸣叫,声音洪大。扭头望去,原来是一只大孔雀站在上面,她要与乐队一比高低。乐队与孔雀边奏边唱,奇妙之极。

还有比这表达大自然与人类和谐与亲密关系的更美好的颂歌吗?这不正是《维也纳森林的故事》最动人的深层内涵吗?

主持人: 以前,人们都觉得维也纳森林受益于这首约翰·施特劳斯的名曲《维也纳森林的故事》引来千千万万的旅游者,现在才知道维也纳人简直就是与这片森林生命攸关,互惠互助,相依相存,因而才给了那位"圆舞曲之王"以创作的灵感、冲动和深情。其实,冯骥才又何尝不是从美妙的大自然中获取创作的灵感,冲动及深情的呢?维也纳春天的三个画面永远定格在他记忆的深处。

(播散文《维也纳春天的三个画面》)

在维也纳这个用音乐来召唤和描述春天的城市里,春天来得特别充分、特别细致、特别蓬勃,甚至特别震撼。三月、四月、五月的维也纳,各有一次叫我的心灵感到过震动,并留下一个永远具有震撼力的画面。

(录音)

有一次三月份我到维也纳去的时候,我在那河边上站着,忽然看了一个画面,我觉得那个画面我从来没有看见过世界还有这样美的画面。那个风儿啊从那河口往多瑙河运河公园吹,在河岸上站着那么四五个女孩手拉着手,把所有的脸往一方面倾斜,往哪儿倾斜呢?就往那个风刮来那地方倾斜。她们啜起来很圆的、很娇嫩的小嘴去往那个地方亲吻。她(们)亲吻什么呢?我忽然明白了——她(们)亲吻春天的那个风!因为所有春天的风啊,按维也纳人认为都是从那个河口吹过来的。那风吹她们衣服摆动的时候,完全是希腊的雕塑:长长的线条和栗色的头发全往一个地方飘,就像音乐的旋律完全一样。就是人和自然那种最美好的情感,我觉得最适合艺术来表达了。

(录音止)

4月里,我曾经在维也纳小住过几日。

4月的维也纳好像只是绿色连着绿色,我对驾着车一同外出的留学生小吕说:"嗯?怎么见不到花儿呢?"

小吕听了,就把车子停住,叫我下车,把我领到路边的草地上。我用手拨开草一看,大吃一惊:原来青草的下边藏了满满的一层花儿,白的、黄的、紫的;纯洁、娇小、鲜亮;这么多、这么密,这么辽阔!它们比青草只矮几厘米,躲在草的下边,好像只要一使劲,就会齐刷刷地全冒出来……几天以后,小吕开车带我出去。天下着雨,车子开出去十几分钟,小吕忽然对我说:"你看窗外——"透过雨窗,看不清外边,但窗外的颜色明显地变了:白色、黄色、紫色,在窗上流动。小吕停了车,神秘地说道:"你去看吧——你的花!"

迎着细密地、凉凉地吹在我脸上的雨点,我看到的竟是一片花的原野。这正是前几天那片千千万万朵花儿藏身的草地,此刻一下子全冒出来,顿时改天换地,整个世界铺满了全新的色彩。每一朵小花,在冷雨中都像英雄那样傲然挺立,明亮夺目,神气十足。它们为什么不是在温暖的阳光下冒出来,偏偏在冷风冷雨中拔地而起呢?小小的花儿居然有此气魄!四月的维也纳忽然叫我明白了生命的意味是什么?是——勇气!

这两个普通又非凡的字眼,又一次叫我怦然感到心头一震。这一震,便使眼前的景象定格!四月春天独有的壮丽的图画,终于被我找到了。

……

在我心中的画廊里,已经挂着维也纳三月和四月两幅春天的图画。这次恰好在五月里再访维也纳,我暗下决心,无论如何也要找到属于五月这季节的同样强烈动人的春天杰作。这时的维也纳,已是到处花团锦簇。我到城市远郊的山顶上游览,当晚被山上热情的朋友留下,住在一间简朴的乡村木屋里,窗子也是厚厚的木板。睡觉前我故意不关严窗子,好闻到外边森林的气味,这样一整夜就像睡在大森林里。转天醒来时,屋内竟大亮,嗯?谁打开的窗子呢?

(录音)

起来一看,使我特别吃惊在哪儿呢?它是一束花的原因。就是在这个窗户根儿外面啊,有一大束的花。早晨起来(天)刚刚亮的时候,这花全开了,花开的张力把这窗户打开了。所以整个窗户台上在早晨的时候,阳光底下是一大片的鲜花,都从窗户外边探进来了,那个场面真是让我感到一种震撼。

(录音止)

主持人: 奥地利地处欧洲大陆的中央,它像欧洲的肚脐。春天究竟是怎样到达这里的?是由北海的暖风吹送,再经多瑙河波载浪推,流淌过来的?还是把狭长的意大利当作跳板,悄悄渗入的? 拥有了春天的三个方面,冯骥才自信拥有了春天,也懂得了春天。

(音乐《春之声》压混)

(播放散文《亲吻春天的姑娘》片段)

在萨尔斯堡,我看了一场地道的民间舞蹈,是"洗牛皮的人"歌舞团演出的《森林·魔怪·春姑娘》。

先是一群健壮的小伙子,头顶黑色圆帽,帽檐四周垂下红白彩带,遮住面孔;身穿旧式背裤,裤腿却足有两米多长,原来裤腿里边踩着高跷。小伙子们双腿并齐,一跳一跳上场,高跷跺地,好像打桩,声音整齐震耳,气势威武雄壮,他们代表大森林。这时,一个丑陋的小魔怪出现林间,小魔怪代表严寒的冬日,任凭森林挪来挪去,小魔怪闪转躲躲藏藏,就是不肯离开林间。跟着,一群穿红裙盛装的姑娘奔上场来,情景立时变了,她们赶走小魔怪,大森林欢悦起来。姑娘们清脆明亮的歌声和大森林整齐雄壮跺地的节奏,给我们鼓动性的感染。

歌舞团团长告诉我:"这些姑娘是春天!"

主持人: 春天被奥地利人表现得如此强劲有力,如此激情冲动,如此被渴望!

离开充满古典美的萨尔斯堡东行,就进入著名的湖区了,冯骥才感觉这时的车窗就像换上了窗帘一样,换了风景画面。

(播散文《高山上的凯蒂和她的父亲》片段)

一片片涨满而光亮的湖水中,全是蓝色或绿色大山的"头朝下"的倒影,据说这湖水是山上的积雪融化后积蓄而成,清澈冰冷,干净得能喝。车子冲上山,一片片森林与草原深深浅浅的绿色,就在车窗两边展开。

丘陵似的一个个巨大的山包,都给异常丰腴、缀满野花的牧草满满地包住,山谷之间又让一些高耸的松林隔开,层层叠起,滚往山顶,异常壮美。

一钻出车,一片异常充沛的清爽之气便扑入心怀,这是未被污染的大山才会有的清新空气。我感到自己的两片饥饿的肺叶张开了,拼命地吸吮这纯净透明的氧气。山上雨露充足,牧草湿软,各种各样的鸟叫,宛如各种各样的乐器,高山之巅是它们的乐池。走在这一切都是本色的大自然里,人多么需要被净化呀!不等我扑进去,只听一阵悦耳的欢叫从房前草地那边传来,原来有一个人在草地上尽情地打着滚,边叫边笑。

那人是谁?这样地来享受大自然。

等这人站起来,原来是一个小姑娘,十来岁模样,一张纯真并有点憨气的小鼓脸,一头漂亮而光滑的金发,一身简单松大的衣服……有如牛犊一般的健壮。她叫凯蒂,在大山里,看着她这样无拘无束,随心所欲,我不觉放开嗓子,对着大山喊道:"你好……"

主持人: 大山回应冯骥才的是更宏大的声音！这异国他乡亲切的问候让冯骥才动容了，这一刻，他真正感到自己和大自然完全融合在了一起，这其实是人和自然最初始的状态。

(录音)

实际我想，我们古代唐诗和宋词中(有)大量的山水诗，大量的中国人对于山水的歌颂，有很多的古代城市，像江南、尤其是像长江流域，包括江南苏州的一些小桥流水人家的城市，人和自然都是融在一起的。人跟那些树的影子，流水的那种声音，那个花的香气，那些阴影，那些光色都是连在一起的。

(录音止)

主持人: 是啊，人类在地球上繁衍生息，不正是大自然万物之间相互调剂、相互受益、相互依存的结果吗？我们和花草、和树木、和大山是这样，我们与河流之间更是一脉相承、息息相通。

(播散文《如梦的瓦豪》片段)

下了山，向西直到下奥洲的马尔克，便一头扎进一个名叫瓦豪，绵延四十公里，优美出奇的多瑙河峡谷了。

你驱车纵入这图画般的峡谷，你的右侧便是多瑙河。你看那河水真的那么蓝，比天空的颜色还深还纯，而且光亮、充沛、溢满，仿佛与公路在同一水平线上。这时，倘若你车头一转，穿过花地，保准会化为多瑙河上一只凌波逐浪的轻身……

山巅极处，不时地出现一座座古堡，你是不是忽然想起了中世纪骑士时代那些瑰丽神奇的传说呢？当你仰望群山，更觉得人在峡谷中穿行，还像在长长的无与伦比的巨型画卷中穿行。你也许会叫起来：啊！我要是一位画家多好啊！可这时你打开录音机——你的奥地利朋友为你准备了约翰·施特劳斯关于多瑙河的音乐，你忽然觉得眼前画面全变成了音乐中的景象。那《蓝色的多瑙河》并不只是施特劳斯创作的，多瑙河原本就是这种节拍、这种旋律、这种美。你现在不是在那乐曲的五线谱上飞驰吗……

在多瑙河边，停着一艘船，这艘船叫"施特劳斯号"。这艘船永远不会开走，乐队每天都在甲板上面对河水深情地演奏《蓝色的多瑙河》，所有的游人，不管什么国籍，不论什么肤色，全都情不自禁地高声地歌唱，甚至随着节拍，跳起优美的华尔兹。更有的人干脆一头扎进这多瑙河的水中，与河水肌肤相亲。

世界上一切民族的形成、存在和繁衍，都离不开水的恩泽。我忽然明白，为什么奥地利人那么喜爱约翰·施特劳斯的《蓝色的多瑙河》了。

主持人: 不论是对奥地利人，还是对中国人来说，大自然并不只是我们生活的一个场景，也不仅仅是一种陪衬，而是自己生命的一部分。作家冯骥才亲近自然、关爱生灵的情怀，我们可以通过他的散文《珍珠鸟》感受得到，他用细腻的笔触描写了一对受了伤的小鸟在他家中生活的细节。

(录音)

当年，我养珍珠鸟的时候，一开始，它每天就在我屋子里飞来飞去。后来呢，因为我不去伤害它，它就跑到我书桌前面来。这个鸟后来就扒在我肩膀上睡着了，这是确实有的让我特别感动的一件事情，它居然能够扒那儿睡着了觉，这就是人和自然的一种信任，就是和生命的一种关系。我们不仅要追求人和人之间的平等，我们和大自然的一切的动物、一切的植物、一切有生命的都应该是平等的。它们都有一个活着的权利，你跟它平等，它会把它的美，把它的气息，把它那种感激,可以无声地传递给你。

(录音止)

(播散文《珍珠鸟》片段)

真好,朋友送我一对珍珠鸟。放在一个简易的竹条编成的笼子里,笼内还有一卷干草,那是小鸟舒适又温暖的巢。

有人说,这是一种怕人的鸟。

我把它挂在窗前,那儿还有一盆异常茂盛的法国吊兰。我便用吊兰长长的、串生着小绿叶的垂蔓蒙盖在鸟笼上,它们就像躲进深幽的丛林一样安全;从中传出笛儿般又细又亮的叫声,也就格外轻松自在了。

三个月后,它们有了雏儿。小家伙红嘴红脚,灰蓝色的毛,只是后背还没有生出珍珠似的圆圆的白点。起先,这小家伙只在笼子四周活动,随后就在屋里飞来飞去,一会儿落在柜顶上,一会儿神气十足地站在书架上,啄看书背上那些大文豪的名字。

我不管它。

渐渐地它胆子大了,就落在我书桌上。

它先是离我较远,见我不去伤害它,便一点一点地接近,然后蹦到我的杯子上,俯下头来喝茶,再偏过脸瞧瞧我的反应。我只是微微一笑,依旧写东西,它就放开胆子跑到稿纸上,绕着我的笔尖蹦来蹦去;跳动的小红爪子在纸上发出嚓嚓的响。

我不动声色地写,默默享受着这个小家伙亲近的情意。这样,它完全放心了,索性用那涂了蜡似的、角质的小红嘴,"嗒嗒"啄着我颤动的笔尖。我用手抚一抚它细腻的绒毛,它也不怕,反而友好地啄两下我的手指。

有一天,我伏案写作的时候,它居然落到我肩上。我手中的笔不觉停了,生怕惊跑它,待一会儿,扭头看,这小家伙竟扒在我的肩头睡着了,我轻轻地抬一抬肩,它没醒,噢,睡得好熟啊!还呷了呷嘴,难道在做梦?

我笔尖一动,流泻下一时的感受:信赖,往往创造出美好的境界。

(录音)

世界上美好的东西,都是可以创造出来的。我们和鸟最后达到的很美好、很美妙的境界,是我们爱鸟,然后创造出来的,那么,我们跟自然的关系也是这样,如果我们爱护自然,百倍地爱惜自然、保护自然,最后呢,我们也可以创造出就像我在奥地利之旅里所感受到的那种美妙的感受。

(录音止)

(飞机声)

主持人:奥地利之旅结束了,当冯骥才乘坐飞机飞行在距离地面几千米的高空时,他深情地俯瞰地球这个我们全人类共有的家园,感慨万千……

地球像一个人,土地是皮肤,青草是汗毛,森林是吐故纳新的肺,河流是血管,海洋是净化大地的脏器,如果人类把这些都毁了,自己也就无法生存了。人和自然的关系,它是一个生命的联系,这是我一种最强烈的感受。地球村——我们整个人类的生存环境已经越来越被全人类所重视,作为一个作家最关键的还不完全是写作,而是他对于整个人类、整个社会生活的关注。作家的责任感和社会良心就是要爱护我们的生活,要珍惜我们生活中一切美好的东西,包括那些美好的环境。

(鸟鸣、流水、音乐……压混)

小女孩:这就是我们的家!

德　语:(重复上句)

小女孩:我们的家——真好!

俄　语:(重复上句)

小女孩:我爱我们的家!

英　语:(重复上句)

(歌曲《共有的家园》压混)

歌词:(童声)虫虫虫虫飞,虫虫虫虫飞,你可有妈妈等你回……

(女独)同在一片蓝天下长大,森林、小溪、大草原围着我的家,你在大洋洲,我在亚细亚,一只鸟儿传过来你的悄悄话……

刚才播送的是文学专题节目《人与自然的对话——冯骥才的奥地利之旅》。编辑:李惠文、陆霞;播音、主持:李中豪、张丽;录音、制作:郝春风、苏华;监制:赵随意、李苏华。

这次节目播送完了。

(山西人民广播电台1999年12月6日首播)

1999年　安徽人民广播电台

棘心不死　绿天永存
——介绍皖籍女作家、教授、学者苏雪林

(音乐起)

男:寰宇天下奇的黄山脚下,波光潋滟的太平湖之畔,有个名叫岭下苏的小山村。村子周围青山环抱,绿竹婆娑,浸濡着黄山的灵秀之气,再加上村子高脊飞檐,粉墙褐瓦的徽派民居,更显得清雅隽丽,别有韵味。这个小山村,就是蜚声海峡两岸的"五四"文坛耆宿苏雪林教授的故乡。

(乐止)

男:1999年8月23日上午,岭下苏这个宁静的小山村突然锣鼓喧天,人声鼎沸。因为这一天,今年4月去世、享年103岁的苏雪林教授的骨灰归葬故里了。魂兮归来,四乡八里的山民们早早地赶到岭下村,邻村一位八十年前见过苏雪林、如今已94岁高龄的老太太,也拄着拐杖、颤巍巍地挪着小脚、让孙女搀扶着,来再看一眼苏雪林的遗像,为她归山送行。四五千山民聚集在村边的山坡上,燃放鞭炮、吹奏唢呐、敲响锣鼓,群山也发出响应,仿佛和淳朴的山民们一起,张开了宽广的怀抱,迎接这位从海峡那边回家来的黄山女儿灵骨。

(出飘渺的音乐)

女：我从15岁起，就离开家在省城里读书。每年盼着暑假，好回故乡看我的母亲。每年回家的情景，真快乐，我永远不能忘记。轿儿在崎岖山道上走了一天，日落时到斜岭了，我在岭头便望见我们的家，白粉的照墙，黑漆的大门，四面绿树环绕，房子像浸在绿海中间。门前立着一个妇人，白夏布衫子远远耀在我眼里。她一手牵着一个女孩，一手撑着一把阳伞很焦灼地望着岭上，盼望着游子的归来。那，就是我的母亲。

从斜岭顶上到我家大门，还有两三里路，但我已经望见母亲了，再也不能在轿子里安身了，我便跳出轿子，小猴似的连蹦带跳地下山，下山本来快，我身不由己地向下跑，不是跑，简直是飞，是她心引力的缘故？不，那磁石般地吸着我的，是慈母的爱！

跳到小河边，山林都响应着我的欢呼，屋里小孩们都出来了，四邻妇女也都拢来，把我前呼后拥地捧进大门，母亲赶忙着招呼点心茶饭。几天旅程的辛苦蒸郁，到此耳目一爽，脑海中立刻浮出一个清晰的"家"的观念……

(乐止)

男：回家，这是苏雪林20年代的成名作、自传体小说《棘心》中的一个片段；而如今，回家，也是这位103岁老人生前的最后一个心愿，这里面，浸润了半个多世纪的梦想和牵挂。

女：苏雪林走过的一个多世纪是一部传奇：她原名苏梅，字雪林，笔名绿漪女士，1897年农历二月出生于安徽太平县岭下苏村的一个封建官吏家庭。5岁时祖母就开始用长长的布条为她裹三寸金莲，但却束缚不住她那灵动不羁的个性。15岁时，听说省城安庆第一女子师范学校招生，她就哭着、闹着，茶饭不思，一心要去报考。"费了无数的眼泪，甚至要拼上一条小命跳涧自杀"，才换得家庭的同意。在民国之初，她就走出了秀美但封闭的皖南山村，奔赴省城读书，然后北上京师求学，最后又远涉重洋，两度留学法国。

男：在本世纪二三十年代，苏雪林的名字，中国的读书人都耳熟能详。她是"五四"新文化运动后冒出的皖南才女，她的成名作、自传体小说《棘心》中女主人公杜醒秋的独立个性，当时曾风靡了许多出身旧家庭、接受新思想的青年；她的散文集《绿天》是经典名作，文采奇秀，襟怀坦荡，面世后彻底打破了美文不能白话的迷信。1931年，阿英先生曾著文评论："苏绿漪是女性作家中最优秀的散文作者。"《棘心》和《绿天》这两部作品名噪一时，也使得苏雪林的才名不让冰心，与冰心、冯沅君、丁玲、凌叔华并称为"五四"后五大女性作家。现代著名女作家杨绛先生在她的文章中，就回忆自己的母亲当年非常喜爱苏雪林的作品。一次她母亲看了署名为绿漪女士的散文说："这个人也学着苏梅的调儿。"杨绛忙解释道："绿漪女士就是苏梅的笔名。"由此事足见杨绛母亲对苏雪林作品之熟，也足见苏雪林作品在当时的影响。

(音乐出)

女：每年暑假回家，我都和母亲同睡，我常把头钻在母亲的胳膊下，说自己是小鸡，母亲是母鸡，小鸡躲在娘翼下，叽叽地叫着，害得母亲只是笑。那时候百般撒娇，自视只如四五岁的孩子，母亲看待我也像四五岁的孩子。

在母亲面前谁不是小孩呢？母亲若还在世，不但那时，便是现在，便是到我老了，头童齿豁的时节，母亲看我还是一个小孩。

女："五四"时期的文坛，许多女作家都把母爱作为神圣的主题加以歌颂，苏雪林和冰心都是其中突出的代表。虽然身受"五四"新文化思潮的洗礼，也得过西方现代文明的熏陶，有着新知识女性独立叛逆的性格，但无论何时何地，能"依依于慈母膝前，才是苏雪林梦想中的至乐"。因为她勤劳宽厚的母亲，是她奔涌的情感的源泉；因为她可怜母亲的不识一字，逆来顺受，才激励她不断地去求新知、争自由。1925年，正在法国孜孜求学的苏雪林，得知家乡母亲病危的消息，立即辍学回国，在母亲病榻旁端汤送药，陪至爱的母亲度过最后一段时光。

男：对于苏雪林来说，文学创作始终是业余的，教书才是她一生的职业。苏雪林回国后，一直在高校任教。她一面教学，一面勤奋地创作，写诗，写小说，写剧本，写散文，写评论，成名作《棘心》、《绿天》都是在教学之余写出来的。作为一名教授、学者，她的学术著作也成就斐然。她的历史专著《玉溪诗迷》被人称为读李商隐诗的一把钥匙。解放后，喜爱读李商隐诗的毛泽东主席，还特意让秘书田家英去寻这本书来看。30年代，苏雪林在武汉大学教授楚辞时，从屈原的《九歌》、《天问》等名篇中发现一些疑点，她认为域外文化，像古希腊神话，早在战国中叶、屈原时代就已经进入中国。为了印证这个观点，1950年，年已53岁的苏雪林再次前往法国留学，在巴黎研究神话，探讨东西方文化的渊源联系。为了买一些珍贵的资料、书籍，她把返程的机票钱都用完了。1952年，她受聘为台湾省立师范学校教授，便从巴黎到台湾定居。这一去，就是整整半个世纪；这一去，使她在大陆的声名也渐渐隐去。

女：苏雪林在台湾形单影只，70岁放下教鞭。台湾成功大学退休后，在家专注于楚辞研究，历时30年，终于完成了180万字的煌煌巨著《屈赋新探》，被台湾学术界尊为"国学大师"。生性倔强的苏雪林一直坚持独立生活，90多岁还为报刊撰稿补贴生活，从不接受任何方式的来自官方的赠与。直到100岁时跌了一跤，完全丧失了生活自理能力，才被迫住进安养中心，在病榻上靠回忆生活。

男：家乡并没有忘记这个一百多岁的女儿，皖南才女苏雪林又一次次地被人们提起。早在1986年，安徽文艺出版社就委托安徽大学的沈晖教授，从几十年前的各种报刊、故纸堆中搜集苏雪林的各类作品，出版了50万字的《苏雪林选集》，引起广大读者的关注和喜爱；紧接着又出版了140万字的《苏雪林文集》……远在台湾的苏雪林辗转得知了这个消息，在病榻上给主编沈晖教授写来了一封情真意切的感谢信。（抒情音乐起，混）

我也曾饱览瑞士湖山之胜，我也曾领略意大利阿尔卑斯峰峦之奇，但黄山的云烟却时时飘入我的梦境。

去年春天，刚度过自己102岁生日的苏雪林几乎夜夜梦回故乡，她告诉追随、照顾她四十多年的学生唐亦男教授，她梦里全是童年的场景。她说，她梦见了家乡侄女做了一桌饭菜在等她；她说，她梦见了家乡的侄子坐在她幼时读书的"海宁学舍"里；她说，她梦见了老屋门前的两棵桂花树，还有祖父、母亲……她哀求学生，"求求你，带我回一次家吧！你要不答应，我就再也不吃饭了！"

（音乐止）

男：一百多岁的苏雪林回家了，这在海峡两岸一时传为佳话。1998年5月，在学生唐亦男教授的陪同下，这位102岁的小脚老太太，居然坐着轮椅，跨越台湾海峡，踏上了她离别73年的故土。安徽大学的沈晖教授，负责接待苏雪林的那次故乡行，回忆起当时的情形，仿佛还历历在目：

（出采访录音）

5月21日7点30分，骆岗机场迎来了香港直飞合肥的包机，苏雪林先生在安养院蔡医生的抱持下,走下了舷梯,进了休息室。

自骆岗机场开通以来,唯一享受免关检查的就是苏雪林。苏先生那天没有经过通关检查,按我们讲就是绿色通道。在休息室里,唐亦男教授问苏先生:"苏老师,到家了,你高兴不高兴?"苏先生连说两个"高兴、高兴"。25日,我们取道芜湖,经过南陵、泾县到太平。她因为老年骨质疏松症,她的右手始终是僵滞而不能活动,所以她吃饭都要护士小姐喂,但是在回乡的路上,她的右手突然从护士小姐的手中取过纸巾擦眼泪,护士小姐非常惊奇地说:"苏先生,你的手怎么能动了?"我想,这是回乡的感情激活了苏先生的机体。所以她对回乡这一段旅程,尽管对一个一百多岁老人来说,身体很吃不消,因为我们从合肥走的时候,已经快9点了,到达太平已经晚上6点了,这八九个小时的颠簸对一个老年人,我们都担心苏先生受不住,但苏先生那一阵精神非常好,她竟然没有睡,一直眼睁睁地看着窗外的景色,我想这是一种回乡的急切的愿望,激发了她身体的活力,使她能够兴致勃勃地看着家乡的风物。到达太平以后,晚上吃饭的时候,她讲了一句话:"我终于吃到家乡的菜了!"她对苋菜、蕨菜、南瓜都非常有兴趣,每一道菜都要自己尝一尝。那一天在太平,在她故居,在桂花树下,她久久凝望着她祖父手植的两棵桂花树;最后又来到她1925年结婚的新房,她看着满房陈旧的家具,房东就告诉她:"苏先生,这个是当年留下的花瓶,是吗?"苏先生摇摇头,又指指一个铁桶,问:"苏先生,这也是老房子留下来的?"苏先生又摇摇头。突然,她的眼睛看到了拐角一个长形的踏板,也就是老式床前面的那种踏板,她用手指指我和唐亦男说:"那才是过去的旧物。"她在新房里盘桓了大概一个小时,久久地凝视着房屋的一切。天色已晚了,唐亦男和我都劝苏先生回去,苏先生怎么也不愿走,她大滴大滴地滴下了一滴滴眼泪,很动情地说:"我不走了,我在台湾没有家,这里才是我的家!"

(录音止)

女:"我不走了,我在台湾没有家,这里才是我的家!"这是老人发自肺腑的心声。她生在这儿,住在这儿,在这儿欢笑过,也在这儿哭泣过,她的性灵在这儿酝酿而成。这里有她最慈爱的母亲,这里有她幼承家学的学堂,这里有她新婚燕尔的爱巢,这里,就是刻在她心底,永不能忘怀的"家"。羁留天涯的游子,故乡和温馨的家园,就是她的灵魂啊!

男:就是1998年的那次故乡行,使苏雪林做出了一个决定。早先老人曾在台南姐姐的墓旁为自己买了一块地,准备终老于此。可从故乡回台湾后,苏雪林对已年届古稀的外甥说:"台南那块墓地送给你吧,你去陪你妈妈,我要回去陪我妈妈了!"老人托学生唐亦男教授,要在自己去世后把骨灰送回安徽老家岭卜苏村,埋在母亲墓旁,与母亲紧紧相依……(乐起)

女:我15岁就在外求学,客中凄凉的况味是尝惯了,但我总萦念着母亲。只要母亲在那里,便是隔着大火聚、大冰山,连天飞着炮火,我也要冲过去投到母亲的怀里。

男:这是苏雪林在她的代表作《棘心》中,借女主人公之口说出的一段话。这部小说命名为《棘心》,苏雪林当年曾作过解释。这个书名取自《诗经·凯风》中"棘心夭夭,母氏劬劳"这句诗。棘是一种难以生长的树木,刚刚长出的棘称作"棘心",非常稚嫩,很难长大成树。世人经常用棘心来比喻娇弱的孩子,孩子要靠慈母的辛勤养育才能长大成才。所以,后来又把人们思念母亲的心情称为"棘心"。苏雪林当年创作《棘心》这部小说时就有很深的寓意:她一方面描述了女主人公杜醒秋对慈母的思念,同时也表达了海外留学生们对祖国母亲的眷恋。她在书中写道:

中国有锦绣般的山河,有五千年的文化,中国也出过许多圣贤豪杰,中国也有伟大光荣的史迹,我曾含咀她文学的精华,枕胙她贤哲的教训,神往她壮丽的历史。我的身形由此生长而出,我的性灵由此酝酿而成,我的亲爱的母亲,我的崇敬的师友,也都生于斯,居于斯,歌忧于斯,我怎能不爱中国呢?中国,你原是我的灵魂啊!我是爱国的,永远爱国的,祖国啊,如果能使你好起来,我情愿牺牲一切,情愿贡献我的血,我的肉,我的生命!

除了这些文字表达外,苏雪林还有许多令人惊叹的作为,比如,1937年上海"八·一三"战争爆发后,她不仅写了大量尖锐的抗日文章,还将自己多年积攒的薪水、版税乃至娘家陪嫁的珠宝,兑成52两黄金,捐给国家去抗战。

女:1999年4月21日,刚过完103岁生日的苏雪林在台湾去世;8月23日,骨灰归葬故里。就像她早年在文章中写的那样:(乐起)"灵魂得到了依托,一切也已了无遗憾,就这样让我徐徐化去,像晨曦里一滴露水的蒸发,像春夜一朵花的萎自枝头,像夏夜一个梦之澹然没了痕迹……"如今,在黄山脚下,在母亲的墓旁,是一座新修的墓茔,黑色的墓碑上雕刻着:"苏雪林教授之墓"。墓碑的背面刻了八个苍劲的大字——"棘心不死,绿天永存"。是啊,故乡山水依旧,游子赤心不改,这些是任何时空都隔绝不了的!

(女声抒情吟唱音乐起,混)

男:回家了,终于回家了。在空阔宁静的天地间,在松柏肃立的黄山怀抱中,苏雪林,这位从上个世纪走过来,从海峡那边走回来的才女、作家、教授、学者,终于和自己挂念了多少年的母亲融为一体,永不分离……

(音乐扬)

听众朋友,您刚才欣赏的是文学专题《棘心不死 绿天永存——介绍皖籍女作家、教授、学者苏雪林》。编辑撰稿:吕卉,播音:方玲、马骏,录音:杨勤生,制作:吴俊生,监制:周军、苏拉、史辉。这次节目播送完了,谢谢收听。

(安徽人民广播电台1999年9月18日首播)

1999年 黑龙江人民广播电台

信仰的歌
——介绍女建筑学家、诗人林徽因

(音乐)

  人生,
  你是一支曲子,
  我是歌唱的;

  你是河流,

我是条船，一片小白帆；
我是个行旅者的时候，
你，田野，山林，峰峦。

无论怎样，
颠倒密切中牵连着
你和我，
我永从你中间经过；

我生存，
你是我生存的河道，
理由同力量。
……

——《人生》

这是一位成长于旧中国，却为新中国献出了最后一滴热血的知识女性；这是一位生于官宦世家，却用双脚丈量了大半个中国、敢于登上皇帝屋顶的女建筑学家；这是一位与理想走在一起的诗人。如歌的诗文，在她的生命中从容流过。走进她的世界，你会倾听到那支信仰的歌。

(男声 混响)

信仰坐在我们中间多少时候了，你我可曾觉察到？信仰所给予我们的力量不正是那坚忍韧性的倔强！(音乐)

那一晚我的船推出了河心，
澄蓝的天上托着密密的星。
那一晚两岸里闪映着灯光，
你眼里含着泪，我心里着了慌。
那一晚你的手牵着我的手，
迷惘的黑夜封锁起重愁。
那一晚你和我分定了方向，
两人各认取个生活的模样。
……

——《那一晚》

其实，如果没有那一晚，也许她会成为一位只为文学而生的作家和诗人，因为她的诗文就像她一样美丽。但是，也许是偶然，也许是命中注定，就在那样的一个晚上，一个16岁的女孩子在父亲的书架上翻到了一本《世界建筑史》，她立刻就被那些古朴、宏伟的建筑吸引住了。

可是，这部《世界建筑史》的中国部分竟是日本人写的，里面的插图，是日本侵略军持军刀站在中国的古建筑前。这个小女孩感受到了一阵钻心的疼痛，她稚嫩的心中升起了一个愿望：写一部我们中国自己的建筑史，写一部与我们的古老文明相称的著作。这个女孩就是林徽因。

因着对中国古建筑的深爱，1924年，林徽因漂洋过海赴美攻读建筑学。可是，当时宾州大学的建筑系却不收女生，精灵似的林徽因竟把建筑专业改成了美术专业，巧妙地留在了宾州大学。白天,她想尽办法去听建筑学的课。到了晚上,她就借来同学的笔记,悄悄地学习……

她把要写一部《中国建筑史》的想法告诉了正在宾州大学攻读建筑学的梁思成,两人竟不谋而合。共同的志向将两个年轻人紧紧地连在了一起……

1928年,林徽因和梁思成谢绝了美国宾州大学的高薪聘请,毅然回到祖国,在张学良将军担任校长的东北大学创立了建筑系。

(音乐)

　　　　我卷起一个包袱走,
　　　　过一个山坡子松,
　　　　又走过一个小庙门,
　　　　在清晨最早的一阵风中。
　　　　我心里没有埋怨,人或是神;
　　　　天底下的烦恼,连我的
　　　　扰总,
　　　　像已交给谁……

　　　　前面天空,
　　　　山中水那样清,
　　　　山前桥那么白净——
　　　　我不知道造物者认不认得
　　　　自己图画;
　　　　乡下人的笠帽,草鞋,
　　　　乡下人的性情。

　　　　　　　　　　——《旅途中》

这首《旅途中》是林徽因在考察古建筑途中写下的。为了心中的理想,她摈弃了优雅与清高,坐驴车、徒步跋涉,住鸡毛小店,在人迹罕至的荒山野岭中奔走,在年久失修的庙宇里爬梁上索古代建筑的营造法式。可这一切,却被日本侵略者的炮火毁于一旦。"九一八"给林徽因带来多么大的痛苦啊!

(音乐)

　　　　天上今早盖着两层灰,
　　　　地上一堆黄叶在徘徊,
　　　　惘惘的是我跟着凉风转,
　　　　荒街小巷,蛇鼠般追随!

　　　　我问秋天,秋天似也疑问我:
　　　　在这尘沙中又挣扎些什么,
　　　　黄雾扼住天的喉咙,
　　　　处处仅剩情绪的残破?

但我不信热血不仍在沸腾，
思想不仍铺在街上多少层；
甘心让来往车马狠命的轧压，
待从地面开花，另来一种完整。

——《"九一八"闲走》

《"九一八"闲走》并不轻松，它透着林徽因对正义的渴望与在沉默中爆发的力量。她心中还残存着希望，因为那希望是那样的渺茫，飘忽不定，所以林徽因和梁思成才会在以后短短六年的时间里，踏访了中国15个省份，两百多个市县，实地考察了两千多座古建筑。

在他们沾满尘土的双手中，山东兴隆寺、河北开元寺、始建于辽代的中国唯一的古木塔——山西应县木塔，一大批鲜为人知的中国古建筑一点点地显现出昨日的辉煌。

1937年7月，林徽因和梁思成在山西五台山的荒野丛中发现古建筑的时候，日寇的炮火又在卢沟桥畔响起。挖掘古建筑的工作进行不下去了，林徽因和家人辗转到了云南。

在几乎是原始人穴居的生存条件下，伴着如豆的菜籽油的灯光，林徽因和梁思成忍着身体的病痛，拼尽最后一点力气，全身心地投入撰写《中国建筑史》。梁思成逻辑缜密，林徽因激情奔放，两人默契地合作着……这世界仿佛没有了别的东西，敌机轰炸，他们不理睬；肺病突发，外国友人请他们出国养病，他们听不见；甚至连最疼爱的三弟林恒驾机与日本侵略军激战殉国，林徽因也只是擦干泪水，奋笔疾书……

1945年，当一部恢宏的《中国建筑史》最后完成的时候，这两位中国第一流的学者，已当尽了家里最后一点值钱的东西。

笔落惊风雨，诗成泣鬼神！也就是在这个时候，林徽因写下了《哭三弟恒》。

（音乐）

弟弟，我没有适合时代的语言
来哀悼你的死；
它是时代向你的要求，
简单的，你给了。
这冷酷简单的壮烈是时代的诗，
这沉默的光荣是你。

假使在这不可免的真实上
多给了悲哀，
我想呼喊，
那是——你自己也明了——
因为你走得太早。

可能的情爱，家庭，儿女，及那所有
生的权利、喜悦；及生的纠纷！
你们给的真多，
都为了谁？你相信，

今后中国多少人的幸福要在
你的前头,比自己要紧;
那不朽,
中国的历史,还需要在世上永久。

你已做到你们所能做的。
别说是谁误了你,
是时代无法衡量。
中国还要上前,
黑夜在等天亮。
——《哭三弟恒》

林徽因是多么盼着天亮,好将自己用心血凝成的《中国建筑史》公诸于众啊!1945年8月,八年的离乱终于结束了,他们回到北平,到清华大学建筑系任教。

窗外是反饥饿、反内战的声浪,病榻上的林徽因坐卧不宁,她惦记着那些炮火中的古建筑啊!1949年1月的一天凌晨,清华园浸裹在凄冷的寒风中,突然有两位戴着大皮帽子的解放军到家里求见。解放军在林徽因和梁思成面前摊开了一幅大比例的北平军用地图,请他们用红笔圈出一切需要保护的重要文物古迹的位置……

林徽因突然来了精神,一下子从床上跳了起来,抓起笔就在地图上画起了圈,每圈一下,她都感到自己的心灵在震颤……中国历史上哪有打仗还惦记文物保护的军队?!

北平和平解放,古建筑完好无损,林徽因颤抖着写下了《激昂》。

(音乐)

我要借这一时的豪放和从容,
来挥动思想的利剑,
舞它那一瞥最敏锐的锋芒,
——斩!
斩断这时间的缠绵,
剖取一个无瑕的透明,
看一次你,纯美,
你的裸露的庄严。

然后踩登
任一座高峰,攀牵着白云
和锦样的霞光,跨一条
长虹,瞰临着澎湃的海,
在一穹匀静的澄蓝里,
书写我的惊讶与欢欣,
献出我最热的一滴眼泪,
我的信仰,至诚,和爱的力量,

永远膜拜,
膜拜在你美的面前!

——《激昂》

有了画红圈圈的那一天,林徽因对共产党的感情、对新中国的感情就变成了依靠与眷恋。"喷出烟囱,那矗立的新观念,在古城楼对面。"(《古城春景》)林徽因觉得时时都有新血液溶入自己的生命。

《中国建筑史》在政府的资助下出版了。她和梁思成高兴地把女儿冰冰送进了解放军。新中国公开征集国徽图案,林徽因不顾病痛的身体,毅然参加了清华大学国徽设计小组。

林徽因深深地沉醉在其中了,甚至在睡梦中都会叫醒梁思成谈一个新的设想。一次次设计,一次次修改,一次次拖着病弱的身体,到中南海听取政府领导人的意见……最后林徽因执笔拿出了这样的定稿方案:"国徽的内容为国旗、天安门、齿轮和麦稻穗,象征中国人民自五四运动、新民主主义革命斗争和工人阶级领导的以工农联盟为基础的人民民主专政的新中国的诞生。"

1950年6月23日,林徽因坐着轮椅出席了全国政协一届二次会议。当毛泽东宣布梁思成和林徽因主持、设计的中华人民共和国国徽通过时,全体代表起立,如潮的掌声回荡着。而此时,热泪盈眶的林徽因已不能站立起来……

对于林徽因来说,她已见了太多的死亡,友人的、亲人的,所以她不怕,生命已到秋天,红叶的火总要燃着的,哪怕流血般耗尽生命,也要去做,谁又能挡住一个情愿!

(音乐)

西山,我发誓地,指着西山,
别忘记,今天你,我,红叶,
连成这一片血色的伤怆!
知道我的日子仅是匆促的
几天,如果明年你同红叶
再红成火焰,我却不见。
……
深紫,你山头须要多添
一缕抑郁热情的象征,
记下我曾为这山中红叶,
今天流血地存一堆信念!

——《红叶里的信念》

一个普通知识分子对共产主义的信仰就这样在新中国朴实的脚步声中构筑完成了。《红叶里的信念》可说是林徽因心迹的表白。原本,依着医生的嘱咐,林徽因不该再去工作了。然而,当人民英雄纪念碑的设计方案一公布,她竟忘记了病痛,承担起了设计全套饰纹的工作。如山的设计文稿堆积在她病榻的周围,一套套设计花饰,如跳动的音符,演奏着林徽因对人民英雄的崇敬之情……

然而,那跳动的音符竟成了林徽因生命中未完的英雄乐章。1955年4月1日,林徽因没有来得及看见人民英雄纪念碑的落成,便永远地闭上了双眼……

(音乐起)

在北京八宝山革命烈士陵园一个僻静的角落里,隐着一座低低的石墓,墓碑上,没有铭文,没有姓名,只有一方已经黯淡缺损的汉白玉,上面镌刻着一只浮雕花环,橄榄枝环抱着圣洁的牡丹、荷花和雏菊。偶来的凭吊者很少会知道,这花环原是人民英雄纪念碑碑座上的一个刻样。它在1955年底被移放到这座墓碑前,作为一篇无言的墓志,纪念着它的创作者——墓的主人:女建筑学家、诗人林徽因。

(男声 混响)

走过的路,有困苦,有怅惘,可是走着的人是从容的。因为,她是与信仰走在一起!(音乐起,压混)

听众朋友,刚才您听到的是文学专题《信仰的歌》。

策划:杨晶,撰稿:王洋、杨晶,编辑:雪薇、静霞,播音:李慧敏、王波、文佳,音乐:关英,录音合成:宋铁民、刘占松,监制:杨晶,总监制:丛林、刘向晨、王春莉、刘玉平。

(黑龙江人民广播电台1999年9月30日首播)

2000年 新疆人民广播电台

一个人的村庄

新疆人民广播电台,现在是中外文艺精品欣赏节目的时间,在这个时间里播送文学专题《一个人的村庄》,介绍青年作家刘亮程和他的散文。

(音乐压混)

我没想这样早地回到黄沙梁。应该再晚一些。黄沙梁埋着太多的往事。我不想过早触动它。一旦我挨近那些房子和地,一旦我的脚踩上土路,我的一生回想将从此开始。

(配乐扬起,渐隐)

在离开黄沙梁二十年后,刘亮程终于又回到了这里。当走过那些荒野和田地,渐渐地接近黄沙梁时,刘亮程忽然觉得有些忐忑不安,有些犹豫。这么多年没回来了,现在的黄沙梁会是什么样子呢?刘亮程爬上村后的沙梁,久久地看着近在眼前的黄沙梁村。它像堆破旧东西扔在荒野里,正是黄昏,田野里零星的人和牲畜,缓缓地朝村庄移动。到收工回家的时候了,烟尘稀淡地散在村上空。人说话的声音、狗叫声、开门声音、铁锨锄头碰击的声音……听上去远远的,像远在多少年前。刘亮程的眼睛有些发潮,早年的生活情景像泉水一般涌上心头。

(音乐压混)

每天这个时辰,当最后一缕夕阳照到门框上我就回来,赶着牛车回来,吆着羊群回来,背着柴禾回来。父亲母亲、弟弟妹妹都在院子,黄狗芦花鸡还没回窝休息。全是一样的黄昏,一样简单的晚饭使劳累一天的家人聚在一起——面条、馍馍、白菜——永远我能赶上的一顿晚饭,总是吃到很晚。父亲靠着背椅,母亲坐在小板凳上,儿女们蹲在土块和木头上,吃空的碗放在地上,没有收拾。一家人静静呆着,天渐渐黑了,谁也看不见谁了,还静静呆着。油灯在屋子里,没人去点着,也没人说一句话。

另外一个黄昏,夕阳在很远处被阴云拦住,没有照到门框上。天又低又沉,满院子的风,很大的树枝和叶子,飘过天空。院门一开一合,啪啪响着,顶门的木棍倒在地上,一家人一动不动坐在院子。天眼看要黑,天就要黑。我们等着这个时辰,它到了我们还在等,黑黑地等,像在等家里一个人。好像一家人都在,又好像有一个没回来。谁没有回来。风呜呜地刮,很大的树枝和叶子,连接不断地飘过头顶。

风给你开门,给你关门。

很多年前,我们都在的时候,我们开始了等候。那时我们似乎已经知道,日后能够等候我们的,依旧是静坐在那些永远一样的黄昏里,一动不动的我们自己。

(音乐扬起,隐)

黄沙梁村位于古尔班通古特沙漠的边缘,刘亮程曾经长年累月地在这个村子生活了一二十年。他像熟悉自己的掌纹一样熟悉村庄里的每个角落,持续不断地观察和聆听使他获得了见微知著的本领。当一些人纷纷把目光投向一个遥远的所在时,刘亮程则不慌不忙地从我们熟视无睹的日常事物中发现了真理,他的几乎所有文字都在写这个村庄。多年后,当他突然出现在村子中间的马路上时,仿佛自己一直在这条路上来来回回走了多年,这一刻忽然看见——一个长大的、正在老掉的自己,站在马路中,一副茫然的样子。(音乐压混)

村子里少了许多东西,光秃秃的,有点不太像黄沙梁。天空也像少了许多东西,空空荡荡,顺着马路往北走,刘亮程觉得,应该有一个东西出来迎迎他,哪怕是一只鸡一头驴。可是没有,只有尘土慢慢往下落。太阳落在村外荒野,像一张远走他乡的脸蓦然回转。在这样一个黄昏里,他想一个人回来,和一粒尘土落下,是一样大小的事情。(音乐隐)

走进原先生活过的院落,门前的菜地已经荒芜,可以看出许多年没种过东西。芦苇和灰蒿子杂长在院子。房子东边的牛圈不见了,菜窖塌陷成一个凹坑,那棵走的时候没砍的弯柳树,好像还是离开时的大小和样子,原本完整的院墙,如今只剩下西边靠马路的一截土墙。在刘亮程看来,他留在这个村庄里影响最深远的一件事,是打开了这堵歪扭的土院墙。

我们从早晨开始打那截墙。那一年四弟11岁,三弟13岁,我15岁。

我们以为父亲会带着我们打那堵墙。他放好梯子,椽子并排绑起来,后退了几步,斜眼瞄了几下,过来在一边架子上跺了两脚,往槽子里扔了几锨土,然后扛着锨下地去了。

父亲把这件活扔给我们兄弟仨了。(音乐混)

我提夯,三弟四弟上土。一堵新墙就在那个上午缓慢费力地向上升走。我们第一次打墙,但经常看大人们打墙,所以不用父亲教就知道怎样往上移椽子,怎样把椽头用绳绑住,再用一个木棍把绳绞紧别牢实。我们劲太小,砸两下夯就得抱着夯把喘三口气。我们担心自己劲小,夯不结实,所以每处都多夯几次,结果这堵墙打得过于结实,以致多少年其他院墙早倒塌了,这堵墙还好端端站着,墙体被一场一场风刮磨得光光溜溜,像岩石一样。只是墙中间那个窟窿,比以前大多了,能钻过一条狗。

这个窟窿是我和三弟挖的,当时只有锨头大,半墙深。为找一把小斧头我们在刚打好的墙上挖了一个洞。墙打到一米多高,再填一层土就可以封顶时,那把小斧头不见了。

会不会打到墙里去了。我望着三弟。

刚才不是你拿着吗,快想想放到哪了。三弟瞪着四弟。

四弟坐在土堆上,已经累得没劲说话。眼睛望着墙,愣望了一阵,站起来,捡了个木棍踮起脚尖在墙中间画了一个斧头形状。我和三弟你一锨我一锨,挖到墙中间时,看见那把小斧头平躺在墙体里,像是睡着了似的。

斧头掏出后留下的那个窟窿,我们用湿土塞住,用手按瓷。可是土一干边缘便裂开很宽的缝隙,没过多久便脱落下来。我们再没去管它,又过了许久,也许一两年,那个窟窿竟通了,变成一个洞。三弟说是猫挖通的,有一次他看见黑猫爬在这个窟窿上挖土。我说不是,肯定是风刮通的。我第一次趴在这个洞口朝外望时,一股西风猛窜进来,有水桶那么粗的一股风,夹带着土。其他的风正张狂地翻过院墙,顷刻间满院子是风,树疯狂地摇动,筐在地上滚,一件蓝衣服飘过来,袖子伸开,像半截身子的人飞在天空。我贴着墙,挨着那个洞站着。风吹过它时发出喔喔的声音,像一个人鼓圆了嘴朝远处喊。夜里刮风时这个声音很吓人,像在喊人的魂,听着听着,人便走进一场遥远的大风里。

后来我用一墩骆驼刺把它塞住了,根朝里,刺朝外,还在上面糊了两锨泥,刮风时那种声音就没有了(音乐隐)。我们搬家那天看见院墙上蹲着坐着好些人,才突然觉得这个院子再不是我们的了,那些院墙再也阻挡不住什么,人都爬到墙头上了。我们在的时候从没有哪个外人敢爬上院墙。从它上面翻进翻出的,只有风。在它头上落脚,身上栖息的只有鸟和蜻蜓。

现在,那些蜻蜓依旧爬在墙上晒太阳,一动不动。它们不知道打这堵墙的人回来了。他是在那些生活将要全部地、无可挽救地变成睡梦的时候及时地赶了回来。

在很多年以前,刘亮程曾希望自己在一个村庄的一间房子里长久地生活下去。如果这间房子结实,就不挪窝地住一辈子。一辈子进一扇门,睡一张床,在一个屋顶下御寒和纳凉,并且幸福地回忆着多少年前的事。

(音乐压混)

我一直庆幸自己没有离开这个村庄,没有把时间和精力白白耗费在另一片土地上。在我年轻的时候,年壮的时候,曾有许多诱惑让我险些远走他乡,但我留住了自己。没让自己从这片天空下消失,我还住在老地方。所谓盖新房搬家,不过是一个没有付诸行动的梦想。我怎么会轻易搬家呢?我们家屋顶上面的天空,经过多少年的炊烟熏染,已经跟别处的天空大不一样。当我在远处,还看不到村庄,望不见家园的时候,便能一眼认出我们家屋顶上面的那片天空,它像一块补丁,一幅图画。不管别处的天空怎样风云变幻,它总是晴朗祥和地贴在高处,家安安稳稳坐落在下面,家园周围的这一窝子空气,多少年被我吸进呼出,也已经完全成了我自己的气息;带着我的气味和温度;我在院子里挖井时,曾潜到3米多深的地下,看见厚厚的土层下面褐黄色的沙子,水就从细沙中缓缓渗出。而在西边的一个墙角上,我的尿水年复一年已经渗透到地壳深处,那里的一块岩石已被我含碱的尿水腐蚀得变了颜色。看看,我的生命上抵高天,下达深地,这都是我在一个地方地久天长生活的结果。我怎么会离开它呢。

(音乐扬起,渐隐)

可后来刘亮程并没有比一间房子在这个地方生活得长久,甚至不如一截土墙长久。现在他躺在原先是他们一家人睡了多年,后来别人又躺了多年的土炕上。(音乐压混)外面亮得像梦中的白天,那扇糊着报纸落满尘土的小窗户,还是把月光全放了进来。屋外刮着清风,有一阵没一阵,好像大地在叹气。

　　有一个人在夜里敲打东西。敲打声一下一下蹦到高空,又顺风滑落下来,很沉地撞着人的耳膜。(音乐隐)整个村子静静的,只有这个声音在响。刘亮程能听出来,是这个村子里的一件东西在敲打另一件东西。不像外地来的木匠,用他带来的一把外地斧头,砍村里的木头,声音生刺生刺的,像不认识的两条狗狠劲相互咬着,一点不留情。

　　那个敲打声把刘亮程喊出了门,它在敲打一件刘亮程认识的东西。他必须出去看看。在11岁那年,他差一点随一位木匠远走他乡。

　　(音乐压混)

　　许多年前的一个中午,一群孩子围在我们家院子里,看一个外地来的木匠打制家具。他的工具锁在一个油黑的木箱里,用一件取一件,不用的装进去锁住,一件也不让人动。

　　那群孩子只有呆呆地看着他在木头上凿眼,把那些木棍棍锯成一截一截摆放整齐。其中一个孩子想,要能用一下他的刨子,把这块木板刨平该多好呀。另一个想,能动动他的墨盒,在这根歪木头上打一根直直的黑线多好。

　　吃午饭时,那群孩子看着大人们给木匠单独做的白面馍馍,炒的肉菜。长大了我也要当木匠,一个孩子说;我也背个木箱四处去给人家做家具,另一个孩子说。

　　赶我们长大不知还有没有木头了,另一个孩子想。

　　我记不清自己为什么没有跟那个木匠去学艺,而是背着书包去了学堂。

　　那个木匠临走前在门外等了好长一阵。母亲把我拉进屋里,忘了是劝我去还是劝我不去。出来时,那个木匠刚刚离去。他踩起的一溜土还没落下来。

　　(音乐隐)

　　那群孩子中的一个,后来果真当了木匠。现在他就在刘亮程面前敲打着一样家具,身旁乱七八糟堆着些木料。一盏灯高挂在草棚顶上。刘亮程站在院墙外的黑暗处,想不起这个人的名字,但他肯定是那群孩子中的一个。过去多少年后,一个村庄里肯定有一大批人把孩提时的梦想忘得一干二净。肯定还有一个人默无声息地留下来,那一代人最初的生存愿望,被他一个人实现了。尽管这种愿望早已经过时。

　　刘亮程没去打扰他。返回屋里重新躺下。整个村子在这个声音里睡着了。他的敲打声和狗吠、鸡鸣一样已经成为村子的一部分。刘亮程也恬然地睡着了。

　　刘亮程走不出家园,因为对刘亮程来说,家园并不是虚幻所在,而是一个和自己生命息息相关的地方。它有着比"出生地"一词更为丰富的内容,不仅代表空间,而且代表时间,是世代相传的故事以及现实生活的全部。那里的阳光和空气早已化为自己的体温,混合了自己的气息,即使远在天涯,仍然留在体内,激起永远的渴望和怀想。

　　(音乐起,混)

　　我在地上只有一个行将废失的家园。在天上我没有自己的一砖一瓦。我注定要四处漂流的魂魄只有你——黄沙梁,这唯一的去处与归宿。

　　当我死去,我已经全部地归属于你。

　　你能埋掉的,葬入你的黄土。

　　你埋不住的,让它飘游于你的高远天际。与你的尘土、炊烟、树叶和草籽一起,一年一年地,起起落落。
让它成为你下一个春天的种子。
让它再发一次芽,再开一次花。
让它在你一场一场的风中,再一次感知你的恩惠与生机。
——我的母亲黄沙梁啊!
(配乐扬起,渐隐)

听众朋友,刚才播送的是文学专题《一个人的村庄》,介绍青年作家刘亮程和他的散文。编辑:李继卫,解说:朱丹,演播:文浩,音乐制作:孙书宝,监制:徐国志。

这次节目播送完了。

(新疆人民广播电台2000年12月26日首播)

2000年 海峡之声广播电台

英子的乡愁

海峡之声广播电台,听众朋友好,现在是文艺节目时间。请听文学专题《英子的乡愁》。
(歌曲《送别》)
　　　　长亭外,古道边,
　　　　芳草碧连天。
　　　　晚风拂柳笛声残,
　　　　夕阳山外山……

(压混)

十八年前,曾经有一部叫《城南旧事》的电影,讲述了半个多世纪以前,一个台湾小女孩林英子在北京的故事。她跟随着爸爸妈妈漂洋过海来到北京,住在城南的一条小胡同里……

(音乐渐隐,混入电影《城南旧事》片段)

电影《城南旧事》于1983年荣获马尼拉国际影展最佳影片奖,这是中国电影首次在国际上获奖。一夜之间,"长亭外,古道边,芳草碧连天"这支插曲变得家喻户晓,耳熟能详。然而,这部电影给人们带来的心灵冲击并没有随着光阴的流转而消逝,许多年过去了,人们总也忘不了小英子那双清澈、明亮、对世间万象充满疑问的大眼睛,很多人也因此知道了小说《城南旧事》的作者——台湾著名女作家林海音。

(乐起,压混)

林海音1918年出生于日本大阪,5岁那年随父母返回故乡台湾,随后举家迁往北京。在那里,她度过了童年、少年和青年时代。25年间,她经历了背井离乡的辛酸、少年丧父的痛楚、求职谋生的艰难,所有这一切都被岁月的风沙磨蚀了,唯有那些童年的琐事,点点滴滴印刻在她的心头,就像一壶陈年的老酒,愈久愈醇,愈久愈香……

(驼铃声起,音乐,压混——作品《冬阳·童年·骆驼队》)

骆驼队来了,停在我家的门前。

它们排成一长串,沉默地站着,等候着人们的安排。天气又干又冷,拉骆驼的摘下了他的毡帽,秃瓢儿上冒着热气,是一股白色的烟,融入干冷的大气中。

爸爸已经和他们讲好价钱了。人在卸煤,骆驼在吃草。

我站在骆驼的面前,看它们吃草料咀嚼的样子,那样丑的脸,那样长的牙,那样安静的态度。它们咀嚼的时候,上牙和下牙交错地磨来磨去,大鼻孔里冒着热气,白沫子沾满在胡须上。我看得呆了,自己的牙齿也动了起来。

骆驼队伍过来时,你会知道,打头儿的那一匹,长脖子底下总系着一个铃铛,走起来,"铛、铛、铛"地响。

"为什么要系一个铃铛?"我不懂的事就要问一问。

爸爸告诉我,骆驼很怕狼,因为狼会咬它们,所以人类给它带上铃铛,狼听见铃铛的声音,知道那是有人类在保护着,就不敢侵犯了。

我的幼稚心灵中却充满了和大人不同的看法,我对爸爸说:

"不是的,爸!它们软软的脚掌走在软软的沙漠上,没有一点点声音,你不是说,它们走上三天三夜都不喝一口水,只是不声不响地咀嚼着从胃里反刍出来的食物吗?一定是拉骆驼的人,耐不住长途的寂寞,所以才给骆驼带上了铃铛!"

爸爸想了想,笑笑:"也许,你的想法更美些。"

冬天快过完了,春天就要来,太阳特别地暖和,暖得让人想把棉袄脱下来。可不是吗?骆驼也脱掉它的绒袍子啦!它的毛皮一大块一大块地从身上掉下来,垂在肚皮底下。我真想拿剪刀替它们剪一剪,因为太不整齐了。

夏天来了,再不见骆驼的影子,我又问妈:

"夏天它们到哪儿去?"

"谁?"

"骆驼呀!"

妈妈回答不上来了,她说:"总是问,这也问,你这孩子!"

夏天过去,秋天过去,冬天又来了。骆驼队来了,但是童年却一去不返。冬阳下学骆驼咀嚼的傻事,我也不会再做了。

可是,我是多么想念童年住在北京城南的那些景色和人物啊!我对自己说:把它们写下来吧,让实际的童年过去,心灵的童年永存下来。

就这样,我写了一本《城南旧事》。

我默默地想,默默地写。看见冬阳下的骆驼队走过来,听见缓慢悦耳的铃声,童年重临于我的心头。(乐扬,渐隐)

林海音的少年时代,她的故乡台湾已沦为日本的殖民地,而她的祖国正在遭受着日本侵略军铁蹄的践踏。1929年,林海音的叔叔林炳文因在大连参与抗日活动,被日本人秘密杀害,从此,家仇国恨便深深地埋在她幼小的心田。13岁那年,林海音的父亲病故,全家失去了生活来源,其祖父自台湾来信,要她们早作"归乡之计"。身为长女的林海音在给祖父的回信中写道:

我们现在是失去了故乡，但是回到故乡，我们便失去了祖国。想来想去，还是宁可失去故乡，让可爱的故乡埋在我的心底，却不要做一个无国籍的孩子。

就这样，林海音坚持留在了北京，靠着变卖家产和亲友的接济，与母亲和弟妹们艰难度日。15岁那年，她考人北平新闻专科学校，半工半读，毕业后成为《世界日报》的一名记者，小小年纪便挑起了生活的重担。终日为生计奔波使她几乎忘却了思乡的痛苦，可是每到夜深人静之时，故乡那摇曳多姿的槟榔树、祖父那慈祥的笑脸，总是在梦中与她不期而遇。芳草年年绿，何日是归期？已经长大成人的小英子盼啊，盼啊，她望穿秋水，终于盼来了可以回到故乡的那一天。

(乐起，压混)

这是林海音1945年写给在台湾的堂兄林汀烈先生的一封信：

阿烈哥哥：

给您写这封信是怀着怎样的心情，真是形容不出来！哥哥，您还认得出妹妹的笔迹吗？自从故乡大地震的那一次，您写信告诉我们说，家人已无家可归，暂住在搭的帐篷里，算起来已经十年不通信了。这十年中，您会以为我忘记故乡了吗？实在是失乡的痛苦与日俱增，岁岁月月都像是在期待着什么，又像是无依无靠无奈何。但是真正可期待的日子终于来临。八月十五的中午，所有的日本人都跪下来，听他们的"天皇"广播出来的降书。我在工作了四年的藏书楼上，脸贴着玻璃窗向外看，心中却起伏着不知怎样形容的心情，只觉得万波倾荡，把我的思潮带到远远的天边，又回到近近的眼前！喜怒哀乐，融成一片！哥哥，您虽和我们隔着千山万水，这种滋味却该是同样的吧？

让我来告诉哥哥一个最好的消息，就是我们预备还乡了。从一无所知的童年时代，到儿女环膝地做了母亲，这些失乡的岁月，是怎样挨过来的？我们受了多少委屈，都单单是为了热爱故乡，热爱祖国。这一切都不要说了吧，这一切都譬如是昨天死去的吧，让我们从今抬起头来，生活在一个有家、有园、有根、有底的日子里！

哥哥您知道吗？最小的妹妹已经亭亭玉立了，我们五个之中，三个已为人妻母，两个浴在爱河里。妈妈仍不见老，人家说年龄在妈妈身上是不留痕迹的！而我们也听说哥哥有了四千金，大家见面都要装得老练些啊！

哥哥，千言万语，不知从何说起，您就准备着欢迎我们吧！对了，您还要告诉认识英子的那位阿婆英子还乡的消息，我要她领着我去到我童年玩耍的每一个地方，我要温习儿时的梦。好在这一切都不忙，我会在故乡长久、长久、长久地待下去，有的是时间去补偿我二十多年间的乡恋。哥哥，为我吻一下故乡的泥土吧！再会，再会的日子是这样的近了！

(音乐渐隐，出作品《北平漫笔》片段)

离开北平的那年，曾赶上最后一次看红叶，冰鞋来不及捡出，我便离开了。飞机到了上空，曾在方方的古城上绕了个圈，协和医院的绿琉璃瓦给了我难忘的最后一瞥，我的心颤抖着，是一种离开多年抚育的乳娘的滋味。

(海浪、海鸥声)

英子，你跨越千山万水地回来了，回到了你朝思暮想的台湾。你的故乡和亲人都好吗？宝岛上温暖的阳光、和煦的春风，是否可以抚平你多年漂泊的创痛？慰藉你思乡的愁绪？

你满怀喜悦地开始了新的生活。你说从今以后，可以生活在一个有国、有家、有根、有底的日子里。然而天有不测风云，当你蓦然回首，却发现你身后那条窄窄的海峡，仿佛突然间变成了悬崖百丈冰,阻断了你的归路。北京,这个有如乳娘般抚育你成长的第二故乡,已经是可望而不可即。从此,另一种乡愁开始在你的心中滋长。

(乐起,压混——作品《苦恋北平》)

不能忘怀的北平!那里我住得太久了,像树生了根一样。快乐与悲哀,欢笑和哭泣,那个古城曾倾泻我所有的感情,春来秋往,我是如何熟悉那里的季节啊!

春光明媚,一骑小驴,把我们带到西山。从香山双清别墅的后面绕出去,往上爬,大家在打赌,能不能爬上"鬼见愁"那个山头。

春天的下午,有时风沙也很大,风是从哪儿吹来的呢?从蒙古那边吹来的吗?从居庸关外那边吹来的吗?春风发狂,把细砂送进了你的眼睛、鼻子和嘴里。有时一夜狂风肆虐,把牡丹糟蹋得不成样子。几阵狂风就扫尽了春意,寻春莫迟,春天在北平是这样的短促呀!

蝉叫,是难忘的夏季的声音。家家院子里都有树,蝉叫声不断,都是在闷热的下午。北平夏季也时有"说时迟那时快"的暴雨。西北天空忽然乌云密布,一阵骤雨洗净了世间的污浊,有时不到一小时,太阳又出来了,土的气息被太阳蒸发出来。这时胡同里又传来了小孩子叫卖"五香豌豆"的声音。原来雨过天晴,小住家儿的妇人就煮了五香豌豆,放在浅筐里,叫男孩子沿街叫卖,小男孩卷起裤角光着脚,在还没消失的雨水里走着喊着,一会儿豌豆就卖完了。

西来顺门前,如果摆出那两面大镜子的招牌——用红漆一面写着"涮",一面写着"烤",便告诉人,秋来了。从那时起,口外的羊,一天不知要运来多少只,才供得上北平人的馋嘴咧!

北平的秋天,说是秋风萧索,未免太凄凉。如果走到熙熙攘攘的西单牌楼,远远地就闻见炒果子香。向南移要出宣武门的话,一路上都是烤肉香。羊肉的膻,果子的香,在我的回忆中,是最足以代表北平季节变换的气味了!

我很记得,北平的初冬,落雪的夜晚,我们踏雪归来的情景。肩上扛着冰鞋,脚下的毛窝踏着厚厚、松松、轻轻的积雪,发出嗤噗嗤噗的声音。脸上迎着飘来的雪花,并不寒冷,却很舒服。快到家的胡同里,可以遇见卖萝卜的,他提着灯,背着木筐子,在雪的静的胡同里喊着:"萝卜啊!赛梨啊!"我们停下来,买一个回去。听见切萝卜的清脆声,就知道我们赶上的是一个绿皮红瓤、脆甜赛梨的"心儿里美"了!

这一切,在这里何处去寻呢?像今夜细雨滴答,更增我苦念北平!当年我在北平的时候,常常幻想自小远离的台湾是什么样子,回到台湾,却又时时怀念北平的一切,不知现在变了多少了?总希望有一天飞机把大陆和台湾两个地方连接起来,像台北到台中那样,朝发而午至,可以常来常往,那时就不会有心悬两地的苦恼了。人生应当如此,我相信早晚会做到的……

(音乐渐隐)

1990年,林海音应中国现代文学馆的邀请,到祖国大陆做学术访问交流。她风尘仆仆地从台湾转道香港,登上了中国国际航空公司飞往北京的班机。

上了中国民航,在几位北京大姑娘的空中服务下,我找到了座位。刚坐下,马上空中小姐的"京味儿"就出来了,只听见站我不远的小姐冲着前面喊:"行李箱子别撅着放!"她喊了两声没人理,乘客还是各自往头上的柜子塞东西。此机是波音747,全机满是台湾、香港的乘客,我也不知道有谁听得懂她这"别撅着放"的意思。

一声乡音入耳,年近七旬的林海音忍不住老泪纵横。42年了!42年不见的乳母啊,你可曾记得你的小英子,那个在城南的胡同里背着书包、跳着方格儿的小英子?今天,她就要回来了!

香山的红叶依旧,故宫的琉璃瓦依旧,简朴温馨的四合院依旧,弯弯曲曲的小胡同依旧,而当年的小英子如今已是两鬓繁霜。这一切又怎能不叫老作家感慨万千!

林海音在台湾生活了四十多年,一口纯正的北京话却丝毫未改,这使她一回到北京,便如鱼得水。短短的六天时间里,林海音马不停蹄地走访了她小学、中学时代的母校,拜望了许多文坛前辈和亲朋故交,还忙里偷闲逛了一回天桥,连看戏带吃北京小吃,过足了一回老北京人的生活。临别前她依依不舍地写下了这段文字:

明日赋归矣!在北京过了六天"京味儿"的日子,也许兴犹未尽,但是所获颇多,也过足了说京味儿的话、听京味儿的戏、吃京味儿小吃的瘾。这要感谢北京中国现代文学馆给我赴京的这次机会,和大家"京味儿"相处,不管外头多冷,心里可真暖和呀!两岸的文化交流,应当不仅止于此,以后会永远永远地下去,直到有一天,不分彼此地合而为一,我是这样地期待着。

台湾海峡的坚冰正在一天天融化,英子的期待终有一天会变成现实。至少,两岸的作家们已经携起手来了。2000 年 10 月 25 日,海峡两岸林海音作品学术研讨会暨《城南旧事》发表 40 周年纪念大会在北京举行,与会代表充分肯定了林海音女士几十年来为弘扬民族文化、推动两岸文学交流所作出的贡献,并一致认为:一个作家创作出一部好的作品,不仅会丰富我们的文坛,更会丰富我们的心灵,而林海音女士就是这样一位优秀的作家。

因健康方面的原因,82 岁高龄的林海音未能出席此次研讨活动,但她向大会捐赠了大量个人作品及台湾文学出版物。墨香流韵,字字生情,众人掩卷之余,都为这位文坛名宿笔下那浓浓的乡情感叹不已。中国现代文学馆馆长舒乙先生还给大家讲述了一段十年前林海音女士初回北京时在南来顺喝豆汁儿的情景:

(出舒乙录音)

喝豆汁儿,老北京人喝豆汁儿啊!连喝 9 大碗!一边喝一边批判:豆汁儿不能喝温的,要喝滚烫的,去换来!然后又挑咸菜丝的错:豆汁儿不能就咸菜丝儿,要就咸菜末儿!搞得那个经理呀,跑堂呀,招待的特别紧张:不是说来的是一位台湾客人吗,怎么典型的北京姑奶奶来了……

(录音止。乐起,压混)

"慈母手中线,游子身上衣。临行密密缝,意恐迟迟归。谁言寸草心,报得三春晖。"有谁不爱自己的家乡?有谁不爱自己的母亲?乡愁是一支中华民族唱了几千年的歌谣,而只有当乡愁与祖国之爱、民族之恋紧紧联系在一起时,这支歌谣才能唱得更加隽永、绵长。

林海音的心中就有这样的一支乡愁之歌。她的经历,她的文学创作,注定了这支歌将伴随着她,直到生命的终点。

(乐扬起)

> 长亭外,古道边,
> 芳草碧连天。
> 晚风拂柳笛声残,
> 夕阳山外山……

(音乐渐隐)

听众朋友,以上您收听的是文学专题《英子的乡愁》。撰稿:姚文辉;播音:马艺、逄萃;监制:钱锋。这次节目播送完了。谢谢收听,再会。

2000年　内蒙古人民广播电台

昭君墓断想

听众朋友晚上好,欢迎您收听内蒙古人民广播电台《文学欣赏》节目。今天的节目中,我们请大家欣赏散文——《昭君墓断想》。

(入音乐小提琴协奏曲《王昭君》)

在内蒙古呼和浩特市城南九公里处,一片平展的原野上,突兀地高耸起一座高三十几米、占地二十多亩的土冢。它背依巍巍的大青山,近傍沉寂的大黑河,独向苍穹,傲然挺立。相传这里就是王昭君的坟墓,历史上的文人墨客都习惯称之为青冢。因为据说每年凉秋九月,塞外各地青草都已枯黄,唯独昭君墓上仍保青绿。所以素来相信天人感应的中国人认为这是昭君的忠魂感动了天地。

(音乐弱出)

在一个塞外并不多见天空湛蓝的初春午后,我又一次来到昭君墓,来拜谒这位远嫁的姑娘。此时,杨柳的枝条还未吐芽,墓冢的石块还残留着些许冬日的寒意,天空如一块巨大的蓝色宝石,映衬着紫微的古阴山,大黑河畔这一片古老的田野宁静安详。(入琵琶曲)在这古老而寂静的氛围中,我似乎听到连绵悠远的琵琶声从岁月的那头飘来,丝丝缕缕萦绕心头,把我的思绪带到了昭君故里的香溪河畔。

(琵琶曲《浣纱女》扬起,走一节　压混)

王昭君的故里在湖北省兴山,西汉时属秭归县所辖。相传古蜀王望帝杜宇原来住在归州,后来迁到蜀地,因为日夜思念家乡,死后化为杜鹃,啼叫着"不如归去",所以秭归又称归州。也许这地名产生时就带着太多的伤感,西汉前秭归县境内的两个千古流芳的人物屈原和王昭君最终都没能回到那里。尽管如此,至今秭归县还并排矗立着两通石碑,一通为"楚大夫屈原故里",另一通为"汉昭君王嫱故里"。对于这里的人杰地灵,历代的文人骚客都极表艳羡。宋朝诗人范成大有诗赞道:"绝代昭君村,擎世屈原宅。"他们把昭君和屈原联系在一起,不仅仅是同乡的原因,更饱含着对昭君的赞美。

(音乐弱出)

在昭君的出生地,至今仍流传着许许多多有关昭君的传说。其中《望月楼》说的是昭君的母亲八月十五梦月入怀而生昭君。昭君对月理妆、对月弹琴、对月歌唱、月下读书、月下绘画,像月里的嫦娥一样美丽清雅。《妃台晓日》是赞扬王昭君善于刺绣,她绣的故乡八幅山水图成了"兴山八景",她常去的妃台山成为八景之冠——"妃台晓日"。这样的传说可谓数不胜数,如昭君渡、琵琶桥、骆驼峰、桃花鱼等,总之在百姓心中,昭君是一个秀丽淳朴、聪明勤劳、心灵手巧的农村少女。劳动人民按照自己的喜好塑造了昭君。人们乐于传说，至于真实与否却无人挂怀，因为传说故事本身之美，就足以让你情动心怡、如饮甘泉了。西汉王朝和亲的公主算上昭君共七人，来自民间的却只有昭君，其余几个都是皇家女。其中远嫁乌孙的细君公主留下这样一首诗：吾家嫁我兮天一方，远托异国兮乌孙王，穹庐为帐兮毡为墙，以肉为食兮酪为浆，居常土恩兮心内伤，愿为鸿鹄兮归故乡。道出了心中的无奈与感伤。然而出身劳动人民的昭君则是另外一番情形。她被封为宁胡阏氏，出色地完成了和亲使命，流芳千古。这不能不说与她的勤劳质朴和平实亲切有关。人们对她的惦念就像惦念远嫁的邻家女孩一样，总不会忘记她少女时浣纱的香溪。据说这溪水因昭君浣纱而散发出了芬芳，这芳香两千年来缭绕在人们的心底久久不散。难怪清代诗人陶澍在诗中写道："昭君浣纱处，溪水至今香。"

（入音乐。电视剧《王昭君》片段压混）

我追忆着昭君的一生，浣纱的少女，寂寞的宫人，远嫁的王妃，在她一生最为辉煌的经历中，一件是呼韩邪单于的辞行大会，另一件是被册封为"宁胡阏氏"的庆典。然而王昭君生命的意义却远不是这两大庆典所能涵盖的。

据史料记载，王昭君在呼韩邪单于的辞行大会上"丰容靓饰，光明汉宫，顾影徘徊，耸动左右"。且不说文武百官，就连皇帝也大惊失色。他绝没想到后宫竟有如此风华绝代的佳人，而这位深明大义的女子就要肩负使命，去国离乡，远嫁异邦。此时的汉元帝究竟是赞叹还是感慨，是惋惜还是无奈，这留给后人无限遐思、演绎的空间，为昭君文学平添了几分感伤与传奇。

（音乐弱出）

几名游客交谈的声音把我从遐想拉回了现实。眼前是塞外的青冢，红色的仿宫墙展示着庄严和尊贵，昭君与呼韩邪单于并马而行的《和亲》青铜雕塑向人们昭示着永恒。雕像后是董必武同志著名的《谒昭君墓》诗碑，诗中写道："昭君自有千秋在，胡汉和亲识见高，词客各抒胸臆懑，舞文弄墨总徒劳。"拾级而上，当我登上墓顶，来到一座精工细雕、瑰丽雅致的八角凉亭时，天已起风，天空变成了浅灰色。极目远眺，黑河两岸的景色尽收眼底。初春，这里还少见绿色，只有零星几处墨绿的松柏点缀在如水墨山水般的阴山和山前的原野之中。几丝萧瑟，几许苍凉涌上心头，我想此时的古都长安一定是春意盎然的另外一番景象，思绪不禁又穿越时光的隧道，飘落在两千年前的西风古道上……

（风声、驼铃声、笛子曲《心韵》）

从古长安出发，沿着秦始皇时开筑的古道辗转北行，穿越崇山峻岭、瀚海长河来到汉家大地的边上，从这里越过长城，便进入匈奴草原。然而要到达漠北位于今蒙古国乌兰巴托附近的单于庭，还要走很长很长的路。途中因高山大漠峡谷的阻隔，不得不绕很远的路。昭君出塞究竟走了多长时间，没有任何文献作过记载，但我们只要取出一幅地图，划出她出塞的路线，就可想见途中的颠簸与艰辛。让我们沿着昭君的心路历程再走一次那条漫漫长途：繁华的古长安渐行渐远，即便站在高坡瞭望，也望不见汉家官阙那巍峨壮观的飞檐了，真是"回首望长安，可怜无数山"。……然而脚下的遥遥长路却刚刚开始，在车轮的"吱嘎"声中一座座山峰、一片片原野、一座座城池被抛闪身后。站在汉家大地的边缘回首一望无际的原野：杳杳天低，那鹃鸟飞没的地方是来时曾翻越的高山，汉乐府中"高山峨峨，河水泱泱。父兮母兮，道里悠长，呜呼哀哉，忧心恻伤"，一定是她当时心情的真实写照。再往前走，越过长城，就到了真正的塞外。"塞"字在中国古代汉语中是指可以作为屏障的险要地带。塞外在人们心中一直与黄沙白草、荒凉寂寞紧紧相连。再回头看一眼汉家的大地吧,家乡父老的泪眼迷蒙成天际的星群。昭君出塞了,她将开始一种完全不同的生活,因为漠北草原人说着不同的语言,有着不同的习俗,食肉饮酪住穹庐。当驼铃发出的单调的叮咚声敲打在她心上,当月圆之夜,塞外劲风送来胡笳声声牧马悲鸣的时候,她是否会有人在天涯柔肠寸断的悲凉呢?漫漫长途中,她是否会沿着时光之结,追溯自己人生的源头,整理那一段一段或美好或忧伤的往事呢?她的心会破碎成香溪里的粼粼波光吗?

公元前33年,这个汉家的平民女子正默默地走着自己的路,而此刻关于昭君的故事已开始在民间悄然流传,像润物的春雨,潜入寻常百姓家。

(音乐扬起　弱出)

燕子的呢喃唤醒了我的沉思。春天毕竟来了,再过几日黑河两岸的田野便都会染成嫩绿,迎来杏花春雨的时节。昭君墓就这样静静地送走了晨曦晚霞,花开花落,像一座历史的古钟,唤起游人心底千年的共鸣。中国的古代美人玉环飞燕皆化尘烟,西施貂蝉令人叹息,只有王昭君,人们敬重她,怀念她,歌颂她。两千年来,民间的百姓一直有人供奉昭君娘娘的圣像。在他们心中,昭君是一位带来和平与幸福的女神。

我的思绪又飞到了那条漫漫古道上,沿着昭君的心灵轨迹前行。

(入音乐《敕勒歌》)

颠簸过春秋冬夏,她听惯了驼铃声声,历尽了路途风霜,眼前已不再迷茫……穹庐里飘出异域的清香,羊肉的腥膻化作无可比拟的香甜:单于的臂膀剽悍如山,异族的姐妹情深意浓。昭君开始身穿他们的衣服,口说他们的语言,从此汉匈的疆域夜夜都升起袅袅的炊烟,哪一缕不寄托着她对故乡的深情呢?终于她所有的梦都留在了这风吹草低的莽莽荒原,善良的心化作青青的碧草,年年都有燕子衔来春泥,呢喃讲起那些古老的故事。这塞北的草原就是她的家园,夜夜聆听着昭君琵琶声声,微语喃喃。

(音乐扬起弱)

不知不觉中,我已走到昭君墓的尽头,这里是1997年重修时所建的碑廊,与墓东清代以前的碑刻遥相呼应。其上布满了今人题字,或苍劲古朴,或潇洒不羁,或流畅圆润。几十座碑,一座连着一座整齐排列,伸向远处,蔚为壮观。庄重的黑底白字让人感受到凝重的古意,其中既有古人的"汉家秦地月,流影照明妃"、"一去紫台连朔漠,独留青冢向黄昏"、"汉恩自浅胡自深,人生乐在相知心"等早为熟知的诗句,也有今人所作的"德著青史千秋在,青冢不泯万古传"、"名留华夏存青史,冢映朝阳耸绿原"之句。另外还有几座蒙古语的碑,也格外引人注目。

蓦然抬头,已是黄昏时分,一片紫色的雾霭笼罩了昭君墓,我的心也在这充满感伤与诗意的氤氲中,穿越苍凉的历史,深深感喟着"昭君现象"的神奇。

时光流转,岁月更迭,西汉以来,各个朝代都有无数的人在怀念昭君,歌咏昭君。其中既有皇族权贵也有黎民百姓;既有戍边将士也有楼头思妇;既有闺阁小姐也有农家女孩……更不用说骚人墨客留下的传世佳作。据人统计,古往今来反映昭君出塞的诗歌有七百余首,民间故事近四十种,洋洋洒洒尽可写一部文学史。

归途中,厚厚的历史烟尘环绕弥漫。在聆听陈纲所作小提琴协奏曲《王昭君》的美妙旋律中,我寻找着一直萦绕心头的那个问题的答案。

(音乐压混)

这宛如天籁般的音符从幻化历史的时光深处飘来，从香溪河畔滴落残雨的桑叶上飘来，从汉家宫阙深深庭院中落花上停泊的叹息声中飘来，凄美深情，婉约又包容。我不禁望向窗外，天晴了，竟是月色横空的良宵，那"秦时明月汉时关，万里长征人未还"的塞北古意涌上心头。征人、思妇的悲凉身影立在眼前。我不由忆起"醉卧沙场君莫笑，古来征战几人回"的诗句。战争意味着惨烈、残忍、杀戮与流血，意味着骨肉离散，生命有如草芥一般。昭君出塞上承二十年的停战，下开六十年的和平，她的名字让我联想到的是袅袅的炊烟，徜徉的牛羊，玩耍的孩童以及老人脸上饱经沧桑却又淡然从容的笑意……

我终于找到了人们热爱昭君的真正原因。昭君带给我们的绝不仅仅是去国怀乡的忧伤、国重身轻的悲壮，她的身上寄托了太多人类对和平、安宁的渴望。昭君已然意味着：博大、包容、深情、理解。

我的眼前又浮现出昭君墓前昭君与呼韩邪单于并马而行的塑像，这塑像也绝不仅仅是一个象征，更是标识，是力量，是韵致，是心愿。

音乐仍清泉般地在我耳边流淌，我感受到昭君历尽艰难坎坷之后精神世界的升华，音符引领我进入美好的境界，没有战争、没有威胁，恬静、舒展、升腾……那是昭君的主题，人类永恒的主题。

本期节目：编辑撰稿：寒梅，播音：贾媛，音乐编辑：赫佳音、李小桦，录音合成：敖奇、塔娜；监制：赵慧华。感谢您的收听；我们下次节目再会。

(音乐扬起渐弱)

(内蒙古人民广播电台2000年8月20日首播)

第三部分

1977—2000

电视文学作品

广播电视文学节目卷

江苏电视台（1984年4月）

最后一片叶子

欧·亨利

在华盛顿广场的西边儿，有一个肮脏的居民区，那儿的路又脏又窄，每到雨季，路面便积满了污水，马路两边儿挤满了破旧的房屋，高耸的山墙挡住了阳光，使这里的居民几乎终日生活在黑暗中。我们这个故事的主人公——两个穷得吃不上饭的年轻女画家，就是这个居民区的公民。

"苏蒂，苏蒂……噢……你画完了没有啊？"

"哦，快完了。你呢？"

"哦，我早就画完了，快走吧，亲爱的，我都快饿坏了！"

"好……走吧！"

苏蒂和琼珊是那种兜里掏不出半个铜板但却虔诚地崇拜缪斯的穷画家，她们可以省下最后一块儿面包去换颜料。琼珊来自缅因州，苏蒂是加利福尼亚人，共同的命运、境遇和爱好使她们走到一起。她们在一个三层楼的顶楼合租了一间屋子，那儿便是她们的卧室兼画室。

当我们的故事开始的时候，肺炎正在这个居民区里流行，这个冷酷的幽灵夹着十一月的北风在狭窄的街道里游荡，用它冰冷的手指头东碰一下，西碰一下，到处袭击着那些手无分文的穷人，我们的琼珊也受到了它的打击。

"好，好好躺着，小姐，你会好的，当然会好的，还会像过去那样，画你的山和水，好，再见！"

"大夫，她怎么样？"

"听着，苏蒂，她的病只有十分之一的恢复希望了！"

"噢……天哪！"

"这一分希望就是她想要活下去的念头。有些人好像不愿意活下去了，喜欢照顾殡仪馆的生意，简直莫名其妙。你的朋友断定自己是不会痊愈的了。"

"哦……不！"

"她是不是有什么心事？"

"她希望有一天能去画那不勒斯海湾！"

"真是瞎扯！听着苏蒂，如果让她整天听着这丧钟，那就没救了，要让你的病人想着活下去，你明白吗？要让她不想别的，只想一个字——活！懂吗？否则……"

"哦……"

医生走了，他仿佛带走了苏蒂的心，她不愿相信医生的话，她不能想象这间小小的画室将会只剩下她一个人,哦,不,那会使她发疯的!

"哦……十二、十一、十、九……哦……"

"琼珊,你在说什么?好琼珊,快睡一会儿吧,别总瞪着眼睛,怪吓人的!好琼珊!"

"六……"

"琼珊?别吓我了,你在数什么呀?"

"窗外……"

"窗外?窗外有什么呀?"

"它们越落越快了,现在只剩下五片儿了……"

"琼珊,五片儿什么?告诉你的苏蒂!"

"五片儿叶子……"

"叶子?"

"对面儿墙上那常春藤的叶子……"

"嗯?常春藤的叶子?"

"现在只剩下五片儿了……等到最后一片叶子掉下来,我也要去了,到那个不用挨饿的天国里去了……"

"你说什么傻话?那些破叶子和你的病有什么关系?别再说傻话了,琼珊,刚才医生还告诉我,说你迅速痊愈的机会是,噢,让我一字不改地照他的话说吧,他说有九成,九成把握,九成啊!"

"啊……又掉了一片儿!只剩下四片儿了!我想在天黑之前等那最后一片叶子掉下来,然后我也去了,永远地去了……又掉了一片儿,还剩三片儿……"

"噢……琼珊,你别这样……"

"哦……又一片儿……只剩两片儿了……"

"噢……上帝……"

"两片儿……"

"琼珊,好琼珊,你听我说,你听我说呀,你的苏蒂还要去对付那张该死的画儿,好到编辑那儿去给我们换面包吃,别再跟我捣乱了,我还要去找贝尔曼来当模特儿呢。答应我,琼珊,闭上眼,睡吧!"

"那你待会儿叫醒我,我想亲眼看到那最后一片叶子飘下来,我等得不耐烦……也想得不耐烦了……我想摆脱一切漂下去,漂下去……就像那片儿可怜的疲倦的叶子……"

"十、九、八……噢,只剩下三片儿了,噢……又掉了一片儿……只剩下两片儿了……"

在苏蒂和琼珊住的这幢楼房的地下室里,住着一个叫贝尔曼的画家,他操了四十多年画笔,可从没摸过艺术女神的衣裙。二十年前他就立下誓言,一定要画一幅举世无双的杰作,可遗憾的是,这幅杰作到现在还没有一根线条。

"晚上好,贝尔曼!"

"嗯。"

"琼珊要死了!"

"嗯?"

"她一个劲儿地数着对面墙上那常春藤的叶子,她说等那最后一片叶子掉了,她也要去了。扔下我去了……"

"胡说,谁会蠢到因为那该死的常春藤叶子掉了她就想到死?琼珊她还这么年轻。"

"她病得很厉害,很虚弱,我们连买面包的钱都没有了!高烧烧得她满脑子,满脑子都是古怪想法。啊,贝尔曼,走吧,你还得给我去当模特儿。贝尔曼,等我把那幅画卖了,我就把钱给你!"

"滚你的吧!我才不给你们这些整天胡思乱想的小姐当什么模特儿!我有我自己的事,我要画我的杰作!我的杰作!"

夜悄悄地降临了,琼珊睡着了,当一个灵魂正在准备走上那神秘的遥远的死亡之途时,她恐怕是最无牵挂的了。

"啊……苏蒂,把窗帘儿拉起来,我要看看……"

"噢……琼珊……"

"拉起来……"

"琼珊你听我说……"

"拉……"

"啊……叶子……噢……这是奇迹,苏蒂!"

"这是天意,琼珊!"

"我以为昨天晚上它一定会掉下来,噢……那风刮得多厉害!"

"可它还在那儿,还在!"

"也许我也能像这片叶子那样!"

"噢……琼珊,会的,当然会的,当然!咱们还要去画那不勒斯大海。"

哦,这恐怕真是天意,那最后一片叶子不管风吹雨打仍那么倔强地留在那里,它留住了琼珊的希望,也留住了她的生命。

"哦,苏蒂!"

"嗯?"

"我是个坏女孩儿,苏蒂。"

"哦,不,琼珊,你看你都说些什么呀?"

"天意让那最后一片叶子留下来,就证明我是多么坏。"

"噢……琼珊……"

"我想死,想死是有罪过的!"

"琼珊,琼珊,我的好琼珊,你干吗要哭呢?别哭,别哭……"

"早上好,小姐们!噢,琼珊小姐怎么啦?噢,别哭了,来来来,让我看看,噢,你的神色很不错啊,我说得对吧,你会好起来的,会好好活下去的。"

(教堂的丧钟响起来了……)

"又是一个可怜的家伙!"

"噢……谁?"

"就是住在地下室的那个贝尔曼。"

"啊……贝尔曼!"

两天前的早晨,门房发现贝尔曼躺在地下室里,浑身湿透,奄奄一息,后来他们发现了一盏没有熄灭的灯,一把挪过的梯子,好像还有调色板还有画笔什么的,原来那片挽救了琼珊生命的叶子是老贝尔曼画在墙上的。

"杰作,这是举世无双的杰作!"

是的，这是一幅举世无双的杰作，那是老贝尔曼用自己的生命画成的，它将永远留在那里，留在那棵常春藤上，留在这两个画家，哦不，也许还有更多的人的心里。

江苏电视台(1984年10月)

门　槛

屠格涅夫

我看见一座大厦。

正墙一道狭窄的门敞开着；

门的后边，阴沉沉的浓雾一片迷蒙。

在高高的门槛前，站着一个姑娘。

……一个俄罗斯姑娘。

那咫尺莫辨的浓雾里，寒流滚动。

同时，随着冰冷的气流，大厦里传来了缓慢的、喑哑的声音。

——呵，你想跨进这道门槛，你知道等待着你的是什么吗？

——知道。姑娘回答道。

——知道寒冷、饥饿、憎恨、嘲笑、蔑视、侮辱、监狱、疾病，甚至死亡吗？

——知道。

——你知道你会跟人世隔绝，完全孤零零的一个吗？

——知道……我准备好了。我愿意经受一切苦难，一切打击。

——知道这样的苦难和打击，不但来自敌人，而且来自亲人和朋友？

——是的，……来自他们，也能忍受。

——好吧，你情愿去牺牲吗？

——是的。

——去做无名的牺牲吗？你将会死去，而且任何人……任何人都不会知道你的名字，也不知道该纪念谁！……

——我不需要任何感激，也不需要任何怜悯。我不需要名声。

——你情愿去犯罪吗？

姑娘低下了头……

——就是犯罪，也在所不惜。

稍停了片刻，又问道：

——你知道吗?——他终于说到——你可能不再相信你现在信仰的东西,你可能会领悟到你是受了骗,白白地牺牲了自己年轻的生命吗?
——这我都知道,反正我要进去。
——进来吧!
姑娘跨进了门槛。
——随后,在她的后面放下了沉重的门帘。
—— 一个傻瓜!——有人在后面咬牙切齿地骂了一句。
—— 一个圣洁的女人!
——从某处却传来一声回答。

江苏电视台(1984年10月)

附:电视散文诗《门槛》拍摄稿本

屠格涅夫

画面内容	解说或对白
(淡入) 一座仰视的古堡大门,两扇铁门紧紧关着。 一声闷锣,门吱吱呀呀地打开。 门里黑黑的,什么也看不见。 从黑暗中推出黑体字: 门槛	
天空中翻滚的乌云。 古堡门口,一位少女站立着……	我看见一座大厦。 正墙一道狭窄的门敞开着; 门的后边,阴沉沉的浓雾一片迷蒙。
门槛和站立在门槛前的脚。	在高高的门槛前,站着一个姑娘。 ……一个俄罗斯姑娘。
黑黑的古堡里浓雾滚滚,什么都看不清……	那咫尺莫辨的浓雾里,寒流滚动。 同时,随着冰冷的气流,大厦里传来了缓慢的、喑哑的声音。 ——呵,你想跨进这道门槛,你知道等待着你的是什么吗?

续表

画面内容	解说或对白
姑娘的背影。 古堡里的浓雾。	——知道。姑娘回答道。 ——知道寒冷、饥饿、憎恨、嘲笑、蔑视、侮辱、监狱、疾病，甚至死亡吗？ ——知道。
门边的姑娘。 漫过地面的浓雾。	——你知道你会跟人世隔绝，完全孤伶伶的一个吗？ ——知道……我准备好了。我愿意经受一切苦难，一切打击。 ——知道这样的苦难和打击，不但来自敌人，而且来自亲人和朋友？ ——是的，……来自他们，也能忍受。 ——好吧，你情愿去牺牲吗？ ——是的。
黑暗中的窗户。 门洞边的姑娘背后（推特写）	——去做无名的牺牲吗？你将会死去，而且任何人……任何人都不会知道你的名字，也不知道该纪念谁！…… ——我不需要任何感激，也不需要任何怜悯。我不需要名声。 ——你情愿去犯罪吗？ 姑娘低下了头…… ——就是犯罪，也在所不惜。 稍停了片刻，又问道：
浓雾。	——你知道吗？——他终于说到——你可能不再相信你现在信仰的东西，你可能会领悟到你是受了骗，白白地牺牲了自己年轻的生命吗？
姑娘（仰） 姑娘走出画面……	——这我都知道，反正我要进去。 ——进来吧！ 姑娘跨进了门槛。
姑娘向门里坚定地走去。镜头摇上。	——随后，在她的后面放下了沉重的门帘。 ——一个傻瓜！——有人在后面咬牙切齿地骂了一句。

续表

画面内容	解说或对白
天空,一缕阳光从云层中露了出来。	——一个圣洁的女人! ——从某处却传来一声回答。
大门,慢慢地关上……	
《屠格涅夫诗集》被一只手合上(镜头拉出) 余绍基教授开始介绍	(同期声) (略) (此后再用俄语朗诵一遍,此处略) (1984年9月摄制)

注:此片获1986年度首届全国电视文艺"星光奖"二等奖。

江苏电视台(1985年4月)

看不见的珍藏

斯蒂芬·茨威格

那是一个十分遥远的故事……

那是第一次世界大战,一场恶魔导演的可怕的战争,使人们陷入了无穷的灾难之中,说来难以令人置信,到了1916年,整个德国只能靠定量配给植物蔓菁充饥。那是一个蔓菁的冬天,人和奶牛具有同等价值的冬天。到了战后,货币已经变得像气泡那样不值钱,人人都想把钱变成食物,免得它在一小时之后变成一把废纸。这股突然迸发出来的抢购浪潮,没有任何东西能抵挡得住。

我经营的这家从我祖父、父亲传到现在的老古玩店,也未能幸免,它在一夜之间便被抢得只剩下这块招牌了。我这个柏林生意最好的艺术和古玩的商人,现在竟找不到一件拿得出手的东西,我为此而感到羞愧。为了维持我的古玩店,为了维持生活,我只有一条可走的路,就是翻翻店里的旧账,从我的那些老主顾那里设法弄回点儿东西,以应付门面,不过这也只是一点点希望罢了。就这样,我找到了他——海尔瓦特,就是他,将近六十年来从我的祖父和父亲手里买走了数以千计的珍品,在这个老兵手里拥有一个无与伦比的宝库。我决定去开掘这座宝藏。但愿这个老兵还活着。上帝保佑!

亲爱的朋友,作为一个生意人,我信奉这样的上帝,那就是榨干你对手骨髓里的最后一滴油!说实话,只要一想到那个外省人手里竟有伦勃朗、丢勒、曼台涅的画册,我的心就激动得不能自已,就是千辛万苦也值得去找一找他。
　　我终于找到了他,这个拥有价值连城的宝藏的海尔瓦特,他还活着。但是说实在的,当我站在他的门前的时候,我有着某种敬畏的感觉,仿佛是阿里巴巴面对着那座神秘的宝库。
　　"哦,您好,我是'柏林古玩店'的,如果方便的话我想见见海尔瓦特先生。"
　　"噢,你是?好,稍等一会儿。"
　　"啊……柏林大古玩店的老板,请,请,快请他进来,快请他进来。"
　　"啊,先生,请进。"
　　"噢,好!"
　　就这样,我走进了这个家,我根本没有想到我要参与一场骗局,一场令人心碎的骗局。
　　"啊……欢迎,欢迎!柏林的大老板,居然到我们这个小地方来了!哈哈哈哈……"
　　我看见屋子中央笔直地站着一位年纪很老可身体还很健壮的老人,他把双手亲切地向我伸过来,嘴里说着表示欢迎的词句,却并不走过来,我心里有点儿莫名其妙,我不得不怀疑他那些热情的手势和亲切的欢迎都是虚假的。
　　"打扰您了,海尔瓦特先生!啊?"
　　"啊……欢迎啊欢迎!欢迎您光临寒舍,像我们这种小地方很少有贵客上门的,我完全猜得出您找我的原因,在我们穷困不堪的德国,生意越来越难做了,没有人来买东西了,所以你们这些大老板就要出来找一找你们走失了的羔羊。嘿……走失了的羔羊……我们这辈子再也谈不上从你手里买东西了,尽管我们很想,可是目前,心有余而力不足!"
　　"海尔瓦特先生,您完全错了,我只不过是偶然路过这儿,顺便来看看您这位老主顾和德国最大的收藏家之一。呵呵……"
　　"哦……德国最大的收藏家,哦……露丝,你听听,德国最大的收藏家……呵呵呵……不过您会发现,您没有白来,您会看到一些东西,一些连你们柏林也没有的东西。"
　　"谢谢,很荣幸!"
　　"露丝,快拿画册来!"
　　"哦……不……"
　　"你还磨什么?快拿钥匙,快点儿!"
　　"噢……海尔瓦特,海尔瓦特,你听我说……"
　　"不……"
　　"来,来,坐下,坐下,你是不是问问我们这位尊贵的客人是不是已经吃午饭了?啊?因为现在已经到了吃午饭的时候了,大夫跟你说过吃过饭还得休息一小时,下午再让这位先生来看你的画册吧……"
　　"哦,不,我可以不休息!"
　　"那时候玛丽也在家,她可以帮助你的,你说是不是?噢……海尔瓦特,你别孩子气了!"
　　"哦,不!"
　　"噢……海尔瓦特,你听我说……"
　　"哦,海尔瓦特先生,能参观您的收藏一定是个享受,但是十分遗憾,我已经约好一位朋友在饭店吃饭,如果您能够原谅,我下午三点再来,下午三点。"

"海尔瓦特,就这样吧!好吗?"

"当然了,柏林的大老板是从来没有时间的,不过你想看的画不是三张、五张,而是一批,整整二十七卷,都是不同大师画的,而且没有一卷有残缺!"

"尊敬的海尔瓦特先生,恐怕没有任何人比我更了解您的收藏的价值了……"

"那好,三点钟!"

"一言为定,三点钟!再见!"

"再见!"

"再见!先生!"

"啊,可要准时,晚了是绝对看不完的!呵呵呵……"

"先生,请走好!"

"再见,夫人!"

"哦,先生……"

"您别送了,下午三点见!"

"先生,我……可不可以请求您,我……能不能请求您……"

"您有什么事?"

"哦……我想冒昧地问一下,您是不是在旅馆就餐啊?"

"是的,是这样!在旅馆就餐,您有什么事?"

"那好,再见!"

从海尔瓦特家里出来,我一直心绪不宁,凭我生意人的知觉,我敢肯定,这里边一定存在着某种秘密,可是,这究竟是什么呢?莫非那个瞎老头儿是个精于买卖的老滑头?或者他根本就不是瞎子?他的夫人为什么吞吞吐吐的呢?

"先生,您是柏林古玩店的黑尔先生吗?我是海尔瓦特先生的女儿,我叫玛丽。"

"哦,玛丽小姐您请坐吧!"

"见到您非常高兴,玛丽小姐!我正准备上您家去呢!"

"黑尔先生,我可以耽误您一点儿时间吗?只要一会儿!"

"当然可以,不过,您父亲那儿……"

"来得及的,再说,这件事儿正跟我父亲有关。"

"先生,如果您方便的话,我们到外边去谈谈好吗?"

"好,请吧,请……"

"是我母亲让我来的,她把一切都告诉我了,我们要请您帮一次大忙,我们想在您见到我父亲之前告诉您,我父亲的那批珍藏已经不全了。"

"已经不全了?"

"其中少了一些东西……少了很多,实际上,他已经一无所有了!"

"他已经一无所有了?"

"对,一无所有了!"

"噢……原来如此啊,玛丽小姐,如果我没有理解错的话,今天下午,我根本就不用再去您家了……"

"不不,您得去,您一定得去!"

"您会了解一切的,您听我说,您听我说……"

"玛丽小姐,您别着急,慢慢说……"

"一切都是从那场该诅咒的战争开始的……它不仅夺去了我父亲的双眼,而且夺去了父亲的一切。他一个月的养老金现在仅够买两只面包了,仅有的一点儿珠宝也卖了,可是我们要生活下去,后来我们卖了一幅画,那是一张很值钱的伦勃朗的石刻画,商人给了,给了我们几千马克的钱,我们满以为可以供我们几年花的了……可是该死的通货膨胀,不到两个月这笔钱就分文不值了……我们之后卖第二张、第三张,一直到把,把父亲所有的珍藏全部卖完了……"

"既然已经到了这种地步,我还能帮你什么忙呢?"

"为了不使我父亲疑心,我们把卖掉的画换上了白纸或仿制品,把它们装在厚纸框里,免得他摸的时候发现有什么不同,这些没有一张画的画册,就是他的生命啊!没有了画册,也许他就活不成了,所以我请求您下午一起去看画……"

"什么?您是说,让我去骗他?骗一位老人?骗我的主顾?骗您的父亲?哦……玛丽小姐,这太困难了……"

"求求您,先生,别这样看我了!求求您,先生,别让他伤心啦!您一定得去!今天也许是我父亲一生中最后一个快乐的日子了,求求您了……不要把他的快乐给毁掉……求求您……"

这可真是莫大的讽刺,作为一个生意人,我参加过数不清的骗局,在这个弱肉强食的社会里,我能毫不留情地榨干对手血管里的最后一滴血,而没有半点内疚。但是在这儿,在这个远离都市的小地方,命运,安排我参加的却是另一种把戏。我没有别的选择,我只有答应,答应去参加这出虔诚的骗局。

"哦,先生,请……请……请……"

"啊……欢迎欢迎,您终于来了,欢迎啊,我以为您也许变卦了呢!"

"怎么会呢?海尔瓦特先生,能看到……能看到您珍贵的收藏,那是我莫大的荣幸啊……"

"呵呵……您太客气了!呵呵呵……来来来来来……坐下,坐下……玛丽,露丝,你们也来坐下……我早就有这么个愿望,那就是和一个真正懂行的人一起来看我的这些画儿……呵呵呵……"

"噢……海尔瓦特……"

"啊,黑尔先生,我的全部收藏都在这儿了……黑尔先生,我的妻子和女儿总是不相信,说我不好,怨我把钱都买画了!"

"噢……爸爸,别说了……"

"啊,这倒不假,六十年来我不吸烟、不喝酒、不去剧场、不买书,却把省下的钱都花在这上面了……不过等我死后,你们将会明白,你们将成为这个城里最有钱的人了!"

"噢……海尔瓦特,咱们别说这些了,别说了,啊……"

"对对,要看的东西很多,柏林人的时间又那么少,我们开始吧……"

"好……开始吧……"

"您看这些画儿一定很高兴,不过您别生我的气,因为这些画儿现在还不是您的,不过这没什么……这是第一卷——丢勒的作品,这是一幅幅完整无缺的真品,是您一生中难得再有第二次机会看到的东西!……请看,这是丢勒的《大马图》,啊……亲爱的,你好啊……黑尔先生,您看颜色多么鲜明,力量多么浑厚,色调多么温暖,柏林古玩店的老板和博物馆的专家看了都会流口水的……呵呵……和陈列在德累斯顿的那张比一比呀,那一张就显得平板多了……你再看看它的历史,这是纳格勒收藏室的图章,这是雷米和厄斯代勒的图章,您看过比这印得更好的画吗?这些大收藏家,再也没有想到他们的这些价值连城的画儿,有一天,会到我这个小屋子里来。"

"先生,不要紧,您只管看吧……"

"您看看,一张印得多么好的画儿啊……"

"当然,真了不起!一张印得多好的画儿啊……"

"是啊,是啊!"

"先生,别让它给迷住了,好的还在后头呢……哎……您看,这是丢勒的《愁思》,怎么样,不多见吧?每一个小地方都印得那么精美,为了得到它,谁都不惜倾家荡产,哈哈……"

亲爱的朋友,我听到这位并没有产生疑心的人对着一张废纸说得那么带劲儿,我打了个寒战,我感到憋气,憋得我说不出话来。

"黑尔先生,您怎么不说话?"

"我……"

"您看这张,伦勃朗的举世闻名的画《安提我普》,您有什么体会?"

"啊……"

"海尔瓦特先生,我被这无与伦比,无与伦比的珍藏惊呆了,甚至都发不出自己的感叹了。"

"哈……无与伦比,无与伦比的珍藏,玛丽,露丝,你们听见没有,你们听见没有?"

"噢……"

"我听见了,我当然听见了,我的海尔瓦特……"

"不对,这应当是《基督受难图》,这应该是《基督受难图》,怎么不是?怎么不是?怎么不是啊?不对!不对!这不是《基督受难图》,这不是《基督受难图》,这不是《基督受难图》!我简直不明白这是怎么回事?这是怎么回事?这是什么?这是什么?请你们告诉我,这是什么?你们怎么不说话?这不是《基督受难图》,这不是!不是!不是!你们怎么不说话?这不是!不是!黑尔先生,黑尔先生?"

"这不就是《基督受难图》吗?"

"啊……呵呵呵……"

"看,这儿,在这儿……"

我似乎真的相信了那张废纸就是有名的《基督受难图》,我根据自己的记忆,热心地谈论着这幅画的每一个细节,这时候,我看见老人的面颊像散了云雾的蓝天一样晴朗,我夸得越厉害,他就越高兴。

"这可真是值钱的货呀!海尔瓦特先生!"

"啊……这不是货物,这是艺术品,艺术品……不过咱们先别谈生意,不等到我死了,这些画是一幅也不出卖的,哈哈哈……谢谢,非常感谢呀,先生,您真是一位有眼力的行家啊……"

就这样,我们足足看了有两个多小时,翻看了这一二百张白纸和低劣的仿制品,我无法表达我的心情,可是这些纸张在这位可怜的老人的记忆中却是那样的真实,那样的清晰。从没有记错过一张画的前后次序,还能够详细地讲着和夸耀着,其实,这一批看不见的珍藏已经失散得无影无踪了,但在这位双目失明的老人心中,它却依然是完整无缺的珍品。而他从幻觉中得到的那种快乐,又是那样的强烈,连我的心都失去了平衡。看着这幅可怕的同时却又是那么动人的景象,我感到一阵难过,心里既充满了敬畏又有一种说不出的羞愧,因为在战争的岁月里,我从未见过一张比这更高尚的德国人的脸。

"唉……完了,都完了……黑尔先生,我所有的收藏都在这儿了……谢谢您,先生,您做了一件大好事啊!再一次同一个懂行的人在一起看我的画册,这个愿望我总算实现啦……谢谢您啊……谢谢您!谢谢您!我不能白受人家的好处,我将在遗嘱里添上一项,把我全部收藏的出售,委托给您去办理!您将得到处理这笔无价之宝的荣誉!不过我有个条件,您要为我的这批珍藏印一份美丽的目录,这将是我的墓碑,我的全部希望!"

"谢谢,海尔瓦特先生,能得到您的信任,我不胜荣幸,这是我最大的光荣!"

"谢谢,非常感谢!黑尔先生,我将永远不会忘记你,永远!"

"再见!"

"再见!"

我离开了这个家,心情是那样混乱,看上去我像童话中的天使那样降临到一个穷人家里,让一个瞎子重见了一会儿光明,帮助别人进行了一场虔诚的欺骗,实际上,我只不过是一个想来骗几张值钱的画的商人。

"黑尔先生,再见啦……再见啦……别忘了我的目录册……别忘了我的目录册……再见啦……再见……黑尔先生……"

真正的天使是他,这位双目失明的老人,他使我重新认识了生活,也认识了自己。

江苏电视台(1986年4月)

零点归来

张 为

一

女:你从这条路走向远方,又从远方走这条路回来,你寻找花朵谁知找到了果实,你寻找泉源谁知找到了大海,你寻找着遗忘谁知找到了记忆,那么顽强地萦绕着你的心怀。

明天,就在明天,我……将走向战火,也许就这样走向生命的边缘!在公园的长椅上,我久久地、久久地将你等待,我等了多久?一天?一年?哦,不,从我认识你的那一天起,我就开始了这漫长的、毫无指望的期待。也许我该嫉妒,嫉妒你的繁忙;也许我该嫉妒,嫉妒你的交往;也许在你心灵的荧光屏上,光束太多、太多……早就遮没了我的影像,可这是生离死别啊!难道在你包容一切的心房里,就没有一个角落将我存放?

有人说:最辽阔的最沉默,最沉默的最辽阔。一切生命的诞生都是沉默的,就像小草悄悄爬满了山坡。一切失望的诞生也是沉默的,如同临别夜斩不断的思索。

假如你现在回来,不说一句话,将你消瘦的肩膀靠着洁白的墙。我将给你,给你一个最深的凝望,然后,走向战场。假如你现在回来,捧着满把的丁香,用你冰凉的手抚着我的肩膀,我……将从沉思中静静地站起,将我的双手放进你的手掌。也许,我会哭泣,但绝不是因为悲伤!

丈夫:我只能在心中默默地祈求你的原谅,尽管离别的痛苦像潮水溢满了我的心房,我只能默默地为你祝福。我知道你这时候最需要我的肩膀,可是,急诊室的电铃已经敲响,手术室的红灯正在闪亮,这儿也是战场。原谅我吧,请原谅!

女儿:雨呀,你小点儿下,挡住了蜜蜂的路,它找不到花;雨呀,你小点儿下,淋湿了百灵鸟的歌声,它回不了家;雨呀,你小点儿下,爸爸快回来吧!妈妈要出发!

母亲:想哭你就哭,哭完了好上路,不吃就别吃,心儿苦吃什么都苦。今天妈给你送行,送你一把房前的土,明天妈给你接风,炖只母鸡给你补。噢,不说了,不说……

二

女:你从这条路走向远方,带着军人的天职,也带着一个妻子心灵的创伤。无语的钢轨默默地伸向远方,你在人生的岔道上认识了他———一个断了双腿的连长。

草尖上有个太阳,太阳里躺着个连长,小草给染血的土地流下绿茵,连长把垂危的笑脸留给了母亲。

连长:我并不拘泥我的生命倒在历史的哪一页里,反正明天太阳还会从东方升起,反正明天春风还会把山头染绿,我何必拘泥这儿还有没有自己?

女:想什么呢,连长?

连长:想我的孩子。

女:你有几个孩子?

连长:两个。哦,算一个吧!

女:算一个?怎么啦?

连长:小的给他妈了。我跟她分开了。

女:离婚?

连长:不,她回娘家了。

女:为什么?

连长:她的疑心太重,可我的脾气呢,又太急。

女:你就是带着这一切上了战场?

连长:或者不如说当时我上战场正是为了忘掉这一切。

女:当初?那么现在呢?

连长：现在我才明白，在战争面前，往日的口角是那样的微不足道，但是……晚了。

三

你身旁有阴影，只因为你挡住了阳光；你不能把阴影甩在背后，只因为你没有朝着太阳的方向走。地平线只是天与地虚设的界限，当你登高，它就向远。

女：我醒了，终于醒了，经历了这么多的爱和恨

连长：我醒了，终于醒了，经历了这么多死和生。

女：悄悄掉泪的只是夜间的星星，草尖上小小的泪珠为人间点缀着清晨，请相信我，相信我，因为我从黑夜里走来，走进了黎明。

连长：朝阳变成夕阳，夕阳又迎来黎明，地球上总有一半儿阴影，请相信我，相信我，不珍惜光明，是最大的不幸。

女：我醒了，我终于醒了。

连长：我醒了，我终于醒了。

孩子：爸爸……爸爸……爸爸……爸……爸……

连长：你来啦？

连长妻：嗯，我来了。

连长：你怎么来了？

连长妻：我来接你。

连长：你看，我身上少了点儿零件儿。

连长妻：嗯，很好，除我以外，不会再有别人跟你眉来眼去了。

连长：我是说，我没腿了。

连长妻：知道，咱们一家四口人，六条腿，够了……

四

如果春天从来没有来过，如果你梦中从未开过笑的花朵，如果冰雪至今还没有消融，如果春草一直没有染绿山坡，如果你从不知人间悲欢离合，如果你从未感到过爱情只有寂寞，可这都不是真的，因为自从有了人类就有了爱就有了火。走向前方吧，走向生活，生活像海洋一样辽阔。

江苏电视台（1988年11月）

塑像眼中的雕塑家

雕塑一——打电话的女子：
您好，您认识雕塑家阮雍崇、谌硕人夫妇吗？

雕塑二——古代老人：
君知吾主乎？愿告之！

雕塑三——烈士唐伟：
我很感谢阮老师和谌老师！

雕塑四——小女孩：
我能给您介绍一下阮叔叔和谌阿姨吗？

雕塑五——祖孙俩：

老爷爷： 噢，您也许见过我们祖孙俩吧，那可能是在展览大厅里，或者是在报纸上，我们到过北京，参加过全国美术展览，不少报纸的副刊发表过我们的照片。哎……要是说到我们的作者，我想认识的人就不会很多了。就拿作者生活的南京城来说吧，除去同行，认识他们的人也是屈指可数的呀！

小孙女： 当我第一次睁开双眼，哦……这就是我们的作者阮雍崇叔叔啊，一米八的个头，四方脸，一个标准山东大汉的形象。

老爷爷： 是啊，阮老师确实是山东人，他出生在山东的威海，大概是长期在南方生活的原因吧，他创作的作品啊，除去北方的阳刚之气之外，更多体现出的却是小桥流水般的江南秀美。

小孙女： 哎……谌阿姨是在做阮叔叔爱吃的山东大饼吧？

老爷爷： 噢？啊！真是的。不过在他们俩共同生活的二十多年里，我倒是很少看到她在家里和面，经常看到的倒是她在和泥。这双本该和面的手，更多是和泥土啊、木头啊、石头打交道。

小孙女： 当初阮叔叔看中谌阿姨的就不只是会做家务，更敬重的是她对艺术的追求。听阮叔叔说，学生时代的谌阿姨，就立志要做中国的穆西娜，她的基本功特别的扎实，塑的人像啊像极了，学校里很多人都请她来塑像呢。哦，老爷爷，谁叫穆西娜呀？

老爷爷： 穆西娜呀，她是苏联著名的女雕塑家，哎，你不是经常看苏联电影的吗？片头里的工农塑像啊，就是她的代表作啊！唉……谁知道经过八年雕刻专业的学习，当他们走出学校大门的时候，等待他们的不是人们对雕塑艺术的期望，分配的任务，是负责职工的业余教育，而专业知识，反而成为业余爱好了。为了在新建成的南京长江大桥上放上雕塑，领导似乎这个时候才想到阮老师他们学过这门专业。当时啊，阮老师是多么希望像他的老师讲授的那样按心目中的形象来创作呀！

小孙女： 阮叔叔也常常对他的学生说，雕塑是按心目中的形象来塑造形状的，这可是古罗马的一个叫西塞罗的名言。

老爷爷：唉……可惜呀，阮老师当时没有能这样做，阮老师的同事们也没有能这样做，因为这不是古罗马，而是二十世纪十年动乱期间的中国啊！知识分子是臭老九，是被改造的对象，哪能有自己心目中的形象啊？阮老师在总结这段历史的时候说，"追求深度是塑造的科学，这句话里所指的深度，今天的理解和昨天不一样，也许明天的理解和今天又不一样。"好啦，现在好啦，这些年来，阮老师的工作环境有了根本的变化，他们夫妇两个人都调进了南京艺术学院雕塑教研室任教。随着城市雕塑的兴起，他们利用教学之余，用学到的专业知识为社会服务，为美化人们的生活环境服务。这最近的十年啊，也是他们夫妇两个创作收获最大的十年啊！

小孙女：他们共同创作的雕塑《向警予》得到了人们好评，阮叔叔为南京日军侵华大屠杀纪念馆创作了《母亲像》，谌阿姨也完成了这个纪念馆的部分浮雕的创作。《飞吧，鸽子！》安放在南京狼牙路小学里，阮叔叔和叶老师合作的《刘邦像》屹立在刘邦的故乡，南京中山东路的雕塑群像也留下他们的作品。

老爷爷：哎，不要忘记了，还有我们俩呢！

小孙女：嗯，还有好多好多呢！

老爷爷：嗯……对对对……艺术创作啊，真不是一件简单的事情啊，他们也碰到过不愉快的事情，有时候啊，自己有了一个很好的构思，可是没有人认可，没有地方好放置，再好的设想啊，创作出来，也只能放在家里。

小孙女：是的，老爷爷，他们经常还谈论着一个叫"摩尔"的外国人，赞扬摩尔的作品，说这些做得多好啊！我们也搞一个抽象的吧！

老爷爷：哎，这个想法呀，得到了南京电力学院领导的支持，采用抽象手法完成的这座《金色年华》塑像，安放在学院的大楼前面儿。

小孙女：当我围着塑像走动的时候，还真感到他们在跳舞呢！……有些人哪，只看到像阮叔叔这样的艺术家用劳动换来的报酬，却不了解艺术创作要费多少心血呀！

老爷爷：阮老师说呀，生活中毕竟还有许多比金钱更加贵重的东西。他们把劳动所得用在自己的事业上，在住房的前边儿空地上，盖起了这座简易的工作室。

小孙女：哎呀，这下子谌阿姨可高兴啦，再也不用为家里到处是黄泥巴而犯愁了……老爷爷，您知道，阮叔叔他们为一位叫唐伟的烈士塑像吗？

老爷爷：哎……这个嘛……

小孙女：告诉您，唐伟是在对越防御作战中英勇牺牲的，当阮叔叔和谌阿姨知道国营绿洲机械厂正在开展"学习唐伟英雄事迹"活动之后，就主动给厂领导写去了这封信，要求无偿地为烈士塑像。

老爷爷：嗯，好！

小孙女：当时呀正是冬天，西北风呼呼地刮着，他们每天都要走很多的路，赶到郊区的工厂。半个多月之后，一座英雄的塑像终于诞生了，唐伟的父母亲一看到英雄的塑像就要流泪，因为这太像他们的儿子了。

老爷爷：噢……

小孙女：我特别喜欢泰戈尔的那句诗："小草啊，你的足步虽小，但是你拥有，你足下的土地。"啊……老爷爷，阮叔叔他们不是也拥有属于自己的领地吗？

老爷爷：是啊,他们在自己的领地里追求着自己的意!
小孙女：追求着自己的意?
老爷爷：嗯,中国画论中这样说"意在像中",作者通过创作的艺术形象表达了自己的感受啊!
小孙女：那么,阮叔叔他们表现出的是什么呢?
老爷爷：是对历史的颂扬,是回顾,是美,是善,是理解!

江苏电视台 （1990年1月）

无花果

（男声旁白）：
无花果
并不多姿多彩,
也没有绮丽芬芳;
它
却以硕果,
给人香甜。
（女声旁白）：
说来也好笑,在机械电子工业部第二十八所里,一些人在背后称他们的所长刘兴是什么无花果。有人说,我们的所长有一种无花果的精神;也有人说,刘兴同志有着无花果的风格……一个埋头干了大半辈子工程技术工作的高级工程师,怎么会和花呀、果呀的玩意儿沾上了边呢?

（书记）：
我叫郭孔贞,是二十八所的党委书记,与刘兴同志共事多年。
可以这样讲,刘兴同志是我国雷达和系统工程方面的一位拓荒者。他早年留学苏联,1961年回国后就一直战斗在国防战线上。
他参加过我国第一部靶场精密测量雷达的总体方案论证工作;参加过我国第一部大型远程精密跟踪雷达的研制工作。我国第一次海上发射运载火箭时,他组织工程队的科技人员,解决了好几个技术难题,在关键时刻发挥了重要作用。可以说,他的许多工作,都是和"我国第一"、"我国第一部"这样的字眼联系在一起的。
你们记者可以在所里走一走,看一看。找他本人和同志们谈谈,也可以到他家里看看。我想,你们是会理解,为什么所里同志称赞他有"无花果的风格"的。
（司机）：
你们要采访刘所长?!哎,我我算你们找对了。要是你们直接去找他呀,凭你们电视台记者的牌子,就不容易从他嘴里得到什么。这倒不是他这个人不好相处,而是他把个人的事情看得太淡!不想出头。否则,人们怎么称他是"无花果"呢!

我记得那是1966年年底,我们接受了一项国防重点工程,刘兴作为技术负责人也和我们一起上了高山,住进了帐篷。

一天深夜,大家正在进行天线测试,突然电话中断了,试验被迫停止。刘兴二话没说,带领一名解放军战士就冲了出去。

我看看那伸手不见五指的夜空,听听深山中传来的一阵阵松涛和狼嚎,真为刘兴他们担心。他们翻越了好几座山,也不知走了多少路,终于排除了故障。打那一次,我就认为这位刘兴不简单,我服了!

(刘兴):

我就是刘兴。就我个人来讲,确实没有什么好采访的,这并不是谦虚。

我从小在长春长大,记得在中学读书的时候,我们团支部曾经邀请了当时东北的一位劳动模范赵桂兰来作报告。她用自己的生命保护同志安全和国家财产的英勇行为,使我受到震动。那次震动太大了,我还珍藏着当年从《工人日报》上剪下来的这张新闻照片呢。

三十多年过去了,现在知道她名字的人都不多了。但是,我还时常想起她在我们学校作报告的情景,时常回想起她的英雄事迹。

(一位工程师):

我们在刘所长的领导下,参加了好多项国防重点工程的研制工作。我印象最深的一次是前几年:当时所里接受了一项国家重点工程,完成任务的时间很紧,工程进度可以说都是按小时计算的。正当工程进入分系统联调节段,发现由于外购的设备设计不够合理,有可能要影响计算机的可靠性。

我当时想,时间这么紧,修改一下现有的设备,凑合着也能用。可是刘所长不同意我的看法,要求我们重新设计,重新制作,说要有百分之百的可靠性。我的天,这下你看大家忙吧!

所长和大家一起反复修改方案,没日没夜地玩儿命!真是连上厕所都没有时间了。刘所长就更苦了,两只眼睛都布满了血丝,像生了红眼病。

哎!你还不要说,最后是保质保量又按时把设备装上了飞机。

我们在总评会上,一致给所长请功,可是名单到了他所长手里,他做的第一件事,就是把自己的名字划掉!

唉,他就是这样一个人!

(妻子):

我是一个农村妇女,不识字,身体又不好,还没有工作。想想我们这几十年的夫妻,真是拖累了我这老头子。想当初,那时他刚从苏联留学回来,是吃过洋面包、喝过洋墨水的留学生,又得到领导的重用。我知道有人不怀好心,想拆散我们夫妻。可老头子不是戏文中的陈世美,他这个读过洋书的大学生没有嫌弃我这个文盲。凭这点,我得敬重他一辈子。

几十年了,不管他在外做了什么官、得到什么荣誉,一进家门,就帮我做家务。早些年,三个孩子都不在身边,我又常生病,老头子就更苦了,每天大清早,他就骑上自行车上街买菜,接着回家做饭,而且每天都是提前去上班。

论理,像他这样的职位,说是为我看病去要辆车来接一下,也不为过,我们给所里付车费就是了。他就是不,总是用他那辆破自行车推着我去医院。

看病回来,除去烧饭,还得帮我熬药。没有事的时候,还陪我出去走走。

唉,我知足了!

(刘兴):

我老伴儿是从农村来的,话不多。但是我的工作多亏了她默默的理解和支持。我有时外出搞试验,一去就几个月,老伴儿从来就没有说过一句闲话。

那一年春节前,我正要和一个工程队去西北戈壁地完成一项国家重点工程,可老伴儿就在这时把腿骨给摔断了,躺在家里不能动,需要我照顾。那边工程队的一百多号人都等着我呢,我对老伴儿说了几句宽慰的话,还是走了。

1980年,我参加了我国第一次洲际运载火箭南太平洋发射的工作。我正在作出海的准备,一封电报传来了母亲去世的噩耗,才出海又传来老伴儿病重住院的消息。我站在船上,心中就像这大海一样,我深知这次出海任务的艰巨,责任的重大。我就是能飞,也不能走啊!

(女儿):

亲爱的爸爸,我们又乘上了北上的列车。这单调的车轮声将载着我们一家又回到北大荒去。春节期间本来想托人在南京找一个工作,也好离你们近一些,多伺候您和生病的妈妈。可是您不同意——不同意利用您的职权去搞不正之风,我们调回南京的希望又一次破灭了。

也许您是对的,可是您知道女儿在北大荒艰苦的生活吗?您知道体弱多病的妈妈需要女儿的照顾吗?您知道女儿的一颗心吗?

(刘兴):

看到孩子的这封信,知道孩子误解我了。唉!孩子啊,你的爸爸也和千千万万做父母的一样,也有一颗钟爱女儿的心啊。你不要责怪做爸爸的吧。爸爸不能因为父女之情,去违背党的原则啊!

(女儿):

女儿这次回家,知道您又一次立了功。听说当您拿到发下的两百元立功奖金时,竟连封皮也没有拆,就提笔在背面写上:"把它赠给幼儿园。"

直到幼儿园贴出了感谢信,大家才知道这件事。从这件事上,我理解您了,爸爸。

(儿童):

刘爷爷,我们在幼儿园里生活得很幸福。您看,我们的玩具多么多呀!您的奖金还是爷爷、奶奶留着补补身体吧!

(刘兴):

孩子们,这是刘爷爷的一点点心意,希望你们吃得饱饱的,睡得好好的,长得壮壮的,将来好接我们的班啊!

（儿童）：

刘爷爷,我们给您唱支歌吧!

（歌声起……）

（刘兴）：

孩子啊,我看见你们,就想起了祖国的明天,就想起毛主席在三十年前说的:世界是你们的。那是在1957年,我正在苏联留学,毛主席在莫斯科接见了我们这些留学生和实习生。我亲耳听到毛主席说的这句话:"世界是你们的,也是我们的,但是归根结底是你们的。你们青年人朝气蓬勃,正在兴旺时期,好像早晨八九点钟的太阳。希望寄托在你们身上。"

毛主席的嘱托,我一直没忘!现在我老了,将来中国的希望寄托在你们这一代身上,中国的前途是属于你们的。

江苏电视台（1990年10月）

摩诃摩耶

泰戈尔

亲爱的电视观众,请你们不要不相信我的故事,不要以为我的故事是虚构的,我所热爱的心中的女神——摩诃摩耶,最终还是离开了我,临走的时候,她没有回答我一个字,没有回头看我一眼,她那沉默的怒火,给我的余生烙下了一道永远不能愈合的伤痕。

也许是命运之神忘记了我这样一个家世低微的婆罗门,在父亲去世之后,尊敬的尚勒先生收养了我,我们住在摩诃摩耶家的附近。摩诃摩耶是名门之女,他们家多少代以来就以名门望族的高贵血统而自豪,摩诃摩耶和我有着共同的命运,她也是一个孤儿,由她哥哥抚养,她和我年龄相仿,我们俩从小就在爱神的保护之下一起长大。在爱神的鼓舞下,我一直在寻找机会吐露自己的心曲,可是摩诃摩耶永远不给我这样一个机会,她那沉默而庄重的目光常使我感到胆寒。

有一天,我终于下定了决心,我郑重地请求她,请求她到破庙里来,我要把埋藏在心底里想说的话毫无拘束地讲给她听,这以后对我来说,不是终身幸福就是虽生犹死。啊……她终于出现了,出现在山坡上,也出现在我心中的地平线上,在早秋的夕阳里,她真像是一尊纯金的女神塑像。

"摩诃摩耶!摩诃摩耶!"

"罗吉波!你怎么敢在这个时候叫我上这儿来？"

"嗯……摩诃摩耶,我说……我们赶快离开这儿,去……结婚吧……你说行吗？"

"啊……不！不可能！"

"我知道,你们家有着使你自豪的高贵血统,你不会同意下嫁给像我这样一个家世低微的人的。可是……可是……我就要离开这儿了,我们将永远见不到面了……"

"为什么?"

"因为,我的东家就要从这儿搬到苏那婆罗去了！他是我的保护人,他要把我带走。"

"我们不是同一条路上的人,我也不希望一个男人在我跟前终身做囚徒……好了,一切就要结束了,我要走了……以后你会明白的……"

"你哥哥来了,摩诃摩耶,我得赶快走！"

"那好吧,罗吉波,我会到你家去的,你等着我吧！"

"摩诃摩耶,披上红色的纱丽。好,跟我走吧。"

就在这天夜里,摩诃摩耶的哥哥把她嫁给了一个垂死的老婆罗门。就在这等待死神降临的火葬堆旁的小屋里,在喃喃的诵经声和老人的呻吟声中,他们为摩诃摩耶举行了婚礼。

"摩诃摩耶,伸出手去,让你丈夫握一握,使他得到一丝安慰吧。"

婚后的第二天,摩诃摩耶就成了寡妇,知道她成了孀妇,我反而有点儿高兴,然而,高兴的心情并没有维持多久,更可怕的消息则完全把我打垮了。第二天,火葬场要举行一场隆重的葬礼,摩诃摩耶就要陪伴她死去的丈夫一起火葬。

"不……"

"罗吉波……"

"谁?"

"是我,罗吉波,摩诃摩耶！"

"摩诃摩耶?你是——摩诃摩耶?"

"是我,我是摩诃摩耶,我从火葬堆里逃出来了！"

"摩诃摩耶……"

"罗吉波……"

"我答应你,让你等我,我要来找你,我守信,我来了……可是罗吉波,我已经不是从前的摩诃摩耶了,我完全变了,只是我的心还是跟过去一样……要是你提出让我走,那我还回到火葬堆里去……"

"摩诃摩耶,你受苦了……你有没有被火烧着？让我看看好吗？啊？来,让我看看！"

"不！不！不行！罗吉波,你要发誓,永远不拉开我的纱丽,永远不看我的脸,永远不！你……你能做到吗?"

"摩诃摩耶,我从死神的手里得到了你,这已经足够了,我只求你不要离开我,如果你再离开,我会死的……"

"你能答应我的要求吗?"

"我答应你！我完全答应你！你爱怎么做都行！"

"那好,我们赶快离开这里,到你的主人那里去！"

"好！我们就走！走！"

事后我才知道,那天正当大火烧着摩诃摩耶的时候,一场暴雨把主持火葬大典的人们赶进了小屋,浇熄了大火,救出了摩诃摩耶！

"摩诃摩耶!我的摩诃摩耶!摩诃摩耶!"

"啊……不早了,我先休息了!你也早点儿去睡吧!"

"哎……摩诃摩耶!"

摩诃摩耶现在确实和我生活在一起,但是我并不感到快乐,也许就是那一层薄薄的纱丽隔开了我们,但是就是这纱丽却是永恒的。就像死亡一样,甚至比死亡更令人感到痛苦,因为死亡所造成的痛苦,在年深日久之后还可以逐渐消失,而这纱丽造成的隔离,却时时刻刻粉碎着活生生的希望。我们是两个没有伴侣的孤独的人!

"啊……摩诃摩耶,饶恕我吧,别离开我,好吧?"

"不!我要走了!我要离开你!因为你违背了自己的誓言!"

"不!求求你!别离开我!别离开我!啊……神啊!求求你,求求你!让她回来吧!求求你,让她回来吧!……摩诃摩耶……摩诃摩耶……"

江苏电视台(1991年6月)

运河春晓

丁家桐

暮春天气,出了扬州,沿着河堤,走了几天。人间又是一个甲子。花甲之年的人,思念着故土,思念着河。

我是喝运河水长大的。在我的记忆里,我的童年,便是运河的暮年。我出生的日子是个不祥的年份——"1931年……"

那一年,河水破堤,决口二十七处,雨潦风急:

"家家如坐水晶官,

黄口娇啼四壁空,

无计炊烟能活汝,

忍将儿女付波中。"

人家把儿女付与汪洋,我却在这一年来到人间。外婆常说,这一年生的孩子,是水鬼投的胎。我是年底出生的,也是个投胎的水鬼吧。

河的西岸,有牧童的歌声。老牛在堤边慢慢地踱步。农忙季节了,我却要去拜访我的铁牛。童年,在铁牛湾,我倚在它的身上,听外婆讲过许多河的故事。外婆说,河有两只眼睛,一只是太阳,一只是月亮。河的眼睛总是一只睁着,一只闭着。看看牛,我说,老牛的眼睛也是一只睁着,一只闭着呢。

堤道如失,浓阴如盖,左边春水淙淙,右边禾苗青青。铁牛湾呢?铁牛呢?行人遥指,河已整治了,河道加宽了,河床挖深了,河弯裁直了。如今,铁牛已经成了文物。到了陈列文物的地方,见到它还是那个老样子,稳稳重重地蹲伏着,只是脸上少了一分严峻,多了一分安闲。我悄悄地跟它说:人间又是一个甲子了。我注意看看它的眼睛。这边一只睁着……那边的一只也在睁着呢。

长街流连

小楼夜话

码头送别

风里雨里,在这条河边,送别过战友,送别过乡亲,也送别过魂牵梦绕的情人。一切都如南流的逝水。昨天的事如在梦里,遥远了,遥远了。剩下的只有记忆中的甘棠树。它依然这么苍劲,这么茂密!它把生命的葱绿带给了村镇,带给了运河,带给了运河的子孙们。

古老的河,年轻了。

运河的柳树,嫩嫩的,绿绿的,柳絮飞花,运河上如雾如烟的日子。我注意看树,不仅有柳,而且有槐有榆,有成片的杉树。沿着河堤,是一丛颇见纵深的密密的林带。再看看堤,巍峨如山,是一道岩石构成的巍峨的长城。我倦了,在堤边一处小屋里,参加了一位老人的小小的酒宴。

老人说,他在这里四十个年头了。他种树一共种过八万棵。朋友们为他祝酒,说他花甲之年,给他贺寿。老人说,解放后没有破堤,他就喝了一杯安心酒了。

我看他开怀的脸,色泽犹如古铜,而且密密地布满了皱纹;我看他举杯的手,皮肤粗糙而且满是凸起的筋络。我的同龄人,他没有辜负这六十年。我默然地举起了祝福的杯。

热心的朋友邀我去看闸。朋友说,看了堤,才知道这条河是悬河。看了闸,才知道这条河是梯河,闸的上游和下游有着不同的水位。闸管着水,闸是河的一级阶梯。

从扬州到徐州有十道这样的闸,便有十道这样的阶梯。这是多么宏大的阶梯。站在闸桥上,俯瞰南来北往的运河人。新一代的运河人不会知道,这里便是铁牛湾的故址,往日运河上的一道险关。站在闸桥上,俯瞰过船,许多船上都有鲜花。那花带着运河的朝露,如玉,如火,如翡翠,洋溢着醉人的春天的气息。闸是一组雄伟的建筑,它像一座宫殿;闸是交通的孔道,它像一道大坝;闸是一处综合设施,它又是一处庄园。乡人说,这是魔闸。有了闸,水便有了管束。一条咆哮的、莽撞的、恣肆的河,经过一道道闸,变得温驯了,平和了,从容了。

世世代代,沿岸的农人心里有个河神,神的喜怒,主宰着这一方土地的命运。现在,香火日益稀少了。四十几年来,绝了水患,无辜水鬼的影子渐渐淡了,神灵的影子跟着也渐渐淡了。但是,老一辈农人经过船闸,经过操纵室,总要张张望望。这条大河就靠这长长短短的操纵杆,就靠这红红绿绿的揿钮,就给镇了,你们使的什么魔法呢?

我来到江都,这里有个水利枢纽工程指挥部。这里,我不止来过十次、八次了,但是,看了河,我才真正知道这组工程的价值。在这片土地上星罗棋布的一二百个船闸、节制闸、涵闸,是一个又一个魔闸,那么,这组工程便是神奇的魔殿。

在这片几万平方公里的地势低洼的土地上,河湖交织,水网纵横,财富是水,灾害也是水。洪峰涌来,人在水的面前无能为力,波神为虐,十庐九空,水成了可怕的无情物。

但是,人能把水调理好了。

水的盈枯,水的顺逆,能顺从人的意志,于是,稻谷盈仓,鱼虾丰收,地也水灵灵的,城也水灵灵的,人也水灵灵的。

伫立在这样一个世界东方的能量最大的水利枢纽工程前,我静默良久。我又想起了外婆说的话,我是水鬼投胎的。然而,水鬼投胎的人,已经经过了一个甲子。像我们这一辈人,不是亲眼看到过这条河的灾难的历史,这一片低洼地的灾难的历史吗?不是亲眼看到过这些灾难的历史渐渐地成为过去了吗?

漫漫长河,你说是不是?

六十年前,我的童年正是河的暮年,六十年后,我的暮年恰又逢着河的童年。人的生命是有限的,而逝者如斯,河水奔腾不息。

我走下桥堍,静听水声。

水声哗哗的,是春天的欢笑吗?!

(1991年6月)

附:电视散文《运河春晓》完成本

作者:丁家桐　责任编辑:苏子龙

导演:杨宪泽　摄像:朱海陆

镜号	景别	技巧	画面内容	解说或对白	音乐	效果
1	近	叠	一本精装的红色书 封面上烫金的手书 《电视散文》四个字 片头字幕淡出 　　电视散文		片头音乐渐起	
2	特		书的封面翻开 片名字幕淡出 　　运河春晓 　　作者 丁家桐			

续表

镜号	景别	技巧	画面内容	解说或对白	音乐	效果
3	近		作者照片 （特技划像到画面左上角） 字幕： 　　介绍作者生平	作　者　简　介		
4	大全		晨晨 红日初照 城镇的楼房群（俯） 远处的绿荫			街道声
5	全	移叠	大道 从桥边驶过来的汽车 自行车 人	暮春天气，出了扬州，沿着河堤，走了几天。 人间又是一个甲子。花甲之年的人，思念着故土，思念着河。	回忆性	汽车声
6	全		车行在运河大堤上 飞快划过的树 远处的运河 泛光波涛 长长的如丝带的船队在河中行驶			止
7	特		波光粼粼的水面 虚虚的绿叶树枝晃动着	我是喝运河水长大的。在我的记忆里，我的童年，便是运河的暮年。我出生的日子是个不祥的年份——"1931年……"		
8	近		船在水中转头 桨在水中划着			
9	近	叠	水面死水一般 立着的芦苇 字幕淡出： 　家家如坐水晶宫 　黄口娇啼四壁空 　无计炊烟能活汝 　忍将儿女付波中	那一年，河水破堤，决口二十七处，雨潦风急： "家家如坐水晶宫， 黄口娇啼四壁空， 无计炊烟能活汝， 忍将儿女付波中。"		
10	特		水面 一个水桶在水边舀水 右边一只先舀 左边一只后舀 （布谷鸟的叫声）	人家把儿女付与汪洋，我却在这一年来到人间。外婆常说，这一年生的孩子，是水鬼投的胎。我是年底出生的，也是个投胎的水鬼吧。		鸟叫声
11	全		空空的码头石阶（仰） 一个人挑着水桶进画 上台阶			止

续表

镜号	景别	技巧	画面内容	解说或对白	音乐	效果
12	全		水边的码头 空空的	河的西岸。有牧童的歌声。		牧童歌声
13	大全		黄昏 剪影 运河大堤上 一棵大树华冠如盖 一孩童牵着一头水牛在堤上走着 （画面为暖黄色）	老牛在堤边慢慢地踱步。农忙季节了，我却要去拜访我的铁牛。		
14	近		牧童看着牛 （画面为暖黄色）			
15	全		安闲的水牛 （画面为暖黄色））	童年，在铁牛湾，我倚在它的身上，听外婆讲过许多河的故事。		
16	特		牛角 一只小手进画抚摸着 （画面为暖黄色）			
17	特		牛的眼睛 （画面为暖黄色）	外婆说，河有两只眼睛，一只是太阳，一只是月亮。		
18	近		牛安闲地低头吃着草 （画面为暖黄色）	河的眼睛总是一只睁着，一只闭着。		
19	大全		运河的大堤上 一棵大树华冠如盖 牧童坐在牛背上进画 悠闲地走着 出画 （画面为暖黄色）	看看牛，我说，老牛的眼睛也是一只睁着，一只闭着呢。		
20	全		笔直的运河大堤车道 右边是运河 左边是田 道路两旁的树木葱绿 挺拔	堤道如失，浓荫如盖，左边春水淙淙，右边禾苗青青。 铁牛湾呢？铁牛呢？ 行人遥指，河已整治了，河道加宽了，河床挖深了，河弯裁直了。		止 汽车声
21	近		静静的水面 漂浮着浮萍	如今，铁牛已经成了文物。		
22	小全		蹲伏着的铁牛	到了陈列文物的地方，见到它还是那个老样子，稳稳重重地蹲伏着，只是脸上少了一分严峻，多了一分安闲。		
23	近		铁牛头			
24	近		铁牛头			
25	特		铁牛角 铁牛眼 铁牛鼻 一只手进画握住铁牛角 摸摸铁牛鼻 手出画	我悄悄地跟它说：人间又是一个甲子了。我注意看看它的眼睛。		

续表

镜号	景别	技巧	画面内容	解说或对白	音乐	效果
26	特		牛的眼睛	这边一只睁着……		
27	特		牛的眼睛	那边的一只也在睁着呢。		
28	小全		蹲伏着的铁牛			
29	特		槐树叶子绿嫩的悬挂在水面上	长街流连 小楼夜话 码头送别 　风里雨里，在这条河边，送别过战友，送别过乡亲，也送别过魂牵梦绕的情人。一切都如南流的逝水。昨天的事如在梦里，遥远了，遥远了。 　剩下的只有记忆中的甘棠树。它依然这么苍劲，这么茂密！它把生命的葱绿带给了村镇，带给了运河，带给了运河的子孙们。 　古老的河，年轻了。	抒情的苏北音乐	
30	特		大码头的牌坊			
31	近 小全	拉	窄窄的石块台阶路 小巷　石块路			
32	近		老屋屋檐一角			
33	小全		空空的码头			
34	全		浅浅的河滩地 水边一只船随波晃动着			
35	近		水流湍 （变焦）			
36	全		挺立的树——甘棠树 （字幕）			
37	近		甘棠树枝			
38	近		甘棠树枝			
39	特		甘棠树叶子		止	
40	近 大全	拉	河边的柳树（西堤） 水面成排的柳树林	运河的柳树，嫩嫩的，绿绿的，柳絮飞花，运河上如雾如烟的日子。		汽笛船水声汽车声
41	全		运河大堤上两边成排的树木	我注意看树，不仅有柳，而且有槐有榆，有成片的杉树。沿着河堤，是一丛颇见纵深的密密的林带。		
42	近		树的枝叶			
43	全		道路两旁的杉树			
44	大全		运河边的大堤	再看看堤，巍峨如山，是一道岩石构成的巍峨的长城。		
45	近	叠	运河边的树林	我倦了，在堤边一处小屋里，参加了一位老人的小小酒宴。		

续表

镜号	景别	技巧	画面内容	解说或对白	音乐	效果
46	全	叠	朦胧中的田野　树木成林	老人说，他在这里四十个年头了。他种树一共种过八万棵。朋友们为他祝酒，说他花甲之年，给他贺寿。老人说，解放后没有破堤，他就喝了一杯安心酒了。 　　我看他开怀的脸，色泽犹如古铜，而且密密地布满了皱纹；我看他举杯的手，皮肤粗糙而且满是凸起的筋络。我的同龄人，他没有辜负这六十年。我默然地举起了祝福的杯。		汽船鹅叫鸟叫鸡叫倒酒声
47	近		松树枝叶茂盛			
48	全		隐约可见的农舍			
49	近		室内 桌上摆着两只杯子 酒瓶进画 往杯中倒酒 （画面为暖黄色）			
50	特		一只酒杯 酒瓶中的酒往杯中倒 （画面为暖黄色）			
51	近		酒瓶往另一个酒杯里倒酒 倒满后酒瓶出画 一只手进画 握紧杯子 （定格） （画面为暖黄色）			止
52	近		流动的水面			
53	全	摇	广阔的水面　坚固的大堤 树木成行的运河大堤 闸桥内外的水位差距很大	热心的朋友邀我去看闸。朋友说，看了堤，才知道这条河是悬河。看了闸，才知道这条河是梯河，闸的上游和下游有着不同的水位。闸管着水，闸是河的一级阶梯。 　　从扬州到徐州有十道这样的闸，便有十道这样的阶梯。 　　这是多么宏大的阶梯。 　　站在闸桥上，俯瞰南来北往的运河人。新一代的运河人不会知道，这里便是铁牛湾的故址，往日运河上的一道险关。 　　站在闸桥上，俯瞰过船，许多船上都有鲜花。那花带着运河的朝露，如玉，如火，如翡翠，洋溢着醉人的春天的气息。	苏北音乐	
54	全		船闸			
55	大全		水中拍 船闸雄姿			
56	近		船在船闸缓缓行进着			
57	全		船闸内排列着的船只			
58	近		船上撑船的人			
59	近		两船相靠系缆绳的人			
60	近		缆绳在手中滑动			
61	近		撑船的人			
62	近		船			

续表

镜号	景别	技巧	画面内容	解说或对白	音乐	效果
63	近		船上的人操纵着船			
64	近		船上的人			
65	特全	拉	船闸 拖轮拖着船队向外行驶			
66	小全		船闸内向外行驶的船	闸是一组雄伟的建筑，它像一座宫殿；闸是交通的孔道，它像一道大坝；闸是一处综合设施，它又是一处庄园。		
67			运河中排列着的船只	乡人说，这是魔闸。有了闸，水便有了管束。一条咆哮的、莽撞的、恣肆的河，经过一道道闸，变得温驯了，平和了，从容了。		
68	大全		扯帆的船在河中行进	世世代代，沿岸的农人心里有个河神。		
69	全		船闸	神的喜怒，主宰着这一方土地的命运。现在，香火日益稀少了。四十几年来，绝了水患，无辜水鬼的影子渐渐淡了，神灵的影子跟着也渐渐淡了。	止	
70	近	摇	闸楼控制室			
71	近		船闸控制室中的控制台	但是，老一辈农人经过船闸，经过操纵室，总要张张望望。这条大河就靠这长长短短的操纵杆，就靠这红红绿绿揿钮，就给镇了。		
72	特		船闸控制台			
73	特		船闸控制柜			
74	全		船闸控制室			
75	近全	拉	船只 船闸内行驶的船队	你们使的什么魔法呢？		船声
76	近		万福闸桥上的车行人往	我来到江都，这里有个水利枢纽工程指挥部。		汽车声
77	全		江都水利枢纽大门			
78	近全	拉摇	树木 翻水站 江都四站"江淮明珠"	这里，我不止来过十次、八次了，但是，看了河，我才真正知道这组工程的价值。在这片土地上星罗棋布的一二百个船闸、节制闸、涵闸，是一个又一个魔闸，那么，这组工程便是神奇的魔殿。		

续表

镜号	景别	技巧	画面内容	解说或对白	音乐	效果
79	全		（航拍）江都四站	在这片几万平方公里的地势低尘的土地上，河湖交织，水网纵横，财富是水，灾害也是水。洪峰涌来，人在水的面前无能为力，波神为虐，十庐九空，水成了可怕的无情物。		
80	全		（航拍）河　闸			
81	全		（航拍）田野河			
82	全		（航拍）河田野闸			
83	近	移	（水中拍）船闸的基座	但是，人能把水调理好了。		
84	全		万福闸	水的盈枯，水的顺逆，能顺从人的意志，于是，稻谷盈仓，鱼虾丰收，地也水灵灵的，城也水灵灵的，人也水灵灵的。	苏北音乐	
85	全		（航拍）河　田野　村镇			
86	特		翻卷的水花			
87	近		跳舞的人　挥动红绸（秧歌）			
88	近		跳舞的人　挥动红绸（秧歌）			
89	全		跳舞的人　　　（秧歌）			
90	近		跳舞的人（莲湘花舞）			
91	近		跳舞的人（莲湘花舞）			
92	近		跳舞的人（莲湘花舞）			
93	特		花篮			
94	特		鱼			
95	全		田野里跳舞的人（莲湘花舞）			
96	近		跳舞的人（莲湘花舞）			
97	近		跳舞的人（莲湘花舞）			
98	近		跳舞的人（莲湘花舞）			
99	近		跳舞的人（莲湘花舞）			
100	特		跳舞的人（莲湘花舞）			
101	特		打莲湘			
102	近		秧歌舞			
103	全		丰收舞			
104	近		破浪前进的船头			
105	全		运河中划船的人			
106	全		河中行驶的船队			
107	全		大堤			
108	全		楼房			
109	全		楼房			
110	全		楼房			
111	全		楼房			

续表

镜号	景别	技巧	画面内容	解说或对白	音乐	效果
112	全		楼房			
113	全		江都四站的抽水站		止	
114	全	移	四站内（俯） 机器轰鸣	伫立在这样一个世界东方的能量最大的水利枢纽工程前，我静默良久。 我又想起了外婆说的话，我是水鬼投胎的。然而，水鬼投胎的人已经经过了一个甲子。像我们这一辈人，不是亲眼看到过这条河的灾难的历史，这一片低洼地的灾难的历史吗？ 不是亲眼看到过这些灾难的历史渐渐地成为过去了吗？		船工号子
115	特 全	拉	旋转的抽水机轴 抽水机			
116	特 全	拉	管道 机器			
117	全 特	推	旋转的轴 轴 （变焦）			
118	近 大全	拉	河中的船队 河中行驶的船队	漫漫长河，你说是不是？	音乐起	止
119	特		奔腾的水卷起浪花	六十年前，我的童年正是河的暮年；六十年后，我的暮年恰又逢着河的童年。人的生命是有限的，而逝者如斯，河水奔腾不息。 我走下桥埂，静听水声。 水声哗哗的， 是春天的欢笑吗？！		
120	近		闸口的水			
121	全		钢闸 像卫士一样挺立着			
122	特 大全	拉	水波 万福闸雄姿 字幕： 作品写于1991年5月			止
123	近		书合上 出现"电视散文"四个字 字幕淡出 职员表 责任编辑 新 沂 编 导 景国真 杨宪泽 摄 像 朱海陆 美 工 刘海峰 高 军 灯 光 金前贵 王 林 场 记 冯 研 剪 辑 木 易 制 作 周达仁 录 音 蒋明钢 播 音 李江红		片尾音乐	

续表

镜号	景别	技巧	画面内容	解说或对白	音乐	效果
			剧　务　周惠南 制片主任　杨宪泽 1991年5月			

注：
① 本片时间长度19分33秒。
② 重新整理1997年10月12日于白下路235号前楼303室。

江苏电视台(1992年7月)

扬州城标

艾　煊

50年代初，头一趟去扬州，老远看到了一座高塔耸立于白云蓝天之上。我问这是什么塔？同行的一位友人回答说：文峰塔。这么突出，这么显眼，该多像是扬州的一座城标。

80年代起，高楼一座座竞相矗起，文峰塔已渐渐地消隐于高楼群中。

那么多现代的模式建筑，在华夏大地上风起云涌。从外表看，扬州也和别的许许多多城市一样，似乎也逐渐失去一个城市和另一个城市相区别的特有风姿。

但，车一进入市中心，立刻又出现一个风格特异的古扬州。

一株古银杏，站在街中心。挡住了宽阔的车道。车，只好回避它，绕着古银杏的两旁，分流而行。就像印度人避开闲卧街心的神牛一样。但这株银杏前没有香炉烛台，看来又并非人们顶礼膜拜的神树。

这株古银杏，树干半边已枯朽，半边仍健在。半健半朽，正是一株又年老又年轻的古树典型特征。

它不像树龄百年左右的年轻银杏那么壮实，满头青丝，树冠如伞般张开，蔽荫一亩方圆。这株古银杏，主干苍老，但它的条条枝桠却又很年轻。

绿叶丛中，疏疏密密地点缀一颗颗粉绿的新鲜果实。千年古老的树干上，密生墨绿的枝，翠翠的叶，嫩绿的果，子孙繁茂。

车在宽阔的街心疾驶。又一株古银杏,挡住车道。车,绕树而行。这一株,分枝较少,而干极粗壮。这两棵深受人们尊敬的银杏古树,不是被围护在园林或庙宇中,不是悄立于僻静的城隅一角。它,不避人,不避车,当街而立。两株银杏,树龄同老,风姿各异。

从隋唐至今,千余年来,扬州几度繁华,又几度洗城。无论是灯彩十里的繁华梦中,或是血火满街衢的刑城之日,高高耸立的银杏,它总是洒脱地轻摇绿扇,不媚,不训,不卑,不骄,静静地纵观历史的风聚云散。

古文化,有的存在于坟墓中,古籍中;有的存在于地面废墟,地下遗址中。扬州的古文化,不光记录了逝去的岁月,它体现于年年新绿,年年结果的活的古树身上。

扬州文化,有古的源,有新的流。它的生命力,如同这银杏一样,老干上长出新枝,年年爆出翠绿的新叶,年年结出肉嫩核硬的新果。

这两株挺立于扬州市中心的古银杏,历经一千多个难忍的酷暑,一千多个摧折生命的地冻天凝;历经几度满城劫火,满街血渠的屠城事变,它仍健在,它仍年年新绿。它是扬州文化活的灵魂。它和扬州城一样,既古老又年轻。它当街挺立,是一座扬州城史的纪年碑,是一座有生命的扬州城的城标。

(1992年7月)

附:电视散文《扬州城标》完成本

本文作者:艾煊   节目编导:杨宪泽

镜号	景别	技巧	画面内容	解说或对白	音乐	效果
1	小全		蓝天 挺立的树干 苍劲的枝叶 字幕淡出(竖排) 　扬州城标 　　　作者 艾煊			乐起
2	大全	移	蓝天 古运河 古运河边的文峰塔	50年代初,头一趟去扬州,老远看到了一座高塔耸立于白云蓝天之上。我问这是什么塔?同行的一位友人回答说:文峰塔。这么突出,这么显眼,该多像是扬州城的一座城标。		
3	全中	推	蓝天 文峰塔 文峰塔			

续表

镜号	景别	技巧	画面内容	解说或对白	音乐	效果
4	近 大全	拉	塔顶 塔周围的楼房群 隐约可见的文峰塔	80年代起，高楼一座座竞相矗起，文峰塔已渐渐地消隐于高楼群中。		
5	小全		城市新颖的路灯	那么多现代的模式建筑，在华夏大地上风起云涌。从外表看，扬州也和别的许许多多城市一样，似乎也逐渐失去一个城市和另一个城市相区别的特有风姿。		
6	大全		城市新颖的路灯			
7	小全		城市新颖的路灯			
8	中		新式楼房			
9	中		新式楼房			
10	全		新式楼房			
11	中		新式楼房			
12	大全	移	输变电铁塔 楼房			
13	全	摇	楼房			
14	全	移	河边的建筑			
15	全	移	河边的建筑			
16	中 大全	拉	城市的雕塑——鹤 街道			
17	中		石塔（画右）	但，车一进入市中心，立刻又出现一个风格特异的古扬州。		
18	近		石塔（画左）			
19	中		石塔（画中）		止	
20	全		街道中的车流 石塔			街道的效果声
21	近 全	拉	文昌阁 文昌阁 街道			
22	大全 全	推	文昌阁透过宽而长的街道 远处的古银杏 银杏树	一株古银杏，站在街中心。挡住了宽阔的车道。 车，只好回避它，绕着古银杏的两旁，分流而行。就像印度人避开卧街心的神牛一样。但这株银杏前没有香炉烛台，看来又并非人们顶礼膜拜的神树。 这株古银杏，树干半边已枯朽，		
23	小全 全	摇	街道上来往的行人 车辆 路中心的银杏树			止

续表

镜号	景别	技巧	画面内容	解说或对白	音乐	效果
24	特	叠	树干 枝叶	半边仍健在。半健半朽，正是一株又年老又年轻的古树典型特征。	音乐起	
25	近		树干 枝叶			
26	中		树叶			
27	全		树冠	它不像树龄百年左右的年轻银杏那么壮实，满头青丝，树冠如伞般张开，蔽荫一亩方圆。这株古银杏，主干苍老，但它的条条枝桠却又很年轻。		
28	全		树冠			
29	小全		树枝 叶子			
30	中		树枝 叶子			
31	近		树叶			
32	近		枝叶		止	
33	特		叶子	绿叶丛中，疏疏密密地点缀一颗颗粉绿的新鲜果实。千年古老的树干上，密生墨绿的枝，翠绿的叶，嫩绿的果，子孙繁茂。	街道效果	
34	特		银杏果子 枝叶			
35	中	拉	树枝 树干			
	全					
36	大全		立在马路中的银杏树			
37	小全	移叠	街道上驶过的汽车	车在宽阔的街心疾驶。	止	
38	全	摇	街道中的车 又一株古银杏	又一株古银杏，挡住车道。车，绕树而行。		
39	小全	推	街道上的树	这一株，分枝较少，而干极粗壮。		
	近		树干			
40	近		树干			
41	近		两棵古银杏树枝（分割特技）	这两棵深受人们尊敬的银杏古树，不是被围护在园林或庙宇中，不是悄立于僻静的城隅一角。它，不避人，不避车，当街而立。两株银杏，树龄同老，风姿各异。	音乐起	
42	近		两棵古银杏树枝（分割特技）			
43	中		两棵古银杏树枝（分割特技）			
44	特		两棵古银杏树枝（分割特技）			
45	小全		两棵古银杏树枝（分割特技）			
46	中		两棵古银杏树枝（分割特技）			
47	小全		两棵古银杏树枝（分割特技）			
48	全		两棵古银杏树枝（分割特技）			
49	大全		两棵古银杏树枝（分割特技） 一株古银杏（特技划像）			

续表

镜号	景别	技巧	画面内容	解说或对白	音乐	效果
50	全	摇	树冠			止
51	特	叠	夕阳映照下的石塔尖	从隋唐至今，千余年来，扬州几度繁华，又几度洗城。无论是灯彩十里的繁华梦中，或是血火满街衢的刑城之日，高高耸立的银杏，它总是洒脱地轻摇绿扇，不媚，不训，不卑，不骄，静静地纵观历史的风聚云散。		
52	近		夕阳映照下的石塔			
53	近		夕阳映照下的文昌阁尖			
54	小全		夕阳映照下的文昌阁			
55	近		夜色下的银杏树干			
56	全		夜色下的银杏树干			
57	大全		夜色下的银杏树干			
58	大全		阳光下的银杏树干	古文化，有的存在于坟墓中，古籍中；有的存在于地面废墟，地下遗址中。扬州的古文化，不光记录了逝去的岁月，它体现于年年新绿，年年结果的活的古树身上。	音乐起	
59	全		银杏树冠			
60	小全		银杏树枝			
61	小全		银杏树冠（白天）			
62	小全		银杏树冠（黄昏）			
63	全		大树干（黄昏）			
64	全		大树干（黄昏）			
65	全		大树干（夜色）			
66	全		大树干（黄昏）			
67	小全		银杏树冠（白天）	扬州文化，有古的源，有新的流。它的生命力，如同这银杏一样老干上长出新枝，年年爆出翠绿的新叶，年年结出肉嫩核硬的新果。		
68	小全	摇	银杏树冠（白天）			
69	中全	拉	树枝			
70	小全		树冠			
71	特		银杏果			
72	中小全	拉	文昌阁（白天） 文昌阁 大街			
73	全		大树（分割特技左夜 右夕阳）	这两株挺立于扬州市中心的古银杏，历经一千多个难忍的酷暑，		
74	全		大树（分割特技左白天 右夜）			

续表

镜号	景别	技巧	画面内容	解说或对白	音乐	效果
75	全 大全		大树（分割特技左夕阳 右夜） 特技划像 大树干	一千多个摧折生命的地冻天凝；历经几度满城劫火，满街血渠的屠城事变，它仍健在，它仍年年新绿。它是扬州文化活的灵魂。		
76	小全		树枝（夕阳）			
77	中		树枝叶（白天）			
78	中		树枝叶（白天）			
79	中		树枝叶（白天）			
80	中		树枝（白天）			
81	小全		树冠（白天）			
82	小全		树枝（白天）			
83	大全		大树干（白天）			
84	全		大树干（白天）			
85	全 大全	摇	建筑 古银杏大树干 马路中古银杏大树干	它和扬州城一样，既古老又年轻。它当街挺立，是一座扬州城史的纪年碑，是一座有生命的扬州城的城标。		
86	全		挺立的古银杏树干 出字幕 作者 艾 煊 职员： 编导 景国真 　　　杨宪泽 摄像 朱海陆 灯光 金前贵 美工 王晓新 场记 荆 磊 播音 徐 凯 录音 张小钢 剧务 范一军 制片 石 勇			

注：
① 本片时间长度为14分09秒。
② 完成本时间为1997年12月于白下路235号前楼303室。

江苏电视台（1992年）

壶　王

汤祥龙

（演播室）

主持人： 你看，到这个演播室来呢，主要是对您进行一下现场采访，了解一些情况。

白厂长： 这个，这个怎么弄啊，我……我……

主持人： 没事儿，您别紧张，放松一下，把包先拿下去，镜头正对着我们，把包先拿下去，喝点儿水，放松放松，没关系，放松放松，我们随便聊聊天，啊，随便聊聊。好，观众朋友，这一集《文学与欣赏》栏目给您介绍电视小说，名字叫《壶王》。"壶王"啊不是指一把壶多么的大，多么名贵，多了不起，"壶王"是一位厂长，是一位姓白的厂长的绰号，喏，这位就是叫"壶王"的白厂长。白厂长，我们可不是第一次见面了啊，可以说是老朋友了，来，喝杯茶，放松放松。

（白厂长喝茶）

白厂长： 啊，不错不错！

主持人： 我们这个茶叶呀很一般，可是您刚才喝完之后却满口说"不错不错"，不是真话吧？

白厂长： 我这可是真话！在厂里是这样，几块钱一斤的茶叶就能对付了，就是没茶叶，白开水也行。

主持人： 噢！白厂长啊，我听说您对茶壶非常有研究，今天特意准备了点儿好茶叶，但是临来的时候给忘了，这点儿茶叶还是临时找到的，白厂长，怠慢您了。

白厂长： 哪里哪里！我说的可是实话，我对这喝茶一点儿都不讲究。

主持人： 怎么你们厂里的工人呀，我看见了你的面儿以后总不喊你"白厂长"，总喜欢喊你"壶王"，"壶王"不会喝茶，不大可能吧？

白厂长： 哈，这个说来就话长了！我们家是有一把壶，是紫砂壶，听我父亲说吧，是祖上传下来的，这个壶呢，壶身只有拳头这么大，可是造型啊，比较奇特，壶身上呢，是刻了几根儿那个葡萄藤，特别是上面有两只小松鼠，那真是栩栩如生。

主持人： 噢，活灵活现，是吧？

白厂长： 对。所以说这壶啊也算是我们家的传家宝吧，可是前几年啊，不知怎么让市里文管会给知道了，好几位老专家到我们家来鉴定。

主持人： 嗯，说什么了？

白厂长： 这几位老先生，拿着这壶左看右看，最后得出一个结论，这壶是假的，不是什么稀世之宝，可是这下全厂上下都知道我们家有把紫砂壶了，这不就……就喊我"壶王"了。

主持人：这"壶王"也就因此而得名了？

白厂长：对。

主持人：现在这把壶呢？

白厂长：由我保管着。因为我那个儿子啊，毛手毛脚的，上次就差点儿他把壶给碰了，不过，要是来了贵客呀，我就用这把壶给客人沏上一壶好茶，既表示对客人的尊敬，又可以一边儿喝茶一边儿聊聊这壶，也是联络感情的一种好办法吧。

主持人：哎，白厂长，您能不能让我看看这把壶啊？

白厂长：我就估计到您会提到这把壶，所以特地给带来了。

主持人：好好好。哎呀，这个壶确实不错啊，很精致啊，确实很好，不愧是传家宝啊！

（白厂长家中）

（敲门声……）

孩　子：又是来找爸爸的。（去开门）噢，是李叔叔！您找爸？

李师傅：是的。

孩　子：爸，厂里的李叔叔来找你。

白厂长：哎，来了。

李师傅：啊，厂长。

白厂长：哟，李师傅，哈哈，稀客稀客，来来，坐会儿坐会儿。怎么，今天厂休，怎么有空上我这儿来啊？嗨，有什么事吧？

李师傅：唉……

（演播室）

主持人：李师傅是他们厂里的发明大王，平时从来不出来串门儿，更谈不上敲厂长家的大门了。今天是星期天，厂休日，李师傅的登门拜访，引起了白厂长的注意。

（白厂长家）

白厂长：小明，去给你李叔叔沏壶好茶来。

小　明：哎。

白厂长：噢，就用那把紫砂壶啊，壶就在我书橱里。

小　明：知道了。

白厂长：来（递烟）。

李师傅：哎哎，好，谢谢。

小　明：李叔叔您喝茶。

白厂长：哎，喝茶呀。

李师傅：噢……

白厂长：我这茶叶很不错的。

李师傅：噢，谢谢。啊……（被水烫伤，失手将壶碰在地上）

（演播室）

主持人：白厂长的儿子被这一声给吓住了，脸都变了颜色，因为他联想到上一次放这把壶的时候重了一点儿，差点儿挨父亲的一顿打，这一声也终于使李师傅醒过来了。

（白厂长家）

李师傅：啊,哎呀,厂长,这……这这是不是那个"壶王"啊?嗨!厂长你看这……

白厂长：没事儿没事儿,反正专家早说过了,这是把假壶,你别在意。

李师傅：哎呀,这怎么好这怎么好,你看,这……哎呀……

白厂长：哎呀,李师傅,你别拾了,放在那儿,真的没事。小明,去给李师傅再沏杯茶来。

小　明：哎。

白厂长：噢,把我桌上那包好烟也拿来啊。

小　明：知道。

李师傅：噢噢,我这儿有烟。

白厂长：哎呀,到我这儿来哪能不抽我的烟呢?收起来。小明,来来,给我。来,抽这个。来来来。

李师傅：好!厂长,我还有一张设计图没画完,我再赶紧回去搞,对不起,我走了。

白厂长：难得来一次的,再坐会儿吧。啊!

李师傅：不了,我走了,再见。

(演播室)

主持人：白厂长送走了李师傅,关上门,急急忙忙地走回来,蹲下身去,小心地把壶的碎片往一起拼,似乎想再重新拼出一把紫砂壶来。

(白厂长家)

小　明：爸爸,你刚才不是说"没事儿没事儿"的吗?

白厂长：这壶可是祖上传下来的!这孩子。

小　明：那你刚才怎么一点儿也不着急?

白厂长：你不懂,李师傅第一次上咱们家来,还不知道为什么事儿来的,再让他为这把壶背上个思想包袱,他下次还能来呀?

小　明：嗯……

白厂长：唉……

(演播室)

主持人：到了第二天,白厂长才了解到,发明大王李师傅到他家来,原来是闹着要调走的,可是,从厂长家出来之后,就再也不提调走的事情了。人事科长感到很奇怪,还来询问,是不是白厂长向李师傅许了什么愿?

白厂长：其实那天呐我是确实不知道李师傅是为了调动的事来找我的,如果知道,我就不会拿那把紫砂茶壶给他泡茶喝了。话也说回来了,一把假壶,留住了一个有真才实干的发明大王,那还是值得的。呵,不过,现在我这"壶王"可是假的了,哈哈哈……

主持人：哈哈哈哈……

江苏电视台(1993年9月)

个园话竹

忆明珠

　　不俗的主人
　　从苏东坡诗中
　　借得一点风雅
　　这竿竿瘦竹
　　就在假山旁
　　站成郑板桥的画

　　这首小诗,是香港一位诗人写个园的。
　　在扬州的古典园林中,个园保留得较为完整。园中楹联有句云"月映竹成千个字","个"乃"竹枝一枝",原来的主人自称爱竹,因以"个"字名园。
　　扬州历史上又出了个以墨竹擅天下的郑板桥,这首小诗从个园的竹上发现了郑板桥的画,不但写出了个园之所以为个园,同时也写出了扬州之所以为扬州。
　　或许在别处园林的假山旁,也有着一竿竿瘦竹,也不妨说它站成了一幅幅郑板桥的画;但这画还是让它站在扬州,特别是站在扬州的连名字都寓有竹的身影的个园最为妥帖。难道不是这样的吗?
　　外地的朋友往往问:"你们扬州出什么?"我回答:"我们扬州出墨竹!"
　　早在郑板桥以前,扬州的画人便画起了墨竹,郑板桥是"扬州八怪"之一,"八怪"也怪在他们大都爱画几笔墨竹,众多的追随者、效法者又大大扩大了写竹的队伍,单以郑板桥一人的笔墨培育之功,便已经把扬州经营成举世瞩目的"墨竹之乡"了!
　　人们还记得王渔洋的名句:"绿扬城郭是扬州。"他那时代扬州的绿扬,连枯木朽木已不得见,而郑板桥的墨竹,在公众的博物馆里、陈列室里,在民间收藏家的书箧里、锦盒里,至今犹生机勃勃,时展时新。
　　郑板桥及其前后的画人,曾向海内外输出了多少墨竹啊!所以,与其说扬州是座"绿扬的城",还不如说它是座"墨竹的城"呢!
　　中国的诗人描写到美丽的女子,本领很是了不起,如:
　　"一顾倾人城,再顾倾人国。"诗中这个美丽的女子只看了两眼,便把人们惹得如痴如呆,如疯如狂。但也只能写到这一步。似乎还没有一个诗人描写女子的美丽敢于舍弃音容笑容,而单取她的影子!

但竹，不但美在它的形，且美在它的影。竹的一身翠绿，亭亭玉立，直逼得粉黛无颜，甚至连它的影子，也妩媚得令人销魂。

以墨写竹是逐步形成的。据说古时一位亡国的嫔妃，被征服者强占，心中悒悒，常独坐南轩，轩外有竹，影落窗上，她便以笔濡墨，就窗纸上摹写竹影自遣。竹影由此入画，遂开以墨写竹的先河。

这就是竹，足以傲视一切绝代佳人的。因为只有竹，可爱的竹，才能可爱到连它的影子可直接入画，单独入画。

夜半醒来，
见窗纱上，
一枝竹影姗姗。
古城的月，
依然妩媚婉转，
赠还我昔日画卷。
记忆，
并不曾消散——
如轻烟一篆。
它乃蘸着月色写成。
月色写出的竹影，
怎可能被时间冲淡？

以墨写竹者，岂止是一些墨竹画家？岂止是郑板桥？岂止是那位亡国的妃子？还有白昼的日照，还有清宵的月色。那妃子其实是在已被月色写出的墨竹上，以画笔重描墨竹，我这不也同样在已被月色写出的墨竹上，以诗笔重描墨竹吗？想到这点，觉得很得意。我不是画家，却也以我拙劣的小诗，画过一枝半枝墨竹了。对于扬州，对于我称之为"墨竹的城"的扬州，总算略尽了我的一点心意了！

香港那位诗人所发现的那幅郑板桥的画，想必即悬挂在这里，因为园内景物便不甚似出自郑板桥的手笔了。

个园内部的构筑，假山、曲池、楼馆皆佳，这样的地方不可无美竹。且个园连它的名字都喻寓着竹的形象，可谓得名独厚，而寻名责实，对于园内——作为园林主体部分的花木，似也应该将竹放在显著的位置上，而加以精心安排。

那么，爱竹的扬州人和爱竹的来扬州旅游的非扬州人有福了，他们可以在个园寻找到一个对竹、赏竹、啸竹、倚竹、评竹、吟竹、写竹、忆竹的最佳去处。还有听竹——郑板桥题画诗云：

衙斋卧听萧萧竹，
疑是民间疾苦声；
些小吾曹州县吏，
一枝一叶总关情。

萧萧然，飘飘然，冷冷然，森森然，而此时此际，横树摇曳，在地，在阶，在石，在壁，在天之一角，在窗之一隅，无处不见竹影，无处不见郑板桥画境，这也可能略有助于延续古城扬州的墨竹遗风，并激其清芬的吧！

(1997年10月)

附：电视散文《个园话竹》完成本

本文作者：忆明珠　编导：杨宪泽

镜号	景别	技巧	画面内容	解说或对白	音乐	效果
1	特		竹叶像"个"字		音乐起	
2	特		竹叶像"个"字			
3	特		竹叶像"个"字			
4	特	叠	竹叶像"个"字			
5	特		竹叶 字幕：个园话竹			
6	特		竹叶 假山石	不俗的主人 从苏东坡诗中 借得一点风雅 这竿竿瘦竹 就在假山旁 站成郑板桥的画 这首小诗，是香港一位诗人写个园的。		
7	特		扬州"个园"的门头	在扬州的古典园林中，个园保留得较为完整。园中楹联有句云"月映竹成千个字"，"个"乃"竹枝一枝"，原来的主人自称爱竹，因以"个"字名园。		
8	全		"个园"的园门			
9	近	摇	楹联			
10	特		楹联中的"个"字			
11	特		竹叶			
12	特		竹叶			
13	近		竹子			
14	近		竹子			

续表

镜号	景别	技巧	画面内容	解说或对白	音乐	效果
15	中		园中的竹子（假山旁）	扬州历史上又出了个以墨竹擅天下的郑板桥，这首小诗从个园的竹上发现了郑板桥的画，不但写出了个园之所以为个园，同时也写出了扬州之所以为扬州。 　　或许在别处园林的假山旁，也有一竿竿瘦竹，也不妨说她站成了一幅幅郑板桥的画；但这画还是让它站在扬州，特别是站在扬州的连名字都寓有竹的身影的个园最为妥帖。难道不是这样的吗？ 　　外地的朋友往往问："你们扬州出什么？"我回答："我们扬州出墨竹！"		
16	中		园中的竹子（廊边）			
17	中		园中的竹子（墙边）			
18	中		园中的竹子（池边）			
19	全		竹子前景的园中建筑			
20	全		竹子前景的园中建筑			
21	全		竹子前景的园中小路			
22	全		竹子前景的园中山石			
23	近	摇叠	竹节			
24	全		郑板桥的"竹画"	早在郑板桥以前，扬州的画人便画起了墨竹，郑板桥是"扬州八怪"之一，"八怪"也怪在他们大都爱几笔墨竹，众多的追随者、效法者又大大扩大了写竹的队伍，单以郑板桥一人的笔墨培育之功，便已经把扬州经营成举世瞩目的"墨竹之乡"了！		
25	近		郑板桥的"竹画"			
26	近		郑板桥的"竹画"			
27	近		郑板桥的"竹画"			
28	全		郑板桥的"竹画"			
29	近		郑板桥的"竹画"			
30	近		铺开的纸上画竹（慢动作）			
31	近		竹子			
32	近		铺开的纸上画竹（慢动作）	人们还记得王渔洋的名句："绿扬城郭是扬州。"他那时代扬州的绿扬，连枯木朽木已不得见，而郑板桥的墨竹，在公众的博物馆里、陈列室里，在民间收藏家的书箧里、锦盒里，至今犹生机勃勃，时展时新。		
33	近		竹子			
34	近		铺开的纸上画竹（慢动作）			
35	近		竹子			
36	全		漆器上的竹石图			
37	全		工艺品（两个竹凳子）			
38	全		竹门			
39	全		竹（砚台）			
40	全		漆器（锦盒）			
41	全		漆器（锦盒）			
42	全		漆器（锦盒）			
43	全		漆器（锦盒）			
44	近		竹房一角			
45	近		观音图的竹子			
46	近		竹亭（漆器）			

续表

镜号	景别	技巧	画面内容	解说或对白	音乐	效果
47	近		竹亭			
48	近		竹（漆器）			
49	近		竹（漆器）			
50	近		竹（画屏）			
51	近		竹（漆器）			
52	近		竹（漆器）			
53	近		竹（木雕）			
54	近		竹（宫灯）			
55	近		竹（大理石屏风）			
56	近		竹（扇形工艺品）			
57	近		竹（大理石屏风）			
58	特		竹（宫灯）			
59	特		竹（木刻）			
60	近		竹（砖雕）			
61	近		竹（漆器）			
62	近		竹（漆器工艺圆盘）			
63	全		竹（笔筒）			
64	全		竹（笔架）			
65	全		竹（玉砚台）			
66	全		竹节（红木）			
67	全		竹（漆器砚台）			
68	全	摇	竹（漆器竹画）			
69	全	摇	竹（漆器竹画）			
70	全	摇	竹（漆器竹画）			
71	全	摇	竹（漆器竹画）			
72	近		铺开的纸上画竹（慢动作）	郑板桥及其前后的画人，曾向海内外输出了多少墨竹啊！所以，与其说扬州是座"绿扬的城"，还不如说它是座"墨竹的城"呢！		
73	近		竹			
74	近		竹			
75	特		仙女画 吹笛			
76	近		仙女画 仙女	中国的诗人描写到美丽的女子，本领很是了不起，如："一顾倾人城，再顾倾人国。"诗中这个美丽的女子只看了两眼，便把人们惹得如痴如呆，如疯如狂。但也只能写到这一步。似乎还没有一个诗人描		
77	近		仙女画			
78	特		仙女画			
79	近		仕女图（漆器）			
80	特		仕女图			

续表

镜号	景别	技巧	画面内容	解说或对白	音乐	效果
81	特		仕女图（漆器）	写女子的美丽敢于舍弃音容笑容，而单取她的影子！		
82	特		封面女郎（中、外）			
103	特		古代仕女图			
104	近		漆器画			
105	近	摇	同75号~78号镜头	但竹，不但美在它的形，且美在它的影。 竹的一身翠绿，亭亭玉立，直逼得粉黛无颜，甚至连它的影子，也妩媚得令人销魂。		
106	近	叠	竹节			
107	近		竹叶			
108	全		竹叶（夜景）			
109	近		竹（夜景）			
110	近		在假石上的竹影（夜）			
111	全		在小径上的竹影（夜） 在墙上的竹影（夜）			
112	近		在墙上的竹影（夜）			
113	全		在窗格上的竹影（夜）			
114	全		假山中的竹影（夜）			
115	全		小径旁的竹（夜）			
116	全 特	推	竹林（夜） 竹叶（夜）	以墨写竹是逐步形成的。 据说古时一位亡国的嫔妃，被征服者强占，心中悒悒，常独坐南轩，轩外有竹，影落窗上，她便以笔濡墨，就窗纸上摹写竹影自遣。竹影由此入画，遂开以墨写竹的先河。 这就是竹，足以傲视一切绝代佳人的。因为只有竹，可爱的竹，才能可爱到连它的影子可直接入画，单独入画。		
117	全		竹林 门（夜）			
118	全		窗格 竹林（夜）			
119	特		窗格 竹林（夜）			
120	特		竹叶（夜）			
121	特		竹叶（夜）			
122	特		竹叶（夜）			
123	特		假石上的竹影（夜）			
124	特		假石上的竹影（夜）			
125	全		假石 竹子（夜）			
126	近		竹节（夜）			
127	近		窗格外的竹（夜）	夜半醒来， 见窗纱上， 一枝竹影姗姗。 古城的月， 依然妩媚婉转， 赠还我昔日画卷。		
128	近		假山 竹子（夜）			
129	特		竹叶（夜）			
130	全 特	推	地上的竹叶（夜） 竹叶（变焦）			

续表

镜号	景别	技巧	画面内容	解说或对白	音乐	效果
				记忆， 并不曾消散—— 如轻烟一篆。 它乃蘸着月色写成。 月色写出的竹影， 怎可能被时间冲淡？		
131	近	叠	画竹（慢动作）	以墨写竹者，岂止是一些墨竹画家？岂止是郑板桥？岂止是那位亡国的妃子？还有白昼的日照，还有清宵的月色。那妃子其实是在已被月色写出的墨竹上，以画笔重描墨竹；我这不也同样在已被月色写出的墨竹上，以诗笔重描墨竹吗？想到这点，觉得很得意。我不是画家，却也以我拙劣的小诗，画过一枝半枝墨竹了。对于扬州，对于我称之为"墨竹的城"的扬州，总算略尽了我的一点心意了！		
132	近全	叠拉摇	竹画 古色古香的室内摆设 房屋 小庭院 竹子	香港那位诗人所发现的那幅郑板桥的画，想必即悬挂在这里，因为园内景物便不甚似出自郑板桥的手笔了。		
133	全		园内的建筑	个园内部的构筑，假山、曲池、楼馆皆佳，这样的地方不可无美竹。且个园连它的名字都喻寓着竹的形象，可谓得名独厚，而寻名责实，对于园内——作为园林主体部分的花木，似也应该将竹放在显著的位置上，而加以精心安排。		
134	全		假山			
135	全		长廊			
136	全		园池			
137	全		石径			
138	全		楼榭			
139	全		竹篱笆			
140	近	摇	竹节			
141	近		竹枝（夜）	那么，爱竹的扬州人和爱竹的来扬州旅游的非扬州人有福了，他们可以在个园寻找到一个对竹、赏竹、啸竹、倚竹、评竹、吟竹、写竹、忆竹的最佳去处。还有听		
142	近		竹节（夜）			
143	近		竹节（夜）			
144	特		竹叶（夜）			

续表

镜号	景别	技巧	画面内容	解说或对白	音乐	效果
145	特		一根竹节（夜）	竹——郑板桥题画诗云： 衙斋卧听萧萧竹， 疑是民间疾苦声； 些小吾曹州县吏， 一枝一叶总关情。 　　萧萧然，飘飘然，冷冷然，森林然，而此时此际，横树摇曳，在地，在阶，在石，在壁，在天之一角，在窗之一隅，无处不见竹影，无处不见郑板桥画境，这也可能略有助于延续古城扬州的墨竹遗风，并激其清芬的吧！		
146	特		竹叶（夜）			
147	近		竹叶 路面（夜）			
148	特		竹叶（夜）			
149	特		竹叶（夜）			
150	特		竹节（夜）			
151	近		竹枝叶（夜）			

注：
① 本片长度14分26秒。
② 此片于1993年8月21日至27日扬州个园与《个园话竹》同时拍摄，得到扬州电视台仓爱民同志的大力支持，另外，《个园话竹》已于1994年剪辑播出。
③ 此片中孙育民、钟建平工作于南京师专、教院电教中心，杨林系临时借用人员，王林系省京剧院舞美队灯光师。
④ 此完成本在原WPS的版本上重新制作于1998年1月11日完成于白下路235号前楼303室。

江苏电视台(1995年2月)

残　荷

陈所巨

　　再去那荷田，就只剩下一旋儿叹息了。花开过，莲蓬采过，那些遮天蔽日的青荷，也大都折戟沉沙栽到泥水中了。只有几茎残荷在秋风中坚守，不胜褴褛。

　　人说，荷老了，真的老了。"小荷才露尖尖角"的时候，你为什么不来？"接天莲叶无穷碧，映日荷花别样红"的时候，你为什么不来？

　　我也弄不清怎么就把这一年一度的荷给忘了，忘得如此的干干净净。

　　那些亭亭玉立的青荷，是不是见我久期不至，才纷纷凋损、委顿的呢？那几茎残荷无疑是坚守着，向我传递最后的信息了。

残荷无言,而我心领神会。

残荷不再美丽,不再青春勃发娇姿妩媚,也不再以那一晕又一晕粉红的花,润出一片风采。人说,残荷老了,生命留给它的大概就只有怀旧、忏悔与叹息了吧。

然而,残荷依然坚挺,在砭人的冷风中抗争着,不肯折腰摧眉,更不肯跪倒于地,那张破旧的残叶在秋天里依然是一面旗帜,顽强地展示生存与睿智。直到有一天,人们从残荷的根部掘出一弧又一弧的白藕,才惊叹不已,那破败的残荷原来是最富有的哩。它抵死不渝守候着的便是它一生积聚起来的最珍贵的东西啊!

江苏电视台 (1995年2月)

附:电视散文《残荷》拍摄稿本

作者:陈所巨

画面内容	解说或对白
黑画面。 画面右边竖的小方框。 (淡入) 风中的败荷叶(特写) (叠出字幕): 残荷 作者:陈所巨	
在画面的左边有几枝衰败的荷在水中摇摆着。 画右的黑地上由下而上地出字幕: 陈所巨: 安徽桐城人,1948年生。中国作家协会会员,安徽省作家协会副主席。当代诗人、散文家。已结集出版的著作有《阳光、土地、人》、《玫瑰海》、《回声与岸》、《陈所巨旅行文选》等。他的散文创作"追求真朴、真情和潜在的韵味,以平淡和真诚感人"。本篇选自《散文》杂志1994年第12期。	

续表

画面内容	解说或对白
一组水中的枯荷。	
(淡入) 绿色的叶(近景、上摇) (叠出字幕)： 电视散文：残荷	
一组已枯的绿色荷叶(叠化) 水中荷、茎，水中荷叶的倒影(近景)	再去那荷田，就只剩下一旋儿叹息了。花开过，莲蓬采过，那些遮天蔽日的青荷，也大都折戟沉沙栽到泥水中了。只有几茎残荷在秋风中坚守，不胜褴褛。
水中露出的残荷。枯萎的莲蓬。	人说，荷老了，真的老了。"小荷才露尖尖角"的时候，你为什么不来？"接天莲叶无穷碧，映日荷花别样红"的时候，你为什么不来？ 　　我也弄不清怎么就把这一年一度的荷给忘了，忘得如此的干干净净。
柳丛夹岸的一塘绿荷。 盛开的荷花。	
残叶如旗。 水中的残荷和倒影。 水里倒下的荷叶(特写) (叠出字幕)： 电视散文：残荷 (字幕由画左向画右移去)	那些亭亭玉立的青荷，是不是见我久期不至，才纷纷凋损、委顿的呢？那几茎残荷无疑是坚守着，向我传递最后的信息了。
黑画面。	残荷无言，而我心领神会。
水中树枝倒影。 水中残叶 (淡出)	残荷不再美丽，不再青春勃发娇姿妩媚，也不再以那一晕又一晕粉红的花，润出一片风采。人说，残荷老了，生命留给它的大概就只有怀旧、忏悔与叹息了吧。
(淡入) 水下枯叶(推)水中游弋的小鱼。 枯茎上的小鸟飞起(慢动作) (淡出)	

续表

画面内容	解说或对白
水上枯茎。 水面上的残荷(全景、横摇) (叠化)筐中的连枝藕(特写)随着挑担者的走动而上下跳动着(慢动作) (淡出)	然而,残荷依然坚挺,在砭人的冷风中抗争着,不肯折腰摧眉,更不肯跪倒于地,那张破旧的残叶在秋天里依然是一面旗帜,顽强地展示生存与睿智。直到有一天,人们从残荷的根部掘出一弧又一弧的白藕,才惊叹不已,那破败的残荷原来是最富有的哩。它抵死不渝守候着的便是它一生积聚起来的最珍贵的东西啊!
(淡入) 一组雪地里的枯荷茎(特写) (淡出)	
(淡入) 雪地里的枯荷茎(近景)	(1995年2月摄制)

江苏电视台(1996年9月)

秦淮花灯

俞 律

　　夫子庙这名称,是南京的专利,自古以来,中国最多的庙宇就是孔子的庙,几乎有城市就有孔子庙。

　　但是,除了南京,这些孔子庙一概都简称孔庙或文庙。比较一下,南京的夫子庙名称是充满感情色彩的,"夫子"是对孔夫子既亲切、又敬重的称呼。

　　孔夫子的一生,是宣传道德的一生,他的思想一直到今天仍然闪光。道德是每一个人都不可离开的生活原则,所以,孔夫子的学术是为社会服务的,是完全贴近生活的,应该受到人们的亲切与敬重。有人说,从夫子庙这名称属于南京的专利这一点看,南京人对孔夫子具有特殊的感情,但是,这种感情,似乎在历史的长河里淡化着。

　　在今天的夫子庙里,虽然熙熙攘攘,游人络绎不绝,但人们在孔夫子像前并不是虔诚的问道,而是烧香叩头,他们思虑的自然不是什么道德规范问题。他们想得还更实际一点,他们在祈祷生存的平安或者乞求发财的好运。

老百姓毕竟与孔夫子不同,孔夫子毕竟站得太高,虽然他的塑像表情平和而温文,但总是洋溢着庙堂气吧!处江湖之远的老百姓在他身边走过的时候,并不明白这位大圣人想的是什么,只知道他姓孔,或者连他姓什么也不清楚。人们最感兴趣的实际上是他左右两旁的东市和西市,还有行人摩肩接踵、冠盖如云的贡院街,那里是老百姓的娱乐场所。这些娱乐场所,到了夜晚,就华灯齐上,一片通明,映照着满市的游人,映照着游艺场、古玩店、字画店、书店、酒店饭店……孔夫子栖身的大成殿门口,也是一片光明。

在大成殿前面的古老的秦淮河,自古以来就是以花灯画舫名扬于世的。

据说,点花灯、游画舫的风俗起源于明朝初年。朱元璋虽然是一个粗人,但他做了皇帝之后,也要学点风雅。有一次游秦淮河,盛赞两岸风光美好,认为如果有灯船辉映更好。于是手下人立即赶造灯船,夜夜笙歌,好不热闹。洪武五年(1372年)正月十五日闹元宵,朱元璋命令燃放水灯万盏,照得秦淮河两岸大放光,成就了一代盛事。从此年年元宵,总要在夫子庙前举行花灯之会,这风俗一直流传到今天,并且还扩展出一些民间的灯的故事。譬如,南京人把女儿嫁出去以后的第一个春节,母亲总要送一盏莲花形的灯给女儿。这盏灯里坐着一个小娃娃,所以叫莲子灯。一来象征早生贵子的吉利,二来利用莲的谐音,把母亲和女儿永远联结着,免得嫁出去的女儿成了泼出去的水。南京人是很善于在秦淮花灯上做这些充满人情味的文章。

秦淮花灯,天下所无。

自古以来,这是南京夫子庙的独家之盛,后来虽然其他城市也有仿效的,但毕竟不如夫子庙有一个美丽的传说、一个容纳千灯万火的秦淮河。

一年之中,大成殿前灯火最盛的一天是农历正月十五日的夜晚。这一天是传统的灯的节日,这一天南京万人空巷,集中在夫子庙观赏花灯。他们深爱现代化生活中的电灯,电是科学的神灵,它是驱赶黑夜的最强者。但是,农历正月十五日上市的花灯不是用电燃点的灯,不是在现代化工厂里制造的各种形式的电灯,不是亮得使人激动的电灯,它是另一种灯,一种依靠蜡烛的微火发光的灯,一种使人安静地享受光明的灯,一种民间艺人凭灵巧的手和脑制作的灯,它是各种花形的、各种禽形的、各种兽行的、各种人们喜爱的形式的灯,这是一种传统的花灯。

人们懂得是美的事物,就不要让正月十五日这一天独专。事实上秦淮花灯早已不仅仅属于元宵佳节了,它属于一年三百六十五个南京的夜晚。

人们在元宵节这一天买下花灯,挂在深巷里,把这个元宵节的一夜之美延伸到每一个夜晚,一直到下一个元宵节。过去有一首民谣唱道:"正月里来是新春,家家户户挂花灯,花灯挂在大门口,迎来丰收太平年。"现在要把第一句改成:"一年四季都是春"了!

美丽的花灯是民间艺人制作的艺术品,他们比明太祖朱元璋的价值要高千倍万倍。朱元璋不过是下了一道游戏花灯的命令,而没有手工艺匠的艺术操作,秦淮河两岸还是不能大放艺术之光的。

花灯的制作,当然并非轻而易举,艺匠们要经过仔细的艺术构思,才能进行实际创作。

创作一盏花灯就像创作一篇文章一样,需要多少心血,而夫子庙有这么多的灯,简直就是一大幅亮亮的报纸,一大本亮亮的杂志,一大堆闪光的书啊!这就是学问,彩色的光的学问!

南京人喜欢灯,他们不但喜欢光照四邻的各种电灯、日光灯,也非常喜欢手工艺人制作的种种花灯。

在广阔大街和高楼大厦里挂上花灯当然是别有风味的,这象征现代的灯和古老的灯的感情交流,而在南京的曲折而幽深的小巷里挂一盏古老的花灯,真能使人们引发出思古之幽情,把人们带到遥远的上个世纪或上上个世纪去。

这些小巷的深处,常常隐藏着已经经历了很长的岁月的四合院、竹篱瓦舍、短墙矮户,充满着古老的秦淮河乡土味,这本身就是一种深沉的艺术,在现代化的大都市里,真有一种地老天荒的气息。

而在这种气息里挂一盏花灯,其情调何等的和谐、协调,甚至能感触到生活的静谧的美。

在秦淮河南岸古老的钞库街上,有一座东方艺术院,它是一座秦淮民间艺术的宝库,这里展览着南京的名家字画和灯彩、风筝、脸谱、剪纸等民间艺术品。每天有很多的中外旅游者到这里来参观,他们赞美这里的民间艺术,尤其垂青于花灯,他们把花灯买下来,带到全国各地去,带到南方和北方去,带到世界上去,带到欧洲、美洲、非洲、澳洲去!

诚然,灯照亮世界,灯象征光明。世界上有了灯,才使黑暗后退,世界上有了灯,才让人类看到希望,世界在科学中进步,灯也在科学中一天比一天更亮。夫子庙的灯光映照着南京人的生活,映照着生活中的七情六欲,更映照着道德的吉祥物——大成殿。

于是,在夫子庙华灯齐上的夜晚,在大成殿里的孔夫子也许坐不住了,他大概真想走出来,走上大街小巷,领受一下光的魅力。他一定明白:秦淮花灯是我们民族的瑰宝!他也一定明白:全世界都需要科学的光、文化的光,特别是道德的光。

(1996年9月)

附:电视散文《秦淮花灯》完成本

本文作者:俞 律 本片编导:杨宪泽

镜号	景别	技巧	画面内容	解说或对白	音乐	效果
1	中		黑底淡出 放色下的夫子庙 秦淮河水泛着多彩的光波 船桨摆动(慢动作) 动画特技 叠转出四只小花灯 字幕淡出:(画右游进) 　　　秦淮花灯 　　　　作者　余律 字幕淡入			

续表

镜号	景别	技巧	画面内容	解说或对白	音乐	效果
2	全 大全 中全 全	叠 拉 摇	古秦淮牌楼 清晨的夫子庙街道 夫子庙大成殿前的广场 贡院街 天下文枢牌楼 文德桥 西牌楼街道 夫子庙大成殿前的广场 大成殿前的棂星门石牌坊	夫子庙这名称,是南京的专利,自古以来,中国最多的庙宇就是孔子的庙,几乎有城市就有孔子庙。 但是,除了南京,这些孔子庙一概都简称孔庙或文庙。比较一下,南京的夫子庙名称是充满感情色彩的,"夫子"是对孔夫子既亲切,又敬重的称呼。		
3	近		棂星门云海柱头	孔夫子的一生,是宣传道德的一生,他的思想一直到今天仍然闪光。道德是每一个人都不可离开的生活原则,所以,孔夫子的学术是为社会服务的,是完全贴近生活的,应该受到人们的亲切与敬重。有人说,从夫子庙这名称属于南京的专利这一点看,南京人对孔夫子具有特殊的感情,但是,这种感情,似乎在历史的长河里淡化着		
4	近		大成门的屋檐			
5	特 全	摇 摇	鸟笼中欢跳的鸟 棂星门石牌坊			
6	小全	拉	棂星门 大成门			
7	近		行走的脚步			
8	近		行走的脚步			
9	全	摇	麦当劳店招牌 贡院西街			
10	特		背着包的女子			
11	特		戴墨镜的男青年			
12	特		戴草帽的女子			

续表

镜号	景别	技巧	画面内容	解说或对白	音乐	效果
13	小全中	摇	麦当劳店招牌 贡院西街 老正兴店招牌			
14	特		背着包的女子			
15	特		背着黄色包的女子			
16	特		夹着黑色包的女子			
17	特		背着包的女子　夹包的男子			
18	近 小全	摇	树叶 红灯笼 贡院的大门(明远楼)			
19	特		头顶眼镜的白衣女			
20	特		戴眼镜的男子			
21	特		戴眼镜的母女买小鸟			
22	特		男女数人			
23	特		领带摊上戴眼镜的男子			
24	近		黑衣男子			
25	近		手捧鸟笼的老人			
26	近		手拖小车的男人			
27	近		手捧鸟笼的女人			
28	近		几人行走			
20	中		边走边看的人			
30	中		几个走路的女孩			
31	特		老人看着			
32	特		人群的脸			
33	近		外国女子拍照			

续表

镜号	景别	技巧	画面内容	解说或对白	音乐	效果
34	全近	推	老正兴的店招牌(慢动作) 老正兴	在今天的夫子庙里,虽然熙熙攘攘,游人络绎不绝,但人们在孔夫子像前并不是虔诚的问道,而是烧香叩头,他们思虑的自然不是什么道德规范问题。他们想得还更实际一点,他们在祈祷生存的平安或者乞求发财的好运。		
35	特		戴眼镜的女孩子吃东西			
36	全近	推	魁光阁的店招牌(慢动作) 魁光阁			
37	特		吃东西的男孩子			
38	全近	推	奇芳阁的店招牌(慢动作) 奇芳阁			
39	特		吃东西的女孩			
40	全	推	六凤居的店招牌(慢动作)	老百姓毕竟与孔夫子不同,孔夫子毕竟站得太高,虽然他的塑像表情平和而温文,但总是洋溢着庙堂气吧!处江湖之远的老百姓在他身边走过的时候,并不明白这位大圣人想的是什么,只知道他姓孔,或者连他姓什么也不清楚。人们最感兴趣的实际上是他左右两旁的东市和西市,还有行人摩肩接踵、冠盖如云的贡院街,那里是老百姓的娱乐场所。这些娱乐场所,到了夜晚,就		
41	全	推	晚晴楼的店招牌(慢动作)			
42	全	推	秦淮剧场的招牌(慢动作)			
43	全	推	文场阁的招牌(慢动作)			
44	全	推	永安商场的店招牌(慢动作)			
45	中	叠	孔夫子像			
46	特		孔夫子像			
47	近		孔夫子像			
48	小全		孔夫子像			
49	特		孔夫子像			
50	大全		孔夫子像			
51	中全	拉	清逸阁 西市 背书包男孩子走过			

续表

镜号	景别	技巧	画面内容	解说或对白	音乐	效果
52	全	叠	夜色下的河水 船　魁光阁	华灯齐上，一片通明，映照着满市的游人，映照着游艺场、古玩店、字画店、书店、酒店饭店……孔夫子栖身的大成殿门口，也是一片光明。		
53	中全近	摇推	夜色中波光粼粼的水（变焦） 灯的倒影　船 摇着的橹			
54	小全		龙头柱灯 （夜）	在大成殿前面的古老的秦淮河，自古以来就是以花灯画舫名扬于世的。 据说，点花灯、游画舫的风俗起源于明朝初年。朱元璋虽然是一个粗人，但他做了皇帝之后，也要学点风雅。有一次游秦淮河，盛赞两岸风光美好，认为如果有灯船辉映更好。于是手下人立即赶造灯船，夜夜笙歌，好不热闹。洪武五年正月十五闹元宵，朱元璋命令燃放水灯万盏，照得秦淮河两岸大放光，成就了一代盛事。从此年年元宵，总要在夫子庙前会行花灯之会，这风俗一直流传到今天，并且还扩展出一些民间的灯的故事。譬如，南京人把女儿嫁出去以后的第一个春节，母亲总要送一盏莲花形的灯给女儿。这盏灯里坐着一个小娃娃，所以叫莲子灯。一来象征早生贵子的吉利，二来利用莲的谐音，把母亲和女儿永远联结着，免得嫁出去的女儿成了泼出去的水。南京人是很善于在秦淮花灯上做这些充满人情味的文章。		
55	小全		鲤鱼跳龙门 （夜）			
56	近全	拉	亮着灯的亭子间 华灯齐放的酒店			
57	近全	摇	水中灯的倒影 魁光阁 船上的游人			
58	中全	拉	亮灯的"秦淮人家" 游船和人			
59	全	摇	"天下文枢"牌坊 魁光阁 水中的灯的倒影			
60	全近	推	挂着荷花灯的院子 荷花灯 字幕： 　钞库街			
61	特近	拉	一只花灯 二只灯串			

续表

镜号	景别	技巧	画面内容	解说或对白	音乐	效果
62	近特	推	一串花灯 窗户 一只花灯			
63	近		粉黄色花灯			
64	近特	推	粉黄色、红色花灯各一只 粉黄红色的花灯			
65	近特	推	粉黄色、红色花灯各一只 粉黄红色的花灯			
66	近特	推	吊着的白色的藕 藕			
67	近特	推	白色的荷花灯叶 荷花灯			
68	近特	推	黄紫红的三片灯叶 花灯			
69	特全	拉	黄花灯 吊着花灯的屋顶			
70	特		挂在屋檐角的一对花灯 （变焦）			
71	近大全	拉	"天下文枢"牌坊 夫子庙 文德桥	秦淮花灯，天下所无。 自古以来，这是南京夫子庙的独家之盛，后来虽然其他城市也有仿效的，但毕竟不如夫子庙有一个美丽的传说、一个容纳千灯万火的秦淮河。		
72	特		挂着的花灯			
73	特		吊着的一只莲花灯			
74	特		吊着的四只莲花灯			
75	特		吊着的花篮			

续表

镜号	景别	技巧	画面内容	解说或对白	音乐	效果
76	特中	拉	吊着的一只莲花灯 吊着的一只莲花灯			
77	近		老太太买花灯			
78	中		夫妇俩抱小孩提灯			
79	小全	跟	一家三口走在夫子庙大街上			
80	中		两学生走在大街上			
81	中		买花灯的男人			
82	中		四人挑选花灯			
83	小全		女人 小孩买花灯			
84	中		两小孩提灯			
85	中		两女孩提灯			
86	中		一家三口买花灯			
87	中		一对老夫妇买花灯	一年之中,大成殿前灯火最盛的一天是农历正月十五日的夜晚。这一天是传统的灯的节日,这一天南京万人空巷,集中在夫子庙观赏花灯。他们深爱现代化生活中的电灯,电是科学的神灵,它是驱赶黑夜的最强者。但是,农历正月十五日上市的花灯不是用电燃点的灯,不是在现代化工厂里制造的各种形式的电灯,不是亮得使人激动的电灯,它是另一种灯,一种依靠蜡烛的微火发光的灯,一种使人安静地享受光明的灯,一种民间艺人凭灵巧的手和脑制作的灯,它是各种花形的、各种禽形的、各种兽行的、各种人们喜爱的形式的灯,这是一种传统的花灯。		
88	近		几排吊着的莲花灯			
89	近	跟	小男孩吃糖葫芦			
90	特全	拉	"天下文枢"字 "天下文枢"牌坊			
91	特全	拉	气球 贡院西街			
92	全		"天下文枢"牌坊前广场			
93	小全		吊着的一串莲花灯			
94	特	摇推	一只兔子灯 三只兔子灯 垂挂着的莲花灯			

续表

镜号	景别	技巧	画面内容	解说或对白	音乐	效果
95	特		狮子灯	人们懂得是美的事物，就不要让正月十五日这一天独专。事实上秦淮花灯早已不仅仅属于元宵佳节了，它属于一年三百六十五个南京的夜晚。		
96	特		莲花灯			
97	特		兔子灯			
98	特		荷花灯			
99	特		蛤蟆灯			
100	小全	跟叠	夫子庙广场大街 拉着兔子灯行走的小男孩 (慢动作)	人们在元宵节这一天买下花灯，挂在深巷里，把这个元宵节的一夜之美延伸到每一个夜晚，一直到下一个元宵节。过去有一首民谣唱道："正月里来是新春，家家户户挂花灯，花灯挂在大门口，迎来丰收太平年。"现在要把第一句改成："一年四季都是春"了！		
101	近		手提花灯行走(夜) (慢动作)			
102	小全		小男孩拉兔子灯走 (慢动作)			
103	近		一双脚跨门槛(夜) (慢动作)			
104	近	跟	小女孩手提花灯跨门槛(夜) (慢动作)			
105	近	移	小女孩提花灯走(夜) (慢动作)			
106	近		兔子灯(夜) (慢动作)			
107	全	摇	小巷里两个孩子提花灯(夜) (慢动作)	美丽的花灯是民间艺人制作的艺术品，他们比明太祖朱元璋的价值要高千倍万倍。朱元璋不过是下了一道游戏花灯的命令，而没有手工艺匠的艺术操作，秦淮河两岸还是不能大放艺术之光的。		
108	近 小全	拉	门厅顶上吊着的花灯 花灯			
109	近		临水的亭子　行进的游船 老人在认真地制作花灯	花灯的制作，当然并非轻而易举，艺匠们要经过仔细的艺术构思，才能进行实际创作。 创作一盏花灯就像创作一篇文章一样，需要多少心血，而夫子庙有这么多的灯，简直就是一大幅亮亮的报纸，一大本亮亮		
110	近 小全	拉	老屋的门头 庭院 老人在认真地制作花灯 花灯的骨架　针线盒			

续表

镜号	景别	技巧	画面内容	解说或对白	音乐	效果
111	小全	摇推	坐在树旁的老人 老人在扎灯的骨架 字幕： 　　民间艺人 　　　　　曹禾姝	的杂志，一大堆闪光的书啊！这就是学问，彩色的光的学问！		
112	近		针线盒 老人在扎灯的骨架			
113	近		老人扎灯骨架 变焦			
114	近		往兔子花灯上贴黄纸			
115	特		用笔描兔子灯			
116	特全	拉	兔子灯的眼睛 兔子灯	南京人喜欢灯，他们不但喜欢光照四邻的各种电灯、日光灯，也非常喜欢手工艺人制作的种种花灯。 　　在广阔大街和高楼大厦里挂上花灯当然是别有风味的，这象征现代的灯和古老的灯的感情交流，而在南京的曲折而幽深的小巷里挂一盏古古的花灯，真能使人们引发出思古之幽情，把人们带到遥远的上个世纪或上上个世纪去。 　　这些小巷的深处，常常隐藏着已经经历了很长的岁月的四合院、竹篱瓦舍、短墙矮户，充满着古老的秦淮河乡土味，这本身就是一种深沉的艺术，在现代的大都市里，真有一种地老天荒的气息。 　　而在这种气息里挂一盏花灯，其情调何等的和谐、协调，甚至能感触到生活的静谧的美。		
117	特		灯笼			
118	近全	拉	树枝 屋面 天井 老屋 字幕：殷高巷 九十九间半			
119	小全中	摇推	挂在屋檐下的红伞 兔子灯 在院中做作业的孩子(俯)			
120	近		二个红灯笼			
121	特全	拉	门头 院子 台阶 字幕：磨盘街			
122	全	摇叠	老人择菜 小孩玩猫 字幕：箍桶巷			
123	近		门头(仰) 字幕：殷高巷			

续表

镜号	景别	技巧	画面内容	解说或对白	音乐	效果
124	小全		老式的民居院落 洗头			
125	全		小巷 老人在生炉子 字幕：孝顺里			
126	小全特	推	老式的院子 孩子在做作业			
127	近		靠着的马桶 拖把			
128	近 全	拉	树叶 老式的院子 字幕：箍桶巷			
129	全		院子中的祖孙三代			
130	特 全	拉	红灯笼 老式的门窗格			
131	小全		夫子庙东方艺术馆			
132	近 全	摇	民俗间 风筝	在秦淮河南岸古老的钞库街上，有一座东方艺术院，它是一座秦淮民间艺术的宝库，这里展览着南京的名家字画和灯彩、风筝、脸谱、剪纸等民间艺术品。每天有很多的中外旅游者到这里来参观，他们赞美这里的民间艺术，尤其垂青于花灯，他们把花灯买下来，带到全国各地去，带到南方和北方去，带到世界上去，带到欧洲、美洲、非洲、澳洲去！		
133	近 全	摇	民风间 剪纸画			
134	近 全	摇	乡情间 绳结 挂毯画			
135	近 全	摇	乡音间 脸谱			
136	近		白色的藕形灯			
137	近	摇	粉黄红色的花灯			
138	近	摇	乡情 花灯 民俗			

续表

镜号	景别	技巧	画面内容	解说或对白	音乐	效果
139	小全	摇	红灯笼（夜） 永和园	诚然，灯照亮世界，灯象征光明。世界上有了灯，才使黑暗后退，世界上有了灯，才让人类看到希望，世界在科学中进步，灯也在科学中一天比一天更亮。夫子庙的灯光映照着南京人的生活，映照着生活中的七情六欲，更映照着道德的吉祥物——大成殿。		
140	近全	拉	红灯笼（夜） 秦淮人家大门			
141	近		魁光阁（夜）			
142	近		红灯笼 变焦			
143	中全	拉	麦当劳的招牌（夜） 夫子庙贡院街上的人流	于是，在夫子庙华灯齐上的夜晚，在大成殿里的孔夫子也许坐不住了，他大概真想走出来，走上大街小巷，领受一下光的魅力。 　　他一定明白：秦淮花灯是我们民族的瑰宝！ 　　他也一定明白：全世界都需要科学的光、文化的光，特别是道德的光。		
144	全		花灯 夜晚夫子庙的人（夜）			
145	小全		大人、小孩提灯坐在夫子庙（夜）			
146	近		大人、小孩提灯坐在夫子庙（夜）			
147	近		青年提灯靠在石栏前（夜）			
148	近		青年提灯靠在石栏前（夜）			
149	近全	拉	红绿两种颜色的花灯（夜） 夫子庙夜晚的大街			
150	近全	拉	棂星门（夜） 走在夫子庙广场前的人群 定格 字幕（中英文）： 　　越是民族的 　　　　越是世界的 职员： 技术总监　李琴芳 编　　导　景国真　杨宪泽 摄　　像　朱海陆　朱安宁 灯　　光　王　林　陈以春 场　　记　李元贺 视频技术　钱　清　周达仁 特　　技　许建平			

续表

镜号	景别	技巧	画面内容	解说或对白	音乐	效果
			字　幕　鲍勇敏 作　曲　崔　新 播　音　杨铁梁 录　音　薛　兵 1996年8月			

注：

① 本片获1996年度电视节目技术质量江苏省广播电视厅专题类一等奖；获1996年度电视节目技术质量全国广播电影电视部专题类二等奖。

② 本片片长16分25秒。

江苏电视台（1997年4月）

磁　器　口

红　尘

　　说起磁器口，人们印象最深的当属那部著名的小说《红岩》中的情节，地下党的进步书店，华子良的接头暗号，雨巷窄街撑把破油纸伞。所以去磁器口又有了一层神秘的色彩。

　　磁器口位于歌乐山麓的金碧山和白岩山之间的嘉陵江边，原名龙隐镇。20年代初期，龙隐镇的古窑盛产磁器，享誉省内外，乡民乐用，故改名为磁器口。

　　因为我的先生从小在这里长大，经常听他讲起，当我随他回磁器口来看的时候，是二十年以后。他已经二十年没有回来看了。在这条街上很多的风土人情特别容易感染我，所以，我就写下了这篇散文。

　　多年以前的磁器口曾是一个交通便利、四通八达的水码头。毛血旺、千张皮、磁器口椒盐花生，为小吃三绝，不论是贩夫走卒、达官贵人，还是慕名而来的洋人，都以到磁器口一饱口福为乐。

　　在我先生幼小的时候，他常随母亲从川外走到磁器口去买菜，那儿有火子、做弹弓的皮筋、粘牙齿的丁丁糖，简直是孩子们的天堂。他曾为了一枚弹弓逃学，在磁器口满街上跑。

在都市生活特别匆忙和那种嘈杂之中，这条街能够比较完整地保留下来，我觉得是非常有意思的。它还是比较集中地体现了老重庆人的那种生活，比较完整地保留了这些东西，而实际上，这些居民也觉得民风比较纯朴的，街坊之间认识。所以，他们还觉得生活过得有滋有味的。

磁器口的街大概有两三里长，高高低低地伸延到江边。这儿离市区只有一步之遥，却完好地保留着它的一风一俗。没有乱七八糟的卖旧货的叫卖声，也没有三五成群抽着香烟无所事事的女人。当街的小摊小店比比皆是，编织篾器的匠人巧手飞舞，补锅铺的响声丁丁当当，河水豆花让人垂涎欲滴，糖关刀前围着一大群叽叽喳喳的孩子。

汲水巷、饶家巷、温家巷等小巷又穿插其间，纵横交错，把磁器口人的生活勾连得愈多姿多彩。正午的午后天气暖洋洋，本街的老人又习惯地拄着竹节拐杖，缓缓地步出老屋坐到了茶馆里，听几句"妈妈要回舅舅家去耍"的川剧，过两圈人人马马的纸牌，岁月在他们的脸上留下了沟沟壑壑，而他们的神情却是天使般的平和安详。

稍一留神，那些被现代文明遗忘了的古老不时出现在我们的眼前，磨出了缺口的高高门槛，一人都围不拢的石臼，长满青苔的梯阶，一摞一摞的沉红门板。

我平时主要写散文，而较多的是和这个城市有关的。在我的文章中，很多的是对我们这个城市的细品，细细地品味我们这个城市。山城嘛，因为是一个雾都，比较有特色，我以前也不是很喜欢这个城市，觉得人口特别多，又挤、又嘈杂。但是，慢慢地，每当我出去的时候，回来觉得这个故土多好。所以，我才能更深地体会到比如像磁器口这些老街，它的味道。

当小男孩的钢珠滑轮车"嚓嚓嚓"地滑得很远时，我恍惚又回到了穿叉叉裤的童年，对天吹着晶莹透亮的肥皂泡。

我们的视野已习惯了高楼，摩肩接踵，噪音连连，而在这里，我们有一种回归故里的感觉，有一种莫名其妙的乡愁。

时光流淌到今天，当我们从磁器口正街的1号走到最末的288号时，我们仍能强烈地感受到一个久远了的、老重庆人的故事。

我是生活得很匆忙的一个人，所以，很容易用自己的眼光，对接触的东西，所产生的感受特别强。很多老重庆人在这里住着，他们就不觉得磁器口像茶馆等等这些东西。我还写过一篇《怀旧的茶馆》，这些东西也是正在消失的东西，但我觉得那里的民风特别好，特别能够感染我。

去年，我出了一本书，叫《红油纸伞》，是一本散文集，主要收集了这两年写的那些生活感很强的文章。所以，一般的青年的读者特别喜欢，觉得生活的气息特别浓。它是四川文艺出版社出版的。我觉得还是挺有意思的，出一本书，它基本的风格还是比较突出，非常个性化的东西。

我们的生活需要寻找又不止于寻找，当喧嚣的磁器口渐渐地走向无声无息时，我的两只脚正在迈向都市的灯红酒绿里。背囊里德彪西的《牧神午后》曲浸润着慵懒与幻影，众神在上面暖手，而我的心却久久地滞留在了磁器口的阳光里。

(1997年4月)

附：电视散文《磁器口》完成本

本文作者：红 尘　　本片编辑：杨宪泽

镜号	景别	技巧	画面内容	解说或对白	音乐	效果
1	全	摇叠上摇	黑底淡出 长江 重庆山城 嘉陵江 　　（画面为正常色）		乐起『牧神午后』……止	
2	近全		磁器口码头台阶、行人 磁器口码头、行人 　　（画面为正常色） 淡入黑底			川江号子
3	特		黑底淡出 字幕： 　　　　磁器口 （字幕淡出后将横排为竖排） 　　　　磁 　　　　器 　　　　口 　　（特技非线性编辑） 淡入黑底			
4	近	移	移黑底淡出 磁器口石板条铺成的街道 台阶 特技淡出 镶红色边框的画面	（OS）：说起磁器口，人们印象最深的当属那部著名的小说《红岩》中的情节，地下党的进步书店，华子良的接头暗号，雨巷窄街撑把破油纸伞。 　　所以去磁器口又有了一层神秘的色彩。		

续表

镜号	景别	技巧	画面内容	解说或对白	音乐	效果
			小说《红岩》书的封面 木刻：挺进报 　　　扔镣铐 　　　抱小孩 　　　齐晓轩 　　　江姐 　　　许云峰 　　　小萝卜头 (淡入) 磁器口石板条铺成的街道台阶 (画面为正常色) 淡入黑底			
5	特		黑底淡出 字幕： 磁器口 淡入黑底			
6	大全	叠	黑底淡出 嘉陵江边停泊着的船 (画面为淡绿色加竖灰边遮幅)	(OS)：磁器口位于歌乐山麓的金碧山和白岩山之间的嘉陵江边，原名龙隐镇。20年代初期，龙隐镇的古窑盛产磁器，享誉省内外，乡民乐用，故改名为磁器口。		
7	全		嘉陵江边停泊着的船 (画面为淡绿色加竖灰边遮幅)			
8	全 特	拉	江边的石头 江边的吊脚楼 (画面为淡绿色加竖灰边遮幅)			
9	全 特	推	树冠 码头的台阶 字幕： 本文作者　红　尘 朗　诵　李江红			

续表

镜号	景别	技巧	画面内容	解说或对白	音乐	效果
			（画面为淡绿色加竖灰边遮幅） 淡入黑底			
10	中		黑底淡出 街道边地摊上的农产品 （特技划像右出） 采访作者 定格 字幕淡出 本文作者　周　瑜 笔　名　红　尘 　　　　　　　女 中国古典文学硕士 《新女性》杂志社编辑 重庆市人 喜打网球 喜犬 常以城市生活为题 写随意的文章 字幕淡入 淡入黑底	因为我的先生从小在这里长大，经常听他讲起，当我随他回磁器口来看的时候，是二十年以后。他已经二十年没有回来看了。在这条街上很多的风土人情特别容易感染我，所以，我就写下了这篇散文。		
11	特		黑底淡出 （字幕）： 磁器口 淡入黑底			
12	全	叠	黑底淡出 一群人下码头（慢动作） （画面为浅紫色加横灰边遮幅）	（OS）：多年以前的磁器口曾是一个交通便利、四通八达的水码头。		
13	中		挑担子人的背影（慢动作） （画面为浅紫色加横灰边遮幅）			

续表

镜号	景别	技巧	画面内容	解说或对白	音乐	效果
14	中		台阶 挑担子走过的人(慢动作) (画面为浅紫色加横灰边遮幅)	毛血旺、 千张皮、 磁器口椒盐花生， 为小吃三绝，不论是贩夫走卒、达官贵人，还是慕名而来的洋人，都以到磁器口一饱口福为乐。		
15	近全	摇	辣椒 杂货 (画面为浅紫色加横灰边遮幅)			
16	特	拉	手放东西(慢动作) (画面为浅紫色加横灰边遮幅)			
17	特		抓辣椒的手(慢动作) 两人买辣椒 (画面为浅紫色加横灰边遮幅)			
18	小全	移	街道、买菜的人等(慢动作) (画面为浅紫色加横灰边遮幅)			
19	小全	移	摇扇子、买鸡的人(慢动作) (画面为浅紫色加横灰边遮幅)			
20	特中	叠	女人、卖菜的摊子(慢动作) (画面为浅紫色加横灰边遮幅)			
21	中		街道旁的菜摊(慢动作) (画面为浅紫色加横灰边遮幅)	(OS)：在我先生幼小的时候，他常随母亲从川外走到磁器口去买菜，那儿有火子、做弹弓的皮筋、粘牙齿的丁丁糖，简直是孩子们的天堂。 他曾为了一枚弹弓逃学，在磁器口满街上跑。		
22	中		买菜的人 小孩玩耍(慢动作) (画面为浅紫色加横灰边遮幅)			
23	中		买番茄的人(慢动作) (画面为浅紫色加横灰边遮幅)			
24	小全		街道边菜摊(慢动作) (画面为浅紫色加横灰边遮幅) 淡入黑底			

续表

镜号	景别	技巧	画面内容	解说或对白	音乐	效果
25	全		黑底淡出 大街边上的茶馆 (画面为黑白色) (特技划像右出) 采访作者 (画面为正常色) 定格 淡入黑底	在都市生活特别匆忙和那种嘈杂之中,这条街能够比较完整地保留下来,我觉得是非常有意思的。它还是比较集中地体现了老重庆人的那种生活,比较完整地保留了这些东西,而实际上,这些居民也觉得民风挺纯朴的,街坊之间认识。所以,他们还觉得生活过得有滋有味的。		
26	特		黑底淡出 (字幕): 磁器口 淡入黑底			
27	特 全	摇	黑底淡出 码头的台阶 码头 (画面为蓝色加横红边遮幅)			
28	中	摇	房子 行人 (画面为蓝色加横红边遮幅)	(OS):磁器口的街大概有两三里长,高高低低地伸延到江边。这儿离市区只有一步之遥,却完好地保留着它的一风一俗。没有乱七八糟的卖旧货的叫卖声,也没有三五成群抽着香烟无所事事的女人。		
29	中 全	摇	小街的台阶 正街、行人 (画面为蓝色加横红边遮幅)			
30	中 全	摇	石板路面 台阶 (画面为蓝色加横红边遮幅)			
31	中	摇	房子 石板路 (画面为蓝色加横红边遮幅))	当街的小摊小店比比皆是,编织篾器的匠人巧手飞舞,补锅铺的响声丁丁当当,河水豆花让人垂涎欲滴,糖关刀前围着一大群叽叽喳喳的孩子。		
32	中 全	拉	老房子 街道 行人、地摊 (画面为蓝色加横红边遮幅)			

续表

镜号	景别	技巧	画面内容	解说或对白	音乐	效果
33	中全	拉	电线杆、屋顶 幸福街 (画面为蓝色加横红边遮幅)	汲水巷、饶家巷、温家巷等小巷又穿插其间，纵横交错，把磁器口人的生活勾连得愈多姿多彩。		
34	中		台阶、房子、树 (画面为蓝色加横红边遮幅)			
35	全		巷子、行走的人 (画面为蓝色加横红边遮幅)			
36	全		街上行走的女人(慢动作) 字幕： 本文作者　红　尘 朗　　诵　李江红 (画面为蓝色加横红边遮幅) 淡入黑底			
37	特		黑底淡出 (字幕)： 磁器口 淡入黑底			
38	全近	推	黑底淡出 街边茶馆 老人喝茶(特技:慢动作) (画面为黑白加黄色四角框)	(OS)：正午的午后天气暖洋洋，本街的老人又习惯地拄着竹节拐杖，缓缓地步出老屋坐到了茶馆里，听几句"妈妈要回舅舅家去耍"的川剧，过两圈人人马马的纸牌，岁月在他们的脸上留下了沟沟壑壑，而他们的神情却是天使般的平和安详。	川剧唱腔	
39	近		老人喝茶(特技:慢动作) (画面为黑白加黄色四角框)			
40	近		老人倒茶(特技:慢动作) (画面为黑白加黄色四角框)			
41	近小全	拉	一桌人喝茶(特技:慢动作) 定格 (画面为黑白加黄色四角框)			
42	小全	移	街边喝茶的人、行走的人			

续表

镜号	景别	技巧	画面内容	解说或对白	音乐	效果
			老街 (画面为黑白加黄色四角框) 淡入黑底			
43	中	叠	黑底淡出 台阶(仰) (画面为黑白加黄色四角框)			
44	中		台阶、护石 (画面为黑白加黄色四角框)			
45	中		台阶、城砖护石 (画面为黑白加黄色四角框)	(OS):稍一留神,那些被现代文明遗忘了的古老不时出现在我们的眼前,磨出了缺口的高高门槛,一人都围不拢的石臼,长满青苔的梯阶,一摞一摞的沉红门板。		
46	中		台阶、城砖护石 (画面为黑白加黄色四角框)			
47	中		一层层的台阶 (画面为黑白加黄色四角框)			
48	近全	拉	台阶 行人 民房 (画面为黑白加黄色四角框)			
49	特中全	拉摇	台阶 街道 街道边的民房 字幕: 本文作者 红尘 朗诵 李江红 (画面为黑白加黄色四角框) 淡入黑底	我平时主要写散文,而较多的是和这个城市有关的。在我的文章中,很多的是对我们这个城市的细品,细细地品味我们这个城市。山城嘛,因为是一个雾都,比较有特色,我以前也不是很喜欢这个城市,觉得人口特别多,又挤又嘈杂。但是,慢慢地,每当我出去的时候,回来觉得这个故土多好。所以,我才能更深地体会到比如像磁器口这些老街,它的味道。		
50	中		黑底淡出 老人喝茶 (画面底为黑白色) (特技划像右出) 采访作者 (画面为正常色) 定格 淡入黑底			

续表

镜号	景别	技巧	画面内容	解说或对白	音乐	效果
51	特		黑底淡出 (字幕): 磁器口 淡入黑底			
52	近		黑底淡出 台阶上,学生放学 (慢动作) (画面为浅铁锈红色)	(OS):当小男孩的钢珠滑轮车"嚓嚓嚓"地滑得很远时,我恍惚又回到了穿叉叉裤的童年,对天吹着晶莹透亮的肥皂泡。 (OS):我们的视野已习惯了高楼、摩肩接踵、噪音连连,而在这里,我们有一种回归故里的感觉,有一种莫名其妙的乡愁。		
53	全		台阶上的学生(慢动作) (画面为浅铁锈红色)			
54	全		行走的人(特技:慢动作) (画面为浅铁锈红色)			
55	全	摇	汲水巷 (画面为浅铁锈红色)			
56	全	叠	台阶、拄拐杖的老人(仰) (画面为浅铁锈红色)			
57	全		老街、拎东西的人(俯) (画面为浅铁锈红色)			
58	全		老屋的山墙 (画面为浅铁锈红色)			
59	全		台阶(仰) (画面为浅铁锈红色)			
60	全		街、背东西的人(慢动作) (画面为浅铁锈红色)			
61	全		墙柱、屋檐 字幕: 朗诵 李江红 (画面为浅铁锈红色)			
62	中		招牌——铺盖面(仰) (画面为浅铁锈红色)			
63	中		吊脚楼的栏杆(仰) (画面为浅铁锈红色)			
64	中		老式的带瓦檐的房子(仰) (画面为浅铁锈红色)			

续表

镜号	景别	技巧	画面内容	解说或对白	音乐	效果
65	中		老式的排窗格(仰) (画面为浅铁锈红色)			
66	中		老式的屋檐、窗户(仰) (画面为浅铁锈红色) 淡入黑底			
67	特 全	拉	黑底淡出 吊脚楼 磁器口正街 (画面为浅铁锈红色)	(OS):时光流淌到今天,当我们从磁器口正街的1号走到最末的288号时,我们仍能强烈地感受到一个久远了的、老重庆人的故事。		
68	中		磁器口正街转弯处 (画面为浅铁锈红色)	我是生活得很匆忙的一个人,所以,很容易用自己的眼光,对接触的东西,所产生的感受特别强。很多老重庆人在这里住着,他们就不觉得磁器口像茶馆等等这些东西。我还写过一篇《怀旧的茶馆》,这些东西也是正在消失的东西,但我觉得那里的民风特别好,特别能够感染我。 去年,我出了一本书,叫《红油纸伞》,是一本散文集,主要收集了这两年写的那些生活感很强的文章。所以,一般的青年的读者特别喜欢,觉得生活的气息特别浓。它是四川文艺出版社出版的。我觉得还是挺有意思的,出一本书,它基本的风格还是比较突出,非常个性化的东西。		
69	全	摇	老房子(仰) (画面为浅铁锈红色) 淡入黑底			
70	全		黑底淡出 沙漠中一棵树 (画面底为黑白色) (特技划像右出)			
71	特	叠	采访作者 (画面为正常色) 照片:撑把红雨伞的女人 (特技划入)			
72	特		书的封面:红油纸伞 (特技划入)			
73	特		照片:撑把红雨伞的女人 (特技划入)			
74	近		作者红尘的采访 定格 淡入黑底			
75	中		黑底淡出 行走在小街上的女子背影 (慢动作) (画面为正常色)			

续表

镜号	景别	技巧	画面内容	解说或对白	音乐	效果
76	中		男人上台阶、回望(慢动作) (画面为正常色)	(OS):我们的生活需要寻找又不止于寻找,当喧嚣的磁器口渐渐地走向无声无息时,我的两只脚正在迈向都市的灯红酒绿里。背囊里德彪西的《牧神午后》曲漫润着慵懒与幻影,众神在上面暖手,而我的心却久久地滞留在了磁器口的阳光里。		
77	中		女人挑担子(慢动作) (画面为正常色)			
78	全	叠	街道中行走的人(慢动作) (画面为正常色)			
79	中		街道中挑担子的人 (慢动作)			
80	全		码头——一时装女向上走 (慢动作) (画面为正常色)			
81	全		码头——一时装女向上走 (慢动作) (画面为正常色)			
82	全		码头——一时装女向上走 (慢动作) (画面为正常色)			
83	全	摇	嘉陵江 重庆山城 长江 (画面为正常色) (片尾字幕) 编　　导　景国真 　　　　　杨宪泽 摄　　像　朱海陆 特技、字幕　戴晓君 　　　　　吴　昊 剪　　辑　木　易 录音合成　薛　兵 朗　　诵　李江红 策　　划　陆　华 原文选自《扬子晚报》副刊"繁星"版 江苏电视台 1997年1月录制			

备注:
1. 画面做特技色处理:
    6~9号为绿色画面加灰白色加竖遮幅　　12~25号为浅紫色画面加灰白色加横遮幅
    29~39号为蓝色画面加红色横遮幅　　40~50号为黑白画面加黄色四角框
    53~67号为浅铁锈红色画面　　68~70号为黑白画面加黄色四周遮幅
    1~2、75~83号为原色
2. 其中采访作者的处理为原色,加特技混合。

注:
① 此片为送评1997年第十一届全国电视"星光奖优秀栏目奖"的节目之一(另为:高速的感觉);获1997年度江苏省广电厅电视文艺一等奖。
② 此稿完成于南京白下路家中,1997年4月13日。

江苏电视台(1997年7月)

遥远的门

蔡大海

想起那离别了多日的门,不能不黯然神伤。长长的夜,长长的街,长长的思念,一片空白。同一轮明月下的他乡和故乡,遥遥相望,漂泊的日子凝结成血,燃成灰烬飘逝在风中,又能在何处落尘?

李白,流浪的李白,一地月光就疑虑了千年的李白,迷蒙的双眼看不清了归程,徘徊在回乡的十字路口,却最终毅然抉择了,与那扇斑驳的木制门背道而驰的旅程。又漂泊在门的远方。

选择了千遍,煎熬了千遍,还是又放弃了千遍,频频回首那渐近又渐远的门。家,是一个永远难舍难弃的定义;门,是一个永远难出难进的情结。门,是起点也是终点,是开始也是结束。曾经拒绝了那扇低矮狭小的门,向往远方的繁华,不能不思念那扇亲切温暖的门,渴望故乡的接纳。转悠在异乡的土著中,寻找那扇质朴熟悉的门,"吱呀"一声,门开了,这声音是如此的熟悉,如此的温暖,如此的让人沉醉。憨厚的笑容,纯粹的乡音,厚道的乡情,全都溶解于三杯两盏的淡酒中。浅浅的酒杯,始终盛不下浓浓的乡愁,异乡人终于醉倒在了,别人故乡的家门口。门开着,是一种眷眷的期待;门关着,是一种默默的无奈。路有多长情有多长,一种乡思两处愁啊!

磨不破的是征途的鞋,剪不断的是思念的线,踏不上的是回乡的路,回不到的是遥远的门。

江苏电视台（1998年3月）

过 年

王苏阳

小时候过年的感觉仿佛是块随时可以舔出温润来的糖果，它可以轻轻地贴在胸口。那段虽然贫穷却有滋有味的日子成了我抹不去的记忆。

我怀念那种感觉。新棉袄、新棉裤，簇新的明丽的颜色；新棉鞋肥肥胖胖地匝在脚上，配着新袜素白的花边，那是一年中唯一的新衣、新鞋，便分外隆重。

当嗅到新年的一丝气味时，我们小孩便兴奋地在橙色的阳光下感受到了生活的美好。外婆早已将麦芽糖放在温火上慢慢熬着。

米黄色的如大馒头状的麦芽糖堆放在灰暗的小厨房里增加了些许亮光。嗅着麦芽糖融化成透明的甜味，知道外婆又要开始做每年的炒米糕了。

嘴馋的小孩子们便偷偷地用指甲抠下一小块，让它们躲在嘴里慢慢地融化，等它们变软的时候吐出，用手捏成各种形状，丝丝缕缕地便凝固下来，好看得很。

在那些糖果极少的日子里，糖的甜津津的味道像咝咝叫着的小蛇，游进鼻孔吸进肺里，兴奋的红晕漫上了脸颊。

下午的时候，那些专门做炒米糕的师傅便一脸和善地带着工具来了。将和了麦芽糖、米、黄豆的混合物放在木屉里，用小平铲将它铺平，切成小块冒着热气的炒米糕仿佛是甜睡的婴儿，米粒都胀得鼓鼓的。

过年那天，小伙伴们时常在阳光最好的正午相互拿出自家的炒米糕，争执着好坏，也成了我们的一大乐趣。在那些贫穷的日子里，过年是一个多么大的诱惑和希望，它满足了小孩的小小的欲望，分到几颗糖果、几粒花生、几块炒米糕，都仿佛置身于天堂般的快乐，那种无比的满足、巨大的欢欣，在小小的身体里滋长膨胀，让人觉得生活真好！

过年是一年中的大事，对于小孩尤其如此。我记得我很小的时候，家里非常穷，只有过年才可以穿上比较新的衣服，吃到比较好吃的东西。所以，我特别盼望过年，因为过年可以吃到炒米糕，玩爆竹、贴春联，还有许多东西，觉得特别的兴奋。所以，平时即使苦一点也不打紧，总觉得过年是一个非常大的指望，还总感觉特别兴奋，好像特别有一种满足感。所以，特别指望过年。可是随着年龄的增长和家里的条件慢慢地好起来，我觉得那种感觉慢慢趋之于平淡，好像觉得过年不再像以前那么使我非常的兴奋，不过，我还是特别怀念那感觉。因为在现代生活中，人们之间由于生活的忙碌和一些其他的，关系比较冷漠，这些东西好像随着时间的增长越来越少。所以，我想在作品中体现一种人们之间的亲情和一种温情。

因为从我小孩的眼睛里去看这些东西，对我印象要比其他东西深刻一些。而且，我觉得在那个时候特别贫穷，但是贫穷心里觉得特别充实，特别满足。就好像一个人他什么都没有，忽然之间有了一些东西，就觉得特别的兴奋，但如果什么都有了，就觉得根本好像无所谓的。可能我怀念过年的感觉一大部分取决于这个方面吧。

（1998年3月）

附：电视散文《过年》完成本

本文作者：王苏阳　　本片编导：杨宪泽

镜号	景别	技巧	画面内容	解说或对白	音乐	效果
1	特	叠	黑底淡出 写春联的"春"字 （慢动作） （画面为淡红色边横遮幅）	小时候过年的感觉仿佛是块随时可以舔出温润来的糖果，它可以轻轻地贴在胸口。那段虽然贫穷却有滋有味的日子成了我抹不去的记忆。	音乐	
2	全		春节放焰火（慢动作） （画面为黑白） （多媒体特技加叠炒米糕）			
3	特		放焰火（慢动作） （画面为黑白） （多媒体特技加叠炒米糕）			
4	中		鞭炮　灯笼（慢动作） （画面为黑白） （多媒体特技加叠炒米糕）			

续表

镜号	景别	技巧	画面内容	解说或对白	音乐	效果
5	特		手放鞭炮(慢动作) (画面为黑白) (多媒体特技加叠炒米糕)			
6	特		焰火 鞭炮(慢动作) (画面为黑白) (多媒体特技加叠炒米糕)			
7	全		欢快的人们和焰火 (慢动作) (画面为黑白) (多媒体特技加叠炒米糕)			鞭炮声
8	中		焰火(慢动作) (画面为黑白) (多媒体特技加叠炒米糕)			
9	特		过年好(定格) (画面为黑白) (多媒体特技加叠炒米糕)	我怀念那种感觉。		
10	中		旋转的焰火(慢动作) (画面为黑白) 字幕:过年 作者 王苏阳 淡入黑底			
11	全	摇	黑底淡出 长着青青麦苗的田野 (画面为淡红色边横遮幅)		音乐	
12	特		女孩子在梳头(慢动作) (画面为淡红色边圆遮幅)			
13	特		黄颜色衣服(定格) (画面为淡红色边竖遮幅)	新棉袄、		
14	特		红颜色衣服(定格) (画面为淡绿色边横遮幅)	新棉裤,		
15	特		绿颜色衣服(定格) (画面为淡黄色四角遮幅)	簇新的明丽的颜色;		

续表

镜号	景别	技巧	画面内容	解说或对白	音乐	效果
16	特	推	新棉裤(定格) (画面为淡红色边竖遮幅)	新棉鞋肥肥胖胖地匝在脚上，配着新袜素白的花边，那是一年中唯一的新衣、新鞋，便分外隆重。		
17	近特		新鞋子柜台 (慢动作) 新鞋子 (画面为淡红色边圆遮幅)			
18	近		男孩子在穿衣服(慢动作) (画面为淡红色边圆遮幅)			
19	特全	拉	对联(慢动作) 写对联的老人 (画面为淡红色边竖遮幅)			
20	特		老人的脸 (画面为淡红色边圆遮幅) 淡入黑底			
21	近	叠	黑底淡出 跳绳的脚(慢动作) (画面为淡红色边圆遮幅)	当嗅到新年的一丝气味时，我们小孩便兴奋地在橙色的阳光下感受到了生活的美好。 　　外婆早已将麦芽糖放在温火上慢慢熬着。	音乐	
22	特		扎着绳结的头(慢动作) (画面为淡红色边圆遮幅)			
23	特		带着帽子的男孩 (慢动作) (画面为淡红色边圆遮幅) 淡入黑底			
24	特	叠	黑底淡出 装在脸盆里炒米(定格) (画面为淡红色边圆遮幅)	米黄色的如大馒头状的麦芽糖堆放在灰暗的小厨房里增加了些许亮光。 　　嗅着麦芽糖融化成透明的甜味，知道外婆又要开始做每年的炒米糕了。		
25	特		炒米　花生　芝麻(定格) (画面为淡红色边圆遮幅)			
26	特		灶膛里燃烧着的柴火 (画面为淡红色边圆遮幅)			

续表

镜号	景别	技巧	画面内容	解说或对白	音乐	效果
27	近		小女孩锅里抠糖稀 (慢动作) (画面为淡红色边圆遮幅)	嘴馋的小孩子们便偷偷地用指甲抠下一小块,让它们躲在嘴里慢慢地融化,等它们变软的时候吐出,用手捏成各种形状,丝丝缕缕地便凝固下来,好看得很。		
28	特		小女孩锅里抠糖稀 (慢动作) (画面为淡红色边圆遮幅)			
29	近		小女孩看手上的糖稀 (慢动作) (画面为淡红色边圆遮幅)	在那些糖果极少的日子里,糖的甜津津的味道像咝咝叫着的小蛇,游进鼻孔吸进肺里,兴奋的红晕漫上了脸颊。		
30	特		小女孩笑着(慢动作) (画面为淡红色边圆遮幅) 淡入黑底			
31	特		黑底淡出 灶膛里燃烧的柴火 (画面为淡红色边圆遮幅)			
32	特		用勺从脸盆里将糖稀倒锅里(画面为淡红色边圆遮幅)	下午的时候,那些专门做炒米糕的师傅便一脸和善地带着工具来了。将和了麦芽糖、米、黄豆的混合物放在木屉里,用小平铲将它铺平,切成小块冒着热气的炒米糕仿佛是甜睡的婴儿,米粒都涨得鼓鼓的。		
33	近		老人抓柴烧火 (画面为淡红色边圆遮幅)			
34	近		勺子在搅糖稀 (画面为淡红色边圆遮幅)			
35	中		老人熬糖 倒炒米 搅拌 (画面为淡红色边圆遮幅)			
36	近		锅里炒米搅拌着 (慢动作) (画面为淡红色边圆遮幅)	过年那天,小伙伴们时常在阳光最好的正午相互拿出自家的炒米糕,争执着好坏,也成了我们的一大乐趣。		
37	特		从锅里往木屉里装炒米糕 (慢动作) (画面为淡红色边圆遮幅)			
38	特		辊压炒米糕(慢动作) (画面为淡红色边圆遮幅)			

续表

镜号	景别	技巧	画面内容	解说或对白	音乐	效果
39	中		老人切炒米糕 (画面为淡红色边圆遮幅)			
40	特中	拉	手切炒米糕 老人切炒米糕 (画面为淡红色边圆遮幅) 淡入黑底			
41	全	摇叠	黑底淡出 长着青青麦苗的田野 动物玩具熊 豆腐果 牛肉 红衣服 冰糖葫芦 胡萝卜 冬笋 猪肉摊 烟花 小孩子 横摇的对联 新年好 淡入黑底	在那些贫穷的日子里,过年是一个多么大的诱惑和希望,它满足了小孩的小小的欲望,分到几颗糖果、几粒花生、几块炒米糕,都仿佛置身于天堂般的快乐,那种无比的满足、巨大的欢欣,在小小的身体里滋长膨胀,让人觉得生活真好!		
42 43 44	近 特 特	摇 叠	黑底淡出 春联 作者访谈 字幕: 作者一席谈 本文作者 溧阳日报社记者 王苏阳 作者访谈	过年是一年中的大事,对于小孩尤其如此。我记得我很小的时候,家里非常穷,只有过年才可以穿上比较新的衣服,吃到比较好吃的东西。所以,我特别盼望过年,因为过年可以吃到炒米糕,玩爆竹、贴春联,还有许多东西,觉得特别的兴奋。所以,平时即使苦一点也不打紧,总觉得过年是一个非常大的指望,还总		

续表

镜号	景别	技巧	画面内容	解说或对白	音乐	效果
45	特		作者访谈 （定格） 淡入黑底 职员表： 编导　景国真　杨宪泽 摄像　朱海陆 灯光　郭亚千 场记　李元贺 技术　吴英露 剪辑　木　易 特技　周达仁 　　　鲍勇敏	感觉特别兴奋，好像特别有一种满足感。所以，特别指望过年。可是随着年龄的增长和家里的条件慢慢地好起来，我觉得那种感觉慢慢趋之于平淡，好像觉得过年不再像以前那么使我非常的兴奋，不过，我还是特别怀念那种感觉。因为在现代生活中，人们之间由于生活的忙碌和一些其他的，关系比较冷漠，这些东西好像随着时间的增长越来越少。所以，我想在作品中体现一种人们之间的亲情和一种温情。 　　因为从我小孩的眼睛里去看这些东西，对我印象要比其他东西深刻一些。而且，我觉得在那个时候特别贫穷，但是贫穷心里觉得特别充实，特别满足。就好像一个人他什么都没有，忽然之间有了一些东西，就觉得特别的兴奋，但如果什么都有了，就觉得根本好像无所谓的。可能我怀念过年的感觉一大部分取决于这个方面吧。		

续表

镜号	景别	技巧	画面内容	解说或对白	音乐	效果
			字幕　鲍勇敏 朗读　梅梅（上海） 录音　薛兵 1998年2月完成			

注：
① 此次拍摄得到同学钱新华、杨凤珍的支持，主要场景在其家中，做炒米糕的一对老夫妻是其远房的亲戚。
② 此片的前期的拍摄于1997年1月25日至1月29日（春节前）。
③ 此片1999年4月18日播出（与宜兴电视台文艺部沈重光的《冬韵》合播）。

太原电视台（1998年2月15日）

土蛋子的故事

朱　正

村里人都叫我土蛋子。

娘说生我那阵子，她正刨山药，我是躺在山药筐里回的家。六爷爷说："这小子离土近，好养活。"要上学了，爹请六爷爷给我起了个大名——王富贵。六爷爷肚子里的学问最多，村里的红白喜事，都请他去。可不知为啥他一辈子没娶过婆姨。六爷爷突然病了，我们一伙去给他挖药根，可他还是讲不了课。在霜打黄土叶的季节里，六爷爷去了。村里人没人能给他写对子，全村人用手抹上锅黑，给六爷爷"写"了个对子。

村长说，到乡里给娃们讨个老师来。我天天到磨盘顶上去等，总也不见新老师来。后来，有人想占学校漏粉条，村长把他们日撅了一顿。

金明要到乡里上学了，我顶看不起他：胆子小，也不好好念书，六爷爷的烟锅子没少打他的手心，可他姑姑嫁到乡里去了。没有老师管，我们就紧着玩、紧着害，好没意思。学校的土窑就一直空着。

一天，村里突然开来了大铁车，说是来修路的。村长说，到时城里的汽车就能开进咱村了。快下种的一天，村里真的来了好几辆汽车，爹说，上面来人了。爹回来对娘说，山上要造平展展的大梯田。

有一天,我们发现学校门开了,以为又有人占学校,我们就往下扔土圪蛋。扫院的白脸后生把我们叫进教室。教室里跟六爷爷那阵子不一样了。那后生问我叫啥,伙伴们七嘴八舌:"土蛋子!土蛋子!"我大吼一声:"王富贵!"我的名字又上了黑板,看着那三个字,真想哭!

啄木鸟开始叫喉的时候,我们又念上书了。新老师敲响了铁钟,我心里高兴得像掏了一窝鸟蛋,美滋滋的!念书就是好。

没过几天,村里来了个戴眼镜的女人,把村里的婆姨都叫到磨盘顶上,抱着羊羔子讲了好半天。傍晚,俺娘领回个大肚子羊,娘说那个女人让她带个头。不知为啥,爹要查看我的课本儿,还打听老师教得咋样。

爹把我用过的草本收起来,重新缝了缝,揣在怀里,从城里扛回袋种子,照着本子又浇水又加温,对娘说:能多打粮食。那天夜里,俺家那只大羊要产小羊了,娘慌了手脚,让我到学校找爹。我半信半疑跑去一看,爹真的坐在我的座位上。俺家的老羊养下三只羊羔子,眼镜女人又给娘领来几只,娘成了村里的养羊能手,女人们都学俺娘的样子,养猪、养鸡、养兔,可真热闹。村长说:咱村真要变样了。

要过年了,娘卖了六只羊,给全家做了新衣。爹用莜面换回了稀罕的白米,买了张红纸,想让老师写对子,我说自个儿写。从不夸我的爹在我后脑勺上一拍:小子能行。我写下:"进得门来都是宝,一天更比一天好,富贵一家。"

柳叶长满树枝的时候,金明又回村念书了。

辽宁抚顺电视台(1998年3月1日)

四十九朵玫瑰

马　凌

人生如梦,四十九年后的今天我又来到了这里。

那是1934年的日本横滨,我在一所教会中学读书。"大岛一滨,等我。"

"最好还是叫我郑陆吧,那是我父亲给我取的名字。"

"嗨!"

就这样我结识了我的同学,一位日本女孩,小林加代。打那以后,我俩每天上学放学时都是一前一后地结伴回家,当然了,走在前面的总是我。要过那道桥的时候,我会站定扶她一把,然后下了桥,再次一前一后地走。

街角,有一株很大的树,每天清晨当我走到巷口,远远地就会看见加代在树下等我,见了我,微微一笑,弯一弯腰,就跟在我的后面走,日久成了习惯。而放学时,每当走到树下,我会等着加代赶上来,然后是不约而同客气地道一声:"沙扬娜拉(再见)!"分手后,我向左拐,进入一条小巷回家,加代则继续向前走,不远处就是她家的米店,女佣人会在门口迎接她,而家里迎接我的却只有母亲。

我的父亲是在中国和日本两地经商的广东人,他在横滨开了一家食条店,专卖中国货,生意很好,于是就在横滨娶了外室,她就是我的母亲。当我四岁的时候,广东老家催着父亲回家去,他这一走便再也没有回来。生意破败,我和母亲相依为命,不管我们母子怎么艰难,我还是倔犟地长到十七岁。在教会中学读书时,虽然我是一贯优秀的学生,但因为我是个支那人,还因为没有父亲,没少受同学欺侮,可加代从来没有看不起我。

那时候加代是情窦初开的少女,而我仍是未谙世事的少年。我最盼望的就是下雨天了,下雨天加代穿着木屐,噼噼啪啪地在身后响着,有板有眼,有韵律。雨大了,加代还会半踮着脚,在侧后方牵着伞给我遮一下,我喜欢加代那半羞半喜的样子。

那年的圣诞节,学校组织晚会,允许大家不穿校服。我一出巷子眼前竟是一亮,我第一次意识到加代有多美,不知怎的,我心慌意乱起来,有一种马上想逃掉的冲动。少年的心啊,真是理不清楚。

1936年,大批华人开始返国,我告别了泣不成声的母亲……这时加代突然呜呜咽咽地出现了,她筋疲力尽地扑跪在我面前,只会说一句:"可是郑君,我喜欢你呀!"一时间我一片茫然,好像雨中加代的木屐一下下踏进了我的心里,每一下都无限悲凄地重复着:"可是郑君,我喜欢你呀!我喜欢你!……我喜欢你!"

一直到多年以后,我才意识到,加代说出这句话要有何等的勇气。无望中的坚持,不奢望结果的表白,在最后时刻不顾一切清清楚楚地说:"我喜欢你啊!"日本——在我的记忆中便是两个女人,头发凌乱悲痛欲绝地站在雨中,她们互相搀扶呼喊,可是一切都是无声的。

这以后,便是四十九个春秋。我在中国和同时代的人们一样,经历着差不多的悲欢。中日建交后我通过红十字会知道了母亲已死于疾病,也没什么出乎意料的。倒是时常我的记忆中会出现一种声音,但是想不起是什么声音了,我老了。

1985年,我因产权问题回了趟日本。中学时代的老同学送给我一张名片和一个返老还童式的鬼脸,名片是加代的。于是,我终于记起来了,多少年来萦绕在脑海里的,原来是加代那无限凄绝、无限热烈的声音——"可是郑君,我喜欢你呀!我喜欢你呀!我喜欢你呀!"

凭着已经多年不见的冲动,我拨通了加代家的电话号码,没有惊叫,没有眼泪、叹息、懊悔和掩饰,我约她出来喝茶。她说:"不必喝茶了吧,我实在不愿毁去在你心中的那些形象。你在那棵树下等我吧,我会从你身边走过,请别认出我。"我们两个年近古稀的老人,在电话中平静地相约"再见"。

来生再相认,来生吧!记忆的磁带在消磨耗损,岁月的流逝在荡涤良辰。时间冲走了许多东西,但是最纯净的留了下来,那是因为缺憾造就的纯净。

我如期赴约,穿着租来的黑色结婚礼服,怀抱四十九朵如血的玫瑰。四十九朵,距那铭心刻骨的时刻,已有四十九年。

四十九朵,总有一朵是属于加代的吧,不管她现在儿孙成行还是独守寂寞,不管她泪眼婆娑还是笑意盈盈,此生此地,总会有一朵花儿是属于她的吧!我遵守诺言,不去辨认。有的老妇人坦然地接受了,客气地道谢;有的老妇人满怀疑虑,可还是接下了。我信心十足地向每一位老妇人递过红玫瑰,因为我相信,加代会从我身边走过,她会认出我,她会取走一朵迟到了半个世纪的花儿。而来生,我们会凭此相认,一定!

广州电视台(1998年3月1日)

红棉几度又春风

钟 怡

"噢,妈妈,妈妈,红棉树好大,红棉树好靓呀,我想把它种在别的地方,可以吗?"

"当然可以,只要你撒下一颗种子,只要你用心去浇灌它。"

夜一点点地近了,绵延起伏的山,潺潺流动的水,还有那一簇簇开得很有生气的野菊花,都渐渐地隐没在越来越浓的春日的暮色里。那在山的另一边若隐若现的,那散落在林间,那由农舍洞开的木门里,那在孤寂的山村小学里,倔强地摇曳着的是星星点点的灯光。

暮霭一点一点地,温和地弥漫。影影绰绰的红棉灯,暖暖地将她淹没了。摇曳的灯光中,不禁想到了别样的夜,想到了那个远在千里之外的繁华都市,那个红棉花盛开的地方,想起了家。红棉灯融融地照着,如一簇冬日里的阳光跳跃着,不太亮,却足以使人欣悦,也足以使她的思绪再次流动起来。

那也是一个暖洋洋的春日午后,当风尘仆仆的她,第一次站在这山村讲台的瞬间,就被台下孩子们如春水般清澈的目光包围了。

"老师,红棉到底是怎样的?"

这是山里孩子们给她提出的第一个问题。孩子们企盼地望着她,眼睛里开始有了雾一般的迷茫。她突然间觉得心里有泪,涌溢而出,掉转头。窗外,山连着山,不知名的山花,在惬意的春风中不知所措地摇晃着。这个时节,千里以外的那个家,灿烂的红棉早已灿烂地开了满树满街,而在这偏僻的大山里……她无言地拿出了离家时匆忙摘下的那朵红棉花。

今天,当她再一次迎来这个山花烂漫的春日时,一个不经意的回眸,竟然看见了学堂墙角长着的那棵极嫩极绿的小苗,那棵孩子们亲手种下的希望的小苗,此时正在家乡怒放着的红棉树的小苗。

夜一点点地深了,而山村学堂里的篝火却燃起来了。火光映衬着这一双双拨开迷雾的纯净的眼睛,这一针一线缝入她、也缝入了孩子们心底那份最深最真的愿望。再待一个春日吧,再待一个春日,把这火红灿烂的红棉花,兜得满满而归。

辽宁电视台(1998年3月29日)

我看见了大海

王洪荣

昨天夜里,在梦中,我又看见了伯伯。我和伯伯从海边回来,我们不停地说呀说呀,空气中的每一寸阳光都满溢了大海的蔚蓝,我仍然能闻到海水那淡淡的腥气,我仍然能听到海浪那欢快的笑语……

我是一个腿有残疾的女孩儿。母亲嫌我给她丢脸,也怕我遭人讥笑,从不让我迈出家门一步。于是,在我八岁前的童年里,我拥有的只是院子里那一方矮小的天空,天空中那一群偶尔飞过的小鸟和门缝中那条窄窄的世界。

我八岁那年,父亲死了。母亲不久也改嫁了,嫁给了镇上一个退休的海员。母亲让我叫他爸爸,我盯着海员陌生的脸,一字一板地说:"我爸爸死了!"母亲狠狠地骂我,海员却咧开嘴笑了。"好啊,像大海一样,有性格!"他走过来捏捏我的鼻子,"那就叫我伯伯吧。"

一天,伯伯对我说:"河子,别总闷在院子里,去外面看看吧,外面有好多好玩的东西。"我当然渴望外面的世界,外面有装满神秘的小书包,有粘满芝麻的冰糖葫芦,还有骑起来"嗖嗖"快的自行车……可我只能眼巴巴地从门缝中看着这一切。我多希望有一天我也能融入外面的世界中,也可以像别的孩子一样尽情地去笑、去玩、去唱歌,甚至去舞蹈。可是我不行,什么也不行。伯伯的大手为我抹去了眼泪:"河子,你行,别人能做的你都能做,跟伯伯出去吧,让咱们一切从今天开始。"我吓得直往后缩:"不行,不行,我走路一瘸一瘸的,别人会欺负我,会笑话我的。"伯伯把我的小手握在他温厚的大手掌里,"放心吧,河子,谁欺负你,笑话你,我就这样——"

我终于动心了。有生以来,我第一次走出院门,原来天是这样的大呀。眼前的一切都充满了新奇感,我真有些不知所措了。

"河子,抬起头,别害怕!"伯伯大声鼓励着我。他又招呼一些和我年龄相仿的孩子说:"小家伙们,过来认识一下,这是河子,你们的新朋友河子。"他们真过来了,还邀请我加入他们之中一块儿玩。

冬天里,伯伯的哮喘病犯得很重。睡不着觉的时候,就让我陪他坐在火炉前听他讲大海的故事。

"海水是蓝的,比天空还蓝;海水是咸的,我们吃的盐,就是海水蒸发后晒出来的;海很大很大,看不到边,海很深很深,探不到底儿,海里有鱼,大鱼小鱼;海里有船,大船小船……"

我听得着了迷："我能看见海吗？"

"能，等你再长大些，长到16岁，我就带你去看大海。"

我一年一年地长大了，也长高了。虽然我没能够走进校门，但是我的身边有一位最好的老师，那就是伯伯。他教我读书，教我写字，还给我讲那些永远也讲不完的海的故事。

母亲终于走了，是跟镇上服装店的裁缝跑的，丢下我和伯伯相依为命。伯伯身体虽然越来越坏，但他仍然拖着病病歪歪的身子，成天带我去这儿去那儿，鼓励我独自进商店买东西。按照伯伯的规定，每天我要做一件对我来讲难度较大的家务活儿。每当我做了什么原来不能做的事情的时候，伯伯就变得欣喜若狂，仿佛我做了件惊天动地的大事。

"你真能干，河子！"

我们把看海的日子定在了明年春天，到那时我就16岁了，伯伯说现在我们所做的一切都是为看海作准备。伯伯说去海边之前，让我必须学会独自应付一切。

整整一个冬天，伯伯病倒在床上。我一个人在镇子里穿街走巷，为伯伯请医买药，办各种各样的事情，我独自承担了全部家务。正是在这样的时刻，我觉得自己是真长大了。

漫长的冬季终于熬过去了。一天，伯伯把我叫到床前，慢慢地说："河子，春天来了，可我就要死了，有件事情我必须告诉你。早在我退休的前一年，医生就说我是过敏性哮喘，必须远离海洋，所以我是永远也不能带你去看海的。我对你撒了谎，请你原谅伯伯。"当时，我觉得非常委屈，我作了好几年的准备，到头来却是一个骗局。就在这天夜里，伯伯安详地去世了。我失去了这个世界上唯一的亲人。

以后的日子，当我一个人穿行在闹市上时，当我熟练地做着家务时，当我受邻居委托替他照顾孩子，从而每月从他那儿得到一些生活费时，我突然明白了伯伯"看海"的真正意义。

有无数次，我站在伯伯的遗像前，悄声对他说："伯伯，我看见了大海，真的，我看见了，看见了……"

山东电视台(1998年4月12日)

不沉的船

胡建国

这是一个关于船的故事。故事的主人公叫"小不点"，从小到大我都是这么叫他的。"小不点"是在九岁那年跟着妈妈到了我们那儿，一辆拖拉机载着他们母子俩，飞扬的尘土中我没有见到他的爸爸。后来听"小不点"说，他的爸爸在他小的时候就去世了。

"小不点"是他的绰号，他虽然和我同年，刚来的时候却不足我的肩高，干瘦的身材，就像一根可以用来点火的木棒。

第二年的春天,"小不点"有了新家。他的新爸爸是镇上的一个铁匠。铁匠样子很凶,说话声像打雷,我们都有些怕他。铁匠还爱喝酒,经常喝醉,那间破旧的新家里,时常会传出摔砸东西的声音和铁匠雷鸣般的怒骂。

"小不点"的妈妈,在有了新家以后不久就病倒了。但我从来未见过"小不点"哭,他只是不爱说话,那双黑黑的眼睛里,似乎有另外的一个世界。伙伴们都不愿意和"小不点"玩,我是他唯一的朋友,因为我亲眼见他,把一个皱巴巴的烟盒,叠成了漂亮的纸船,这让我羡慕不已。

一天,趁铁匠不在的时候,"小不点"悄悄地带着我进了他睡觉的偏房。那天下午,我看到了我一生都难以忘怀的景象。在那间窄小的破屋里,竟挂满了各式各样的纸船,夕阳透过窗棂一缕缕地照进来,那些船在微风中摇曳着,它们五颜六色浩浩荡荡,我敢说,那一定是世界上最庞大最气派的一支船队!

我惊叹地睁大着眼睛,我看见"小不点"的脸上,流露出一种自豪和坚定的神情。他对我说,总有一天,他要带着他的船队去周游世界,他还要找到一个地方,能让他和妈妈快乐地生活。

那年的年末,"小不点"的妈妈,没等他找到那个地方就去世了。天下了雪,铁匠撕碎了破屋中所有的纸船,然后把碎纸扔进了铁桶里一把火烧了。那天我一直没有看到"小不点"。

午夜的时候,我忽然从梦中惊醒,我发现我家院子的积雪上,正放着一只弯弯的纸船,月光轻轻地照着它,就像汪洋中一叶不甘沉没的小舟。后来我才知道,"小不点"就在那天离开了铁匠,找他自己的世界去了,他用那只纸船向我作了最后的告别。

我再也没有见过"小不点"。很多很多年以后的一个黄昏,我意外地收到一张寄自国外的新年贺卡,上面没有文字,只画了一只在我脑海里航行过无数次的纸船。那一刻我百感交集,热泪纵横。

以后的每一年,我都能收到这样的一张明信片,它总是敲着世界各地不同地方的邮戳,依旧没有文字,依旧是那只纸船,但我知道,那船里载满着一个少年勇敢、无畏和最绚丽的梦。

生命真的是可以创造奇迹的,只要那艘梦中的船不沉!

中国国际电视总公司(1998年4月12日)

神农箫女

聂德虎　王克林

远古留下了你
把素洁的生命赐予
那斜倚的洞箫呜呜莘
照引我们走向你
却不能接近你

你从哪里来
衣角翻卷着山风
眼睛满含着星月
在山林　在雾中
到处铺展梦的神秘
你到哪里去呢
山路崎岖出你的向往
枫叶染醉了你的心迹
绿树丛中你的爱忽隐忽现
蛮荒和文明
都被你秀丽的缨穗点缀成霓
静穆地看着小路上
三三两两的问号探头探脑
雨滴从枝头滑落下来
噢　那时岁月的记忆
当晚风漂起一轮新月
你清凉地凝固成历史
凝固成永不凋残的心绪
噢　你是大自然的精魂
你是永恒的启迪

沈阳电视台(1998年4月26日)

青天一缕霞(节选)

王充闾

　　从小我就喜欢凝望碧空的云朵,像清代诗人袁枚说的:"爱替青天管闲事,今朝几朵白云生?"尤其是七八月间的巧云,如诗如画如梦如幻。虽然眺者自眺,飞者自飞,霄壤悬隔互不搭界,但在久久的深情谛视中,通过艺术的、精神的感应,往往彼此间能够取得某种默契。

　　我习惯于把望中的流云彩霞同接触到的各种事物作类比式的联想。比如,当我读了萧红的作品,并了解其行藏与其身世后,便自然地把这个地上的人与天上的云联系起来。看到片云当空不动,我会想到一个解事颇早的小女孩,没有母爱,没有伙伴,每天孤寂地坐在祖父的后花园里。而当一抹流云掉头不顾地疾驶着逸向远方,我想这宛如一个青年女子冲出封建家庭樊笼,逃婚出走,开始其痛苦、顽强的奋斗生涯。

有时,两片浮游的云朵亲昵地叠合在一起,而后又各不相干地飘走,我会想到两颗叛逆的灵魂的契合——他们在荆天棘地中偶然遇合,结伴跋涉,相濡以沫,后来却分道扬镳,天各一方了。

当发现一缕云霞渐渐地融化在青空中,悄然泯没与消逝时,我便抑制不住悲怀,深情悼惜这位多思的才女——她流离颠沛,忧病相煎,一缕香魂飘散在遥远的浅水湾……这时会立即提起她的挚友聂绀弩的诗句:"何人绘得萧红影,望断青天一缕霞!"

呵!呼兰河,这条流淌过血泪的河,充溢着欢乐的河,依然夹带着两岸泥土的芬芳,奔腾不息,跳动着诱人的生命之波。一切都似曾相识,一切又都大大地变了样,可能因为期望值过高,当我踏进萧红故居,却未免有些失望。

寥寥几幅灰暗模糊的照片,一些作家用过的旧物,疏疏落落地摆在五间正房里。更为遗憾的是,留下百万字作品的女作家,陈列室竟没有收藏一页手稿、一行手迹。当然,也可以顺着另一条思路考虑:这位叛逆的女儿的前尘梦影原本不在家里。在她自己看来,这块土地沦于敌手之前,"家"就已经化为乌有了。她像白云一样飘逝着,她的世界在天之涯地之角。"昔人已乘白云去,此地空余黄鹤楼",如此而已。云,是萧红作品中的风景线。手稿没有,何不去读窗外的云?

时代造就了萧红。难能可贵的是,她不仅在"五四"新文化运动影响下,冲破了封建枷锁,离家出走,成为中国北方的一个勇敢的娜拉,而且由于接触到反帝反封建的民主主义精神和得到一批革命作家及其作品的滋养,她在从事文学创作伊始,就显示了崭新的精神世界,以稚嫩的歌喉唱出了时代的强音和民众的愿望。

同那些跨越时代的文坛巨匠相比,萧红算不上长河巨泊,不过是清流一束。也似乎一无所有,却又赢得了许多许多。她以自己的传世之作在中国文学发展史上,留下一串坚定而清晰的脚印。

浙江电视台(1998年5月10日)

春

朱自清

盼望着,盼望着,东风来了,春天的脚步近了。

一切都像刚睡醒的样子,欣欣然张开了眼。山朗润起来了,水长起来了,太阳的脸红起来了。

小草偷偷地从土里钻出来,嫩嫩的,绿绿的。园子里,田野里,瞧去,一大片一大片满是的。坐着,躺着,打两个滚,踢几脚球,赛几趟跑,捉几回迷藏。风轻悄悄的,草绵软软的。

桃树、杏树、梨树,你不让我,我不让你,都开满了花赶趟儿。红的像火,粉的像霞,白的像雪。花里带着甜味,闭了眼,树上仿佛已经满是桃儿、杏儿、梨儿!花下成千成百的蜜蜂嗡嗡地闹着,大小的蝴蝶飞来飞去。野花遍地是:杂样儿,有名字的,没名字的,散在草丛里,像眼睛,像星星,还眨呀眨的。

"吹面不寒杨柳风",不错的,像母亲的手抚摸着你。风里带来些新翻的泥土的气息,混着青草味,还有各种花的香,都在微微润湿的空气里酝酿。

鸟儿将窠巢安在繁花嫩叶当中,高兴起来了,呼朋引伴地卖弄清脆的喉咙,唱出宛转的曲子,与轻风流水应和着。牛背上牧童的短笛,这时候也成天在嘹亮地响。

雨是最寻常的,一下就是三两天。可别恼,看,像牛毛,像花针,像细丝,密密地斜织着,人家屋顶上全笼着一层薄烟。树叶子却绿得发亮,小草也青得逼你的眼。傍晚时候,上灯了,一点点黄晕的光,烘托出一个安静而和平的夜。乡下去,小路上,石桥边,撑起伞慢慢走着的人;还有地里工作的农夫,披着蓑,戴着笠的。他们的草屋,稀稀疏疏地在雨里静默着。

天上风筝渐渐多了,地上孩子也多了。城里乡下,家家户户,老老小小,他们也赶趟儿似的,一个个都出来了。舒活舒活筋骨,抖擞抖擞精神,各做各的一份事去。"一年之计在于春",刚起头儿,有的是工夫,有的是希望。

春天像刚落地的娃娃,从头到脚都是新的,它生长着。

春天像小姑娘,花枝招展的,笑着,走着。

春天像健壮的青年,有铁一般的胳膊和腰脚,他领着我们上前去。

重庆电视台(1998年5月24日)

放飞的心情

单思羽

当我们在春天,放飞第一只风筝,春天的故事,就在高远的天空,慢慢开始。风筝是春日里,最亮丽的风景,而放飞风筝的心情,却是繁忙都市中一份真切的感受。

春天原是无形的,可是借着树上的叶、草上的绿、枝上的蕾,我们竟能真切地触摸到春天了。

三月的风把我们引到了屋外,引到了风筝飞满天的江边。人在沙滩上飞跑,人们在河边嬉戏。暖暖的太阳这时也照在我们身上,为我们抹去一冬的困倦。风筝装扮了湛蓝的天空,放飞了我们的心情和希望。

风筝原名纸鸢,风筝一词最早见于唐代,是高骈镇守蜀地时,用以寄意而写《风筝》一诗的标题。但那时风筝一词并不通用,到清代风筝这个名字才被广泛地使用起来。

相传最早的风筝是春秋战国时期公输班发明的。他削竹为鹊,成而飞之,此外还有墨子做木鸢三年而飞的传说。

又据《稗史汇编》记载,五代时李邺别出心裁,在纸鸢上安装竹哨,纸鸢腾空之后,迎风作响,声如筝鸣,所以称为风筝。

虽然在我们放飞风筝的时候,并没有想到它的来历,但当我们望着那湛蓝的天空,抒发内心情绪的同时,是否也会想到古人的希望在这时也通过这细细的线、微微的风与我们相通。

都市的生活纷繁而喧嚣,钢筋水泥不断挤压我们的心灵,有一些日子是需要放松和畅想的。当阳光撒下大把金色的温煦,暖暖的风儿牵引我们来到户外,吐芳的绿枝,含苞的花蕾,金色的河滩。

风起时一只只风筝翩翩上升,使天空多了内容。那一只鹰,放飞了雄心壮志;那一条龙,让你沉入翻江倒海的豪迈;那一只蜻蜓让你寻回童年的欢乐;那两只蝴蝶,让人在袅袅哨声中回想起一种,寻寻觅觅的花间爱情。

还有一些日子是需要仰面欣赏的,在我们的心灵之中,那各式的风筝并不会形成抽象有深度的话语,而是一些甜蜜想象的复制,于不经意中发掘和展现历史与风情,令人轻松、令人愉悦、令人旷达,并在内心揣测:哪一片天空最蓝,哪一缕风声最暖,哪一只风筝距离我们最近。

这些风筝,这些自由轻松的日子,这些永不休止的音符,也许是一种抒情的方式,也许是一个季节的飞翔。它们给人很多的信念、活力和鼓励。虽然我们的风筝,也曾有过瞬间的跌落,但这小小的挫折,并没有让我们的希望坠落,相反,它却激起了挣扎的勇气和重返蓝天的力量,让生命有了更为充沛的风声。

我们浴着灿烂的阳光,我们牵着拉线飞跑,我们呼吸新鲜的空气,我们从放飞的时光中,感到了春天的含义,同时也觉出了四季的情趣。

让我们轻轻牵握,在这春回的大地,在这蔚蓝的晴空,在这共同喜好的纸和竹的身架与色彩之中,欢欢畅畅地放飞我们的心灵!

又是风起时,让我们记住放风筝的心情,让我们等待明年放飞的季节!

山西电视台(1998年7月5日)

家　园

段　俊

那些村庄,坐落在我们记忆的每一个段落里。那里面居住着我们的童年,不论你身在何方,你的身上总镌刻着它们的印记。

三千年前,尧从地里走出来,和这个庄稼人一样,领着老婆回家。那天他很高兴,他们终于挖成了井,有了井,就会有更多的人在这片黄土地上安家。不久,这儿就会有一个小村子。

尧的身影消失在黄土地的尽头。他的地,年年长出庄稼;他的井,滋养了与这块黄土地一样肤色的民族。

晋西北的黄土高原上很少见大村子。沟沟梁梁上的黄土养活不了太多的生灵。村里人大多住在窑洞里,孩子生在土炕上,老人埋在黄土里。一生整治着黄土,黄土揉捏成一生。黄土上挖几孔窑就是家,黄土上开几亩地就是园。黄土地上的家园,经得起荒凉,经得起折腾,经得起十冬的风,腊月的雪。

乔里离伊村不过几十里路。这是村里最后一个井台。乔里是个富村子,村里人大多吃上了自来水。乔里村的井和伊村的井立在历史的两头,中间几千年的岁月,站满了庄稼人的身影。

青岛电视台(1998年7月5日)

圣洁的背影

浪 一

四年前,我是一个专门替父亲开夜车的"的哥"。他开白天,我开夜晚。曾经我是多么知足而惬意地逡巡在这都市的夜里呵。没上大学,没有工作,没有女朋友,没有母亲那生活中曾有的唯一约束。

我的醉鬼父亲身上,小丘般凸起的肌肉如今也松弛了。我不会弹钢琴,不会说英语,更不会什么电脑。可这一切于我有什么关系呢? 我会开车! 悲伤的时候,我把车开出城外,在狂飙的速度中,打开音乐尽情地吼叫发泄,欢喜的时候,专门找漂亮女孩搭车,操着蹩脚的普通话与她们聊天,到了——替她们打开车门,还分文不收……

日子就这样在车轮卷起的尘烟中一天天流走。可有很多怅然若失的时候,我莫名地想到"妈妈"。有个妈妈该多好啊。可我从记事起,我的醉鬼父亲便不止一次地告诉我:我妈死了。

一个夏天,天气非常热,许多人直到傍晚才肯出门,所以开夜车的生意特别好。开了半夜的车,决定在这个连路灯也没有的僻静小巷,抽支烟歇一会儿。我闭了大灯,打开收音机开始吞云吐雾,突然我发现有一对母女,搀扶着经过我的车向前走去。那女孩口里不时柔柔地安慰着呻吟的母亲。女孩着一袭素花裙子,如天使般消失在黑暗里的时候,我那干涸粗糙了近22年的心突然地浸润了。

已经是深夜11点多钟了,我迅速打开大灯,为她们照亮前程。就在她们快走出巷口的时候,我一踩油门追上她们。我拉开车门,对那女孩说:"去医院吗? 我送你们,不要钱。"那女孩望着赤着上身的我满脸惊异,我忙套上背心,结结巴巴地说:"相信我,我没有妈妈。"

我一直陪着她们,直到凌晨3点钟,我才把她们送回那条小巷深处的家。

那个叫小蓉的女孩下车时，一定要付给我钱。我几乎是求着对她说："小姐，你让我尝一回给妈当儿子的滋味好不好？"透过灯光，小蓉的脸美丽而苍白。我把烟盒一把扯开，写上我的呼机号，对她说："你妈有事，随时呼我。"

大约一个月后的一天，小蓉终于呼响了我的呼机。我救火般飞车赶到，小蓉的妈妈已经昏迷在床。我和小蓉把她抬上车，赶往附近的陆军医院急救。6个小时漫长的等待中，小蓉哭了又哭。我从她的哭述中，才知道这个女人，原来并不是她的亲生母亲。

这个离过婚的不幸女人，其实只是她的初中语文老师，因为小蓉没有母亲，她便一直像母亲一样关怀着她。小蓉的父亲几年前去世后，便干脆认了这位郑老师做母亲，两人相依为命一起生活到现在。郑老师因为患有严重的白内障和心脏病提前退休，而小蓉这时正在大学念二年级。

小蓉如惊蛰的小鸟，倚在我的肩头在医院的长椅上睡了，而我的心却悲伤而黯淡。如果小蓉不是这般如诗如画的女大学生，我一定会发疯似地追她，用我一身的气力和热血呵护她，然后与她一起侍奉这个病弱而善良的妈妈。可我只是一个鄙俗的"的哥"，在这两个善美的女人面前，我只配打开那扇朝北的车窗，遥看天上那母亲般圣洁的月亮，数那美丽爱情星斗。

一个月后，我开车帮小蓉把郑老师从医院接回到她家时，我执意把她一直从车上背到床上。我突然被她桌上用相框嵌住的一张小孩照片惊呆了——天啊！这张照片竟和我周岁时照片一模一样。在这张放大的照片的右上角，还有一张郑老师抱着这个小孩的小合影。我的头一下子大了起来：莫非？莫非？……我一把将小蓉拉至屋外的车上，我问她："小蓉麻烦你告诉我，郑老师以前有一个儿子吗？"小蓉说："有的，还跟你同姓哩。她以前的丈夫是一个长途汽车司机，后来被单位开除了，两人离婚后，那男的从不让她见儿子，他搬家后就再也见不到儿子。她每年到了儿子生日那天，总是要大哭一场。"

我发疯似的把车开到家，像一头粗暴的小牛一样，把在家中酣睡的父亲唤醒。

我狂怒地向他吼道："你告诉我，告诉我！我妈是不是还活着？是不是？你好狠心呀！你让我做了二十多年没妈的孩子，让我和你一样活得粗俗、没用，我恨你呀！"

那几天，我像疯了一样，一个客人也不拉。到了后半夜，便把车悄悄开到小蓉的屋前，一边放音乐一边哭。我是多么想推开这道门去认我的亲妈呀。可是小蓉的话像刀子一样逼退着我，让我无法积聚勇气。

妈妈常对小蓉说起我，说我说不准会像她一样能写一手好文章，说朱自清为他的爸爸写了一篇《背影》，三毛为她的妈妈写了一篇《背影》，我的儿子如果跟着我长大，也一定会为我写一篇《背影》的。

妈妈呀！您的儿子不仅不会写文章，甚至连高中也没有读完。如今只是一个因为打架，身上留下有累累伤痕的"的哥"。一个如此不肖的儿子突然失而复得，这会是您苦难的生命中最悲哀的一页吗？

整整半个月我没去那条小巷。小蓉呼了我，见面时，她对我的消瘦和远离一样的惊诧。我说："小蓉，我决定去北京。"小蓉急切地问我是不是又跟人打架了，或者做了什么别的蠢事。我说不，说只是去读书，为了写一篇叫《背影》的文章给妈妈，以儿子的名义。小蓉在知道全部真相后，哭了。"等你写出你的《背影》时，我嫁给你。"

此后的三年，我在北京的鲁迅文学院做了一名旁听生，我发疯似的读啊写啊。这里的每个人,几乎都被我朝圣般虔诚地请教过。妈妈的《背影》始终像圣母的召唤,导引着我卑微的心灵。在我26岁生日的那天晚上,我遥想千里之外的母亲,又在捧着儿子的相片哭泣。那一刻,我的文思如千年的古泉,终于冲透岩层喷薄而出,我终于颤栗着,一字一泪地写出了我的《背影》。文章的最后一句是:妈妈呀,虚掷的青春悔过,才惊觉26年来缺失了对您背影的顾盼啊!

就在北京一家电台决定播出我的《背影》的前一天,我打长途电话告诉了已经参加工作的小蓉,并让她告诉妈妈这个喜讯,小蓉在电话里高兴得哽咽了。

我盼归的心像海帆一样,被风灌得饱满而深情。我终于可以无愧地跪在我的母亲面前喊妈妈了。我要让她听我深情的《背影》,让她在我和小蓉琴瑟合鸣的音乐中,听我们一起唤她"妈妈",我要她的晚年如锦似霞的幸福美满。

山西电视台(1998年7月19日)

黄河谣

段 骏

河曲是黄河边上的一个小县,河曲县最有名的就数民歌了。河曲民歌大多是情歌,而情歌里最有魅力的,就是那些历经岁月留下的相思和离别。

　　黄河里流凌冰连冰
　　我和哥哥心连心
　　三九天长起了小白菜
　　你才是妹妹的心上呀爱
　　一对对鸳鸯一对对鹅
　　你是妹妹心里头的爱
　　水流千里流在海
　　人走千里折回来
　　一壶壶烧酒一桌桌菜
　　难与他换盏好款待

河曲过去是个苦地方,河曲的很多汉子和后生们,从这里跨过黄河,去内蒙古开荒种地打短工。后来人们把这种人口迁移,叫做走西口。

渡过黄河的人们很多再也不能回头。黄河对许多人来说,就成了隔断生死的天涯路。黄河就以这种方式,不经意间将一代人几代人的人生,变成了贯穿岁月的艺术品。

冬天河面上其实很少有风,站在这艘逆流而上的船上,你会突然感到茫然:不知站在历史的哪个方位上。只觉得船舷上站满了人,那些沉入河底的生命,都重新站到了这艘黄河中的船上。一河的生灵,一艘船怎么载得动这么多苦难。

岸边传来歌声,歌声像河面上的风,像河边的庄稼,从黄土地里长出来,从黄河的水里流出来。这歌声是有生命的。就是这种生命力支撑着历史,支撑着如历史一般的厚重黄土地,一年又一年,一代又一代。

河北电视台(1998年8月17日)

想念梵高

白连步

文森特·梵高这个名字太沉重。每一次想起这个人,就感到胸口像压了一块巨石,透不过气来,凡是感情丰富的人都会有这种感觉。我爱他,不是同情,我没有他那样的经历,同情有时需要相似的经历。我更不敢怜悯他,我没有那种资格,需要怜悯的倒是我们自己。

是的,那波希米亚人式的生活,劳伦斯笔下那熠熠发光的麦垛与苍穹,还有那搅拌着金色镣铐似的星空,那《播种者》所留下的辉煌以及那层层叠叠的麦浪,一百多年里,不一直在恩泽着我们所生活的这个世界吗?

我几乎不敢看梵高的画册,看了让人欲哭无泪,几天都难受。我以前不能理解,一个人为什么有那么悲惨的生活,却保持着那么高贵的灵魂。后来,我慢慢懂得了,生来就高贵的灵魂与生活的贫穷没有什么关系。

梵高先生,是您,早上把清凉的山峦和潮湿的农舍,以及奔跑的小白马献给我们;而中午,您又将席卷大地的炽热和小镇的慵懒奉献给我们;黄昏,当我们随着那困顿劳作者踟蹰在最后一段通往家园的古铜色道路上,我们不禁怆然而泪下;到了晚上,梵高先生,您又带我们仰望几欲疯狂的夜空,在夜风的熏拂下,我们一同细数沉睡的村舍和教堂。

每一次我看到梵高在疯人院里的自画像就想起这件事。

1889年2月,梵高的邻居们联名把他送进疯人院。因为他那可憎的外表,忧郁的性格及冲动意气让邻居们讨厌,而他竟然默认了。他没有任何反抗,他竟然以如此的忍耐对待人们的敌视,反而更清醒、正确地谈论自己的艺术。

而今,丰收的场景你再也看不到了,洋溢着雨露的朝霞你再也看不到了,还有那洗衣妇的正午,阿尔的吊桥,午夜曾令您激动不已的红绿浓重的夜间咖啡屋,还有春天那亭亭玉立充满生机的小树,它们开着粉白的小花儿,还有您花岗岩般坚硬的下颔,在人们心中激起的生活下去的勇气。如今,您那瞬间的注视已成为永恒,并将永远地映现在后世每一双被泪水濡湿的瞳孔上,滋养着一代又一代年轻的灵魂。

许多人喜欢梵高的《向日葵》,因为他使这种普通植物变得像太阳一样辉煌。我也喜欢,但是另外两幅更让我难忘。一幅是他在1886年画的《一双鞋》,两只鞋子如同兄弟一般紧紧地靠在一起,暗示着梵高和胞弟泰奥之间无价的情义,他们是那样的破烂,仿佛尝尽了人世旅途的艰辛与无奈,但他们却永远左右相依,前后相随,永不分离。另一幅是《梵高阿尔的室》,这是梵高的家,这个家没有一件奢侈品,但他却要这个家走进永恒。他告诉人们,他不是流浪汉,他有家可归,而无家可回的却可能是我们。

走过麦田,我听到一声枪响,一颗子弹射进了梵高的胸膛,他三十七岁。波德莱尔说,他生下来,他画画,他死了。麦田里一片金黄,一群乌鸦惊叫着飞过天空。

广东惠州电视台(1998年8月17日)

鹭　村

蔡云姬

在中国南部的红海湾考洲洋内,有个小小的海岛,岛上居住着几百户渔民。他们与外界往来的交通工具,主要就依靠这条小小的渡轮。它就是广东省惠州市唯一的一个海岛镇——惠东县盐州镇。

盐州镇历史悠久。据考证,自明朝万历年间起,福建沿海一带的渔民便陆续在岛上定居。这个古老的烽火台,就是当年这里一带渔民为防御海盗入侵而建造的。今天,它成了历史的最好见证人。

在清明节的前一天,我们来到了这座海岛的白沙村。在村子周围的浅湾内,生长着一大片茂密的红树林。连村里的老人也记不清从什么时候开始,就有了这片红树林。总之,听父辈们说,从他们出生的时候就有了这片林子。

红树林与鸟类有着密切的关系,在林子里栖息着成千上万只白鹭,村里的人,喜欢将这些形态酷似鹤类的鹭鸟,称为白鹤。在中国传统的意识里,松鹤延年是健康长寿的意思,所以他们又称鹭鸟为吉祥鸟。

孩子们喜欢来这里,观察红树林种子,长出长长的胚根;观察胚根,直接在果实萌芽,像动物怀胎形成幼苗雏形。特别是看到幼苗雏形堕入泥中,长成新的植株这一过程时,更增添了他们对这片树林的了解。

我们看到,尽管孩子们在红树林中玩得很欢,但他们从不去惊扰这里的小鸟。或许,他们长期生活在这样一个自然环境里,造就了他们自发保护生态环境的淳朴意识,与这些白鹭产生了一种近似相濡以沫的情感。

这里的渔民,喜欢用歌声来表达他们对生活的热爱,对大自然的赞美。这位在海上风里来浪里闯的渔民叫蔡福,五十多岁,他的父亲,是村里一位德高望重的老人。二十多年前,他父亲召集村里的人,制定了保护红树林、保护小鸟的乡规民约。年长日久,村里的人已经相约成俗了。

在村里,我们发现,这里的小鸟和渔民之间似乎有一种特殊情感,它们喜欢与渔民做伴。从清晨起,白鹭就陆续来到了海滩,来到了田野,来到人们劳作的地方觅食,和他们一起日出而作,日落而息,共同享有大自然赐予的这方净土、这份祥和而生生不息。

傍晚的渔村是美丽的。夕阳慢慢钻进了云层中,它把辉煌美丽的影子,投在被晚风吹皱的海面上,撒下一片金光。出海打鱼的人陆续回来了;外出觅食的鸟儿也归巢了。晚霞映照下的红树林,犹如一幅瑰丽的画卷,多姿多彩,充满活力。

暮色从远山慢慢袭来,很快就笼罩了这片村庄。渔村,在夜幕里,渐渐进入了梦乡。渔火,星星,涛声,在悠悠的渔歌声中,溶成一个绿色的梦。在这个美好的梦境中,他们又将迎来一个新的早晨。

新疆电视台、新疆军区后勤部(1998年8月30日)

帕米尔传说

刘湘晨

很久很久以前
人类无一例外地
都是崇拜太阳的氏族
很久很久以后
只有在这儿　才能
找到对太阳的永恒之恋

雪从上一年的冬季,持续到这一年的七月还在下,牦牛和羊因吃不到草而饿死,高原上随处可以见到,被雪豹和狼啃光了丢下的牲畜骨头。

高原上的生存环境一直没有改变,这个历史可能是几千年,几万年,也许更久远。因为这个原因,人们可以相信:你所看到的每一种情景和你所听到的每一种声音,很可能与久远之前似曾相见,似曾相闻。

今天就是历史,而现实就是梦境。

塔吉克人对自然的利用,至今没有突破自然所有的自然属性;塔吉克人对自然的理解,至今没有超越自然所规定的范畴,太阳便成为至尊。雪季的长短,草情的好坏,青稞能有多少收成,酿酸奶子的木桶里能打出多少酥油……无不与此相关。这种情景的不断重复,使塔吉克人对太阳的崇敬之情成为一种自然沉淀,任由人世沉浮,岁月流离,太阳对人类的观照始终如一。

塔吉克人相见,必有礼节,必问好。礼数的周到和问候的琐碎,堪为世人之最。实际上,这是人相互之间的悉心关注。高原严酷的环境,不可能让人有别的选择,唯有更倾心于人际的关注与沟通,才能找到生存最强有力的支撑。从这个意义上说,高原上几乎没有纯粹个人的事,群体的关注无处不在,而一场婚礼,更是整个部族的盛典。

塔吉克人将万能之源的太阳,同时视作凝聚力的象征。唯其如此,自然的太阳,才会在人的心理层面和精神层面永恒,成为永世的图腾;唯其如此,人类才会有一个民族,始终将自己视为太阳的儿女,她的故乡在帕米尔。

乌鲁木齐电视台(1998年8月30日)

胡杨祭

作者 刘湘晨

> 人们常说:野生胡杨树,一千年不死,一千年不倒,一千年不朽。
> ——古维吾尔语

几乎所有见诸于文字的表述中,都将这里称作"死亡之海"。沙漠腹地的克里雅人,却执拗地以此为故乡,他们把这里称作原来居住的地方。

这种古老的故乡情结,最早很可能与这些胡杨树有关。若许多年后,好景不在,失去了故乡的克里雅人,一定是世界上最为悲伤的族群;如同秀色尽去、满目斑痕的胡杨树。

望着大漠荒原,让人遐想万端。树木已被伐尽,荒原正处在退化的某一过程中。我注意到地面的车辙,已远不是农人和牧民擅用的牛车或小毛驴车的轮迹,而是地道的季节轮痕。拖拉机、汽车都在频频进入荒漠,这意味着什么呢?不能不让人觉其无限恐怖!

走一路,寻索一路,每有胡杨树,我必仔细浏览,驻足长久,如急于兑现一个久远的梦。每每在一株或一片胡杨前伫立,不知道我何以会有那么深的怜惜。

仅在二百年前后,发源于塔克拉玛干四周众山间的河流,多还处在发育盛期。水源充足,水势旺,一气呵成,倾泻而去,一直抵达沙漠腹地,最终汇入万宗之宿的罗布泊。如今,罗布泊一片干涸。从前所有最终汇入罗布泊的河流尽数萎缩,就连通贯整个塔克拉玛干的那条母亲河——塔里木河,也缩短了几百公里。

河水汛期来得格外迟,枯季却变得更长,让人盼而无期。死去的胡杨兀立荒原,树皮尽褪,树心被掏空,在碧蓝的天幕之下,一具具躯干愈显得惨白,铭志着已失去的无数沧桑岁月。胡杨树倒后仅剩的一段残根也被掏空了,如一口巨缸的缸洞。

伴随着河流的退化和它们每次的改道,像牧人丢弃揩屁股的土块儿一样,与河水伴生的大片胡杨林终被抛弃了,最终尽数枯死。在塔克拉玛干,常见到成片成片的胡杨林,静若一片坟场,就是这个原因。

河道收缩和胡杨林退化,又是人不断迁徙的原因——从沙漠的深处,逐步向距水源更近、也更利于生存的地方靠近。这段历史有多长呢?没有人知道。我努力想象这里从前确有一座桥,还有一处傍河而居的人家,这是一处隔世的田园。风尘远去了,只有家的宁静与温馨。一位即将从远处来的亲戚,会让一家人长久处在期待与兴奋之中。他们会倾尽所有,来表达自己的心境。这或许是这个家一年的盛事,而更多平常的日子,如同荒原本身一样朴实无华,如同岁月流逝一样不露形色,只守着一份心的宁静与知足。后来呢?谁也不知道那个傍河而居的人家,因什么原因离开了这里……

胡杨树严重退化,只有次生林生机勃勃,生长期多在五十年到百年之间。上一代的胡杨,已是一片与荒原本身实在不再有什么差异的景观。树干裸露,树冠褪去,虬枝枯老,似是终期不远的老人。在更大的视界里,胡杨林与尘土一色,寒风吹过,摆动的树干和那些永远不能再摆动的树干,还有慢慢成灰的一座座胡杨坟,都在诉说一个久远又在眼前的故事。

我尊敬胡杨是荒漠中的英雄树,给人以绝境中生的启示。夏季,披一身油绿犹如沙漠中的绿色火炬;秋季,抖动着金色的双臂装点着原野的苍茫;冬天,像一位长发及肩的女孩子挟着一股寒气向你跑来。

我们还会拥有一个长有胡杨树的梦吗?

人类最后的痛苦就是家园的失去,祖先最初的热土,该不是家园最后的墓志吧?

新疆对外音像制作中心(1998年9月13日)

梦中的哈纳斯

李鹏程

平沙茫茫黄入天
飞鸟千里不敢来
……

在人们的想象中,中国的新疆就是诗中道出的那种,那种穷荒绝漠的塞外风光。哪曾想,哈纳斯却是青山绿水清新得一尘不染。瞧!就连那搏击长空的鹰,也因此忘却了飞翔。

哈纳斯因哈纳斯湖得名。据说一代天骄成吉思汗的弟弟西征路过此地,他曾饮马湖中,感叹哈纳斯湖的慷慨冷峻,特为它取名哈纳斯。

传说已无法考究,人间也已几经沧桑。湖还是湖,山仍然是山,无论是浪迹天涯的远行客,还是旅游探圣人,哈纳斯湖都是您梦中的湖。

湖光山色变幻无穷,亲切中有一种严厉,柔情中带些许神秘,复杂的感受会打破您宁静的思绪。哈纳斯湖是哈纳斯的中心,而众星捧月般围绕在它四周的河流、白桦、苍松,更增添了它的神韵。

白桦树、白桦林,是哈纳斯的情人,她们永远都睁开着眼睛,或是含情脉脉,或是企盼警觉;衷情近于痴呆,厮守千年万载。

不用猜牧人是否勤劳,不用问这里是否草肥水美,看看这如同画中的牛羊,一切都是那么明明白白。木栏连着远方的山,拦住的却是幸福和美满。

哈纳斯的一切仿佛都镶着耀眼金边,随意捕捉一个,都可以请进北京美术馆。

哈纳斯,无论是雨天晴天,都令人沉醉留恋。哈纳斯的白桦,哈纳斯的松林,哈纳斯的木屋,像一双多情的琴师之手,饱蘸着哈纳斯湖的圣水,会时时拨动有情人的心弦,吟唱出如梦般的天籁之声。哈纳斯分明在人间却要梦里寻。

哈纳斯,哦!梦中的哈纳斯……

福建电视台(1998年9月13日)

最后一笔激情

楚 楚

看是飘落　不是飘落
是一段缠缠绵绵的牵挂
真想为你好好活着
但我疲惫已极
在我生命终结前
你没有抵达
只为最后看你一眼
我才飘落在这里
千年　万年
我会整天含着泪水等在这里

每一个时刻
都可能是你将来临的最后一个时刻
我不敢离去
若能深深爱过一次再别离
我便欣然坠地腐化为泥
你从来不知道我是谁
但你永恒地拥有我
一步之遥
隔绝了一个一辈子不能对你说出的渴望
思想无罪
终我一生以沉默相许
爱是什么
它是这网上小小的扣儿
一个衔着一个　无始无终
等你
让我清瘦
让我憔悴
让我死去活来
让我在枯萎和褪色里
把痴情走成千古绝唱

山东电视台(1998年9月27日)

第十一位

歌　手

这是一个真实的故事。

在一个偏远的小山村里,有一所小学校,因为各方面条件很差,一年内已经陆续走了七八位教师。当村民和孩子们依依不舍地送走第十位教师后,就有人心寒地断言,再也不会有第十一位教师能留下来。乡里实在派不出人来,后来只好请了一位刚刚毕业等待分配的女大学生来代一段时间的课。

不知女大学生当初是出于好奇或其他什么原因,总之,很快和孩子们融洽地生活在一起。

三个月后,女大学生的分配通知到了,孩子们依依不舍提着老师的行李送她下山。往日像一群喜鹊般喳喳乱叫的孩子们却默默无语,不知该说什么好。那天,山野里没有一丝风,周围的群山仿佛也在为孩子们的命运担忧。谁知,当代课教师含泪走下山坡的那一瞬间,背后突然传来她第一节课教给孩子们的古诗:

  "老师,
  离离原上草,
  一岁一枯荣。
  野火烧不尽,
  春风吹又生。
  老师……"

那背诵的声音久久回荡。年轻的代课教师远远望去,二十几个孩子齐刷刷地跪在高高的山坡上,没有谁能受得起那天地动容的一跪,孩子们的目光中蕴含着情感。顷刻间,让她明白,那是孩子对知识的渴望和纯真而无奈的挽留啊!女教师的心被震撼了,被感动了。她重新把行李扛回小学校,她成了第十一位老师。

往后的日子,她从这所小学校里送走了一批又一批孩子去读初中、高中、大学。这一留就是许多许多年。

我听到这个故事的时候,这位女教师已患了重病,被送到北京治疗。这位女教师的影子始终萦绕在我脑海里。当我下决心要采写一篇关于乡村教师的报道,而终于来到这所小学校时,已有一位男老师来接她的班。新来的教师对我说,她患了绝症,离开学校之后,就再也没能回来。临行时,这位男老师还告诉我,这所学校以后无论谁来接班,永远都是第十一位,这是所有能在这里工作的教师的光荣。他说,这所小学校还有一条不成文的规定。是什么?他没有立即告诉我,当时,他只是微笑着对我说,明天早晨,你就会知道的。

第二天,我早早从距小学校几里远的乡招待所出来,刚刚爬到院墙外那座高高的山坡上,就远远听到白居易那首熟悉的诗句。哦,我想起今天是新生开学的第一课。

山东淄博电视台(1998年10月11日)

水 袖

霍小语

小时候,就特别爱看戏,因为台上有我的母亲。我迷恋她的容光焕发、光彩照人,迷恋她的静静动动、颦颦笑笑;尤其迷恋那些簪簪钗钗、环环佩佩,真的以为那就是辉煌。只是很奇怪,母亲的手似乎永远是藏而不露,似乎永远藏在那条长长的,长长的袖子里。

母亲说,那叫水袖。其实,那不过是一段长方形的雪白纺绸,可当母亲甩动起来,却是那么似水如波,宛转清美;或许它已经微妙地成了手的延展,那欲言又止欲罢不能的心事,就在它的挥洒间,或羞、或怒、或喜、或哀。每当戏中的女子情到深处,牵挂便如水袖般若即若离;而悲到切处,恨,也在拂袖而去那一刹那凝固。那份深沉的情感,则在台上久久不息,令人荡气回肠。

母亲又说,这古女子的心思就如同水袖一般含蓄,即使是郎情妾意难分难舍,那思思量量的心事也像是女子的纤纤玉手,总要被水袖层层叠叠地遮掩了去,哪怕是顾影自怜,抑或回眸一笑,也需水袖若有若无地涵盖着。

于是,我顿悟了,水袖它那深深的蕴涵,正是每一个具有丰富情感的女人所断断不可缺少的内心表现。此刻,在我眼中舞动的水袖,已不只是一块长长的白绸,而是一个有血有肉的精灵,她用她的方式演绎了一段段柔美的故事。

这古雅又复杂的东西,曾几何时,被遗弃在尘埃的角落……多年过去了,母亲又回到舞台上将它重新抖擞。尘埃尽落,春梦已醒,只觉生命的意义也随了它的命运,抖擞精神,辉煌依然。

当舞台的喧嚣于宁静,母亲轻轻地告诉我,水袖并不易运用得好。欠则暗淡无力,过则猛而无姿,只有理解了它,掌握了其中的规律。正如母亲教我儿时所做的这个古老而又简单的游戏,需要那反反复复的重叠,周而复始的轮回,然后挥收自如,也就达到了最高境界。

江西有线电视台(1998年10月11日)

最后一张情人卡

肖 宇

我和陆平是两年前同时从针织厂下岗的。当我们的名字并排出现在那张贴在办公楼外面的红纸上时,许多人同情地看着我们。这时,天上飘起了蒙蒙细雨,心烦意乱的我们,就这样冒着雨回到了家里。

第二天,我身体不舒服,陆平陪我去医院检查,发现我们有了孩子,真是一半惊喜一半忧。为了撑起这个家,陆平把这个小城所有的报纸都买了回来,趴在桌上一条条记下上面的招工广告,然后骑着自行车出了门。等他回来的时候,就找到了那份推销人寿保险的工作。

从那天开始,我就爱站在窗户旁,早早地看陆平的身影一点点远去,然后在万家灯火的夜晚,静静地坐在椅子上等他归来。属于我的是那久久的等待与长长的寂寞。在等待孩子出世的这段时间,我能做些什么呢? 闲情之中,我决定翻一翻旧时的日记。翻开泛黄的扉页,往昔从记忆的尘封里涌现，我的心也随之跳动。

翻着翻着，一张情人卡，突然映入我的眼帘，那是一张手工制作的情人卡。乳白色的吹塑纸上衬以红色的镂空图案，图案之中一张微笑的脸，那是七年前我做给陆平的。就在我的思绪随着这张情人卡而飘逸时，一个念头突然在脑海中闪现：

能不能做些情人卡出售呢？我为这个念头着实伤心了一下，但很快又激动起来。我顾不得收拾屋里散落一地的烂摊子，拿着那张情人卡就往外跑，礼品店老板看了看那张完全用手工制作的情人卡，打开，合上；合上，又打开，我的心啊也随之提起落下。终于，我听见他说：多少钱？我迟疑了一下，说：一块五吧。就这样，我找到了一份家庭副业。

我买回一大张吹塑纸，小心地将它裁成12份，然后在想象的空间里任意驰骋。时间如细水般在剪剪贴贴中无声流过。黄昏来临的时候，我把12张情人卡都做好了。一张卖一块五的话，扣去成本，我赚了10块钱。此时，街道上匆匆回家的人们，是不知道阳台上那个孕妇，拥有一份10块钱的喜悦的。就连陆平——我也想等钱集到一定的数目之后，再给他一个惊喜。

陆平的推销人寿保险工作，在一番努力之后也渐入佳境，签单也慢慢多了起来。每当他拖着疲惫的身躯回到家里，坐在沙发上整理单据时，我便在厨房里给他弄吃的。站在热气腾腾的灶台旁，轻拭去窗上的雾气，看着外面的万家灯火，我想，万家灯火，是不是也有一万个像我和陆平这样的故事呢？我打算做完两千张就完全收工，一心一意迎接海海的到来。我把赚来的钱一块块攒起来，一算，还差34元就整两千，就是说，在将近七个月里，我做了1996张情人卡，我的确被自己的成绩吓了一跳。等海海临出生时，这小城中的18家礼品店里，不都有他妈妈做的生日卡在卖吗？

开始做第2000张生日卡了。而今天正好是陆平和我的结婚纪念日。这最后一张情人卡，要做得认真些才好。我小心地用刀片沿着对折的直角，慢慢切成弧形的边，然后将封面刻下一个椭圆形的洞，洞的下面细细地粘好，用月黄色的纸剪成的一枝枝芦苇，芦苇之上，一轮明月。该剪些什么样的情话，装饰在这样美丽的情人卡上呢？有一阕古词在心里无声地涌动，是我和陆平最喜欢的那句——问世间，情为何物，直教人生死相许。

最后一张情人卡送到楼下不远处的礼品店时，已是下午时分了。看它静静地躺在一叠工艺考究的贺卡旁边，我心里竟依依不舍起来。它那么质朴美丽，会被谁买走？又会飞到哪一个爱的故事里去呢？

我怀着喜滋滋的心情回到家里，忽然间腹部猛地一阵抽动，痛感使我意识到海海就要出世了。我急忙拿上早已准备好的衣物，请邻居陪着去了医院。等陆平急匆匆赶来医院时，我和海海已安详地睡在了床上。这时，我告诉他那个在我心底掩藏了九个月的秘密，奇怪的是，当我拿出那2000块钱给他时，陆平并不感到吃惊，只是眼泪慢慢地从他脸上滑落下来。他放下那叠钱，拿出一件东西郑重地递给我，此时我的眼睛突然一亮，这不就是我下午刚卖掉的那最后一张情人卡吗？我的眼泪一下就流了出来。在流着泪的微笑里，我听见陆平说他是如何想给我买一件礼物，又如何发现这张情人卡的。

接过情人卡，丁香的花环，摇曳的苇丛，和那句至诚感人的古词，又一次回到我手里，回到我和陆平那充满爱意的心中……

四川电视台(1998年10月25日)

油 灯

陈官煊

我是伴着油灯长大的。我家住在大巴山,世世代代用油灯照明。小时候,妈妈在油灯下,一边纳鞋底,一边教我唱儿歌:

    天上星 亮晶晶
    小老鼠 爬油灯
    摔一跤 请医生
    ……

后来全家随父亲进城,山区的油灯从此成了永久的纪念。那年秋天,我下乡插队落户在一位大娘家里,大娘没把我当外人,像是从她身上掉下的一块肉。夏天,她举着油灯为我驱赶蚊虫;冬天,她举着油灯为我盖被子。

念中学时,我立志当作家。下乡以后,我被大巴山和纯朴善良的山里人迷住了,创作激情油然而生。白天要参加队里的劳动,只有在晚上写作。那时候所有的物资都特别奇缺。就拿煤油来说吧,每户每月定量半斤。知青虽是单身独处,也享受同等待遇,算是特殊照顾。半斤煤油,实在是杯水车薪。于是我就只好摸黑打"腹稿",然后再点灯记下来。小屋里的油灯,像村边的萤火忽明忽暗……

日子一久,引起大娘的注意。一天深夜,大娘问我:你摸黑在想啥呀?我说,想文章。你在那小本上记啥?把想好的文章记下来。那记下来做啥?寄出去登报。

那为啥不点灯呢?节省煤油。大娘深情地望着我,似乎明白了许多。

一天,大娘给我一张煤油票。这是我们家的,你拿去用吧。煤油票?多么珍贵呀!我真想马上接过来,可我却怎么也伸不出手,因为不仅仅是我需要它,哪家哪户离得开它呢?然而,大娘一把塞给了我。顿时,我觉得手心里好沉好沉,一股股热流直往心尖上涌。

日月转换,冬去春来。三年过去了,大娘把煤油票一张一张地给了我。那年秋天,我到省上修改稿子,稿子刚刚改完,便被安排在一家报社。天天忙于写作。乡下的行李由别人代我搬回。我没向大娘告别,只留下绵绵的思念。

在城里,每当我在台灯下写作的时候,总是惦记着大娘和那盏油灯。我心里暗暗想,等我有了出息,再去看望大娘,回报大巴山给予我的情和爱。

愿望终于实现。我的一部文学作品获了全国奖。我领奖归来的第二天一大早,便携家带口去看望当年和我相依为命的大娘。走近大娘门前,迎接我的是二十几岁的小伙子,我一眼就认出来那是大娘的小儿子毛头。一阵惊喜,我问他:"哎,你妈呢?"毛头愣了愣,眼圈一红,喃喃地说:"妈,早就去世了。"我一阵惊诧,心上像压了一块石头。大娘呀,我来晚了,我不该迟到二十年!你虽然不识字,但你懂得人间的至情至理,你不会责怪,但我不能原谅自己,永远不会。

毛头领着我们去看大娘的坟墓,一路上他讲起当年的事。在我走以后,大娘把每月的煤油票都积攒起来留着给我。她天天盼我回来,回来写作,后来感染上了破伤风。大娘在临终的时候嘱咐家人,不要把这件事告诉我……

大娘的坟墓荒草萋萋,我把刚领到的获奖证书和出版的新著,恭恭敬敬地放在大娘坟前,从心底呼喊着大娘:大娘,大娘,娘呀!

泪眼模糊中,那盏油灯突然亮了。油灯的光焰虽然微弱,但它却照亮了我的夜晚,照亮了我的人生。

湖南电视台(1998年10月25日)

家　　话

盛伯骥

外婆走了,走得那么安安静静,好像人们所说的那样。一支硕大的红烛,已平平安安地燃烧到了尽头。

虚虚实实算来,外婆的生命已在历史的年轮上整整画了一百个圆周。

外婆的的确确走了,山还是那样的青,水还是那样的流,但我总觉得外婆还在那月亮后面藏着,夜夜抚摸着我的头。

在好久好久的时候,我就是这样想的,外婆不会走,她好像是一本书,也好像一幅画,读不完,忘不掉,她的笑容中整整张罗了一个世纪的文化……

读书以训诂为本
诗文以声调为本
事亲以得欢心为本
养生以戒恼怒为本
立身以不妄语为本
居家以不晏起为本
做官以不要钱为本
行军以不扰民为本

外婆的祖辈留下的这八句话,伴着夏天的雨,裹着冬天的风,我听了好多好多年。长大了,外婆走了,我也才慢慢懂了。和着又一轮月光我反复背诵着,一遍又一遍,不知这是在怀念远离的外婆,还是在揣摩做人的要诀。

外婆的出身不是很辉煌,但确是位出自于书香门第的大家闺秀,她没有上过一天学,更不会写一个字,但她能读懂天下文章。

外婆不善言辞,只是偶然发表点个人演讲,记得那是在父亲走了一点"官运"时,她叮嘱再三:"古来官宦之家,一有权,二有势,有权有势就少有顾忌,多有优越感,人一旦有了优越感,那离灾祸也就不远了,有了优越感的人,往往不在意他人、尊重他人,久而久之,也就霸气逼人、盛气凌人、傲气欺人了。"这话说得父亲半天没有喘过气来。

上了年岁的人,信神信佛总是难免的,可外婆却是个无神论者,她对生死很坦然,常要后人把她的骨灰撒到小溪大海。世上的事对她来讲没有惊,没有喜,一个世纪的磨难让她饱经沧桑,但在外婆口中仍是那么平平淡淡。善莫大于恕,德莫凶于妒,普天雨甘露,日日获吉祥。平和应世,这恐怕是外婆特有的哲学思想。

外婆是安安静静走的,但我常常觉得她又安安静静地走了回来。记得那是外婆离开我们的前一天,她突然清清楚楚地留下了"好好学习,天天向上"八个字,这句话虽然有着强烈的时代色彩,但它的确是千古智者成功的标榜。古人说过"努力地做学问,所知道的知识就会广博,努力地寻求真理,道德修养就会日日进步","别人知道一件事,你就要知道一百件,别人知道十件事,你要知道一千件"。外婆留下的话,如果说我当时没有太多的在意,还不如说我当时没有完全懂得它的意义,今天,随着一天天增厚的生活积累,我也一天天把外婆的话溶化。

安安静静归来的外婆,我们听懂了她的话,在重新开始的新世纪,我捧上一束外婆最喜爱的鲜花,更多有一份自信,多有一份骄傲,我有归来的外婆,我有永远的家话……

黑龙江电视台(1998年11月8日)

抹不去的记忆

李 战

我在焦急中等待着回访北大荒的日子,直到北去的列车启动,那思绪的翅膀仍在拍打着我这颗已不年轻的心。

三十年前,我们几十万热血青年告别城市和亲人奔向这片广袤神奇的黑土地,劳动虽然艰苦,恋爱也曾是"禁区",可青春的萌动、对美的追求、对爱的向往,是冰封不住、雪锁不了的。

一个清纯、美丽、能干的女孩深深地吸引住了我,可她是许多男知青心目中的"白雪公主",我无法知道她情钟于谁,也没有勇气向她表白,只能远远地痴痴地望着她,悄悄地暗暗地恋着她。我终于寻找到接近她的机会,当我把她的一封家信递给她时,看见了她脸上迷人的笑靥,也知道了她的父母都在"干校"劳动。

秋收大会战的一天,听说她病了,发着高烧,我真急了,趁着田间休息,偷偷地跑去看她。我多想给她带点什么,可是……就在这时,住在二里地外的老北大荒职工家属高大娘给她端来了一大碗连亲生骨肉都吃不着的荷包蛋,在那特殊的岁月里,我们这些远离父母的孩子得到这慈母般的关爱,心里有说不出的感激。

就在我对她的眷恋一天比一天加深的时候,她却被调到农场的小学校当教师,眼看她就要离开连队了。我心中郁闷,不知不觉来到她经常绘画的地方,用口琴吹起久违了的情歌。后来,她被选送到家乡的师范专科学校上学,像断了线的风筝,她远远地飞出了我的视野……

在她即将毕业时,我也加入了知青返城的队伍,想去追寻她的踪影,点燃爱的火焰,可是一个意想不到的消息让我惊呆了。她坚决地放弃了留在城市工作的机会,又返回北大荒,她要把学到的知识献给那里的孩子们。万分复杂的心理使我在真爱与现实的选择面前退缩了,更痛惜初恋就这样的付诸东流。

啊,北大荒,你留给我一生一世抹不去的记忆,黑土地,我与你有着不解的情缘,当我有一天逝去时,我的骨灰将会埋在这里,我要在你的怀抱里长眠。

西藏电视台(1998年12月6日)

藏北姑娘

剥开夏日草原的面纱
翠绿融融
天际处
阳光斑驳的彩色头巾
缠绕着黑发在风中舞动
环绕山间的笑声
连着一曲悠远的牧童歌
柔化了所有诗集

总是微和的双唇间
不知隐藏着多少甜美的故事
那黑长的睫毛

回闪之间
引出旖旎多变的裙装
在爱的草原上
流传着蓝色精灵
那不就是你吗——
藏北姑娘

青岛电视台(1998年12月6日)

永远的蒲公英

杨淑霞

蒲公英飘飞的时节,小镇的哑巴捡了一个丁香似的女孩回来。大约有两个月大。那一年,他36岁。

那年头,人们都穷得叮当响,而哑巴却傻乎乎拾了一个不能养老的累赘,于是人们便叫他"傻哑巴"。

"傻哑巴"不但不傻,而且心灵手巧,有极好的纺织手艺,远近闻名。人们常见他用脚踩踏旧摇篮,一双粗糙的大手却编织自如。篾片在他手中跳跃,使人眼花缭乱。口中还不停地咿呀咿呀,似乎在深情地哼歌,像一位疼爱孩子的妇人。

那个小女孩出乎人们意料地,平平安安地长大了。两根麻花辫黑油油,一双大眼睛忽闪忽闪瞅着人。不过,这个小女孩终日紧闭双唇,人们都说她也是哑巴。

一直没有名字的她也就有了"哑巴姑娘"的代号。

哑巴姑娘和哑巴之间没有语言,却常常有欢笑。人们常看见哑巴和哑女在夏天蒲公英开的时候,你一把我一把地采了,互相用嘴使劲儿地吹毛茸茸的蒲公英,总是飘飘洒洒满天飞舞。哑巴呵呵地笑,哑女也抿着嘴直乐。

又是蒲公英满天的时候。哑巴领着哑女去上小学,他拗不过哑女渴望的眼光,校长和老师们都朝一声不吭的哑女失望地摇摇头。哑巴着急地脸红脖子粗,可那一声声"咿呀咿呀",没有一个人能听懂。校长终于被固执不走的哑巴难住了,只好说,她只要能说一个字我就收。

"哑巴",奇迹出现了!哑女闪动着一双大眼睛,清晰地说出了这两个她听过千百次的字。从此,哑女有了一个好听的名字叫霞。哑女不再是哑女。人们常常听到哑女ａｏｅ清脆的晨读声,哑巴也在一旁咿呀咿呀,像个一本正经的学舌的小学生。

哑巴却没有想到送哑女上学竟会给他带来孤独。每天,哑巴都会坐在门口,一边编织一边朝哑女放学的路口张望,一直望到哑女上完初中,望到自己两鬓斑白,脊背微驼,望到眼睛看东西都模模糊糊。哑女很聪明,时而捧回一两张鲜红的奖状,乐得哑巴逢人就指手画脚翘大拇指。刚开始的时候,人们都说哑巴有福气,久了,也习惯了,淡漠了哑巴的那份喜悦。

在一个夏天,哑女竟然捧回了一张县城一中的入学通知书。等蒲公英正开的时候就离开了他,到遥远的县城去了,一个月才回来一次。哑巴硬是送到了车站,人们再没看见哑巴吹蒲公英。

哑巴老了。人们让他做了农场机关的守门人。每天,他是起得最早睡得最晚的人。浇水、送报、送信;发各种票证,登记上班出勤,栽花整草,整天就见他像陀螺一般转个不停。人们也常看见他依在大门上,披着露晕凝望哑女回家的公路,就像一尊庄严的石像。

后来,他养了一只狗,这只狗像是被遗弃的,瘦骨嶙峋,一身稀稀落落的杂乱的毛,尾巴毫无表情地耷拉着。每天用食堂里的肉汤剩饭精心地调养它,竟然也肥壮起来。可是没等这狗活泼多久,就被馋嘴狠心的厨房炊事员小吴宰了吞了。

哑巴四处寻找自己心爱的小狗,那咿呀咿呀的呼唤声真让人心酸。哑巴终于找到狗的下落了,他咿呀咿呀地哭着找小吴算账,那凸起在苍老的额上的青筋把小吴吓得飞跑,再也不敢面对哑巴。

哑巴的身体日渐萎缩,背更驼了,而且气喘得厉害。终于有一天哑巴病倒了。

哑女回来看他,把书和行李一并带回来,说要陪哑巴不再离开他。哑巴发怒了,打了哑女一巴掌,这是他第二次打哑女,而头一次是因为哑女浪费了一小碗粥还不肯认错。最后哑巴连推带拉把哑女赶到了学校。

哑巴是铁打钢筑的,病刚好他又忙活起来。那一年蒲公英刚开过,他又把哑女送到更远的地方去读大学了。而哑巴更老了,可是蒲公英却总也开不败。今年开过了,明年又会飘飞。哑女常常在远方,在蒲公英盛开的季节采上一大把,使劲儿地"噗"一声,那毛茸茸的像小伞一样的蒲公英会飞满天。它带着思念和深情,伴着咿呀呀撞击哑女明澈的心湖,溅起朵朵浪花。

在一个明媚的日子里,她展开稿纸提笔写上了《永远的蒲公英》,为了一位平凡而伟大的父亲。她想唱出心中平平淡淡、从从容容最真的歌——那个哑女就是我。

四川电视台(1998年)

哑巴渡(节选)

刘欢欢

我的童年,是用竹子和河水编织起来的。我的家掩藏在一片毛竹林中,离家不远的地方,有一个渡口,摆渡的人是一个干干瘦瘦的哑巴老头,乡亲们都管这叫哑巴渡。

没有谁知道哑巴有多老,在这儿摆渡有多少年。每一个过渡的人在最初的记忆里哑巴老人就是这个样子:爬满皱纹的脸,深沉的眼睛,一条跛腿,一双粗大布满了老茧的手不知摆过了多少岁月。

但哑巴老人的船总是干净而清爽,船舷擦得亮亮的,闪着桐油的光泽,一点也不像他皱巴巴的脸。哑巴老人的船摆得又快又稳,无论是白天还是黑夜,只要在岸上一吆喝,他就会从船舱里出来,再稳稳当当地把过河人送到对岸去,春夏秋冬,从不间断。在这里过河的人,不用担心会耽搁行程。

哑巴老人是孤独的。听人说,他曾经有个女儿,叫丫丫,是从河边捡来的。他用一口一口的米汤把她养大,不幸死于难产。从此,哑巴老人就变得更孤独了。没有人会注意到他,他太平凡而微不足道了,人们似乎把他遗忘了。

河水在日复一日、年复一年地流淌着,哑巴老人在这里默默地把船摆过来,渡过去,人们已经习惯了河水、渡船和哑巴老人的存在,好像这一切都是理所当然的。

直到有一天,哑巴老人生病被送进了医院。接替他的后生摆的船又慢又不稳,大家才怀念起以前只用一双粗大的手说话的哑巴老人。人们想起他摆船的稳当,想起了他一毛钱的渡河钱,想起了他冬天半夜里穿衣解缆就为了送一个行人过河。哑巴不在了,人们觉得船上空落落的。

好几个月过去了,正当人们快要把哑巴老人淡忘时,乡里突然来了个当官的。乡长说,他是一位老将军。他手里捧着个盒子,那是哑巴老人的骨灰盒。哑巴老人得的是肝癌晚期,死在医院里。他把一生摆渡的钱全捐了出来,想在这条河上建一座新桥。

就在新桥建成剪彩的那天,老将军含泪讲述了一件让人震惊的往事:在红军长征的一次战斗中,为了拦截追击的敌人,还是"红小鬼"的老将军奉上级的命令配合班长炸掉石桥。班长冒死炸桥,身负重伤成了跛子。他知道自己不能再上战场了,请求留下来。后来,他找了条渡船,默默地开始了哑巴摆渡的日子,直到走向生命的终点。

老将军眼里闪着泪花,举起手中的骨灰盒说:"摆渡的哑巴老人就是我的班长!……"河水忘记了流动,鸟儿忘记了飞翔。

乡亲们哑了,渡河哑了,天和地都哑了。

风中扬起骨灰,漫天飞舞着一位红军战士的忠魂,缓缓地落入了河水中,落入这条他摆渡四十多年,记载他一生默默奉献的母亲河。

阳光下,洁白的桥身闪烁着三个大字:哑巴渡。悠悠的河水在向你诉说一个永恒的故事,有位老红军生前在这里炸掉一座桥,摆了一辈子渡,死后又留下了一座桥。

浙江电视台(1999年1月3日)

对院的女孩

顾礼俭

我是六年前搬到现在的寓所,搬来时就发现对院那户人家有点特别。位处城乡结合部的居民点往往保留着许多农村的特点,女主人常会咋咋呼呼地骂自家的小孩或者隔着院落跟邻家评论今天的天气,少不了鸡飞狗叫的。这户人家却格外安静。

然而,那种安静给人的似乎并不是闲适宁谧的平和,而是一种难以言传只能意会的落寞。我从未看到这家的女主人在院子里露面,最后我也终于认定这家人家没有主妇。每天出出进进的是个十八九岁的女孩。她在走廊角落的一块水泥台面上,用近乎原始的板刷洗衣服、洗鞋子。即使是凛冽的冬日,也把衣服绾得高高的,暴露着红扑扑的健壮的手臂,使人联想起祥林嫂洗福礼时的情景。这时候她的茂盛的头发总还没来得及整理,因为用力就有节奏地起伏着,全身也同时躬成一道饱满的洋溢着青春风采的弧线。每当她风风火火地却又默无声息地干着这一切的时候,就有一个瘦瘦的五十开外的半老头也出现在台阶下,笨拙地翻晒着一些杂物,或者抽着烟,温暖的目光一遍又一遍抚摸着他的女儿,看得出那目光中最多的成分是歉疚。

女孩确实能干,特别是逢到天气晴好的假日,她会想出各种办法把小小的院子变成大有作为的广阔天地。纵横交错的竹竿、绳索上会恰到好处地挂出各种换季的衣衫,台阶上一字儿排开需要通风见光的各式鞋子,有条不紊的静默中依稀有一股生活的热气在升腾。当她抬起头来四处张望,看看是不是还有被遗忘的角落可以开发,看看是不是一切都已安排得妥妥帖帖。

这时我看清了她的脸。她的双眼何其清澈!使人忽略了她所有的平凡之处。看着她超乎年龄的从容,我认定了——她便是这一家子的主妇。主妇,这个三分尊贵七分无奈的称号呵。与她同龄的兄弟姐妹,或者是捧着优等的成绩单在操尽心力的父母前撒娇,或者是别着白底红字的大学校徽像骄傲的小公鸡小母鸡一样高视阔步;但是她,接过了命运的恩赐,是平静的,又是勇敢坚定自如的。

只有一回,我见到过女孩的清闲——唯此 回而已。那是个冬尽春回时节的好天气,风不摇树不动,春日的游丝在耀眼的阳光中闪亮,她披散着一头湿漉漉的长发,一边环视着满院子自己的杰作,一边轻柔地梳弄着垂向腰际的黑色飞瀑,日光的蒸腾中似有缕缕看不见的生命的芳香浓浓淡淡地弥散开来,只见一只蜜蜂嗡嗡嘤嘤地围着她挥之不去,终于在几番试探之后落在她的胸口。女孩没恼,只是小心翼翼地把这位不速之客托在掌心,缓缓举高,以一种调皮的姿态轻轻吹出一口气——蜜蜂飞起来了,她笑了。这笑意纯真无邪,似乎不必依赖外界的触发,全然是从她的内心深处浮涌起来，她想笑、要笑，这就是全部理由。我立刻想到了小时候就铭记在心的小萝卜头放飞小鸟的那幅小说插图，我明白：这就是向往。随后她坐到一张小板凳上，捧起了一本书——噢，原来她并不是生来只喜欢洗啊洗的。这时我忽然很想走到她的身旁，我要看一看她读的是什么书，并且一定要告诉她，你不该读电脑，不该读外语，你应该读世界上最美丽最浪漫的爱情故事。

每当黄昏降临，对院就不止是沉寂，而且有几分凄清。老汉的卧室在孤灯摇曳中一览无余，偶尔还听得到几声苍老的咳嗽，唯独女孩的闺房垂挂着厚重的窗帘，佑护着幽微的灯光下多少神秘而绮丽的梦……

有一天忽然发现闺房的窗帘没有阖上，这个情况居然持续到第二天、第三天、第四天……终于，我想起来了。前些天大概有个良辰吉日，四乡八邻鞭炮响了一阵又一阵，披红挂彩的喜车在里巷穿梭了一批又一批，对院的女孩一定是随着其中的某一拨人马，嫁了出去。

敞开的窗帘使人觉得多么空洞啊，期待中的多少动人的故事或许从此再也不会发生。对院的女孩，你留给我的所有的印记，仅止于此，仅止于此……

云南电视台(1999年1月3日)

德宏印象

柏　桦（傣族）

秘境云南
脐系多元文化母体
高山　峡谷　清丽的水乡
牵扯她包罗万象的思绪
是谁遗失了你
在这红土高原的贫瘠之地
浴水而出的八座孤峰
是八只悠闲停泊的船儿吗
满满负载一簇簇绿色火苗
从这片湖面到那片湖面
一种燃烧的声音
热辣辣　静静弥漫
舒缓低回的合唱啊

谁配前来收割
这美不胜收的颂诗
当一只飞鸟
以不能描画的高贵姿态
缓缓出现在天空
仿佛一声华丽的高音领唱
我的心在倾听时中了埋伏
喜悦地　堕落水面
泥沼之地
谁会为你洗尽铅华
深山里铺一面镜子
比天上那一面
更干净　更神秘深远
风将我吹向你的湖心
我仍是被弃之人
仿佛一片笨拙的落叶
色泽与重量在这里
奇迹般消失
阳光如潮四面涌来
树是岛上的主人
舞姿婆娑
绿色的眼眸或唇　发丝或飘带
恣意横陈　站立
有什么样的伤痕可以在此
驻足藏匿呢？
从这片林子到那片林子
风儿播放的笑声
一阵比一阵更清脆
欸乃一声
绿的不是山水
是我渴望已久的灵魂

云南电视台(1999年)

树 包 塔

孙和平

芒市有一奇妙景物——树包塔,这个塔相传建于五六百年前,后来塔尖竟长出一棵参天大树,把它包裹。

是人工有意培植的树苗
使你披上这件奇异的外套
是飞鸟衔来的树籽
使你长出这参天的树梢
也许小树做梦都没想到
塔身竟会被大树拥抱
筑塔人可能并不希望这奇迹
大千世界却偏这样玄妙
当年曾是幼小的树籽
如今长得挺拔繁茂
当年曾是巍峨的石塔
如今显得低矮渺小
一座坚固的砖塔
竟被一粒树籽紧咬
大自然赋予的生命
有着不可思议的神秘

江苏电视台(1999年6月)

红花草

菡子

　　这样茂盛而鲜丽的红花草,只有我们江南才有吧!它另一个名字叫紫云英,在绿野中浮云联翩,增添了大地的光华。它的紫红花瓣伸出在绿色的叶子上,红绿相衬是那样的和谐,那花也是紫白或红白相间,有动人的风采,清风徐来,它们微笑着。黄绒绒的蜜蜂爱上了它们,沉醉在花丛里酿蜜,整片满畈的红花草生动活泼。

　　红花盛放往往是春意最浓的时候。最近的三个春天我都在乡间踏青,看不厌的红花草,唤起了不少回忆。红花草原是我儿时的密友。春天来了,野孩子的我,常常投入它的怀抱。我多么眷恋在这花地上的童年。当我和它融合一体的时候,我嗅着它那带甜味的青茎;头戴它赐给我的花冠。在花丛中我躲过了大人的责骂,做着占有母爱和友情的梦。有次从桃树枝上跌下来,正落在这柔软的花毯上。

　　1960年春荒时期,我在淮南的山村,和受难的人民一起,拾地耳、挖葛根、搂榆叶,恨不能把石头也磨了粉吃。偶尔发现田里有稀稀拉拉的苜蓿,这是人们最甜美的食品了。我有时也从中拣出两三棵红花草,悄悄插在口杯里,作为对丰收盛年和故乡的怀念。

　　过了两年,形势好转,我又回到了江南,春天的田野已让红花草打扮得十分艳丽,见到久违的红花草,就像孩子一般地雀跃。

　　以后两个春天,红花草也一年比一年茂盛。可是好景不长,红花草不久又成了冲击的对象。一个队里幸存的一点红花草,茎不长,花不旺,再作不了阳春的盛景。其实它的生长与死亡紧密相联,历史上它除了助人度荒而外,它的草头始终是人们鲜美的蔬菜;它终将"零落成泥碾作尘",被割、被揉、被踩以至拌着污泥被沤在草塘里;它的根部也很快被翻埋在地里,作为田里的底肥。长得好的红花草,一亩可做多亩地的绿肥,肥效好,也耐久。这正是它生死不灭的光辉。

　　在那些忧患的日子里,我常常梦见红花草,梦见春天。我看今年的红花草田,面积有相当幅度的增加,长得也特别旺相,正是五谷丰登的好兆头。我有点高兴起来,决定为红花草写篇小记,愿我的短文也像一束红花草,投入故乡的草塘。

(1999年8月)

附：电视散文《红花草》完成本

本文作者：菡子　本片编导：杨宪泽

镜号	景别	技巧	画面内容	解说或对白	音乐	效果
1	特		画面淡出 　　一幅竖遮幅挂轴从上向下拉开 　　水彩画红花草 字幕淡出（竖排） 　　电视散文 字幕淡入 字幕淡出 　　红花草 字幕淡入 字幕淡出 　　本文作者 　　　　菡子 字幕淡入 　　（画面从下向上卷入）	这样茂盛而鲜丽的红花草,只有我们江南才有吧！它另一个名字叫紫云英,在绿野中浮云联翩,增添了大地的光华。它的紫红花瓣伸出在绿色的叶子上,红绿相衬是那样的和谐；那花也是紫白或红白相间,有动人的风采,清风徐来,它们微笑着。黄绒绒的蜂蜜爱上了它们,沉醉在花丛里酿蜜,整片满眍的红花草生动活泼。		
2	特		画面淡出 　　一幅竖遮幅挂轴从上向下拉开 　　一根摇动的红花草 　　（画面方形框白黑底）			
3	全	摇叠	大片的红花草田 　　（画面方形框白黑底）			
4	近		开放的红花草 　　（画面方形框白黑底）			

续表

镜号	景别	技巧	画面内容	解说或对白	音乐	效果
5	特		开放的红花草 (画面方形框白黑底)			
6	特		开放的红花草 (画面方形框白黑底)			
7	特		开放的红花草 (画面方形框白黑底)			
8	全		大片的红花草田 (画面方形框白黑底) 画面淡入			
9	特	叠	画面淡出 到开放的红花草 (画面小方块右上飘进左上入))	红花盛放往往是春意最浓的时候。		
10	近		清澈的流水 草儿青青 (画面小方块右下飘进右上入)			
11	近		开放的油菜花 (画面小方块左下飘进右下入)			
12	近		开放的油菜花 (画面小方块左下飘进右下入)			
13	特		红色开放的桃花 (画面小方块右上飘进左上入)			
14	特		白色开放的桃花 (画面小方块右下飘进右上入)			
15	近		长着嫩枝叶的榆树 (画面小方块左下飘进右下入)			
16	特		开放的油菜花 (画面小方块左上飘进左下入) 画面淡入			
17	特		画面淡出 长方形竖框红边 字幕淡出(竖排) 电视散文			

续表

镜号	景别	技巧	画面内容	解说或对白	音乐	效果
			红花草 本文作者 蔺子 字幕淡入 字幕淡出 朗读曹雷 字幕淡入 画面淡入			
18	特	摇	画面淡出 清澈流水 飘动的花瓣 （画面为横遮幅左卷出白边）	最近的三个春天我都在乡间踏青，看不厌的红花草，唤起了不少回忆。红花草原是我儿时的密友。春天来了，野孩子的我，常常投入它的怀抱。我多么眷恋在这花地上的童年。当我和它融合一体的时候，我嗅着它那带甜味的青茎；头戴它赐给我的花冠。在花丛中我躲过了大人的责骂，做着占母爱和友情的梦。有次从桃树枝上跌下来，正落在这柔软的花毯上。		
19	全 特	推	大山和油菜田　山泉 油菜田　农家屋 农家屋 （画面为横遮幅白边）			
20	近		茂密的红花草 （画面为横遮幅白边）			
21	全 中 近	移 推 摇	红花草田 红花草 红花草的花 （画面为横遮幅白边左卷入） 画面淡入			
22	全		画面淡出 牛耕地 （画面从右卷出右方框）	1960年春荒时期，我在淮南的山村，和受难的人民一起，拾地耳、挖葛根、捞榆叶，恨不能把石头也磨了粉吃。偶尔发现田里有稀稀拉拉的苜蓿，这是人们最甜美的食品了。我有时也从中拣出两三棵红花草，悄悄插在口杯里，作为对丰收盛年和故乡的怀念。		
23	近	摇	榆树枝上的绿叶 （画面右方框）			
24	特		香椿树嫩枝 （画面右方框）			
25	近		长在石头边的红花草 （画面右方框）			

续表

镜号	景别	技巧	画面内容	解说或对白	音乐	效果
26	近		稀疏的荠菜花 (画面右方框往右卷入) 画面淡入			
27	全	摇	画面淡出 茂盛的桑树地 (画面从左卷出方框白边左)			
28	全	摇	一片红花草田 (画面方框白边左)	过了两年，形势好转，我又回到了江南，春天的田野已让红花草打扮得十分艳丽，见到久违的红花草，就像孩子一般地雀跃。		
29	近		两根红花草 (画面方框白边左)			
30	全		油菜花 红花草 (画面方框白边左)			
31	全中	摇	红花草田 山边的农舍和油菜花 (画面方框白边左)	以后两个春天，红花草也一年比一年茂盛。可是好景不长，红花草不久又成了冲击的对象。一个队里幸存的一点红花草，茎不长，花不旺，再作不了阳春的盛景。其实它的生长与死亡紧密相联，历史上它除了助人度荒而外，它的草头始终是人们鲜美的蔬菜；它终将"零落成泥碾作尘"，被割、被揉、被踩以至拌着污泥被沤在草塘里；它的根部也很快被翻埋在地里，作为田里的底肥。长得好的红花草，一亩可做多亩地的绿肥，肥效好，也耐久。这正是它生死不灭的光辉。		
32	中	摇	红花草田 (画面方框白边左)			
33	特		犁耕红花草地 (画面方框白边左)			
36	近		耙子耘地 (画面方框白边左)			
37	全		山 被犁耕的土地 (画面方框白边左)			
38	特		一根红花草 (画面方框白边左卷进) 画面淡入			
39	全	推 摇	画面淡出 红花草田 红花草 红花草的花 (画面为方型框从上卷出)	在那些忧患的日子里，我常常梦见红花草，梦见春天。		

续表

镜号	景别	技巧	画面内容	解说或对白	音乐	效果
40	全		红花草田 远处的山、竹、农、舍 （画面为方形框） 字幕淡出 本文写于1979年春于宜、溧途中 字幕淡入	我看今年的红花草田，面积有相当幅度的增加，长得也特别旺相，正是五谷丰登的好兆头。我有点高兴起来，决定为红花草写篇小记，愿我的短文也像一束红花草，投入故乡的草塘。		
41	特		开放的红花草 （画面为方形框向上卷入） 画面淡入 画面淡出 一幅竖遮幅挂轴从上向下拉开 水彩画红花草 字幕淡出 编　导　景国真　杨宪泽 摄　像　朱海陆 助　理　栋　栋 场　记　元　贺 　　　　楼　兰 剪　辑　木　易 朗　读　曹雷新 音　乐　崔　敏 录　音　俞　敏 特　技　吴　昊 字幕淡入			

注：
① 此节目于1999年6月播出。
② 本片获1999年度江苏省广播电视厅电视剧和电视文艺一等奖。

浙江广播电视高等专科学校(1999年3月14日)

一千张糖纸

铁　凝

　　那是小学一年级的暑假里,我去外婆家住。正是七岁八岁狗都嫌的年龄。加之隔壁一个叫世香的女孩子,跑来和我做朋友,我们的种种游戏使外婆更不安宁了。笑呀,闹呀,四合院里到处充满我们的声音。

　　表姑在外婆家里养病,她被闹得坐不住了。一天,她对我们说:"你们怎么就不知道累呢?"我和世香相互看看,没名堂地笑起来。是啊,什么叫累呢?我们从没想过。累,离我们多么遥远啊。有时听大人们说,"噢,累死我了。"他们累是因为他们是大人呀。当我们终于不笑了,表姑又说:"世香呀,你不是有一些糖纸吗,你们为什么不去找一些漂亮的糖纸,多好玩呀。"我想起世香是向我炫耀过,她那几十张美丽的糖纸。可我既不喜欢糖纸,也不觉得找糖纸有什么好玩。世香却来了兴致,"您为什么要我们攒糖纸呢?""攒够一千张糖纸,表姑就能换给你一只电动狗,会汪汪叫的那一种。"

　　我和世香惊呆了。电动狗也许不被今天的孩子所稀奇,但在我的童年,表姑的许诺足以使我们激动很久。那是怎样一笔财富,那是怎样一份快乐!

　　从此我和世香不再吵吵闹闹,外婆的四合院也安静如初。我们走街串巷,寻找被遗弃在墙角里的糖纸。那时候,糖纸并不是随处可见的,有时候,我们会追着一张随风飘舞的糖纸,追个老半天。我和世香的零花钱都用来买糖,这样,也只能买几十颗。然后我们突击吃糖,嗓子让糖齁得生疼。我们还在糖果柜台边,耐心地守候带孩子来买糖吃的大人,一张糖纸就是一点希望呀!

　　我们把又脏又皱的糖纸,在脸盆里仔细泡干净,一张张贴在玻璃窗上,等揭下来,糖纸平整如新。暑假就要结束了,我和世香每人都攒够了一千张糖纸。

　　一个下午,我们跑到表姑跟前,献上了两千张糖纸,表姑不解地问:"你们这是干什么呀?""狗呢,欠的电动狗呢?"表姑愣了一下,接着就笑起来,笑得上气不接下气,待她不笑了才说:"表姑逗着你们玩哪,嫌你们老在院子里闹,不得清静。"世香看了我一眼,眼里满是悲愤和绝望。我觉得还有对我的蔑视,毕竟这个逗我们玩的人,是我的表姑呀。

　　这时,我突然觉得很累。原来人们常说的累,就是胸腔里的那颗心突然加重了。我和世香走出院子,我俩不约而同地,把那精心整理过的糖纸奋力扔向天空,任它们像彩蝶随风飘去。

　　我长大了,每逢看见"欺骗"这个词,总是马上联想起那一千张糖纸——孩子是可以批评的,孩子是可以责怪的,但孩子是不可以欺骗的,欺骗是最深重的伤害。

　　我已经长大成人,可是所有大人不都是从孩童时代走来的吗?

哈尔滨电视台(1999年3月28日)

一样秋花

修宏宇

萧军与萧红初识时,曾写过"一样秋花经苦雨,朝来犹傍并枝头"的诗句送给她。后来,萧红觉得这诗其实更适合于她与白朗的友情。

1933年的秋天,是在萧红的那句诗中开始的。树大人小,秋心沁透人心了。那天上午,萧红和好友白朗站在画家冯咏秋的院子里看牵牛花。一个暖洋洋的句子悄悄爬过萧红的心头,"花开了,就好像花睡醒了似的。"她不禁想起呼兰河边祖父的后园子里,也挤满了这样团团簇簇的牵牛花。离家六年来,她第一次在花叶间看到了乡愁。

那一刻的阳光,温暖着两颗年轻的心,她们如牵牛花一般并肩而立的身影,经由阳光的传递,投注到了几十年后的现代文学史上。

冯咏秋的家是一座轮廓清简的俄式平房,也是在30年代的哈尔滨颇有名气的左翼文人沙龙。它因为在夏天窗门前爬满了牵牛花,而被戏称为"牵牛坊"。在那里,一直在愁苦生活中挣扎的萧红,开始有了朋友,有了"几个欢快的日子"。

白朗也在其中。她们常在冯家的院子里读剧本,对台词,她们把阳光想象成灯光,把牵牛花想象成观众的眼睛,把自己想象成"暗运的天空上,接待黎明的星星",在想象的舞台上,萧红和白朗演出着自己人生的戏。

白朗常带着一身秋天的气息来看萧红,当时的白朗是哈尔滨一家影响较大的私人报纸《国际协报》的副刊编辑,也是哈埠报界的第一位女编辑。几年后,当流亡到上海的白朗准备编辑"哈尔滨作者群"的《夜哨》丛书时,透过往事的烟尘,她最先看到的是嘴唇和手指已被蚊虫叮肿却依旧奋笔疾书的萧红。

白朗常常为那些文字所打动。字里的萧红时而柔弱如藤,依靠笔的枝杆攀升出生活的苦境;时而锐利如剑,用愤怒的笔锋和越轨的笔致刺向旧制度、旧社会和旧人类。她预感到萧红将会成为一位永不褪色的大作家。

星星剧团后来移到民众教育馆进行排练。黄昏时分,排完剧的萧红和白朗走进被街灯包拢着的中央大街。这时,夜幕下的哈尔滨,便带着超越时代的风情,点亮了她们的眼睛。

她们走过那些穿行在中央大街上的西洋女人和东洋女人;走过日本舞场靡靡的音乐;走过马迭尔电影戏园门前海报上的胡蝶的微笑;走过被鸽群衔起的教堂钟声,然后驻足在一个叫瓦夏的拉手风琴的街头音乐家面前。那个独眼的犹太人为着拉琴而挪歪着头,他让人感到30年代的夜的寒冷了。瓦夏的琴声像老人一颗颗浑浊的眼泪,滴在异乡的风中,滴在萧红和白朗的心上。对她们来说,流亡在那一刻只是一段无处寄身的琴声,没想到不久之后,在萧红的"走吧,还是走,若生了流水一般的命运,为何希求着安息"的诗句吟伴下,她们真的开始了流亡的人生。

1940年晚春时节中的香港,萧红坐在黄昏古老的光影中,坐在自己的回忆里。唱机里传来一个惆怅的歌声"哪年哪月才能够回到我那可爱的故乡",她的膝上摊放着正在写给白朗的信。她望着海的那一边,仿佛看到与白朗在哈尔滨初识时的岁月。那时正是乱世,但她们淡而醇厚的交往仍称得上是乱世里的一段盛世。"不知为什么,莉(白朗),我的心情永久是如此抑郁,这里的一切是多么恬静和幽美……然而啊,如今我却只感到寂寞,在这里我没有交往,因为没有推心置腹的朋友,因此,常常使我想到你。莉(白朗),我将可能在冬季回去。"我将在冬天回去。

1942年1月22日,萧红在香港病逝。5月1日,在延安"文抗"作家俱乐部举行的追悼会上,白朗献上了怀念萧红散文《遥祭》。

甘肃电视台(1999年3月28日)

生 灵

辛晓玲　熊智华

夕阳敛尽了余晖,只有黄昏,还在悄然徘徊。是谁?将铮琮的弦音,融进了生命中最后的意象,又是谁?探臂苍穹,从无望之中,索取着希望。

重重叠叠的岁月,一如消逝了的楼兰古城,凝固在流沙深处。历史仿佛安睡了,万物是否已归于岑寂?天地之间,似乎只有这流动的线条与变幻的光影,灵动的飞舞。

在干涸与艰涩中诞生的生命,注定是一场沉重的跋涉。纵使春天有嫩绿的柔情,深秋有火红的韵律,然而,谁又知道这中间蕴藏了几许挣扎的艰辛,几许搏击的豪情!

流沙深处的生命,从开始便是一次热烈的燃烧,于是,它从不拒绝被生存的烈焰燃成灰烬,每一次陨落都是悲壮的,在悲壮中融进了泥土。

夕阳悬挂于橘树的枝头,悬挂了一轮圆满的希望。在这希望的照耀之下,新的生命,仍会穿越四季的雨雪,篝火般从荒原腾起。面对无常的宇宙,所有的生命竟是如此渺小,也正因着宇宙的无常,所有渺小的存在,同时又被神化了。生生灭灭之中,搏击自然的经历之中,它已升华了自己,囊括了无数。

胡杨,这种沙海中最具意志力的生灵,宛如树的活化石。据说,活一千年不死,死一千年不倒，倒了也一千年不朽。

戈壁茫茫，寂寞胡杨斑驳着岁月的沧桑，顽强地腾挪疲惫的身躯，和沙漠对视，与自然抗争。沉重的心事簇拥成树冠，簇拥成纷纷扬扬的企盼。生命纷然死亡时的悲怆，被风捻成了反抗炼狱的坚强。在一次次日升日落的辉煌中，力与美的生命染成了西部大漠一道不朽的风景！

山东电视台（1999年3月28日）

无名烈士祭

杨毓洲

"哥，怎么你的眼比原来小了？"
"熬夜熬的。"
"你干什么活，扛什么枪？"
"我是团部电话排的战士，给首长扯电线，指挥打仗。要是线被炮弹崩断了，就得马上接好。腔后边别把钳子，别俩手榴弹，没有枪。"
"好了好几年，都十八岁的大小伙子，连枪把子还没摸着！"

1948年的秋天，炮声渐渐远去。国民党军队退缩到济南、青岛。胶东的秋天，一片和平安宁的景象。

有一天哥哥来信了，说不久就要进行济南战役了，现在正紧张训练，等打完仗再写信。这跟从前一样，每次战役前写一封信。战斗一结束，赶快再写一封报平安。

秋风从渤海面上吹来，秋玉米熟了，高粱穗红遍了山野。中秋节过了，月亮圆了又缺。

济南战役结束了，胜了，济南解放了，可是哥哥没有来信。邮递员隔一天下乡一趟，母亲在街头等。日子长了，邮递员从村头大道上骑车子过来，不等母亲问，就摆摆手说："大娘，没你家的信，有了我就早早送来。"一个月过去了，两个月过去了，母亲突然有了一种不祥之感。她说："但凡平安，你哥哥绝不会不写信，写封信去问问吧。"

寄去的信退回来了。一个旧牛皮纸信皮，揉搓得软塌塌的。天黑了，母亲还呆呆地坐在地上，没人做饭，屋里凄冷。我点上油灯，看那退回来的信皮，昏黄的灯光下，我发现信皮背面，有两行歪斜不清的字：该同志光荣负伤，入院休养。

从此家里托人四处打听，一封封信原封退回。母亲忧虑失眠，整日念叨一句话："哪怕盼来个残人也好啊！"

冬天来了,半岛的冬天风雪连天。为了解忧,白天母亲套上牲口推磨;夜里,一个人在厢房筛箩。呱嗒呱嗒的箩面声,整宿价响。夜里醒来听着细碎的雪粒打着窗纸,厢屋的灯半明半暗,伴着单调的筛箩声,传来母亲哼着的歌,"秋风凉啊,秋夜长,灯光荧荧照南窗。今日纺啊,明日纺,纺线织布送前方啊。"

三月里,上级捎来一封烈士证明信,另外两家烈士的母亲来陪着哭,但母亲不相信哥哥会牺牲,她坚决拒绝领取那份抚恤金。母亲的刚强是小村内出名的,她从不在人前掉泪。可是母亲终于病倒了。

华东野战军打完了淮海大战,打过了长江,打到了福建,哥哥没有音讯。广东解放了,西南解放了,全国东南西北大陆都解放了,哥哥没有音讯。中华人民共和国成立了,哥哥仍是没有音讯。

母亲相信乡下传说的不少奇迹。东乡某某都说牺牲了,但突然来信了;南乡某某追悼会也开了,家里人也断了念头,过了几年,却又回到家来了。母亲也相信奇迹会出现。她一病三年,可生命没有结束。她说,她得等哥哥回家。她撑着大病初愈的身子,天天去村西头大道边等着。

过了春天,过了夏天,到了秋天,秋天庄稼收光,视野可以远些,母亲就早早地去等。冬天野地光秃秃的,稀拉拉的清雪飘起,母亲依然早早地去等候。后屋石榴三婶说,得领你娘上城里医院看看了。母亲不去。母亲说,该走的走了,该来的来了,该活的死不了,该死的活不了。她还是每天干她日常的营生,每天准时去村头坐着,望着西北方向,似乎在等什么,又似乎不是。母亲终于怀着满腹的心事离开了人世。

每年春天,我定要到英雄山烈士陵园,来看那一排排无名碑墓。今年是哥哥牺牲50周年,我又来到烈士墓前,从山底第一排开始,来回地一排排走过,瞻仰每一座矮矮的石碑,读着右上角部队的番号,还有许多许多没有番号的,没有姓名的。我暗自寻思,这里面也许就有母亲整年思念的她的儿子吧。

我走着看着,不指望能找到什么人,而是来看这无数不相识的弟兄。他们一个个曾经是年轻的血肉之躯。想到哥身前连一张照片也没留下,心中有无限的惆怅和悲凉。能记得他的亲人朋友大都去世了。他不是英雄,也不是名人,他只是一名18岁的战士。

有人说,死人活在活人的记忆里,当我也只活在人们的记忆里的时候,哥哥他们便真的永远消逝了。我写这篇小文是为了让烈士活得更长远些。他虽然没有留下影像,但他也曾有过名字,有过部队的番号——那就是中国人民解放军华东野战军第九纵队27师80团电话排:杨毓灏。

江西电视台(1999年4月11日)

滕王阁序

(唐)王勃

　　南昌故郡,洪都新府。星分翼轸,地接衡庐。襟三江而带五湖,控蛮荆而引瓯越。物华天宝,龙光射牛斗之墟;人杰地灵,徐孺下陈蕃之榻。
　　雄州雾列,俊彩星驰,台隍枕夷夏之交,宾主尽东南之美。都督阎公之雅望,棨戟遥临;宇文新州之懿范,襜帷暂驻。十旬休暇,胜友如云;千里逢迎,高朋满座。腾蛟起凤,孟学士之词宗;紫电清霜,王将军之武库。家君作宰,路出名区;童子何知,躬逢胜饯。
　　时维九月,序属三秋,潦水尽而寒潭清,烟光凝而暮山紫。俨骖騑于上路,访风景于崇阿。临帝子之长洲,得仙人之旧馆。层峦耸翠,上出重霄,飞阁流丹,下临无地。鹤汀凫渚,穷岛屿之萦回;桂殿兰宫,列岗峦之体势。披绣闼,俯雕甍。山原旷其盈视,川泽盱其骇瞩。闾阎扑地,钟鸣鼎食之家,舸舰迷津,青雀黄龙之轴。虹销雨霁,彩彻区明。落霞与孤鹜齐飞,秋水共长天一色。渔舟唱晚,响穷彭蠡之滨;雁阵惊寒,声断衡阳之浦。遥吟俯畅,逸兴遄飞。爽籁发而清风生,纤歌凝而白云遏。睢园绿竹,气凌彭泽之樽;邺水朱华,光照临川之笔。四美具,二难并。穷睇眄于中天,极娱游于暇日。天高地迥,觉宇宙之无穷;兴尽悲来,识盈虚之有数。望长安于日下,指吴会于云间。地势极而南溟深,天柱高而北辰远。关山难越,谁悲失路之人;萍水相逢,尽是他乡之客。怀帝阍而不见,奉宣室以何年?呜呼,时运不济,命途多舛;冯唐易老,李广难封。屈贾谊于长沙,非无圣主;窜梁鸿于海曲,岂乏明时?所赖君子安贫,达人知命。老当益壮,宁知白首之心;穷且宜坚,不坠青云之志。酌贪泉而觉爽,处涸辙以犹欢。北海虽赊,扶摇可接;东隅已逝,桑榆非晚。孟尝高洁,空怀报国之心;阮籍猖狂,岂效穷途之哭?
　　勃,三尺微命,一介书生,无路请缨,等终军之弱冠;有怀投笔,慕宗悫之长风。舍簪笏于百龄,奉晨昏于万里。非谢家之宝树,接孟氏之芳邻。他日趋庭,叨陪鲤对;今晨捧袂,喜托龙门。杨意不逢,扶凌云而自惜;钟期既遇,奏流水以何惭。呜呼!胜地不常,盛筵难再;兰亭已矣,梓泽丘墟。临别赠言,幸承恩于伟饯;登高作赋,是所望于群公。敢竭鄙诚,恭疏短引;一言均赋,四韵俱成。
　　滕王高阁临江渚,佩玉鸣鸾罢歌舞;
　　画栋朝飞南浦云,环帘暮卷西山雨。
　　闲云潭影日悠悠,物换星移几度秋;
　　阁中帝子今何在,槛外长江空自流。

江西电视台(1999年4月25日)

父亲的背

田信国

我出生在一个偏僻的小山村,同村里所有的孩子一样,我有疼爱自己的父亲和母亲,但同其他孩子不一样的是我的双腿残疾,不能正常走路。

那是在我两岁的时候,一场可怕的小儿麻痹留下的后遗症。从那时开始,我17年的记忆便充满了父亲的背和背上那股淡淡的汗味。也许别的残疾孩子有轮椅,有推车,但贫穷的父亲只有他的背,厚实而挺直的背。无论下地干活还是走亲访友,父亲走到哪儿,总是把我背到哪儿,我在父亲的背上渐渐地长大。

等我长到9岁时,村里同龄的小伙伴都上了三年级,而我却只能呆在家里,父亲为此犹豫了很久。终于有一天,父亲把我背进了教室,从那以后,父亲每天来来回回地背着我,风里来,雨里去,从未间断,我竟一次也没有迟到。看着父亲日渐深重的脚步,我真恨不得学校就在自家门口,这样父亲就可以少跑许多路,我更恨自己长得太快,太重,因为这样更加重了父亲的负担,使得父亲每走一步都越来越吃力了,我内心的忧愁也日益加重了,我的未来怎么办?我还有未来吗?

然而在我16岁那年,一件意想不到的事情发生了。那一回,我无聊地跟着电视学唱歌,父亲突然兴奋起来,似乎看到了一丝希望,他要我好好地练,好好地唱,从此一有空父亲就背着我到河畔田头、村外树下练习唱歌。那年的"五四"青年节,县里举办歌手比赛,父亲背上我去报了名,没想到竟得了个三等奖。接着,父亲又背上我参加地区比赛,又拿了个特别奖,这件事对我和父亲触动很大,父亲便下了决心,要背着我去省城拜师学唱歌。

一个柳绿桃红的时节,父亲不顾多年落下的腰痛病,把我背出家门,背出山村,背到了几十公里外的省城。老师的家太高了,在五层楼上,然而父亲并没有犹豫,只是习惯地将我向上一抖,便向楼上爬去。一个台阶又一个台阶,一层楼又一层楼,父亲的脚步渐渐地由快变慢,甚至在颤抖,我心疼地要父亲放下我歇一会儿,可父亲怕放下来便再也背不上去,硬是咬着牙,把我背上了老师的家。这五层楼,上百个台阶,父亲一步一步背上背下,这一背竟是整整一年。就这样,我在父亲的背上,艰难地走向音乐之门。

又一个春暖花开的日子,父亲要背着我离开省城,去到更远的地方,放飞我的歌声,放飞我的梦……临行前,我用一个儿子的全部身心帮父亲揉背,揉一揉这曾经笔直而渐渐弯了的背,揉一揉这背了我17年,也许还会一直背下去的背,父亲的背。

四川乐山电视台（1999年4月25日）

生命之树洁白

王大华

　　隆冬季节来到峨眉山，山下到处是楠木苍苍，青草萋萋，清泉潺潺，仿佛早春代替了严冬。但是一进入半山以后，就仿佛进入了琼瑶世界和水晶世界。目之所及，都是玉，都是银，晶亮、洁白。

　　我年幼的时候，在故乡也曾有过这样的经历，但那时候习以为常，没有看出什么意味。然而今天，我却既惊讶又欢欣，感受到一种新奇的畅快与振奋。

　　一棵棵风华初绽的香杉，针叶簇簇，底层蕴青，上层凝玉，铸成了洁白中透出绿莹的冰塔林；漆树、枫叶、野核桃等落叶乔木，树丫坚硬，披附一层厚冰，就成了玉树琼枝，粗疏扬挺，光洁铮明；石栎等常青乔木和水竹、箭竹，阔叶层叠，犹如层层碧玉掩映层层碧玉，凝重欲坠；山路两旁，密密丛生的乌泡藤，如玉带飞抛，如玉环连绕，如玉弓张拔，如玉角翘挺。这些水凌组成了巧夺天工的玉雕大世界，使我目不暇接，真是美妙无穷。

　　半山以上，渐渐变成了冰花的世界。这些树林的枝枝叶叶上，先是结了厚厚的冰凌，由于气温继续下降，空中浓重的水汽，就在冰凌上结出了纤巧怒放的冰花，冰花上又结冰花，冰花上累迭冰花，冰花边再飞缀冰花。这厚泡泡的冰花包裹了叶，包裹了枝，即使粗大的枝干，也只显出一线黑脉。

　　低矮的灌木丛，如海底珊瑚，酥白明耀。杜鹃如同戴上了一顶硕大的银冠，水白杨下垂的枝条似飘飘洒洒的素娟裙裾，傲岸的冷杉则成了一把把银伞，密集地擎向长天。

　　这冰花的世界全不是北国"忽如一夜春风来，千树万树梨花开"。它来得长久，生得厚实，结得绒绵。一直要到阳春三月才渐渐消融。

　　我站在高渺广阔的千佛顶和万佛顶的原始大森林中，思绪绵绵。

　　我年轻的时候，背负书包，离家远行，向往并追求人生的热烈与辉煌，到而今不觉年过半百。岁月沧桑，人世炎凉，经历了几多狂喜与悲愁，几多热烈与平静，才悟出了一些人生真谛，仿佛又在原先出发的地方找到了归处。

　　对着不管是仰视还是俯瞰的连天的洁白，我忽然想到，这莽莽森林远离人世滚滚红尘，它只是利用大自然造化的赐予，就把自己的生命追求得如此奇美。林木青青，大山苍苍，那是它的本色，那是一种厚重博大的美，一种静谧幽雅的美。

在严寒隆冬,森林却用大自然的冰雪,使生命呈现出另一种玲珑剔透的美,冰清玉洁的美。这种美,不仅具有独特而奇妙的形式,而且有着实在的意义与价值。它不怕严寒的冷酷,充满活力地拥来了这么多的冰雪,也就拥来了这么多充沛与强健的生命。它的芽苞在冰雪中锻炼得更顽强,等到春来就盎然勃发。它的枝干,在冰雪中除病祛邪,等到春来就茁壮成长。春风吹来,冰雪渐渐消融,如涓涓甘露琼浆慢慢浸润到根部,为发达而密集的根系所吸收,使森林更加生机勃勃,郁郁苍苍。于是,生命之树更加常青。于是,来年隆冬,生命之树更加洁白。

浙江电视台(1999年5月9日)

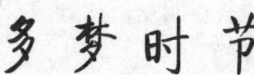

多梦时节

金 凤

某月某日,晴。

我明显地感觉到,班内一位同学在注意我,他的目光是那样的执著和坚定,闪烁着人的色彩。我每每遇到他的目光时,他却又霎地移开了。

不知从什么时候起,这样的目光,去年似乎有过,但很悄然。而今,这注视的次数令人诧异,稍微留意便能觉察到。天哪,我可不能分散他的学习和精力啊!他今年高考是非常有希望的,上苍保佑,愿他只是不在意地瞥视,不再有别的含义。

某月某日,晴。

情况又有了些变化,我只要留心我的周围,便能发现他的身影。只要我在教室里学习,他一定在座位上默默地攻读。每天上午课间操时间,只要我在操场上,在不远处便一定有他和他的朋友在。好朋友罗静说他这好,那好,啊!莫不是他委托她对我……

某月某日,晴。

我和罗静在教学楼前说笑,同学给我一张纸条,说是他送的。我转头便察觉到,远处匆匆逃避的身影。我和罗静打开信看了一遍,文字很隐晦,但我理解里面的含义。我该怎么办?

我坐下来认真想,他不是那种轻掷感情的人,在这样紧张的复习阶段,如果给他炽热的火焰上浇一瓢冷水,后果会很难预料的。因此,我最后决定避开那个问题。

某月某日,晴。

下午自习课之后,他截住我说有点事,很明显他的进攻与日俱增了。我们来到操场上,淡淡的阳光,他的心情很激动,我看得出,但我心里也忐忑,我还是第一次单独和一个男孩外出交谈。他语无伦次地问我,我仔细回答着。我说,我知道你很早就注意我了,但你也知道,现在我们处在什么时候,离高考仅有40天,有什么事情不能放在高考以后再说呢?沉默了很久,他静静地说,你说得对,我们不能。

某月某日,多云。

我填志愿表的时候,他走到我身边,问我报考什么学校。看他急切的样子,我自然明白其中的道理。我先问他的志愿,他一五一十地说了,我便在离他较近处,选择了几所学校。他听后,脸上绽出了笑容。

某月某日,晴。

接到通知书的时候,他又来找我。我知道,他考上了名牌大学,很多人都不敢奢想的,而我只不过考取一个很不显眼的学校。他问我为什么说谎,我微笑了:这是我选择学校的自由,我后来的决定。他表白他受压抑的情感,希望我能理解,我没说什么。他递给我一封信,我明白那是什么,但是我没接。我郑重地说,你是一个非常优秀的男孩,将来你会大有作为的,你会拥有更多朋友的,要知道,我只能做你的一位普通朋友。

他的眼睛湿润了,我的眼睛也湿润了。

四川大自然国际影视文化传播中心(1999年6月6日)

田湾河风情

巴岳山

老　家

山的那边的那边是山,河的那头的那头是河;我的老家田湾河,是大森林摇曳的一段风景,是古老高原一段美妙的童话。

老家没有钢筋、水泥和砖瓦;杉木、杉皮搭成的木板屋,就是老家。木板屋的木板墙,挡不住火炕暖暖的火,也挡不住外面世界那双双惊奇的目光,这就是我的老家。

当村头再次点燃篝火,当夜色再次拉开帷幕,老家便是一曲快乐的鼓点和一张张迷人的微笑;这就是我的老家,我的思念,我的田湾河。

生命与季节

生命,在相思的季节里。我们记住了属于季节的雨丝或雪花,绿柳或红叶,也记着了整个季节。

季节给了我们记忆,我们在季节里留下了什么。风雪里摔打,艰苦中跋涉,每一个脚印,每一滴汗水,每一次渴望,每一次忧伤,每一个欢乐,都组成生命中每一个色彩斑斓的季节。

树木不会错过春季才发芽。丰收、喜悦只能在辛勤耕耘之后的秋天,才会拥有。在季节里书写人生,不要忘了在春天里播种,更不要沉湎在夏日里空等收获。

生命不可能重复,季节却在重复中再生;但即或是同一个春天,也只有似曾相识的重逢。

古老的窗

依旧是这样洞开着,霞光与雪峰永远是最早的客人。磨盘悠悠碾着不同的季节,草地的花儿谢了又开,枝头的树叶枯了又绿,石头砌成了石屋,石头砌成了石窗,石头砌成了一个古老的故事。

酥油茶依然飘着浓浓的香味,老阿妈与孩子的笑脸,成了古老窗口一道新的主题。男人们依然要去闯世界——高原的重托,山谷的风雨,羊肠小路始终丈量着男人们的坚忍与耐力。

马铃伴着山歌渐渐响起,又渐渐远去,模糊的山寨成了游子最新的记忆。他们走了,但注定要回来,哪怕是疲惫不堪,伤痕累累。因为山寨古老的窗,如同一道灼热的目光,时刻盼望着他们归来的日子。

贡嘎山与贡嘎寺

远望你,是一座山;走近你,却是一座寺。你是山,也是寺;你是群山不可分割的整体,却又是雪域一面庄严的幡旗。几万年的风雨,几千年的雷暴,几百年的冰雪,使你粗犷,使你荒凉,也使你百孔千疮,却不曾摧垮你,覆盖你。

荒寂的雪域之中,没有草长,没有花开,没有鸟来,甚至,连一杆经幡也看不见。而你,只剩下那幅寂寥的蓝天,和那片冷漠的荒原。只剩下那无边无际的荒凉和生硬的冷。

是冷漠选择了你,还是你选择了冷漠。很少有人走进来,即使来过的人,也许一生只看见你这么一次而转身走了。他们也不过是匆匆的过客,最多算是有些痴迷的人。

可是,这世界上更有许许多多的人,终其一生也没有来过,谁会晓得你站在那里。但是,你仍然庄严地站着,那样神圣而又执著,让我想起这一脸虔诚、手持转经筒的喇嘛。年复一年,日复一日,或许他从来没有走出大山,但他坚守着心中的承诺,摇动着不灭的信念。雪峰里,我好像听见风在四处传达你诵经的声音,但一定不仅仅是这些,一定还有些原因,使你爱着这片雪域。

在此仰视你,我仿佛明白,你为何被誉为"蜀山之王";仿佛明白寺庙的香火,永远不断,生生不息。我终于明白,你保持着这样不变的姿势和高度,还因为,你可以望见美丽的布达拉宫,望见宽阔的草原和牛羊,还有那一脉相承的群山和遥远的长城。

中央电视台　黄山电视台(1999年7月18日)

黄山观瀑楼遐想

余志坚

每逢雨季,天都峰、钵盂峰上的雨水倾泻而下,于紫石、朱砂两峰间汇流,随即呈一撇一捺之势,将白花花的浆液推写出一个硕大的"人"字来。这就是著名的黄山人字瀑。

观人字瀑最好的去处,是这座古色古香而又玲珑别致的小楼。小楼便因瀑得名,叫观瀑楼。1979年7月,那正是一个雨量充沛的季节。小平同志来到黄山,就下榻在这里。后来,小楼因小平同志此行而成了纪念馆。

二十年过去了。每当我从小楼旁边经过,便想起那段陪小平同志的日子,便不油然地将不远处那硕大的"人"字和这位世纪伟人联系在一起。

那是一个众望所归的年代,那是一个需要负重爬坡的时期。好像是为了证明什么,历经"三起三落"仍旧矢志不渝的小平同志要以他75岁的高龄,徒步登上那海拔1800多米的高山奇峰,去探寻那硕大的"人"字的源头。

一路上,他脚穿布鞋,高卷裤腿,手拄拐杖,像当年长征路上的一员老兵,又像上山采药的老农。

一路上,他为普通游客签字留念,与他们寒暄合影。置身于群众之中,他是那样的可亲可近。

他终于征服了这座高山奇峰。他远眺山下如画的田园,胸中涌动着无限情怀:要增加山区人民的收入,要改善山区人民的生活。

他不坐滑竿,又徒步而下。他不无自豪地说:"黄山这一课,证明我完全合格。"

离开黄山那天,他说:"黄山是发展旅游的好地方。你们要有点雄心壮志,把黄山的牌子打出去。"他当年这样嘱托的时候,我也在场,就在这座小楼前。

二十年前,黄山"养在深闺人未识"。是他老人家,开启了尘封的山门,让世人为之眼亮。

二十年前,黄山人面朝黄土背朝天。是他老人家,打开这尘封的宝盒,让黄山人沐浴这大自然的恩泽。他们感谢邓小平,他们忘不了当年那一幕:小平同志的车子经过他们村口时,老人特地摇下车窗,微笑着向大家招手致意。

二十年过去了。每当我从小楼旁边经过,便想起那段陪同小平同志的日子,便联想起那段咏叹人字瀑的诗句:"一个字冲刷了千秋万载,至今才这般立地顶天。做人要如此坦荡无畏,粉身碎骨也一往无前。"

新疆电视台（1999年7月18日）

守望西部

刘湘晨

凝结着天地之间，最为惊心动魄的内容，这是世间一切最极致的融合，人们将这里称作西部。

而作为一个边防公路刮路机手，刘选奇和他的刮路机，泊在荒原的天与地之间，正好构成整个西部的三维。刮路机从路面上刮过，简单得近于单调。日月轮回，寒暑更迭，起止之间是1341公里的间距，刮一遍路面的时间是3个月，一年至少刮三遍。

在岁月的流逝之间，刘选奇驾驶着他的刮路机，已走过第十二个年头。他曾无数次伫立荒野大声疾呼，想听到一声回应——惊得黄羊和野驴群倏然逃窜。终有一天他意识到：自己只能与荒原独对，咀嚼飘零的日子，咀嚼孤独之中的每一丝苦意。他不曾意识到，正是对孤独的反复体味，才使他接近西部、认识西部，并最终与西部沟通。

西部的沉静悠远，西部极具轮廓性的博大纯粹，西部所能有的创造和辉煌，盖出于对极致心境的体味与审美。而孤独，正是西部心脏的声音。

不管从前你是谁？你从哪里来？伫立荒原任由风尘磨拭——每一位有过这种经历的人，都会重新选择籍属，同时将一生的命运交付。

西部是一条心灵之路，西部是跋涉者的归宿，西部是人生的一次极目远望。

山东淄博电视台（1999年8月1日）

老 屋

孙燕雨

离开老屋已经很久了。有时我的回忆，好像窗棂缝隙透过的阳光，丝丝缕缕地洒落进去，老屋的一情一景，就从朦胧的幽暗中渐渐明晰起来。

我和弟弟就是在老屋长大的，这方窄小的空间，曾经盛载过许多童年的欢乐。

老屋虽然贫寒，却并没有因此贫乏了我们的想象。记得那时的我，梦想成为跳新疆舞的女演员，梳好多细长的发辫，穿着美丽的长裙，竖起脚尖旋转着，旋转着……

其实，只要仔细寻觅，就会在老屋的角角落落找到岁月的留痕。那已经残破的雕花镜框，据说是老奶奶出嫁时的陪送，长颈古瓶上有一个缺口，还是爷爷小时候顽皮摔破的呢！屈指数算，老屋已有百年的历史，它蕴涵着几代人的生与息、苦与乐。

在那些灯光如豆的夜晚，奶奶咿咿呀呀摇着纺车，喃喃自语般讲述上辈人的故事。"从前，你爷爷的爷爷……"故事总是琐碎而冗长，我和弟弟相伴进入甜美的梦乡。

奶奶告诉我，生我那年，老屋的土墙根下，冒出一棵嫩绿的树苗，后来渐渐长成，奶奶把它视为我的生命树。每当我生病的时候，奶奶便安慰说，咱家丫头一准没事，你看那树不是越发旺盛了吗？树日渐枝繁叶茂，竟然遮挡了老屋的光线，所以每年都要费心剪理，折下来的枝枝杈杈晒干后成了烧饭的柴禾。黄昏时分，阵阵炊烟飘荡开来，老屋弥漫着质朴的温馨……

老屋门外还有一方石桌，冬日的暖阳仰或夏日的绿阴下，沏一壶热茶，就会有三三两两的乡邻踱进小院，扯东扯西，话些家常。有时乡邻们也会感慨外面世界变化之大，语气里掩不住羡慕和向往，但依然以安闲的心境守着各自的老屋。

后来，我和弟弟随爸爸妈妈出外读书，年迈的奶奶也被接到城里居住。从此，一把锈锁句号般锁住了老屋所有的故事。

山东淄博电视台(1999年8月15日)

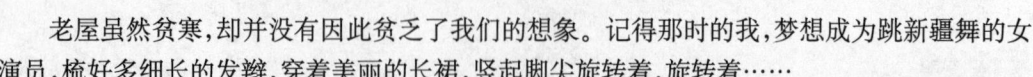

放飞心灵

我的童年，是在一个偏远的小山村里度过的，贫穷的生活并没有减少我童年的欢乐。那时候春天是我们最快乐的季节，不仅仅因为春暖花开，更重要的是，我们可以制作风筝。几张粗糙的毛头纸，几根削尖的竹签，在我们眼里具有很强的吸引力，大大小小的孩子挤在一起，盼望着那个再简单不过的风筝问世。放风筝的地方是村后的那片山坡，我们兴奋地奔跑着，小小的风筝像燕子一样飞上了蓝天，它的后面跟了一群快乐的孩子，清脆的笑声在山野里回荡……

后来，我离开了故乡，童年的故事在忙碌的生活中被封存在记忆的深处。许多年以后，当这童年的往事再次浮现脑海时，我正躺在病床上，面对着一张病危通知书。亲人的安慰、朋友的问候，都无法消除死亡的阴影，渐渐遮去我心中的光明和希望。一切都沉寂下去了，我的生活像一潭死水。

不知怎的，在这濒临生命的边缘之时，早已尘封的往事却如流水般涌向眼前。那只飞翔的风筝，那一串串清脆的笑声，在我的脑海中盘旋着、萦绕着，我感到一股暖意浸入了心房，绝望的心中竟然溢满了感动。

出院休养的日子是个冬天，由于天气寒冷，我整日待在家里，生活单调而又孤寂，于是童年的回忆便越来越强烈地撞击着我的心灵。实在按捺不住心中的渴望,我便让妻找来工具、材料,重拾儿时的旧梦。

渐渐地,手中的风筝做得越来越细致,越来越精美了。在这专注与凝神之间,我忘记了一切——时间、病痛、烦恼,整个人都沉浸在快乐的回忆中。我被创作的冲动推动着,似乎进入了一个风筝制作的自由空间,手中的竹丝也仿佛有了灵性,它随着我的想象在酒精灯的火焰上变幻着、变幻着。在不知不觉中,拿工具的手渐渐有了力量,心境也日渐平和,心中的渴望化作风筝挂满了房间的四壁。置身在这梦境般的世界,我竟忘记了自己曾是个被判"死刑"的病人。

在我的眼里这些风筝是具有生命力的,它们就像我的一群朋友,每当我静心面对,就会感到它们的温暖与亲切。生命的暖流就这样渐渐地回流到我的全身,我又开始渴望生活,渴望工作,渴望走出这静悄悄的房间。

春天来了,窗外的枝头上又萌发了生命的色彩。儿时放飞风筝的兴奋催动我走出了家门。我用自行车驮着风筝,来到空旷的广场上,放眼望去,青葱的草地温润鲜亮,和煦的春风抚慰着久病的面庞,胸中滋生出一种无法言说的喜悦。

我轻轻地托起自己的作品,慢慢地开始放飞,风筝摇摇晃晃,就像我蹒跚的脚步,但终于飞起来了。手中的线越放越长,风筝越飞越高,我慢慢地奔跑着、喘息着,心儿仿佛也飞起来了,胸中积聚已久的阴郁,被风吹得无影无踪,童年那单纯质朴的快乐,又回到了身边,耳畔又响起了清脆的笑声……

浙江电视台(1999年8月15日)

沈园的故事

夏雨清

一个宋朝的园林,能够一代代传下来,到今天还依然有名,也许只有绍兴的沈园了。沈园的出名却是由一曲爱情悲剧引起的。诗人陆游和表妹唐婉在园壁上题写的两阕《钗头凤》是其中的热点。

陆游也许是宋朝最好的一个诗人,但肯定不是一个值得唐婉为他而死的人。

表妹唐婉是在一个秋天忧郁而逝的,临终前,她还在念着表哥那阕被后人传唱的《钗头凤》。自从这个春天,和陆游在沈园不期而遇后,病榻之上的唐婉就在低吟这阕伤感的宋词。

一枝梅花落在了诗人的眼里,这是南宋的春天,年迈的陆游再次踏进了沈园。在斑驳的园壁前,诗人看到了自己48年前题写的一阕旧词:

红酥手,黄藤酒,满城春色宫墙柳。东风恶,欢情薄,一怀愁绪,几年离索。错,错,错。

春如旧,人空瘦,泪痕红浥鲛绡透。桃花落,闲池阁。山盟虽在,锦书难托。莫,莫,莫!

唐婉在临终的日子里,一遍遍回想自己和表哥那段幸福的岁月。陆游20岁时初娶表妹唐婉,两人诗书唱和,绣花扑蝶,就像旧小说中才子佳人的典型故事。

可惜这样的日子太短了,唐婉只记得有一天,婆婆对她说,他们两个太相爱了,这会荒废儿子的学业、妨碍功名的。

唐婉至死都没有想通,相爱也会是一种罪名。不过她更没想通的是,那个据说在大风雨之夜出生在淮河一条船上的诗人,后来又横戈跃马抗击金兵的表哥,竟然违不了父母之命,在一纸休书上签下了羞答答的大名。

陆游48年后重游沈园,发现了园壁间一阕褪色的旧词,也叫《钗头凤》,这是唐婉的词迹:世情薄,人情恶,雨送黄昏花易落。晓风干,泪痕残,欲笺心事,独语斜阑。难,难,难。

人成各,今非昨,病魂常似秋千索。角声寒,夜阑珊,怕人寻问,咽泪装欢。瞒,瞒,瞒!

在南宋的春天,一枝梅花斜在了诗人的眼里,隔着梅花,陆游没能握住风中的一双红酥手。

新疆电视台(1999年9月26日)

哈纳斯之秋

——哈纳斯图片欣赏

宋宝珍

季节的风在林梢上掠过,绚丽的秋天来了。

冬天到来之前,树叶燃烧起全部的生命激情,将山峦染得红彤彤、金灿灿。

卧龙湾,巨大的龙脊浮出了水面,秋水潋滟,仿佛是它闪光的鳞片。哈纳斯气候怡人,纯净湿润,春、夏、秋三季的气温平均在十六七度左右。人在其中,仿佛跨越了万丈红尘,一下子走进了天国的梦境。

秋,在白桦林中漫步;秋,在金黄的波光中闪烁。在这里,我感受着秋的成熟,秋的磅礴,迸涌着心灵的颂歌,生命的欢乐!

哈纳斯山顶银光闪耀,现代冰川雄伟壮丽。山坡上呈垂直分布的是西伯利亚太加林带。浓雾笼罩的山谷,更多了几分神秘。哈纳斯的神奇之处很多,它的湖水颜色变幻莫测,时而幽蓝,时而油绿,时而乳白,时而微青,因时而异,四季不同。

土瓦人以放牧、狩猎为生,吃自己制作的奶酪、奶茶、奶疙瘩等,住自己搭建的木屋毡房。他们以牛、羊毛擀毡御寒,以发酵的牛奶自制奶酒,这是一个能歌善舞、善良淳朴的民族。"结庐在人境,而无车马喧,问君何能尔,心远地自偏。"这曾经是古代诗人的梦想,而哈纳斯人的生活,岁岁年年,从来都是这样恬静、悠然。

湖水在秋光里沉淀,仿佛是一块巨大的美玉,镶嵌在天地中间。"江流天地外,山色有无中。"哈纳斯河水与额尔齐斯河回合,裹着日月,挟着牧歌,日日夜夜向着北方流去,它是中国境内唯一一条流入北冰洋的大河。茂密的原始森林中,挺拔的落叶松、苍劲的五针松、塔形的云杉、秀丽的冷杉、俏丽的白桦,遮天蔽日,郁郁葱葱。

走上这人迹罕至的山径,我要去领略山顶的风景。"赤橙黄绿青蓝紫,谁持彩练当空舞?"秋天的色彩幻化无穷,这是大自然的鬼斧神工,任诗人有生花的妙笔,又怎能把它形容?深秋的天,高远宁静;深秋的水,湛蓝澄明。

阿尔德什老人是土瓦人的老前辈,也是哈纳斯历史的见证。一管芦笛,吹出了千年流水的神韵。悠悠天籁,呼应着大自然的心声。时光,在湖水中流动,岁月如轮,春夏秋冬,逝去的是秋水,不老的是心灵。只要这圣水还在,青山还在,哈纳斯人的生活就永远祥和从容。

秋色深了,秋意浓了。依照阿尔德什老人的指点,我走进湖区山深处,去探访大自然一个又一个的奇景。山在身边游走,水在心中涌动。在这样的时刻,我静静体会天地的雄浑,感受生命的律动。

万钧雷霆,雨雪风霜,绿色的枝干被凝成褐色的雕像,而你依然不改往日的风骨,昂首屹立,让人们去体会大千世界无尽的沧桑。树在舞蹈,山在沉思,水在欢歌。秋天的哈纳斯,没有凄凉,没有萧瑟,有的是激情的奔涌,生命的执著。

深秋的湖水慢慢成了乳白色,这是上流白湖的水涌入的结果。我抬头远望前面茫茫苍苍,简直是牛奶的海洋,我终于来到了白湖。幽深的湖水不知道掩藏了多少秘密。以前,人们只知道英国的尼斯湖有湖怪,而现在很多人来此,为的是一睹哈纳斯湖怪的风采。

当地的人说,湖中有一种怪兽,他在云暗天低时出没,把壮马肥牛拉进深深的湖底。当地的人说湖水中有很多大鱼,其中最著名的是哲罗鲑,又叫大红鱼。19世纪末,一个俄罗斯人在哈纳斯湖中,曾经捕到过一条长十多米,重达几吨的大鱼。而不久前,一场大雨过后,一个老阿妈在湖边发现了一条搁浅的大红鱼,它虽然小得多,但也有一百来斤重呢。

生命是一段行程,而大自然才是真实的永恒。山中树,云中雪,水边草,路边花,每一种存在都有它自己的灵性。哈纳斯的红叶,是生命在晚秋的吟诵。雄伟的阿尔泰山守卫着深秋的白湖,山顶上的白雪银光闪闪,像是天神在给天地加冕。雪线下,山林黄绿相间,是山水间靓丽的风景线。湖山相映,妙趣天成。

日出,是一个希望的诞生;日落,是又一个希望的孕育。"万壑有声含晚籁,数峰无语立斜阳。"巍巍苍山,镌刻了历史的瞬间,潺潺流水,守卫着美丽的家园。

哈纳斯,你来自遥远天国的梦境,纤尘不染;你像一首动人的诗篇,意韵深婉。在你坦诚的世界,人们会了解什么是纯净,什么是美妙,什么是圣洁。

哈纳斯,你令人遐想,令人感动。你这壮丽的湖山,是动人的诗篇。

沈阳电视台（1999年10月10日）

国徽的故事

高多祥　宋春元

记得小时候，父亲常常拿着一枚硬币，指着背面的图案问我："可欣，你知道这钱背后的图案是什么吗？"我回答说："知道，是国徽。"接着，他又会问："你知道这国徽是谁造的吗？"我摇摇头说："不知道。"

这是我们父女间重复了几十年的故事。其实，我早知道，国徽是父亲和沈阳的工人叔叔造的，他还不止一次遗憾地说，可惜国徽还没有造好，他就奉命调离了那个地方，以后就再也没能回到那座城市。

父亲走了，在他生命的弥留之际，他曾一再地恳求我一定要替他看一看国徽，看一看那些五十年前一起铸造国徽的战友们。说这话时，他把他眼中的最后一抹晚霞留给了这个世界。

父亲走了，他走得并不坦然，他是带着对共和国国徽的眷恋离开这个世界的。为了父亲那临终前的遗愿，为了那生命的最后一抹晚霞，我曾经去寻找。

这是一位老人，这是一位已经85岁的老人。他每天都在这广场上默默地坐着，头向上微微地抬着，似乎在他的前方就是天安门，而城楼的门楣上就悬挂着他亲手铸造的那枚国徽。他就是焦百顺，一位干了一辈子铸造工作的普通工人。五十年前新中国的第一枚国徽，就是经他的手浇铸而成的。

"那是四十九年前的秋天，经霜后的共和国到处是火红火红的。那天下午，厂领导悄悄告诉俺，厂里决定让俺带一些人，为咱们共和国制造一枚国徽。开始俺还有顾虑，怕完成不好这个任务，可后来一想，俺不干，谁干？解放前，俺逃荒要饭来到沈阳，是共产党、新中国把俺从苦海里救了出来，俺不是在党旗下宣过誓吗？俺咋能不听党的话呢？那段日子，俺一辈子也忘不了，直到今天，只要闭上眼睛，那炉火、那铝花还在。"

今天，当我真正面对这已尘封了半个世纪的机器，面对这些半个世纪前在这个地方工作过的人们，我才完全理解了父亲的全部情感，读懂了父亲留在世界上的那最后一抹晚霞。

望着眼前这位正在走向生命尽头的老人，仿佛父亲生命中最后的祈盼，又重现在眼前。我不敢想象以后还有几回这样的时刻，我不想让所有的人都留有与父亲同样的遗憾。

今秋，枫叶正红的时候，我不容争辩地带着已步履蹒跚的焦叔叔，来到了北京，来到了天安门。

这是一位老人，这是一位已经85岁的老人，他仿佛在这儿已经默默地坐了一辈子了，他的目光始终朝着天安门城楼的方向。"瞧,它多么庄严,不管是谁,不管在啥地方,只要看上它一眼都会肃然起静。五十年了,晨晖夕阳,它还是那么鲜艳,那么神圣。"

站在五十年前曾令整个世界为之震动的广场上,想着父辈们曾奋斗过一生的那片热土,那一束束流火,曾经熔注过共和国之子的全部炽热真情,那迸溅的钢花、铝花曾经浇铸过共和国不屈的灵魂。这些共和国的铸造者们,大部分一生平平淡淡,然而,他们因此而自豪,因此而永恒,他们的历史应该当之无愧地写进共和国的档案中。

宁夏电视台(1999年10月24日)

娃娃教师

郭文斌

一个偶然的机会,我在宁夏西吉县一个名叫大沙湾的小学住了一宿。

走进学校,先见到两个少年人。问是几年级,他们笑着说,他们不是学生,是老师,刚从师范毕业。我不禁纳闷,那么大的一点儿人能管得住学生吗?谁知我的担心纯属多余,他们的班级无论是纪律,还是成绩都是学校最好的。正是这种好奇,将我带进了两位娃娃教师的世界,带进了一种感动。

站在阳光中,将钟敲响,是娃娃教师每天最忘情的时刻。娃娃教师的一天,在钟声中深情地打开。只要娃娃教师一百次走进教室,小村就有一百个春天。小村不再贫穷,不再自卑,渴望的眼神和响亮的读书声,使人想起穿过历史的闪光的犁铧。从横折竖捺中,我们看到了源头;于加减乘除中,我们感到了力量。

三尺讲台——娃娃教师最深的爱,美丽了何止一个时代。一位小学生站在凳子上擦黑板,小小的身子有点摇晃。对于他来说,那块黑板有点高,叮这不能影响他的信心。追随阳光,我的思绪离开了课堂。透过窗户,我不但看到了绵延的山,还有一条路,一条藏在钟声中的路,一条从铅笔盒里展开的路。为了这条路,娃娃教师情愿搭上他们18岁的年华。

下课了,教室里静静的花书包,花书包旁静静的饼子,饼子旁静静的阳光,比一万朵花更动人,比一万个期待更久长。一个火炉,一只杯子,一块饼子,再加上一个小小的茶罐,也许就是娃娃教师一生的中午。但是我并没有从中感到多少苦涩,相反,倒是一种如海的安恬。

课外活动,娃娃教师和学生一起做游戏,他们手中传递的不只是一个简单的运动器具。放学了,娃娃教师目送着他们的学生列队离去,该是一种怎样的心情。我不知道,他们是否感到有一股力量在穿行。说他们是一条路,或者是一条河,都再贴切不过了。小村的确有点过于寂静,这种纯粹的寂静却打动了你心灵的最深处,因为小村的寂静里有娃娃老师忘我的烛光。

离开小学的时候,操场里正停泊着一只篮球,我不由地看了下篮网,请问:你在等待一种怎样的投中?再回首,那两个娃娃教师还在校门口站着。我使劲地向他们挥了挥手,却无法说好一个再见,因为我的眼里已汪满了泪水。

校园格外的空旷起来,不觉间,娃娃教师就会进入一幅油画,一幅心灵的油画。一只水桶,一个篮球,一个乒乓球案子,还是一溜矮墙,一排教室,抑或是那长长的树影,高高的鸟窝,其中可能有淡淡的伤感,深深的思念,或者别的什么,但绝没有埋怨。

虽然是星期六,虽然没有学生,他也会不由自主地敲一下钟,喊一声"同学们好",就有沙沙的脚步声由远及近,就有一张张笑脸绽开在他眼前,就有无比悦耳的读书声笼罩了校园。他的心就会和阳光一样安详,整个校园,整个小山村,就会被他18岁年华燃烧的芬芳深深感动。

我渐行渐远,如雾的小学轻轻地进入阳光的怀抱。突然,一阵钟声传来,将我定在山坡上。钟声的光芒穿过,小村子一下子美丽得战栗。钟声,让我们听到了小学的坚贞和赤诚,听到了生命顽强的拔节之声,感到了一种向上的力量,一种沸腾的宁静。

浙江电视台(1999年10月24日)

匆 匆

朱自清

燕子去了,有再来的时候;杨柳枯了,有再青的时候;桃花谢了,有再开的时候。但是聪明的,你告诉我,我们的日子为什么一去不复返呢?是有人偷了他们罢,那是谁?又藏在何处呢?是他们自己逃走了罢,现在又到了哪里呢?

我不知道他们给了我多少日子,但我的手几乎是渐渐空虚了。在默默里算着,八千多日子已经从我手中溜去,像针尖上一滴水滴在大海里。我的日子滴在时间的流里,没有声音,也没有影子,我不禁头涔涔而泪潸潸了。

去的尽管去了,来的尽管来着,去来的中间,又怎样地匆匆呢? 早上我起来的时候,小屋里射进两三方斜斜的太阳。太阳他有脚啊,轻轻悄悄地挪移了,我也茫茫然跟着旋转。于是——洗手的时候,日子从水盆里过去;吃饭的时候,日子从饭碗里过去;默默时,便从凝然的双眼前过去。我觉察他去得匆匆了,伸出手遮挽时,他又从遮挽着的手边过去。天黑时,我躺在床上,他便伶伶俐俐地从我身上跨过,从我脚边飞去了,等我睁开眼和太阳再见,这算又溜走了一日。我掩着面叹息,但是新来的日子的影儿又开始在叹息里闪过了。

在逃去如飞的日子里,在千门万户的世界里,我能做些什么呢?只有徘徊罢了,只有匆匆罢了。在八千多日的匆匆里,除徘徊外,又剩些什么呢?过去的日子如轻烟,被微风吹散了;如薄雾,被初阳蒸融了。我留着些什么痕迹呢?我何曾留着像游丝样的痕迹呢?我赤裸裸来到这世界,转眼间也将赤裸裸地回去罢?但不能平的,为什么偏要白白走这一遭啊?

你聪明的,告诉我,我们的日子为什么一去不复返呢?

江西电视台(1999年11月7日)

我爹我娘

田信国

我爹是个铁匠,一个只能整天趴在床上打铁的山里铁匠。我娘也是个铁匠,不过,除了打铁她还要做好多好多的重活。而我也算是个小铁匠,顶我娘的空,10岁时我便抡起了这把重重的大锤。

我爹我娘从小就是个苦命儿。我爹15岁时初中未毕业便拜了师傅学打铁,而我娘只读了三年书便退学回家放牛。都说我爹人老实,脾气又好,我娘人勤快,性子特顺,但家底子太穷,结婚的时候日子过得很清苦。

后来,有了哥哥和我,生活就更苦了。然而,更为不幸的是有一天我爹突然从山崖上摔了下去,摔断了腰骨和神经,为了治病,一点家当差不多变卖光了,还欠了许多的债。我娘整天以泪洗面,细心地给我爹擦身子、换衣服,一年365天,天天如此。而那一年,哥哥还不到两岁,我才几个月大,真不知道我娘那些年是怎么熬过来的。

从我记事的时候开始,我娘就像是个不知道累的人,没见她闲过,也没听她怨过,总是很早起床,很晚睡觉,忙里忙外,忙个不停,瘦弱的身子总这么硬撑着。后来,哥哥和我一有空便帮着做些事,我娘却生怕累着了我们,可我们怎么也得让我娘少受一点累呀!全家的重担都落在了我娘的身上,我爹他看在眼里,痛在心里。我知道,他心里除了苦,就是愁啊!

忽然有一天,从没红过脸,也没拌过嘴的我爹我娘竟争吵了起来。我和哥哥既怕又担心,不知道又出了什么事。就听我爹说:"我是你的男人,也是两个孩子的爹,总不能躺在床上靠你养一辈子呀。"我娘就哭了,说:"你原来站着打铁都那么辛苦,如今躺在床上,怎么打呀?不要打了,我们宁愿辛苦些。"原来,我爹想重新打铁,可那怎么行呢?

我相信书上说的,生活总是充满希望的。当家里熄灭了六年的炉火重又熊熊燃烧起来时,我心里有点酸,却也有一些温暖。我爹说,这一年下来能挣到五六百块钱,两个孩子的学杂费就不用愁了。我们做爹娘的再怎么苦,也要供他们读书,上大学,长大成材。

我娘一个女人,什么男人干的活她都做过,唯独没打过铁。如今却操起了这把大锤,每一锤砸下来,我娘都全神贯注,咬紧牙关,使出了浑身的力气。汗水打湿了她的头发,衣服也全身湿透。我爹趴在床上,胸前垫着棉絮垫子,一手抡起小锤,一手握紧钳子,每打一锤都分外吃力,整个身子都在床上颤动。他过早白了许多的头发,被飞溅的铁花燎着,脸上、肩上也被烫出了许多黑斑。到了夏天,炉前温度高达六十度,烤得我爹满头大汗,身上也像水淋过一样,从没干过。

炉前这三把铁锤,最大的是我娘用的,哥哥用的是中号,我的最小。我第一次拿起它时,还不到十岁。那是前年暑假,我娘带着哥哥上山去烧打铁用的木炭,我便站在了我娘的位置上,用小手抡起了大锤,帮我爹打铁。这回我才真正知道打铁的辛苦,很累很累,真的很累很累。才打一会儿,我就汗流浃背,腰酸背痛,手臂也不太听使唤,眼睛直冒金星。但是我没叫一声苦,心里一直在叮嘱自己,一定要忍住,一定要坚持下去,要多打一锤,再多打一锤,为我爹,为我娘,多打一锤,也为哥哥和自己,再用把力,再多打一锤。

我曾经羡慕过别人家的孩子,但是我现在羡慕的是我自己,有天下最平凡却又最不平凡的爹娘。我爹是个躺在床上打铁的铁匠,我娘是个顶天立地的女铁匠,而我自己,怕是全世界年龄最小的小铁匠了。

浙江电视台(1999年11月7日)

快 与 慢

杜 昉

乡 下

晨跑者原来住在乡下。每天清晨他都去跑步。乡间公路上,影影绰绰地有农人、老牛和拖拉机在晨曦中缓缓前行。晨跑者将这些当作目标,一个个地超过,晨跑者每天享受着超越目标的喜悦。

城 市

晨跑者现在疲于奔命。他搬到了城里。面对着一条繁忙的高架路,一辆辆汽车从他身边超过,绝尘而去。晨跑者跑在路上,恍若梦游。在城市中,晨跑者每天被超越。

太 极

那个打太极拳的老者,一袭白衣,站在绿草地上。在高架桥的拐弯处,晨跑者怔在那儿远远地看着。那老者凝神聚气,一招一式,举重若轻。在高架桥上拐弯的车子就在离老者不远的地方,呼啸着盘旋而下。老人所在的那块绿草地仿佛一个旋涡的中心,波澜不惊,异常的安详。在高架桥的拐弯处,晨跑者停下了脚步。

影 子

这个故事是那个老者说的:"有一个人非常害怕自己的影子。他每天都不停地跑,可是无论他跑得多快,他的影子总是在他身后。没过多久,他竟然力竭而死了。其实要甩掉自己的影子很容易,"那个老者缓缓地说,"只要找片绿阴坐下来歇歇就行了。"晨跑者听了,似乎明白了些什么。

四川南充电视台(1999年11月7日)

高原之晨

赵 斌

儿时的梦中,那块绮丽的蓝天,太阳充满神秘。许多年后,我终于走入这样的早晨。天唇地吻,日轮隆隆,鸣放出的霞辉,犹如长歌浩荡流向莽原,流向雪峰戈壁,注入所有的生命。

高原之晨洋溢着勃勃生机,在大地与天空,在心灵的旷野,袒露造物的欢欣与伟大,我们都是大自然的孩子。炊烟如梦,缠绵生活的渴求与温馨,随晓风的冷香,恋入朝阳照耀的圣山,寻轮回中永不离弃的愿望。这不只是人的执著,正如大树追求天空,山峰追求太阳,无声的大音之中,生的玄机,生的意志,昭示于土地的孕育,昭示于每一颗心灵的永恒。

我依偎在高原之晨的怀中,捧起太阳的光瀑。万籁俱静的时刻,至善至真的大德,以有形无形的美之万象,给我以芬芳的沐浴。灵魂与肉体的战栗与欣喜,人的价值与求索,在朝霞铺就的时空里,定义为始终不渝的创造与博爱,这是生命的回归,这是宇宙的主题。

沿着儿时的企盼,我仿佛走入梦的深处。芦苇摇曳,太阳的智慧与思想,弹拨闪亮的音符。爱的信息,挽着悠悠清风,传遍早晨。我融化在大自然的柔情里,从未有过的感激溢出心池,与朝阳结为一滴晶莹,随着晨风的舒缓,滑过脸颊。于是,高原的天光照亮所有往事,旅途的坎坷疲惫,数不清的悲欢离合,凝聚成生命之舟,给予我慰藉。这是命运的赐予,这是高原之晨的启迪。此时,我只有感激,这感激是我的新生。

当情感如蓝天般深远,当意志如雪峰般威严,我赞美这样的早晨。打开所有的门窗,苏醒的万物有福了。在天地的光明中,流动生的旋律,高歌万物竞发的壮丽。捧来天边那缕朝霞,这是我的心意,将这高贵的哈达献给神山圣水,献给高原之晨的所有生灵。太阳升起的时候,我们启程。

湖北电视台（1999年11月21日）

母亲的照片

原著：沈虹光　改编：刘　苹

这是一张六十年前的老照片，照片的边框已经破损，纸张也已经呈现出陈旧的黄色，可是，照片上的主人公依然神情恬静，眼睛里闪动着倾诉的光亮。五十多年以来，我曾经无数次地面对这张照片交谈，诉说我的每一点欢乐和忧伤，我把这交谈看作生命一般重要，因为照片的主人公就是我永远不会忘却的亲人——母亲。

母亲离开我们已经五十年了，那年，我只有五岁。在我的记忆中，那是一个异常寒冷的冬天，外婆带着我去看望被关押在国民党监狱里的母亲。我远远地看见母亲从黑洞一样幽暗的牢房里走出来，她的脸像一张白纸那样没有血色。当她走近的时候，我清楚地看见了她眼睛里噙满了泪水。她紧紧地抱住我，憋得我呼不出气来，我恐惧得直想大哭。外婆上前来把我搂住，又和母亲抱在一起哭成一团。很多年以后，我才知道那就是我和母亲的诀别。就在第二天，母亲在监狱里被枪杀了。那一年，她刚刚三十岁。

从外婆时断时续的唠叨里，我渐渐了解了母亲投身革命的经历。可是，看着母亲的照片，我实在很难把眼前这个优雅和满身书卷气的女子，同印象中的共产党员联系在一起。外婆给我一封父母共同寄回的家书，父母遒劲的字体中夹杂着几句法文。外婆告诉我，我的父亲是个留法的共产党员，他回国后在母亲就读的女子中学里当英文教员。这个会说三国语言的年轻教员，风流倜傥，才华横溢，母亲常常被他吸引。对父亲的深爱使得母亲不顾家人的劝阻，决意要追随父亲而去。初长成人的少女第一次让自己的母亲——我的外婆饱受了离别的煎熬。

我已经记不得母亲的声音，但我执拗地认为她的嗓音一定很亮、很美，因为那个年代的革命者都少不了要鼓动和演讲。从照片上看去，我想母亲的演讲一定非常好看，因为她的眼睛特别动人，好像是要看到你心里一样。

外婆曾把一件母亲在狱中做的女红交给我，那是一个绣着字的手绢。在这件印有母亲手迹的刺绣上，我看到了那颗聪慧而灵秀的心。同现在那些爱美爱俏的姑娘一样，母亲对美的饰物有着天然的欣赏才能。我可以想象到她在黑暗中，就着一缕缕阳光刺绣时的身姿，那是魔鬼和地狱也抹不去的最美的造型。外婆说，那个年代这样奋不顾身的年轻人多得很。

母亲，你们以奋斗为荣，为理想献身。你们相信"天下兴亡，匹夫有责"的道理，你们相信只有用生命的呼喊才能唤醒旧中国这头睡狮。是的，你们可以欣慰地安息了，新中国已经由你们的鲜血铸成。可是，几十年来，只有你们的同志和亲人，才知道失去你们而落下的伤口有多疼。

我在外婆的呵护中长大。许多年来,我知道照片上的您,一直在看着我工作、恋爱、结婚、生子。有您的注视,我不孤独。

今天,我的女儿,您的外孙女也已经亭亭玉立。她像外祖父一样从小就有语言天赋。她说要继承外祖父的事业,做一个翻译家。再过几天,她就要去海外求学,我在这几天越来越体会到当年外婆送您离家的心情。我的担心似乎漫无边际,因为您外孙女聪慧的眼睛里,好像总是少了一点您照片上的那种坚毅的神情。所以,我决定把您这张60年前的老照片交给她带走,愿您的在天之灵保佑她学成归来。

母亲,从此我再也不能面对您的照片和您说话了,但我已经记下了您那独一无二的美丽,她会伴随我走完生命的旅程。

中央电视台　黑龙江东宁电视台(1999年11月21日)

野鸽子

康岫云　杨璞玉

我一直以为,我的家乡是世界上最美的地方,这里春天有姹紫嫣红的花儿,夏季有婉转啁啾的小鸟儿,秋天有甜美丰硕的野果儿,就是在百无聊赖的冬季,我们还可以跑到野地里,在银装素裹的天地中快乐地堆雪人儿、打雪仗。

在这个小村里,我是一个养鸽子的少年。我养的鸽子是一群野鸽子,我在一次迷路中,意外地发现了它们。

那天,我和村里的几个小伙伴,一起跑到了山上,我们玩了一个游击队和日本鬼子打仗的游戏,我幸运地抽到了游击队员这个签儿,后来我又幸运地躲进了那个山洞。这个山洞有很多相连的隧道,又有很多和外面相通的洞口,所以,在那天的游戏中我神出鬼没一直没让当鬼子的同伴抓到我。

就是那天,就在那个山洞里,我发现了那群野鸽子。那群野鸽子就栖息在山洞的岩壁上,是我的出现惊飞了这群美丽而自由自在的小鸟儿,它们相继飞出了山洞,像一片银色的雨飞向了另一个山峰。

就是那天,我相信了鸽子是世界上最美丽的一种鸟儿。每一只鸽子都仿佛是一支银色的箭,而它们成群飞起来的时候,就像一片美丽的流霞。从那时起,我开始喂养这群野鸽子,尽管我知道,即使没有人喂它们,这群鸽子也一样会生活得逍遥自在,可是,我喜欢这群野鸽子,我想和它们做朋友。

我喂鸽子的粮食，是妈妈从地里收回来的包谷又搓成的玉米。鸽子开始很怕我，我就在那里耐心地等着它们，把玉米撒在洞口的地上，鸽子渐渐地相信了我，和我成了朋友。妈妈从丢失的玉米中知道了我的那群鸽子，她警告我，不要再去那个山洞，她说那个山洞里住过日本人，修那个山洞搭上了数不清的中国劳工的生命。那个洞里没有地雷，也会有死人的冤魂。

有好几天，我吓得不敢再去那个山洞，可是我惦记着那群鸽子。我听老师说，鸽子是和平的象征，想来妈妈的话一定不对，鸽子怎么会在战争的废墟上筑巢呢？

家门前的山，像一个危险又充满诱惑的谜题萦绕我的童年，而我在偷喂野鸽子的日子里，渐渐长大。

山顶上住着一个老人，年纪有多大了我也说不清，我想他一定知道山洞的故事。老人说，他就是修这个山洞的两万多名劳工中的一个。可是那些人大多数都死了，有累死的，有饿死的，有试图反抗被日本人的狼狗咬死的。老人说，那时候山洞里，总是不断地用火车从山下运来新的劳工，可是山下的人从来没见山上的人活着出去。

我听说，妈妈的爷爷也是被日本人杀死的，他的坟也在这山中。妈妈的爸爸也就是我的外祖父说，这山中有两万多座坟，已经分不清谁是谁了。于是，村里常常会有一些陌生的人，来寻找亲人，这其中，也有当年的日本人。我曾经看见一个日本人，在洞外徘徊良久，之后，落下了眼泪。当时我很疑惑，怎么杀人的人眼中还会有泪。这座山叫勋山，一听就是日本人起的名字，我问支书大爷，为什么不给这座山改一个名儿，支书大爷说，不改的意思是让大家都不要忘记了过去的事。

有一天，我在山上喂我的鸽子，从山外来了一群人，他们一路打听到了那些山洞，在洞里洞外看了很久。听说，那些人是研究历史的科学家，他们其中的一个老人看见了我和鸽子，问我：孩子，这鸽子是你的吗？我说，不，是山里的。老人很喜欢鸽子，他说，鸽子是世界上最坚强、最懂得希望的鸟。

我已经是中学生了，可是我仍然经常进山里去喂鸽子，喂完鸽子之后，我常会去那个庞大的山洞。从老人那里我已经知道，这里是二战时期亚洲最大的军事要塞，他们把这里命名为"东宁要塞"。东宁要塞曾经是第二次世界大战最后的战场，当年日本人就是凭借东宁要塞抵御苏联红军的进攻。

在长长的隧道里，我一个人听着自己的脚步声，想象着当年这里曾经是怎样的恐怖和肃杀。有一天，我把科学家的话告诉了母亲，母亲沉默了许久，突然问我："你喂的那群野鸽子长得好不好？"我惶恐了："妈妈，原来你知道，我一直在偷拿家里的粮食。"母亲说："知道。"母亲说，听老辈人讲，鸽子是吉祥的鸟儿，有了鸽子的地方就不会打仗，咱们中国人不喜欢打仗，一向都不喜欢。

再钻进东宁要塞的时候，我便不再做童年的游戏了。我多半是学那些科学家的样子，寻找那场战争也许会留下的痕迹。有时我常想，日本人为什么和中国人不一样，为什么要到我家来杀我母亲的爷爷和爷爷的兄弟们。

如今家里的日子好了，我仍然常去喂我的野鸽子，只是不用再偷着喂，偶尔功课忙耽搁的日子长了，母亲还会提醒我，该去看看那群野鸽子了。

银川电视台(1999年11月21日)

沙 湖

马 青

小 序

是大自然的鬼斧神工,还是造物主的匠心独运?苇依水,郁郁葱葱;水拥沙,浩浩荡荡。此景只应天上有,人间能得几处寻?

春 思

柔风吹来阵阵暖意,微波送过缕缕清香。冰消雪融,春回大地,微风掠过水面,掀起片片涟漪,像竖琴弹拨出生命的乐章,如童心绘制着色彩的交响……沙鸥轻吻碧波,新苇抽出嫩芽,春天的旋律唤醒宿鸟慵懒的身躯。燕子归时,秦关易度,不是江南,胜似江南,风景这边独好。

夏 漪

水是沙湖,山是贺兰。蒙古语中"贺兰"是匹绿色骏马,它的一只眼睛是沙湖,另一只眼睛是山那边的吉兰泰。

多情的眼睛,将都市的喧嚣滑进万顷波涛,炎夏的浮躁融入清澈的水底。无声的诗,立体的画,碧波荡漾处,只有清凉,没有酷暑。

秋 光

天高云淡,落日成金,壮美的季节,身披炫目的金,款款而来。这是成熟的季节,收获的季节,风姿绰约,仪态万千。

日本有位著名的散文家叫做德富芦花,他曾这样动情地描写过芦花:秋天,凭窗远眺,洲崎以东沿海,茫茫一片,那就是如雪的芦花。洲外远方,可以看到一条碧水和帆影,才知那是大海所在。

无独有偶,沙湖金秋的芦花同样怒放在德富芦花的情节里,也有人说,沙湖之秋使人想到普希金诗中的意境。

冬 韵

经历了春的恬静、夏的热烈、秋的含蓄,黄沙、绿苇、碧波从金秋的丰腴中走来,与大自然携手步入了冬的童话。仿佛一切都在顷刻之间凝结于水面,生命和色彩化作了一道不朽的风景。严寒侵凌着每一根筋骨,头上有苍茫的月。

中央电视台　桂林电视台（1999年12月5日）

南国瑶寨——我的梦里故乡

冯文真

我没有离别的忧伤，因为我的心已属于那片土地……几十年来，我游历过世界的许多地方，但这里才是我一直都在寻找的地方，我的心灵家园，梦里故乡，这里就是广西桂林龙胜县的金坑。

那是1985年，在一个摄影展览的一幅作品上，我看到了朝霞中辉光闪闪的一片梯田，那是龙胜县金坑的梯田。忽然间，一种想要探寻奇迹的神秘感涌上了我的心头，我真想一下子就飞到那片神秘的土地。然而，事与愿违，相隔11年之后，才实现了我酝酿已久的心灵之旅，以一个自由专栏摄影者的身份，来到了我的梦里故乡。

其实，我有自己的故乡。我的故乡在安徽巢县，我的祖父是冯玉祥。尽管我出生在远离故乡的美国，尽管在我的记忆中没有祖父的影子，但我却实实在在地回过故乡。可金坑给我的感觉不是故乡却胜似故乡，那里的乡亲、村寨，那里的山峦、溪流，那里的一切就像画卷一样展现在我的眼前。

当我一走进金坑的田头寨，一看见那些淳朴友善的乡亲，我就会比任何时候更强烈地感受到我是一个中国人，我就会有一种游子回家的感动。那里的梯田、木楼、山歌无不萦绕着淡淡的温馨，无不给我熨帖与关怀的亲情，我似乎懂得了这片土地给了我太多的震撼，唤醒了我对故土、故国，对亲人深深的思恋之情。

记得儿时听我父亲说过，在我一岁多的时候，祖父就在回国参加新政治协商会议筹备工作的途中，不幸在黑海遇难，从此我便失去与他相见的机会。因而在我生命的52年里，对祖父的记忆几乎是一片空白。

但是，就在我第一眼望见金坑这片奇迹般梯田的一刹那，我突然被惊醒了，亲情可以淡漠，血脉却是顽强的承袭。尽管脑海里没有祖父的记忆，但我血管里奔涌的却是祖父的血液。因为祖父出生于农家，对农民有着与生俱来的认同和亲近，而我的情感之河潜游着祖先的先灵，我的血液里飘着故国家园的泥土气息，所以我才会对这片田园如此神往，对这个瑶寨如此痴迷，对这里的瑶民如此依恋。

这种铭刻在心灵深处的故土情结，绝不会因时空的阻隔而模糊，而只会被岁月的河流冲刷得越来越清晰，就像金坑的梯田，能够穿越历朝历代的时光。

当我坐在金坑的山脊上时，我一遍又一遍地想象着当初先人们是怎样用一双双灵巧的手，把贫瘠的山坡变成大地的诗行,那些富于音韵的奇妙线条交织在一起,幻化成最初的洪荒。我似乎看见茫茫山野中,先人们黑黑的脊梁上滚动着无数颗太阳,一朵朵生命的浪花在连绵起伏的群山间翻滚,把对生活的祈盼,对命运的抗争,深深地植根于这片田野,用锄头和汗水串连起希望的火花,把莽莽荒野变成美丽的童话。我甚至在不同的时间、不同的地点、不同的角度去守望田野,为的是能在一个最佳的时间、最佳的地点、最佳的角度捕捉到这片土地的神奇。有它相伴,以后的岁月中我的漂泊不再孤单。

我不断地重复同一个问题:是自由女神美丽,还是这片土地更有魅力?为了寻找答案,我曾经六次去到金坑,我终于领悟,南国的金坑瑶寨,这里是我魂牵梦萦的第二故乡。

淳厚的乡情丰满了我,生动了我,渗透于我的血脉之中,成了我生命的一部分。是乡亲们用粗糙但却温暖的双手,为我拂去了岁月的尘埃;是他们的淳朴、慷慨、友善为我抹掉了远在异国的凄凉。我永远敬佩他们。在清贫的生活中,他们不是怨天尤人,他们平静地面对命运,在平凡的人生中创造着生活的未来。当我离开金坑的那个夜晚,我在子夜的黑暗中,享受瑶寨那特有的田野的芬芳,我的心,已留在这片湿润的土地上,留在我的梦里故乡……

宁波鄞县电视台(1999年12月5日)

方　井

卢小东

如果现在走到我老家,恐怕很难听到有人会提起方井。一些小孩子甚至不知道本地有个方井,更不会知道方井的确切位置。在我老家,井的消失,犹如于不知不觉中消失的炊烟一样。看不见炊烟,是因为大家都用上了煤气灶,而见不到井,则是因为家家户户都安装了自来水。

这都是十年前的事了。当清澈的自来水第一次流进家家户户时,村民们不见得特别地激动。按当时的形势,用上自来水似乎是理所当然的事。对我来说,自来水解决了一个最现实的问题:从此再也不要一担一担地到方井挑水,直到把一只大水缸挑满。我卸掉了一个重负。

家家的水桶担闲置起来,水缸简直成了累赘。方井就是从这时候起渐渐被人遗弃。祖祖辈辈到井里挑水吃的习俗,就这样在20世纪80年代,一个看似平静的日子里,蓦然中止了。

老家除了方井,尚有王家井、周家井、桂花井等;但数方井最出名。方井位于老街,村的中心,紧挨着老王客栈。井口方而大,可以让好几个人同时打水。我上小学时,我家住在临街的一幢老楼屋里,窗的右下角,就是方井。农村人勤劳,起得早,天刚蒙蒙亮,就有人在井里汲水,当我还睡眼惺忪躺在楼上,"扑咚、扑咚"的汲水声已不绝于耳了。我喜欢听这种隐隐的声音,特别是在热天，我能想象那一泓透心凉的井水如何被搅动，又如何被吊上来，那水新鲜如同刚出炉的面包。

方井是一口古井。祖辈们挖掘这口井之前，此地也许就是一眼汨汨涌动的泉水。方井的水从没有干枯过。遇上大旱，其他的井露了底，村民们都到方井来挑水，方井的水便下降许多，但到翌日一早去看，它又满上了。村上的老人说：这口井与东海相通。

在夏天，方井的水非常解渴，许多人喜欢吊一桶井水，伏在桶里面牛饮一气。我也喜欢这样喝，多痛快！大人说喝生水要肚子疼，但我从没有碰到这样的事。晚上洗澡，拿一桶水没头没脑浇下来，一天的暑气就冲得无影无踪。到了冬天，井水冒热气，井台边总有一些洗涮的人。用方井的水做出来的水磨年糕口感细腻，用方井水酿出来的米酒芳香而醇厚。当时老王客栈经常有修补鞋子的黄岩人来投宿，我见到过他们恣意地在井边洗澡的样子，见到过他们提着井水泼来泼去地嬉戏。我想，如果这些外地人对瞻歧这个偏僻的小镇有印象，首先就是对这口方井有印象。

我体会到生活的重量，是挑方井的水。当我稚嫩的肩膀第一次压上一担水，摇摇晃晃从街上经过时，两旁的人不禁开心地笑起来。挑水是村里男人的基本功，从长大成人开始挑水一直到年老体衰为止。有些离井远的人，往返挑水，并不是轻活，但偏偏有许多人放着近的井水不吃，宁可走远些来挑方井的水。当农历岁末，有更多的人来到方井挑水，人们相信，这方井的水古老而纯净，能给新年带来吉祥，带来好运。

方井后来是在不经意中被封死的。当时街街弄弄浇水泥路，整修阴沟，而方井刚好在街上，留着也没大用，于是人们就用一块大石板盖住了井口，方井自此完全隐去了。小孩子不会知道，在这块大石板下，盖着曾经是那样清洌、甘甜的方井水。

在我们的生活中，有许多在过去显得那么重要的东西，而今都成了故物。我们温馨地怀念它们——毕竟，他们曾像蜡烛一样照亮过我们漫长的生活。然而，谁愿意再让蜡烛来照亮黑夜？我们村里的人，谁愿意再去吃方井的水呢？

辽宁电视台(1999年12月5日)

火 蝴 蝶

戴 默

有关枫叶的故事，一直在心里藏着，直到踏上那条蜿蜒的山路。湖光秋色，霞光点点，仿佛万千佛手在林间辉映。

蓦地，一团红色，如火焰般温暖了我的心田，火红的枫叶在风中独舞，美若一只千年的火蝴蝶。不想,一个如蝶般灵秀的女孩也蓦然闯进视线,她像林间一缕清新的芳草。她朴实的衣着,结实的发辫,红红的面颊,以及拾起枫叶时,脸上那么纯真的微笑,都仿佛是少年的那个自我……

沿着岁月的窄门,拾级而上,那条斑驳的山间石径,还是我少年日记里那个长长的段落吗?

"片片红叶寄相思"。火红的枫叶在水中,如湿了翅膀的蝶,不知它将漂流何处,去扣听谁家的小窗。

在这自然的乡间,我不时地被这个朴素的山中女孩引领着、感动着,她仿佛是这山中的一个天使。在暖暖的秋天的午后,她举着枫叶的神情,如同举起了生命的旗帜,我的心被轻轻震撼了……在女孩的世界里,也许还不曾有过刻意修饰的痕迹,她只是那么单纯地快乐着,少了成人的功利与烦恼,少了城市孩子那么繁重的功课,她是自然真正的孩子。

溪水涓涓而过,女孩快乐地捧起水中的秋天。她头上飞扬的发辫,如一只火红的蝶,她与风儿低语,与水中的鱼儿说着悄悄话。枫叶、女孩、水,那鲜活游动的鱼儿,构成了山中那么生动的一幅画。女孩清澈的眼睛不掺一丝杂质,当我们曾经的童心在岁月的风尘里一点点变老,我简直要嫉妒女孩了。女孩活泼的身影跳跃在山间,我听见我的心底有什么东西在热烈地燃烧,而女孩就是点燃我心灵的那粒火种。

我注定要被女孩的清纯所征服。想起少年的时候曾怀着这样一份童真:在深秋的庭院种下一片又一片枫叶,夜夜等待花开的声音。曾几何时,童年的梦想恍如隔日。

风起叶歌,阳光如丝如缕地洒落。在那个美丽如画的山间早晨,枫叶点缀了女孩清纯的梦想,美丽的叶子在枝头慢慢地飘落,有一片就飘落在女孩翻开的书页上,河水泛着太阳的金色,仿佛一盏一盏的小银灯,映照着水中渐渐远去的火蝴蝶……

新疆电视台(2000年1月2日)

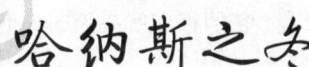

哈纳斯之冬

宋宝珍

走过春天的烂漫,夏的繁华,秋的丰盈,哈纳斯开始进入漫长的严冬。我不会错过这雪压冰封的季节,因为置身于银色的世界,乐在其中,妙趣无穷。

茫茫白雪覆盖了山峰,只有轻快的马蹄踏破大地的寂静。哈纳斯的村落银装素裹,而木屋中土瓦人的生活则像冬天的太阳一样,散发着自己的光和热。玉宇澄明,周天寒彻,这是大地的写意,这是蓝天的泼墨。

白雪皑皑,白雾茫茫,冬天的哈纳斯别有一番玉洁冰清的模样。冬天是严寒的,但是冬天却最能显示哈纳斯的本色,它掩去了流水的喧哗,褪去了野花的色彩,坦坦荡荡地亮出了大自然本真的色调。

经历多少年的斗转星移，古代岩画依然栩栩如生，镌刻着当地人久远的历史。小鸟在寒冬中啼鸣，生命在白雪上跃动，玉树琼枝显示出纯净的诗意。白雪藏起了哈纳斯湖的真实面貌，平展展，静悄悄。

"少年得意马蹄急"，土瓦人的小巴郎不愧是"马背民族"的后代。他们扬鞭奋蹄，在这辽阔的湖面上，纵横驰骋，一决雌雄。

厚厚的冰层下还藏着一条神龙哪。相传很久以前，有一条神龙偷偷下凡，它俯瞰天下，唯独爱上了哈纳斯。它整天在湖中畅游，不听龙王的召唤，不知不觉之间，大雪满天，冰封湖面。神龙被压在冰盖之下，永远留在了人间。

大雪飘飘，为哈纳斯村落披上锦袍。看不见山冈的肆虐，听不到天涯的咆哮，万籁俱寂，落雪无声，哈纳斯的冬天情韵正浓。哈纳斯的冬天很冷，人们却不畏严寒，用生命的热情在冰雪的世界里编织生活的美梦。积雪遮盖了村中的小路，却挡不住人们往来的脚步。雪再大，他们有皮袍；路再陡，他们有雪橇。揣上奶酒，去跟朋友聊一聊吧！冬天给了哈纳斯白色的世界，也给了他们快乐和逍遥。

雪在哈纳斯湖上展示着朴实无华的身影，雪在阿尔泰山上献出自己洁白的心灵。雪把天空擦得湛蓝湛蓝，雪把大地洗得干干净净。我在想，厚雪覆盖的哈纳斯湖里，180米深处的湖怪还在做着悠长的美梦吧。

长达7个月之久的哈纳斯的冬天，最低气温可达零下40度。天、地、湖、山洁白晶莹，单纯宁静，像一个动人的童话。"忽如一夜春风来，千树万树梨花开。"雪中的松柏更别具坚毅的风采。

哈纳斯是野生动物的乐园。人们告诉我，仅列入国家一类保护动物的就有雪豹、黑鹳、貂熊、紫貂、北山羊等，此刻它们一定是在雪山深处冬眠。冰河中只有野鸭、水鸟在嬉游。著名学者钱伟长盛赞哈纳斯的美景，他说："这里是亚洲唯一的瑞士风光。"

1995年一位联合国环保官员到哈纳斯考察，看到这里原始风貌的山川，他激动地说："哈纳斯是当今地球上保存最好的自然景观。它的存在就在于向人们证明：人类曾经有过多么美好的栖身地。"

一位到过哈纳斯的朋友震惊于这里山水的圣洁，他感慨地说："真干净啊，连思想都是干净的。"

哈纳斯，我将归去。你圣洁的山川、纯朴的人民，会永远地留在我的记忆深处。我的哈纳斯之行是一次精神的沐浴，灵魂的洗礼。

此刻美丽的村落依然像牧歌一样，咏诵着她自己的曲调，而我将踏着积雪到远方去。

哈纳斯，你不愧是人类的净土，世间的永恒。

辽宁鞍山电视台（2000年1月16日）

飞越仇恨的天空

曾 莉

　　十年前，一架抵港的客机在重庆机场附近爆炸，我成了不幸的女人。本来打电话说三天后才返家的丈夫不知为何搭上了这班飞机。我只觉得眼一黑，刻骨的悲伤和喧天的痛哭都被昏厥掠去。现在想来，那几天已到了人生的冰点和极限。

　　我的躯体行尸走肉般，在航空公司与殡仪馆间忙来忙去，魂却去了别处。几天不思饮食和无法闭眼。我陡然从一百多斤枯瘦成薄薄的一张纸。毫无依靠地在重庆大雾弥漫的日月里飘来飘去，可我不知道，命运的深渊中，更大的不幸正悄悄地向我逼近。

　　首先是我从遇难者名单中发现了一位大学同窗的名字——徐蔷。她和我是在师范读中文系时同住一寝室的同学。她早年丧父，62岁的老母又患了老年痴呆症，这些不幸加上她自身的境况不好，使她变得极度忧郁。念于同室之谊，我曾让她到我家来玩几天，但我万万没想到在这短短的一周内，她与我丈夫会发生那样的事。在我呼天抢地的痛哭中，她狼狈地逃逸，郝兵则跪在我面前，涕泪并流地扇起自己的嘴巴，请求我原谅。我原谅了丈夫，因为我深深地爱他。

　　大约是丈夫逝世后的两个月，家里的门被一阵急雨般的敲打轰开。门外是一位抱小孩的女子，20岁左右，穿着属于刚进城不久的农村人的样子。她气喘吁吁，语无伦次地讲起：半年前住在18楼的一对夫妻请她带孩子，两个月前他们去北京办事，说好一星期就回来，谁知两个月了，杳无音讯，留给她的钱早已用完，她和小孩已三天靠最后半包奶粉果腹了。实在没办法，她根据男主人丢在家里的一张身份证复印件，按上面的地址找到这里来，她猜想这里该是男主人的父母家……

　　她还在絮絮叨叨，我一望她手上抱着的小孩模样就明白了一切。刹那间，野兽般的咆哮从我嘴里发出，面容也变得狰狞可怕，因为她被我一声"滚"的怒吼吓得颤颤发抖，怀中的小孩也撕心裂肺地大哭起来。关上门，我真正感到自己被这个世界抛弃了。曾倾心相爱的人竟如此恶毒而圆滑地欺骗了我，自己还能够去相信和怜悯什么吗？上帝啊，你是否也要把我锻打成恶毒的女人，教唆我去以牙还牙？！

　　在悲伤和仇恨中我捱过了难忘的1988年。

　　转年春节，大学同寝室的另一位好友来拜年，她小心翼翼地提起那个敏感的话题。好友说，其实徐蔷与我丈夫后来的发展，许多同学都有所闻，她还专门去劝诫过。丈夫当时拉住她恳求，只要不告诉我，一定痛改前非，与徐蔷一刀两断。她叹了口气，说，只是那小孩太可怜，没人收养，被送到福利院时还不到两岁，一天到晚只是哭，瘦得像个小猫。

第三天，我办事路过那所福利院，突然就产生了去看看那小孩的念头。小女孩果真像一只弱小的小猫，蹲在一张双层床的下铺。工作人员拿了一盒什么药过来，一边给女孩涂抹一边说，嘉嘉太可怜了，她身体弱，动不动就生病，你看背和屁股全是针眼；你说那些当父母的可恶不可恶，没本事养，就不要生啊！我们也想给嘉嘉找户收养她的人家，来了好些人一看她病快快的，都不肯收。这位大姐，你是嘉嘉的亲戚吧？你若心肠好就把她带回去。我被工作人员的话吓了一跳，忙推开小女孩的手气冲冲地说，你搞错没有，她关我啥事。我逃避瘟疫似的从福利院跑出来。

说来也怪，连续几天，睡梦里都见到小女孩对我笑，像一轮新鲜的太阳那样朝我纯洁无瑕地笑。女孩的笑容，如过滤器将我阴郁的心情滤得宁静，滤得单纯。其实，我是很爱孩子的，只是支持郝兵攻读硕士才把做母亲的梦压抑了这么久，我万没想到自己的牺牲却成全了别人的丑恶。在一种复杂的心态中，我又去了几次福利院。

四月的一天我又去看她，嘉嘉高烧四十度躺在床上，两腮烧得通红，一看到我，小手无力地攥住我喊声阿姨，两行热泪就流了出来。对生命的珍爱之情，猝不及防地淹没了我。是啊，孩子是一株生命的嫩芽，经不住风吹雨打，更承受不了人间的痛苦和委屈，她只应承受呵护与爱。不知什么时候我的泪也流了出来。嘉嘉懂事地用滚烫滚烫的小手轻轻地为我擦拭，嘴里喃喃地说，阿姨莫哭，你头痛的话，嘉嘉去喊医生来打针，嘉嘉打针不哭，你也不哭。我一把抱紧孩子，如万箭穿心，那瞬间，嘉嘉就是我十月怀胎生来的亲骨肉。

我收养了嘉嘉，作出这个决定前，我辗转思考了几天几夜。嘉嘉在这个世界上真正是没有一个亲人了，郝兵是独子，他的父母已经在五年前相继去世。我知道这个决定对我一生意味着什么，它是一种战胜，战胜外在，战胜自我。

以后发生的事情比我预料的严重得多。就在我领养嘉嘉几天后，大学几位要好的同学心急火燎地赶到我家，一位女同学趁我没注意悄悄把嘉嘉带到隔壁房间，撩起她的衣服仔细查看有无淤血、创伤；另一位男同学转弯抹角绕了半天，吞吞吐吐地劝我去看心理医生。原来他们认定我心理变态了，要拿嘉嘉来折磨，来实施报复。

我打报告申请调到离城市更偏远的一所中学去，搬家那天，我上上下下指挥着搬运工，守"摊"的事则交给刚刚三岁的嘉嘉。她懂事地坐在一堆衣服里，一步也不乱跑，手里还死死抱住我的大相框，说不能把阿姨摔烂。看她认真的神态，身心憔悴的我多少有一份安慰。

我一直不敢告诉家人嘉嘉的真实背景，但年迈的父母虽然心地善良，却像嗅出了嘉嘉身上的什么，一开始就对嘉嘉非常冷淡。本来我想在家里找到支持和依靠，结果却落得个雪上加霜，我有了再把嘉嘉送回福利院或另送人家的念头。

有一次，父亲老泪纵横地劝我趁年轻再找个人，他们哪里知道，女儿不但对婚姻失去了信心，甚至连死的念头都有了。我已心力交瘁，看不到生活中的一丁点亮色。我从父母家赶回自己的家已是深夜十二点过了，老远就看见窗户亮着，打开门便见猫在门边的嘉嘉，睡梦中她小脸上还挂着两道泪痕。第二天，我问她为何不上床睡觉，嘉嘉说，我等阿姨，我怕没人给你开门。我紧紧地搂住自己生命里的这个奇迹，冥冥中似乎有个声音在呼唤：留下她吧，她会成全你的。

以后的日子，我和嘉嘉相依为命，彼此慰藉。我知道，经过苦苦的挣扎和搏击，我已飞越了仇恨的天空，爱的天空更广阔，它使我如火中的凤凰，完成了自己的涅槃。

四川电视台　四川英明影视公司(2000年1月30日)

天堂之水

何国辉

看见过九寨的水吗？——那火花般跳跃的，珍珠般滚动的，云霞般柔曼的，飞花溅玉的九寨的水，看见它你就看见天堂之水了。

除了匍匐和亲吻，你无以赞叹。在这种匍匐与亲吻的姿势中，你会发现，无论眼中水的形态和色彩，怎么变换，它都把你的灵魂引向圣洁。那时，你便是朝圣者了。

所有的季节，九寨之水都是天堂之水。但朝圣者的路，最好是秋草中的小径，沿着小径，便会瞻仰到大自然最美的图画。

在创世之初的一个秋天，大自然空闲了，她坐下来作画。在她的画布上，水，流光溢彩；山，万紫千红。好奇的灌木探足水中再也不愿意迈步，只静静地感受水对脚踝的轻踏和缠绕，忘记了时光的飞逝。

悠闲的鱼儿贪爱这水，便永生永世留在了这里，观赏或惊叹千年万年。一株古木踮起脚跟，在某个月圆之夜跌入水中再也不愿起来，一任水草和苔藓爬满身躯。就连被大自然涂抹得万紫千红的山，也忍不住把自己层层叠叠伟岸的身影，投射到那流光溢彩的水中，献上自己最成熟的爱。

一个世纪又一个世纪，大自然的图画隐没在白云深处，只有山鹰和洁净的灵魂能够开启这个秘密。或许，那也是一个秋天，我的那些传说里的祖先骑着牦牛呐喊着，从喜马拉雅山麓来到这秋草里的小径。他们看见了天堂之水，他们滚鞍而下，闯入了大自然的图画。后来，寨子出现了，寺庙出现了。白色的经塔和彩色的经幡，歌舞和牛羊，那都是对大自然的赞美。

朝圣者呵，你的灵魂是洁净的，大自然的图画为你而展现，和我们一道赞美大自然吧。无论你来自何方，无论你用什么方式，你的寨子都会炊烟缭绕，你都会子孙延绵。

沿着秋草中的小径来吧，愿你的脚步轻盈而安详。

那火花般跳跃的，珍珠般滚动的，云霞般柔曼的，飞花溅玉的九寨的水啊，你看见它就看见天堂之水了。

如果你愿意，就掬一捧这天堂之水。只是你要轻些，别惊扰了鱼儿，它们可是大自然所眷顾的呀！

哈尔滨电视台(2000年1月30日)

我的白桦林

杨 烁

明天,我就要出发了,就要告别生我、养我的这片黑土地,去圆我的大学之梦了。我要去的那个地方,很好,也很美,可是,那毕竟是我陌生的城市。那里,没有我们这儿清秀的山、碧绿的水,更没有我的那片白桦林。

我是在一片绿色的怀抱里长大的,在我家乡不远的地方,有一片茂盛的白桦林。就是这片白桦林,给我的童年带来了沾满露珠的欢乐,带来了芳香四溢的回忆。我现在要去看她,不仅是要去触摸我童年的往事,更是想告诉她,我考上大学的好消息。耳边,风在唱着一首无韵的歌,我知道那是眷恋的乐曲,迎着秋风鸣奏的旋律,我走进了儿时的记忆。

那时,每当秋风把树干洗得更加洁白,我和小伙伴们都要来到这片白桦林中,采摘她那金黄色的树叶。有一天,我忽然间发现在这片银白色的世界中,有那么多的眼睛在温和地看着我。怪不得爸爸常说,白桦林是有灵性的,她有着人类所共有的情感。从那天起,我就把白桦林当成了我的好朋友。我常常来到这里和她说一些悄悄话,我们曾经一起悲伤、一同欢笑。就这样,白桦林伴我度过了童年的时光,我不能忘却那片白桦林,我无法抹去她留给我的那份美好与温馨,越接近她,越觉得曾经淡漠了她。

记得加入少先队的那一天,我戴着红领巾一头扎进了我的白桦林。我告诉她我已经成为少先队员了;我告诉她,我的作文《我和小树一起长大》在全班朗读了,老师还表扬了我。白桦林似乎猜中了我的心事,点头向我祝贺。红领巾像飘动的一团火,在这银白色的世界里,点亮了我的希望,辉映着夕阳的光芒。那一年,我到了一个更远的地方去上高中,我的第一篇作文就是《我的白桦林》,城里的同学们因此而知道了我和白桦林的故事。

哦,我可爱的白桦林,我可亲的朋友。两年多没见面,你在家乡还好吗?如今我已经长大,就要到很远很远的地方去上大学了,我来看你了。我的脚步很轻很轻,唯恐打扰你那温馨的梦。我的心思很重很重,唯恐这长长的离别会惹得我们泪眼蒙眬。

怎么,这就是我的那片白桦林吗?这就是曾经伴着我走过童年,走过少年的那片白桦林吗?这就是让我魂牵梦萦的那片白桦林吗?她昔日的欢笑呢?她挺拔的身躯呢?她那会说话的眼睛呢?没有了,都没有了!她的树干在水中挣扎着,她的枝条在秋风中呻吟着,她的眼睛满含着绝望而凄楚的泪水。那是她悲凉的哭喊,那是她无助的控诉!我的白桦林,早已注入我生命绿色的白桦林,难道你真的已经成为我梦中的白桦林吗?白桦林,我心中的白桦林,你没有死,你依然会像昨天那样枝繁叶茂。终究有一天,我会回来,让你重现昔日的风采。

我走了,悄悄地握紧我怀里那份"林业大学"的录取通知书。我走了,走向我梦中的那片绿色,走向那生命的茁壮。

青岛崂山电视台(2000年1月30日)

激 流

裴多菲

我愿意是激流
山里的小河
在崎岖的路上
岩石上经过
只要我的爱人是一条小鱼
在我的浪花中
快乐地游来游去

我愿意是荒林
在河流的两岸
对一阵阵的狂风
勇敢地作战
只要我的爱人
是一只小鸟
在我的稠密的树林间
做巢、鸣叫

我愿意是废墟
在峻峭的山岩上
这寂静的毁灭并不使我懊丧
只要我的爱人
是青青的常春藤
沿着我荒凉的额
亲密地攀缘上升

我愿意是草屋
在深深的山谷里
草屋的顶上饱受风雨的打击
只要我的爱人
是可爱的火焰
在我的炉子里
愉快地,缓缓地闪现

我愿意是云朵
是灰色的破旗
在广漠的空中
懒懒地飘来荡去
只要我的爱人
是珊瑚似的夕阳
傍着我苍白的脸
显出鲜艳的辉煌

云南曲靖电视台(2000年2月13日)

草山情思

李正明

一个模糊不清的日子,我从蜗居的那座城市出来,鬼使神差闯进乌蒙高原那广袤无垠的草山。
在夏日明丽的阳光下,我被世俗压缩得极为渺小的灵魂,一下随着这广阔的原野舒展开来。心潮澎湃,思接天外,悠然间有一种难以言状的超然感。
走吧,久别了丽日的蓝天,久别了洁白云朵,久别了凄凄芳草,久别了那一座接一座,一片连一片的生命符号。
走吧,静静的,在清新的草甸上走一走,解开思绪的缰绳任它驰骋,犹如一个浪子做一次逍遥。
草丛里无意争春的小花,翩翩起舞的蝴蝶,还有颇具生灵的小虫,水洼里自由自在的蝌蚪……近在咫尺的苍穹。

美,存在于这自然中,自然当中孕育着无限的生机和无限的爱。草山从古老的暮色中走来,接受着亘古阳光的照耀,接受着亘古风儿的吹拂,也接受着多情人的爱抚。

世俗忧愁在这里已经荡然无存,世间的烦闷已不在。在这里,我的心境会豁然开朗。涓涓的小溪洗去我的忧愁,阵阵的微风吹落了我身上的尘埃。俯首。凝思。独望。芳草幽静的山路一直延伸到遥远的地方,成群的牛羊奋蹄在辽阔的原野上,草丛中的小鸟婉鸣出的是人生的真谛。涓涓的溪流起初缥缈不定,但最终将驶向黎明的彼岸。

俯首。凝思。独望。辽阔的草山有我的追求,有我的憧憬,有我的梦想,有我的期盼。

沈阳电视台(2000年2月13日)

金 婚

陈维佳

爸和妈总爱拌嘴。

爸常嗤着鼻子说:你妈二十几岁刚去延安就是这副咄咄逼人的样子,一点也没有姑娘家的温柔。

妈总会瞪起眼睛反击:是哪个规规矩矩的男子汉不待在鲁艺上课,总去抗大找咄咄逼人的姑娘家还了书又借笔!

爸和妈好好说着话就会顶起来,互不示弱的斗嘴,伴着他们走过战争年代和和平建设年代漫长的日子。

爸妈慢慢老了。他们一块儿离休了,他们又一块儿去了老年大学。爸学书法,妈学国画。妈写不好字,她画的花鸟写意一向由爸来题词。爸总说妈画画缺少意蕴,不能充分表现字的风骨;妈又回击爸的字欠功夫,没有衬托出画的内涵。爸妈这么争着,又合作着,几年下来,好几幅作品送去参展了,获奖了,编入画册了。来求字求画的老友们说他俩珠联璧合,他俩撇撇嘴还是相互不大服气地挑毛病。

爸爱吃红烧肉。妈少不了在他耳边喊:高血脂!高血压!想不想多活几年!临了还是花上几个小时用小火煨成烂糊热乎的霉干菜沙锅肉,再满上北京二锅头,陪爸一块喝两盅。

妈爱干净利索,又不甘心头发白了。也难为爸笨手笨脚地调配染发剂,用小牙刷帮妈一缕一缕地精心刷在头发上,弄得满手黢黑。力也费了,忙也帮了,嘴上偏得罪妈:老就老了,再怎么染也不能返老还童!

爸妈结婚50年的时候,体格都不太硬朗了。爸的手开始震颤了,医生说是帕金森氏症;妈也常常胃疼，断不了换着法用药。他们出门或去老年大学就开始相互搀扶着了。

一天他们搀扶着走到一家新潮影楼的橱窗前，盯着一对身着盛装的老态龙钟的金婚夫妇在照片上幸福地笑，便点戳着他们披挂得不太合体的婚纱和燕尾服，点戳着他们化了妆的脸，哧哧笑着不走。后来爸试探着说，咱们也照？心里头也提防着挨妈挖苦。妈却重重地点了头，认真地说，咱们也照。爸妈似乎第一次意见一致。爸妈意见一致了，就探头往玻璃门里瞧，见都是清一色俊男靓女，便有些却步。再一瞧有人过来招呼了，爸妈竟惶惶然抽身竞相夺路逃掉了。

爸妈后来就再没能去照。妈被诊断为胃癌，爸中风了。爸妈都住进了医院。

妈手术那天，中风失语的爸摇着轮椅追到手术室门前，拦下躺在车上的妈。爸攥着妈的手，凑到妈耳边，含混却努力地说，我——喜欢——你咄咄逼人的——个性！你的画——其实——不——错……我——还能——给你染发……妈笑了，眼里全是温情。她伸手轻轻替爸揩去嘴边淌出的口水，说，我都知道。其实，只有你的字最配我的画。咱们都会好的，我还给你烧肉，烂糊，热乎……爸妈的手紧紧攥在一起，眼里噙着泪，两人喃喃地呼着一个共同的声音：老伴！老伴……

爸和妈住院的日子不再拌嘴了，他们的病室里总能传出爸妈的低语。爸不太灵活的手捧一本旧影集摊在妈床前，点点戳戳地说着老照片上的往事。爸含混地说，当年妈蹚冰河夜行军真是个假小子！妈虚弱地说，从前爸在敌占区乔装周旋总能以假乱真！爸说起带领土改工作组奔赴辽西的枪声；妈提到跟随解放军挺进北平的炮响；爸窃窃笑谈他们简陋的婚房；妈掩口乐道自己初为人母……他们有聊不完的话题。妈说，50年的故事太多太多了！

后来妈痊愈了，爸的病也好了。爸和妈又相伴着去老年大学了，他们升了研究生班。

爸和妈又开始拌嘴了——有时候是为了用什么颜色，是靛蓝还是花青；有时候是为了一撇一捺，是长了还是短了；各抒己见，认真得近乎固执。待毫无结果地争累了，争够了，妈还是去给爸精心烹制红烧肉，只是不再斟满酒，免不了要听爸唠叨；爸还是坚持要承包给妈染发——尽管抖抖索索不太准秤，保不齐得受妈数落。

爸妈不再提影楼的金婚合影了，倒是放大了一张老照片挂在他们卧室墙壁上，黑白的。可能是因为用光技术或是年久失真，照片显得有些缺乏层次——那是爸妈五十年前拍摄的结婚合影—— 一对相拥的新人，爸清癯英武，妈丰润俊秀，一色的粗布戎装，那么年轻，那么幸福。

五十年的日子有多久？我问爸妈。爸妈对视了一会儿，笑了。爸说，很长很长；妈说，也很短很短……

新疆电视台（2000年2月13日）

哈纳斯之春夏

宋宝珍

我走过了太多的都市喧嚣，我经历了太多的人世纷扰，哪里还有洁净的乐土？哪里还有宁静的家园？踏遍了大地山川，我在苦苦地找寻。人说，在那遥远遥远的地方，人类还留有一方净土——哈纳斯。哦，哈纳斯，我要把你找到。

清脆的水声是春天的音符，它欢欢畅畅地来了，跳跳荡荡地来了。它扑进了小溪，融入了大河，奏响了哈纳斯春天的乐章。哦，哈纳斯！哈纳斯，我终于投入了你的怀抱。

哈纳斯位于新疆维吾尔自治区的布尔津县境内，与俄罗斯、哈萨克斯坦、蒙古接壤，总面积达两千平方公里，是国家级自然保护区。哈纳斯湖风光秀丽，山水清漪。它形成于距今约20万年前，在第四季冰川期，冰碛物阻塞河道，形成了神奇壮观的高山湖——哈纳斯，当地人叫它喀纳斯，据说这出自蒙古语。

很久以前，山中一对猎人夫妻苦盼着儿子出世，可是猎人的妻子却难产，痛苦不堪。山上的仙鹿跑来，它跳进清澈的湖水，顷刻之间，湖水变得五彩斑斓。猎人的妻子喝下湖水立刻转危为安，一个新的生命诞生了。猎人为了感谢治病的圣水，给新生的儿子取名哈纳斯。

这片苍天后土是蒙古族土瓦人、哈萨克族人世世代代生活的地方。他们说，生活在美丽的哈纳斯，就像在母亲的怀抱一样。

春天来了，逐水草而居的游牧民族开始转场。他们赶着牛羊，走向高山上的牧场，搭起新的毡房，迎接夏季晴暖的阳光。哈纳斯春夏相连，方才还享受这春光融融，很快就迎来了莺飞草长的夏天。

哈纳斯的夏天美得像梦。清晨，薄雾漫过了山谷，为河道披上一层轻纱。中午，雾气又升上了山崖，它像羊群在天空漫游，像巨龙在林中游动，像奔腾的海潮，像盛开的白花……

雾是湖水的性情，也是哈纳斯的精灵，山因雾而神秘，山因雾而朦胧，山山水水画梦中。哈纳斯的大自然仪态万千，金莲花如火，石蒜花似雪，勿忘我幽蓝，野芍药如丹。哈纳斯呀，你是一幅多彩的画卷，舒展地铺向天边。炊烟袅袅，更显出草原的宁静；白雾迷蒙，把人带入迷人的仙境。

土瓦人的生命在这里蔓延、滋长，土瓦人的生活与绿色的大自然水乳交融。

　　　　香喷喷的奶酒，
　　　　热腾腾的茶，

走进了毡房,
回到了家。
热情的酒歌催人醉呀,
吃不够土瓦人的奶疙瘩。

哈纳斯的湖水千曲百转,穿过幽深的山谷,穿过寂静的林阴,在天地之间,画出了一条最有韵致的优美曲线。在河道中央,两个小岛多像巨大的脚印。上了年纪的人都说,当年成吉思汗挥师西征,踏平百川,他涉水过河的足迹如今仍是清晰可见。一段神话般的历史,就这样刻写在山水之间。

哈纳斯湖水发端于友谊峰冰川之下,全长125公里。河水蜿蜒曲折,形成大大小小的湖泊三百多个,它们像珍珠在大地上错落。当年,成吉思汗的军师耶律楚才远征西域,路经哈纳斯时,一下子被这里的美景吸摄了。他诗兴大发,忍不住挥毫泼墨,写下了动人诗篇:

谁知西域逢佳景,
始信东君不识情。
圆沼方池三百所,
澄澄春水一池平。

哈纳斯,你这人间的净土,美丽的天堂。

青海格尔木市文联　青海格尔木有线广播电视台(2000年2月28日)

神往的格拉丹东

董　明

沿着通往茫茫天际的青藏公路,一路心怀虔诚地走进你时,就如走进了一个如梦的圣境。

八月里,当你站在高高的唐古拉广袤雪域的最高处,遥望那充满了神秘而又闪烁着皑皑白雪的格拉丹东雪山时,那开始的一刻,你的心灵,你的思想是一种用言语无法形容的圣洁和坦荡,你会感到那无垠的世界有一种力量,在吸引着你那由清纯和坦荡相交织的心灵和思想。

站在离天最近的地方,感受阳光,感受生命的壮美,你会对生命的存在与意义有着更为深刻的理解。一如站在不同的角度看这片神奇的雪域高原,感受是不一样的。雄奇的高原在平庸者的眼里是悲凉、是绝望;而在强者的眼里却是一种力量,一种诱惑,更是一种希冀。就如那独立于广袤辽远的雪域之上的太阳,幽静美艳,极尽风流。

在源头,不论是早晨还是傍晚,那景色,总是让人流连忘返,令人神往!

举头凝望风姿绰约的格拉丹东雪峰,内心便会顿然萌生出一种异样的冲动,这是来自人心灵深处一种久违了的神圣感。你会强烈地感受到一种从未有过的心灵震撼,随即觉得自己的身心豁然圣洁起来,灵魂也得到了升华。此时此刻,你已不觉得自己是一个孤立的个体,而是与面前的自然仿佛融为一体的巨大的生命之源了。

渐渐地,只有当你的心在不知不觉中与自然融合为一体时,心灵之门随之也会顿然开启。整个情感与思想都在流动,在升华,仿佛与天地在沟通,在交流……是的,人在忘我的精神境界中,生命是一种永恒,也是一种不朽!

"天人合一"、"返璞归真",是人永生追求的最高境界。在这里,你会充分体验到这句话的真实含义。望着眼前的这座圣山,我似乎领悟到了什么,心倏忽间就博大起来,博大如整个宇宙——

走进你,就如走进自己生命世界的内部,无遮无掩,坦荡如真;

面对你,就如我们乐意化作风雪、阳光和树木。

你是冰,你是水,你是生命之脉不断的源泉;你是大地四季不灭的轮回!

面对博大的高原,面对雄浑的格拉丹东,人是渺小的,是苍白无力的。无论是身处茫茫人海之中,还是行走在辽阔的天地之间,人的心中若是没有了一种信仰,或是一种神往,心中便会顿感一片苍白,乃至空空荡荡,甚至茫然不知所措。

然而,当你置身于天地之间,心怀一种虔诚,一种希冀,默默地再次仰望那无边的天际时,冥冥之中,你仿佛觉得有一种说不清楚的神力,让你激动,让你动容,让你不由地为之潸然泪下。你仿佛已觉得自己与天地融为一体,你会感到浑身的热血在激荡,在澎湃,在沸腾,在升华……你仿佛能感知到自己的内心充满了辽阔,充满了美丽和神往。

只有这时,你的心会感到一种从未有过的虔诚,一种从未有过的纯净,一种从未有过的圣洁——无需表白什么,此刻,即便是无言的沉默,你也会强烈地感觉到自己的心与天地在共鸣——咚、咚、咚……这是多么清晰而有力的心跳呀!这是生命的和谐!

人生对万物有情,万物才有情于人生呵!人也只有成为自然的一部分时,方能与自然沟通,最终理解自然,理解自己,理解生命。人也只有与自然共存一体时,才不会感到孤独与寂寞。

在这里,哪怕是最平庸的生命,只要被这片神奇的高原托起,也会顿感力量倍增,充满信心。正如生长在这片茫茫雪域之上的一朵朵不知名的花儿,在生命禁区同样表现出了那样的不俗,又是那样的高洁。留给你无限神秘的内涵和对生命的感悟。

俯拜在地,只是为了全身心地感受大地深处有节奏的轰鸣声。那是坚冰之下的流水之声,它一刻不停,从这千山万巅、万水之源的雪域高原奔流而下……

当雪化作了雨,雨化作了水,水便最终汇集成了一条亘古不变的值得华夏子孙去看、去读、去品味、去膜拜的哺育了中华民族文明的母亲河——长江。

哦,格拉丹东,你是一座有血脉有灵性的圣山哟!

沈阳电视台（2000年2月28日）

读 三 峡

王充闾

"船窗低亚小栏干，竟日青山画里看"。我满怀着四十余年的渴慕，放舟江上，畅游三峡，饱览着山川胜景。

三峡，这部上接苍冥、下临江底，近四百里长的硕大无朋的典籍，是异常古老的。早在语言文字出现之前，不，应该说早在混沌初开、乾坤始奠之际，它就已经摊开在这里了。它的每一叠岩页，都是历史老人留下的回音壁、记事柱和备忘录。里面镂刻着岁月的屐痕，律动着乾坤的吐纳，展现着大自然的启示；里面映照着尧时日、秦时月、汉时云，浸透了造化的情思与眼泪。

我们不能设想在自己有限的一生中，读尽它的无限内涵，但总可以观嬗变于烟波浩渺之外，启哲思于残编断简之中。作为现实与有限的存在物，人们徜徉其间，一种对山川名胜的原始恋情，与源远流长的历史激动，会不期然而然地被呼唤出来。

在这锦山秀水之间，早在五千年前就曾闪烁着大溪文化的异彩。两千年前，扁舟一叶从那条唤作香溪的水河里，载着一位绝代佳姝，"昭君自有千秋在，胡汉和亲识见高"，不独闾里之荣，也是邦家之光。两汉之交，公孙述枭踞白帝城，跃马称帝。过了三周甲子，这里又成了吴蜀争雄的战场，年轻的陆逊创了"火烧连营七百里"的赫赫战功。刘先主永安宫一病不起，将他的嗣子、未竟事业连同未来的千般险阻，一股脑托付给他的军师。诸葛公神机妙算，在鱼腹浦摆下了"八阵图"……

今日舟行访古，不仅史迹久湮而江山亦不可复识矣。就诗而言，巫山十二峰可以说是一部不是靠语言文字，而由境界氛围酿成的朦胧诗卷。两岸诸峰时隐时现，忽近忽远，笼罩在云气氤氲、雨意迷离的万古空濛之中，透出一种"悠然心会，妙处难与君说"的朦胧意态。比之于绘画，巫山十二峰，无疑是整个三峡风景线上，一条最为雄奇秀美的山水画廊。在这里勾皴点染、浓淡干湿、阴阳向背、疏密虚实等各种表现手法兼备毕具。那群峰竞秀、断岸千尺的高峡奇观，宛如刀锋峻劲、层次分明的版画。而云封雾障中的似有若无，令人神凝意远的万叠青峦，则与水墨画同其韵致。

清末民初著名学者王国维有过"古今之成大事业、大学问者，必经三种之境界"的说法，还有人把绘画分为写实、传神、妙悟三个层次。我以为，读三峡可能也有三种灵境：始读之，止于心灵对自然美的直接感悟，目注神驰，怦然心动。再读之，会感到主观的生命情调与客观景物交融互渗，物我融为一体，亦即辛弃疾词中所说的："我见青山多妩媚，料青山见我应如是。情与貌，略相似。"卒读之,则深入画境,浓酣忘我,"部然而澹,悠然而远"。进入《易经》中讲的那种"天地因蕴,万物化醇"的灵境,此刻该是"此中有真意,欲辩已忘言"了。

湖北宜宾有线电视台(2000年2月28日)

水车情怀

陈 凡

终于踏上了故乡熟悉的石板路,还是一样清澈见底的小河,一样转个不停的水车。不知什么时候,我的眼眶湿润了,儿时的记忆又一幕一幕浮现在眼前。

我是伴着这条河长大的,河水中有大人劳作的身影,河水也流淌着我们的笑声与欢乐。有了这条河,那吱吱呀呀作响的水车便唱得更欢了。

水车成了村里必不可少的工具,我家门前就有一辆。水车刚做好的时候,爸爸和我就把上好的竹子绑起来,让清凉的河水顺着竹筒流呀流呀,流到它该去的地方。

扎水车是件不容易的事,方圆几十里,刘大爷是唯一会做水车的人。这门手艺,据说是从他爷爷的爷爷那代传下来的。由于河水的冲蚀,每年水车都要更换。年复一年,刘大爷造了多少水车,连他自己也记不清了。

刘大爷喜欢坐在村头的树下忙着砍竹子,绑绳,累了就吧嗒吧嗒抽上几口叶子烟。能够一个人做这么大的水车,真不简单。因此,在我们眼中,刘大爷是个了不起的人。我们常常围在他旁边,东看看,西摸摸,叽叽喳喳闹个不停。他也并不生气,只是笑眯眯地看着我们,仍然摆弄着他的水车。

第二年到了农忙的时候,需要水车的人越来越多,刘大爷一刻也不得清闲。那是一个中午,天热得像个蒸笼,不知疲惫的我们仍然笑着、闹着,扎好了一半的水车摆放在河边。不知谁说了一句:"我们也来扎水车。""好啊,好啊!"大伙答应着爬上了水车,像模像样地摆弄起来。水车开始摇晃,突然,"哗"的一声,水车一下子散了架,倒在了河里,大伙儿吓得像受惊的小鸡一样四散而去。

我们惴惴不安地等待着什么。到了下午,刘大爷的声音便远远传来:"这是谁家娃子干的好事,唉,别人还急着用呢!"

接下来的两个晚上,村头大树下亮起了一盏小灯,借着昏暗的灯光,又响起了我们熟悉的声音,中间还夹杂着一阵阵咳嗽。这声音在寂静的晚上格外清晰,我生平第一次失眠了。

水车终于做好了,刘大爷也累得害了一场大病。我一直没有勇气向他承认这件事。就这样,童年时光像流水一样飞逝。转眼间，我念完了大学，分配到一个很远很远的地方工作，可儿时的往事却成了我心里的一个疙瘩，解也解不开。

水车依然走着亘古不变的步伐，把甘甜的河水送到每家每户却没有向人们索取什么。透过转动的叶片，刘大爷沧桑的面容依稀可见，突然间，我明白了许多做人的道理。

中央电视台（2000年2月）

红　烛

闻一多

"蜡炬成灰泪始干"
——李商隐
红烛啊！
这样红的烛！
诗人啊！
吐出你的心来比比，
可是一般颜色？

红烛啊！
是谁制的蜡——给你躯体？
是谁点的火——点着灵魂？
为何更须烧蜡成灰，
然后才放光出？
一误再误；
矛盾！冲突！

红烛啊！
不误，不误！
原是要"烧"出你的光来——
这正是自然的方法。
红烛啊！

既制了，便烧着！
烧吧！烧吧！
烧破世人的梦，
烧沸世人的血——
也救出他们的灵魂，
也捣破他们的监狱！

红烛啊！
你心火发光之期，
正是泪流开始之日。

红烛啊！
匠人造了你，
原是为烧的。
既已烧着，
又何苦伤心流泪？
哦！我知道了！
是残风来侵你的光芒，
你烧得不稳时，
才着急得流泪！

红烛啊！
流罢！你怎能不流呢？
请将你的脂膏，
不息地流向人间，
培出慰藉的花儿，
结成快乐的果子！

红烛啊！
你流一滴泪，灰一分心。
灰心流泪你的果，
创造光明你的因。

红烛啊！
"莫问收获，但问耕耘。"

江苏电视台(2000年3月)

香瓜婆婆

路发今

中国农村妇女勤劳、朴实、善良,特别能吃苦,我一直想歌颂她们,所以我在工作之余,以我的祖母这个生活原型,塑造了"香瓜婆婆"这个苏南农村妇女的形象。

在我小时候,得到我祖母、母亲无限的亲情和关爱,是在我经历了几十年的生活之后才领会到的,我非常珍惜她。所以,把她写出来,目的就是希望农村妇女勤劳、朴实、善良的品德能延续下去。

我是个业余作家,写作是我工作、生活的一部分。我从小就爱好文学,特别是我们家乡的女作家菡子,对我影响很大。这些年我先后发表了几十篇小说、散文,在社会的反响是比较好的。我生活得很充实。今后,我在文学创作的道路上将继续努力,争取多写出一些有益于社会、有益于人民的文学作品。

我的祖母有个外号,叫香瓜婆婆,为什么会有这个外号呢?因为祖母是村上有名的种香瓜(我的家乡称南瓜为香瓜)能手。

我的家乡是个小山村,我家住在村西头的山背上,门口是一片山地。早春二月,祖母举着形状像犁尖的犁锄打塘穴,将山地上打满了一个个塘塘穴穴,再把鸡粪和草木灰填在瓜塘里作基肥。

谷雨时节,祖母在每个瓜塘里栽上三至四棵两叶一芯的瓜秧。太阳光强起来了,祖母就在每棵瓜苗上盖上形状像煮熟的对虾似的大麦秆草秸,以防骄阳晒伤了瓜苗苗。

祖母有点驼背,尽管年近六十,头发已经花白,但一担水在肩膀上,她还是优哉游哉的,刻满皱纹的脸上总是那么善良地笑着。她跨动着稳健有力的一双大脚,大步流星地朝瓜地跑去,脚上的湿草鞋踩在青青的草地上,发出"吃苦、吃苦"的一阵声响。

我爷爷48岁就去世了,祖母46岁就守寡,并把六个儿子、两个女儿都一个个拉扯成人,这期间所吃的苦头就可想而知了。生活的重担把她压成了驼背,但她脾气仍是那么倔强,她的笑声仍是那么爽朗。

祖母是个非常能吃苦的人,白天忙累了一天,到了晚上,仍不肯歇一歇。

每当黄昏时分,昏黄的油灯下,祖母不是搓草绳就是打草鞋,我则坐在小凳子上,把捶熟的稻草一根一根地递给祖母。真的,我的祖母是位了不起的祖母。

收获的季节,是祖母最高兴的时候。每当摘瓜时,村上有几个熟知祖母脾气的人,总会到地边来讲恭维话,祖母听了乐滋滋的,却故意绷紧着脸说:"你们尾巴摇摇我就知道啥事啦,别讲好听话了,你们挑几个香瓜滚吧!"于是,这几个人嘻嘻哈哈的,你捧一个,他捡一个,贪婪的还抱两个,都低着头笑眯眯地走了。我看见箩筐里的香瓜少了,心里有点不高兴,小嘴巴撅得好挂油瓶,祖母看出了我的心思,朝我瞪了一眼,我不做声了。

我的祖母香瓜婆婆,不仅是种瓜能手,而且还是烧香瓜的巧妇。印象最深的是"香瓜糊汤癞块头"。就是香瓜糊汤,再加上形状有点像癞蛤蟆的面疙瘩,我们叫它"癞块头"。祖母烧香瓜糊汤癞块头时,我总爱在旁边看。

待做完一面盆面疙瘩,锅里已泛满了一个个乒乓球那么大的泡泡,"咕嘟嘟,咕嘟嘟"地响着。祖母逗我道:"锅里在骂你呢!"我大吃一惊,痴头痴脑地问:"我怎么没听到?"祖母和着锅里气泡泡的声响笑道:"你听,锅里在骂你,馋煞鬼,馋煞鬼!"我这才明白是祖母在戏弄我,便拉着她的衣角撒娇道:"奶奶坏,奶奶坏!"祖母乐得眉开眼笑。

同往常一样,祖母烧好中饭,就开始坐在门口挑选香瓜种子了。祖母在切香瓜时就非常注意,凡是柄长肚子小、形状好、表皮霜头足,切起来脆,瓜子饱满的香瓜,肯定是好吃的,祖母认定它是良种,就连瓤带子先放到旁边。她从瓜瓤中捞出瓜子,摊放在手中仔细观看,凡是瘪的破损的形状不好的,统统淘汰。留下的颗颗都是饱满的带有尖角嘴的椭圆形的瓜子,祖母就把它们摊放在筛子里。

到了秋后,我们家里可热闹啦。周围邻居把门槛都快踩烂了。而祖母呢,总是只出不进,把吃辛吃苦得来的种子慷慨大方地送给别人家,从来不肯收受人家一点东西。待人们走光后,我朝着祖母叽咕,祖母一双慈爱的目光注视着我,"小气鬼,我的孙子还同我秋后算账呢……世上的东西,人生不带来,死不带走,要它干啥?一个人气量要大,能多给点别人总是好事,为人在世要多做好事,你说奶奶的话对吗?"我听着眨巴眨巴眼睛,似懂非懂地点了点头,祖母看着高兴地笑了。

时光呵,如悠悠的流水悄悄地东流而去;我自己呢,在不知不觉中由孩童时代步入了不惑之年。如果说我长大之后懂得了一些道理的话,这得感谢我的祖母,因为她是我的第一位启蒙老师。

(2000年3月)

附：电视散文《香瓜婆婆》完成本

本文作者：路发今　本片编导：杨宪泽

镜号	景别	技巧	画面内容	解说或对白	音乐	效果
1			《文学与欣赏》栏目片头			
2	近	叠	黑底淡出 字幕：作者访谈 画面淡出： 书橱为背景的房间 本文作者 （特技方框在画右） 字幕： 江苏省作家协会会员 　　本文作者 　　　　路发今	中国农村妇女勤劳、朴实、善良，特别能吃苦，我一直想歌颂她们，所以我在工作之余，以我的祖母这个生活原型，塑造了"香瓜婆婆"这个苏南农村妇女的形象。 　　在我小时候，得到我祖母、母亲无限的亲情和关爱，是在我经历了几十年的生活之后才领会到的，我非常珍惜她。所以，把她写出来，目的就是希望农村妇女勤劳、朴实、善良的品德能延续下去。		
3	特		本文作者 字幕：作者访谈 淡入白底	我是个业余作家，写作是我工作、生活的一部分。我从小就爱好文学，特别是我们家乡的女作家菡子，对我影响很大。这些年我先后发表了几十篇小说、散文，在社会的反响是比较好的。我生活得很充实。今后，我在文学创作的道路上将继续努力，争取多写出一些有益于社会、有益于人民的文学作品。		

续表

镜号	景别	技巧	画面内容	解说或对白	音乐	效果
4	特		黑底淡出 张开两嫩叶的香瓜秧			
5	特		生长着的香瓜秧			
6	特	叠	生长着的花蕾			
7	特		花 茎叶			
8	特		花 茎节			
9	近中	拉	香瓜花蕾 茁壮成长的香瓜秧			
10	特		香瓜地里 祖母回头笑着 （特技） 定格 将画面压缩至画右	我的祖母有个外号，叫香瓜婆婆，为什么会有这个外号呢？因为祖母是村上有名的种香瓜（我的家乡称南瓜为香瓜）能手。		
11	特		戴着斗笠的祖母笑着 （定格） 字幕： 电视散文 《香瓜婆婆》 本文作者　路发今 婆婆扮演者　朱玲芳 画面淡入	我的家乡是个小山村，我家住在村西头的山背上，门口是一片山地。早春二月，祖母举着形状像犁尖的犁锄打塘穴，将山地上打满了一个个塘塘穴穴，再把鸡粪和草木灰填在瓜塘里作基肥。		
12	特		画面淡出 （特技处理的横遮幅） 开放的油菜花			
13	特		爆放的桑树芽			
14	中全	拉	平静的水塘 山坡地			
15	中		山坡地上的油菜和绿树			
16	近		刨地的锄头			

续表

镜号	景别	技巧	画面内容	解说或对白	音乐	效果
17	近		刨地的锄头			
18	特	叠	沾着水珠的油菜叶			
19	近		一双手种香瓜秧			
20	近		给香瓜秧浇水	谷雨时节,祖母在每个瓜塘里栽上三至四棵两叶一芯的瓜秧。太阳光强起来了,祖母就在每棵瓜苗上盖上形状像煮熟的对虾似的大麦秆草秸,以防骄阳晒伤了瓜苗苗。		
21	近		盖上草把			
22	近		盖上草把			
23	全		盖着草把的香瓜地 画面淡入			
24	全		画面淡出 苏南水乡石拱桥 流淌的河水 石级的码头台阶 祖母挑水从码头上下来			
25	近		祖母左手按下水桶			
26	中		祖母站起身拎起水桶			
27	近		祖母右手按下水桶 祖母头上的发结	祖母有点驼背,尽管年近六十,头发已经花白,但一担水在肩膀上,她还是优哉游哉的,刻满皱纹的脸上总是那么善良地笑着。她跨动着稳健有力的一双大脚,大步流星地朝瓜地跑去,脚上的湿草鞋踩在青青的草地上,发出"吃苦、吃苦"的一阵声响。		
28	中		祖母起身挑水桶 沿石级上 (出画)			
29	近		腿走在田埂上(慢动作)			
30	近		晃动着的水桶(慢动作)			
31	近	拉升叠	脚走在田埂上(慢动作)			
32	中 全		树木中的小路 祖母挑水走来 土墙瓦屋院子 画面淡入			
33	特		画面淡出 香瓜秧			
34	特	推	香瓜藤			

续表

镜号	景别	技巧	画面内容	解说或对白	音乐	效果
35	特		花蕾			
36	中特		祖母在香瓜地里 擦汗 画面淡入			
37	全	叠	画面淡出 丘陵山区村庄 祖母走在田里			
38	近		长满青草的地	我爷爷48岁就去世了,祖母46岁就守寡,并把六个儿子、两个女儿都一个个拉扯成人,这期间所吃的苦头就可想而知了。生活的重担把她压成了驼背,但她脾气仍是那么倔强,她的笑声仍是那么爽朗。	鸟叫效果声 鸡鹅家禽声	
39	近		割草的手			
40	近		祖母蹲在地上割草			
41	近		祖母蹲在地上割草 汗湿的衣背			
42	近		祖母割草			
43	特	叠	祖母擦汗			
44	中		割草的镰刀和手 将青草装进箩筐 祖母挽起箩筐起身			
45	中全		树木小路 祖母挽着装满青草的筐 土墙 院子	祖母是个非常能吃苦的人,白天忙累了一天,到了晚上,仍不肯歇一歇。		
46	全		夕阳下的水面 山村 画面淡入			
47	近	叠	画面淡出 亮着的煤油灯	每当黄昏时分,昏黄的油灯下,祖母不是搓草绳就是打草鞋,我则坐在小凳子上,把搓熟的稻草一根一根地递给祖母。 真的,我的祖母是位了不起的祖母。	乐起	
48	近		祖母搓草绳的手			
49	中		祖母在搓草绳			
50	特		祖母抬头看"我" 笑了 (定格) 画面淡入			

续表

镜号	景别	技巧	画面内容	解说或对白	音乐	效果
51	中特	推	画面淡出 开着花的树 花朵			
52	中	升	瓜叶 瓜地			
53	特中	摇	香瓜叶 香瓜 箩筐			
54	特		香瓜 手摘瓜	收获的季节，是祖母最高兴的时候。每当摘瓜时，村上有几个熟知祖母脾气的人，总会到地边来讲恭维话，祖母听了乐滋滋的，却故意绷紧着脸说："你们尾巴摇摇我就知道啥事啦，别讲好听话了，你们挑几个香瓜滚吧！"于是，这几个人嘻嘻哈哈的，你捧一个，他捡一个，贪婪的还抱两个，都低着头笑眯眯地走了。我看见箩筐里的香瓜少了，心里有点不高兴，小嘴巴撅得好挂油瓶，祖母看出了我的心思，朝我瞪了一眼，我不做声了。		
55	特		箩筐 放瓜进去			
56	近	摇	长满香瓜的瓜地			
57	特全	拉	祖母双手拿着瓜 走过来 放进箩筐里			
58	特全	拉	祖母双手拿着瓜 走过来 放进箩筐里			
59	特全		祖母双手拿着瓜 走过来 放进箩筐里（出画）			
60	中全	拉升	箩筐放瓜进去 瓜地 祖母挑起装满香瓜的筐 走出瓜地 画面淡入			
61	特		特画面淡出 刀切香瓜			效果声
62	特		祖母的脸	我的祖母香瓜婆婆，不仅是种瓜能手，而且还是烧香瓜的巧妇。印象最深的是"香瓜糊汤癞块头"。就是香瓜糊汤，再加上形状有点像癞蛤蟆的面疙瘩，我们叫它"癞块头"。		
63	中		灶间 祖母在切香瓜			
64	特		切香瓜 往盆里放			
65	特		烧火的炉膛			

续表

镜号	景别	技巧	画面内容	解说或对白	音乐	效果
66	中		热气腾腾的锅台 祖母端着盆子进画 揭开锅盖 倒香瓜 盖上锅盖 走出锅台		乐起……	
67	近	推叠	祖母在烧火 炉火映着祖母的脸	祖母烧香瓜糊汤癞块头时，我总爱在旁边看。		
68	近		热腾的锅 筷子夹"癞块头" 放进热腾的锅里			
69	特		夹"癞块头"			
70	特		手调面糊			
71	特	叠	煮着香瓜的锅 夹"癞块头"	待做完一面盆面疙瘩，锅里已泛满了一个个乒乓球那么大的泡泡，"咕嘟嘟，咕嘟嘟"地响着。祖母逗我道："锅里在骂你呢！"我大吃一惊，痴头痴脑地问："我怎么没听到？"祖母和着锅里气泡泡的声响笑道："你听，锅里在骂你，馋煞鬼，馋煞鬼！"我这才明白是祖母在戏弄我，便拉着她的衣角撒娇道："奶奶坏，奶奶坏！"祖母乐得眉开眼笑。		
72	特		燃烧的柴火			
73	近		揭开锅盖 热腾的锅 勺子搅动着 盖上锅盖			
74	近全	拉叠	祖母在烧火 热气腾腾的小屋 画面淡入			
75	近		画面淡出 挑选簸箩中的瓜子	同往常一样，祖母烧好中饭，就开始坐在门口挑选香瓜种子了。祖母在切香瓜时就非常注意，凡是柄长肚子小、形状好、表皮霜头足，切起来脆，瓜子饱满的香瓜，肯定是好吃的，祖母认定它是良种，就连瓤带子先放到旁边。她从瓜瓤中捞出瓜子，		
76	特		挑选簸箩中的瓜子			
77	近		祖母的手切香瓜 切香瓜 扒出带瓤的瓜子			
78	特		手选瓜子			

续表

镜号	景别	技巧	画面内容	解说或对白	音乐	效果
79	特		选瓜子	摊放在手中仔细观看,凡是瘪的破损的形状不好的,统统淘汰。留下的颗颗都是饱满的带有尖角嘴的椭圆形的瓜子,祖母把它们摊放在筛子里。 到了秋后,我们家里可热闹啦。周围邻居把门槛都快踩烂了。而祖母呢,总是只出不进,把吃辛吃苦得来的种子慷慨大方地送给别人家,从来不肯收受人家一点东西。待人们走光后,我朝着祖母叽咕,祖母一双慈爱的目光注视着我,"小气鬼,我的孙子还同我秋后算账呢……世上的东西,人生不带来,死不带走,要它干啥?一个人气量要大,能多给点别人总是好事,为人在世要多做好事,你说奶奶的话对吗?"我听着眨巴眨巴眼睛,似懂非懂地点了点头,祖母看着高兴地笑了。		
80	近		翻动匾中的瓜子			
81	小全		祖母拿起簸匾放在草屋顶上			
82	全	升拉	回到屋子里草屋土墙的院子			
83	近中		毛泽东画像 煤油灯 挂着毛泽东画像的墙			
84	近		祖母在打草鞋			
85	特		搓草绳的手 打草鞋的手			
86	中		桌子 油灯 祖母在打草鞋			
87	特		搓草绳的手 打草鞋的手			
88	近		祖母在打草鞋			
89	中		斜靠着的农具			
90	中		灶间 柴火堆			
91	中	摇	毛泽东画像 煤油灯			
92	特		跳动着的煤油灯 画面淡入			
93	中		画面淡出 "我"走在路上 (慢动作)			
94	特		瓜秧			
95	特		"我"回头(慢动作)			

续表

镜号	景别	技巧	画面内容	解说或对白	音乐	效果
96	中近	推	瓜地里长着的瓜、叶 香瓜	时光呵,如悠悠的流水悄悄地东流而去;我自己呢,在不知不觉中由孩童时代步入了不惑之年。如果说我长大之后懂得了一些道理的话,这得感谢我的祖母,因为她是我的第一位启蒙老师。		
97	特		"我"回头(慢动作)			
98	全		丘陵山区的村庄			
99	特		(特技合成) "我"回头(慢动作) 祖母苍老而慈祥的脸			
100	近 大全	叠 拉 升	"我"走着 "我"走在大路上 田野 远处的群山　田野 "我"走着…… 字幕: 本文作者　路发今 编　导　杨宪泽 摄　像　朱海陆 　　　　夏敬栋 场　记　葛婉春 　　　　李　折（实习） 灯　光　张志宏 　　　　陈以春 化　服　朱君玲 置　景　潘家龙 剪　辑　木　易 特技字幕　鲍勇敏 朗　读　宋忆宁 剧　务　蒋一枫 制片主任　蔡卫平 感谢 溧阳市委宣传部 中国江苏电视台 1999年录制			

注:《香瓜婆婆》获江苏省2000年金鹰奖电视文学类、文艺专题类二等奖。

江苏电视台（2000年）

贴身的南京

魏　微

南京就像一件贴身的棉内衣
很旧了
有的地方甚至有些破损
却有着上好的品牌和质地
穿了很多年
也舍不得丢弃
因为
它是体己的
合身的
从肌肤里生出温暖和清香来

中国的城市，我喜欢三个，一个是北京，一个是上海，还有就是南京。还有一些城市，我觉得也是不错的，比如杭州、广州、成都。

杭州我去过，那是在一个夏天，戴着遮阳帽去游西湖，晚上去看"三潭印月"，躺在小竹椅上，喝龙井茶。沿路有很多的居民，穿着家常的汗衫和短裤，坐在林阴道的阴影里，拿芭蕉扇赶蚊子。也有的呢，前面放着小竹凳、茶壶、茶盅，一个人静静地喝着茶，眼睛看到湖面的阴影里了。那天晚上，似乎也有人在卖唱，好像不是越剧，也不应该是昆曲，也许是江南小曲吧？——然而实在记不清楚了。我记得我喝着茶，会心地微笑着，我觉得这个城市里有沉醉糜烂的气息，这一点是很像南京的。

成都呢，它是另一个尺度的南京，它是那样的安适而闲静，人在里头生活，一点点往深里沉了下去。

现在，我生活在南京，一晃已经有四五年了。我想我是喜欢南京的，并且也以为，有一点懂得它。对于它的好处，我觉得喜欢，对于它的虚弱之处，我无限度地宽容。——我的一个DJ朋友，每天在他的节目里，痛骂南京是一个虚弱的城市，可是有时候，他也会对我说，他是喜欢南京的，那些阔朗的巷子，干净的、藏青的柏油路面，在阳光底下发着光。他一直有个宏愿，要骑自行车逛遍南京所有的街巷。我不知道这一宏愿，他实现了没有。

有时候，我会拿北京、上海与南京作比较，我觉得，这三地的气息和风格都是强盛的，具有不可替代性。北京、上海的好处是一眼就可以看到的,那样的光华夺目,喧嚣的空气里有种盛世的气息。

南京呢,完全是另一种,它是安静的,内向的,黯然的,它存在于现实的世界里。可是有时候,我们又分明觉得,它在远方,很久很久以前,在书本和诗词里。它代表着旧京都,曾经的繁华,声色犬马,纸醉金迷……在我们还没有进入这个城市之前,我们就被告知了,这是一个温绵的城市,它伤怀,衰败,没有志向,有点堕落。

我们带着这个印象进入这个现实的南京,完全能够想象得到的,他小而陈旧,现代社会里的一切在这里都具备了,精神和物质,还有时尚……然而却不够完备、尖锐、饱满。风一般的速度吹来南京,也变得缓慢了,含糊了,不是这个,也不是那个。古典的东西,在这个城市还保留着,可是也一天天地消淡了,被人遗忘了。

所以,初到南京的人,总是失望的,奇怪这样一个黯淡的城市,为何在书本里竟是卓然光辉。可是时间一天天地过下来,日久天长,我们进入了这个城市的细部,也会于平淡中发现另一些东西……其实也还是原来的东西旧街衢,沿街的窗户是开着的,有人从窗户里探出头来,东张西望的,很无聊了。晴天的日子,家家户户都在晒被子。也有一些老人,坐在墙角晒太阳,渐渐地盹着了。下午三四点钟光景,无所事事的穷人们又在弄吃的了,窗户里飘出桂花酒酿的香气……

我们看见了这些场景,有一天,我们从他们身边经过了;隔了很长时间,也没有回头,可是心里还在想着这回事,不知为什么,觉得有一点哀伤。原本是一些欢腾的东西,阳光被褥,桂花酒酿,日常生活……可是一旦到了特定的气氛里,全串了味。

这就是南京吗?也许是的。

也许就是从这时起,我们喜欢上了南京。因为懂得,慢慢对它有了感情。

(2000年)

附：电视散文《贴身的南京》完成本

本文作者：魏 微　本辑编导：杨宪泽

镜号	景别	技巧	画面内容	解说或对白	音乐	效果
1	特		画面淡出 特技左上角方框划出 窗框里的红花灯 字幕淡出 字幕淡入 特技左上角方框划出满屏 字幕淡出 电视散文 贴身的南京 本文作者：魏微 朗读：宋忆宁 字幕淡入 画面淡入	南京就像一件贴身的棉内衣 很旧了 有的地方甚至有些破损 却有着上好的品牌和质地 穿了很多年 也舍不得丢弃 因为 它是体己的 合身的 从肌肤里生出温暖和清香来		
2	全 特 全	推	画面淡出 特技从中向上下划出遮幅 地图－北京 北京 北京　天安门			
3	全	推	地图－上海			

续表

镜号	景别	技巧	画面内容	解说或对白	音乐	效果
	特全		上海 上海外滩	中国的城市,我喜欢三个,一个是北京,一个是上海,还有就是南京。		
4	全 特全	推	地图-南京 南京 夫子庙"天下文枢"牌坊			
5	全 特 中	推 移	地图-杭州 杭州 三潭印月(夜景)	还有一些城市,我觉得也是不错的,比如杭州,广州,成都。		
6	全 特 全	推	地图-广州 广州 五羊雕塑			
7	全 特		地图-成都 成都 画面淡入			
8	中	移	画面淡出 西湖游船的人(夜景)	杭州我去过,那是在一个夏天,戴着遮阳帽去游西湖,晚上去看"三潭印月",躺在小竹椅上,喝龙井茶。沿路有很多的居民,穿着家常的汗衫和短裤,坐在林阴道的阴影里,拿芭蕉扇赶蚊子。也有的呢,前面放着小竹凳,茶壶,茶盅,一个人静静地喝着茶,眼睛看到湖面的阴影里了。那天晚上,似乎也有人在卖唱,好像不是越剧,也不应该是昆曲,也许是江南小曲吧?——然而实在记不清楚了。我记得我喝着茶,会心地微笑着,我觉得这个城市里有沉醉糜烂的气息,这一点是很像南京的。		
9	中	移	三潭映月的游船(夜景)			
10	中	移	三潭映月(夜景)			
11	中	摇	柳树(夜景) 荷塘 树下塘边乘凉的人			
12	全	摇	柳树(夜景) 荷塘 树下塘边乘凉的人			
13	近		桌上的茶壶 芭蕉扇			
14	特全	拉	荷叶 乘凉的人			
15	中	移	三潭映月游船(游船)			
16	近		抽烟乘凉的人(夜景)			

续表

镜号	景别	技巧	画面内容	解说或对白	音乐	效果
17	近		摇桌上摆着的茶壶			
18	近	摇	荷叶 字幕淡出 电视散文 《贴身的南京》 本文作者 魏微 朗读 宋忆宁 字幕淡入 特技从上下向中划入黑底			
19	中		特技方框从中划出 拥挤的人群	成都呢，它是另一个尺度的南京，它是那样的安适而闲静，人在里头生活，一点点往深里沉了下去。		
20	近		头戴斗笠的人			
21	中		拥挤的人群			
22	近		头顶箩筐的人			
23	特		头上裹白巾的老人 画面淡入			
24	中	叠	画面淡出 推独轮车的人			
25	特		做糖画的人			
26	全		街道			
27	特		戴着帽子的人			
28	中		往茶壶里倒茶			
29	中		抽着长杆烟管的人 画面淡入			
30	中 全 全	拉 摇	画面淡出 特技从中向上下划出遮幅 花坛 市民广场 休闲的人	现在，我生活在南京，一晃已经有四五年了。我想我是喜欢南京的，并且也以为，有一点懂得它。对于它的好处，我觉得喜欢，对于它的虚弱之处，我无限度地宽容。——我的一个DJ朋友，每天在他的节目里，痛骂南京是一个虚弱的城市。可是有时		
31	中 全	拉	鲜花 花坛			
32	全		路口繁忙的车辆（俯）			

续表

镜号	景别	技巧	画面内容	解说或对白	音乐	效果
33	中		自行车轮子(慢动作)	候,他也会对我说,他是喜欢南京的,那些阔朗的巷子,干净的、藏青的柏油路面,在阳光底下发着光。他一直有个宏愿,要骑自行车逛遍南京所有的街巷。我不知道这一宏愿,他实现了没有。		
34	全	移	林阴大道			
35	中		自行车轮子(慢动作)			
36	全	摇	高楼 画面淡入			
37	全	推移	画面淡出 特技成两幅画面拼接 上海外滩 华表-天安门	有时候,我会拿北京、上海与南京作比较,我觉得,这三地的气息和风格都是强盛的,具有不可替代性。北京、上海的好处是一眼就可以看到的,那样的光华夺目,喧嚣的空气里有种盛世的气息。		
38	中 中 全	升摇	麒麟(剪影) 华表 天安门城楼			
39	全		上海外滩(夜景) 画面淡入			
40	全	摇	画面淡出 护坡 绿地 麒麟	南京呢,完全是另一种,它是安静的,内向的,黯然的,它存在于现实的世界里。可是有时候,我们又分明觉得,它在远方,很久很久以前,在书本和诗词里。它代表着旧京都,曾经的繁华,声色犬马,纸醉金迷……在我们还没有进入这个城市之前,我们就被告知了,这是一个温绵的城市,它伤怀,衰败,没有志向,有点堕落。		
41	全		夫子庙 魁光阁			
42	全	摇	市民广场 北极阁			
43	中 全	拉	台城城墙 城墙 玄武湖			
44	全		"古秦淮"牌坊			
45	中 全	拉	鸡鸣寺塔 台城城墙			
46	全		"天下文枢"牌坊			
47	全 全	摇	城门 城墙台阶 画面淡入			

续表

镜号	景别	技巧	画面内容	解说或对白	音乐	效果
48	全		画面淡出 市民广场休闲的人			
49	近全	拉	鸟笼 夫子庙 棂星门牌坊	我们带着这个印象进入这个现实的南京,完全能够想象得到的,他小而陈旧,现代社会里的一切在这里都具备了,精神和物质,还有时尚……然而却不够完备、尖锐、饱满。风一般的速度吹来南京,也变得缓慢了,含糊了,不是这个,也不是那个。古典的东西,在这个城市还保留着,可是也一天天地消淡了,被人遗忘了。 所以,初到南京的人,总是失望的,奇怪这样一个黯淡的城市,为何在书本里竟是卓然光辉。可是时间一天天地过下来,日久天长,我们进入了这个城市的细部,也会于平淡中发现另一些东西……其实也还是原来的东西旧街衢,沿街的窗户是开着的,有人从窗户里探出头来,东张西望,很无聊的。晴天的日子,家家户户都在晒被子。也有一些老人,坐在墙角晒太阳,渐渐地眯着了。下午三四点钟光景,无所事事的穷人们又在弄吃的了,窗户里飘出桂花酒酿的香气……		
50	全全	摇	城墙上的石鼓 建设中的高楼			
51	近		天空中绿蜻蜓风筝			
52	近		车轮划过(慢动作)			
53	近		走动的腿(慢动作)			
54	近		龙石雕			
55	特		雨花石(低调) 变焦			
56	近全	拉	鬼脸城 城墙			
57	中		夫子庙 双亭顶			
58	特全	拉	中华门头 城堡			
59	特全	拉	魁星阁牌匾 魁星阁			
60	近		开启的门(仰)			
61	特中	拉	门闩扣 半开的门			
62	特中	拉	摘菜 老人			
63	全		民居中洗头的女孩子			
64	全近	推	民居的小瓦屋顶(俯) 天井中挂晒的衣物			

续表

镜号	景别	技巧	画面内容	解说或对白	音乐	效果
65	全		坐在院子里看报的老人			
66	近全	拉	小巷中生煤炉的老人 扇煤炉的老人 水井			
67	特		挂着的红灯笼 （变焦） 窗框 画面淡入	我们看见了这些场景，有一天，我们从他们身边经过了；隔了很长时间，也没有回头，可是心里还在想着这回事，不知为什么，觉得有一点哀伤。原本是一些欢腾的东西，阳光被褥，桂花酒酿，日常生活……可是一旦到了特定的气氛里，全串了味。 这就是南京吗？也许是的。 也许就是从这时起，我们喜欢上了南京。因为懂得，慢慢对它有了感情。		
68	全	移	画面淡出 林阴大道			
69	全	移	城市新型小区			
70	近全	拉	麒麟 广场			
71	全 大全	拉	高楼群 水面 城墙			
72	近		老人和孩子晒太阳			
73	近特	推	坐着看书的女子 看书的脸			
74	中		喷泉			
75	中大	拉	全草地 街道 广场路口 特技从上下向中压缩 画面淡入 职员表 编　导　景国真　杨宪译 灯　光　朱海陆 配　音　曹　雷 剪　辑　木　易 字　幕　周达仁 录　音　薛　兵			

注："作者访谈"部分省略。

甘肃电视台　嘉峪关电视台(2000年3月12日)

荒原的眸子
——摄影家王金

刘审平

你是如此的迷恋这片神奇的荒原。你赞美它的超拔与旷远；你羡慕它的剽悍与雄浑；你一次又一次地与它对视相望，却又隐藏着各自的心事。

你每一幅作品里都呈现出：人与自然有着比血缘更为密切的关系。在它面前你又是一个朝圣者。你把自己发烫的面颊轻轻地贴近圣山脚下——那片圣洁的雪地里，倾听让你心颤的缠绕在蓝天、阳光、白云、雪峰之间的天外之音，承受着大自然对你灵魂的洗礼。

你经常这样独自一人，长时间地陷入沉思的漩涡。任凭自己的思绪恣意纵横在广袤的大地、遥远的天边，漫步长旅。在寻找梦中挨你最近、最温柔的刹那间，用心去捕捉人与自然沟通的那一道奇妙的灵光。你有时又是一个思绪忧虑的旅行者，但更多的时候你又是一个放逐灵魂的出游者。

放大镜下凸现出的世间与天界，梦幻与现实，使你感悟出：人，在博大高远的天地间，就像一粒沙石，实在是太渺小、太渺小了。

圣山顶上飘来的朵朵白云从你宁静的心湖掠过，又一次把你轻轻呼唤……

有位朋友曾说：像山野诱惑春风，像草原诱惑骏马，西藏对人的诱惑那样巨大，那样难以摆脱。对敢于追求的艺术家来说，就像大海诱惑江河。你就是无数个被诱惑的朝圣者中的一个。1996年金秋时节，你与两位青年摄影家结伴从长城脚下出发，沿着青藏公路开始了艰苦而又充满传奇色彩的雪域之行。你走进了这片洁白的圣地，痴迷地把自己放到盲目的荒原中去，在稀薄的空气中和厚实的雪地里，你听见生命拔节的声音，看见了雪地躯体的膨胀，面对生命的大自然，你的眼眶湿润了，眸子更亮了。你用朝圣者的虔诚按下了心灵的快门。

1999年9月，你又一次走进西藏，完成了你踏遍西藏山山水水的夙愿。今生有缘走进西藏，走进西藏今生有缘。王金，茫茫雪原听见了你的歌唱。在你的作品面前，我不禁想起一位作家关于西部的一段话：让人爱得敢于拿出生命去冒险的，恐怕只有西部。西部，壮烈如勇士；西部，又柔媚如美人。西部让世间所有崇尚美好的人心甘情愿地去洒尽一腔热血。

解读你的作品,能让人用心灵感悟从大地深处传来的,阵阵历史回声和雪域民族独有的博大精深的文化底蕴。

泥泞崎岖的山路、旷远苍凉的荒原、挺拔险峻的雪山在不断地打磨着你,你的意志、品格。风雪迷漫,你和你的伙伴们就是这样一次次在大山的怀抱里风餐露宿,凭着满腔的青春血液和心中的坚贞信念,笑傲高山雪野,迎接圣山圣湖捧起的太阳。

你手捧一片真诚,沿着心灵之路,走向博大的山野。于是,你的经历、体验、情感,与广袤的雪域高原融合在一起,使你的心灵逐渐透明,就像这一片湖泊。

你踩着金色的落叶,在林间漫步,沙沙作响的秋叶,为你唱着叫你永生不忘的恋歌。你独享着大自然对你的宠爱,而你又把对大自然的爱深深地印入你的眸子,化为永恒。

中央电视台新影制作中心(2000年3月12日)

长湖短梦

原 因

西北东三面,山林葱茏地耸峙,我们是从南方进山的。

身后,彝族村寨蘑菇般散落,炊烟袅袅,羊鸣咩咩。曾有一道木栅栏咿呀打开,送出一个撒尼姑娘清秀的身影,羞涩的目光一闪,就把一缕说不出的惆怅注入我们心间。

然而,长湖恰逢其时地出现了。那时候,一阵傍晚的微风吹拂得林阴摆动,我们就从青枝绿叶的空隙处,看到了一块又一块幽蓝。那也是一闪一闪的羞涩啊,于山的浓密的睫毛间。

有资料告知我,长湖虽宽仅300米,但长度却曲折延伸达1500米。这说明,一方面它很袖珍,另一方面,它又相对颀长。"长"既是它的名,也是它的形。名实相副,天真未凿,它真是大自然构思的一篇质朴的童话。但我们最先读到的仅是风的手,随意翻开的那一页。

然而,树木似乎并不存心把长湖紧紧收藏。继续前行了一段路程后,我们惊喜地发现,它们终于向两边闪开,让一轴盈盈的波光悠然铺展于我们脚下了。

停车驻足细望,湖滨不见红楼雅舍、回廊亭榭,不见刻意构筑得精致的桥或堤岸,一切司空见惯的生硬的人工介入,在这里完全不存在。岸是不规则的,泥土潮湿地芬芳,青草自由地生长,间有三五朵野花尽情地开;水是没被惊扰过的,清澈得看得见一只游动的小虾的须。如果有一尾鱼泼剌剌跳起,那声音一圈圈荡开,渐远渐漫漶,最终被一派寥廓的宁静彻底抹平,正如水面上的涟漪。

湖水很浩渺,群山早已分赠了自己一幅又一幅剪影;湖水很幽深,晚霞正在漂洗它们一朵又一朵艳丽。湖心有一座小岛,那么玲珑地葱翠于苍茫暮霭;湖面有一只飞掠的水鸟,那么自得其乐地行吟着黄昏。

遥望湖对岸,有一山岩酷似磨盘,高高兀立于群山之巅,随着周围松林的拂动,它仿佛在缓缓转动。它是在碾压傍晚吗?它是要把这长湖之滨的黄昏一寸寸磨碎成浓黑的浆液吗?

想去和晚霞一道,把自己漂洗得更加素净;想去陪青山沉思;想到湖心岛站一站,感觉自己成为一株挺拔的树;想摇动一叶舴艋小舟,去摘取一朵晶亮的浪花或者一串水鸟清脆的唧啾……有一千种愿望,有一万种设想。然而,那时候,我所能做到的仅是引吭长啸了数声。长啸高呼,本是狂放不羁的山野人表达心情的一种常用方式,那天,却自然而然地被我采用了。立刻,四山回应,这不加修饰的无奈与惋叹,滚过了山山岭岭,一直到达了天的尽头……

是的,一切对湖光山色的更加亲昵的融入,均已成为不可能,哪怕仅仅是环湖去播种一行足印。因为尽职尽责的夜,那么快,就在这树木的帷幕的缺口处,把长湖严严实实地掩藏。好一条魔力无边的黑色革囊!也许,它认为长湖是大自然最后一朵质朴而羞涩的笑靥,而质朴和羞涩,哪怕在大自然中也是一种最易破碎、最需珍爱的晶体。

十分钟,在长湖之滨,夜色仅仅允许我流连了十分钟。但我分明梦幻般地重逢了大自然最优异的那种品格。我那情不自禁发出的长啸,也许还是对人心的丛林里日渐稀少的、质朴和羞涩的、一声声深情的呼唤。

越野车不得不轰鸣着离去了,抛下沉落进夜色的长湖,抛下一个又一个星星般散落的彝族村寨。

中央电视台新影制作中心(2000年3月12日)

大叠水瀑布

原　因

石头是大地沉默的话语,流水是大地深情的倾诉。而山石危岩对湍急流水一次出其不意的躲闪,是瀑布的成因。瀑布是大地的一声惊呼。

是的,在石林分布区内,在我国的第三大江——珠江的上游,南盘江与巴江的交汇处,就因地表出现了一道断层而形成了著名的珠江第一瀑——大叠水瀑布。

去看大叠水瀑布的时候,什么雪流飞泻,什么银波倾泼,所有想象中的壮美还远未露脸,它磅礴的轰鸣就从千米之外奔突而至了。仿佛一万双手掌同时鼓动,仿佛一万匹野马恣肆奔腾,仿佛巨人仰天大笑,仿佛猛兽昂首长啸,先声夺人。尽管一直行走在山花烂漫、松竹摇曳的石板小路上,尽管江水还在平缓的河谷里静静地流,我已经受到强烈的震撼,心中充满敬畏。

继续沿江前行,走着走着,突然山路断绝,水流也不知去向。只见百米外叠起一堵黑色巨崖,下有深谷,谷中雾气腾飞,神秘诡异轰隆隆的巨响,显然渊源于那里。

沿石级山路扶栏而下,才知谷底是一片开阔地。抬头仰望,可见一幅宽达五十余米的瀑流从百米高崖轰然跌落,白浪翻飞,玉屑银珠四溅,如突飞猛进之巨龙,如摧枯拉朽之狂飙。真是团结就是力量,义无反顾就是力量呵!这就是大叠水瀑布。至柔至秀的水,在这里充分显现出了她性格的另一面,刚健、雄浑、豪迈、狂放,这些本来较为抽象的词汇,都被她作了形象的诠释。

此时已完全无法听清同伴的话语,除了一门心思聆听大自然的这席豪言壮语外,我别无选择。然而,只要你足够细心,就能发现大叠水依然柔情满怀。与阳光合作,飞扬起漫天雨沫,她向我们呈现出道道绚丽的彩虹了。我从来没有经历过与彩虹如此近距离的晤面。伸出手,我仿佛就握住了世界上最纯粹的色彩,它缤纷了我的心情,甚至整个灵魂。

大叠水还有一种其他瀑布所没有的奇景。立于瀑布前,忽然会有一股气流从瀑布中间喷出,一团在阳光映照下七彩纷呈的水珠顿时会被喷到二十多米之外,弥漫于整个山谷,瑰丽无比。而这时,在飞流的半壁,隐约可见一个岩洞,那就是喷口。一两分钟后,喷流渐息,瀑布又掩住洞口,恢复原状,顺壁直泻深潭。这种景观每隔数日出现一次,民间认为有福者才能遇上。

瀑布西侧的山腰有一名为"仙人洞"的溶洞。据说在月白风清的夜晚,由于风的作用,洞中会传出阵阵"仙乐"。当其与大叠水瀑布震耳欲聋的轰鸣声相融相汇时,就会组成一首奇妙的清风激流协奏曲,让人听了遐思飞动。

有人说,要全面领略水的性格,必须到海边去。晴雨晨昏,月缺月圆,风来风去,水都在海面呈现出不同的个性。想不到在这多石的高原一角,竟也能让人们充分见识水的多侧面的风姿情韵。可听,可观,可赏,可析,在我所见过的瀑布中,大叠水瀑布别具一格,不愧为一部壮丽的水的交响诗。

四川电视台 四川英明影视公司(2000年3月26日)

世纪之恋

王红芯

今天,你已经离开我一年了。孩子们劝我出去散散心,我们上哪儿呢?这样吧,老赵,我带你回去看看那片白桦林吧。都四十年了,我们还没回去过呢。

就是在这里,一个在地图上甚至连一个点儿都标不出来的俄罗斯村庄,我呼吸着自由清新的空气,伴着白桦林,活得快乐,无忧无虑。有一天,我从地里回来,走过村口,远远看见了一个异乡人在穿冰捕鱼——那就是你,一个异乡人能这么老练地捕鱼,真让我吃惊啊!

很快,你和村里的年轻人便熟悉了起来,大家一起干活、聊天,我们才知道了你不一般的经历。你当过红军,蹲过日军的监狱,受过严刑,做过苦役,后来好不容易跨过日军的封锁线,来到我们国家,却又被当作偷渡者,服了两年半的刑。

啊,你知道的东西真多,跟你在一起,世界变得新奇辽阔。我常常不由自主地搜寻你的目光,那深邃的眼神里蕴涵着刚毅、炽热和渴望,还有那闪动的一丝柔情。

你常来帮我们种菜、做家务。你朴实、能干、聪明、不酗酒,就像自家人一样,弟弟妹妹们都喜欢听你比划战争的故事。一天,你注视着我,欲言又止,你眺望远方,像是下了很大决心,对我说:"瓦莉,我爱你,你是我生命的一部分,但我仍然思念着故乡,一定要回到中国去,如果你想让我也加入苏联国籍的话,现在分手还来得及。"噢,天哪,当时我真是伤心极了。

知道了你的经历,了解了你的执著,我才更爱你。

那年元旦,乡亲们用自制的奶酪和香槟为我们祝福,你给了我最值得珍藏的记忆。老赵,我跟你从俄罗斯到中国,一待就是四十年,我从来就没有后悔过。你爱中国,我理解了你,同样,我爱俄罗斯,你也理解了我。是的,是你说的,"假如我不爱我的祖国,我还能爱哪一个人呢?"

我永远也不会忘记,那天你回家时的兴奋。新中国成立了,我们相互对视着,竟然说不出一句话来,任泪水欢畅地流淌,这一天已经让我们等得太久太久了。

初回大巴山的日子,是我们这一生最快乐的时光。望着这块山峦起伏的土地,这块你魂牵梦绕的土地,你一下子跪倒在老父亲面前,忍了二十年的泪水,一下子奔涌了出来。老父亲不住地说道:"回来就好,回来就好啊。"

乡亲们对我们真好,他们教我做中国菜,教我纳鞋底,还带我去赶集。回到了你的家乡,踏着青石板路,我兴奋极了。

那年秋天,我分明已感到了冬的肃杀,你们为我准备了路费,劝我回国,我没有答应。其实我曾偷偷地走过,之所以偷偷,是我没有勇气和你们告别。我走到了上大路的最后一个路口,手触摸到一个用红布包得很仔细的小包,这是年近八十的老父亲和乡亲们从牙缝里挤下来给我的钱哪!我禁不住泪流满面,这才是我认识的中国人,这才是我的亲人啊!我怎么离得开你们呢?!

中国,是我的第二故乡。老赵,你已长眠在这片土地上了,我会守着你的,会常来看你的,如果我还走得动,我会再带你回去看看我的白桦林,还有我的叶尼塞河。

中央电视台新影制作中心（2000年3月26日）

石林印象

原 因

谁见过顽石发芽？

谁见过石头铮铮然拔节，郁郁然茂密，成为苗，成为树，成为森林？

由于亿万年的风磨水洗，云南省石林彝族自治县有着典型的喀斯特地貌的一隅，出现了一片稀世奇观。这是一座迷宫，一册童话合集，一部规模宏大史诗。

即使已经习惯于庸常生活的碌碌无梦，面对这大自然的杰作，他的想象也瑰丽地苏醒了。

是的，也许有人想到了万千名列队的兵士，他们高举着长矛剑戟和猎猎战旗，待命出征；也许有人想到了大海，骤起的风暴和连天的惊涛骇浪，还有一朵莲花从容地开。

还有"老僧漫步"，还有"母子偕游"，还有鸣啭于杜诗里的"黄鹂"，还有普希金笔下的"渔夫与金鱼"……

崇拜石头的米南宫如果瞻仰过石林，他的画笔也许要更添一抹魅力；珍爱石头的曹雪芹如果披阅过石林，他的小说也许会更多一层奇幻。

不同的人生经历开放出不同的回忆与梦想。就是那些多姿多彩的花朵，使得这片全中国，乃至全世界最大的柱状石头群，格外情趣盎然。

在这里，每个人都能找到隐约于自己心中的风景。

然而，尽管你目不暇接，尽管你惊喜万状，你突然就会发现，这里的一切都是哑然无声、纹丝不动的，仿佛在远古的某个瞬间被冻结了，永远地冻结了。四周围，除了僵固沉寂，还是僵固沉寂。只有阳光，沿着石头斑驳的竖纹笔直地流注，只有风，在石头的密林间曲折地穿行。这情景令人震撼。

如果你热衷雄辩，从此你懂得了缄默；如果你崇尚行动，从此你学会了思索。

走进石林，你就走进了巨大的静穆之境，就面对了一种永恒。但是据说有人曾经敲开过一柱石峰灰黑色的表层，见到里面的石质一片雪白，上面虫、鱼、小草的化石清晰可辨。在附近，有人还寻到过蛤蜊、珊瑚、贝壳、螺蛳等化石，这说明，这里原先是海！这里原本是一个生龙活虎的世界啊！

时光流逝，沧海桑田。如果人类历史的发展和自然地理的变迁都能引发人们的喟叹，那么后一种里能包含着更多的忧伤和无奈。

人生短暂，作为个体的生命是多么渺小。"珍惜生命！热爱生活！"这也许就是石林对世人的无声而强有力的叮嘱了。

让我们永远记取这份大自然的最珍贵的启示。

中国教育电视台（2000年3月26日）

不能误了娃儿们

武耀东

在距离太阳和贫困最近的地方，河流把大地和古道无情地切割，重重大山围困着愚昧和贫穷，轩辕氏辟开的洪荒又被洪荒吞没。不甘心上苍的铺排，不甘心人生的寂寞，在气死牛倒下的地方，有一个叫王思明的人，又毅然挺立在历史的沟壑。他高擎着自己的手臂，在生他、养他的万山丛中，他呼唤着走上一条曲折而坎坷的小路。

啊，王思明来了。王思明微笑着从下西渠走来，捧着一部关于教育的献诗，捧着一部教育创世的神话传说。贫困中长大的孩子，更理解太阳的含义；经历过风雨雷电的洗礼，更明白奋斗与拼搏的价值。

三十年前一个难忘的黄昏，塞外的风卷拂着嘎嘎作响的秋叶，此刻的王思明正独自徘徊在狼神山上。萧瑟的风声中，他豁然振奋，辍学的悲哀把眼睛与灵魂擦亮。悲哀的头颅向上，颗颗星斗在夜空闪烁；悲哀的头颅向下，抚摸昏暗中下沉的黄土。啊，孩子们的眼睛，老父亲的脉搏，整个世界一片寂静。寂静中滚过的是父亲的遗嘱：接过我手中的教鞭，无论如何不能误了娃儿们！

面对阴暗的窑洞，面对土坯垒起的讲台，面对孩子们干涸的眼睛，王思明的心碎了，王思明的心铁了。翘首红日明月，脚踏高天厚土，冲破庞大洪荒的禁锢，走一条属于自己的新路。

这是一个熟悉而陌生的队列。你在前，孩子们在后。苍天的雄鹰记得，你和孩子们是怎样冒着风雨，在深山采药，在荒坡育果；大山上的野菊花记得，你和孩子们是怎样忍饥挨饿，在山沟驮水，在高山背石；下西渠的婆姨们记得，你和孩子们是怎样用汗水浸泡时日；下西渠的汉子们记得，你是怎样用自己的脊梁躬起一排排崭新的校舍……就这样，下西渠的娃娃们从土窑洞搬进了大楼；就这样，下西渠的娃娃们穿上了来自都市的校服；就这样，"三免一自给"像一群小鸟，飞遍陕北高原的村镇和农舍。

这里是下西渠呀，一个被历史遗弃的村落。这里没有资料室、图书馆，这里没有讲师、教授，更没有学者,所有难题都要靠你自己,在煤油灯下苦苦地求索。六级复式的学校,只有你一名教师的校园,这是怎样的天方夜谭呀!整个世界也该为之惊叹。

为了让光明的语言撒遍孩子们透明的心田,有谁能说清你坐透多少个春夜和冬夜?你教导学生自治自理,你塑造孩子自强自立,你启迪童心自学自醒,你的"溯导法"打开了孩子们智慧的天窗,你的"五步教学法"滋润了孩子们纯真的心房……王思明啊,一片片光明被你得体的语言剪裁。你把光明和火焰的语言在黑板上书写,在讲台上升腾,你把教育创世的光芒,像种子一样在一片未开垦的土地撒落。尽管你戴上了许多桂冠,尽管你获得了巨大的成功,你却说"是战士,就永远在战斗的旅途中"。你虔诚地膜拜着黄土地,向铜质的土地倾吐你忠贞的爱情和永恒的致敬。

山东有线电视台(2000年4月9日)

二月二,料豆喷喷香

何 林

二月二,炒料豆,最起码在鲁西南农村是一个很盛的风俗。过了春节,闹罢元宵,二月二,在农家人的节目单上,也是一个排在第三位的庆典。尽管就节日气氛、隆重程度而言,远远比不上春节和中秋,但在农家人的眼里,其地位却是与清明、端午、重阳相比有过之而无不及。

据查证,二月二的来历和吃料豆的习俗,确有一个神奇而美丽的传说。但我在"二月二,龙抬头"的故事之外,所关注和思考的,却是农家人在这个风俗的本身,所遗留下来的美好希冀的痕迹。

在童年的记忆里,二月二这一天,左邻右舍,都是依照旧俗竞相张罗忙活的。母亲在这方面更是积极和虔诚。一到正月底,母亲便让我和弟弟到河堤上,去提一篮子黄沙土,仔仔细细地晒干,又用细箩仔仔细细地筛过。等不到二月二,我和弟弟就闹着嚷着要娘"快炒!快炒!"甚至熬到半夜也守在锅台边,只为能吃上那又香又酥的料豆。再勤俭、再难过的农家,每每此时,也总是或多或少地炒上一些,即使大人一点不吃,也免得孩子瞪大了眼睛,看人家的孩子吃而干咽唾沫。二月二,是属于孩子们的。

母亲是村里出了名的巧手。母亲炒的料豆不糊不嫩,外香里脆,亮晶晶、黄灿灿、脆生生、甜津津。每年正月底,父亲都在院里支起一口大铁锅,我就成了义不容辞的火头军师,母亲则梳洗打扮得干干净净,手持一把似铁非铁的铁铲,开始了她的拿手好戏。左邻右舍的孩子们挽着兜子,提着篮子,挎着笾子,不约而同地聚到我家来。那样的日子,是我和弟弟每年难得一次的幸福时刻。

炊烟缭绕了农家小院，香气弥漫了整个村庄，孩子们积攒了一个冬天的精气神，都留给了那样一个平平常常的夜晚。那一夜，大人们发自内心的疼爱与宽容甚至超过了过年。

二月二一大早，当我们还在睡梦中的时候，母亲已早早地爬起来，赶在天亮以前的朦胧夜色里，布置二月二的农家风景——院子内、场院里，母亲用草木灰分别画就了一个大粮仓，一圈圈，一层层，尖端处还压着一把大扫帚或者一张大木锨。屋子里也都用草木灰画好了相像的图案。等到天亮的时候，母亲已烧开了水，准备好下锅的水饺，然后叫醒我们。于是，我和弟弟争抢着去放鞭炮。一般情况下，母亲允许我们燃放的鞭炮最多也不过二十个，但我们并不在乎鞭炮的多少，只要它震耳欲聋，只要它噼里啪啦乱响。按照老家的风俗，鞭炮一响，母亲便应声把水饺倒进锅里。这时候，我和弟弟自然而然成了母亲的帮手。母亲总是虔诚地多盛出一碗水饺来，祭灶祭天，因为这开春的饺子，翻腾着农家人火热的渴望，也拉开了又一年春耕夏种的序幕。

二月二的饺子，因为有了料豆的存在变得格外香甜。我吃了一大碗，弟弟也要一大碗，不过我比弟弟吃得快，也就常常趁他不注意抢上一两个，于是，弟弟装作没看见，笑了笑作出埋头继续吃水饺的样子，然后看我放松了警惕，突然间杀将过来。显然年幼的他还不是我的对手，只好无功而返。但他并不甘心，费了九牛二虎的力气，终于从母亲的碗里偷走了一只，一场水饺争夺战就这样宣告停息。

填饱了肚皮之后，多往怀里揣上几捧料豆，是我出门前最后的心事。弟弟看我冲出门去，自己也想仿着我的样子装满口袋，浑身上下摸了个遍，却发现并无口袋可藏，只好怅然作罢。

其实，小时候二月二的早饭对我们并不最具诱惑力，儿时所真心期待的，是早饭后我们的小口袋全部被母亲装满，然后跑上街头和小伙伴们交换品尝时那份二月二所独有的兴奋和神气。

二月二的学校，伴着铃儿叮当，从教室里飘出阵阵清香。谁的口袋里不是装得鼓鼓囊囊？课间、饭后，你给我，我给你，相互交换。洋洋得意地张大了口，捏起一粒料豆，远远地扔到嘴里，或抛到空中，用嘴"叭"的一声接住。"咯嘣"一声，好脆、好香、好神气！

不过，二月二最令人难忘的还是教室里的那一张讲桌。二月二的早晨，上面往往是铺着报纸堆满料豆的，堆得很圆！即使是最馋最馋的馋鬼，从桌前走过也不会吃一粒。那是颗颗孩子的诚心堆成的，那是留给老师的。走上讲台，看一眼桌上冒尖的"珍珠"，老师常常伫立良久，接着赠一个甜蜜的微笑，庄严、郑重地品上一粒，然后声音洪亮地喊一声"上课"！

教我们语文的老师姓王。四十多岁的年纪，喜欢穿一身中山装。王老师有一个习惯，每年二月二，他都要讲一篇叫做《我爱故乡的杨梅》的课文，王老师总爱打比方说，料豆就是咱心中常青的杨梅。

那一讲桌的料豆，王老师并不舍得真吃，常常拿来两只崭新的粉笔盒，细心地装好了，留起来。半月甚至是一月后，王老师再分给大家，每人一小捧。于是，我们又会拥有一个不是二月二的"二月二"。

我便狼吞虎咽一般的暴食起这难得的美味来，三下五除二就吃了个精光。同桌的狗蛋和胖子他们仿佛约好了馋我似的，一粒一粒洋洋得意地细嚼慢咽，馋得我直往肚里咽唾沫。不过也有比我更难受的，那就是守在门外的弟弟和他的小伙伴们。

今年回家探亲，使我有机会回到了二月二的童年。家家户户依旧炒料豆，而且还翻出了许许多多的花样来:糖酥、油炸、茴香煮……同样的风味,同样的情趣,谁不想过个瘾、吃个够?况且一年只这么一回。

农家人依旧隆隆重重地把二月二当作节日过,但已不再是企望来年而是庆祝昨岁的丰收。偶尔也见到场院里我童年的那种垛形图案,但这本身也仅仅只是过来人二月二不愿摈弃的一个习惯而已。

我便问母亲:现在还"压"囤么?母亲指了指堆满屋角的粮食袋子,笑着回答我:傻孩子,成堆打摞的粮食都没地方倒,哪里还有空去"压"呢?

同样的料豆习俗,在母亲眼里也发生了质的变化,不变的是母亲对儿子永不更改的牵挂。

哦,这亮晶晶、黄灿灿、脆生生、甜津津、令我魂牵梦绕的料豆,该是历史的见证人,该是我赤诚情怀的使者—— 一头是故乡和故乡的童年,一头是眷恋,是已经长大了身为游子的我。

新疆电视台新疆军区联勤部(2000年4月23日)

老庄子·老情歌

刘湘晨

我的家在塔克拉玛干沙漠边缘,每年的风季从年初开始,一直吹到五月间也不会停。弥漫的风沙中,庄子和去远方的路变得模糊。这时候,爷爷却表现出他渐入老年之后少有的清醒,很多年前无数风沙弥漫的情景又在眼前。他拄着拐杖走出去四下瞭望,伸出手在风中挥动,似要抓住什么。我知道什么都不会有,只有能打疼手的沙粒儿和随沙子灌进嘴里的咸涩味道。

爷爷实在太过于年迈了,年迈得已说不清自己的年龄,唯一最常做的事是领着他的重孙子们去村旁的古城。80年前,也许更久远一些,古城边儿上是爷爷的爷爷们最早建起来的庄子,通过庄了的一条大道尘烟密布,南来北往的驼队绵延不尽,大道边儿上一汪涝坝水清澈见底,涝坝边儿上有一个漂亮姑娘拎着陶罐舀水,那是我爷爷当年第一眼见到的奶奶。从此,我家庄子四周的戈壁滩上总有个人拽着驴车唱歌,据说就是听了这首歌,奶奶最终才嫁给了爷爷:

六头牛,七头牛,
都是咱家的牛。
牛尾巴,晃悠悠,
姑娘的辫子光溜溜。
天上的老鹰飞得高,
我用我的网来捉。

我的情人最漂亮,

舀碗水蘸着喝。

爷爷一生的大半时光都在沙漠中挖土盐。夏天的沙地能打馕,没鞋穿的爷爷很羡慕驴蹄子不怕烫,他只能把装馕的布口袋垫在脚下,走一截儿在脚底下垫一会儿,最后挨到大路上。天黑的时候,临近庄子,四下野地里就会听到爷爷唱的那支老情歌,奶奶渐已堆起皱纹的额头就会闪闪发亮,起身重新燃起灶火,给爷爷再温一温一壶浓酽的苦茶。在爷爷的阅历中,每次往庄子里赶的路成了他人生唯一的履历,一头儿牵着一生的辛劳,一头儿牵着辛劳一生所要奉献的庄子和庄子里的奶奶。

奶奶的故去是爷爷的一生的大不幸。从此,他再也没有喝过大半生都喝的苦茶。在我们新建的庄子里,爷爷经常迷路,面对家人突然叫不出名字,他越来越多地去老庄子,久久呆在那儿,絮叨无数絮叨过的故事,任人怎么劝他也不肯回去。老庄子在夕阳下很美,四周撂荒的地里长着梭梭,空气里弥漫着浓浓的苦茶味儿,这个时候,爷爷迎风伫立,木然的脸上有两行浊泪,爷爷在夕阳下成了庄子里老墙的一部分。

如今,家族中的大部分人已陆续从老家迁出,永远告别了矗立在沙漠边缘的庄子,只有爷爷不肯走,风中伫立的爷爷和老庄子默默相望,默默相守,还有那首老情歌不时在耳边响起……

辽宁铁岭有线电视台(2000年4月23日)

冰灯之光

肖显志

与往年放寒假一样,我从城市回到乡下的家,看望独守那间老屋的妈妈。今年雪大,长途汽车到乡里就不往前开了。离家还有二十几里,深深的积雪封住了归家的路。多么熟悉的山路,多么熟悉的雪啊!每年寒假我就是从这条路奔回家,再从这条路返回学校。这里反反复复叠印着我的足迹。

厚厚洁白的积雪在阳光下就像亮起一双双眸子,向我投来热切的目光,张开臂膀拥抱我。这次,我像往常那样从这条雪路走来,扑进妈妈怀里就不走了,也许一生就像那棵高高的老树,拥抱家乡的月亮。

举目眺望,家乡的山野,像被雪覆盖着洁白的棉絮睡熟了一样。而轻轻拂过的风儿,不正像婴儿微微的呼吸么。我静静地倾听。噢!听到了,听到了随风飘来妈妈在我童年里的呼唤,还有妈妈手里的那盏冰灯……

在我5岁那年，爸爸就离开了我们。年轻的妈妈没有再嫁，千辛万苦把我拉扯大。那时，虽然家里很清贫，可妈妈还是省吃俭用地供我上学读书。在我儿时记忆的底片上，拓印下妈妈刚毅、顽强的形象。

我还记得小时候那个年代，虽然人们的日子过得很苦，可丝毫没有淡化热爱生活的欲望。过年了，一座座土房前，一根根灯笼杆挑起了一个个红灯笼。吃完晚饭，孩子们拎着灯笼在村街上叽叽喳喳地跑来跑去。

我跑出屋外站在院门口，眼巴巴地看着小伙伴们耍灯笼玩。我虽然才6岁，可已经懂事了，知道妈妈手里没钱，不敢向妈妈提买灯笼的事。终于我抗不住诱惑，转身跑回屋子。妈妈正在灶坑前烧火，我一动不动地站了好一会儿，才抻抻妈妈的衣襟，怯怯地说我也要灯笼，妈妈直起腰说给我做个冰灯。我听了高兴得又是拍手又是跳脚。

冰灯。我还清晰地记得，妈妈摇起辘轳打上井水，灌满小铁桶，放在外面冻。我蹲在小铁桶前静静等着，一趟趟跑回屋问妈妈冰灯冻没冻好。妈妈来到屋外，拎起小铁桶放到柴火上烤，烤下一个冰砣砣。妈妈在冰砣砣顶上砸个洞，倒掉里面的水，放上蜡烛，把一根拴上铁丝的小木棍穿进小洞，轻轻一提，一盏冰灯做成了。

那天，我真高兴啊！我拎起亮晶晶的冰灯跑出院子。村街上好些拎灯笼的孩子看我的冰灯羡慕得不得了。玩得冻手了，小雅要我到家去烤火。小雅家的灶坑里的火真旺，真暖和啊！我把冰灯放在锅台上，和小雅享受着柴火的温暖。

小雅说，烤暖乎了，到外头玩去吧！我去提冰灯，可冰灯却从我手里滑落到锅台上，摔得粉碎……

我对妈妈说冰灯是我自己烤化的。妈妈说，冰灯碎了不怕，再做一个就是了。可千万记住，不要再拎着冰灯烤火了。因为有寒冷才有冰灯，越寒冷冰灯才越亮。

"越寒冷冰灯才越亮。"妈妈这句话就像冰灯的光芒映在我的记忆里，照耀着我理想的追求。

冬天的太阳落得好快，没走多久就坠下了地平线，余晖把天空映得一片火红。

记得结束考上师范学院的第一个寒假，离开妈妈那天是一个飘雪的凌晨。因为要到乡里赶车，我只好早早启程。妈妈依在门垛旁，手拎着一盏冰灯静静地站在那儿，没跟着我走，没冲我招手，也没说句嘱托的话。我踏着厚厚的积雪走远了，妈妈依然站在那儿，一动不动。望着那团灯光，我觉得那就是妈妈的嘱托，一句句地对我说"小溪，好好念书，妈妈等你回来教咱山沟的孩子"……

妈妈，我回来了。回来履行您的嘱托，让女儿这盏冰灯在山乡的小学校熠熠生辉，点亮家乡的月亮。

近了，近了。到家了！噢！冰灯！一盏晶莹透明的冰灯摆在门垛上。烛光透过冰灯，把门前照得好亮。妈妈！女儿回来了！我大声呼唤着扑向冰灯的光芒，扑向妈妈的怀抱……

青海电视台(2000年5月7日)

驻马于赤岭之敖包

昌　耀

在这样的季节,在这样的峻岭,
看不见飞鸟,看不见鼷狗,
看不见牧人的短剑。
百草此起彼伏,传递着
一个个骚动的浪迹。
也许,我们不该在此逗留?
紧裹着冬天的装束,
我们从秋原上驰来。
透骨的劲风仍把我们吹得恍如裸体,
直到最为隐秘的毛肤,
直到脚底一阵阵寒瑟。
这里,没有我们探寻的古堡。
奶油的凝脂已在祭坛风干。
壮士和美人也早就一去不还。
——无须发思古之幽情。
但在峨岩之上,从倾斜的天宇,
幡幢正扑打着山神驻跸的行宫,
那里,匆匆飘起轻纱一袭,
加快了白日多变的节奏。
而我直要在这
风云的笑噱中号哭了——
不是出于悲伤,徒然为了
关山之壮烈。

山东济宁电视台(2000年5月7日)

萝卜灯

张会存

  我的家乡有元宵节点萝卜灯的风俗,并且对此还颇有些说法:谁的灯最亮,亮的时间越长,那么,他今后的日子一定过得越顺溜儿,好运气也会常伴随他,总之一切吉祥的含义都包括在里面。所以,每年元宵节,父亲都要挑选几个大个儿萝卜,给我们每人做一盏萝卜灯。

  几年前,姐姐也在学校读书的时候,每逢元宵节晚上,父亲都要拿出我们年终考试成绩册来做一下比较。成绩好的,表扬之后加上一句"不要骄傲";考得差的当然要挨"批"了,最后便会听到"不要灰心,下次争取"这样一句安慰勉励的话。

  那时候,每次姐姐都比我考得好,尽管我每次都努力地学习,尽力地去考,但每次还是比姐姐差那么一点儿,所以那句安慰勉励的话也总是说给我听的。父亲对我们的成绩稍作评论之后,便把两盏最大的刻着我们名字的萝卜灯分给我们。每当这个时候,我的心底都会油然而生一种暖暖的感觉。我看到过许许多多绚丽多彩的花灯,却从来没有过那种暖暖的感觉。因此,我盼望着过元宵节,盼望着从父亲的手中接过他精心为我制作的刻着我名字的萝卜灯。

  自从姐姐为了这个贫困的家,为了年迈多病的父母,为了我能够继续读书而退学之后,一家人的希望就都寄托在我身上。如今我终于考入了中专,实现了全家人的梦想。可这次考试我却让父亲失望了,成绩册的语文成绩栏里写着两个清晰的字:"作弊"。我对不起我的父母,更愧对为我付出太多的姐姐。

  又到元宵节了,我不知道父亲看过我的成绩册之后,会有怎样的表情?究竟给不给父亲看?以往不论我做错了什么事,都没瞒过父亲,即使受到严厉的批评,也不曾后悔过……我下定决心,把成绩册递给正在抽旱烟的父亲。我默默地低着头,等待父亲的训斥。"啪"!我的心猛地一紧,父亲的烟斗掉在地上碎了。陪伴了父亲十多年,也是父亲离不开的那支烟斗摔碎了!

  我不敢看父亲的眼睛,我知道父亲的目光中有疑惑、有惊讶、有恼怒、有失望……是的,我让父亲失望了。我忽然有些后悔刚才的决定。父亲极力控制住他激动的情绪,缓缓的声音震动着我的耳膜:"孩子,你都长大了,我也老了,你妈又生病,供你上学不容易啊!还有你姐,你也应该对得起她呀!你是个懂事的孩子,我不多说了。"最后,父亲留下一声叹息,转身去做萝卜灯了。

  那一刻,我只想哭。

父亲在仔仔细细地用刀切着洗净的萝卜,切得很慢很慢,父亲努力地使每一刀都切正,只有切正了,做成的灯才平平整整,放在那里才稳稳当当。父亲用一枚生了绿锈的铜钱,在切好的萝卜的平面上用力地旋转着,父亲转得很慢,好像是在努力完成一个很重要的动作。最后,父亲把黄澄澄、清亮亮的花生油顺着灯芯浇下,慢慢地、慢慢地,满一点儿,再满一点儿……

我再也忍不住眼泪,任凭它顺着双颊滚滚落下。

泪眼蒙眬中,父亲捧着一盏萝卜灯向我走来。橘红色的灯光映得父亲那布满皱纹的脸红红的。父亲的目光流露着深切的慈爱,流露着更加殷切的希望。刹那间,一股暖流袭遍我全身,我伸出双手,接过父亲给我做的那盏最大的、刻着我名字的萝卜灯。

山东威海电视台(2000年5月7日)

宁静的港湾

李荣娣

夕阳西下的时候,我喜欢站在高高的阳台上,眺望艘艘舰艇缓缓驶进港湾。当轻拍的细浪为舰艇洗去周身疲倦时,军港的夜啊,变得温馨而宁静。

小时候长在内地,未曾见过海,一部《南海风云》的电影使我童年的梦幻染上一片蔚蓝,从此,童心里滋生了一种渴望,渴望有一天亲临大海,观水兵的威武,战舰的雄壮。

岁月风一样划过时空,也许命运之神为我的诚心所动,也许是我今世天生与海有缘,一个细雨霏霏的夏日,他,一名年轻的海军军官,坚定不移地叩响了我家的门,爱情就这么突然而至了。那些恋爱的日子,我步履轻盈地行走在山花夹道的幽幽小径,仰望蓝得没有一丝云彩的天,心里一片清澈。

第二年的春天,我做了他的新娘,列车在黄河冲积的平原上奔驰了一天一夜后,我终于看到了无边无际的大海。我们的新家就在海边,当我喜气洋洋、毫无倦意地踏入我们的新房时,我惊呆了,一间不足6平方米的小屋,屋子里是拼在一起的两张旧单人床,一张不知从哪儿搬来的二屉桌以及两只小木凳……委屈的泪在眼眶里打转,但我最终还是没让它流出来。无论怎么样,今后毕竟可以和他朝夕相伴,一起观日月星辰,看潮起潮落了。

然而后来的日子告诉我,这简陋的小屋很少有他的身影,他属于舰艇,那才是他日夜厮守的地方。

我幡然醒悟,我做的是军人的妻子,军人的代名词是奉献。那么军人的妻子呢?

大雨如注的夜晚,多想在我落汤鸡般颤抖抖摸上楼梯推开家门时,有一束柔和的光线给我温暖;雪花飘飞的冬夜,手脚僵冷推开家门时,多想有盆炉火为我御寒;然而每一次小屋门上的铁锁总是我亲手开启。

在我用鲜血和痛苦迎来我们的儿子时,他远航未归;儿子两岁时生病住院,焦灼伴着恐惧,我不知熬过多少个不眠之夜时,他正在远方的院校接受着严格的训练;我腰肌受损、行动艰难、跪在地上洗衣服时,他又随艇训练两月有余。回来了,他一身的风尘,一脸的憨笑,一副歉疚的表情,总是那句话:"你和孩子都好吧。""都好。"说不清道不明的为什么,往日的辛劳、大堆大堆的抱怨,就这么销声匿迹了。

夜深了,军港的夜静悄悄,海浪轻轻地摇合了每一双年轻的眼睛,只有盏盏星星般的灯光,一闪一闪地像是在说:睡吧,年轻的水兵,今晚我为你们站岗。

回到屋里,透过窗帘缝隙洒进的月光,我看到我做海军的丈夫睡得安静而沉稳,而他的梦里或许正有战舰无声地驶过。

中央电视台(2000年6月18日)

散　步（节选）

原著：莫怀成　　改编：李四平

我们在田野上散步:我,我的母亲,我的妻子和儿子。

母亲本不愿意出来的;她老了,身体不好,走远一点就觉得很累。我说,正因为如此,才应该多走走。母亲信服地点点头,便去拿外套。她现在很听我的话,就像我小时候很听她的话一样。

天气很好。今年的春天来得太迟,太迟了,有一些老人挺不住,在清明将到的时候死去了。但是春天总算来了。我的母亲又熬过了一个酷冬。

这南方初春的田野!大块小块的新绿随意地铺着,有的浓,有的淡;树上的嫩芽也密了;田里的冬水也咕咕地起着水泡……这一切都使人想着一样东西——生命。

我和母亲走在前面,我的妻子和儿子走在后面。小家伙突然叫起来:"前面也是妈妈和儿子,后面也是妈妈和儿子。"我们都笑了。

后来发生了分歧:母亲要走大路,大路平顺;我的儿子要走小路,小路有意思……不过,一切都取决于我。我的母亲老了,她早已习惯听从她强壮的儿子;我的儿子还小,他习惯听从他高大的父亲;妻子呢,在外面,她总是听我的。一刹那我感到了责任的重大,就像民族领袖在严重关头时那样。我想找一个两全的办法,找不出;我想拆散一家人,分成两路,各得其所,终不愿意。我决定委屈儿子,因为我伴同他的日子还长,我伴同母亲的时日已短。我说:"走大路。"

但是母亲摸摸孙儿的小脑瓜,变了主意:"还是走小路吧!"她的眼随小路望去:那里有金色的菜花，两行整齐的桑树，尽头一口水波粼粼的鱼塘。母亲对我说："我走不过去的地方，你就背着我。"

这样，我们在阳光下，向着那菜花、桑树和鱼塘走去。到了一处，我蹲下来，背起了母亲，妻子也蹲下来，背起了儿子。我的母亲虽然身材高大，然而很瘦，自然不算重；儿子虽然很胖，毕竟幼小，自然也轻；但我和妻子都是慢慢地，稳稳地，走得很仔细，好像我背上的同她背上的加起来，就是整个世界。

山东淄博电视台（2000年7月2日）

父亲·儿子

杨晓红

（序）：在这个普通的城市，在这个普通的胡同口，有这样一个普通的馄饨摊，我们的故事就从这儿开始的。

父亲：我的馄饨卖得挺不错的，来吃的人也不少，一天的收入也能维持我们爷俩的生活。去年，老婆和我离了婚，上中学的儿子就变得越来越不愿意说话。今年年初，我又下了岗，没办法，为了生活，我不得不在自家的胡同口摆起了这个馄饨摊。没想到从那以后，儿子就不愿再搭理我了。放学后也总是绕到另一条胡同回家，并且拒绝在我的摊上吃馄饨，甚至听到"馄饨"两个字就烦，看着孩子阴沉的脸，我心里真不是滋味。

儿子：我想妈妈，也恨妈妈，她瞧不起爸爸。其实，我也有点。爸爸活得的确有点窝囊，他下了岗，不去别的工作，居然在胡同口卖起了馄饨。这街上的人谁不认识他，这让我怎么抬得起头来。我不想让我们班的同学知道，我怕他们瞧不起我，因为我们班有好几个同学的爸爸都很有钱，经常开车到校门口接他们，我真羡慕他们。

父亲：为了孩子，我决定放弃馄饨摊，去找点别的工作。可现在找工作挺难的，像我这样的年龄和文化程度，还能干点啥呢？找来找去，我只能在一家建筑工地上做点零活。为了让孩子高兴，我告诉他我已经找到工作。这么多天来，儿子第一次对我露出了笑脸，可我的心里真堵得慌啊！儿子是我的一切，只要儿子高兴，让我干啥都行。

儿子：我不知道爸爸找到了什么工作，反正他不在胡同口摆馄饨摊让我难堪就行了。现在，他好像比过去更忙了，每天天不亮就出门，晚上很晚才回家。他瘦了，看上去老了许多，好像连说话的力气也没有了。不知怎的，当爸爸蹒跚的身影在我面前晃动时，我心里竟有种难过的感觉。

父亲：一场意外的事故砸伤了我的脚,我本不想告诉儿子,怕他难过,更怕孩子知道我在建筑工地上打工。可伤得厉害,工友们瞒着我通知了在学校的儿子,因为我现在就只有这一个亲人了。

儿子：人们告诉我爸爸在工作中受了伤,本来在学校中从不提起爸爸的我,竟忍不住哭起来。当我推开病房的门,爸爸正躺在病床上,痛苦的脸上浮现出愧疚的微笑。他想说什么,但却什么也没说出来。我呆呆地站在那儿,脑子里一片空白,恍惚中听到几位叔叔在谈论着爸爸,说爸爸是个勤快的人,他受伤也是为了别人。人们的话语充满了敬佩之情,我这是第一次听到别人称赞我的父亲。虽然在这之前,我曾在爸爸的抽屉里看到许多发黄的证书,那都是爸爸在厂里被评为先进工作者时得的,我怎么就没在意呢?过了好一会儿,我才问爸爸疼不疼,爸爸用轻松的语气安慰我,没事儿,过几天就好了。这让我心里更难过了,如果爸爸现在仍旧摆馄饨摊,肯定就不会受伤了,都是我不好,嫌爸爸摆摊丢人,爸爸是为了我才去打工的。

父亲：每天儿子一放学就来看我,虽说受了伤,可我心里还是很高兴。今天中午他竟给我送来了馄饨。我不敢问孩子馄饨是从哪儿买的,怕他不高兴,可儿子却若无其事地说,这馄饨是他自己做的。我惊呆了,他长这么大,我还从未舍得让他干这种活,他是怎么学会的呢?

儿子：其实过去爸爸摆摊时,他包馄饨的手艺我早就看会了,只是嫌丢人,所以从来不想帮他做。爸爸受伤这件事对我触动很大,我想了很多,似乎也明白了很多,过去老师常说,一个人不管从事什么样的职业,只要是靠自己的辛勤劳动生活就应该受到尊重,当时我还不太明白,是爸爸的行为让我明白了这个道理。放暑假的时候,爸爸的伤痊愈了,他要再去找工作,我告诉爸爸,我已经把他卖馄饨的用具都准备好了,我可以利用假期的时间,帮他重新摆起馄饨摊。

父亲：听了儿子的话,我心里热乎乎的,从来没有像今天这么踏实、满足过。

（尾）：还是这个普通的城市,还是这个普通的胡同口,当清晨的缕缕朝晖洒向大地的时候,一对平凡的父子已经开始了一天的忙碌。也许没有人知道他们的故事,没有人知道他们的喜怒哀乐,可他们却依然快乐地生活着。

中央电视台　山东淄博电视台(2000年7月16日)

感谢班长

王金诚

我们的班长是个山东人,见人的时候总是一脸憨厚的笑。我从新兵连分到他的手下,他亲自去接的我。路上,他抢过我的背包,乐呵呵地边走边问我,姓什么,叫什么,老家在哪儿,高中毕业了没有,兄弟几个呀……等回到了连里,我的个人"资料"就全部被他掌握了。

第一次班务会上,他向老兵介绍了我,每个人都发表了一段热情洋溢的欢迎词后,班长把目光转向了我:"你向大伙儿讲几句吧。"面对大伙儿期待的目光,我站起来,结结巴巴地哀求班长:"班长……让我……我到操场上跑五圈吧,十圈也行。"班长见我被折磨成这样,摆摆手笑着说:"算了算了,下次再补上吧。"算是结束了班务会。

别看班长平时笑容满面,但是一跟他走上训练场,就别指望他发"善心"了。他不管你的脸有多少痛苦,衣服上有多少碱花,他只认一样,那就是成绩表。我训练很拿劲,很玩命,不把苦和累当回事,所以极受他的器重。通过了解,我才认识到,班长确实是喜欢能干的,不喜欢能吹的。班长向连里推荐我当副班长,有些比我资格老的兵不服气,班长说:"不服啥?你成绩上去了,就是躺着跟我说话,我都服服帖帖听你的。"

就在我的副班长的命令快下来的时候,我却干了一件有辱班长使命的事。

一天中午,连里吃馒头,由于面没发好,蒸出来的馒头既难看,又难吃。洗碗时,我趁旁边没人,随手将剩下的半个馒头扔进了泔水桶。这时候,班长出现了,他瞪着两只牛眼咄咄逼人:"你爹娘是农民吗?"我说:"是。"他又说:"如果是,那么请你把那块馒头捡起来吃了。"语言很平淡,里面却像藏着一根针,把我的自尊心刺得流出了血。在他的监视下,我一点一点地往嘴里送,那馒头啥滋味,下辈子我都忘不了。他等我吃完,说:"明天给我写份检查来。"我站在那里,脑袋一片茫然,心想:这下完了。我绞尽脑汁,把自己的思想里里外外都翻了个个儿,坦坦白白晾了出来,晾在了那份自以为还很深刻的检查书上。第二天一早就交给了班长。一天,两天,三天过去了,班长还不安排我做检查;四天,五天,一个星期过去了,一切都还很平静,似乎啥事都没有发生过,我还在纳闷:是不是班长给忘了?

不久,连长宣布了我任副班长的命令,还说作为军校苗子,让我去师教导队参加文化学习,来年准备考军校。连长说:"你要好好谢谢你们的班长哩,我们连只有一个考军校的名额,本来连里确定是让你们班长去的,可是,他一直推荐你,说你是个好兵,又好学,是块当军官的料。"

回到班里,看见班长正在给我打背包。我的可亲、可爱的老班长,我来的时候,背包是你给我拆开的;我要走了,我的背包又是你替我结结实实地打上。打完背包,班长从口袋里摸出了折了四折的纸交给我,说:"这是你的那份检查,我替你保存近一年了,现在物归原主吧。你还记恨我那次对你忒狠心吗?"手捧那份没有第三个人知晓的检查,我又一次激动得不知如何回答班长。"听说军校很苦,我想你既然能把那块馒头吞下去,那么今生今世还有什么不能吞下去的呢?到了军校后,要多练习练习说话。要当军官了,还不会说话那哪行?还要指望你今后指挥千军万马呢!"

感谢班长。仍旧不会说话的我,从灵魂深处道出了这四个字。

内蒙古海拉尔电视台(2000年7月30日)

醉在呼伦贝尔

蔡铁英

什么是醉,心醉便是醉了。

六月一个早晨,我陪远来的朋友一同登上兴安岭。刚到岭顶还没等定下神来,浓浓的雾,不,应该说是云,就把我们藏了起来。吸了一口气想喊却像喝了一口甘冽的清泉,终于没有做声。静谧中,我觉得自己被浓雾化解了,心绪像云一样徜徉在山间。混沌中天地合一,我想起了盘古氏那把开天辟地的利斧。

我有几分醉了,数不清的,灰的、黑的、白的、青的云团舔着我的醉眼,在天光中沉浮,像宇宙中的星云重演着创世纪的奇观。渐渐地"混沌"开始分化,轻的上浮,丝绒一样飘在半空如天宫的云毯;重的下沉,现出一个似乎有潜龙静卧的墨蓝色的深潭。不知何时聚拢来的群山如摇篮状把云毯与深潭围在其中。微风袭来,远处的松涛声像是天地落定的余响。

此时,天地都屏住呼吸在静穆中期待着什么。"快看!"随着朋友发颤的语调,潭中央跃出一个小黑点,霎时间,两条水线在如境的水面展开。"是野鸭吗?"朋友问。"不,是生命!"我大声喊道。这是怎么了?我下意识地俯下身去,莫名的泪水夺眶而出。脚下的花草,身旁的松枝上挂满了圣洁的露珠。细观,小珠与露珠原本是分不出的。

云向山下飘去。亮起来的潭面把山分成对称的实体和倒影两部分,这幅在天地间展开的画卷,既不失油画的逼真,又像中国画那般传神,绘画的鼻祖原来是大自然。大自然就是这样,他赋予你生命,又启发你的心智,待你有些成熟时,他又像潭中的水那样,引导你挤过石桥,跳下山崖,聚成溪,汇成河,化作云,变成雨,迎着雷电千回百转义无反顾地奔向新的目标。

在下山的铺满松软腐叶,弥漫着远古气息的林荫路上,我想象着呼伦贝尔先民由大兴安岭向着呼伦贝尔草原,坚定又充满艰辛的跋涉。

人往高处走,水往低处流。而水往低处流却是为了人往高处走,至少当年的鲜卑人是认这个埋的。一样的水,可山间的水和草原上的水为人们提供的生活环境却是完全不同的。正当始终与我们同行的溪流河水使我们发出这般感慨时,却意外地发现了鄂温克先民刻在崖壁上,大多是犴、鹿等动物图案的岩画和搭建在树上,常被人误认为是悬棺,实际上是用来藏储物品的天仓。

清晨,马群的奔腾和嘶鸣声把我们从睡梦中唤醒。走出牧包举目望去,心立刻为草原的博大壮美震撼了。著名史学家翦伯赞也曾在此感叹道:"这个草原一直是游牧民族的历史摇篮。出现在中国历史上的大多数游牧民族,鲜卑人、契丹人、女真人、蒙古人都是在这个摇篮里长大的,又都在这里度过了他们历史上的青春时代。"

忽觉阳光有些暗,抬头去望,大家不约而同地喊道"是龙"。碧蓝天空上飞来一条用云雕刻成的巨龙。我敢肯定地说,当年的成吉思汗也一定见过这样的龙。我又有些醉了。

中央电视台　新疆电视台　新疆军区联勤部(2000年8月27日)

穿越卡拉其库

刘湘晨

堆积一个冬季的冰雪,随着卡拉其库河,一直探入五月下旬高原渐渐深浓的、带着畜粪味和草腥气儿的风中,最终从卡拉其库沟口探出。绵长远去的塔什库尔干河在勾勒整个帕米尔高原的轮廓。

踏上帕米尔高原,于群山环围之间四处走走,你本能地会意识到这座"万山之祖"的地理成因,依稀捉住文明最初的线索。

在帕米尔高原的众山之间,最先出现并逐渐贯通的应是水道——恒河、印度河、赫尔曼德河、阿姆河、叶尔羌河……循着帕米尔高原的这些滋生并哺育了文明的大河上溯,最终都可以在高原千山万壑之间找到宗源,找到每一条最不起眼的涓溪。

高原终年不化的积雪提供了充足的水源长年经流,山体的剥蚀作用和上游随水游走的河沙不断淤积,帕米尔高原的沟谷间便有了最先形成的河漫滩以及由此衍生的河畔开阔地,这使帕米尔高原早期人类居住和活动区域的不断拓展有了可能。

文明的最初黎明是从第一位牧人的脚下开始的。帕米尔高原丰富的水资源滋养了零星的、数量却相当可观的河漫滩草甸,草情的变化成了牧人往复游走的指针,恍惚千年一梦,帕米尔高原多得难以数计的沟谷间已布满密如蛛网的牧道。后来的征战和大规模的迁徙使最便捷、最为常用的牧道大为拓展,成了相当于今天公路的干道。由此不难看出:凡适宜骆驼和牦牛行走的地方都有可能成为丝绸之路过往的途径。或许,这就是如今沿新疆边界各个山间隘口都有许多丝绸之路掌故的原因。

公元627年,玄奘告别当时的唐大都长安开始漫长的西行之旅,当他最终学成重归,其间整整十八年的岁月已做落花去!当时和后世的人们,对这位传奇人物的佛学业绩,表现出由衷的敬仰和肯定,但是,他的优雅品性所决定的他内心细腻的感受力,他的极富幻想的激情与外在严酷环境的尖锐对峙,却从未被人予以充分的关注,这毕竟是一条孤独而艰苦的长途。

走在五月初春的卡拉其库,路过一座水泥构筑的桥,桥头路牌一掠而过,上边儿清晰显示出地名儿:瓦罕通道。

在许多岁月之间,瓦罕通道是东部帕米尔高原和西部帕米尔高原之间沟通的唯一最便捷的通道。沿着瓦罕通道可以看到各个年代的军事筑防设施:驿站、卡伦、碉堡,虽然无声无息,你却会感觉到有种十分坚硬的东西潜隐在岁月的沧桑之间,这是一种不朽的东西,有血和汗混合的腥气,会让一个男人骚动难宁,会让一个女人安然入梦……

卡拉其库正午的阳光使地面的石头有五六成水的热度。凝目细望,大地烟气蒸腾,犹如无数透明的火舌燎动;轻风拂面,让人遐想。我在妄测:当年的唐僧可曾听到同一只旱獭的叫声?

我注意到,有干枯水道穿过大片的砾石戈壁,从远处的山边一直顺延下来,深深切入地面之下,没有足够流量冲击和经久冲刷不能形成。或许是山上积雪消融汇成山洪,在某一个傍晚突然冲决而下;或许是在卡拉其库所可能有的雨季,大雨如注,肆意流淌。那时候,卡拉其库的谷地间被无数道浊流纵横切割,野骆驼和黄羊也会望之却步,稍不留意就会被洪水卷去,最终滚入卡拉其库河中。

唐僧历经此景当做何种选择呢?他的一件长布衫早已褪了原色,尽受风尘雨洗和过于强烈的日光曝晒。实际上,以我长期在帕米尔高原游走几日、几十日也未必洗漱一次的经历判断,长途奔波的唐僧绝没有装扮的必要。我曾在五月的卡拉其库河中洗手,那种冷涩坚硬的水不消三天,就能让一双世界名模的手糙如村妇,这个细节及其深长意味让我每每想到一个鲜鲜亮亮的唐僧在《西游记》电视剧中频频出入,倍觉滑稽。

接近傍午,远处依稀有另一条峡谷,地名很有意思:明铁盖,意思是"一千只黄羊"。遥想当年,成群的大角盘羊被狼和豹追赶,烟尘蔽日,久久不散。唐僧曾驻足瞭望,他很可能是最早看过卡拉其库夕阳之下兽群奔走的"口里人"之一。

帕米尔高原气候的规律——正午之后,随着太阳逐渐沉落,气温也从这一天的顶点逐渐下降。山顶最先聚敛起云气,然后逐渐延伸、扩大,眨眼间将整个天空罩住。我最先感到颔面和脸颊有被蚊虫叮咬的痛感,零星飘落的雨很快变成了雪霰,由着风扑面而来,转眼又变成了鹅毛大雪横飞。没有背景,没有来处,天地间刹时尽被飘动的雪片所填充,像是在布置一个阴谋,你甚至看不出几十米远,让人倍觉恐怖。此刻,在心里,正是豪情难抑的时候,我何尝不是感受同一场曾经飘过唐僧脸颊的大雪?

——或许,这正是玄奘心意最重的时候。

辞别长安已去数岁,途经数十国,一路风尘,进入卡拉其库正碰上一场大雪,让人眼眯难视。吆住随从,玄奘倚靠着此刻我正在倚靠的一堆赤色裸石等候雪停。久久萦绕心底的心绪再次泛起,一下变得不可抑制。玄奘轻轻掉转脸颊向别处望去,担心随从们看到这会儿泪水正从他的眼角溢出。他觉得自己再难以支撑下去了,仰起脸一任雪花积落、消融,只差一声大喊出来!为什么呢?没有任何明确的原因。此刻,他的心里一片空白,唯有眼前大雪飘飘。玄奘阖目冥想,试图吟诵一章经文,眼前闪过的却是长安街头偶尔与他相视而笑的那个寻常女子的脸,他本能地想要吟出"罪过"两个字,却第一次没有说,心底似有丝丝温热淌过。

在玄奘最感绝望的时候,他已不止一次试图放弃西行之旅,这样的关口,每一次都是心灵的磨难。终于,挨过去,最终铸成他坚忍不拔的意志。当他最终完成长达十八年的游学之后,他内心的这个瞬间被人有意无意地略去了。

卡拉其库的大雪在这个午后仅仅飘了半个时辰,却飘过由几千年日夜编织的广阔时空,让人心界大开。瞭望悠远,这是人与命运、与天机沟通的时候。从某种角度讲,正是基于对这种或类似这种时刻的感悟,将决定一个人在这个世界的所思和所为。

我竭力向罗布盖孜峡谷深远处望去,试图穿透峡谷。我的这种努力很徒劳,峡谷间仍是云气汹涌,仿佛刚刚被玄奘的长衫搅乱。玄奘最终走过了,他那件长衫的衣摆却在轻盈飘动的一瞬戛然静止,成为一个永恒的定格。在这种午后雪静的时候,就会重新飘动在人们的眼前,幻化为淡淡的云气。

——卡拉其库,不仅是连通世界的大道,也是通向心灵之路!

中央电视台(2000年8月27日)

一株行走的草

简 媜

敕勒川(佚名)
敕勒川,阴山下,
天似穹庐,笼盖四野。
天苍苍,野茫茫,
风吹草低见牛羊。

我来到广阔的草原上,被细微的声音吸引。

那是自草原底层所发出的,牧草舒络筋骨的声音;也是被风吹袭时,草尖与游云相互拥舞的声音。那是人声交错的世界里听不到的微语,人的眼眸与耳际总是停伫在尘世的荣华上,遗忘了草原上有更深奥的交谈。

我逐渐明了,其实人世的生灭故事早已蕴涵在大自然的荣枯里,默默地对人们展示着一切,预告生生不息,也提挈流水落花。人必须穷尽一生之精神才能彻悟,但对这草原上的每一棵草而言,春萌秋萎,即具足一生。人没有理由夸示自己生命的长度,人不如一株草,无所求地萌发,无所怨悔地凋萎,吮吸一株草该吮吸的水分与阳光,占一株草该占的土地,尽它该尽的责任,而后化泥,成全明年春天将萌生的草芽。

众草皆如此,才有草原。

我不断追寻,哪里能让我更沉稳,哪里可以叫我更流畅;在熙扰的世间,却不断失望。才知道我所企盼的,众山众水早已时时对我招引,只是我眼拙了。山的沉稳,成就了水的流畅,水的宽宏大量,哺育了平野人家、草原牛羊。

如果田舍旁的稻花曾经纾解我的心,不仅是勤奋的庄稼人让它们如此,更是平野与流水让它们如此。如果,深山里的松涛曾经安慰我,那是山的胸襟让它如此。如果桃花的开落曾经换来我的咏叹,我必须感恩,是山、水、花、鸟共同完成的伦理,替我解去身上的捆绳。

我不曾看到一座单独的山,山的族群合力镇住大地;也不曾看到一条孤单的河,水的千手千足皆要求会合。不曾有过不凋萎的桃花,它们恪守生灭的理则,让四季与土地完成故事。

荣,是本分的;枯,也是本分。

在我眼前的草原,无疑的也是天地伦常的一部分。吸引我的这一幅和谐,乃是天无心地苍茫着,山无心地盘坐着,草原无心地拂动着,牛羊无心地啮食着,而我无心地观照着。

此时的我,既是山里的一块岩,也是天上游动的云;是草的半茎,也是牛羊身上的汗毛。

人不能自外于山水,当我再次启程,我是一株行走的草,替仍旧沉溺在红尘里的我,招魂。

中央电视台(2000年11月5日)

一个人的村庄(节选)

原著:刘亮程 改编:王宝民

我走的时候,我还不懂得怜惜。

我随便把一堵院墙推倒,砍掉那些树,拆毁圈棚和炉灶,我想它们没用处了,我去的地方会有许多新东西。一切都会再有的,随着日子一天天过去。

我出去割草,去得太久,我会将钥匙压在门口的土坯下面。我一共放了四块土坯迷惑外人,东一块,西一块,南北各一块。有一年你回来,搬开土坯,发现钥匙锈迹斑斑,一场一场的雨浸透钥匙,使你顿觉离家多年。

又一年,土坯下面是空的,你拍打着院门,大声地喊我的名字。那时村里已没有几户人家,到处是空房子,到处是无人耕种的荒地,你趴在院墙外,像个外人,张望着我们生活多年的旧院子,泪眼涔涔。

我有一把好镰刀,你知道的。

芥,我说不准离家的日子,活着活着就到了别处。我曾经做好一生一世的打算:在黄沙梁等你。你知道的,我没这个耐力,随便一件小事情都可能把我引向无法回来的远处。在过去的几十年里,村里人就是为一些小事情一个一个地走得不见了,以至多少年后有人问起走失的这些人，得到的回答仍旧是：

他割草去了。

她浇地去了。

人们总是把割草浇地这样的事情看得太随便平常。出门时不做任何准备，往往是凭一个念头，提一把镰刀或扛一把锹就出去了。一天到晚也不见回来，一两年过去了还没有消息。在我们看不见的角角落落里，我们找不到的那些人，正面对着这样那样的一两件小事，不知不觉地过去了一辈子，连抬头看一眼天的时间都没有，更别说地久天长地想念一个人了。

我最终也一样，只能剩一院破旧的空房子和一把锈迹斑斑的钥匙，——我让你熟悉的不知年月的这些东西，在黄沙梁等待遥无归期的你。

我出去翻地。我有一把好铁锹，你知道的。

我走的时候我还不知道向那些熟悉的东西告别，不知道回过头说一句：草，你要一年年地长下去啊。土墙，你站稳了，千万不能倒啊。房子，你能撑到哪一年就强撑到哪一年，万一你塌了，可千万把破墙圈留下，把朝南的门洞和窗口留下，把墙角的烟道和锅头留下，把破瓦片留下，最好留下一小块泥皮，即使墙皮全脱落光，也在不经意的、风雨冲刷不到的那个墙角上，留下巴掌大的一小块吧！留下泥皮上的烟垢和灰，留下划痕、锈在墙中的木橛和铁钉……这些都是我今生今世的证据啊。

我喜欢在一个地方长久地生活下去——具体点说，是在一个村庄的一间房子里。如果这间房子结实，我就不挪窝地住上一辈子，一辈子进一扇门，睡一张床，在一个屋顶下御寒和纳凉。如果房子坏了，在我四十岁或五十岁的时候，房梁朽了，墙壁出现了裂缝，我会很高兴地把房子拆掉，在老地方盖一幢新房子。

在一个村庄活得太久了，就会感到时间在你身上慢下来，而在其他事物身上飞快地流逝着。有些人，有些东西，满世界乱跑，让光阴满世界追他们。他们最终都没能跑回来，死在外面了，他们没有赶回来的时间。

在这个村庄里，睡一百年，都不会有人喊醒你。马在马的梦中奔跑。牛群骨架松散走在风中。一场风一过，这个地方原有的空气便跑光了，有些气味再闻不到了，有些东西再看不到了：昨天弥漫村巷的谁家炒菜的肉香；昨晚被一个人独享的女人的体香；早上放在窗台上写着几句话的一张纸；昏昏沉沉的一场大觉……我醒来的时候，不知是哪一个早晨，院子里扫得干干净净，柴垛得整整齐齐，细绳上晾着洗干净的冬衣，你不在了。

有几十年了，我没吃这片田野上的粮食，没喝这片土地中的水，没吸这片天空里的气，因而对这里的事情一无所知。我带走了我所有的。这个村庄里的一切，在我离开的那一刻停滞了。风吹刮着他们的田野，倏忽间黄了又绿。雪落在留下的那些人的院落和道路上，一声一声狗吠驴鸣回响着。风空空地刮过，地一片一片地长荒。太阳落下。太阳升起。我只知道以后发生了两件事：有人死了，有人出生。

多少年前的一天下午，村子里刮着大风，我爬到房顶，看一天没回家的父亲，我个子太矮，站在房顶那截黑乎乎的烟囱上，抬高脚尖朝远处望。村庄四周浩浩荡荡的一片草莽，风把村子里没关好的门窗甩得啪啪直响，连一个人影都看不见，满天满地都是风声，我害怕得不敢下来。我母亲说，父亲是天刚亮时扛着一把锹出去的。父亲每天都是这个时候出去。我们还小，不知道堆在父亲一生里的那些活计他啥时候才能干完，更不知道有一件活儿会把父亲永远地留在一块地里。

多少年来我总觉得父亲并没有走远,他就在村庄附近的某一块地里——那一片密不透风的草莽中,无声地挥动着铁锹。他干得忘记了时间,忘记了家和儿女,也忘记了累……

我曾经到过一个别人的村庄。我把那个没人住的破村子收拾出来自己住。我花了半年工夫,把倒塌的墙一一扶起来,钉好破损的门窗,清理通被土块和烂木头堵住的小路。我还从不远处引来一渠水,挨个地浇灌了村庄四周的地,等这一切都收拾好,就到了秋天了。一户一户的人们从远处回来,他们拿着钥匙,径直走进各自的家。没谁对村里发生的一切感到惊奇,他们好像出去了一会儿又回来似的,悠然自得地,在我打扫得干干净净的房子里,开始了他们的生活。

我远远地观察了这一切,直到我坚信再没半间房子属于我,在一个月黑风高之夜,我贼一般逃离了那个村子。

又一年夏天一片玉米地挡住了我。一望无际的一片玉米,长得密密麻麻。我走了几个来回,怎么也找不到穿过它的路。我只好在地边搭了个草棚。我打算住一夏天,等种地人收了玉米,把地腾开我再过去。反正我也没太要紧的事。

等待的过程中我发现自己成了一个看玉米的人。看着玉米一天天成熟,后来一片金黄了,不见人来收。一场雪都下过了,还不见人来。我有些着急,谁把这么大的一片玉米扔在大地上就不管。会不会是哪个人春天闲得没事,便带上犁头和播种机,无边无际地种了这片玉米。紧接着因为一件更重要的脱不开身的大事,他便把自己种的这块玉米给忘了。我想是这样的。

我盖了间又高又大的粮仓,花了一冬天的时间把埋在雪中的玉米全收进了仓中。这时候我已忘记了我要去的地方。我记得,我才出去一天。

芥,我们分明种过一块地的,离村庄很远。那个晴天的早晨我们赶车出去,绕过沙梁后走进一片白雾蒙蒙的草地,马打着响鼻,偶尔也高叫两声。在装满麦种的麻袋上我解开你的上衣,我清楚地记得有一股大风刮过你双乳间那道白晰的沟槽,朝我脸上吹拂,我闻到一股熟悉的、来自遥远山谷的芬芳气息……马车猛然间颠簸起来,一上一下,一高一低,一起一伏,我忘掉了时间,忘掉了路。不知道拐了多少个弯,爬了几道梁,过了几条沟。后来车停了下来,我抬起头,看见一望无际的一片野地。

芥,我一直把那一天当成一场梦,再想不起那片野地的方向和位置。我们做着身边的事,种着房前屋后的几小块地,多少个季节过去了,我似乎已经忘记我们曾经无边无际地播种过一片麦子。

芥,那时候家里只剩下了你。我的兄弟们都不知道到哪里去了,他们也和父亲一样,某个早晨扛一把铁锹出去,就再也不见回来。我怎么也找不到他们。黄沙梁附近新出现了好多村子,我的兄弟们或许隐姓埋名,生活在另一个村庄了。

黄沙梁,谁是你伸向天空的手——炊烟?树?那根直戳戳插在牛圈门口的榆木桩子?还是我们无意中踩起的一脚尘土?谁是你永不挪却转眼间走过许多年的那只脚?盖房子时垫进墙基的一堆沙石?密密麻麻扎入土地的根须?哪只羊的蹄子?或许它一直在用一只蚊子的细腿走路。一只蚂蚁的脚或许就是村庄的脚,它不住地走,还在原地……

谁是你默默注视的眼睛呢?那些晃动在尘土中的驴的、马的、狗的、人和鸡的头颅中,哪一颗是你的头呢?我一直觉得扔在我们家房后面那颗从来没人理识的榆木疙瘩,就是这个村庄的头。它想了多少年事情,一只鸡站在上面打鸣又拉粪,一个人坐在上面说话又放屁,一头猪拱翻它,另一面朝天。一个村庄的头低埋在尘土中,想了多少年事情。

谁又是你高高在上的魂呢?

芥,我带走了狗,我不知道你回来的日子,狗留在家里,狗会因为怀念而陷入无休止的回忆。跟了我二十年的一条狗,目睹一个人的变化,面目全非。狗留在家里,就像你漂泊在外,是我最放心不下的心事。

芥,我把钥匙压在门口的土坯下面,我做了这个记号给你,走出很远又觉得不踏实。你想想,一头爱管闲事的猪可能会把钥匙拱到一边,甚至吞进嘴里嚼几下,咬得又弯又扁;一头闲溜达的牛也会一蹄子下去,把钥匙踩进土中;最可怕的是被一个玩耍的孩子捡走,走得很远,连同他的童年岁月被扔到了一边。

芥,我不知道时间过去了多少年。也许我的一辈子早就完了,而我还浑然不觉地在世间游荡没完没了,做着早不该我做的事情,走着早不属于我的路。

我默默地站了一会儿,又默默地走出村子。再没人理我,说话声也听不见了。我的四周寂静下来,远远近近,没有人说话的声音,也听不到走路声。此时此刻,只有我在一个人的村庄里进进出出,没有谁为我敲响收工的晚钟,告诉我:天黑了,你该歇息了;没有谁通知我,那些地不用再种了,播种和收获都已结束;那个院子再不用去打扫了,尘土不会再飘起,树叶不会再落下;更没有谁暗示,那个叫芥的女人,你不必去想念了,她的音容笑貌,她的青春,一切的一切,都在一场风中飘散。

我出去割草,我有一把好镰刀,你知道的……

河北保定电视台(2000年11月19日)

写字的故事

李 冰

写字能有什么故事呢?对用电脑写字的人来说,无非就是敲敲打打,我是写毛笔字的,关于写字,实在有很多的事情可说。

说起学写字,还得从家乡说起。我的家乡是北方的一个普通小村,山清水秀。村里有个姑娘叫娥子,因为生得俊俏,方圆几十里都有名,求亲的人快踏破了门槛,可娥子就是谁也不应。

有一天,娥子要嫁了!嫁的人是邻村老赵家的二林,二林又黑又瘦的,长得也不济,大家伙儿都有些纳闷儿。

二林是倒插门儿,就是落户到娥子家来。不久,便开始教我们写毛笔字,写毛笔字在我们村上是很光显的一件事。村子上只有老王头有毛笔,逢年过节或哪家娶媳妇的时候,他才肯摆出来写一写,可去年老王头过世了。

二林写得一手好字!人也和气,即使我们跟他捣乱,他也不生气,还是耐心地教。后来,我们才知道,娥子嫁给二林没别的,图的就是这手好字,二林教我们写字的时候,娥子总是躲在一边美滋滋地看着。

在我的记忆中,娥子家房后那棵正在开花的大槐树是十分清晰的,满树的花在阳光下灿烂娴静,我觉得它特别像娥子。墨香和花香混在一起,有种很特别的味道,我是在蒙眬中喜欢着娥子的。

在我爹眼里,二林是靠着一手好字才娶了个俏媳妇。于是,爹设法在城里给我找了个老师。老师名叫黄绮,刚从牛棚里放出来。黄绮老师教我写字时是极少让我在宣纸上写的,他总是让我捡一些废旧的报纸回来,用湿布在上面擦一擦,这样一来,被擦掉油光的报纸就抓笔了。字只有写到十分把握时,老师才允许我在宣纸上写一张。这时候我会用十二分的小心铺好宣纸,浓浓地磨好一砚墨,用笔一舔,雪白的宣纸,黑生生的字。写完之后,再轻轻按上一枚艳红的章。洒脱委和的气息立即扑面而来,心头顿时会涌起一种生命的喜悦。

在书法道路上,我一直在探索着古与今的契合点,寻找着独属自己的风格。

去年春天,我回了趟老家。归乡时节,恰逢槐花盛开,雪白的花一片片的,开得满山满沟。山中寂无一人,只能听见自己的脚步声,我在山石中踽踽独行,石块屹然矗立,岁月雕下的沟痕凝重清醒,浑然构成一种张力,透出华夏文明的古老与厚重,而上面的落花则显得潇洒飘逸。

苍石与落花,我的心不由为之一动:凝重如苍石卧地,潇洒似落花飞空,这不正是我要追求的书法风格吗?

我写书法是想让世人知道,在地球的东方,有一个历史悠久的国家,他们曾用竹杆和毫毛做成的笔,书写自己的文明和历史,现在,这种古老的书写方式已赋予了一种新的灵魂。

二林老了,他依然保持着老习惯,摆上方桌写对联。娥子呢,还是先前那样坐在一边看着。

四川自贡电视台(2000年11月19日)

群山之上

赖 雨

在所有阳光灿烂的日子,我都愿意静静地仰望蓝天,想象自己就是那只展开翅膀、朗声歌唱的小鸟。而无数关于飞翔的梦幻,此时,都会纷纷绽放出七彩的花朵,芬芳着云里云外每一片风景,让我的心充满了渴望,也充满了忧伤。

假如我能够站起来该多好啊!假如我能够走一步,再走一步该多好啊!这是一个永远的黑色的奢望。因为在我牙牙学语、蹒跚学步的时候,病魔就残忍地折断了我的翅膀,让我小小年纪就尝尽了孤独和痛苦的滋味,就懂得了羡慕和遗憾的含义。

然而命运不容我选择,只许我思考,我是注定了要跟轮椅相伴终身的。在一个飘雨的黄昏,我悲哀地清楚看到了现实的冷酷,但我没有退缩,决不敢轻易放弃,因为我已经无路可退!我对自己说:既然命运注定要我承受,那就让所有的苦难一起降临吧!也许生命会被碾成粉末,可我不屈的灵魂仍然高傲地飞翔!

我的思绪像一片落叶一样飘浮在迷蒙的空气中,我看见雨水在落叶上折射出金属的光芒。如此脆弱的树叶都能够放射出坚硬的光辉,那么,我的轮椅能不能在泥泞中碾下那属于我自己的人生轨迹呢?

我会流泪、流汗和流血,甚至抵达的终点不过是一片荒漠,一个废墟。当我用左手在横放的稿纸上缓慢滑动成诗,用嘴唇和舌尖艰难翻动书页的时候,我感悟到了许多人一生都无法明白的真实与重量。

我的轮椅碾碎过北方的寒风;我的轮椅惊扰过羌族少女的甜梦;我的轮椅碾过竹海深处的缕缕蝉鸣,更不可思议的是,我的轮椅居然"爬"上了峨眉金顶!在金顶上我看到了无边无际的云海和美妙得让人泪水长流的佛光。而当太阳冲破云层喷薄而出的那一刻,我坚信自己彻底打败了病魔,战胜了命运,超越了自己。我大声呼喊,好让佛光深处的神灵听到我的声音:我是生命的黄金战士!

轮椅,就是我的战车。在我每一次向大自然朝拜的时候,轮椅流动的声响,如同灵魂的一次次起跳。它碾压出二条轨迹,难道不是我起飞的跑道吗?

在起伏回转的人生风景中,我与轮椅起飞共舞。行走得越远,在心灵中就掘进得越深。

我的轮椅与梦想,正通往群山之上……

昆明电视台(2000年12月8日)

阿鸽八斤

张宏珊

三十年来,我不知拆开过多少封信。可这一封信,却让我痛不欲生。这封信是她的姐姐阿鸽七斤写来的,信中说,她的妹妹阿鸽八斤乘坐的班车遇上了塌方!……阿鸽八斤,你就这样突然一下,永远地走了?

这座被摩梭人尊奉为"神山"的格姆山,屹立在永宁坝子的东北方,她就是格姆女神的化身。传说,格姆女神的相貌闭月羞花,心地慈悲善良。她和世世代代居住在泸沽湖的摩梭女人一样,沿袭着古老的生活方式——走婚。每当夜幕降临,她便会骑着一匹白马,吹着一支竹笛,巡游在格山间,与她的情人幽会。

格姆女神温柔多情,泸沽湖便是她守望情人的相思之泪化成的,于是泸沽湖也被摩梭人称为"女神湖"、"女儿湖"。

那是一个至今仍旧让我无法分清是现实还是梦幻的清晨。那一刻,我惊呆了,我不知道站在眼前的这个女孩是否是真实的。潜意识中,我马上把她和格姆女神重合叠画在了一起。

悲伤笼罩着这个刚刚失去了亲人的摩梭家庭:阿妈、舅舅、阿姐。火塘熊熊地燃烧着,一切都没有改变,房间的角落里散发着阿鸽八斤留下的气息,我还能感觉到她的微笑。

我还是住在这间曾经与八斤有过无数次交谈的木楞房里。在这静谧的泸沽湖之夜,我从未像现在这样渴望着人死了以后还会有灵魂。我期盼在这漫漫的长夜里,八斤会再次来与我相会。

人生真的是一个"围城",城市人把泸沽湖视为"人间仙境",而生活在大山里的阿鸽八斤却在憧憬着我居住的远方大城市的文明。八斤对于我生活的世界怀着非常的好奇,我居住的城市离她有多远?城里的人每天都在做些什么?……八斤把所有对外面世界的向往都集中在了我的身上,渐渐地,我已经成为了她心目中那个"外来文明世界"的化身。

从那天清晨的相遇后,我才知道八斤便是我借宿的摩梭老乡家的女儿。八斤身上那种毫无雕琢的纯真,深深吸引着我这个已经过了而立之年的人。和她在一起的日子里,我总是觉得很自然、很舒心。随着在泸沽湖逗留日子的增加,感情在我们的不经意间,逐渐发生着变化。我们已经变得很在乎对方的每一个行为和每一个表情。

同样的夜色,同样的歌声,同样的舞步,恍惚间,我似乎又看到了阿鸽八斤的身影——我们彼此在人群里寻找着对方,仅仅是一个眼神,所有的快乐和幸福便会在她的脸上荡漾开来,而我的内心则会涌起一阵莫名的潮水。

那一晚,阿鸽八斤将在打跳的人群中挑选她的第一位阿夏。

八斤被一个英俊的小伙子拉出了人群,据说,这个小伙子是全村摩梭姑娘心目中最好的阿夏。不知道小伙子和她说了些什么,只见小伙子满脸失望地又回到了打跳的队伍中。第一位阿夏对于摩梭姑娘来说是至关重要的,因为她将把自己最纯洁、最完美的感情交付给他,第一位阿夏或许就будет成为她一生的情人。融融的篝火照亮了天空,热烈的舞曲引领着人们,踏上了将醉欲醉的狂欢之夜。

……

美丽的阿鸽八斤已经离我而去了,熟悉的舞曲中再也看不到她的身影。然而,这一切并不会改变摩梭人千百年来的生活。湖水还是那么宁静,月亮还是那么皎洁,走婚者依然在月夜与他们的心上人幽会。

那是一个永生不能忘记的夜晚。尽管夜已经很深了,八斤还是来到了我住的地方,我知道,这和我过两天就要离开泸沽湖有关。八斤对我说:她有一件最重要的东西要给我看。

我没有想到,八斤带我去的地方竟然是她的阿妈刚刚为她准备好的花房。摩梭女人的花房是神秘的,因为除了她们的"阿夏",就连亲兄弟也不能随便进去。

八斤关上了门,转过身来,突然对我说,我要和你一起走!我愣住了!我不知该如何答复。整整一夜,我都在语无伦次地向她做着各种解释,我言不由衷地对她说:这是一件大事,请给我一点时间,让我回去想一想。

要是那天晚上,我答应带她走,要是我回到城里以后,立即给她一个肯定的答复,阿鸽八斤,就不会离我而去。

哎!在某种程度上,是我害了她呀!看来我今生今世注定要生活在永无休止的自责和悔恨之中了。如果一切还可以再来一次,还可以吗?阿鸽八斤,我心中的女神啊!

虽然阿鸽八斤走了,但对于我来说,今后无论走到哪里,我心里都会有一块净土是属于她的。今生今世的缘分注定了我将要不断回到这里,这女神山就是她的化身。我将用我的心来证明阿鸽八斤那永无墓碑的爱情和生命。

女神湖的阳光仍旧温馨,格姆山依旧妩媚动人,在女神灵光的护佑下,摩梭人的生活依然充满着歌声和笑声,爱情和希望。

阿鸽八斤突然地来,又突然地走,像一道美丽的彩虹,虽然时间短暂,但足以使我的生命从此灿烂起来!

山东威海电视台(2000年12月22日)

俺爹俺娘

焦 波

在鲁东山区一个普普通通的山村里,住着俺爹俺娘,他们在一起平平淡淡地生活了近七十年。

爹娘成亲前谁也不认识谁,爹还记得成亲那年他还不满16岁,给娘掀开蒙头红布时才知道娘长得啥样,可新郎啥模样,娘连瞅都没敢瞅一眼。

爹娘这一对算命先生说的上等婚,婚后却顶牛了三年。三年中他俩不说话,有一回爹打了娘两巴掌,娘竟喝了一盏灯的煤油,幸好被家人发现救了过来。

三年后生了我大哥,爹娘的日子才逐渐平和。从我记事起便很少见爹娘吵架了,以后他们磨合得更好,到了老年竟形影不离。对爹的"旨意"娘言听计从,尽管有时不情愿。男在前,女在后,爹在任何时候都是唱"主角"。

娘从六岁起就缠脚,爹为她修剪了几十年的脚指甲。这架纺车是当木匠的爹结婚那年为娘做的,娘用它纺了一辈子的线。夫妻通腿而眠是齐鲁山区农民的习俗,无论在什么地方,爹娘都保持着这一习惯。

天一亮就忙忙活活,爹娘就这样忙活了一辈子。娘嫌脱粒机打的麦子不干净,还要用簸箕簸一遍。爹六十岁还进城打工,八十岁照样锛木头,养家糊口。邻居家有什么喜事,总少不了娘去帮忙。谁求助于爹,爹总是不辞辛劳地尽力而为。

爹读过几年私塾,对学问的追求和期望很高,所以只要我们上学,家里再苦再穷都全力支持。临到我毕业参加工作时,家里没有一毛钱,但爹还是一口气给我置办了自行车、手表、短大衣等一整套上班的行头。直到二十多年后我才知道,那是爹做了一辈子木匠活儿攒下的一副寿材换来的。

1994年,我给爹娘拍的一组照片得了首届国际民俗摄影大赛的最高奖,我高兴地赶回家给爹娘报喜,爹娘当然欢喜无比,连说"不孬!不孬!"可爹娘不问我奖金的事,我实在憋不住就只好提醒爹:"你猜奖金有多少?"爹猜不出,我告诉爹:"六万六啊!"可爹没有我想象中的激动,虽然他一辈子没见过,也没挣过,更没花过这么多钱!爹只是笑着说:"什么钱不钱的,咱要的是那个名誉。"

12月1日,是俺爹俺娘结婚整整六十八年,俺想送给爹娘一份特别的礼物,办个《俺爹俺娘》摄影展,还要让爹娘亲自为影展剪彩。娘不明白"影展"是怎么回事,就理解为请她进城开会,所以她逢人问起就自豪地回答说是进城开会。影展开幕前的晚上,爹娘在旅馆里用纸模拟剪彩,听说明天要剪断的是红绸子,娘很可惜地说:"那多瞎呀!"

影展从开始到结束,爹娘在小旅馆里哪儿都不去,城市里的繁华热闹引诱不住他们。爹说就是来给我剪彩的,"给儿子剪了彩,我这一生就完成任务了!"

这是爹娘的近照,爹八十四岁,娘八十六岁。住的还是那间土坯老房,吃的还是自家种的五谷杂粮,爹娘依旧在那个小山村里平平淡淡地生活着。

我这一生欠爹娘的太多,和天下所有受恩于父母的子女一样!

吉林市电视台(2001年1月5日)

梦里雪乡

郝蕃芬

心绪繁杂的时候,最好去雪乡走一趟。

穿越了苍莽延绵的林海雪原,淹没在山坳中的雪乡渐隐渐现。虽然我家乡的冬天也不乏白雪，可雪乡的雪还是令我吃惊得有些恍惚。在踏及雪乡的一刹那，我竟然存些怀疑，自己是否还真的置身于尘世之中。

走进雪乡，凡俗便离我而去，剩下的只是一个冰清玉洁、空灵隽永的世界。漫天雪花彻夜不停地飞舞，这在雪乡是常有的事。雪乡雪后的清晨像一首清新的诗，又似一幅雅致的画。在诗与画之间，显现生命律动的是那担水的农家女，既朴实能干，又温柔体贴，落落大方。

微风过处，卷起的雪雾像一层白纱将整个雪乡罩住。而房檐上那不经意挂上去的红灯笼，虽是这银白色调中的另类，却给冬日的雪乡平添了些许暖意。

雪乡的冬季是不容易看到壮汉的，因为这是个伐木的季节，很多男人都上山放木去了。远离了女人和孩子，便远离了一份温馨和亲情。低矮棚屋，粗茶淡饭，雪乡男人的脸上却隐约闪露着一份淡然和从容。那是一种在男人堆里也称得上很男人的气质与潇洒。每锯倒一根木头，他们便把对妻儿的爱藏在其中。在婉转悠扬的喊声中，雪乡男人的生命便在这林间流转，年复一年。

在积雪和木栅间穿行，我眼中的雪乡粗犷与柔美兼容，苍劲与精致并存。在这里最独到的景致，莫过于雪堆成的屋檐。层层叠叠，错落有致。单是那份独特便夺走了人们的视线，不动声色地掳走了人们的心。

大凡来过雪乡的人，都会不由自主地在这座山前驻足。不用泼墨点染，也不用刻意着色，山的原貌便是画中的经典。可面对这秀美奇山，画家们却不敢落笔，觉得它美得有些失真。作家们也望而兴叹，觉得穷极所有也难以描绘它的神韵。倒是有一个摄影家，咔嚓把它摄入镜头，拿着照片去参加国际影展，结果得了个银奖。从此，有人也把这座山称为获奖之山。

雪乡的雪从十月开始飘落，一直到第二年的初夏。因为雪大，很多人一辈子都没有出过大山。因为雪大，他们无从知晓外面的世界。可问起雪乡人，他们是否因此而感到不便甚至讨厌雪的时候，他们都笑着说，习惯了。之后便反问你，你不觉得我们这里很干净吗？那神情和雪乡一样的纤尘不染。

在人气躁动的今天，雪乡人仍能以一颗平常心，平和地看自己，看别人，也看这个世界，这无疑是一种天赐，也是一种难以附庸和雕琢的品格。随着岁月的更迭，雪乡正穿透历史的尘埃，穿过时空的交错，与外面的世界扑面相遇。越来越多厌倦了纷繁与嘈杂的都市人来到雪乡，在休闲中领略这份似真似梦的朦胧与缥缈。

又是一个银白的雪乡的落雪清晨。我找到了来时的路，回首雪乡就像我的一个梦境，有种无法触及的虚幻。雪乡——我的梦幻之乡。

中央电视台　淮南广播电视局(2001年1月5日)

黄山·挑夫

张玉庭　陆志坚

"五岳归来不看山,黄山归来不看岳。"

黄山归来,总也难忘黄山的挑夫,总也难忘那挑着太阳上山的黄山人。

真正到了黄山,我才真切地感受到:黄山的确太美了,美得极富个性磁性,美得让人忘情忘我。

听朋友说,到了黄山,首先要去看日出。日出是黄山最神圣的。你能通过日出得到黄山的真谛。带着这份真谛,你再去看山看景,那份感受就会领悟到灵魂里,领悟到骨子里。于是,按照朋友的指点,我首先来到北海的清凉台,听说这是黄山观日出的绝佳去处。

离天亮还早,北海的观景台就挤满了等待日出的游客,有男人,有女人,有老人,有孩子。人们在等待,翘首等待,等待着东方,在那无际无涯的云海深处,出现一个庄严的奇迹。终于,极远处的云海渐渐地透出亮光,红日朝气勃勃地露出了笑脸!当一轮红日喷薄而出,当朝霞把人们簇拥在怀里,所有的人都被太阳溶化了,感染了,激动了。人们用不同的方式,表达着对太阳的共同感受,真切地问候太阳:太阳,你早!

其实,在黄山,比太阳起得更早的,是挑夫。与其说太阳是升起来的,还不如说是黄山挑夫挑起来的。

在黄山,我有幸认识了一位每天都挑着太阳上山的老挑夫。老挑夫不善辞令,表情凝重,满脸深深的皱纹能使人想起历史的沧桑。特别在他那宽宽的肩膀后部、脊背正中,居然有一个肉包,显然,这是长年累月当挑夫压的!

是的,老挑夫老了,但只要一提起自己的行当,一提起挑着担子上山,老人脸上就写满了灿烂,荡漾着自信的笑容。这自信的笑容使我想起了永远巍峨着的黄山和永远挺拔着的黄山松!

是的,这些长在山巅、长在绝壁、长在石缝、长在悬崖的松树,尽管千年磨砺,饱经风雪,但无一不是虎虎生气,飒飒英姿。黄山松绝美,而且是一种使人感到惊心动魄的生命之美。试想:在高山之巅,在云岚深处,在电闪雷鸣的轰击下,在暴虐山风的欺凌中,那壮美的黄山松何曾屈服过!

下午,按照老人的引荐,我们又认识了他的儿子。这是个中年汉子,也是挑夫!看看这汉子厚厚的脊梁吧!那么结实,那么沉稳!看到他不禁使人想起黄山的奇石。黄山的奇石也像黄山松一样的出色,在黄山无石不成景,无景不成石。

老人的儿子告诉我,他最喜欢的黄山奇石就是"仙人晒靴"。为什么晒靴？想必是仙人登山累了,脱下靴子歇脚。黄山的挑夫也要歇脚,而且他们歇脚的样子极独特:把手中的木杖往扁担上一支,身子往扁担外一抽,不蹲不坐,稳稳的,站着歇脚,像黄山的飞来石。

造物主的神奇,也许就在于此,在造就黄山石的同时也造就了黄山的人,让石有人的灵性,人有石的风骨。

尤其有趣的是,也正是这一天,我们又有幸见到了汉子的女儿,一个黄山背女。这是一个十八岁的黄山妹子,有着黄山的质朴和美丽。当我们见到她时,她刚刚撂下背篓,在山泉边休息。她捧起山泉喝了一口,然后解开了长发,山风吹过,长发飘飘,宛然淙淙的泉水。

黄山的泉水是清亮的、清甜的、清纯的;纯得让人不敢用世俗的眼光去看她,不舍得用手去碰她。

和青松、奇石相比,黄山泉水显得更青春,更亮丽,更时尚,更有活力和灵性。因为她知道流水不腐,她知道更新自我,运动构成了她生命的主题歌,这首歌她千年百年地吟唱着。这首歌在黄山只有两个人听得懂:一是个黄山,一个是黄山背女。

自从认识了这一家三代挑夫,一路黄山,无论我走到哪儿,眼前、脑海里总是这一家三代的影子。就像这黄山的云海,既虚虚渺渺,又实实在在,一会儿潮一般涌来,一会儿又潮一般退去。特别是远看云海,无际无涯,无边无沿。透过云海看山,山更青;透过云海看景,景更美。难怪有人把云海比作黄山的母亲。因为只有她有着博大的胸襟,能容纳黄山的万千景色,只有她有着温柔和慈祥,把黄山的七十二峰,天天沐浴得光彩照人。突然,我领悟到,黄山挑夫这一家三代,不正是这片云海吗？

噢,黄山挑夫,你是黄山之母,黄山之灵,黄山之美！

深圳福田区委宣传部(2001年1月5日)

雪山上的父亲

岳立功

夕阳收罢最后的余晖,高原的太阳隐退到皑皑雪山后面去了。格尔木河流金溢彩,变幻着万千奇致,有如都市高楼闪烁的霓虹。于是,我想父亲的那句话一点也没错:雪山上也有一条美丽的深圳河。

我去的地方就是父亲所说的那条雪山上的深圳河——地球上最高的兵城格尔木。那一天团干部专门引我去看烈士陵园,在一块依稀可以辨认的石碑上,我找到了父亲的名字。

父亲来格尔木的时候,条件比眼下要艰苦得多。父亲所在的汽车团被戏称为"军中游牧部落",担负着驻藏部队 80%以上的物资运输任务。在那块埋在天国门槛旁边的披雪石碑上,只有一行冰冷的文字:唐古拉山口,海拔 5231 米……

父亲的车队就是这样成年累月一趟又一趟与这"地狱之门"擦身而过。那一年,父亲为了帮助修理一辆出故障的军车而掉队,他和那位战友被困在茫茫风雪里。从唐古拉山口涌来的飞雪很快埋没了半个车身。两个战友只能紧紧在驾驶室里搂抱着,用共同的体温与死神搏斗。那一回,父亲捡了一条命,却冻残了一只手。

第二年,父亲没能如愿下山,却搬到了更高的地方。七月,昆仑山下突降雨雪,肆虐的雪水挟着汹涌的泥石流,袭击了兵站附近的藏族村寨。父亲和战士们帮助受灾群众撤离险境,途中被突然袭来的两股汇合雪水卷了进去,父亲不顾自己的伤残,救起了三名藏胞兄弟,当他拽着一个受伤遇险的战士的手向上爬时,一股巨大的雪水吞没了他俩的身影……

这些故事是父亲的老战友讲给人听的。政委没有多说什么,只是默默指着一块块墓碑上的名字:贾洪照、李春芳、陈国英……四十年来,小小的青藏兵战部,就有一千多名官兵,把生命献给了雪域高原。

当我第一次经过唐古拉山口时,我久久地伫立在那里,面对着默默无声、屹立在世界屋脊的唐古拉山军人雕像,我对于父亲的一切疑问,全部找到了答案。

父亲身材并不魁梧,就像故乡那条南国的小河,有几分灵秀几分文弱——这是乡亲们给他的评语。但父亲在我的心目中,影像却是模糊的。四年一次探亲假,他还不如一只来去匆匆的候鸟。因为穷,他当兵去了,却去了个更穷的地方。到底是什么地方,母亲也说得不怎么清楚。母亲说那是离天最近的地方,是随手可摘白云擦汗的地方。

较之内地,也许格尔木的春天要来的迟得多,但高原迟来的春天却是世上最令人怦然心跳的季节。格尔木河蓝得像高原明澈的天空。眼目所及处,永远是望不尽的金灿灿的油菜花和绿得发蓝的青稞,如锦似缎。我终于明白了,守卫高原,就是守卫圣洁,守卫尊严;守卫高原,就是守卫收成,守卫故乡。

格尔木河,我雪山上的故乡河啊!

四川西昌有线电视台　西昌人和民族文化传播公司(2001年1月19日)

我的山寨

蔡应律

这便是我的山寨了,她既在天边,又在眼前。她很小,很遥远,在很高很高的山上,远离着市廛和平坝,因此,除了我们自己而外,很少有人知道她的存在。

雪是这里的常客,也是我们的朋友。由于离天上很近,天也就是我们的朋友。天在给别处下雨,并把别处弄得湿漉漉一片泥泞的时候,就给我们这里下雪,把我的小山寨打扮得跟天堂一样,洁白又美丽。很多很多的雪从天上飘飘洒洒落下来,填补了地上的不平和坎坷,也抚慰着山寨渺漠的日子。

下雪了,阿爸又多了一个出门找朋友喝酒的理由,我则早在阿爸出门之前就溜出了屋子。滑雪是我的拿手好戏,山寨里没有谁能够滑得赢我,我们可以像小兽一样在雪地里滚打上一整天。而这个时候,奶奶便在我家小土屋的门口远远地,一动不动地看着我们。当奶奶抬起手来,用她粗糙的手,去遮挡耀眼的雪光并朝我做更加专注地打量的时候,她也许是在掩饰她内心的骄傲和自豪呢!在奶奶的注视下我会玩得更加起劲,我滑雪的本领也会更好。

看见我的狗儿吗?那跑在最后面的最傻最笨的一条。狗儿们总是在雪下得最大的时候跑出门去,它们喜欢跟漫天飞舞的雪花一道疯野,哪怕深深的积雪钳住它们的脚爪,使它们失却本来的凶悍而变得如狗熊般的笨拙。还有邻家的大哥哥大姐姐们,他们早早地就放弃了滑雪的乐趣,他们白天喜欢扎堆,到了晚上就一对一对地躲到一边去说悄悄话。唯有寨口上的这位大叔,他总是篱笆一样站着,并且篱笆一样沉默,只把自己悠远的目光投向遥远的山外。

但是,我的奶奶,我的妈妈,还有我的弟弟却朝我走来了。他们离开了雪窝子里的小土屋,朝我深一脚浅一脚地走来。我不是什么英雄,但我是他们在将来的日子里可以依靠的亲人。他们质朴的笑脸,一如山寨灿烂的阳光照亮着我前面的道路。

小溪潺潺地流载着大叔执拗的目光流向遥远的山外。雪停了,狗儿也睡去了。陪狗儿睡去的,还有天晴的日子里伴阿妈一道劳作的背篮。

山东淄博电视台(2001年1月19日)

又到春节

翟慎晔

春节快要到了,大街小巷流动着节日的色彩,甚至连空气中也弥漫着喜庆的气息。走在这热闹的人流中,我问十岁的女儿,想买件什么样的新衣服过年呢?她淡淡地说,你要是给我买过年的衣服,不要跟别人一样的,我最讨厌和其他同学穿一样的衣服啦……不知怎的,我的心里忽然有一种纤细而酸酸的断裂感,虽然我眼前的色彩越来越绚丽,可在我的心里,那个遥远的小山村,那个初一早晨的鞭炮和黑暗却渐渐地清晰起来。

那时候,一进腊月,每当家门口的石磨忙碌地转个不停时,我总有一种激动的感觉,在我的眼里,冒着热气的锅永远充满了诱惑。那只有在过年才能见到的年糕,嵌着红红的枣,散发着诱人的香味,让我不知流了多少的口水。我也曾不止一次地向往着初一早上那顿热乎乎的猪肉馅水饺,和那套在破旧绵袄外边的新褂子。那时,我对过年的盼望实在是现在的孩子们无法想象的。

我记忆最深的是1972年的春节。那年我十岁,刚好是女儿现在的年龄,不同的是我已有了弟弟和妹妹。家里的日子过得紧紧巴巴的,辛劳一年的父母总也无法满足我们对新衣服的向往,但以往过年能穿上新衣服的大多是我,而妹妹总是穿我的旧衣服。

临近春节的时候,一向过日子节俭的父亲从供销社买回来一块不使用布票的花布,这么漂亮的花布我还从来没有见过。父亲说今年看谁干活多,就用它给谁做春节穿的新衣裳。我听了满心欢喜,因为我肯定比妹妹干得多。

第二天天不亮,我就偷偷地起来碾玉米,天明的时候满满一篮子玉米已让我碾完了一大半。那几天,就连晚上做梦,我都梦见自己穿着漂亮的花褂子,出现在小伙伴们的面前。为了这个梦,只有十岁的我瞒着家里的大人,到村边的水库里去刷盖垫。砸开厚厚的冰层,冰凉冰凉的水寒彻透骨,不多会儿,我的手就冻得像胡萝卜一样,手指也变得麻木了,可一想到那块漂亮的花布,我就兴奋得忘记了寒冷。我继续在冰凉的水里不停地刷着,直到把所有的盖垫都刷洗得干干净净,才高高兴兴地回家去。

遗憾的是我的梦真的成了梦,那块花布为妹妹做了新褂子,因为妹妹的衣服太旧了,连补也没法补了,那也是妹妹的第一件新衣服。我失望极了,忍不住哭了好几场。看着我委屈的样子,父亲拿出家里仅剩下的几元钱,想再给我买一块那样的花布,可惜那块花布早就卖完了。

初一的早晨，我躲在被窝里不想起床，可当噼噼啪啪的鞭炮响起来的时候，在母亲的呼唤声中，我还是起来了，不声不响地穿上自己的旧衣服。望着忙碌的母亲，我突然想起奶奶讲过的一件事，她说小孩子要是有啥向往，就在初一的早晨，天不亮的时候，到村头那棵老槐树下许个愿，来年初一准能实现。在呼啸的寒风中，我来到村头的老槐树下，摸着那干裂的树干，我在心里呼喊着：明年初一，也让我有一件新衣服吧！

让我有一件新衣服吧！

童年远去了，儿时的梦想永远地挂在了故乡那棵高大的槐树梢上。

上海东方电视台 山西电视台（2001年1月19日）

守望壶口

徐 荐

任何生命孕育都离不开水源，更何况是人；任何民族的昌盛都离不开河流，更何况是一个国家。作为黄河流域省区的山西日报社的一名摄影记者，我试图用我的相机与黄河对话，但越是走近它，黄河巨大的背影越让我喘不过气来。我知道，我这辈子的事业、追求、快乐、痛苦，怕是注定与这条河流捆绑在一起了。

2000年2月下旬，壶口出现冰冻奇观，跟踪拍摄壶口14年的我，照例第28次踏上了行程。车窗外冰天雪地，吉普车在千山万壑间的吕梁山脉斗折蛇行，经过堪称九曲十八弯的艰难行进，终于来到了壶口。

抬眼望，黄河故道莽苍苍的一片，满目皆是翻江倒海涌来的状如石桌、磨盘般铺天盖地的巨大冰块，叠合撞击成天地洪荒景象。此时，主瀑布已经贯通，岩上堆积的冰块垒成两侧高耸的冰台，龙槽方向则大部分仍然为冰层覆盖，形成壶口冬春之交百年一遇的奇特景观。

循着涛声，我一脚高一脚浅地向壶口主瀑布缓缓接近，透过险象环生的高耸的冰台，但见梦里见它千百回的世界第一黄色大瀑布，由五百米的河面迅速收拢为二百米的河道，再追打挤压进五十米的瀑布"喉咙口"，你推我搡，若千军恶战、万马嘶鸣，跌、打、翻、飞、冲、撞、奔、突，咆哮着，呼喊着，狂怒着，搏杀着，骤然拧为一束，舍身向三十米落差，距涧底一百米的壶口深潭"扑去"……

看着这惊心动魄的"湍澜惊波"，看着这黄色巨龙的"卧镇狂流"，我的灵魂被震颤了，我本能的第一个反应即是双手合成喇叭，发出了久蓄心底的呼喊。

我着实被那粗犷无遮拦的野性美的魅力深深打动了。壶口以其吞吐万象之气，挟持奔雷之威，将中华民族精神的不屈不挠、前仆后继、勇往直前、舍身奉献演绎得如此壮烈。

八月盛夏，我又一次来到了壶口，如果说，年初的壶口冰雪覆盖，观貌尚只能撩起"冰山一角"，那么，这一次异常贴近地拍摄壶口，大自然慷慨地把它的全部形态一览无余地呈现在世人面前，令我震惊！令我动容！

才过去短短几年，壶口的景观地貌今非昔比。当初我拍摄壶口瀑布时，前后左右涌动的大大小小的瀑布群已急剧衰落，河床两侧岩石的崩塌和主瀑布顶部岩层的剥落，使"黄河之水天上来，千里波涛一壶收"的壮景大为逊色！作为壶口的目击者、记录者和守望者，我心里好痛好痛！

黄河啊，我的母亲河，我为你长歌当哭，我为你生息相随。尽管，你的水很浑很浑，甚至浑得让人望而生畏，尽管，你脉动中的含沙量很沉很沉，甚至沉得让人"心动加速"，但你就是彰显生命力飞扬的安塞腰鼓，就是黄河窑洞雄放刚劲的布老虎、酸枣刺，就是黄土高坡威风八面的唢呐、锣鼓，就是可亲可敬的我们的：父亲、母亲、张老汉、李婆姨……

多少次，我在黄河故道边徒步、徘徊，看着萧飒秋风中裸露在旷野中日趋苍老的母亲河，眼泪忍不住夺眶而出。我心里难受啊，我要用摄影作品来大声疾呼：救救我们的黄河之珠——壶口，救救曾经养育了我们五千年的母亲河！

这，就是一个壶口守望者的箴言。

中央电视台（2001年2月2日）

我与地坛（节选）

原著：史铁生　改编：罗　登

我在好几篇小说中都提到了一座废弃的古园，实际就是地坛。许多年前旅游业还没有开展，园子荒芜冷落得如同一片野地，很少被人记起。

地坛离我家很近。或者说我家离地坛很近。总之，只好认为这是缘分。地坛在我出生前四百多年就坐落在那儿了，而自我的祖母年轻时带着我父亲来到北京，就一直住在离它不远的地方——五十年间搬过几次家，可搬来搬去总在它周围，而且越搬离它越近了。我常觉得这中间有宿命的味道：仿佛这古园就是为了等我，而历尽沧桑在那儿等待了四百年。

它等待我出生，然后又等待我活到最狂妄的年龄上忽地残废了双腿。四百多年里，它一面剥蚀了檐头浮夸的琉璃，淡褪了门壁上炫耀的朱红……这时候想必我是该来了。十五年前的一个下午，我摇着轮椅进入园中，它为一个失魂落魄的人把一切都准备好了。那时，太阳循着亘古不变的路途正越来越大，也越红。在满园弥漫的沉静光芒中，一个人更容易看到时间，并且看见自己的身影。

自从那个下午我无意进入了这园子，就再没有长久地离开过它。

两条腿残废后的最初几年，我找不到工作，找不到去路，忽然间几乎什么也找不到了，我就摇着轮椅总是到它那去，仅为着那儿是可以逃避一个世界的另一个世界。

记不清都在它的哪些角落里了，我一连几个小时专心致志地想关于死的事，也以同样的耐心和方式想过我为什么要出生。这样想了好几年，最后事情终于弄明白了：一个人，出生了，这就不再是一个可以辩论的问题，而只是上帝交给他的一个事实；上帝在交给我们这个事实的时候，已经顺便保证了它的结果，所以死不是一件急于求成的事，死是一个必然会降临的节日。这样想过之后我就安心多了，眼前的一切不再那么可怕。

剩下的就是怎样活的问题了。这却不是在某一个瞬间就能完全想透的，不是能够一次性解决的事，怕是活多久就要想它多久了。所以，十五年来了，我还是总得到古园里去，去默坐，去呆想，去推开耳边的嘈杂理一理纷乱的思绪，去窥看自己的心魂。

现在我才想到，当年我总是独自跑到地坛去，曾经给母亲出了一个怎样的难题。

她不是那种光会疼爱儿子而不会理解儿子的母亲。她知道我心里的苦闷，知道不该阻止我出去走走，知道我要是老待在家里结果会更糟，但她又担心我一个人在那荒僻的园子里整天都想些什么。母亲知道有些问题不宜问，便犹犹豫豫地想问而终于不敢问，因为她自己心里也没有答案。她只是不知道这过程要多久，和这过程的尽头究竟是什么。

许多年后我才渐渐悟出当我不在家的那些漫长的时间，她是怎样心神不定地坐卧难宁，兼着痛苦与惊恐与一个母亲最低限度的祈求——以她的聪慧与坚韧，在那些空落的白天后的黑夜，在那不眠黑夜后的白天……

而那时她的儿子还太年轻，被命运击昏了头，一心以为自己是世界上最不幸的一个，不知道儿子的不幸在母亲那儿总是加倍的。——这样一个母亲，注定是活得最苦的母亲。

在我的第一篇小说发表的时候，我真的希望我的母亲还活着。我走遍了整个园子却怎么也想不通：母亲为什么就不能再多活两年？为什么在儿子就快要碰撞开一条路的时候，她却突然熬不住了？我心里是没头没尾的沉郁和哀怨，有那么一会儿，我甚至对世界对上帝充满了仇恨和厌恶。

只是到了这个时候，纷纭的往事才在我眼前幻现得清晰，母亲的苦难和伟大才在我心中渗透得深彻。上帝的考虑，也许是对的。

摇着轮椅在园中慢慢地走，我只想着一件事：母亲已经不在了。母亲不能再来这园中找我了。

曾经好几回，我在园子里呆久了，母亲就来找我。我看见过几次她的背影，我也看见过几回她四处张望的样子。她没看见我时我已经看见了她，过一会儿我再抬头看她就又看见她缓缓离去的背影。我不知道她已经找了多久还要找多久，我不知道为什么我决意不喊她——这也许是出于长大了的男孩子的倔强或羞涩？但这倔强只留给我悔恨，丝毫也没有骄傲。我已经懂了，可我已经来不及了。

若有一位园神，他一定注意到我了。这么多年我在这园里坐着，有时轻松快乐，有时沉郁苦闷，有时优哉游哉，有时彷徨寂寞，有时平静而自信，有时又软弱，又迷茫。其实总共只有三个问题交替来骚扰我。第一个是要不要去死？第二个是为什么活？第三个，我干嘛要写作？

人为什么活着？因为人想活着，说到底是这么回事，人真正的名字叫：欲望。

可我不怕死，有时候我真的不怕死。

我在这园子里坐着，园神成年累月地对我说：孩子，这不是别的，这是你的罪孽与福祉。

我说不好我想不想回去。我说不好是想还是不想，还是无所谓。我说不好我是像个孩子，还是像个老人。

但是太阳，他每时每刻都是夕阳也都是旭日。当他熄灭着走下山去收尽苍凉残照之际，正是他在另一面燃烧着爬上山巅布散烈烈朝晖之时。

当然，那不是我。

但是，那不是我吗？

天水影视艺术制作中心（2001年2月2日）

怀念天水

霍松林

怀念天水，经常想起四山环抱，渭水潆绕的霍家川。在这里，我在慈母的爱抚和严父的教育下度过了童年。

怀念天水，经常想起省立天水中学和国立第五中学。烽火连天的抗战时期，我在这里读完初中和高中，奠定了做人和做学问的基础。

父亲上过陇南书院，是老山长任士言先生的高材生和崇拜者，多次用"老山长"的人品、学问教育我，在我幼小的心灵里留下了深刻印象。考入天水中学，校址就是当年的陇南书院，"陇右楷模"依旧高悬在那里。父亲说，这是董文焕献给老任山长的。我由此领悟到做人做学问要有"楷模"，要有高标准。

等到浏览了伏羲庙、纪信祠、李广墓，阅读了《秦州州志》、《天水县志》，更惊喜地认识到天水的人杰地灵，英才辈出，为中华民族的发展作出了巨大贡献，便立志要做一个无愧于历代乡贤的天水人。

怀念天水，经常想起天水的名胜古迹，想起诗圣杜甫吟咏过的许多地方。国立五中的校址，便是天水城北天靖山麓的玉泉观。楼殿宏开，亭台巧构，曲径通幽，古柏参天，我和另一位同窗好友的宿舍，就是雕梁画栋的无量殿。每当皓月临空，萧萧的秋意洋溢于心田的时候，我徜徉于竹楼婆娑的殿阶之前，俯视万家灯火的古城，总会哼起杜甫的诗句："莽莽万重山，孤城山谷间。

无风云出塞,不夜月临关……"

当时交通不便,只凭两条腿走路。然而不仅附近的南郭寺,举凡杜甫行吟之处,都留下了我的足迹,给我留下美好回忆的,无过于麦积山。暮春时节,我与两位好友骑自行车到街子口,住了一夜。第二天,天一亮便徒步出发。一路走来,溪水潺潺,鸟声啁啾,古树苍藤,遮天蔽日,幽花芳草,铺遍了山巅水涯。峰回路转,忽然于苍翠的群峰掩映中一峰突起,傲然独立,与飘浮而过的白云相接。哦,终于看见梦寐以求的麦积山了!

此山上丰下缩,悬崖峭壁上,石窟密如蜂房。窟前的木结构建筑物高悬空际,令人赞叹古代天水人真是巧夺天工!又想到杜甫用"悬崖置屋牢"五个字描状它,也不愧"诗圣"的称号。由于西边的栈道早在明朝就已被焚毁,我们只看了散花楼以东的几十个石窟,却已经像走进了雕塑艺术博物馆。千姿百态的塑像一个个栩栩欲活——男性的,庄严中见英俊;女性的,端庄中见灵秀。而不论男性或女性,又都那么宽厚、慈祥。我当时的感受是:这不是佛、不是菩萨,而是善化、美化了的古代天水人。

时光流逝了近六十年,而这一切,至今仍然历历在目。每想到麦积山石窟中的佛、菩萨,就不禁怀念父母,怀念师友,怀念天水。

中央电视台　桂林电视台(2001年2月16日)

父亲的漓江

毛荣生　张榕容

这次回家,是我离家十几年来最兴奋的一次,单位新给我分了房,和妻商量后,我打算接父母进城,让他们过上一段舒心的日子。

尽管我家在渔村有一座不错的房子,但父母几十年来却习惯了住在船上,所以我径直向江边走去。远远地我就看见儿时用过的小船桨挂在船沿上,顿时我有一种暖暖的感觉。我匆匆跑向那条船,父母果然在船上忙着。

每次回家我与母亲的话总是很多,却不知该和父亲说些什么。虽然我与父亲都是在漓江里泡大的,但在我们父子之间,说的话一直就很少,从感情上讲,有时我甚至觉得自己并不太了解父亲。

父亲的水上生涯,几乎从他出生的那一天就开始了。小时候,他跟着大人在漓江边打鱼,后来父亲拉家带口了,日子就过得更不容易,一家人的生活,都在父亲的船桨上。父亲没日没夜地在江上奔忙,船上人可做的活计他都做过了,从来没有歇下来的时候。在我的记忆中,父亲脸上很少有笑容，但也很少阴沉着脸。我记得父亲曾对我说过，船上人祖祖辈辈都这样过来，守着这条江，以后会有好日子的。

这些年来，船上人的日子好过多了，已经很少有人以打鱼为生了。漓江这条黄金水道热闹起来后，一下子涌来了许多游人，船民们也就找到了更能挣钱的活计，纷纷凑钱买了机动的小游船，还把一些小木船打扮得漂漂亮亮的，租给那些想无拘无束地在江上漂游的客人。父亲早就看准了这一点，不仅买了船，还请了一个帮手。父亲虽然不会以各种花样招徕顾客，但却厚道诚恳，生意倒也做得很红火。

我每次回家，都见他忙得很，所以我们父子之间真正在一起聊天的机会不是很多。这次我把来意向他和母亲说了后，母亲很愉快地笑了笑，没说什么。父亲却固执地拒绝了，说是江上的日子过惯了，怕到城里后过不惯。

我明白家里一向是父亲说了算，我更了解父亲的犟脾气。听母亲说，在那个农业学大寨的特殊年代里，上面曾要把江上所有的船只都收了去，让船民们都改学种田，父亲却坚决不上交我家的小船，死也不肯离开这条江，为此担了很大的风险。但父亲不怕，他说："船上人离开了江，没有了船，就等于命都没了，还怎么过日子？"前几年村上有人想在漓江边办一家造纸厂，邀父亲入股，父亲不但不入股，还硬是不让人家办厂，说江也是个人啊，这样搞会把这条江搞死了去。从来不和人红脸的父亲四处去说，那个厂终于没有办成。

我与父亲的亲近，在某种程度上是因了那支小小的船桨，那是小时候父亲特意为我做的。现在想来，其实父亲一直很疼我。在最艰难的时候，他也没有放弃过让我读书的想法。但在我记事后，他却开始逼着我学船上人应该懂的活计。那些活计很累很苦，母亲都有些不忍了，父亲却绝不让步，按他的说法是，船上人以后就是走到天南地北，也不能忘了自己祖先的活计。

为此我哭过，但就这样过来了，而且作为一个男孩子，我自小就对船上的一切感到亲近。我记得在八岁那年，一个深秋的早晨，父亲带我到江边的一条小船上，递给我一只特制的小船桨，说："儿子，开始划船了。"我盯着那只船桨看，崭新、光滑的船桨，漆着亮亮的光油，我心里面一下子欢喜起来。接着父亲领着我，把小船划向江的深处，父亲教我怎么样用桨，怎么样让船掉头，怎么样避过风浪。这些我都记下来了。

我记得更深的是，父亲还用他自己的语言，教我怎么样做一个好船民，做一个不怯风浪的好水手。那一段日子，是我和父亲最亲近的日子。如果说每个人都是驾着自己的生命之船，在各自的航线上航行的话，那么我那条刚刚起航的小船因为有父亲的这次掌舵，它再也没有偏离过航向。从此，我划出了漓江，划向了茫茫人海。但我始终没忘记自己是一个船上人，是漓江的儿子。

每次想到漓江，我就会不由自主地想起父亲，鼻孔里一下就充满了那股水草味里夹杂着生烟味的独特香气。在我看来，流淌的江水，就像父亲血性的脉搏，让人早已分不清哪是江，哪是人。

回家这些天，我常常看见他一个人静静地待在江上，凝神望着江水，我觉得这是父亲和漓江无声的对话，我头一次感到不爱说话的父亲，心里面其实装着很多东西。我想父亲是深爱着漓江的，漓江是他儿时嬉戏的伙伴，漓江伴着他抗击了年轻时那么多的风风雨雨，又为他抚平了中年时艰辛劳顿的一道道伤痕。现在父亲老了，日子平和了，回想往事，他想对这条江说些什么呢？以往说到漓江的时候，父亲的声音充满温情，但即便说到最兴奋处，父亲的话仍旧不多，他只是轻轻地叹一声：噢，这条江！

在离家的早晨,我拿上了儿时用过的小船桨,我想带给儿子江江。我要告诉他,父亲与漓江的故事;我还要告诉他,其实在父亲的眼里,这条江是他的……

湖北荆州电视台(2001年2月16日)

洪 湖 情

朱公谨

"洪湖水呀浪打浪,洪湖岸边是家乡……"这优美动人的歌曲,无数次抚摸我孩提时的甜梦,无数次唤起我少年时对洪湖的遐想。"洪湖在哪儿?她离我有多远?"我常问村头那胡子里长满故事的老大爷,老大爷也不清楚,只说洪湖是人间天堂。

70年代末,我从美院毕业,来到异地他乡的洪湖西岸的一个小镇工作,孩提时的梦想变成现实,洪湖真切地就在眼前。啊,光阴似箭,二十年一晃而过……

这二十年间,我依偎在具有母亲般性格的洪湖身边,倾听她温柔的涛声,亲吻她那热情的笑脸,畅游她那宽阔的胸怀,吸吮她那甘甜的乳汁……

我曾荡起双桨,漫游于天香的荷池之中,呼吸着清新的空气,品尝着那直接从荷秆上剥出的鲜嫩清甜的莲蓬,体味着这纯真而浪漫的世界。

在盛夏的黄昏,夕阳的光辉映在湖水上,湖面像洒满了金子,我和朋友结伴而行。纯朴笃厚的渔民送我们到湖中一座竹楼式的渔棚上,茫茫湖水中,只有我们几个,好像这世界就是我们的,洪湖就是我们的。夜风徐徐,没有蚊虫叮扰,只有沁人心脾的凉爽之意;没有城镇的喧闹,只有细浪拍舟的逸趣。夜的洪湖,是一曲静谧的小夜曲。

当太阳升起,满目渔舟捕捞着活蹦乱跳的鱼虾,野鸭声声,水鸟啁啾,应和着驾驶鹭鸶船、丝网船、麻罩船的马达声,应和着渔民的水淋淋的号子,白天的洪湖是一首雄壮的交响乐。

啊!诗情画意的洪湖,说不清多少次让我激动和陶醉;啊!博大宽厚的洪湖,也不知多少回感动我提起画笔,激起一种无名的冲动。

是啊,是洪湖的乳汁养育了我的青春时光,成就了我的艺术道路,她给了我那么多的生活,那么多的灵感,那么多创作的源泉,我拿什么回报洪湖呢?我只有手中的画笔和心中的感激,于是我所描绘的有关"洪湖"的作品多次参加全国美展,并获得了"鲁迅版画奖",甚至,在国家美术馆里,也有我的作品被收藏呢!

在鲜花和掌声中,我又回到了洪湖的怀抱,我知道,这鲜花和掌声是属于洪湖的,我知道,我是离不开洪湖了,因为,洪湖已在我的血脉之中,我已是洪湖的一滴水。

后 记

作为中国传媒大学"211工程""十五"重点建设项目之一,本书的编撰,受到了教育部、国家广播电影电视总局相关经费的有力支持;同时,在资料搜集、整理的过程中,还得到了包括国家广电总局总编室、中央电视台、江苏广播电视总台等单位在内的全国广播电视媒体的领导,特别是许多一线的编辑、导演们的无私帮助,如中央电视台的王甫、高立民,江苏电视台的王培等,尤其是江苏电视台原《文学与欣赏》栏目的编导杨宪泽先生,无偿地为本书提供了大量宝贵的第一手资料,书中所附录的所有镜头本均为杨宪泽先生所提供。同时,感谢中国广播电视学会副主任张君昌老师,中国音像资料馆主任季弘女士对本课题的大力支持。在此,我们表示衷心的感谢!

受制于广播电视艺术传播的特殊性,同时也由于成书时间的仓促,编者自身水平和经验不足以及其他各种客观条件的限制,本书的缺点和遗漏之处在所难免,竭诚希望得到专家和广大读者的批评指正。

最后,再一次向为中国广播电视文学事业孜孜不倦工作的创作者、传播者、研究者们致意!

编者
2007年8月

图书在版编目（CIP）数据

中国广播电视文艺大系：1977～2000．广播电视文学节目卷/施旭升主编．—北京：中国广播电视出版社，2008.4
ISBN 978-7-5043-5406-8

Ⅰ．中… Ⅱ．施… Ⅲ．①文学—广播节目—作品集—中国—1977～2000②电视文学—电视节目—作品集—中国—1977～2000 Ⅳ．G229.2-53

中国版本图书馆CIP数据核字（2007）第141994号

中国广播电视文艺大系（1977～2000）广播电视文学节目卷

主　　编	施旭升
责任编辑	阎维峰
装帧设计	亚里斯
责任校对	张莲芳
监　　印	陈晓华
出版发行	中国广播电视出版社
电　　话	86093580　86093583
社　　址	北京市西城区真武庙二条9号（邮政编码　100045）
经　　销	全国各地新华书店
印　　刷	北京京都六环印刷厂
开　　本	787毫米×1092毫米　1/16
字　　数	649（千）字
印　　张	28
版　　次	2008年4月第1版　2008年4月第1次印刷
书　　号	ISBN 978-7-5043-5406-8
定　　价	56.00元

（版权所有　翻印必究·印装有误　负责调换）